# 中国民族统计年鉴 2023

CHINA'S ETHNIC STATISTICAL YEARBOOK 2023

国家民族事务委员会共同发展司
国家统计局国民经济综合统计司 编

**图书在版编目（CIP）数据**

中国民族统计年鉴. 2023 = China’s Ethnic Statistical Yearbook 2023 / 国家民族事务委员会共同发展司，国家统计局国民经济综合统计司编. -- 北京 : 中国统计出版社，2024. 12. -- ISBN 978-7-5230-0606-1

Ⅰ. D633-54

中国国家版本馆 CIP 数据核字第 2024UF5203 号

中国民族统计年鉴 2023

作　　者/国家民族事务委员会共同发展司　国家统计局国民经济综合统计司
责任编辑/郭　栋
封面设计/李雪燕
出版发行/中国统计出版社有限公司
通信地址/北京市丰台区西三环南路甲 6 号　邮政编码/100073
出版电话/邮购（010）63376907　书店（010）68783172
网　　址/http://www.zgtjcbs.com
印　　刷/河北鑫兆源印刷有限公司
经　　销/新华书店
开　　本/880×1230mm　1/16
印　　张/36.25
字　　数/1120 千字
版　　别/2024 年 12 月第 1 版
版　　次/2024 年 12 月第 1 次印刷
定　　价/360.00 元

# 《中国民族统计年鉴2023》

# 编辑委员会名单

**地方民委系统**

丁希松　北京市民族宗教事务委员会副主任
董玉文　天津市民族和宗教事务委员会二级巡视员
王慧林　河北省民族事务委员会副主任
黄　杰　山西省民族事务委员会主任
云国盛　内蒙古自治区民族事务委员会副主任
林　娜　辽宁省民族和宗教事务委员会副主任
孟庆东　吉林省民族事务委员会副主任
王玉升　黑龙江省民族宗教事务委员会主任
毛　俊　上海市民族和宗教事务局副局长
邓　飞　江苏省民族宗教事务委员会副主任
金　伟　浙江省民族宗教事务委员会副主任
时先政　安徽省民族事务委员会主任
兰明尚　福建省民族与宗教事务厅厅长
廖　敏　江西省民族宗教事务局副局长
明子春　山东省民族宗教事务委员会副主任
郭瑞疆　河南省民族宗教事务委员会副主任
赵军章　湖北省民族宗教事务委员会副主任
胡建新　湖南省民族宗教事务委员会副主任
金　萍　广东省民族宗教事务委员会副主任
翚永红　广西壮族自治区民族宗教事务委员会副主任
黎梁东　海南省民族宗教事务委员会副主任
杨　光　重庆市民族宗教事务委员会主任
刘向鸿　四川省民族宗教事务委员会副主任
王泉松　贵州省民族宗教事务委员会副主任
丹　业　云南省民族宗教事务委员会副主任
刘冬梅　西藏自治区民族事务委员会副主任
王晓斐　陕西省民族宗教事务委员会副主任
宋树红　甘肃省民族事务委员会副主任
德　措　青海省民族宗教事务委员会副主任
陈建龙　宁夏回族自治区民族事务委员会主任
马合木提·吾卜卡斯木　新疆维吾尔自治区民族事务委员会主任
李　毅　新疆生产建设兵团民族宗教事务局局长

# 《中国民族统计年鉴2023》
# 编辑工作人员名单

# 编者说明

一、由国家民族事务委员会主办的《中国民族统计年鉴》，是一部全面反映全国少数民族和民族自治地方国民经济社会发展情况的统计资料工具书。

二、本书由“统计资料篇”、“附录”共2部分组成。

1.统计资料篇。分“民族自治地方”“陆地边境县”“牧区半牧区县”“民族乡”“全国少数民族发展情况”等5部分。涉及到的全国性统计数据均不包括台湾省和香港特别行政区、澳门特别行政区的资料。统计资料主要来源于中央有关部委、各级统计和民族工作部门。部分数据合计数或相对数由于单位取舍不同而产生的计算误差均未作机械调整。全部统计资料均经国家统计局国民经济综合统计司审核。

2.附录。包括相关行政区划名单，以及历史、旅游、文化、文学、体育等相关内容。

3.本年鉴中涉及的历史数据，均以最新出版的本年鉴数据为准。

4.符号使用说明：年鉴各表中的“空格”表示该项统计指标数据较小未达到表中计量单位或无该项数据；“#”表示其中的主要项；“*”或“①”表示本表下有注解。

# 目　　录

## 统计资料篇

### 民族自治地方

一、行政区划

1－1　民族自治地方行政区划（2022 年末）…… 6

1－2　民族自治地方的地级、县级行政区划（2022 年末）…… 8

主要统计指标解释 …… 12

二、综合

2－1　民族自治地方国民经济与社会发展主要指标 …… 14

2－2　民族自治地方国民经济与社会发展主要指标占全国的比重 …… 18

2－3　分地区民族自治地方地区生产总值（2022 年）…… 22

2－4　分地区民族自治地方地区生产总值指数和人均地区生产总值（2022 年）…… 23

2－5　分地区民族自治地方地区生产总值构成（2022 年）…… 23

2－6　自治区、自治州、自治县（旗）基本情况（2022 年）…… 24

主要统计指标解释 …… 44

三、人口

3－1　分地区民族自治地方年末总人口和少数民族人口（2022 年）…… 46

3－2　分地区民族自治地方人口构成（2022 年）…… 47

主要统计指标解释 …… 48

四、财政

4－1　分地区民族自治地方财政收入情况（2022 年）…… 50

4－2　分地区民族自治地方财政支出情况（2022 年）…… 51

主要统计指标解释 …… 53

五、人民生活

5－1　分地区民族自治地方城镇居民生活水平情况（2022 年）…… 55

5－2　分地区民族自治地方农村居民生活水平情况（2022 年）…… 57

5-3 分地区民族自治地方城乡居民储蓄存款年末余额（2022 年） ........ 59
主要统计指标解释 ........ 60
六、城市概况
6-1 分地区民族自治地方城市情况（2022 年） ........ 62
6-2 分地区民族自治地方城市市区情况（2022 年） ........ 63
6-3 分地区民族自治地方城市城区面积和人口情况（2022 年） ........ 64
6-4 分地区民族自治地方城市用地情况（2022 年） ........ 65
6-5 分地区民族自治地方城市供水、液化气供气情况（2022 年） ........ 66
6-6 分地区民族自治地方城市道路情况（2022 年） ........ 67
6-7 分地区民族自治地方城市绿化面积（2022 年） ........ 68
6-8 分地区民族自治地方城市公园情况（2022 年） ........ 69
6-9 分地区民族自治地方城市环境卫生情况（2022 年） ........ 70
6-10 分地区民族自治地方城市市政公用设施水平情况（2022 年） ........ 71
主要统计指标解释 ........ 74
七、农业
7-1 分地区民族自治地方农村基层组织情况（2022 年） ........ 76
7-2 分地区民族自治地方农、林、牧、渔业总产值及指数（2022 年） ........ 77
7-3 分地区民族自治地方农、林、牧、渔业总产值构成（2022 年） ........ 78
7-4 分地区民族自治地方农作物播种面积（2022 年） ........ 79
7-5 分地区民族自治地方主要农产品产量（2022 年） ........ 80
7-6 分地区民族自治地方牲畜饲养情况（2022 年） ........ 81
7-7 分地区民族自治地方畜产品和水产品产量（2022 年） ........ 82
7-8 分地区民族自治地方农业机械总动力、有效灌溉面积、农村用电量和农用化肥施用量（2022 年） ........ 84
主要统计指标解释 ........ 85
八、工业
8-1 分地区民族自治地方规模以上工业企业单位数（2022 年） ........ 88
8-2 分地区民族自治地方规模以上工业企业主要财务指标（2022 年） ........ 89
8-3 分地区民族自治地方主要工业产品产量（2022 年） ........ 90
主要统计指标解释 ........ 93
九、建筑业
9-1 分地区民族自治地方建筑业基本情况（2022 年） ........ 95
9-2 分地区民族自治地方建筑业主要财务指标（2022 年） ........ 96

主要统计指标解释 …… 97

十、运输和邮电

10−1 分地区民族自治地方运输条件（2022 年） …… 99

10−2 分地区民族自治地方公路、铁路旅客、货物运输量（2022 年） …… 100

10−3 分地区民族自治地方公路、铁路旅客、货物周转量（2022 年） …… 101

10−4 分地区民族自治地方邮电业情况（2022 年） …… 102

主要统计指标解释 …… 103

十一、国内贸易

11−1 分地区民族自治地方社会消费品零售总额（2022 年） …… 105

11−2 分地区民族自治地方限额以上批发业情况（2022 年） …… 106

11−3 分地区民族自治地方限额以上零售业情况（2022 年） …… 107

主要统计指标解释 …… 108

十二、对外经济贸易

12−1 分地区民族自治地方对外贸易和利用外资情况（2022 年） …… 110

主要统计指标解释 …… 111

十三、文旅资源

13−1 分地区民族自治地方世界遗产情况（2022 年） …… 113

13−2 分地区民族自治地方国家级自然保护区、国家 AAAAA 级旅游区、国家级风景名胜区（2022 年） …… 114

13−3 分地区民族自治地方全国重点文物保护单位（2022 年） …… 115

13−4 分地区民族自治地方国家历史文化名城和中国历史文化名镇、中国历史文化名村（2022 年） …… 116

主要统计指标解释 …… 117

十四、金融

14−1 分地区民族自治地方金融机构信贷（2022 年） …… 119

主要统计指标解释 …… 120

十五、教育

15−1 分地区民族自治地方高等学校基本情况（2022 年） …… 122

15−2 分地区民族自治地方普通高中基本情况（2022 年） …… 123

15−3 分地区民族自治地方中等职业学校基本情况（2022 年） …… 124

15−4 分地区民族自治地方初中基本情况（2022 年） …… 125

15−5 分地区民族自治地方小学基本情况（2022 年） …… 126

主要统计指标解释 …… 127

十六、科技

16-1 分地区民族自治地方县及县以上政府部门所属研究与开发机构及情报文献机构和人员（2022 年）……129

16-2 分地区民族自治地方县及县以上政府部门所属研究与开发机构及情报文献机构经费（2022 年）……130

16-3 分地区民族自治地方县及县以上政府部门所属研究与开发机构及情报文献机构科技活动成果情况（2022 年）……131

主要统计指标解释……132

十七、文化

17-1 民族自治地方分类别按登记注册类型分的主要文化事业机构（2022 年）……134

17-2 民族自治地方分类别按登记注册类型分的主要文化事业机构职工（2022 年）……135

17-3 分地区民族自治地方按登记注册类型分的主要文化事业机构（2022 年）……136

17-4 分地区民族自治地方按登记注册类型分的主要文化事业机构职工（2022 年）……137

17-5 分地区民族自治地方艺术事业机构（2022 年）……138

17-6 分地区民族自治地方艺术事业机构职工（2022 年）……139

17-7 分地区民族自治地方群众文化事业、图书馆事业机构（2022 年）……140

17-8 分地区民族自治地方群众文化事业、图书馆事业机构职工（2022 年）……141

17-9 分地区民族自治地方文物事业机构和职工（2022 年）……142

17-10 分地区民族自治地方广播电视机构设置情况（2022 年）……143

17-11 分地区民族自治地方使用少数民族语言广播播出机构（2022 年）……146

17-12 分地区民族自治地方广播节目制作情况（2022 年）……148

17-13 分地区民族自治地方广播覆盖情况（2022 年）……150

17-14 分地区民族自治地方使用少数民族语言电视播出机构（2022 年）……152

17-15 分地区民族自治地方电视节目制作情况（2022 年）……153

17-16 分地区民族自治地方电视覆盖情况（2022 年）……155

17-17 分地区民族自治地方图书、杂志、报纸出版情况（2022 年）……157

主要统计指标解释……158

十八、卫生

18-1 分地区民族自治地方卫生机构数（2022 年）……160

18-2 分地区民族自治地方卫生机构床位数（2022 年）……162

18-3 分地区民族自治地方专业卫生人员（2022 年）……163

18-4 分地区民族自治地方卫生机构万元以上设备台数（2022 年）……165

18-5 分地区民族自治地方乡村医生、卫生员（2022 年）……166

18-6 分地区民族自治地方民族医院情况（2022 年） …… 167
主要统计指标解释 …… 168
十九、社会服务
19-1 分地区民族自治地方收养单位、民间组织和社区建设情况（2022 年） …… 170
19-2 分地区民族自治地方城镇居民最低生活保障情况（2022 年） …… 171
19-3 分地区民族自治地方农村居民最低生活保障情况（2022 年） …… 172
主要统计指标解释 …… 173

## 陆地边境县

1-1 陆地边境县经济社会发展主要指标 …… 177
2-1 陆地边境县行政区划（2022 年末） …… 178
2-2 陆地边境县（区、市、旗）分布（2022 年末） …… 179
3-1 分地区陆地边境县年末总人口和少数民族人口（2022 年） …… 181
4-1 分地区陆地边境县地区生产总值和人均地区生产总值（2022 年） …… 181
4-2 分地区陆地边境县地区生产总值指数（2022 年） …… 182
4-3 分地区陆地边境县地区生产总值构成（2022 年） …… 182
5-1 分地区陆地边境县社会消费品零售总额和进出口总额（2022 年） …… 183
6-1 分地区陆地边境县财政收入情况（2022 年） …… 183
6-2 分地区陆地边境县财政支出情况（2022 年） …… 184
7-1 分地区陆地边境县居民收入和支出情况（2022 年） …… 184
8-1 分地区陆地边境县农村基层组织情况（2022 年） …… 185
8-2 分地区陆地边境县农、林、牧、渔业总产值及指数（2022 年） …… 185
8-3 分地区陆地边境县耕地灌溉面积（2022 年） …… 186
8-4 分地区陆地边境县主要农产品产量（2022 年） …… 186
8-5 分地区陆地边境县牲畜年末存栏数（2022 年） …… 187
8-6 分地区陆地边境县畜产品产量（2022 年） …… 187
8-7 分地区陆地边境县农业机械总动力和农村用电量（2022 年） …… 188
9-1 分地区陆地边境县规模以上工业企业单位数和资产总计（2022 年） …… 188
10-1 分地区陆地边境县教育情况（2022 年） …… 189
11-1 分地区陆地边境县医疗卫生情况（2022 年） …… 189
12-1 分地区陆地边境县收养单位、民间组织和社区建设情况（2022 年） …… 190
12-2 分地区陆地边境县城镇居民最低生活保障情况（2022 年） …… 190
12-3 分地区陆地边境县农村居民最低生活保障情况（2022 年） …… 191

13−1 各陆地边境县主要经济社会指标（2022 年）........ 192

## 牧区半牧区县

1−1 牧区半牧区县经济社会发展主要指标........ 215
2−1 牧区半牧区县行政区划（2022 年末）........ 216
2−2 牧区半牧区县（区、市、旗）分布（2022 年末）........ 217
3−1 分地区牧区半牧区县年末总人口（2022 年）........ 219
4−1 分地区牧区半牧区县地区生产总值和人均地区生产总值（2022 年）........ 219
4−2 分地区牧区半牧区县地区生产总值指数（2022 年）........ 220
4−3 分地区牧区半牧区县地区生产总值构成（2022 年）........ 220
5−1 分地区牧区半牧区县农村居民生活水平情况（2022 年）........ 221
6−1 分地区牧区半牧区县财政收支、城乡居民储蓄存款和社会消费品零售总额（2022 年）.... 221
7−1 分地区牧区半牧区县农业经济和规模以上工业企业资产总计（2022 年）........ 222
7−2 分地区牧区半牧区县牲畜年末存栏数和奶产量（2022 年）........ 222
7−3 分地区牧区半牧区县肉产量（2022 年）........ 223
8−1 分地区牧区半牧区县教育情况（2022 年）........ 223
9−1 分地区牧区半牧区县医疗卫生情况（2022 年）........ 224
10−1 分地区牧区半牧区县城镇居民最低生活保障情况（2022 年）........ 224
10−2 分地区牧区半牧区县农村居民最低生活保障情况（2022 年）........ 225
11−1 各牧区半牧区县主要经济社会指标（2022 年）........ 226

## 民族乡

1−1 分地区民族乡基本情况（2022 年）........ 261
2−1 分地区民族乡乡镇企业情况（2022 年）........ 262
3−1 分地区民族乡农业基本情况（2022 年）........ 263
4−1 分地区民族乡财政收支和农村居民人均可支配收入情况（2022 年）........ 264
5−1 分地区民族乡教育情况（2022 年）........ 265
6−1 分地区民族乡文化情况（2022 年）........ 266
7−1 分地区民族乡医疗卫生情况（2022 年）........ 267
8−1 分地区民族乡农业科技情况（2022 年）........ 269
9−1 各民族乡基本情况（2022 年）........ 270

## 全国少数民族发展情况

一、人口

1—1　历次人口普查全国分民族人口 …… 472
1—2　历次人口普查少数民族人口的分布情况 …… 474
1—3　2020 年全国人口普查各民族分城市、镇、乡村的人口 …… 477
1—4　2020 年全国人口普查各民族 3 岁及以上人口的受教育状况 …… 479
1—5　2020 年全国人口普查各民族分年龄的人口 …… 483

二、教育

2—1　分地区少数民族教职工（2022 年） …… 486
2—2　分地区少数民族专任教师（2022 年） …… 488
2—3　分地区少数民族在校学生（2022 年） …… 490

三、文化

3—1　分地区少数民族文字出版的图书（2022 年） …… 493
3—2　分地区少数民族文字出版的期刊（2022 年） …… 494
3—3　分地区少数民族文字出版的报纸（2022 年） …… 496
3—4　分地区主要少数民族语言广播播出基本情况（2022 年） …… 497
3—5　分地区主要少数民族语言电视播出基本情况（2022 年） …… 498

四、体育

4—1　全国少数民族传统体育运动会情况 …… 500
4—2　分地区少数民族在队运动员和教练员（2022 年） …… 501

五、其他

5—1　历届中国共产党全国代表大会少数民族中央委员、候补中央委员人数 …… 503
5—2　历届全国人民代表大会少数民族代表人数 …… 504
5—3　历届中国人民政治协商会议全国委员会少数民族委员人数 …… 504
5—4　国务院历次全国民族团结进步表彰情况 …… 505
主要统计指标解释 …… 507

# 附　录

## 民族自治地方、民族乡名单

民族自治地方 …… 511
民族乡 …… 516

**陆地边境县、牧区半牧区县、民族自治地方国家乡村振兴重点帮扶县、民族贸易县名单**

陆地边境县（区、市、旗） …… 525

牧区、半牧区县（区、市、旗） …… 527

民族自治地方国家乡村振兴重点帮扶县（区、市、旗） …… 528

民族贸易县（区、市、旗） …… 528

**民族自治地方世界遗产、人类口述和非物质遗产、全国重点文物保护单位名单**

民族自治地方世界遗产 …… 530

民族自治地方人类口述和非物质遗产 …… 530

民族自治地方全国重点文物保护单位 …… 531

**民族自治地方国家级自然保护区、国家 AAAAA 级旅游景区、国家级风景名胜区名单**

民族自治地方国家级自然保护区 …… 549

民族自治地方国家 AAAAA 级旅游景区 …… 555

民族自治地方国家级风景名胜区 …… 557

**民族自治地方国家历史文化名城、中国历史文化名镇、中国历史文化名村名单**

民族自治地方国家历史文化名城 …… 559

民族自治地方中国历史文化名镇 …… 559

民族自治地方中国历史文化名村 …… 560

**中国少数民族文学、中国少数民族传统体育运动会资料**

历届全国少数民族文学“骏马奖”获奖作品 …… 563

历届全国少数民族传统体育运动会 …… 563

# 统计资料篇

分“民族自治地方”“陆地边境县”“牧区半牧区县”“民族乡”“全国少数民族发展情况”5部分。涉及到的全国性统计数据均不包括台湾省和香港特别行政区、澳门特别行政区的资料。统计资料主要来源于国家政府主管部门、各级统计和民族工作部门。部分数据合计数或相对数由于单位取舍不同而产生的计算误差均未作机械调整。全部统计资料均经国家统计局国民经济综合统计司审核。

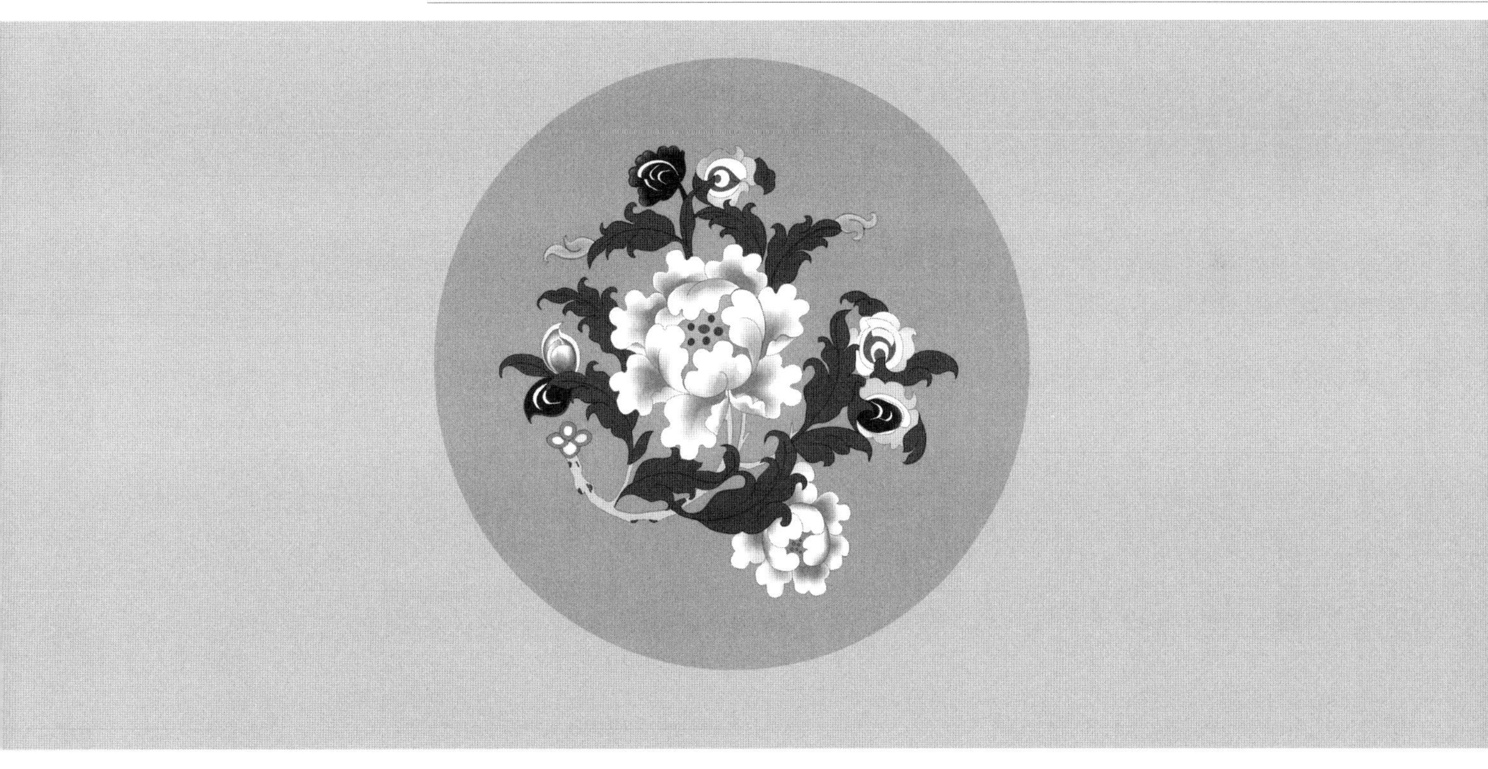

# 民族自治地方

# 一、行政区划

## 1-1 民族自治地方行政区划(2022年末)

| 省级 | | 地级 | | | 县级 | | | 乡级 |
|---|---|---|---|---|---|---|---|---|
| 合计 | 行政区划单位 | 合计 | 行政区划单位 | | 合计 | 行政区划单位 | | 行政区划单位 |
| | | | | | | 94 | 市辖区 | |
| | | | 38 | 地级市 | | 89 | 县级市 | |
| 5 | 5 自治区 | 77 | 6 | 地区 | 714 | 362 | 县 | 8231 |
| | | | 30 | 自治州 | | 49 | 旗 | |
| | | | 3 | 盟 | | 117 | 自治县 | |
| | | | | | | 3 | 自治旗 | |
| 河　北 | | | | | 6 | 6 | 自治县 | 138 |
| | | | | | | 23 | 市辖区 | |
| | | | 9 | 地级市 | | 11 | 县级市 | |
| 内蒙古 | | 12 | 3 | 盟 | 103 | 17 | 县 | 1025 |
| | | | | | | 49 | 旗 | |
| | | | | | | 3 | 自治旗 | |
| 辽　宁 | | | | | 8 | 8 | 自治县 | 157 |
| | | | | | | 6 | 县级市 | |
| 吉　林 | | 1 | 1 | 自治州 | 11 | 2 | 县 | 146 |
| | | | | | | 3 | 自治县 | |
| 黑龙江 | | | | | 1 | 1 | 自治县 | 11 |
| 浙　江 | | | | | 1 | 1 | 自治县 | 21 |
| | | | | | | 2 | 县级市 | |
| 湖　北 | | 1 | 1 | 自治州 | 10 | 6 | 县 | 109 |
| | | | | | | 2 | 自治县 | |
| | | | | | | 1 | 县级市 | |
| 湖　南 | | 1 | 1 | 自治州 | 15 | 7 | 县 | 212 |
| | | | | | | 7 | 自治县 | |
| 广　东 | | | | | 3 | 3 | 自治县 | 23 |
| | | | | | | 41 | 市辖区 | |
| | | | | | | 10 | 县级市 | |
| 广　西 | | 14 | 14 | 地级市 | 111 | 48 | 县 | 1253 |
| | | | | | | 12 | 自治县 | |

1-1　续表

| 省级 | 地级 | | | 县级 | | | 乡级 |
|---|---|---|---|---|---|---|---|
| 行政区划单位 | 合计 | 行政区划单位 | | 合计 | 行政区划单位 | | 行政区划单位 |
| 海　南 | | | | 6 | 6 | 自治县 | 60 |
| 重　庆 | | | | 4 | 4 | 自治县 | 138 |
| 四　川 | 3 | 3 | 自治州 | 51 | 4 | 县级市 | 814 |
| | | | | | 43 | 县 | |
| | | | | | 4 | 自治县 | |
| 贵　州 | 3 | 3 | 自治州 | 46 | 5 | 县级市 | 657 |
| | | | | | 30 | 县 | |
| | | | | | 11 | 自治县 | |
| 云　南 | 8 | 8 | 自治州 | 78 | 13 | 县级市 | 823 |
| | | | | | 36 | 县 | |
| | | | | | 29 | 自治县 | |
| 西　藏 | 7 | 6 | 地级市 | 74 | 8 | 市辖区 | 699 |
| | | 1 | 地区 | | 66 | 县 | |
| 甘　肃 | 2 | 2 | 自治州 | 21 | 2 | 县级市 | 279 |
| | | | | | 12 | 县 | |
| | | | | | 7 | 自治县 | |
| 青　海 | 6 | 6 | 自治州 | 36 | 5 | 县级市 | 277 |
| | | | | | 24 | 县 | |
| | | | | | 7 | 自治县 | |
| 宁　夏 | 5 | 5 | 地级市 | 22 | 9 | 市辖区 | 243 |
| | | | | | 2 | 县级市 | |
| | | | | | 11 | 县 | |
| 新　疆 | 14 | 4 | 地级市 | 107 | 13 | 市辖区 | 1146 |
| | | 5 | 地区 | | 28 | 县级市 | |
| | | 5 | 自治州 | | 60 | 县 | |
| | | | | | 6 | 自治县 | |

## 1-2 民族自治地方的地级、县级行政区划(2022年末)

| 地区 | 数量 | 县(区、市、旗) |
|---|---|---|
| 河 北 | 6 自治县 | 秦皇岛市：青龙满族自治县<br>承德市：丰宁满族自治县、宽城满族自治县、围场满族蒙古族自治县<br>沧州市：孟村回族自治县<br>廊坊市：大厂回族自治县 |
| 内蒙古 | 9 地级市<br>3 盟<br>23 市辖区<br>11 县级市<br>17 县<br>49 旗<br>3 自治旗 | *呼和浩特市：新城区、回民区、玉泉区、赛罕区、托克托县、和林格尔县、清水河县、武川县、土默特左旗<br>*包头市：昆都仑区、东河区、青山区、石拐区、白云鄂博矿区、九原区、固阳县、土默特右旗、达尔罕茂明安联合旗<br>*乌海市：海勃湾区、海南区、乌达区<br>*赤峰市：红山区、元宝山区、松山区、林西县、宁城县、阿鲁科尔沁旗、巴林左旗、巴林右旗、克什克腾旗、翁牛特旗、喀喇沁旗、敖汉旗<br>*通辽市：科尔沁区、霍林郭勒市、开鲁县、科尔沁左翼中旗、科尔沁左翼后旗、库伦旗、奈曼旗、扎鲁特旗<br>*鄂尔多斯市：康巴什区、东胜区、达拉特旗、准格尔旗、鄂托克前旗、鄂托克旗、杭锦旗、乌审旗、伊金霍洛旗<br>*呼伦贝尔市：海拉尔区、扎赉诺尔区、满洲里市、牙克石市、扎兰屯市、额尔古纳市、根河市、阿荣旗、陈巴尔虎旗、新巴尔虎左旗、新巴尔虎右旗、莫力达瓦达斡尔族自治旗、鄂伦春自治旗、鄂温克族自治旗<br>*巴彦淖尔市：临河区、五原县、磴口县、乌拉特前旗、乌拉特中旗、乌拉特后旗、杭锦后旗<br>*乌兰察布市：集宁区、丰镇市、卓资县、化德县、商都县、兴和县、凉城县、察哈尔右翼前旗、察哈尔右翼中旗、察哈尔右翼后旗、四子王旗<br>兴安盟：乌兰浩特市、阿尔山市、突泉县、科尔沁右翼前旗、科尔沁右翼中旗、扎赉特旗<br>锡林郭勒盟：锡林浩特市、二连浩特市、多伦县、阿巴嘎旗、苏尼特左旗、苏尼特右旗、东乌珠穆沁旗、西乌珠穆沁旗、太仆寺旗、镶黄旗、正镶白旗、正蓝旗<br>阿拉善盟：阿拉善左旗、阿拉善右旗、额济纳旗 |
| 辽 宁 | 8 自治县 | 鞍山市：岫岩满族自治县<br>抚顺市：新宾满族自治县、清原满族自治县<br>本溪市：本溪满族自治县、桓仁满族自治县<br>丹东市：宽甸满族自治县<br>阜新市：阜新蒙古族自治县<br>朝阳市：喀喇沁左翼蒙古族自治县 |
| 吉 林 | 1 自治州<br>6 县级市<br>2 县<br>3 自治县 | 四平市：伊通满族自治县<br>白山市：长白朝鲜族自治县<br>松原市：前郭尔罗斯蒙古族自治县<br>延边朝鲜族自治州：延吉市、图们市、敦化市、珲春市、龙井市、和龙市、汪清县、安图县 |
| 黑龙江 | 1 自治县 | 大庆市：杜尔伯特蒙古族自治县 |
| 浙 江 | 1 自治县 | 丽水市：景宁畲族自治县 |
| 湖 北 | 1 自治州<br>2 县级市<br>6 县<br>2 自治县 | 宜昌市：长阳土家族自治县、五峰土家族自治县<br>恩施土家族苗族自治州：恩施市、利川市、建始县、巴东县、宣恩县、咸丰县、来凤县、鹤峰县 |

注：1.内蒙古行政区划中的旗相当于县。
2.表中有*号的为民族自治地方所辖地级市。

1-2 续表 1

| 地　区 | 数量 | 县(区、市、旗) |
|---|---|---|
| 湖　南 | 1 自治州<br>1 县级市<br>7 县<br>7 自治县 | 邵阳市：城步苗族自治县<br>永州市：江华瑶族自治县<br>怀化市：麻阳苗族自治县、新晃侗族自治县、芷江侗族自治县、靖州苗族侗族自治县、通道侗族自治县<br>湘西土家族苗族自治州：吉首市、泸溪县、凤凰县、花垣县、保靖县、古丈县、永顺县、龙山县 |
| 广　东 | 3 自治县 | 韶关市：乳源瑶族自治县<br>清远市：连山壮族瑶族自治县、连南瑶族自治县 |
| 广　西 | 14 地级市<br>41 市辖区<br>10 县级市<br>48 县<br>12 自治县 | *南宁市：青秀区、兴宁区、江南区、西乡塘区、良庆区、邕宁区、武鸣区、横州市、隆安县、马山县、上林县、宾阳县<br>*柳州市：柳北区、城中区、鱼峰区、柳南区、柳江区、柳城县、鹿寨县、融安县、融水苗族自治县、三江侗族自治县<br>*桂林市：临桂区、秀峰区、叠彩区、象山区、七星区、雁山区、荔浦市、阳朔县、灵川县、全州县、兴安县、永福县、灌阳县、资源县、平乐县、龙胜各族自治县、恭城瑶族自治县<br>*梧州市：长洲区、万秀区、龙圩区、岑溪市、苍梧县、藤县、蒙山县<br>*北海市：海城区、银海区、铁山港区、合浦县<br>*防城港市：港口区、防城区、东兴市、上思县<br>*钦州市：钦南区、钦北区、灵山县、浦北县<br>*贵港市：港北区、港南区、覃塘区、桂平市、平南县<br>*玉林市：玉州区、福绵区、北流市、容县、陆川县、博白县、兴业县<br>*百色市：右江区、田阳区、靖西市、平果市、田东县、德保县、那坡县、凌云县、乐业县、田林县、西林县、隆林各族自治县<br>*贺州市：八步区、平桂区、昭平县、钟山县、富川瑶族自治县<br>*河池市：宜州区、金城江区、南丹县、天峨县、凤山县、东兰县、罗城仫佬族自治县、环江毛南族自治县、巴马瑶族自治县、都安瑶族自治县、大化瑶族自治县<br>*来宾市：兴宾区、合山市、忻城县、象州县、武宣县、金秀瑶族自治县<br>*崇左市：江州区、凭祥市、扶绥县、宁明县、龙州县、大新县、天等县 |
| 海　南 | 6 自治县 | 白沙黎族自治县、昌江黎族自治县、乐东黎族自治县、陵水黎族自治县、保亭黎族苗族自治县、琼中黎族苗族自治县 |
| 重　庆 | 4 自治县 | 石柱土家族自治县、秀山土家族苗族自治县、酉阳土家族苗族自治县、彭水苗族土家族自治县 |
| 四　川 | 3 自治州<br>4 县级市<br>43 县<br>4 自治县 | 绵阳市：北川羌族自治县<br>乐山市：峨边彝族自治县、马边彝族自治县<br>阿坝藏族羌族自治州：马尔康市、汶川县、理县、茂县、松潘县、九寨沟县、金川县、小金县、黑水县、壤塘县、阿坝县、若尔盖县、红原县<br>甘孜藏族自治州：康定市、泸定县、丹巴县、九龙县、雅江县、道孚县、炉霍县、甘孜县、新龙县、德格县、白玉县、石渠县、色达县、理塘县、巴塘县、乡城县、稻城县、得荣县、<br>凉山彝族自治州：西昌市、会理市、盐源县、德昌县、会东县、宁南县、普格县、布拖县、金阳县、昭觉县、喜德县、冕宁县、越西县、甘洛县、美姑县、雷波县、木里藏族自治县 |

1-2 续表 2

| 地 区 | 数量 | 县(区、市、旗) |
|---|---|---|
| 贵 州 | 3 自治州<br>5 县级市<br>30 县<br>11 自治县 | 遵义市：道真仡佬族苗族自治县、务川仡佬族苗族自治县<br>安顺市：镇宁布依族苗族自治县、关岭布依族苗族自治县、紫云苗族布依族自治县<br>毕节市：威宁彝族回族苗族自治县<br>铜仁市：玉屏侗族自治县、印江土家族苗族自治县、沿河土家族自治县、松桃苗族自治县<br>黔西南布依族苗族自治州：兴义市、兴仁市、普安县、晴隆县、贞丰县、望谟县、册亨县、安龙县<br>黔东南苗族侗族自治州：凯里市、黄平县、施秉县、三穗县、镇远县、岑巩县、天柱县、锦屏县、剑河县、台江县、黎平县、榕江县、从江县、雷山县、麻江县、丹寨县<br>黔南布依族苗族自治州：都匀市、福泉市、荔波县、贵定县、瓮安县、独山县、平塘县、罗甸县、长顺县、龙里县、惠水县、三都水族自治县 |
| 云 南 | 8 自治州<br>13 县级市<br>36 县<br>29 自治县 | 昆明市：石林彝族自治县、禄劝彝族苗族自治县、寻甸回族彝族自治县<br>玉溪市：峨山彝族自治县、新平彝族傣族自治县、元江哈尼族彝族傣族自治县<br>丽江市：玉龙纳西族自治县、宁蒗彝族自治县<br>普洱市：宁洱哈尼族彝族自治县、墨江哈尼族自治县、景东彝族自治县、景谷傣族彝族自治县、镇沅彝族哈尼族拉祜族自治县、江城哈尼族彝族自治县、孟连傣族拉祜族佤族自治县、澜沧拉祜族自治县、西盟佤族自治县<br>临沧市：双江拉祜族佤族布朗族傣族自治县、耿马傣族佤族自治县、沧源佤族自治县<br>楚雄彝族自治州：楚雄市、禄丰市、双柏县、牟定县、南华县、姚安县、大姚县、永仁县、元谋县、武定县<br>红河哈尼族彝族自治州：个旧市、开远市、蒙自市、弥勒市、建水县、石屏县、泸西县、元阳县、红河县、绿春县、屏边苗族自治县、金平苗族瑶族傣族自治县、河口瑶族自治县<br>文山壮族苗族自治州：文山市、砚山县、西畴县、麻栗坡县、马关县、丘北县、广南县、富宁县<br>西双版纳傣族自治州：景洪市、勐海县、勐腊县<br>大理白族自治州：大理市、祥云县、宾川县、弥渡县、永平县、云龙县、洱源县、剑川县、鹤庆县、漾濞彝族自治县、南涧彝族自治县、巍山彝族回族自治县<br>德宏傣族景颇族自治州：芒市、瑞丽市、梁河县、盈江县、陇川县<br>怒江傈僳族自治州：泸水市、福贡县、贡山独龙族怒族自治县、兰坪白族普米族自治县<br>迪庆藏族自治州：香格里拉市、德钦县、维西傈僳族自治县 |
| 西 藏 | 6 地级市<br>1 地区<br>8 市辖区<br>66 县 | *拉萨市：城关区、堆龙德庆区、达孜区、林周县、当雄县、尼木县、曲水县、墨竹工卡县<br>*日喀则市：桑珠孜区、南木林县、江孜县、定日县、萨迦县、拉孜县、昂仁县、谢通门县、白朗县、仁布县、康马县、定结县、仲巴县、亚东县、吉隆县、聂拉木县、萨嘎县、岗巴县<br>*昌都市：卡若区、江达县、贡觉县、类乌齐县、丁青县、察雅县、八宿县、左贡县、芒康县、洛隆县、边坝县<br>*林芝市：巴宜区、工布江达县、米林县、墨脱县、波密县、察隅县、朗县<br>*山南市：乃东区、扎囊县、贡嘎县、桑日县、琼结县、曲松县、措美县、洛扎县、加查县、隆子县、错那县、浪卡子县<br>*那曲市：色尼区、嘉黎县、比如县、聂荣县、安多县、申扎县、索县、班戈县、巴青县、尼玛县、双湖县<br>阿里地区：噶尔县、普兰县、札达县、日土县、革吉县、改则县、措勤县 |

1–2 续表 3

<table>
<tr><th>地　区</th><th>数量</th><th>县(区、市、旗)</th></tr>
<tr><td>甘　肃</td><td>2 自治州<br>2 县级市<br>12 县<br>7 自治县</td><td>天水市：张家川回族自治县<br>武威市：天祝藏族自治县<br>张掖市：肃南裕固族自治县<br>酒泉市：肃北蒙古族自治县、阿克塞哈萨克族自治县<br>临夏回族自治州：临夏市、临夏县、康乐县、永靖县、广河县、和政县、<br>东乡族自治县、积石山保安族东乡族撒拉族自治县<br>甘南藏族自治州：合作市、临潭县、卓尼县、舟曲县、迭部县、玛曲县、<br>碌曲县、夏河县</td></tr>
<tr><td>青　海</td><td>6 自治州<br>5 县级市<br>24 县<br>7 自治县</td><td>西宁市：大通回族土族自治县<br>海东市：民和回族土族自治县、互助土族自治县、化隆回族自治县、<br>循化撒拉族自治县<br>海北藏族自治州：海晏县、祁连县、刚察县、门源回族自治县<br>黄南藏族自治州：同仁市、尖扎县、泽库县、河南蒙古族自治县<br>海南藏族自治州：共和县、同德县、贵德县、兴海县、贵南县<br>果洛藏族自治州：玛沁县、班玛县、甘德县、达日县、久治县、玛多县<br>玉树藏族自治州：玉树市、杂多县、称多县、治多县、囊谦县、曲麻莱县<br>海西蒙古族藏族自治州：德令哈市、格尔木市、茫崖市、乌兰县、都兰县、天峻县</td></tr>
<tr><td>宁　夏</td><td>5 地级市<br>9 市辖区<br>2 县级市<br>11 县</td><td>*银川市：金凤区、兴庆区、西夏区、灵武市、永宁县、贺兰县<br>*石嘴山市：大武口区、惠农区、平罗县<br>*吴忠市：利通区、红寺堡区、青铜峡市、盐池县、同心县<br>*固原市：原州区、西吉县、隆德县、泾源县、彭阳县<br>*中卫市：沙坡头区、中宁县、海原县</td></tr>
<tr><td>新　疆</td><td>4 地级市<br>5 地区<br>5 自治州<br>13 市辖区<br>28 县级市<br>60 县<br>6 自治县</td><td>*乌鲁木齐市：天山区、沙依巴克区、新市区、水磨沟区、头屯河区、<br>达坂城区、米东区、乌鲁木齐县<br>*克拉玛依市：克拉玛依区、独山子区、白碱滩区、乌尔禾区<br>*吐鲁番市：高昌区、鄯善县、托克逊县<br>*哈密市：伊州区、巴里坤哈萨克自治县、伊吾县<br>阿克苏地区：阿克苏市、库车市、温宿县、沙雅县、新和县、拜城县、<br>乌什县、阿瓦提县、柯坪县<br>喀什地区：喀什市、疏附县、疏勒县、英吉沙县、泽普县、莎车县、<br>叶城县、麦盖提县、岳普湖县、伽师县、巴楚县、<br>塔什库尔干塔吉克自治县<br>和田地区：和田市、和田县、墨玉县、皮山县、洛浦县、策勒县、<br>于田县、民丰县<br>昌吉回族自治州：昌吉市、阜康市、呼图壁县、玛纳斯县、<br>奇台县、吉木萨尔县、木垒哈萨克自治县<br>博尔塔拉蒙古自治州：博乐市、阿拉山口市、精河县、温泉县<br>巴音郭楞蒙古自治州：库尔勒市、轮台县、尉犁县、若羌县、且末县、<br>和静县、和硕县、博湖县、焉耆回族自治县<br>克孜勒苏柯尔克孜自治州：阿图什市、阿克陶县、阿合奇县、乌恰县<br>伊犁哈萨克自治州：伊宁市、奎屯市、霍尔果斯市、<br>伊宁县、霍城县、巩留县、新源县、昭苏县、<br>特克斯县、尼勒克县、察布查尔锡伯自治县<br>塔城地区：塔城市、乌苏市、沙湾市、额敏县、托里县、裕民县、<br>和布克赛尔蒙古自治县<br>阿勒泰地区：阿勒泰市、布尔津县、富蕴县、福海县、哈巴河县、<br>青河县、吉木乃县<br>自治区直辖区县级行政单位：石河子市、阿拉尔市、图木舒克市、五家渠市、北屯市、<br>铁门关市、双河市、可克达拉市、昆玉市、胡杨河市、<br>新星市</td></tr>
</table>

# 主要统计指标解释

**行政区划**　指国家对行政区域的划分。根据有关法规规定，民族自治地方的行政区域划分如下：(1) 自治区分为地区（市、自治州）、县、自治县、市；(2) 自治州分为县、自治县、市；(3) 自治县分为乡、民族乡、镇。

自治区、自治州、自治县都是民族自治地方。

# 二、综　合

## 2-1 民族自治地方国民经济与社会发展主要指标

| 指标 | 总量指标 | | | | |
|---|---|---|---|---|---|
| | 1990年 | 2000年 | 2010年 | 2020年 | 2021年 |
| **人口(万人)** | | | | | |
| 年底总人口 | 15296 | 16818 | 18531 | 19089 | 19144 |
| **地区生产总值** | | **7486** | **38989** | **86925** | **98523** |
| 第一产业(亿元) | | 2022 | 6198 | 13747 | 15258 |
| 第二产业(亿元) | | 2834 | 18809 | 29464 | 35895 |
| 第三产业(亿元) | | 2629 | 13982 | 43714 | 47369 |
| 人均地区生产总值(元) | | 4451 | 22060 | 47531 | 54042 |
| **人民生活(元)** | | | | | |
| 城镇居民人均可支配收入 | | | | 35987 | 38718 |
| 农村居民人均可支配收入 | | | | 13806 | 15199 |
| **财政(亿元)** | | | | | |
| 地方一般公共预算收入 | 166.7 | 476 | 3257 | 7730 | 8497 |
| 地方一般公共预算支出 | 304.4 | 1173 | 10512 | 31255 | 29500 |
| **对外经济贸易(亿元)** | | | | | |
| 进出口总额 | | | | 9397 | 11006 |
| 出口额 | | | | 5249 | 5832 |
| 进口额 | | | | 4148 | 5166 |
| **农业** | | | | | |
| 农林牧渔总产值(亿元) | | 3200 | 10374 | 24260 | 26980 |
| 主要农畜产品产量 | | | | | |
| 粮食产量(万吨) | 5373 | 6381 | 8308 | 10637 | 11070 |
| 棉花产量(万吨) | 47 | 146 | 248 | 516 | 513 |
| 油料产量(万吨) | 208 | 353 | 422 | 550 | 536 |
| 大牲畜年底头数(万头) | 5286 | 5566 | 6068 | 5213 | 5669 |
| 羊年底头数(万头) | 11362 | 13076 | 14885 | 15893 | 16632 |
| 猪年底头数(万头) | 5668 | 8201 | 8141 | 6463 | 7239 |
| **工业** | | | | | |
| 主要工业产品产量 | | | | | |
| 天然气(亿立方米) | | | 511 | 396 | 678 |
| 原盐(万吨) | | | 701 | 1049 | 1018 |
| 成品糖(万吨) | 223 | 498 | 907 | 1024 | 1004 |
| 水泥(万吨) | 1958 | 5703 | 21653 | 37388 | 37818 |
| 粗钢(万吨) | 368 | 647 | 4005 | 9687 | 9837 |
| 发电量(亿千瓦小时) | 739 | 1712 | 6730 | 19228 | 21258 |
| 规模以上工业企业(亿元) | | | | | |
| 资产总计 | | | 45255 | 116385 | 134637 |
| 营业收入 | | | 37395 | 60415 | 85023 |
| 利润总额 | | | 4279 | 4349 | 8661 |
| **建筑业** | | | | | |
| 建筑业总产值(亿元) | | 754 | 5203 | 13940 | 15776 |
| 施工房屋面积(万平方米) | | 9232 | 35052 | 61322 | 66640 |
| 竣工房屋面积(万平方米) | | 5326 | 15418 | 19101 | 18722 |

| 2022年 | 速度指标(%) | | | | | | | |
|---|---|---|---|---|---|---|---|---|
| | 指数（2022年为以下各年） | | | | | 平均增长速度 | | |
| | 1990年 | 2000年 | 2010年 | 2020年 | 2021年 | 1991—2022年 | 2001—2022年 | 2011—2022年 |
| 19170 | 125.3 | 114.0 | 103.4 | 100.4 | 100.1 | 0.7 | 0.6 | 0.3 |
| **106687** | | **853.9** | **251.2** | **112.3** | **103.3** | | **10.2** | **8.0** |
| 16489 | | 319.9 | 242.7 | 113.5 | 104.7 | | 5.4 | 7.7 |
| 40979 | | 1310.7 | 267.9 | 113.8 | 104.8 | | 12.4 | 8.6 |
| 49219 | | 820.1 | 256.0 | 111.1 | 102.1 | | 10.0 | 8.1 |
| 57449 | | 750.9 | 243.4 | 112.0 | 104.9 | | 9.6 | 7.7 |
| | | | | | | | | |
| 39938 | | | | 111.8 | 103.1 | | | |
| 16237 | | | | 118.8 | 106.8 | | | |
| | | | | | | | | |
| 8991 | 5393.5 | 1890.7 | 276.1 | 116.3 | 105.8 | 13.3 | 14.3 | 8.8 |
| 32715 | 10747.3 | 2789.2 | 311.2 | 104.7 | 110.9 | 15.7 | 16.3 | 9.9 |
| | | | | | | | | |
| 12726 | | | | 135.4 | 115.6 | | | |
| 7660 | | | | 145.9 | 131.3 | | | |
| 5066 | | | | 122.1 | 98.0 | | | |
| | | | | | | | | |
| 29012 | | 906.7 | 279.6 | 119.6 | 107.5 | | 10.5 | 8.9 |
| | | | | | | | | |
| 11199 | 208.4 | 175.5 | 134.8 | 105.3 | 101.2 | 2.3 | 2.6 | 2.5 |
| 540 | 1147.3 | 368.7 | 217.0 | 104.4 | 105.1 | 7.9 | 6.1 | 6.7 |
| 490 | 235.4 | 138.6 | 115.9 | 89.0 | 91.3 | 2.7 | 1.5 | 1.2 |
| 5692 | 107.7 | 102.3 | 93.8 | 109.2 | 100.4 | 0.2 | 0.1 | -0.5 |
| 16879 | 148.6 | 129.1 | 113.4 | 106.2 | 101.5 | 1.2 | 1.2 | 1.1 |
| 7551 | 133.2 | 92.1 | 92.7 | 116.8 | 104.3 | 0.9 | -0.4 | -0.6 |
| | | | | | | | | |
| | | | | | | | | |
| 776 | | | 151.7 | 196.0 | 114.3 | | | 3.5 |
| 1026 | | | 146.4 | 97.8 | 100.8 | | | 3.2 |
| 1039 | 466.5 | 208.4 | 114.5 | 101.4 | 103.5 | 4.9 | 3.4 | 1.1 |
| 31055 | 1586.2 | 544.5 | 143.4 | 83.1 | 82.1 | 9.0 | 8.0 | 3.1 |
| 9524 | 2586.0 | 1472.0 | 237.8 | 98.3 | 96.8 | 10.7 | 13.0 | 7.5 |
| 22542 | 3051.2 | 1316.4 | 335.0 | 117.2 | 106.0 | 11.3 | 12.4 | 10.6 |
| | | | | | | | | |
| 146540 | | | 323.8 | 125.9 | 108.8 | | | 10.3 |
| 94016 | | | 251.4 | 155.6 | 110.6 | | | 8.0 |
| 9737 | | | 227.6 | 223.9 | 112.4 | | | 7.1 |
| | | | | | | | | |
| 16863 | | 2235.6 | 324.1 | 121.0 | 106.9 | | 15.2 | 10.3 |
| 64620 | | 700.0 | 184.4 | 105.4 | 97.0 | | 9.2 | 5.2 |
| 18503 | | 347.4 | 120.0 | 96.9 | 98.8 | | 5.8 | 1.5 |

2-1 续表

| 指　　标 | 总量指标 | | | | |
|---|---|---|---|---|---|
| | 1990年 | 2000年 | 2010年 | 2020年 | 2021年 |
| **社会消费品零售总额(亿元)** | | | **11686** | **27551** | **30844** |
| **交通运输业** | | | | | |
| 铁路营业里程(万公里) | 1.31 | 1.43 | 2.12 | 3.58 | 3.66 |
| 公路里程(万公里) | 29 | 42 | 91 | 141 | 148 |
| 客运量(亿人) | | | | 13.1 | 11.8 |
| 货运量(亿吨) | | | | 63.5 | 73.5 |
| **邮政电信** | | | | | |
| 邮政业务总量(亿元) | | | | 507 | 423 |
| 电信业务总量(亿元) | | | | 14703 | 2735 |
| 互联网宽带接入用户(万户) | | | | 5532 | 6317 |
| **金融(亿元)** | | | | | |
| 金融机构各项存款余额 | | 7906 | 46622 | 133128 | 141986 |
| 金融机构各项贷款余额 | | 6548 | 30579 | 121330 | 133640 |
| **教育** | | | | | |
| 在校学生数(万人) | | | | | |
| 普通高等学校 | 13.6 | 34.2 | 161.9 | 279.8 | 309.2 |
| 普通高中和初中 | 610 | 873 | 1050 | 1108 | 1135 |
| 普通小学 | 1853 | 1886 | 1536 | 1621 | 1684 |
| 专任教师数(万人) | | | | | |
| 普通高等学校 | 2.8 | 3.6 | 9.5 | 13.7 | 14.2 |
| 普通高中和初中 | 41.5 | 47.9 | 67.4 | 81.0 | 86.5 |
| 普通小学 | 84.8 | 89.9 | 90.7 | 98.7 | 102.0 |
| **卫生** | | | | | |
| 医疗卫生机构数(万个) | | | | 15.0 | 14.9 |
| 卫生技术人员数(万人) | 50.0 | 48.5 | 68.1 | 127.1 | 138.5 |
| 医疗卫生机构床位(万张) | 33.2 | 36.1 | 55.7 | 112.6 | 120.0 |
| **文化** | | | | | |
| 出版数量 | | | | | |
| 图书(万册) | 30166 | 42310 | 43099 | 70656 | 77667 |
| 杂志(万册) | 6552 | 7018 | 6962 | 6425 | 6449 |
| 报纸(万份) | 79120 | 123277 | 174848 | 152344 | 149353 |
| **社会服务** | | | | | |
| 福利类收养单位床位数(万张) | | | 27.3 | 43.1 | 46.6 |
| 城镇社区服务设施数(个) | | | 6188 | 16349 | 15695 |
| 城乡最低生活保障人数(万人) | | | 1907 | 1252 | 1185 |

注：1.本表速度指标中，国内生产总值及三次产业增加值均按可比价格计算；其他指标按绝对数计算。
2.2000、2010、2020年为常住人口数据，其余年份为户籍人口数据。

| 2022年 | 速度指标(%) | | | | | | | |
|---|---|---|---|---|---|---|---|---|
| | 指数（2022年为以下各年） | | | | | 平均增长速度 | | |
| | 1990年 | 2000年 | 2010年 | 2020年 | 2021年 | 1991—2022年 | 2001—2022年 | 2011—2022年 |
| **30046** | | | **257.1** | **109.1** | **97.4** | | | **8.2** |
| | | | | | | | | |
| 3.88 | 296.5 | 272.1 | 182.9 | 108.4 | 106.2 | 3.5 | 4.7 | 5.2 |
| 150 | 512.3 | 355.2 | 165.0 | 106.9 | 101.9 | 5.2 | 5.9 | 4.3 |
| 9.9 | | | | 72.8 | 80.8 | | | |
| 74.7 | | | | 117.6 | 101.7 | | | |
| | | | | | | | | |
| 445 | | | | 87.7 | 105.3 | | | |
| 1937 | | | | 13.2 | 70.8 | | | |
| 6756 | | | | 122.1 | 106.9 | | | |
| | | | | | | | | |
| 159353 | | 2015.6 | 341.8 | 119.7 | 112.2 | | 14.6 | 10.8 |
| 146648 | | 2239.6 | 479.6 | 120.9 | 109.7 | | 15.2 | 14.0 |
| | | | | | | | | |
| | | | | | | | | |
| 327.6 | 2408.9 | 957.9 | 202.4 | 117.1 | 105.9 | 10.5 | 10.8 | 6.1 |
| 1172.7 | 192.4 | 134.3 | 111.6 | 105.8 | 103.3 | 2.1 | 1.4 | 0.9 |
| 1674.6 | 90.4 | 88.8 | 109.0 | 103.3 | 99.4 | -0.3 | -0.5 | 0.7 |
| | | | | | | | | |
| 15.1 | 539.7 | 415.3 | 159.6 | 110.6 | 106.7 | 5.4 | 6.7 | 4.0 |
| 87.5 | 210.9 | 182.8 | 129.8 | 108.0 | 101.2 | 2.4 | 2.8 | 2.2 |
| 102.1 | 120.4 | 113.6 | 112.6 | 103.5 | 100.2 | 0.6 | 0.6 | 1.0 |
| | | | | | | | | |
| 14.9 | | | | 99.1 | 99.7 | | | |
| 143.8 | 287.6 | 296.4 | 211.3 | 113.1 | 103.8 | 3.4 | 5.1 | 6.4 |
| 123.3 | 371.5 | 341.4 | 221.3 | 109.5 | 102.7 | 4.2 | 5.7 | 6.8 |
| | | | | | | | | |
| | | | | | | | | |
| 76227 | 252.7 | 180.2 | 176.9 | 107.9 | 98.1 | 2.9 | 2.7 | 4.9 |
| 6056 | 92.4 | 86.3 | 87.0 | 94.3 | 93.9 | -0.2 | -0.7 | -1.2 |
| 127074 | 160.6 | 103.1 | 72.7 | 83.4 | 85.1 | 1.5 | 0.1 | -2.6 |
| | | | | | | | | |
| 48.4 | | | 177.3 | 112.3 | 103.9 | | | 4.9 |
| 18244 | | | 294.8 | 111.6 | 116.2 | | | 9.4 |
| 1135 | | | 63.7 | 97.0 | 102.5 | | | -3.7 |

## 2-2 民族自治地方国民经济与社会发展主要指标占全国的比重

| 指 标 | 1990年 | 1995年 | 2000年 | 2005年 | 2010年 | 2014年 |
|---|---|---|---|---|---|---|
| **人口与就业** | | | | | | |
| 年底总人口 | 13.38 | 13.89 | 14.62 | 13.36 | 13.82 | 13.71 |
| **地区生产总值** | | **13.02** | **40.11** | **7.94** | **8.92** | **10.12** |
| 第一产业 | | 16.98 | 41.75 | 14.35 | 15.29 | 16.41 |
| 第二产业 | | 10.55 | 41.08 | 6.62 | 8.55 | 10.92 |
| 第三产业 | | 14.03 | 38.22 | 7.69 | 7.92 | 8.21 |
| 人均地区生产总值 | | 88.22 | 280.73 | 338.23 | 67.00 | 73.60 |
| **人民生活** | | | | | | |
| 城镇居民人均可支配收入 | | | | | | |
| 农村居民人均可支配收入 | | | | | | |
| **财政** | | | | | | |
| 地方一般公共预算收入 | 8.60 | 15.93 | 7.42 | 6.80 | 8.02 | 8.74 |
| 地方一般公共预算支出 | 14.60 | 24.29 | 11.31 | 12.13 | 14.23 | 15.01 |
| **对外经济贸易** | | | | | | |
| 进出口贸易 | | | 1.81 | 1.56 | 1.79 | 2.51 |
| 出口额 | | | 1.99 | 1.91 | 2.10 | 3.09 |
| 进口额 | | | 1.60 | 1.25 | 1.45 | 1.82 |
| **农业** | | | | | | |
| 农林牧渔总产值 | 12.80 | 15.73 | 12.84 | 13.56 | 14.97 | 11.10 |
| 主要农牧产品 | | | | | | |
| 粮食 | 12.00 | 13.68 | 15.75 | 14.85 | 15.20 | 16.11 |
| 棉花 | 10.40 | 30.67 | 33.11 | 32.89 | 41.68 | 59.61 |
| 油料 | 12.90 | 15.69 | 11.95 | 12.09 | 13.08 | 13.84 |
| 大牲畜年末头数 | 40.60 | 35.40 | 36.74 | 39.09 | 49.58 | 47.98 |
| 羊年末只数 | 54.10 | 43.00 | 45.04 | 43.98 | 53.00 | 53.90 |
| 猪年末头数 | 15.60 | 16.40 | 18.35 | 16.94 | 17.52 | 18.77 |
| **工业** | | | | | | |
| 主要工业产品 | | | | | | |
| 天然气 | | | | | | |
| 原盐 | | | | | | |
| 成品糖 | 38.25 | 89.13 | 71.17 | 75.09 | 81.15 | 98.38 |

| 2015年 | 2016年 | 2017年 | 2018年 | 2019年 | 2020年 | 2021年 | 2022年 |
|---|---|---|---|---|---|---|---|
| 13.54 | 13.55 | 13.63 | 13.57 | 13.56 | 13.52 | 13.55 | 13.58 |
| **9.71** | **9.45** | **8.71** | **8.63** | **8.48** | **8.56** | **8.61** | **8.86** |
| 16.33 | 16.49 | 16.40 | 17.39 | 17.69 | 17.68 | 18.36 | 18.69 |
| 10.44 | 10.06 | 8.41 | 8.20 | 7.54 | 7.67 | 7.96 | 8.65 |
| 7.94 | 7.81 | 7.76 | 7.76 | 7.95 | 7.89 | 7.77 | 7.66 |
| 70.37 | 73.37 | 66.41 | 65.60 | 64.51 | 66.02 | 66.74 | 69.04 |
| | | | | | | | |
| | | | | 88.82 | 82.10 | 81.66 | 81.64 |
| | | | | 80.06 | 80.59 | 80.29 | 81.46 |
| | | | | | | | |
| 8.49 | 8.18 | 7.94 | 7.73 | 7.81 | 7.72 | 7.65 | 8.25 |
| 14.48 | 12.58 | 14.81 | 14.87 | 14.59 | 14.85 | 14.01 | 14.51 |
| | | | | | | | |
| 2.61 | 2.76 | 2.55 | 2.87 | 3.02 | 2.92 | 2.82 | 3.04 |
| 2.84 | 2.73 | 2.56 | 2.81 | 3.14 | 2.93 | 2.68 | 3.23 |
| 2.30 | 2.79 | 2.55 | 2.95 | 2.88 | 2.92 | 2.97 | 2.80 |
| | | | | | | | |
| 15.77 | 15.74 | 17.28 | 17.34 | 17.53 | 17.61 | 18.35 | 18.59 |
| | | | | | | | |
| 15.77 | 15.85 | 15.29 | 15.75 | 15.96 | 15.89 | 16.21 | 16.31 |
| 63.09 | 67.92 | 80.82 | 83.79 | 84.97 | 87.35 | 89.52 | 90.17 |
| 14.50 | 15.59 | 16.57 | 15.52 | 16.29 | 15.34 | 14.84 | 13.40 |
| 45.72 | 49.70 | 57.79 | 53.21 | 52.01 | 50.78 | 54.06 | 52.42 |
| 52.96 | 53.18 | 55.41 | 53.96 | 53.31 | 51.84 | 52.02 | 51.73 |
| 18.64 | 19.14 | 18.82 | 16.29 | 16.85 | 15.06 | 16.11 | 16.68 |
| | | | | | | | |
| | | | 22.80 | 20.73 | 20.56 | 32.68 | 35.24 |
| | | | 13.32 | 12.65 | 17.92 | 17.84 | 19.15 |
| 83.89 | 83.37 | 82.06 | 84.43 | 77.99 | 71.56 | 67.72 | 69.85 |

2-2 续表

| 指　　标 | 1990年 | 1995年 | 2000年 | 2005年 | 2010年 | 2014年 |
|---|---|---|---|---|---|---|
| 水泥 | 9.34 | 11.99 | 9.55 | 9.55 | 11.51 | 14.52 |
| 粗钢 | 5.60 | 7.30 | 5.04 | 5.24 | 6.28 | 6.19 |
| 发电量 | 11.90 | 11.80 | 12.63 | 12.33 | 16.00 | 20.17 |
| **建筑业** | | | | | | |
| 建筑业总产值 | | | 4.50 | 4.77 | 5.42 | 3.64 |
| 施工房屋面积 | | | | | | |
| 竣工房屋面积 | | | | | | |
| **运输** | | | | | | |
| 铁路营业里程 | 24.50 | 31.10 | 24.30 | 47.53 | 23.28 | 21.38 |
| 公路线路里程 | 28.40 | 28.70 | 30.20 | 42.07 | 22.75 | 25.08 |
| 客运量 | | | | | | |
| 货运量 | | | | | | |
| **邮政电信** | | | | | | |
| 邮政业务总量 | | | | | | |
| 电信业务总量 | | | | | | |
| 互联网宽带接入用户 | | | | | | |
| **教育** | | | | | | |
| 在校学生 | | | | | | |
| 普通高等学校 | 6.59 | 11.77 | 29.11 | 6.40 | 7.25 | 7.27 |
| 普通高中和初中 | 13.29 | 16.25 | 14.25 | 14.88 | 13.64 | 15.11 |
| 普通小学 | 15.14 | 14.29 | 11.81 | 15.35 | 15.45 | 15.57 |
| 专任教师 | | | | | | |
| 普通高等学校 | 7.09 | 9.08 | 20.45 | 6.48 | 7.05 | 7.00 |
| 普通高中和初中 | 13.68 | 14.36 | 16.84 | 12.82 | 13.38 | 14.42 |
| 普通小学 | 15.19 | 15.88 | 15.48 | 15.75 | 16.15 | 13.73 |
| **卫生** | | | | | | |
| 医疗卫生机构数 | 17.00 | 18.10 | 18.78 | 19.68 | 19.84 | 21.68 |
| 卫生技术人员 | 12.50 | 12.40 | 7.91 | 10.66 | 10.85 | 8.64 |
| 医疗卫生机构床位数 | 12.70 | 12.60 | 12.25 | 11.96 | 11.77 | 11.85 |

注：财政收支占全国的比重是指占全国地方财政收支的比重。

| 2015年 | 2016年 | 2017年 | 2018年 | 2019年 | 2020年 | 2021年 | 2022年 |
|---|---|---|---|---|---|---|---|
| 15.43 | 16.45 | 15.66 | 15.94 | 16.37 | 15.61 | 15.90 | 14.58 |
| 6.38 | 6.57 | 6.81 | 6.27 | 7.16 | 9.10 | 9.50 | 9.36 |
| 21.50 | 22.29 | 24.27 | 22.64 | 24.06 | 24.72 | 24.91 | 25.48 |
| | | | | | | | |
| 5.04 | 5.05 | 5.19 | 5.13 | 5.28 | 5.28 | 5.38 | 5.48 |
| | | | | 4.01 | 4.10 | 4.23 | 4.15 |
| | | | | 4.41 | 4.75 | 4.59 | 4.59 |
| | | | | | | | |
| 24.98 | 24.55 | 24.73 | 24.12 | 24.28 | 24.49 | 24.27 | 25.07 |
| 25.24 | 25.50 | 25.90 | 26.03 | 25.85 | 27.07 | 27.95 | 28.10 |
| | | | | 18.01 | 13.58 | 14.26 | 17.11 |
| | | | | 15.72 | 13.41 | 13.86 | 14.49 |
| | | | | | | | |
| | | | | 2.47 | 2.41 | 3.08 | 3.11 |
| | | | | 9.11 | 10.75 | 15.90 | 11.07 |
| | | | | 10.29 | 11.44 | 11.79 | 11.46 |
| | | | | | | | |
| | | | | | | | |
| 7.65 | 7.77 | 8.11 | 8.16 | 8.11 | 8.00 | 8.08 | 8.95 |
| 14.81 | 15.16 | 15.12 | 15.28 | 13.72 | 14.96 | 14.89 | 14.97 |
| 15.10 | 15.13 | 15.24 | 15.21 | 15.40 | 15.12 | 15.63 | 15.60 |
| | | | | | | | |
| 6.95 | 7.10 | 7.28 | 7.28 | 7.34 | 7.45 | 7.59 | 7.70 |
| 15.53 | 14.15 | 14.34 | 14.34 | 13.28 | 13.99 | 14.41 | 14.21 |
| 15.54 | 15.74 | 15.31 | 15.54 | 15.33 | 15.35 | 15.45 | 15.41 |
| | | | | | | | |
| 19.54 | 4.94 | 5.05 | 5.58 | 5.59 | 5.55 | 14.48 | 14.41 |
| 11.87 | 11.91 | 11.94 | 11.83 | 11.83 | 11.91 | 12.32 | 12.34 |
| 11.76 | 12.34 | 13.36 | 11.00 | 12.92 | 12.36 | 12.70 | 12.65 |

## 2-3 分地区民族自治地方地区生产总值(2022年)

单位：亿元

| 地区 | 地区生产总值 | 第一产业 | 第二产业 | 第三产业 | 工业 | 建筑业 |
|---|---|---|---|---|---|---|
| **合计** | **106686.85** | **16488.75** | **40978.60** | **49219.50** | **31858.62** | **9021.32** |
| 河北 | 936.89 | 217.97 | 283.14 | 435.78 | 242.79 | 40.50 |
| 内蒙古 | 23158.60 | 2653.70 | 11241.80 | 9263.10 | 9703.85 | 1537.99 |
| 辽宁 | 915.28 | 250.42 | 217.08 | 447.79 | 154.29 | 32.61 |
| 吉林 | 1150.11 | 206.82 | 374.52 | 568.77 | 293.03 | 81.63 |
| 黑龙江 | 122.37 | 47.40 | 24.88 | 50.09 | 21.05 | 3.83 |
| 浙江 | 93.24 | 7.28 | 20.49 | 65.47 | 11.84 | 8.66 |
| 湖北 | 1707.75 | 334.86 | 447.31 | 925.58 | 363.44 | 85.33 |
| 湖南 | 1523.21 | 259.53 | 449.36 | 814.32 | 351.79 | 76.13 |
| 广东 | 234.46 | 36.11 | 90.23 | 108.12 | 67.51 | 27.51 |
| 广西 | 26300.87 | 4269.81 | 8938.57 | 13092.49 | 6775.89 | 2180.36 |
| 海南 | 780.80 | 293.19 | 145.73 | 341.88 | 66.79 | 79.15 |
| 重庆 | 1081.07 | 157.25 | 303.41 | 620.41 | 167.46 | 135.95 |
| 四川 | 3236.75 | 687.60 | 1055.82 | 1493.33 | 776.58 | 169.29 |
| 贵州 | 5879.39 | 1240.45 | 1647.94 | 2991.00 | 1062.96 | 519.86 |
| 云南 | 11909.32 | 2260.86 | 4089.83 | 5558.62 | 2597.00 | 1477.80 |
| 西藏 | 2132.64 | 180.16 | 804.67 | 1147.81 | 200.80 | 603.87 |
| 甘肃 | 838.20 | 161.00 | 164.97 | 512.23 | 104.19 | 73.33 |
| 青海 | 1874.99 | 307.59 | 958.67 | 608.74 | 780.59 | 174.67 |
| 宁夏 | 5069.57 | 407.48 | 2449.10 | 2212.99 | 2093.96 | 357.18 |
| 新疆 | 17741.34 | 2509.27 | 7271.08 | 7960.99 | 6022.82 | 1355.67 |

注：5个自治区的数据来自《中国统计年鉴2023》。

## 2-4 分地区民族自治地方地区生产总值指数和人均地区生产总值(2022年)

| 地　区 | 地区生产总值(以2021年为100) | 第一产业 | 第二产业 | 第三产业 | 人均地区生产总值(元) |
|---|---|---|---|---|---|
| **合　计** | **103.3** | **104.7** | **104.8** | **102.4** | **57449** |
| 河　北 | 103.6 | 104.0 | 104.9 | 102.4 | 53337 |
| 内蒙古 | 104.2 | 104.3 | 106.5 | 102.2 | 96474 |
| 辽　宁 | 101.4 | 103.7 | 93.5 | 104.8 | 31334 |
| 吉　林 | 103.0 | 105.6 | 107.7 | 99.5 | 40222 |
| 黑龙江 | 101.5 | 102.3 | 97.7 | 102.2 | 62354 |
| 浙　江 | 104.0 | 100.4 | 100.8 | 102.8 | 84378 |
| 湖　北 | 103.6 | 102.9 | 106.2 | 102.6 | 44016 |
| 湖　南 | 104.0 | 103.0 | 103.6 | 104.5 | 34511 |
| 广　东 | 103.4 | 107.5 | 106.3 | 99.8 | 55930 |
| 广　西 | 102.9 | 105.0 | 103.2 | 102.0 | 52164 |
| 海　南 | 100.7 | 102.9 | 97.7 | 100.3 | 49244 |
| 重　庆 | 103.3 | 104.5 | 103.1 | 103.2 | 53631 |
| 四　川 | 104.9 | 105.9 | 109.7 | 112.8 | 41266 |
| 贵　州 | 100.4 | 104.4 | 97.1 | 102.0 | 42058 |
| 云　南 | 104.4 | 104.5 | 105.5 | 103.6 | 54533 |
| 西　藏 | 101.1 | 106.2 | 105.6 | 97.6 | 58438 |
| 甘　肃 | 105.9 | 102.4 | 108.9 | 106.2 | 25773 |
| 青　海 | 102.8 | 104.5 | 106.0 | 98.1 | 52969 |
| 宁　夏 | 104.0 | 104.7 | 106.1 | 102.1 | 69781 |
| 新　疆 | 103.2 | 105.3 | 104.8 | 101.5 | 68552 |

## 2-5 分地区民族自治地方地区生产总值构成(2022年)

单位：%

| 地　区 | 地区生产总值 | 第一产业 | 第二产业 | 第三产业 | 工　业 | 建筑业 |
|---|---|---|---|---|---|---|
| **合　计** | **100** | **15.5** | **38.4** | **46.1** | **29.9** | **8.5** |
| 河　北 | 100 | 23.3 | 30.2 | 46.5 | 25.9 | 4.3 |
| 内蒙古 | 100 | 11.5 | 48.5 | 40.0 | 41.9 | 6.6 |
| 辽　宁 | 100 | 27.4 | 23.7 | 48.9 | 16.9 | 3.6 |
| 吉　林 | 100 | 18.0 | 32.6 | 49.5 | 25.5 | 7.1 |
| 黑龙江 | 100 | 38.7 | 20.3 | 40.9 | 17.2 | 3.1 |
| 浙　江 | 100 | 7.8 | 22.0 | 70.2 | 12.7 | 9.3 |
| 湖　北 | 100 | 19.6 | 26.2 | 54.2 | 21.3 | 5.0 |
| 湖　南 | 100 | 17.0 | 29.5 | 53.5 | 23.1 | 5.0 |
| 广　东 | 100 | 15.4 | 38.5 | 46.1 | 28.8 | 11.7 |
| 广　西 | 100 | 16.2 | 34.0 | 49.8 | 25.8 | 8.3 |
| 海　南 | 100 | 37.5 | 18.7 | 43.8 | 8.6 | 10.1 |
| 重　庆 | 100 | 14.5 | 28.1 | 57.4 | 15.5 | 12.6 |
| 四　川 | 100 | 21.2 | 32.6 | 46.1 | 24.0 | 5.2 |
| 贵　州 | 100 | 21.1 | 28.0 | 50.9 | 18.1 | 8.8 |
| 云　南 | 100 | 19.0 | 34.3 | 46.7 | 21.8 | 12.4 |
| 西　藏 | 100 | 8.4 | 37.7 | 53.8 | 9.4 | 28.3 |
| 甘　肃 | 100 | 19.2 | 19.7 | 61.1 | 12.4 | 8.7 |
| 青　海 | 100 | 16.4 | 51.1 | 32.5 | 41.6 | 9.3 |
| 宁　夏 | 100 | 8.0 | 48.3 | 43.7 | 41.3 | 7.0 |
| 新　疆 | 100 | 14.1 | 41.0 | 44.9 | 33.9 | 7.6 |

## 2–6 自治区、自治州、自治县(旗)基本情况(2022年)(一)

| 地区 | 年末总人口①(万人) | #少数民族 | 少数民族占总人口(%) | 地区生产总值(亿元) | 第一产业(亿元) | 第二产业(亿元) | 第三产业(亿元) |
|---|---|---|---|---|---|---|---|
| **5个自治区合计** | **11127** | **4922** | **44.23** | **74403** | **10020** | **30705** | **33677** |
| 内蒙古自治区 | 2401.00 | 569.55 | 23.48 | 23158.60 | 2653.70 | 11241.80 | 9263.10 |
| 广西壮族自治区 | 5047.00 | 2244.16 | 39.08 | 26300.87 | 4269.81 | 8938.57 | 13092.49 |
| 西藏自治区 | 364.00 | 327.95 | 86.01 | 2132.64 | 180.16 | 804.67 | 1147.81 |
| 宁夏回族自治区 | 728.00 | 275.21 | 37.80 | 5069.57 | 407.48 | 2449.10 | 2212.99 |
| 新疆维吾尔自治区 | 2587.00 | 1505.06 | 58.18 | 17741.34 | 2509.27 | 7271.08 | 7960.99 |
| **30个自治州合计** | **5895** | **3599** | **61.06** | **29518** | **5331** | **10776** | **13358** |
| **吉林省** | | | | | | | |
| 延边朝鲜族自治州 | 201.55 | 80.18 | 39.78 | 838.87 | 76.52 | 335.27 | 427.08 |
| **湖北省** | | | | | | | |
| 恩施土家族苗族自治州 | 400.24 | 230.54 | 57.60 | 1402.20 | 253.11 | 371.28 | 777.81 |
| **湖南省** | | | | | | | |
| 湘西土家族苗族自治州 | 246.12 | 232.62 | 94.51 | 817.53 | 120.56 | 237.43 | 459.53 |
| **四川省** | | | | | | | |
| 阿坝藏族羌族自治州 | 89.52 | 73.38 | 81.97 | 462.51 | 92.09 | 114.22 | 256.20 |
| 甘孜藏族自治州 | 110.30 | 95.90 | 86.94 | 471.95 | 84.24 | 131.41 | 256.30 |
| 凉山彝族自治州 | 543.01 | 317.19 | 58.41 | 2081.36 | 473.81 | 730.19 | 877.35 |
| **贵州省** | | | | | | | |
| 黔西南布依族苗族自治州 | 373.54 | 166.00 | 44.44 | 1508.68 | 279.18 | 501.24 | 728.26 |
| 黔东南苗族侗族自治州 | 489.60 | 401.43 | 81.99 | 1293.08 | 273.59 | 286.78 | 732.71 |
| 黔南布依族苗族自治州 | 426.02 | 256.86 | 60.29 | 1772.18 | 288.60 | 607.13 | 876.45 |
| **云南省** | | | | | | | |
| 楚雄彝族自治州 | 265.25 | 98.13 | 37.00 | 1763.42 | 326.76 | 773.59 | 663.07 |
| 红河哈尼族彝族自治州 | 470.28 | 290.42 | 61.75 | 2863.08 | 379.63 | 1159.41 | 1324.04 |
| 文山壮族苗族自治州 | 345.40 | 201.48 | 58.33 | 1405.39 | 239.66 | 538.41 | 627.32 |
| 西双版纳傣族自治州 | 102.10 | 79.40 | 77.77 | 721.39 | 165.72 | 189.66 | 366.01 |
| 大理白族自治州 | 364.45 | 192.26 | 52.75 | 1699.62 | 379.35 | 477.11 | 843.16 |
| 德宏傣族景颇族自治州 | 132.10 | 60.64 | 45.90 | 587.12 | 126.02 | 121.23 | 339.87 |
| 怒江傈僳族自治州 | 54.60 | 53.20 | 97.44 | 249.93 | 39.30 | 94.62 | 116.01 |
| 迪庆藏族自治州 | 37.17 | 33.22 | 89.37 | 303.36 | 20.11 | 111.97 | 171.29 |
| **甘肃省** | | | | | | | |
| 临夏回族自治州 | 247.20 | 162.50 | 65.74 | 408.61 | 75.78 | 82.32 | 250.51 |
| 甘南藏族自治州 | 74.82 | 48.74 | 65.14 | 245.12 | 41.98 | 28.14 | 175.00 |
| **青海省** | | | | | | | |
| 海北藏族自治州 | 29.52 | 20.45 | 69.28 | 100.77 | 31.32 | 16.82 | 52.63 |
| 黄南藏族自治州 | 28.10 | 26.21 | 93.27 | 110.89 | 32.17 | 27.52 | 51.20 |
| 海南藏族自治州 | 45.00 | 35.00 | 77.78 | 200.27 | 54.02 | 85.04 | 61.21 |

注：①5个自治区的年末总人口为常住人口，自治州、自治县(旗)年末总人口均为户籍人口。

| 地　区生产总值增长速度（%） | 人均地区生产总值（元） | 地方一般公共预算收　入（亿元） | 地方一般公共预算支　出（亿元） | 城镇居民人　均可支配收入（元） | 农村居民人　均可支配收入（元） | 规模以上工　业企业数（个） | 规模以上工业企业资产总计（亿元） | 农林牧渔业总产值（亿元） | 农业机械总动力（万千瓦） |
|---|---|---|---|---|---|---|---|---|---|
| **3.44** | **66867** | **7042** | **22797** | **41176** | **17673** | **18597** | **116777** | **17849** | **12785** |
| 4.20 | 96474 | 2824.39 | 5887.70 | 46295 | 19641 | 3591 | 43617.57 | 4316.76 | 4596.42 |
| 2.90 | 52164 | 1687.72 | 5893.32 | 39703 | 17433 | 8959 | 26912.97 | 6938.53 | 3825.26 |
| 1.10 | 58438 | 179.63 | 2592.98 | 48753 | 18209 | 190 | 2382.81 | 278.62 | 624.08 |
| 4.00 | 69781 | 460.15 | 1587.85 | 40194 | 16430 | 1476 | 13420.55 | 845.92 | 663.43 |
| 3.20 | 68552 | 1889.76 | 6835.40 | 38410 | 16550 | 4381 | 30442.72 | 5469.04 | 3075.35 |
| **3.09** | **51621** | **1921** | **8606** | **37678** | **15241** | **6715** | **33216** | **8024** | **7270** |
| 3.10 | 44007 | 45.66 | 304.70 | 32502 | 15713 | 297 | 955.98 | 142.53 | 328.05 |
| 3.30 | 41248 | 76.81 | 425.05 | 35927 | 14384 | 448 | 544.32 | 465.33 | 259.43 |
| 3.80 | 33114 | 74.59 | 353.88 | 31412 | 13097 | 348 | 376.24 | 212.14 | 197.30 |
| 1.30 | 56473 | 34.75 | 303.34 | 41779 | 18261 | 147 | 667.98 | 159.24 | 75.47 |
| 3.80 | 42710 | 47.82 | 413.60 | 41277 | 16363 | 78 | 2088.64 | 127.46 | 105.08 |
| 6.00 | 38330 | 184.18 | 645.53 | 39357 | 17950 | 322 | 4194.58 | 812.32 | 376.00 |
| -1.60 | 50395 | 113.75 | 396.93 | 39959 | 13423 | 450 | 1588.72 | 466.96 | 306.00 |
| 2.30 | 34613 | 65.92 | 417.38 | 39299 | 13148 | 406 | 626.10 | 477.07 | 306.79 |
| 0.30 | 50971 | 109.76 | 445.28 | 40494 | 15202 | 940 | 1533.07 | 497.59 | 338.00 |
| 6.70 | 74046 | 87.76 | 283.74 | 43920 | 15428 | 375 | 1454.71 | 558.90 | 276.72 |
| 2.10 | 64768 | 136.52 | 485.46 | 41993 | 16030 | 479 | 2374.28 | 627.25 | 2543.12 |
| 6.20 | 40748 | 57.58 | 363.32 | 37817 | 14145 | 179 | 1050.60 | 394.85 | 223.61 |
| 4.30 | 55194 | 33.34 | 155.48 | 37800 | 18283 | 135 | 386.94 | 279.26 | 101.55 |
| 2.40 | 51302 | 79.95 | 342.95 | 42726 | 15991 | 274 | 1472.77 | 702.15 | 260.12 |
| 3.90 | 44530 | 29.30 | 184.06 | 33329 | 13175 | 155 | 470.16 | 203.58 | 159.30 |
| 3.60 | 45441 | 15.03 | 134.27 | 30638 | 9271 | 25 | 312.79 | 61.34 | 23.29 |
| 1.30 | 77785 | 16.27 | 159.15 | 43898 | 12303 | 22 | 40.14 | 33.61 | 47.32 |
| 6.00 | 19271 | 20.92 | 320.79 | 25773 | 9672 | 75 | 19.63 | 138.05 | 104.90 |
| 4.00 | 35662 | 10.36 | 231.77 | 30660 | 10883 | 42 | 145.59 | 62.30 | 43.77 |
| 0.30 | 38097 | 6.59 | 109.70 | 38846 | 17523 | 33 | 85.73 | 45.05 | 52.69 |
| 0.20 | 39802 | 4.87 | 14.71 | 37997 | 12408 | 17 | 4.38 | 40.74 | 21.30 |
| 0.50 | 44584 | 18.46 | 155.81 | 23896 | 15634 | 71 | 686.79 | 77.84 | 55.97 |

2-6(一) 续表 1

| 地　　区 | 年末总人口（万人） | #少数民族 | 少数民族占总人口（%） | 地区生产总值（亿元） | 第一产业（亿元） | 第二产业（亿元） | 第三产业（亿元） |
|---|---|---|---|---|---|---|---|
| 果洛藏族自治州 | 22.00 | 20.52 | 93.27 | 53.62 | 10.12 | 18.34 | 25.17 |
| 玉树藏族自治州 | 43.20 | 42.00 | 97.22 | 72.27 | 43.95 | 7.86 | 20.47 |
| 海西蒙古族藏族自治州 | 40.34 | 13.80 | 34.21 | 842.55 | 48.45 | 589.89 | 204.22 |
| **新疆维吾尔自治区** | | | | | | | |
| 昌吉回族自治州 | 162.00 | 41.78 | 25.79 | 2169.52 | 298.81 | 1227.18 | 643.53 |
| 博尔塔拉蒙古自治州 | 48.14 | 18.19 | 37.79 | 481.66 | 101.82 | 155.50 | 224.34 |
| 巴音郭楞蒙古自治州 | 149.85 | 61.72 | 41.19 | 1519.84 | 217.87 | 882.79 | 419.18 |
| 克孜勒苏柯尔克孜自治州 | 62.47 | 55.69 | 89.15 | 217.12 | 26.83 | 77.67 | 112.62 |
| 伊犁哈萨克自治州 | 290.93 | 189.66 | 65.19 | 2854.00 | 729.53 | 796.31 | 1275.52 |
| **120个自治县(旗)合计** | **3737** | **2352** | **62.93** | **13068** | **3293** | **3591** | **6184** |
| **河北省** | | | | | | | |
| 青龙满族自治县 | 55.55 | 41.89 | 75.41 | 141.92 | 56.47 | 32.43 | 53.02 |
| 丰宁满族自治县 | 40.30 | 29.40 | 72.95 | 156.82 | 41.11 | 55.69 | 60.02 |
| 宽城满族自治县 | 26.02 | 19.86 | 76.33 | 156.57 | 24.74 | 64.97 | 66.87 |
| 围场满族蒙古族自治县 | 53.05 | 35.65 | 67.20 | 195.47 | 82.14 | 43.75 | 69.58 |
| 孟村回族自治县 | 22.80 | 6.04 | 26.49 | 105.19 | 9.01 | 53.24 | 42.94 |
| 大厂回族自治县 | 16.69 | 3.51 | 21.03 | 180.90 | 4.49 | 33.05 | 143.35 |
| **内蒙古自治区** | | | | | | | |
| 莫力达瓦达斡尔族自治旗 | 30.82 | 7.02 | 22.78 | 109.35 | 74.49 | 6.62 | 28.24 |
| 鄂伦春自治旗 | 23.15 | 3.00 | 12.96 | 83.75 | 39.28 | 8.04 | 36.44 |
| 鄂温克族自治旗 | 13.51 | 6.05 | 44.78 | 182.33 | 12.28 | 124.87 | 45.17 |
| **辽宁省** | | | | | | | |
| 岫岩满族自治县 | 49.10 | 46.00 | 93.69 | 147.60 | 28.00 | 29.30 | 90.30 |
| 新宾满族自治县 | 27.70 | 22.87 | 82.56 | 53.55 | 18.51 | 7.73 | 27.32 |
| 清原满族自治县 | 30.50 | 22.26 | 72.98 | 61.60 | 19.46 | 13.47 | 28.67 |
| 本溪满族自治县 | 27.20 | 18.50 | 68.01 | 141.01 | 20.67 | 49.03 | 71.30 |
| 桓仁满族自治县 | 28.10 | 16.02 | 57.01 | 114.55 | 23.97 | 28.64 | 61.95 |
| 宽甸满族自治县 | 40.28 | 20.17 | 50.07 | 108.87 | 32.31 | 26.38 | 50.18 |
| 阜新蒙古族自治县 | 68.86 | 15.77 | 22.90 | 175.51 | 65.70 | 40.86 | 68.95 |
| 喀喇沁左翼蒙古族自治县 | 41.04 | 9.62 | 23.44 | 112.59 | 41.80 | 21.67 | 49.12 |
| **吉林省** | | | | | | | |
| 伊通满族自治县 | 43.07 | 16.89 | 39.22 | 106.26 | 50.14 | 8.19 | 47.93 |
| 长白朝鲜族自治县 | 7.33 | 1.33 | 18.14 | 37.75 | 6.77 | 7.97 | 23.01 |
| 前郭尔罗斯蒙古族自治县 | 56.31 | 6.57 | 11.67 | 167.22 | 73.39 | 23.09 | 70.74 |
| **黑龙江省** | | | | | | | |
| 杜尔伯特蒙古族自治县 | 22.36 | 3.51 | 15.70 | 122.37 | 47.40 | 24.88 | 50.09 |

| 地　　区<br>生产总值<br>增长速度<br>（%） | 人均地区<br>生产总值<br><br>（元） | 地方一般<br>公共预算<br>收　　入<br>（亿元） | 地方一般<br>公共预算<br>支　　出<br>（亿元） | 城镇居民<br>人　　均<br>可支配收入<br>（元） | 农村居民<br>人　　均<br>可支配收入<br>（元） | 规模以上<br>人　　均<br>企业数<br>（个） | 规模以上<br>工业企业<br>资产总计<br>（亿元） | 农林牧渔<br>业总产值<br><br>（亿元） | 农业机械<br>总动力<br><br>（万千瓦） |
|---|---|---|---|---|---|---|---|---|---|
| 2.70 | 24495 | 2.94 | 99.95 | 41703 | 11516 | 5 | 9.97 | 12.28 | 65.83 |
| 1.30 | 16793 | 2.81 | 136.76 | 40704 | 11494 | | | 50.56 | |
| 5.70 | 179956 | 141.91 | 191.16 | 40848 | 18737 | 200 | 2671.62 | 75.00 | 43.69 |
| | | | | | | | | | |
| 4.20 | 124260 | 222.14 | 360.74 | 38085 | 24667 | 482 | 4891.43 | 298.86 | 277.00 |
| 6.20 | 97580 | 38.80 | 142.99 | 37853 | 22689 | 130 | 238.68 | 124.22 | 89.19 |
| 1.80 | 94644 | 90.94 | 290.56 | 36448 | 22596 | 275 | 2507.29 | 334.32 | 290.46 |
| 2.70 | 34887 | 18.86 | 200.27 | 31644 | 10569 | 50 | 287.65 | 59.69 | 54.71 |
| 2.00 | 53526 | 132.52 | 536.28 | 36160 | 18415 | 255 | 1529.67 | 483.22 | 243.14 |
| **3.23** | **42023** | **685** | **3914** | **35287** | **15098** | **4901** | **10566** | **5763** | **3267** |
| | | | | | | | | | |
| 3.60 | 35124 | 6.22 | 32.69 | 41595 | 15691 | 36 | 124.35 | 100.43 | 13.44 |
| 4.50 | 48529 | 6.65 | 49.86 | 30588 | 12422 | 41 | 474.58 | 70.52 | 51.82 |
| 4.20 | 65663 | 12.70 | 25.15 | 41120 | 18538 | 68 | 333.77 | 36.52 | 9.12 |
| 2.80 | 46524 | 7.00 | 39.98 | 32024 | 13619 | 51 | 327.53 | 124.01 | 67.60 |
| 3.80 | 51302 | 8.92 | 18.85 | 41496 | 17051 | 101 | 119.71 | 163.38 | 28.26 |
| 2.90 | 109184 | 27.33 | 42.98 | 51685 | 23147 | 70 | 134.00 | 7.40 | |
| | | | | | | | | | |
| 5.90 | 47543 | 3.58 | 40.12 | 18509 | 14857 | 5 | 9.35 | 116.36 | 162.50 |
| 2.80 | 49265 | 2.62 | 32.14 | 31063 | 13763 | 4 | 15.96 | 61.94 | 78.12 |
| 11.30 | 130236 | 11.39 | 28.45 | 36812 | 31051 | 13 | 326.69 | 22.92 | 20.96 |
| | | | | | | | | | |
| 0.40 | 30000 | 7.50 | 35.46 | 23106 | 20517 | 62 | 84.42 | 47.37 | 32.36 |
| 1.30 | 25722 | 4.68 | 22.57 | | 18067 | 20 | 27.25 | 32.17 | |
| -1.20 | 20197 | 7.45 | 43.28 | | 18353 | 18 | 37.21 | 31.09 | 30.50 |
| 2.80 | 68000 | 7.30 | 24.23 | 31147 | 20902 | 38 | 103.59 | 41.34 | 19.50 |
| 2.55 | 40755 | 4.37 | 24.00 | 29896 | 20938 | 25 | 6.61 | 44.68 | 17.90 |
| 0.30 | 27028 | 5.55 | 30.35 | | 19479 | 39 | 68.27 | 56.47 | 32.00 |
| 4.80 | 25554 | 9.45 | 42.31 | 33602 | 20471 | 81 | 238.72 | 166.56 | 188.30 |
| 3.50 | 33329 | 5.90 | 31.79 | 30803 | 17435 | 63 | 78.39 | 86.88 | 33.30 |
| | | | | | | | | | |
| 2.90 | 33611 | 6.94 | 44.61 | 29383 | 16928 | 18 | 42.97 | 113.90 | 68.63 |
| -1.80 | 51117 | 1.07 | 18.25 | 26228 | 14317 | 8 | 7.52 | 11.63 | 1.84 |
| 3.60 | 29693 | 11.14 | 65.97 | 32679 | 17705 | 53 | 88.84 | 145.86 | 220.70 |
| | | | | | | | | | |
| 1.50 | 62354 | 2.82 | 27.30 | 28553 | 19066 | 43 | 178.21 | 102.80 | 84.60 |

2-6(一) 续表 2

| 地区 | 年末总人口（万人） | #少数民族 | 少数民族占总人口（%） | 地区生产总值（亿元） | 第一产业（亿元） | 第二产业（亿元） | 第三产业（亿元） |
|---|---|---|---|---|---|---|---|
| **浙江省** | | | | | | | |
| 景宁畲族自治县 | 16.72 | 2.02 | 12.08 | 93.24 | 7.28 | 20.49 | 65.47 |
| **湖北省** | | | | | | | |
| 长阳土家族自治县 | 37.60 | 24.44 | 65.00 | 195.51 | 52.52 | 45.96 | 97.04 |
| 五峰土家族自治县 | 19.19 | 16.00 | 83.38 | 110.04 | 29.23 | 30.07 | 50.74 |
| **湖南省** | | | | | | | |
| 城步苗族自治县 | 27.57 | 17.76 | 64.42 | 65.14 | 14.26 | 16.62 | 34.26 |
| 江华瑶族自治县 | 53.29 | 39.97 | 75.00 | 156.36 | 34.14 | 54.66 | 67.56 |
| 麻阳苗族自治县 | 39.03 | 37.08 | 95.00 | 109.21 | 22.57 | 35.99 | 50.66 |
| 新晃侗族自治县 | 25.36 | 22.83 | 90.02 | 90.72 | 12.91 | 27.96 | 49.85 |
| 芷江侗族自治县 | 37.02 | 24.24 | 65.48 | 120.41 | 26.00 | 31.67 | 62.74 |
| 靖州苗族侗族自治县 | 27.38 | 21.17 | 77.32 | 100.40 | 19.20 | 26.28 | 54.92 |
| 通道侗族自治县 | 23.72 | 20.89 | 88.07 | 63.44 | 9.89 | 18.74 | 34.80 |
| **广东省** | | | | | | | |
| 乳源瑶族自治县 | 23.32 | 2.80 | 12.01 | 114.70 | 11.09 | 58.82 | 44.79 |
| 连山壮族瑶族自治县 | 12.51 | 8.24 | 65.87 | 46.93 | 11.70 | 10.63 | 24.60 |
| 连南瑶族自治县 | 17.75 | 10.31 | 58.08 | 72.82 | 13.32 | 20.78 | 38.72 |
| **广西壮族自治区** | | | | | | | |
| 融水苗族自治县 | 52.42 | 40.07 | 76.44 | 138.94 | 22.84 | 37.83 | 78.26 |
| 三江侗族自治县 | 40.48 | 35.23 | 87.03 | 88.79 | 23.48 | 13.97 | 51.34 |
| 龙胜各族自治县 | 17.18 | 17.10 | 99.53 | 70.38 | 17.09 | 16.30 | 37.00 |
| 恭城瑶族自治县 | 30.42 | 19.72 | 64.83 | 95.31 | 49.23 | 10.47 | 35.61 |
| 隆林各族自治县 | 44.06 | 35.33 | 80.19 | 86.72 | 19.84 | 32.17 | 34.72 |
| 富川瑶族自治县 | 34.38 | 20.57 | 59.83 | 119.53 | 40.90 | 40.79 | 37.85 |
| 罗城仫佬族自治县 | 38.61 | 29.61 | 76.69 | 74.93 | 29.73 | 9.77 | 35.43 |
| 环江毛南族自治县 | 37.82 | 35.73 | 94.47 | 85.95 | 28.61 | 23.18 | 34.15 |
| 巴马瑶族自治县 | 23.65 | 19.80 | 83.72 | 96.87 | 17.42 | 34.06 | 45.39 |
| 都安瑶族自治县 | 72.53 | 69.97 | 96.47 | 85.96 | 22.34 | 12.85 | 50.77 |
| 大化瑶族自治县 | 48.56 | 45.84 | 94.40 | 80.62 | 14.47 | 30.44 | 35.71 |
| 金秀瑶族自治县 | 15.50 | 12.96 | 83.61 | 57.14 | 15.97 | 12.64 | 28.52 |
| **海南省** | | | | | | | |
| 白沙黎族自治县 | 19.33 | 13.01 | 67.30 | 64.52 | 25.72 | 6.67 | 32.13 |
| 昌江黎族自治县 | 25.30 | 10.76 | 42.53 | 151.09 | 42.38 | 60.43 | 48.28 |
| 乐东黎族自治县 | 55.03 | 21.18 | 38.49 | 195.07 | 110.37 | 24.58 | 60.12 |
| 陵水黎族自治县 | 38.74 | 22.29 | 57.54 | 231.74 | 66.84 | 32.92 | 131.97 |
| 保亭黎族苗族自治县 | 16.72 | 11.68 | 69.86 | 69.08 | 25.84 | 8.42 | 34.83 |
| 琼中黎族苗族自治县 | 21.29 | 13.75 | 64.58 | 69.30 | 22.05 | 12.71 | 34.55 |

| 地　区生产总值增长速度（%） | 人均地区生产总值（元） | 地方一般公共预算收　入（亿元） | 地方一般公共预算支　出（亿元） | 城镇居民人　均可支配收入（元） | 农村居民人　均可支配收入（元） | 规模以上工　业企业数（个） | 规模以上工业企业资产总计（亿元） | 农林牧渔业总产值（亿元） | 农业机械总动力（万千瓦） |
|---|---|---|---|---|---|---|---|---|---|
| | | | | | | | | | |
| 3.95 | 84378 | 15.90 | 48.41 | 47807 | 26139 | 45 | 35.87 | 11.42 | 8.90 |
| | | | | | | | | | |
| 4.50 | 61308 | 6.18 | 39.16 | 36006 | 14685 | 62 | 120.69 | 103.45 | 27.80 |
| 5.50 | 68136 | 3.09 | 27.42 | 33036 | 14326 | 47 | 66.20 | 55.97 | 15.24 |
| | | | | | | | | | |
| 4.90 | 29145 | 3.07 | 28.63 | 30264 | 12331 | 35 | 40.80 | 26.78 | 22.39 |
| 5.50 | 34817 | 11.55 | 42.42 | 32318 | 14842 | 144 | 302.16 | 68.70 | 50.85 |
| 4.80 | 38046 | 6.01 | 33.74 | 29903 | 12733 | 41 | 43.84 | 40.26 | 27.12 |
| 0.12 | 36780 | 5.89 | 26.84 | 26852 | 12867 | 46 | 7.28 | 25.99 | 22.14 |
| 4.60 | 39376 | 6.70 | 32.21 | 30920 | 13128 | 57 | 33.75 | 47.14 | 12.00 |
| 4.20 | 43127 | 5.36 | 28.99 | 28344 | 14151 | 55 | 25.36 | 35.69 | 50.95 |
| 3.50 | 31734 | 3.61 | 25.30 | 27300 | 12239 | 54 | 69.10 | 21.48 | 28.50 |
| | | | | | | | | | |
| 3.20 | 60916 | 5.24 | 28.83 | 33827 | 20149 | 63 | 299.32 | 17.79 | 9.83 |
| 2.30 | 49170 | 2.44 | 19.29 | 30065 | 17831 | 7 | 7.89 | 17.55 | 5.25 |
| 4.30 | 53761 | 2.40 | 22.23 | 31264 | 18198 | 14 | 10.31 | 19.80 | 0.01 |
| | | | | | | | | | |
| | 33515 | 6.09 | 33.78 | 35809 | 17697 | 65 | 73.37 | 37.70 | 29.68 |
| 3.90 | 27484 | 1.96 | 28.63 | 35108 | 17142 | 22 | 22.89 | 38.42 | |
| 2.40 | 50364 | 2.61 | 20.66 | 39933 | 16579 | 26 | 65.83 | 37.49 | 32.72 |
| 2.70 | 38745 | 2.85 | 22.70 | 39407 | 17451 | 19 | 21.46 | 60.94 | 13.00 |
| 13.90 | 24708 | 3.62 | 40.23 | 37230 | 12899 | 39 | 48.53 | 31.62 | 32.28 |
| 5.80 | 44371 | 3.88 | 31.84 | 35353 | 15877 | 29 | 135.63 | 67.40 | 20.04 |
| 5.60 | 27563 | 3.02 | 34.58 | 28053 | 10846 | 27 | 37.78 | 47.66 | 25.12 |
| 4.90 | 31190 | 4.97 | 33.60 | 20547 | 14253 | 35 | 74.39 | 5.41 | |
| 1.49 | 41005 | 4.75 | 27.63 | 32641 | 11828 | 20 | 19.12 | 29.11 | 15.00 |
| 3.90 | 16011 | 3.86 | 53.79 | 29934 | 11810 | 29 | 58.15 | 38.19 | 46.23 |
| 1.90 | 22126 | 4.75 | 42.22 | 29556 | 11877 | 17 | 61.29 | 26.43 | 22.10 |
| 3.10 | 44175 | 2.33 | 19.10 | 40350 | 14315 | 34 | 17.44 | 25.77 | 1.19 |
| | | | | | | | | | |
| 1.30 | 39235 | 2.01 | 34.72 | 35299 | 17060 | 10 | 7.75 | 40.08 | 12.13 |
| -0.90 | 64318 | 15.19 | 39.65 | 40712 | 18558 | 27 | 455.30 | 68.78 | 18.00 |
| 1.70 | 41522 | 5.70 | 42.97 | 33984 | 18413 | 11 | 178.91 | 173.30 | 76.80 |
| -0.60 | 61402 | 40.55 | 84.89 | 35580 | 18181 | 41 | 18.70 | 99.07 | 24.03 |
| 4.50 | 43764 | 4.14 | 33.74 | 36677 | 16881 | 4 | 2.86 | 37.90 | 7.21 |
| 2.20 | 38256 | 2.70 | 34.49 | 36005 | 17068 | 9 | 60.32 | 42.47 | 29.65 |

2-6(一) 续表 3

| 地 区 | 年末总人口（万人） | #少数民族 | 少数民族占总人口（%） | 地区生产总值（亿元） | 第一产业（亿元） | 第二产业（亿元） | 第三产业（亿元） |
|---|---|---|---|---|---|---|---|
| **重庆市** | | | | | | | |
| 石柱土家族自治县 | 54.41 | 44.07 | 81.00 | 209.07 | 37.52 | 59.44 | 112.11 |
| 秀山土家族苗族自治县 | 67.40 | 40.20 | 59.64 | 358.21 | 34.80 | 110.04 | 213.37 |
| 酉阳土家族苗族自治县 | 85.20 | 78.70 | 92.37 | 231.66 | 42.87 | 33.80 | 154.99 |
| 彭水苗族土家族自治县 | 69.93 | 40.35 | 57.70 | 282.13 | 42.06 | 100.14 | 139.93 |
| **四川省** | | | | | | | |
| 北川羌族自治县 | 22.93 | 9.05 | 39.47 | 94.47 | 15.09 | 24.30 | 55.08 |
| 峨边彝族自治县 | 14.85 | 6.85 | 46.13 | 65.26 | 9.26 | 31.35 | 24.65 |
| 马边彝族自治县 | 22.72 | 12.20 | 53.70 | 61.21 | 13.11 | 24.35 | 23.75 |
| 木里藏族自治县 | 13.77 | 11.42 | 82.93 | 63.07 | 11.96 | 29.56 | 21.55 |
| **贵州省** | | | | | | | |
| 道真仡佬族苗族自治县 | 34.97 | 26.23 | 75.01 | 90.76 | 31.03 | 16.35 | 43.38 |
| 务川仡佬族苗族自治县 | 48.59 | 43.55 | 89.63 | 86.80 | 22.81 | 21.22 | 42.76 |
| 镇宁布依族苗族自治县 | 29.07 | 16.08 | 55.31 | 132.83 | 31.33 | 28.18 | 73.32 |
| 关岭布依族苗族自治县 | 40.52 | 20.06 | 49.51 | 119.35 | 31.28 | 20.89 | 67.18 |
| 紫云苗族布依族自治县 | 41.11 | 28.17 | 68.52 | 95.42 | 31.44 | 18.41 | 45.57 |
| 威宁彝族回族苗族自治县 | 159.80 | 38.48 | 24.08 | 316.52 | 136.49 | 42.47 | 137.56 |
| 玉屏侗族自治县 | 17.62 | 15.84 | 89.90 | 105.85 | 13.66 | 44.65 | 47.54 |
| 印江土家族苗族自治县 | 44.54 | 33.83 | 75.95 | 131.26 | 39.86 | 21.08 | 70.31 |
| 沿河土家族自治县 | 69.19 | 51.61 | 74.59 | 145.45 | 43.73 | 18.80 | 82.91 |
| 松桃苗族自治县 | 73.30 | 39.00 | 53.21 | 188.64 | 45.60 | 39.50 | 103.50 |
| 三都水族自治县 | 38.10 | 37.10 | 97.38 | 98.33 | 27.04 | 22.75 | 48.55 |
| **云南省** | | | | | | | |
| 石林彝族自治县 | 25.61 | 9.42 | 36.78 | 129.45 | 31.20 | 18.12 | 80.13 |
| 禄劝彝族苗族自治县 | 48.40 | 16.10 | 33.26 | 162.28 | 43.72 | 34.90 | 83.67 |
| 寻甸回族彝族自治县 | 57.88 | 13.97 | 24.14 | 157.69 | 37.68 | 30.00 | 90.01 |
| 峨山彝族自治县 | 15.57 | 10.75 | 69.04 | 143.52 | 20.21 | 43.12 | 80.20 |
| 新平彝族傣族自治县 | 27.97 | 20.73 | 74.12 | 270.67 | 35.92 | 119.02 | 115.72 |
| 元江哈尼族彝族傣族自治县 | 21.14 | 17.43 | 82.45 | 145.82 | 38.25 | 39.19 | 68.38 |
| 玉龙纳西族自治县 | 22.83 | 19.57 | 85.72 | 112.03 | 21.67 | 47.10 | 43.26 |
| 宁蒗彝族自治县 | 28.04 | 24.36 | 86.88 | 79.80 | 13.03 | 24.57 | 42.19 |
| 宁洱哈尼族彝族自治县 | 18.89 | 10.90 | 57.70 | 77.95 | 20.07 | 20.96 | 36.93 |
| 墨江哈尼族自治县 | 36.50 | 28.61 | 78.38 | 95.63 | 27.79 | 18.56 | 49.28 |
| 景东彝族自治县 | 36.02 | 18.69 | 51.89 | 122.34 | 39.74 | 18.19 | 64.41 |
| 景谷傣族彝族自治县 | 27.20 | 13.28 | 48.82 | 140.75 | 43.80 | 37.79 | 59.16 |
| 镇沅彝族哈尼族拉祜族自治县 | 21.21 | 12.31 | 58.04 | 93.19 | 30.56 | 19.83 | 42.80 |
| 江城哈尼族彝族自治县 | 10.50 | 7.95 | 75.71 | 62.09 | 15.87 | 17.37 | 28.84 |
| 孟连傣族拉祜族佤族自治县 | 13.37 | 11.59 | 86.69 | 58.35 | 17.99 | 8.76 | 31.60 |

| 地区生产总值增长速度（%） | 人均地区生产总值（元） | 地方一般公共预算收入（亿元） | 地方一般公共预算支出（亿元） | 城镇居民人均可支配收入（元） | 农村居民人均可支配收入（元） | 规模以上工业企业数（个） | 规模以上工业企业资产总计（亿元） | 农林牧渔业总产值（亿元） | 农业机械总动力（万千瓦） |
|---|---|---|---|---|---|---|---|---|---|
| 4.00 | 53959 | 12.93 | 56.14 | 40872 | 18323 | 53 | 133.62 | 59.05 | 34.63 |
| 3.50 | 72096 | 17.05 | 61.77 | 42421 | 15873 | 81 | 112.90 | 58.14 | 34.93 |
| 2.30 | 38168 | 15.09 | 63.79 | 33298 | 13789 | 34 | 70.71 | 72.01 | 43.47 |
| 3.50 | 53791 | 16.75 | 70.16 | 37220 | 15882 | 29 | 192.92 | 71.07 | 43.00 |
| | | | | | | | | | |
| 4.60 | 52746 | 5.64 | 22.53 | 39185 | 18676 | 75 | 90.97 | 31.61 | 9.52 |
| 3.40 | 53932 | 9.00 | 22.00 | 39721 | 16064 | 33 | 116.90 | 15.27 | 12.59 |
| 4.90 | 32300 | 5.59 | 22.20 | 40543 | 16399 | 25 | 98.92 | 20.94 | 6.36 |
| 7.50 | 45806 | 7.17 | 27.49 | 35233 | 14584 | 731 | 28.95 | 23.37 | 12.44 |
| | | | | | | | | | |
| 0.70 | 37356 | 2.59 | 35.22 | 38493 | 14301 | 22 | 24.21 | 50.22 | 30.70 |
| -1.30 | 28231 | 3.01 | 30.05 | 38488 | 14347 | 18 | 104.89 | 47.83 | 35.65 |
| 3.70 | 45377 | 5.60 | 24.08 | 36365 | 12124 | 24 | 43.30 | 54.40 | 32.00 |
| 2.79 | 42296 | 4.09 | 29.52 | 36418 | 12371 | 42 | 0.01 | 55.11 | 36.60 |
| 2.70 | 32955 | 2.31 | 31.20 | 34887 | 12405 | 22 | 27.25 | 56.27 | |
| 0.10 | 24978 | 11.13 | 97.85 | 37723 | 13289 | 56 | | 237.22 | |
| 0.60 | 71569 | 4.70 | 36.41 | 39388 | 16315 | 79 | 462.03 | 23.70 | 16.20 |
| 0.20 | 45014 | 3.13 | 32.94 | 37362 | 12484 | 51 | 24.80 | 62.63 | 71.00 |
| 0.30 | 34006 | 3.49 | 52.24 | 26666 | 12507 | 20 | 95.97 | 69.18 | 35.48 |
| 0.40 | 39373 | 8.63 | 49.37 | 37219 | 12560 | 49 | | 69.76 | 51.22 |
| 1.40 | 35614 | 3.59 | 33.81 | 37475 | 14498 | 16 | 1.56 | 43.40 | 28.40 |
| | | | | | | | | | |
| 3.60 | 54175 | 6.90 | 19.55 | 50580 | 20327 | 33 | 37.73 | 57.58 | 36.02 |
| 4.50 | 43182 | 5.63 | 35.20 | 41414 | 12544 | 14 | 61.77 | 70.20 | |
| 5.80 | 34103 | 7.45 | 41.93 | 43247 | 12891 | 42 | 136.27 | 65.77 | 43.60 |
| 6.10 | 97898 | 4.20 | 17.52 | 47109 | 18349 | 31 | 29.89 | 30.86 | 32.12 |
| 6.90 | 102974 | 4.89 | 24.42 | 47119 | 18811 | 37 | 342.42 | 67.71 | 32.02 |
| 2.40 | 74839 | 2.00 | 15.80 | 46060 | 17870 | 27 | 45.83 | 64.57 | 10.04 |
| 8.70 | 50126 | 6.59 | 26.87 | 34949 | 16044 | 9 | 17.23 | 39.65 | 22.00 |
| 7.10 | 32671 | 2.76 | 31.29 | 29516 | 10902 | 4 | 0.52 | 24.33 | 10.20 |
| 4.10 | 49214 | 3.72 | 20.47 | 38914 | 15298 | 24 | 42.09 | 33.18 | 21.19 |
| 5.00 | 34672 | 4.92 | 28.46 | 35737 | 14304 | 13 | 81.69 | 46.12 | 22.85 |
| 3.20 | 40977 | 0.22 | 25.78 | 36048 | 15061 | 12 | 5.72 | 66.17 | 31.29 |
| 3.30 | 51520 | 5.42 | 24.71 | 38628 | 15494 | 20 | 169.02 | 72.48 | 24.18 |
| 3.80 | 53023 | 3.46 | 19.96 | 36188 | 15326 | 12 | 31.52 | 50.46 | 28.97 |
| 4.00 | 58297 | 1.78 | 19.55 | 36312 | 14270 | 16 | 35.07 | 26.47 | 12.52 |
| 3.30 | 41137 | 2.37 | 19.76 | 31818 | 14057 | 11 | 13.98 | 30.64 | 15.00 |

2-6(一) 续表 4

| 地区 | 年末总人口（万人） | #少数民族 | 少数民族占总人口（%） | 地区生产总值（亿元） | 第一产业（亿元） | 第二产业（亿元） | 第三产业（亿元） |
|---|---|---|---|---|---|---|---|
| 澜沧拉祜族自治县 | 49.16 | 39.52 | 80.39 | 142.83 | 36.52 | 44.44 | 61.87 |
| 西盟佤族自治县 | 8.70 | 7.90 | 90.80 | 32.21 | 6.23 | 7.65 | 18.33 |
| 双江拉祜族佤族布朗族傣族自治县 | 16.30 | 8.35 | 51.23 | 76.03 | 23.07 | 19.66 | 33.31 |
| 耿马傣族佤族自治县 | 29.88 | 16.67 | 55.79 | 148.07 | 61.05 | 35.48 | 51.53 |
| 沧源佤族自治县 | 17.33 | 16.32 | 94.17 | 65.31 | 19.95 | 19.14 | 26.22 |
| 屏边苗族自治县 | 16.04 | 11.16 | 69.58 | 72.71 | 11.68 | 29.42 | 31.61 |
| 金平苗族瑶族傣族自治县 | 39.57 | 34.95 | 88.32 | 93.90 | 20.22 | 29.20 | 44.48 |
| 河口瑶族自治县 | 9.21 | 6.49 | 70.47 | 122.33 | 16.90 | 31.79 | 73.64 |
| 漾濞彝族自治县 | 9.70 | 6.90 | 71.13 | 40.87 | 12.80 | 9.70 | 18.37 |
| 南涧彝族自治县 | 22.60 | 12.39 | 54.82 | 93.95 | 23.39 | 27.57 | 42.99 |
| 巍山彝族回族自治县 | 32.33 | 15.04 | 46.52 | 106.76 | 35.07 | 25.40 | 46.29 |
| 贡山独龙族怒族自治县 | 3.47 | 3.34 | 96.25 | 22.24 | 4.61 | 6.35 | 11.27 |
| 兰坪白族普米族自治县 | 19.28 | 18.00 | 93.36 | 102.97 | 15.66 | 43.16 | 44.15 |
| 维西傈僳族自治县 | 15.77 | 13.87 | 87.95 | 71.49 | 9.64 | 21.56 | 40.29 |
| **甘肃省** | | | | | | | |
| 张家川回族自治县 | 37.95 | 27.20 | 71.67 | 37.12 | 12.58 | 2.97 | 21.57 |
| 天祝藏族自治县 | 19.92 | 8.40 | 42.17 | 71.11 | 17.37 | 19.88 | 33.86 |
| 肃南裕固族自治县 | 3.94 | 2.27 | 57.61 | 38.63 | 10.51 | 14.74 | 13.39 |
| 肃北蒙古族自治县 | 1.26 | 0.46 | 36.51 | 25.86 | 1.48 | 13.86 | 10.52 |
| 阿克塞哈萨克族自治县 | 0.95 | 0.37 | 38.95 | 11.75 | 1.30 | 3.06 | 7.38 |
| 东乡族自治县 | 29.19 | 27.18 | 93.11 | 43.45 | 11.20 | 7.77 | 24.48 |
| 积石山保安族东乡族撒拉族自治县 | 23.89 | 18.23 | 76.31 | 33.50 | 7.02 | 2.36 | 24.12 |
| **青海省** | | | | | | | |
| 大通回族土族自治县 | 46.83 | 24.89 | 53.15 | 140.30 | 24.33 | 75.16 | 40.81 |
| 民和回族土族自治县 | 43.92 | 27.38 | 62.34 | 125.52 | 16.80 | 56.83 | 51.89 |
| 互助土族自治县 | 40.02 | 11.41 | 28.51 | 125.87 | 27.59 | 41.46 | 56.82 |
| 化隆回族自治县 | 31.12 | 26.51 | 85.19 | 58.08 | 10.34 | 23.51 | 24.23 |
| 循化撒拉族自治县 | 13.42 | 12.61 | 93.96 | 44.85 | 8.50 | 16.24 | 20.10 |
| 门源回族自治县 | 16.22 | 10.66 | 65.72 | 37.67 | 12.37 | 4.96 | 20.34 |
| 河南蒙古族自治县 | 4.19 | 4.16 | 99.28 | 20.50 | 10.47 | 3.51 | 6.52 |
| **新疆维吾尔自治区** | | | | | | | |
| 巴里坤哈萨克自治县 | 10.35 | 4.06 | 39.23 | 131.59 | 12.13 | 90.11 | 29.36 |
| 木垒哈萨克自治县 | 8.46 | 3.32 | 39.24 | 115.43 | 12.51 | 74.65 | 28.27 |
| 焉耆回族自治县 | 12.30 | 8.47 | 68.86 | 62.74 | 16.78 | 14.78 | 31.18 |
| 塔什库尔干塔吉克自治县 | 4.18 | 3.94 | 94.26 | 19.35 | 1.43 | 6.12 | 11.80 |
| 察布查尔锡伯自治县 | 19.29 | 13.07 | 67.76 | 88.58 | 38.03 | 18.59 | 31.96 |
| 和布克赛尔蒙古自治县 | 4.96 | 3.34 | 67.34 | 54.55 | 14.09 | 22.43 | 18.03 |

| 地　区生产总值增长速度（%） | 人均地区生产总值（元） | 地方一般公共预算收　入（亿元） | 地方一般公共预算支　出（亿元） | 城镇居民人　均可支配收入（元） | 农村居民人　均可支配收入（元） | 规模以上工　业企业数（个） | 规模以上工业企业资产总计（亿元） | 农林牧渔业总产值（亿元） | 农业机械总动力（万千瓦） |
|---|---|---|---|---|---|---|---|---|---|
| 2.50 | 32667 | 5.41 | 44.92 | 34503 | 14107 | 20 | 216.37 | 59.68 | 32.60 |
| 4.30 | 36545 | 1.02 | 18.57 | 31841 | 14092 | 4 | 5.49 | 10.34 | 9.43 |
| 5.20 | 46644 | 3.16 | 18.76 | 34839 | 15301 | 31 | 40.51 | 35.02 | 15.37 |
| 3.40 | 52348 | 1.52 | 27.06 | 35959 | 16050 | 40 | 53.98 | 87.75 | 15.14 |
| 5.40 | 41166 | 3.21 | 21.52 | 34218 | 14637 | 16 | 27.03 | 33.28 | 10.50 |
| 5.00 | 57779 | 1.87 | 17.45 | 38651 | 12487 | 16 | 29.03 | 18.82 | 0.73 |
| -8.00 | 29184 | 1.99 | 30.33 | 39210 | 12310 | 20 | 42.88 | 32.90 | 6.33 |
| -4.50 | 123567 | 3.06 | 21.36 | 42019 | 17612 | 11 | 16.03 | 25.03 | 2.87 |
| 4.10 | 42042 | 2.67 | 25.11 | 38399 | 15212 | 26 | 20.19 | 23.58 | 10.96 |
| 5.00 | 49318 | 2.86 | 18.32 | 40765 | 12951 | 17 | 118.41 | 45.88 | 9.20 |
| 3.60 | 40341 | 3.82 | 26.86 | 40559 | 14204 | 21 | 17.74 | 59.33 | 24.85 |
| 3.60 | 58438 | 0.75 | 16.78 | 29264 | 9099 | 3 | 15.12 | 6.44 | 3.87 |
| 1.20 | 53011 | 6.06 | 35.16 | 31520 | 9503 | 4 | 234.49 | 24.59 | 7.05 |
| 1.40 | 48387 | 2.18 | 35.72 | 39945 | 12265 | 3 | 86.40 | 16.68 | 14.81 |
| | | | | | | | | | |
| 6.60 | 15232 | 1.41 | 34.05 | 31001 | 9647 | 10 | 13.96 | 20.92 | 5.27 |
| 8.20 | 48228 | 4.23 | 45.70 | 31023 | 10525 | 35 | 46.58 | 33.31 | 26.30 |
| 6.30 | 141250 | 2.97 | 21.40 | 34872 | 23277 | 23 | 86.62 | 15.78 | 7.98 |
| 17.00 | 171273 | 3.59 | 13.21 | 46286 | 33750 | 27 | 180.48 | 3.27 | 3.31 |
| 5.60 | 107169 | 0.82 | 7.70 | 47862 | 36420 | 7 | 24.07 | 2.52 | 2.81 |
| 8.00 | 14911 | 1.45 | 48.87 | 24285 | 7696 | 8 | 10.22 | 23.42 | 12.66 |
| 6.92 | 14024 | 1.22 | 33.04 | 24863 | 8229 | 3 | 0.10 | 13.89 | 13.10 |
| | | | | | | | | | |
| 1.50 | 31978 | 8.32 | 53.68 | 37915 | 15938 | 45 | 217.02 | 47.82 | 53.68 |
| 0.20 | 38445 | 5.02 | 41.40 | 36414 | 14754 | 20 | 104.68 | 28.32 | 55.95 |
| -1.00 | 37361 | 3.56 | 45.53 | 37286 | 14795 | 22 | 97.56 | 47.62 | 50.59 |
| 0.30 | 29041 | 2.46 | 26.39 | 36886 | 13690 | 10 | 21.90 | 16.76 | 19.53 |
| 6.50 | 35071 | 1.04 | 20.62 | 33294 | 13553 | 554 | 41.89 | 8.51 | 5.17 |
| 1.10 | 27854 | 1.93 | 31.41 | 38237 | 15428 | 11 | 25.05 | 19.24 | 39.90 |
| 1.30 | 49515 | 0.20 | 13.79 | 38040 | 14723 | | 0.21 | 13.39 | |
| | | | | | | | | | |
| 14.90 | 127833 | 19.37 | 36.35 | 35392 | 17271 | 29 | 262.20 | 17.03 | 13.90 |
| 3.10 | 27625 | 5.20 | 25.52 | 34105 | 21145 | 37 | 303.18 | 20.10 | 21.10 |
| 3.00 | 49871 | 3.73 | 19.13 | 35315 | 21667 | 23 | 51.81 | 28.59 | |
| 4.10 | 46393 | 1.74 | 30.79 | 34293 | 11099 | 4 | 27.75 | 4.12 | 4.09 |
| 5.20 | 49794 | 5.30 | 34.96 | 31853 | 18180 | 33 | 80.90 | 57.38 | 38.32 |
| 4.10 | 111870 | 14.66 | 19.02 | 30339 | 18649 | 12 | 115.67 | 10.14 | 5.70 |

## 2–6 自治区、自治州、自治县(旗)基本情况(2022年)(二)

| 地区 | 粮食总产量(万吨) | 肉类总产量(万吨) | 社会消费品零售总额(亿元) | 进出口总额(亿元) | 普通高中在校学生数(万人) | 初中在校学生数(万人) | 小学在校学生数(万人) |
|---|---|---|---|---|---|---|---|
| **5个自治区合计** | **7590** | **1009** | **18816** | **10895** | **247** | **464** | **1053** |
| 内蒙古自治区 | 3900.63 | 284.05 | 4971.40 | 1524.37 | 42.57 | 66.79 | 138.33 |
| 广西壮族自治区 | 1393.15 | 454.94 | 8539.10 | 6603.53 | 126.05 | 236.20 | 515.86 |
| 西藏自治区 | 107.34 | 28.63 | 726.50 | 46.01 | 7.93 | 15.06 | 37.56 |
| 宁夏回族自治区 | 375.83 | 36.77 | 1338.40 | 257.40 | 17.24 | 28.42 | 60.98 |
| 新疆维吾尔自治区 | 1813.50 | 204.69 | 3240.50 | 2463.57 | 52.97 | 117.80 | 299.77 |
| **30个自治州合计** | **2620** | **465** | **9028** | **2061** | **116** | **237** | **499** |
| **吉林省** | | | | | | | |
| 延边朝鲜族自治州 | 183.30 | 9.11 | 333.68 | 267.20 | 2.68 | 3.93 | 7.97 |
| **湖北省** | | | | | | | |
| 恩施土家族苗族自治州 | 143.77 | 36.50 | 705.48 | 21.34 | 8.18 | 14.08 | 24.20 |
| **湖南省** | | | | | | | |
| 湘西土家族苗族自治州 | 90.62 | 12.73 | 284.28 | 17.63 | 5.33 | 11.42 | 22.45 |
| **四川省** | | | | | | | |
| 阿坝藏族羌族自治州 | 16.30 | 10.90 | 104.93 | 2.95 | 1.38 | 2.72 | 6.38 |
| 甘孜藏族自治州 | 23.10 | 8.93 | 129.52 | 2.12 | 1.65 | 4.59 | 11.96 |
| 凉山彝族自治州 | 247.20 | 50.99 | 782.95 | 8.66 | 8.28 | 26.74 | 61.46 |
| **贵州省** | | | | | | | |
| 黔西南布依族苗族自治州 | 85.99 | 18.50 | 626.34 | 4.38 | 9.04 | 16.81 | 32.09 |
| 黔东南苗族侗族自治州 | 136.91 | 18.37 | 627.44 | 9.47 | 10.19 | 19.29 | 38.19 |
| 黔南布依族苗族自治州 | 125.73 | 24.56 | 763.81 | 25.13 | 8.14 | 16.17 | 34.77 |
| **云南省** | | | | | | | |
| 楚雄彝族自治州 | 129.25 | 34.10 | 642.55 | 134.15 | 5.10 | 7.61 | 14.83 |
| 红河哈尼族彝族自治州 | 186.57 | 55.42 | 939.03 | 335.20 | 10.15 | 20.09 | 39.86 |
| 文山壮族苗族自治州 | 175.43 | 29.91 | 612.56 | 5.72 | 8.94 | 18.43 | 36.45 |
| 西双版纳傣族自治州 | 49.61 | 3.99 | 271.59 | 475.80 | 2.03 | 4.44 | 9.43 |
| 大理白族自治州 | 169.81 | 43.54 | 663.80 | 24.50 | 6.60 | 11.43 | 22.83 |
| 德宏傣族景颇族自治州 | 71.00 | 6.57 | 276.28 | 301.56 | 2.51 | 5.50 | 11.55 |
| 怒江傈僳族自治州 | 16.98 | 5.05 | 41.39 | 2.36 | 1.21 | 2.27 | 5.35 |
| 迪庆藏族自治州 | 16.87 | 3.72 | 74.00 | 0.55 | 0.70 | 1.32 | 2.78 |
| **甘肃省** | | | | | | | |
| 临夏回族自治州 | 72.31 | 7.02 | 108.63 | 0.94 | 4.37 | 9.62 | 25.71 |
| 甘南藏族自治州 | 12.13 | 8.71 | 46.72 | 0.44 | 1.58 | 2.81 | 6.48 |
| **青海省** | | | | | | | |
| 海北藏族自治州 | 6.20 | 5.15 | 29.32 | 0.02 | 0.57 | 1.06 | 2.33 |
| 黄南藏族自治州 | 2.84 | 3.90 | 15.63 | 0.02 | 0.64 | 1.26 | 3.08 |
| 海南藏族自治州 | 14.73 | 6.84 | 34.31 | 0.72 | 1.21 | 3.34 | 4.63 |

| 医疗卫生机构（个） | 卫生技术人员数（人） | 医疗卫生机构床位数（张） | 文化馆（个） | 图书馆（个） | 城镇居民最低生活保障人数（人） | 城镇居民最低生活保障支出（万元） | 农村居民最低生活保障人数（人） | 农村居民最低生活保障支出（万元） |
|---|---|---|---|---|---|---|---|---|
| **88074** | **928190** | **750762** | **468** | **452** | **971688** | **604947** | **5401265** | **2062470** |
| 25062 | 216665 | 167692 | 118 | 117 | 253995 | 188583 | 1289405 | 550983 |
| 34500 | 415179 | 341716 | 124 | 116 | 385207 | 184462 | 2383687 | 702294 |
| 6906 | 26416 | 19992 | 82 | 82 | 23472 | 22231 | 130675 | 33182 |
| 4607 | 61815 | 41782 | 27 | 27 | 69343 | 51674 | 352960 | 178986 |
| 16999 | 208115 | 179580 | 117 | 110 | 239671 | 157997 | 1244538 | 597026 |
| **37768** | **426492** | **388382** | **278** | **264** | **521854** | **323380** | **3083337** | **1188637** |
| 2242 | 14638 | 10684 | 9 | 9 | 37167 | 30750 | 35070 | 16795 |
| 2801 | 27693 | 28483 | 9 | 9 | 7260 | 5598 | 172005 | 89081 |
| 2549 | 21366 | 23981 | 10 | 10 | 26894 | 14080 | 134608 | 45341 |
| 1472 | 10022 | 5472 | 14 | 14 | 10718 | 4918 | 65149 | 20249 |
| 297 | 7628 | 8130 | 19 | 19 | 7781 | 3936 | 146966 | 51051 |
| 3947 | 32624 | 30607 | 18 | 18 | 25597 | 12236 | 524415 | 184806 |
| 2183 | 24111 | 23707 | 9 | 9 | 55917 | 28376 | 153841 | 58256 |
| 3088 | 31712 | 29047 | 17 | 17 | 56280 | 28173 | 179020 | 68808 |
| 2064 | 28614 | 26439 | 13 | 13 | 46698 | 24973 | 141744 | 56415 |
| 1673 | 21382 | 19157 | 11 | 11 | 19901 | 10406 | 97271 | 33723 |
| 2330 | 35952 | 35224 | 14 | 14 | 39421 | 21117 | 152163 | 57614 |
| 1285 | 25299 | 23860 | 9 | 9 | 19622 | 10930 | 278677 | 96855 |
| 711 | 11705 | 8942 | 4 | 4 | 5598 | 3015 | 16419 | 5990 |
| 1935 | 28689 | 23605 | 14 | 13 | 13069 | 7669 | 154306 | 55249 |
| 517 | 11221 | 10160 | 7 | 8 | 2998 | 1761 | 46395 | 17730 |
| 325 | 3994 | 4111 | 5 | 5 | 5373 | 3003 | 90235 | 29292 |
| 275 | 3386 | 2321 | 4 | 4 | 2412 | 1408 | 37452 | 12355 |
| 1785 | 14363 | 13304 | 9 | 1 | 38734 | 23072 | 252114 | 78065 |
| 819 | 5078 | 3900 | 9 | 1 | 10231 | 7512 | 37512 | 11116 |
| 302 | 892 | 1589 | 5 | 5 | 4389 | 5537 | 14553 | 10320 |
| 320 | 1919 | 1889 | 5 | 5 | 5448 | 5090 | 55065 | 31142 |
| 483 | 4841 | 3608 | 6 | 6 | 10177 | 8431 | 24358 | 14376 |

2-6(二) 续表 1

| 地　　区 | 粮　食总产量（万吨） | 肉　类总产量（万吨） | 社会消费品零售总额（亿元） | 进出口总　额（亿元） | 普通高中在　校学生数（万人） | 初　中在　校学生数（万人） | 小　学在　校学生数（万人） |
|---|---|---|---|---|---|---|---|
| 果洛藏族自治州 | 0.08 | 3.05 | 11.38 | 0.18 | 0.29 | 0.85 | 2.77 |
| 玉树藏族自治州 | 1.43 | 3.20 | 19.93 | | 1.25 | 2.07 | 5.77 |
| 海西蒙古族藏族自治州 | 9.02 | 4.42 | 81.38 | 6.10 | 0.75 | 1.77 | 3.53 |
| **新疆维吾尔自治区** | | | | | | | |
| 昌吉回族自治州 | 129.54 | 12.34 | 244.86 | 10.23 | 2.53 | 4.39 | 9.17 |
| 博尔塔拉蒙古自治州 | 89.44 | 3.73 | 47.70 | 336.36 | 0.73 | 1.42 | 3.01 |
| 巴音郭楞蒙古自治州 | 51.59 | 10.74 | 176.89 | 23.58 | 2.82 | 5.69 | 13.18 |
| 克孜勒苏柯尔克孜自治州 | 30.27 | 4.18 | 35.69 | 43.83 | 1.44 | 3.13 | 9.44 |
| 伊犁哈萨克自治州 | 331.75 | 19.08 | 296.24 | 0.06 | 5.68 | 12.70 | 27.72 |
| **120个自治县(旗)合计** | **2224** | **357** | **3618** | **456** | **66** | **132** | **255** |
| **河北省** | | | | | | | |
| 青龙满族自治县 | 0.11 | 5.53 | 48.04 | 0.39 | 0.93 | 1.84 | 3.29 |
| 丰宁满族自治县 | 18.04 | 5.21 | 35.58 | 0.07 | 0.79 | 1.69 | 2.25 |
| 宽城满族自治县 | 5.83 | 1.79 | 45.00 | 1.00 | 0.37 | 1.10 | 2.16 |
| 围场满族蒙古族自治县 | 47.02 | 5.48 | 48.36 | 0.48 | 1.07 | 2.19 | 3.52 |
| 孟村回族自治县 | 15.06 | 3.91 | 18.19 | 15.80 | 0.34 | 1.01 | 2.20 |
| 大厂回族自治县 | 1.30 | 1.18 | 31.32 | 0.53 | 0.35 | 0.65 | 1.72 |
| **内蒙古自治区** | | | | | | | |
| 莫力达瓦达斡尔族自治旗 | 193.51 | 2.26 | 18.20 | | 0.37 | 1.09 | 1.08 |
| 鄂伦春自治旗 | 58.71 | 0.87 | 17.50 | 0.05 | 0.24 | 0.40 | 0.77 |
| 鄂温克族自治旗 | 1.15 | 2.99 | 30.71 | 0.67 | 0.08 | 0.19 | 0.37 |
| **辽宁省** | | | | | | | |
| 岫岩满族自治县 | 31.60 | 5.88 | 64.20 | | 0.67 | 1.19 | 1.98 |
| 新宾满族自治县 | 27.28 | 1.64 | 12.69 | | 0.25 | 0.48 | 0.87 |
| 清原满族自治县 | 29.39 | 2.61 | 10.72 | | 0.40 | 0.59 | 0.96 |
| 本溪满族自治县 | 14.50 | 2.16 | 14.41 | | 0.32 | 0.47 | 0.82 |
| 桓仁满族自治县 | 15.38 | 1.88 | 19.99 | 0.72 | 0.32 | 0.55 | 1.07 |
| 宽甸满族自治县 | 26.22 | 13.79 | 31.19 | 3.30 | 0.50 | 0.71 | 1.29 |
| 阜新蒙古族自治县 | 156.02 | 17.07 | 29.62 | | 1.13 | 1.45 | 2.09 |
| 喀喇沁左翼蒙古族自治县 | 38.74 | 10.54 | 27.39 | 7.60 | 0.73 | 1.09 | 2.09 |
| **吉林省** | | | | | | | |
| 伊通满族自治县 | 114.30 | 12.16 | 22.82 | | 0.89 | 0.95 | 1.43 |
| 长白朝鲜族自治县 | 2.15 | 0.23 | 6.65 | 0.04 | 0.09 | 0.11 | 0.22 |
| 前郭尔罗斯蒙古族自治县 | 208.00 | 11.34 | 64.01 | 1.91 | 0.96 | 1.46 | 2.17 |
| **黑龙江省** | | | | | | | |
| 杜尔伯特蒙古族自治县 | 86.02 | 5.17 | 10.72 | 27.54 | 0.49 | 0.81 | 0.72 |

| 医疗卫生机构（个） | 卫生技术人员数（人） | 医疗卫生机构床位数（张） | 文化馆（个） | 图书馆（个） | 城镇居民最低生活保障人数（人） | 城镇居民最低生活保障支出（万元） | 农村居民最低生活保障人数（人） | 农村居民最低生活保障支出（万元） |
|---|---|---|---|---|---|---|---|---|
| 233 | 964 | 1261 | 1 | 7 | 6364 | 5629 | 27579 | 17574 |
| 58 | 3082 | 2587 | 7 | 6 | 11536 | 19838 | 62362 | 31985 |
| 356 | 4400 | 3135 | 8 | 7 | 2790 | 2126 | 3979 | 1787 |
| | | | | | | | | |
| 1077 | 12306 | 9542 | 8 | 8 | 2086 | 1791 | 7836 | 5551 |
| 371 | 3849 | 2526 | 6 | 5 | 4213 | 2750 | 9200 | 5275 |
| 781 | 10492 | 10265 | 11 | 10 | 6411 | 5103 | 22245 | 14076 |
| 257 | 5736 | 4981 | 5 | 5 | 6713 | 4194 | 48366 | 21409 |
| 1232 | 18534 | 15865 | 12 | 12 | 30056 | 19957 | 92432 | 46353 |
| **22187** | **186042** | **180148** | **125** | **126** | **292677** | **166386** | **1870762** | **698705** |
| | | | | | | | | |
| 421 | 1042 | 2238 | 1 | 1 | 2725 | 1709 | 23882 | 8426 |
| 335 | 1623 | 2001 | 1 | 1 | 1624 | 774 | 30494 | 10143 |
| 222 | 1388 | 1464 | 1 | 1 | 1364 | 643 | 14735 | 4514 |
| 541 | 2755 | 2803 | 1 | 1 | 897 | 430 | 31328 | 10464 |
| 135 | 583 | 816 | 1 | 1 | 213 | 148 | 3388 | 1517 |
| 112 | 786 | 750 | 1 | 1 | 73 | 73 | 762 | 582 |
| | | | | | | | | |
| 221 | 1504 | 1165 | 1 | 1 | 6073 | 4641 | 14444 | 6642 |
| 152 | 1555 | 819 | 1 | 1 | 10345 | 7220 | 3760 | 1674 |
| 26 | 1083 | 508 | 1 | 1 | 5260 | 4096 | 2082 | 1539 |
| | | | | | | | | |
| 225 | 1525 | 2014 | 1 | 1 | 561 | 159 | 13947 | 2596 |
| 203 | 818 | 964 | 1 | 1 | 1737 | 1171 | 11050 | 3703 |
| 173 | 1334 | 1313 | 1 | 1 | 1700 | 1203 | 16576 | 6659 |
| 127 | 1406 | 1406 | 1 | 1 | 1757 | 1355 | 5621 | 2649 |
| 136 | 1239 | 1340 | 1 | 1 | 2772 | 1917 | 9957 | 4357 |
| 318 | 2667 | 2293 | 1 | 1 | 2506 | 1965 | 15490 | 6529 |
| 472 | 3154 | 2768 | 1 | 1 | 1166 | 855 | 27180 | 10928 |
| 385 | 2689 | 2486 | 1 | 1 | 808 | 661 | 10901 | 4199 |
| | | | | | | | | |
| 317 | 2265 | 2063 | 1 | 1 | 2180 | 1607 | 11432 | 4576 |
| 11 | 435 | 370 | 1 | 1 | 2921 | 2257 | 3417 | 1929 |
| 526 | 3773 | 2362 | 2 | 1 | 4166 | 2592 | 21787 | 8078 |
| | | | | | | | | |
| 93 | 1149 | 1072 | 1 | 1 | 1447 | 956 | 5926 | 2644 |

2-6(二) 续表 2

| 地　　区 | 粮　食总产量（万吨） | 肉　类总产量（万吨） | 社会消费品零售总额（亿元） | 进出口总　额（亿元） | 普通高中在　校学生数（万人） | 初　中在　校学生数（万人） | 小　学在　校学生数（万人） |
|---|---|---|---|---|---|---|---|
| **浙江省** | | | | | | | |
| 景宁畲族自治县 | 3.68 | 0.29 | 36.62 | 19.49 | 0.20 | 0.44 | 0.68 |
| **湖北省** | | | | | | | |
| 长阳土家族自治县 | 10.53 | 5.98 | 81.52 | 1.41 | 0.39 | 0.71 | 1.22 |
| 五峰土家族自治县 | 9.34 | 2.87 | 43.23 | 2.65 | 0.16 | 0.34 | 0.63 |
| **湖南省** | | | | | | | |
| 城步苗族自治县 | 8.50 | 1.54 | 40.64 | 0.44 | 0.38 | 1.08 | 1.93 |
| 江华瑶族自治县 | 23.20 | 6.53 | 70.97 | 84.60 | 0.91 | 2.50 | 4.67 |
| 麻阳苗族自治县 | 11.32 | 2.66 | 31.40 | 0.48 | 0.63 | 1.40 | 2.72 |
| 新晃侗族自治县 | 8.10 | 2.73 | 29.38 | 0.86 | 0.54 | 0.95 | 1.73 |
| 芷江侗族自治县 | 23.22 | 3.31 | 35.26 | 1.84 | 0.49 | 1.17 | 2.12 |
| 靖州苗族侗族自治县 | 13.41 | 3.96 | 34.14 | 0.95 | 0.38 | 0.96 | 1.99 |
| 通道侗族自治县 | 9.11 | 1.74 | 19.14 | | 0.43 | 0.87 | 1.67 |
| **广东省** | | | | | | | |
| 乳源瑶族自治县 | 4.40 | 1.49 | 22.51 | 14.20 | 0.30 | 0.78 | 1.84 |
| 连山壮族瑶族自治县 | 4.07 | 0.96 | 5.44 | | 0.17 | 0.46 | 1.00 |
| 连南瑶族自治县 | 3.39 | 0.74 | 11.02 | 0.87 | 0.26 | 0.65 | 1.55 |
| **广西壮族自治区** | | | | | | | |
| 融水苗族自治县 | 11.20 | 3.00 | 47.37 | | 0.76 | 1.94 | 3.52 |
| 三江侗族自治县 | 7.01 | 1.57 | 28.26 | 0.08 | 0.75 | 1.81 | 3.46 |
| 龙胜各族自治县 | 6.23 | 1.38 | 0.19 | 2.62 | 0.29 | 0.48 | 0.98 |
| 恭城瑶族自治县 | 6.98 | 2.70 | 27.75 | 0.34 | 0.58 | 1.09 | 2.20 |
| 隆林各族自治县 | 9.44 | 2.11 | 21.36 | 0.02 | 1.07 | 1.98 | 3.65 |
| 富川瑶族自治县 | 10.95 | 4.16 | 22.48 | | 0.64 | 1.37 | 2.97 |
| 罗城仫佬族自治县 | 10.19 | 2.31 | 19.22 | 0.17 | 0.56 | 1.37 | 2.67 |
| 环江毛南族自治县 | 11.75 | 1.49 | 1.33 | 1.15 | 0.71 | 1.29 | 2.29 |
| 巴马瑶族自治县 | 6.26 | 2.42 | 26.65 | 0.52 | 0.46 | 1.46 | 2.88 |
| 都安瑶族自治县 | 12.13 | 4.31 | 23.16 | 2.12 | 1.56 | 3.22 | 6.57 |
| 大化瑶族自治县 | 7.40 | 3.32 | 12.34 | 0.41 | 1.15 | 2.28 | 4.62 |
| 金秀瑶族自治县 | 3.59 | 0.76 | 7.29 | 1.10 | 0.19 | 0.44 | 1.02 |
| **海南省** | | | | | | | |
| 白沙黎族自治县 | 2.19 | 0.95 | 17.90 | 0.01 | 0.28 | 0.73 | 1.42 |
| 昌江黎族自治县 | 2.64 | 1.44 | 27.98 | 0.22 | 0.46 | 0.95 | 1.94 |
| 乐东黎族自治县 | 11.55 | 1.26 | 47.95 | 0.22 | 0.81 | 1.69 | 3.72 |
| 陵水黎族自治县 | 5.26 | 1.34 | 36.38 | | 0.60 | 1.63 | 3.62 |
| 保亭黎族苗族自治县 | 2.20 | 0.62 | 16.93 | | 0.27 | 0.65 | 1.28 |
| 琼中黎族苗族自治县 | 2.49 | 1.53 | 18.49 | 0.24 | 0.37 | 0.81 | 1.57 |

| 医疗卫生机构（个） | 卫生技术人员数（人） | 医疗卫生机构床位数（张） | 文化馆（个） | 图书馆（个） | 城镇居民最低生活保障人数（人） | 城镇居民最低生活保障支出（万元） | 农村居民最低生活保障人数（人） | 农村居民最低生活保障支出（万元） |
|---|---|---|---|---|---|---|---|---|
| | | | | | | | | |
| 92 | 1032 | 669 | 1 | 1 | 204 | 507 | 4286 | 3892 |
| | | | | | | | | |
| 157 | 2307 | 2607 | 2 | 1 | 594 | 442 | 13155 | 6817 |
| 131 | 1050 | 1070 | 1 | 1 | 239 | 179 | 7495 | 3591 |
| | | | | | | | | |
| 228 | 1543 | 1573 | 1 | 1 | 2865 | 1601 | 7834 | 2535 |
| 414 | 4062 | 3425 | 1 | 2 | 1567 | 793 | 13662 | 4585 |
| 210 | 3009 | 2305 | 1 | 1 | 1012 | 514 | 10680 | 3648 |
| 202 | 1652 | 1964 | 1 | 1 | 1754 | 1033 | 9737 | 2929 |
| 45 | 1734 | 2185 | 1 | 1 | 1188 | 665 | 8182 | 2922 |
| 218 | 1587 | 2026 | 7 | 7 | 3331 | 1825 | 4686 | 1675 |
| 160 | 1479 | 1011 | 1 | 1 | 1609 | 856 | 4569 | 1840 |
| | | | | | | | | |
| 125 | 1191 | 790 | 1 | 1 | 239 | 212 | 4140 | 2770 |
| 79 | 653 | 575 | 1 | 1 | 108 | 86 | 2034 | 907 |
| 78 | 1030 | 548 | 1 | 1 | 145 | 120 | 3703 | 1942 |
| | | | | | | | | |
| 291 | 2826 | 2733 | 1 | 1 | 3816 | 2109 | 26329 | 8126 |
| 211 | 1946 | 1906 | 1 | 1 | 7988 | 3354 | 27269 | 7442 |
| 158 | 1132 | 710 | 1 | 1 | 874 | 459 | 13001 | 3906 |
| 127 | 314 | 1553 | 1 | 1 | 897 | 467 | 14051 | 4229 |
| 191 | 1856 | 1766 | 1 | 1 | 2395 | 609 | 44235 | 14916 |
| 164 | 1589 | 1320 | 1 | 1 | 1729 | 696 | 13725 | 4760 |
| 138 | 1964 | 1191 | 1 | 1 | 5038 | 1909 | 29272 | 7634 |
| 180 | 1415 | 1461 | 1 | 1 | 3675 | 1800 | 25634 | 7300 |
| 137 | 1540 | 1016 | 1 | 1 | 2782 | 1142 | 21877 | 5518 |
| 303 | 2738 | 2913 | 1 | 1 | 13669 | 5335 | 73697 | 19754 |
| 246 | 2421 | 2024 | 1 | 1 | 11449 | 4740 | 57844 | 17365 |
| 120 | 1031 | 939 | 1 | 1 | 574 | 262 | 7450 | 2509 |
| | | | | | | | | |
| 136 | 1044 | 1151 | 1 | 1 | 986 | 564 | 5393 | 2825 |
| 132 | 1667 | 1014 | 1 | 1 | 1890 | 1291 | 5974 | 3037 |
| 273 | 2801 | 1891 | 1 | 1 | 2778 | 1327 | 13714 | 5076 |
| 211 | 2544 | 1967 | 1 | 1 | 1033 | 482 | 6710 | 2731 |
| 65 | 1122 | 662 | 1 | 1 | 955 | 585 | 2690 | 1398 |
| 134 | 1353 | 1120 | 1 | 1 | 776 | 489 | 4163 | 2030 |

2-6(二) 续表 3

| 地　　区 | 粮　食总产量（万吨） | 肉　类总产量（万吨） | 社会消费品零售总额（亿元） | 进出口总　额（亿元） | 普通高中在　校学生数（万人） | 初　中在　校学生数（万人） | 小　学在　校学生数（万人） |
|---|---|---|---|---|---|---|---|
| **重庆市** | | | | | | | |
| 石柱土家族自治县 | 22.11 | 2.95 | 98.49 | 33.20 | 1.39 | 1.49 | 2.63 |
| 秀山土家族苗族自治县 | 29.40 | 4.30 | 238.94 | 0.74 | 0.97 | 2.42 | 4.56 |
| 酉阳土家族苗族自治县 | 36.68 | 7.55 | 99.34 | 21.65 | 1.81 | 3.50 | 5.50 |
| 彭水苗族土家族自治县 | 31.10 | 6.11 | 143.34 | 0.13 | 1.51 | 3.81 | 4.03 |
| **四川省** | | | | | | | |
| 北川羌族自治县 | 8.64 | 2.00 | 37.87 | 0.42 | 0.34 | 0.55 | 0.97 |
| 峨边彝族自治县 | 4.99 | 1.57 | 27.14 | 1.48 | 0.10 | 0.47 | 1.19 |
| 马边彝族自治县 | 9.37 | 1.45 | 27.23 | 1.05 | 0.21 | 1.00 | 2.24 |
| 木里藏族自治县 | 7.13 | 2.04 | 9.86 | 0.04 | 0.19 | 0.57 | 1.17 |
| **贵州省** | | | | | | | |
| 道真仡佬族苗族自治县 | 9.63 | 2.01 | 21.25 | 0.52 | 0.68 | 1.25 | 1.98 |
| 务川仡佬族苗族自治县 | 15.27 | 2.49 | 30.45 | 0.62 | 0.95 | 1.64 | 3.10 |
| 镇宁布依族苗族自治县 | 8.89 | 1.56 | 32.47 | 0.06 | 0.40 | 1.42 | 2.87 |
| 关岭布依族苗族自治县 | 9.51 | 2.32 | 6.05 | | 0.65 | 1.79 | 3.30 |
| 紫云苗族布依族自治县 | 11.54 | 2.79 | 39.58 | 0.01 | 0.56 | 1.80 | 3.64 |
| 威宁彝族回族苗族自治县 | 67.13 | 10.92 | | 0.52 | 3.54 | 7.93 | 15.08 |
| 玉屏侗族自治县 | 2.24 | 1.49 | 23.58 | | 0.29 | 0.70 | 1.57 |
| 印江土家族苗族自治县 | 8.30 | 2.54 | 46.96 | | 0.93 | 1.52 | 2.81 |
| 沿河土家族自治县 | 14.28 | 3.26 | 88.03 | 0.08 | 1.41 | 2.68 | 4.63 |
| 松桃苗族自治县 | 12.99 | 6.84 | 0.01 | | 1.39 | 2.31 | 4.88 |
| 三都水族自治县 | 9.48 | 1.67 | 49.03 | 0.04 | 0.75 | 1.66 | 3.53 |
| **云南省** | | | | | | | |
| 石林彝族自治县 | 14.75 | 6.74 | 49.90 | 0.08 | 0.61 | 0.78 | 1.62 |
| 禄劝彝族苗族自治县 | 23.44 | 4.28 | 57.04 | 0.12 | 0.86 | 1.23 | 2.34 |
| 寻甸回族彝族自治县 | 24.28 | 7.52 | 82.12 | 8.60 | 1.32 | 1.65 | 3.37 |
| 峨山彝族自治县 | 7.37 | 2.08 | 54.47 | 1.23 | 0.19 | 0.40 | 0.78 |
| 新平彝族傣族自治县 | 19.87 | 5.19 | 80.31 | 0.89 | 0.44 | 0.84 | 1.75 |
| 元江哈尼族彝族傣族自治县 | 9.57 | 1.76 | 50.25 | 0.52 | 0.31 | 0.69 | 1.52 |
| 玉龙纳西族自治县 | 11.25 | 3.84 | 39.46 | 0.42 | 0.26 | 0.48 | 1.22 |
| 宁蒗彝族自治县 | 8.09 | 1.77 | 33.81 | | 1.08 | 1.16 | 2.61 |
| 宁洱哈尼族彝族自治县 | 8.80 | 2.55 | 20.77 | | 0.32 | 0.55 | 1.11 |
| 墨江哈尼族自治县 | 16.06 | 2.89 | 22.70 | | 0.42 | 1.08 | 2.05 |
| 景东彝族自治县 | 19.60 | 4.51 | 3.53 | | 0.46 | 1.17 | 2.01 |
| 景谷傣族彝族自治县 | 16.12 | 2.52 | 32.05 | 0.10 | 0.51 | 0.95 | 2.13 |
| 镇沅彝族哈尼族拉祜族自治县 | 12.27 | 3.89 | 20.37 | | 0.37 | 0.72 | 1.32 |
| 江城哈尼族彝族自治县 | 5.43 | 0.73 | 14.80 | 4.81 | 0.17 | 0.41 | 0.92 |
| 孟连傣族拉祜族佤族自治县 | 7.75 | 0.80 | 20.78 | 113.50 | 0.20 | 0.55 | 1.30 |

| 医疗卫生机构（个） | 卫生技术人员数（人） | 医疗卫生机构床位数（张） | 文化馆（个） | 图书馆（个） | 城镇居民最低生活保障人数（人） | 城镇居民最低生活保障支出（万元） | 农村居民最低生活保障人数（人） | 农村居民最低生活保障支出（万元） |
|---|---|---|---|---|---|---|---|---|
| 361 | 3179 | 3407 | 1 | 1 | 3169 | 2204 | 13581 | 7391 |
| 322 | 3466 | 3844 | 1 | 2 | 10012 | 7347 | 16510 | 9749 |
| 285 | 2814 | 4067 | 1 | 1 | 5957 | 4660 | 34562 | 21441 |
| 275 | 2833 | 2802 | 1 | 1 | 4308 | 3012 | 23557 | 13203 |
| 208 | 1448 | 1683 | 1 | 1 | 1439 | 821 | 4878 | 2113 |
| 113 | 253 | 596 | 1 | 1 | 308 | 113 | 9689 | 2109 |
| 166 | 1123 | 1360 | 1 | 1 | 520 | 327 | 19763 | 7197 |
| 113 | 631 | 510 | 1 | 1 | 1593 | 423 | 13404 | 5754 |
| 105 | 1689 | 1454 | 1 | 1 | 3159 | 2446 | 11722 | 3831 |
| 21 | 2435 | 3304 | 1 | 1 | 7017 | 3103 | 26761 | 10312 |
| 226 | 974 | 1105 | 1 | 1 | 2736 | 1581 | 11934 | 4677 |
| 155 | 964 | 1199 | 1 | 1 | 5130 | 2745 | 11011 | 3777 |
| 184 | 1469 | 2018 | 1 | 1 | 7020 | 3404 | 27275 | 11330 |
| 713 | 7865 | 7470 | 1 | 1 | 15781 | 9556 | 120741 | 42440 |
| 87 | 509 | 1208 | 1 | 1 | 6170 | 3119 | 4923 | 1912 |
| 395 | 2707 | 2287 | 1 | 1 | 6235 | 2041 | 17309 | 6290 |
| 430 | 1790 | 3102 | 1 | 1 | 13969 | 6668 | 38567 | 13563 |
| 537 | 3197 | 2843 | 1 | 1 | 5132 | 2634 | 46440 | 16297 |
| 174 | 1411 | 1594 | 1 | 1 | 6328 | 3650 | 20193 | 7983 |
| 166 | 1976 | 1711 | 1 | 1 | 447 | 323 | 3061 | 1496 |
| 259 | 2479 | 2576 | 1 | 1 | 352 | 261 | 11176 | 5181 |
| 277 | 3048 | 3531 | 1 | 1 | 1707 | 1353 | 10655 | 5470 |
| 116 | 971 | 693 | 1 | 1 | 1723 | 1004 | 3963 | 1681 |
| 144 | 2029 | 1983 | 1 | 1 | 1441 | 915 | 7598 | 3490 |
| 113 | 1413 | 815 | 1 | 1 | 506 | 308 | 5963 | 2592 |
| 219 | 1112 | 848 | 1 | 1 | 101 | 59 | 9786 | 3137 |
| 103 | 1247 | 1172 | 1 | 1 | 3267 | 1600 | 30977 | 14285 |
| 94 | 1272 | 917 |  | 1 | 377 | 275 | 7247 | 2282 |
| 225 | 1812 | 1921 | 1 | 1 | 263 | 162 | 28702 | 9233 |
| 171 | 1464 | 2022 | 1 | 1 | 791 | 471 | 22174 | 7737 |
| 194 | 674 | 1810 | 1 | 1 | 413 | 218 | 13876 | 4425 |
| 145 | 1414 | 863 | 1 | 1 | 543 | 297 | 12019 | 4318 |
| 66 | 847 | 540 | 1 | 1 | 762 | 398 | 7445 | 2286 |
| 64 | 1056 | 775 | 1 | 1 | 213 | 130 | 5300 | 2118 |

2-6(二) 续表 4

| 地　　区 | 粮　食总产量（万吨） | 肉　类总产量（万吨） | 社会消费品零售总额（亿元） | 进出口总　额（亿元） | 普通高中在　校学生数（万人） | 初　中在　校学生数（万人） | 小　学在　校学生数（万人） |
|---|---|---|---|---|---|---|---|
| 澜沧拉祜族自治县 | 26.14 | 7.93 | 36.38 | 0.63 | 0.50 | 1.57 | 3.76 |
| 西盟佤族自治县 | 4.32 | 0.58 | 7.33 | 1.15 | 0.10 | 0.31 | 0.84 |
| 双江拉祜族佤族布朗族傣族自治县 | 7.70 | 1.90 | 19.55 | 0.05 | 0.44 | 0.60 | 1.56 |
| 耿马傣族佤族自治县 | 12.30 | 2.44 | 45.24 | 3.12 | 1.51 | 1.11 | 2.84 |
| 沧源佤族自治县 | 8.32 | 1.45 | 22.98 | 13.58 | 0.25 | 0.59 | 1.44 |
| 屏边苗族自治县 | 6.37 | 1.26 | 33.58 |  | 0.23 | 0.53 | 1.14 |
| 金平苗族瑶族傣族自治县 | 13.71 | 1.83 | 36.80 | 3.44 | 0.71 | 1.77 | 3.13 |
| 河口瑶族自治县 | 2.27 | 0.32 | 21.40 | 33.79 | 0.12 | 0.29 | 0.76 |
| 漾濞彝族自治县 | 7.29 | 1.33 | 10.76 | 0.50 | 0.14 | 0.30 | 0.76 |
| 南涧彝族自治县 | 11.20 | 3.35 | 30.11 | 0.02 | 0.43 | 0.75 | 1.39 |
| 巍山彝族回族自治县 | 16.27 | 3.21 | 36.58 | 0.41 | 0.54 | 1.02 | 1.90 |
| 贡山独龙族怒族自治县 | 0.42 | 0.14 | 3.85 |  | 0.06 | 0.13 | 0.30 |
| 兰坪白族普米族自治县 | 7.81 | 1.92 | 14.47 |  | 0.43 | 0.88 | 1.80 |
| 维西傈僳族自治县 | 7.68 | 1.66 | 15.62 |  | 0.09 | 0.55 | 1.20 |
| **甘肃省** |  |  |  |  |  |  |  |
| 张家川回族自治县 | 14.02 | 0.85 | 10.49 |  | 1.17 | 1.17 | 2.88 |
| 天祝藏族自治县 | 5.40 | 1.86 | 22.83 | 0.01 | 0.29 | 0.46 | 1.02 |
| 肃南裕固族自治县 | 4.65 | 1.20 | 6.58 | 1.50 | 0.04 | 0.06 | 0.14 |
| 肃北蒙古族自治县 | 0.41 | 0.45 | 3.82 |  | 0.02 | 0.03 | 0.06 |
| 阿克塞哈萨克族自治县 | 0.18 | 0.23 | 3.42 |  | 0.03 | 0.04 | 0.08 |
| 东乡族自治县 | 12.11 | 1.96 | 3.29 |  | 0.32 | 1.27 | 4.25 |
| 积石山保安族东乡族撒拉族自治县 | 7.89 | 0.63 | 6.97 |  | 0.51 | 1.26 | 3.07 |
| **青海省** |  |  |  |  |  |  |  |
| 大通回族土族自治县 | 8.77 | 2.59 | 12.21 |  | 1.04 | 1.64 | 3.48 |
| 民和回族土族自治县 | 16.78 | 1.38 | 30.37 |  | 0.97 | 1.62 | 3.14 |
| 互助土族自治县 | 12.67 | 2.61 | 20.83 | 0.07 | 0.73 | 1.13 | 2.36 |
| 化隆回族自治县 | 7.36 | 0.93 | 10.16 | 0.02 | 0.60 | 0.95 | 0.74 |
| 循化撒拉族自治县 | 4.49 | 0.49 | 11.35 |  | 0.34 | 0.63 | 1.63 |
| 门源回族自治县 | 5.15 | 1.55 | 12.94 |  | 0.38 | 0.58 | 1.28 |
| 河南蒙古族自治县 | 0.01 | 1.44 | 1.81 |  |  | 0.16 | 0.42 |
| **新疆维吾尔自治区** |  |  |  |  |  |  |  |
| 巴里坤哈萨克自治县 | 11.03 | 0.88 | 6.35 | 6.03 | 0.07 | 0.22 | 0.53 |
| 木垒哈萨克自治县 | 17.07 | 2.27 | 9.05 | 1.72 | 0.10 | 0.21 | 0.50 |
| 焉耆回族自治县 | 7.51 | 0.73 | 21.09 | 0.01 | 0.20 | 0.48 | 1.13 |
| 塔什库尔干塔吉克自治县 | 1.74 | 0.33 | 0.98 | 1.04 | 0.08 | 0.18 | 0.43 |
| 察布查尔锡伯自治县 | 77.69 | 1.33 | 12.78 | 0.71 | 0.32 | 0.72 | 1.59 |
| 和布克赛尔蒙古自治县 | 2.33 | 1.46 | 2.95 |  | 0.06 | 0.15 | 0.42 |

| 医疗卫生机构（个） | 卫生技术人员数（人） | 医疗卫生机构床位数（张） | 文化馆（个） | 图书馆（个） | 城镇居民最低生活保障人数（人） | 城镇居民最低生活保障支出（万元） | 农村居民最低生活保障人数（人） | 农村居民最低生活保障支出（万元） |
|---|---|---|---|---|---|---|---|---|
| 223 | 1026 | 2196 | 1 | 1 | 908 | 441 | 50248 | 16494 |
| 45 | 347 | 608 | 1 | 1 | 481 | 282 | 4783 | 1716 |
| 98 | 1236 | 979 | 1 | 1 | 599 | 316 | 9948 | 3294 |
| 135 | 1852 | 1433 | 1 | 1 | 1005 | 457 | 13669 | 4242 |
| 126 | 1307 | 742 | 1 | 1 | 787 | 390 | 19457 | 6168 |
| 101 | 1015 | 966 | 1 | 1 | 1385 | 783 | 9320 | 3583 |
| 180 | 1718 | 2055 | 1 | 1 | 646 | 329 | 17230 | 6502 |
| 60 | 939 | 825 | 1 | 1 | 4879 | 2597 | 1573 | 673 |
| 104 | 560 | 544 | 1 | 1 | 785 | 399 | 5522 | 1691 |
| 106 | 1290 | 923 | 1 | 1 | 286 | 147 | 17807 | 5851 |
| 126 | 1979 | 1530 | 1 | 1 | 840 | 939 | 19351 | 6716 |
| 32 | 289 | 271 | 1 | 1 | 329 | 224 | 5780 | 1732 |
| 161 | 647 | 1172 | 1 | 1 | 774 | 504 | 23823 | 8158 |
| 112 | 1012 | 642 | 1 | 1 | 356 | 327 | 20811 | 6936 |
| | | | | | | | | |
| 277 | 1534 | 1280 | 1 | 1 | 1357 | 843 | 30121 | 8512 |
| 191 | 1469 | 1230 | 1 | 1 | 1607 | 1408 | 6826 | 3485 |
| 50 | 298 | 404 | 1 | 1 | 591 | 408 | 2415 | 1067 |
| 30 | 159 | 191 | 1 | 1 | 296 | 248 | 309 | 129 |
| 11 | 140 | 82 | 1 | 1 | 273 | 256 | 272 | 206 |
| 204 | 1183 | 1123 | 1 | 1 | 7653 | 2708 | 52891 | 20327 |
| 161 | 287 | 1477 | 1 | 1 | 1031 | 475 | 34854 | 10299 |
| | | | | | | | | |
| 27 | 2794 | 1754 | 1 | 1 | 2111 | 896 | 12636 | 3003 |
| 436 | 1901 | 1509 | | | 1892 | 1320 | 18124 | 8564 |
| 315 | 2175 | 1787 | 1 | 1 | 2992 | 848 | 16395 | 9912 |
| 384 | 555 | 792 | 1 | 1 | 2346 | 1921 | 20287 | 11756 |
| 163 | 1038 | 772 | 1 | 1 | 780 | 822 | 7356 | 4700 |
| 159 | 1030 | 581 | 1 | 1 | 2161 | 2495 | 7701 | 5108 |
| 45 | 469 | 326 | | | 514 | 442 | 6741 | 2635 |
| | | | | | | | | |
| 55 | 446 | 203 | 1 | 1 | 366 | 250 | 1601 | 870 |
| 54 | 518 | 420 | 1 | 1 | 489 | 406 | 1759 | 1276 |
| 94 | 1044 | 695 | 1 | 1 | 431 | 372 | 2384 | 1675 |
| 49 | 306 | 228 | 1 | 1 | 316 | 183 | 3337 | 1373 |
| 106 | 1050 | 710 | 1 | 1 | 1092 | 755 | 6189 | 3216 |
| 34 | 453 | 568 | 1 | 1 | 976 | 686 | 1130 | 784 |

# 主要统计指标解释

**国内（地区）生产总值(GDP)**　指按市场价格计算的一个国家所有常住单位在一定时期内生产活动的最终成果。国内生产总值有三种表现形态，即价值形态、收入形态和产品形态。从价值形态看，它是所有常住单位在一定时期内生产的全部货物和服务价值与同期投入的全部非固定资产货物和服务价值的差额，即所有常住单位的增加值之和；从收入形态看，它是所有常住单位在一定时期内创造并分配给常住单位和非常住单位的初次收入之和；从产品形态看，它是所有常住单位在一定时期内最终使用的货物和服务价值与货物和服务净出口价值之和。在实际核算中，国内生产总值有三种计算方法，即生产法、收入法和支出法。三种方法分别从不同的方面反映国内生产总值及其构成。

对于一个地区来说，称为地区生产总值或地区GDP。

**当年价格**　指报告期的实际价格，如工厂的出厂价格、农产品的收购价格、商业的零售价格等。使用当年价格计算的数字，是为了使国民经济各项指标互相衔接，便于考察当年社会经济效益，便于对生产和流通、生产和分配、生产和消费进行经济核算和综合平衡。

按当年价格计算的价格指标在不同年份之间进行对比时，因为包含有各年间价格的因素，不能确切地反映实物量的增减变动，必须消除价格变动因素后才能真正反映经济发展动态。因此，在计算增长速度时都使用按可比价格计算的数字。

**不变价格**　指用同类产品的年平均价格作为固定价格来计算各年产品价值。按不变价格计算的产品价值消除了价格变动因素，不同时期对比可以反映生产的发展速度。新中国成立后，随着工农业产品价格水平的变化，国家统计局先后五次制定了全国统一的工业产品不变价格和农业产品不变价格，1949−1957 年使用 1952 年工（农）业产品不变价格，1957−1971 年使用 1957 年不变价格，1971−1981 年使用 1970 年不变价格，1981−1990 年使用 1980 年不变价格，1990 年开始使用 1990 年不变价格。

**平均每年增长速度**　在我国计算平均增长速度有两种方法：一种是习惯上经常使用的“水平法”，又称几何平均法，是以间隔期最后一年的水平同基期水平对比来计算平均每年增长（或下降）速度；另一种是“累计法”，又称代数平均法或议程法，是以间隔期内各年水平的总和同基期水平对比来计算平均每年增长（或下降）速度。

**三次产业**　三次产业的划分是世界上较为常用的产业结构分类，但各国的划分不尽一致。根据国家统计局《三次产业划分规定》和《国民经济行业分类》（GB/T 4754−2017），我国的三次产业划分是：

第一产业是指农、林、牧、渔业（不含农、林、牧、渔专业及辅助性活动业）。

第二产业是指采矿业（不含开采专业及辅助活动），制造业（不含金属制品、机械和设备修理业），电力、热力、燃气及水生产和供应业，建筑业。

第三产业即服务业，是指除第一、二产业以外的其他行业。

# 三、人　口

## 3-1 分地区民族自治地方年末总人口和少数民族人口(2022年)

| 地　区 | 年末总人口①（万人） | #少数民族人口 | 少数民族占总人口的比重(%) |
|---|---|---|---|
| **合　计** | **19169.53** | **9840.47** | **51.33** |
| 河　北 | 214.41 | 136.35 | 63.59 |
| 内蒙古 | 2401.00 | 569.55 | 23.72 |
| 辽　宁 | 312.78 | 171.21 | 54.74 |
| 吉　林 | 308.26 | 104.97 | 34.05 |
| 黑龙江 | 22.36 | 3.51 | 15.70 |
| 浙　江 | 16.72 | 2.02 | 12.08 |
| 湖　北 | 457.03 | 270.98 | 59.29 |
| 湖　南 | 479.49 | 416.56 | 86.88 |
| 广　东 | 53.58 | 21.35 | 39.85 |
| 广　西 | 5047.00 | 2244.16 | 44.47 |
| 海　南 | 176.41 | 92.67 | 52.53 |
| 重　庆 | 276.94 | 203.32 | 73.42 |
| 四　川 | 803.33 | 514.57 | 64.05 |
| 贵　州 | 1847.86 | 1137.14 | 61.54 |
| 云　南 | 2303.85 | 1333.17 | 57.87 |
| 西　藏 | 364.00 | 327.95 | 90.10 |
| 甘　肃 | 386.04 | 249.94 | 64.74 |
| 青　海 | 383.47 | 260.78 | 68.01 |
| 宁　夏 | 728.00 | 275.21 | 37.80 |
| 新　疆 | 2587.00 | 1505.06 | 58.18 |

注：①5个自治区的年末总人口为常住人口，其他省(市)年末总人口均为户籍人口。

## 3-2 分地区民族自治地方人口构成(2022年)

单位：万人

| 地　区 | 按性别分 | | 按城乡分 | |
|---|---|---|---|---|
| | 男 | 女 | 城镇人口 | 乡村人口 |
| **合　计** | **10085.87** | **9083.66** | **9421.83** | **9747.70** |
| 河　北 | 111.09 | 103.32 | 63.36 | 151.05 |
| 内蒙古 | 1224.82 | 1176.18 | 1647.00 | 754.00 |
| 辽　宁 | 159.02 | 153.76 | 77.91 | 234.87 |
| 吉　林 | 153.52 | 154.74 | 168.43 | 139.83 |
| 黑龙江 | 11.21 | 11.15 | 5.84 | 16.52 |
| 浙　江 | 8.73 | 7.99 | 3.55 | 13.17 |
| 湖　北 | 238.00 | 219.03 | 176.35 | 280.68 |
| 湖　南 | 249.34 | 230.15 | 185.06 | 294.43 |
| 广　东 | 27.85 | 25.73 | 16.93 | 36.65 |
| 广　西 | 3021.00 | 2026.00 | 2809.00 | 2238.00 |
| 海　南 | 92.40 | 84.01 | 54.86 | 121.55 |
| 重　庆 | 146.08 | 130.86 | 86.66 | 190.28 |
| 四　川 | 410.64 | 392.69 | 229.81 | 573.52 |
| 贵　州 | 973.98 | 873.88 | 668.15 | 1179.71 |
| 云　南 | 1181.96 | 1121.89 | 841.70 | 1462.15 |
| 西　藏 | 173.45 | 190.55 | 136.00 | 228.00 |
| 甘　肃 | 197.38 | 188.66 | 120.53 | 265.51 |
| 青　海 | 195.47 | 188.00 | 149.69 | 233.78 |
| 宁　夏 | 352.74 | 375.26 | 483.00 | 245.00 |
| 新　疆 | 1157.19 | 1429.81 | 1498.00 | 1089.00 |

# 主要统计指标解释

**人口数** 指一定时点、一定地区范围内的有生命的个人的总和。年度统计的年末人口数指每年 12 月 31 日 24 时的人口数。

**市** 指经国家批准成立“市”建制的城市。

**镇** 指经省、自治区、直辖市批准的镇。1963 年以前为常住人口在 2000 人以上，非农业人口占 50%以上的人口聚居地。1964 年起改为常住人口在 3000 人以上，非农业人口占 70%以上或常住人口在 2500 人以上，不满 3000 人，非农业人口占 85%以上的。1984 年后又调整为凡县级地方国家机关所在地；或总人口在 20000 人以下的乡，乡政府驻地非农业人口超过 2000 人的；或总人口在 20000 人以上的乡，乡政府驻地非农业人口占全乡 10%以上；或少数民族地区、人口稀少的边远地区、山区和小型工矿区、小港口、风景旅游地、边境口岸等地，非农业人口虽不足 2000 人，都可建镇。

# 四、财　政

# 4-1 分地区民族自治地方财政收入情况(2022年)

单位：亿元

| 地 区 | 地方一般公共预算收入 | #税收收入 | #国内增值税 | #企业所得税 | #个人所得税 |
|---|---|---|---|---|---|
| **合 计** | **8990.98** | **5847.37** | **1826.63** | **970.77** | **253.75** |
| 河 北 | 68.83 | 42.24 | 10.90 | 5.56 | 1.54 |
| 内蒙古 | 2824.39 | 2134.40 | 601.27 | 388.88 | 67.83 |
| 辽 宁 | 52.20 | 35.24 | 12.41 | 5.48 | 1.79 |
| 吉 林 | 64.82 | 36.33 | 11.72 | 4.98 | 1.48 |
| 黑龙江 | 2.82 | 0.99 | -0.35 | 0.14 | 0.07 |
| 浙 江 | 15.90 | 14.40 | 6.84 | 2.10 | 3.37 |
| 湖 北 | 86.08 | 60.50 | 18.94 | 4.69 | 2.06 |
| 湖 南 | 116.77 | 70.80 | 21.39 | 5.31 | 1.70 |
| 广 东 | 10.08 | 5.79 | 2.63 | 0.02 | 0.72 |
| 广 西 | 1687.72 | 930.37 | 315.56 | 149.23 | 49.09 |
| 海 南 | 70.28 | 44.98 | 6.29 | 12.28 | 2.08 |
| 重 庆 | 61.81 | 34.99 | 11.53 | 4.24 | 2.03 |
| 四 川 | 286.97 | 165.12 | 60.47 | 25.00 | 4.11 |
| 贵 州 | 338.11 | 143.90 | 28.46 | 15.41 | 5.36 |
| 云 南 | 532.39 | 289.01 | 72.02 | 23.09 | 6.49 |
| 西 藏 | 179.63 | 106.14 | 51.51 | 11.94 | 13.37 |
| 甘 肃 | 44.30 | 30.79 | 14.33 | 3.75 | 1.65 |
| 青 海 | 197.98 | 172.24 | 61.66 | 28.89 | 3.66 |
| 宁 夏 | 460.15 | 306.83 | 102.99 | 50.93 | 13.13 |
| 新 疆 | 1889.76 | 1222.32 | 416.06 | 228.84 | 72.20 |

## 4–2 分地区民族自治地方财政支出情况(2022年)(一)

单位：亿元

| 地　区 | 地方一般公共预算支出 | #一般公共服务 | #教育 | #科学技术 |
|---|---|---|---|---|
| **合　计** | **32714.85** | **2934.16** | **5155.35** | **288.03** |
| 河　北 | 209.51 | 21.22 | 40.65 | 1.09 |
| 内蒙古 | 5887.70 | 470.74 | 692.38 | 42.99 |
| 辽　宁 | 253.99 | 24.31 | 37.97 | 0.07 |
| 吉　林 | 433.54 | 42.12 | 50.44 | 0.79 |
| 黑龙江 | 27.30 | 2.93 | 3.81 | |
| 浙　江 | 48.41 | 5.56 | 4.81 | 0.76 |
| 湖　北 | 491.63 | 50.47 | 85.02 | 6.39 |
| 湖　南 | 572.01 | 57.76 | 104.97 | 7.14 |
| 广　东 | 70.35 | 6.54 | 13.48 | 0.60 |
| 广　西 | 5893.32 | 454.80 | 1141.72 | 104.12 |
| 海　南 | 270.47 | 16.81 | 45.33 | 0.84 |
| 重　庆 | 251.85 | 22.21 | 56.25 | 1.04 |
| 四　川 | 1429.20 | 151.11 | 188.00 | 2.45 |
| 贵　州 | 1678.49 | 162.44 | 377.25 | 17.72 |
| 云　南 | 2610.52 | 254.96 | 492.54 | 9.49 |
| 西　藏 | 2592.98 | 310.63 | 316.67 | 8.31 |
| 甘　肃 | 674.62 | 108.47 | 91.49 | 3.96 |
| 青　海 | 895.71 | 83.73 | 111.62 | 1.17 |
| 宁　夏 | 1587.85 | 98.34 | 212.35 | 25.56 |
| 新　疆 | 6835.40 | 589.01 | 1088.62 | 53.53 |

## 4-2 分地区民族自治地方财政支出情况(2022年)(二)

单位：亿元

| 地 区 | #文化体育与传媒 | #社会保障和就业 | #医疗卫生 | #农林水 |
|---|---|---|---|---|
| **合 计** | **538.15** | **4799.11** | **2984.98** | **5006.02** |
| 河 北 | 1.93 | 31.13 | 18.15 | 37.33 |
| 内蒙古 | 108.38 | 985.15 | 433.78 | 912.44 |
| 辽 宁 | 2.46 | 52.16 | 18.56 | 54.58 |
| 吉 林 | 9.96 | 69.49 | 37.21 | 86.14 |
| 黑龙江 | 0.33 | 6.38 | 1.74 | 5.90 |
| 浙 江 | 1.38 | 6.46 | 3.98 | 6.90 |
| 湖 北 | 8.71 | 75.49 | 55.62 | 90.38 |
| 湖 南 | 9.92 | 77.56 | 65.13 | 107.07 |
| 广 东 | 1.14 | 13.70 | 6.59 | 10.86 |
| 广 西 | 81.36 | 986.43 | 635.61 | 737.07 |
| 海 南 | 4.87 | 32.19 | 30.61 | 56.23 |
| 重 庆 | 5.47 | 33.37 | 17.35 | 49.36 |
| 四 川 | 22.76 | 107.82 | 107.91 | 241.91 |
| 贵 州 | 43.24 | 190.35 | 181.39 | 258.15 |
| 云 南 | 34.43 | 388.09 | 326.62 | 445.54 |
| 西 藏 | 45.01 | 216.84 | 189.88 | 371.87 |
| 甘 肃 | 14.34 | 69.64 | 60.96 | 144.99 |
| 青 海 | 14.68 | 145.40 | 60.87 | 194.31 |
| 宁 夏 | 25.76 | 275.90 | 137.44 | 244.88 |
| 新 疆 | 102.02 | 1035.55 | 595.56 | 950.09 |

# 主要统计指标解释

**一般公共预算收入** 指国家财政参与社会产品分配所取得的收入，是实现国家职能的财力保证。主要包括：(1) 各项税收：包括国内增值税、国内消费税、进口货物增值税和消费税、出口货物退增值税和消费税、营业税、企业所得税、个人所得税、资源税、城市维护建设税、房产税、印花税、城镇土地使用税、土地增值税、车船税、船舶吨税、车辆购置税、关税、耕地占用税、契税、烟叶税等。(2) 非税收入：包括专项收入、行政事业性收费、罚没收入和其他收入。财政收入按现行分税制财政体制划分为中央本级收入和地方本级收入。

**一般公共预算支出** 指国家财政将筹集起来的资金进行分配使用，以满足经济建设和各项事业的需要。主要包括：一般公共服务、外交、国防、公共安全、教育、科学技术、文化体育与传媒、社会保障和就业、医疗卫生与计划生育、节能环保、城乡社区、农林水、交通运输、资源勘探信息等、商业服务业等、金融、援助其他地区、国土海洋气象等、住房保障、粮油物资储备、政府债务付息等方面的支出。财政支出根据政府在经济和社会活动中的不同职权，划分为中央财政支出和地方财政支出。

# 五、人民生活

## 5-1　分地区民族自治地方城镇居民生活水平情况(2022年)(一)

单位：元

| 地　区 | 城镇居民人　均可支配收入 | 城镇居民人　均消费支出 | #食品烟酒 | #衣　着 | #居　住 |
|---|---|---|---|---|---|
| **合　计** | **39938** | **24038** | **7307** | **1400** | **4618** |
| 河　北 | 37841 | 24959 | 6605 | 2177 | 6060 |
| 内蒙古 | 46295 | 26667 | 7208 | 2004 | 6008 |
| 辽　宁 | 29835 | 16580 | 5344 | 1303 | 2854 |
| 吉　林 | 31938 | 12759 | 4150 | 1018 | 2435 |
| 黑龙江 | 28553 | 17950 | 5003 | 1278 | 3191 |
| 浙　江 | 47807 | 33081 | 10232 | 2726 | 8071 |
| 湖　北 | 35812 | 26745 | 8570 | 2177 | 4939 |
| 湖　南 | 30651 | 20120 | 6198 | 1489 | 3914 |
| 广　东 | 32090 | 19458 | 7195 | 773 | 3464 |
| 广　西 | 39703 | 22438 | 7172 | 905 | 4760 |
| 海　南 | 35944 | 23358 | 10905 | 1067 | 3611 |
| 重　庆 | 37964 | 22788 | 7811 | 2535 | 4191 |
| 四　川 | 39919 | 23797 | 8467 | 1968 | 4420 |
| 贵　州 | 38719 | 23124 | 7003 | 1683 | 4330 |
| 云　南 | 39990 | 24619 | 7077 | 1379 | 5175 |
| 西　藏 | 48753 | 28265 | 9109 | 2664 | 6172 |
| 甘　肃 | 27744 | 21305 | 6461 | 2213 | 4214 |
| 青　海 | 36719 | 18861 | 6313 | 1657 | 3187 |
| 宁　夏 | 40194 | 24213 | 6944 | 1720 | 4734 |
| 新　疆 | 38410 | 24142 | 7811 | 1615 | 4438 |

## 5-1 分地区民族自治地方城镇居民生活水平情况(2022年)(二)

单位：元

| 地　区 | #生活用品及服务 | #医疗保健 | #交通通信 | #教育文化娱乐 |
|---|---|---|---|---|
| **合　计** | **1389** | **2206** | **3175** | **2544** |
| 河　北 | 1667 | 2175 | 3329 | 2405 |
| 内蒙古 | 1561 | 2341 | 4233 | 2534 |
| 辽　宁 | 706 | 1675 | 2246 | 2020 |
| 吉　林 | 525 | 1457 | 1745 | 1106 |
| 黑龙江 | 785 | 4120 | 1909 | 1664 |
| 浙　江 | 1623 | 4395 | 3094 | 2139 |
| 湖　北 | 1731 | 2216 | 3228 | 3252 |
| 湖　南 | 1190 | 1838 | 2170 | 2926 |
| 广　东 | 1098 | 1749 | 2932 | 1934 |
| 广　西 | 1250 | 2097 | 3033 | 2791 |
| 海　南 | 986 | 1544 | 2655 | 2105 |
| 重　庆 | 1547 | 1521 | 2210 | 2522 |
| 四　川 | 1724 | 1715 | 2976 | 2215 |
| 贵　州 | 1515 | 1464 | 3988 | 2920 |
| 云　南 | 1410 | 2633 | 3754 | 2525 |
| 西　藏 | 2164 | 1274 | 4614 | 1412 |
| 甘　肃 | 1700 | 1791 | 2289 | 2170 |
| 青　海 | 1325 | 1322 | 2829 | 1626 |
| 宁　夏 | 1600 | 2481 | 3330 | 2833 |
| 新　疆 | 1408 | 2774 | 3137 | 1948 |

## 5-2 分地区民族自治地方农村居民生活水平情况(2022年)(一)

单位：元

| 地区 | 农村居民人均可支配收入 | 农村居民人均消费支出 | #食品烟酒 | #衣着 | #居住 |
|---|---|---|---|---|---|
| **合计** | **16237** | **13366** | **4388** | **611** | **2671** |
| 河北 | 15668 | 12422 | 3968 | 837 | 2126 |
| 内蒙古 | 19641 | 15444 | 4796 | 829 | 2998 |
| 辽宁 | 19620 | 14487 | 4564 | 830 | 2757 |
| 吉林 | 16208 | 10491 | 3414 | 650 | 1953 |
| 黑龙江 | 19066 | 13156 | 3391 | 833 | 1898 |
| 浙江 | 26139 | 19786 | 7793 | 955 | 4318 |
| 湖北 | 14406 | 12904 | 4817 | 896 | 2542 |
| 湖南 | 13224 | 11757 | 3764 | 571 | 2648 |
| 广东 | 18968 | 14647 | 5883 | 553 | 2924 |
| 广西 | 17433 | 14658 | 4704 | 444 | 3112 |
| 海南 | 17926 | 14577 | 6700 | 496 | 2490 |
| 重庆 | 15731 | 12885 | 4863 | 765 | 2515 |
| 四川 | 17705 | 12831 | 5147 | 910 | 2218 |
| 贵州 | 13664 | 8273 | 3750 | 688 | 2544 |
| 云南 | 15157 | 12661 | 4265 | 565 | 2539 |
| 西藏 | 18209 | 11139 | 4458 | 784 | 2229 |
| 甘肃 | 10237 | 8817 | 2965 | 664 | 2038 |
| 青海 | 14785 | 10285 | 3916 | 837 | 1887 |
| 宁夏 | 16430 | 12825 | 4028 | 690 | 2373 |
| 新疆 | 16550 | 12169 | 3870 | 788 | 2252 |

## 5-2 分地区民族自治地方农村居民生活水平情况(2022年)(二)

单位：元

| 地　区 | #生活用品及服务 | #医疗保健 | #交通通信 | #教育文化娱乐 |
|---|---|---|---|---|
| **合　计** | **714** | **1283** | **1822** | **1570** |
| 河　北 | 747 | 1746 | 1651 | 1164 |
| 内蒙古 | 698 | 2140 | 2241 | 1447 |
| 辽　宁 | 662 | 1571 | 2159 | 1698 |
| 吉　林 | 416 | 1500 | 1402 | 679 |
| 黑龙江 | 679 | 1894 | 2164 | 2297 |
| 浙　江 | 1103 | 1104 | 2589 | 1656 |
| 湖　北 | 868 | 1144 | 1099 | 1311 |
| 湖　南 | 669 | 993 | 1254 | 1673 |
| 广　东 | 876 | 976 | 1501 | 1463 |
| 广　西 | 718 | 1539 | 1904 | 2041 |
| 海　南 | 868 | 1042 | 1464 | 1247 |
| 重　庆 | 875 | 912 | 1395 | 1388 |
| 四　川 | 840 | 874 | 1603 | 1101 |
| 贵　州 | 723 | 1029 | 2352 | 1748 |
| 云　南 | 671 | 1061 | 2084 | 1365 |
| 西　藏 | 681 | 491 | 1717 | 555 |
| 甘　肃 | 704 | 840 | 940 | 551 |
| 青　海 | 546 | 1036 | 1774 | 767 |
| 宁　夏 | 747 | 1553 | 1959 | 1255 |
| 新　疆 | 640 | 1223 | 1634 | 1076 |

## 5-3 分地区民族自治地方城乡居民储蓄存款年末余额(2022年)

单位：亿元

| 地　区 | 城乡居民储蓄存款年末余额 |
|---|---|
| 合　计 | **93952.18** |
| 河　北 | 1353.75 |
| 内蒙古 | 20195.28 |
| 辽　宁 | 1699.63 |
| 吉　林 | 2429.99 |
| 黑龙江 | |
| 浙　江 | 89.25 |
| 湖　北 | 1840.91 |
| 湖　南 | 1915.97 |
| 广　东 | 167.72 |
| 广　西 | 23501.14 |
| 海　南 | 713.39 |
| 重　庆 | 995.97 |
| 四　川 | 2247.45 |
| 贵　州 | 5488.94 |
| 云　南 | 8052.05 |
| 西　藏 | 1357.69 |
| 甘　肃 | 919.19 |
| 青　海 | 960.90 |
| 宁　夏 | 4899.59 |
| 新　疆 | 15123.36 |

# 主要统计指标解释

**居民可支配收入** 指居民可用于最终消费支出和储蓄的总和，即居民可用于自由支配的收入。既包括现金收入，也包括实物收入。按照收入的来源，可支配收入包含四项，分别为：工资性收入、经营净收入、财产净收入和转移净收入。

**工资性收入** 指就业人员通过各种途径得到的全部劳动报酬和各种福利，包括受雇于单位或个人、从事各种自由职业、兼职和零星劳动得到的全部劳动报酬和福利。

**经营净收入** 指住户或住户成员从事生产经营活动所获得的净收入，是全部经营收入中扣除经营费用、生产性固定资产折旧和生产税之后得到的净收入。计算公式为：

经营净收入=经营收入−经营费用−生产性固定资产折旧−生产税

**财产净收入** 指住户或住户成员将其所拥有的金融资产、住房等非金融资产和自然资源交由其他机构单位、住户或个人支配而获得的回报并扣除相关的费用之后得到的净收入。财产净收入包括利息净收入、红利收入、储蓄性保险净收益、转让承包土地经营权租金净收入、出租房屋净收入、出租其他资产净收入和自有住房折算净租金等。财产净收入不包括转让资产所有权的溢价所得。

**转移净收入** 计算公式为：转移净收入=转移性收入−转移性支出

**转移性收入** 指国家、单位、社会团体对住户的各种经常性转移支付和住户之间的经常性收入转移。包括养老金或退休金、社会救济和补助、政策性生产补贴、政策性生活补贴、救灾款、经常性捐赠和赔偿、报销医疗费、住户之间的赡养收入，本住户非常住成员寄回带回的收入等。转移性收入不包括住户之间的实物馈赠。

**转移性支出** 指调查户对国家、单位、住户或个人的经常性或义务性转移支付。包括缴纳的税款、各项社会保障支出、赡养支出、经常性捐赠和赔偿支出以及其他经常转移支出等。

**居民消费支出** 指居民用于满足家庭日常生活消费需要的全部支出，既包括现金消费支出，也包括实物消费支出。消费支出可划分为食品烟酒、衣着、居住、生活用品及服务、交通通信、教育文化娱乐、医疗保健以及其他用品及服务八大类。

**食品烟酒** 指用于各种食品和烟草、酒类的支出。

**衣着** 指与居民穿着有关的支出，包括服装、服装材料、鞋类、其他衣类及配件、衣着相关加工服务的支出。

**居住** 指与居住有关的支出，包括房租、水、电、燃料、物业管理等方面的支出，也包括自有住房折算租金。

**生活用品及服务** 指家庭及个人的各类生活品及家庭服务。包括家具及室内装饰品、家用器具、家用纺织品、家庭日用杂品、个人用品和家庭服务。

**交通通信** 指用于交通和通信工具及相关的各种服务费、维修费和车辆保险等支出。

**教育文化娱乐** 指用于教育、文化和娱乐方面的支出。

**医疗保健** 指用于医疗和保健的药品、用品和服务的总费用。包括医疗器具及药品，以及医疗服务。

**其他用品及服务** 指无法直接归入上述各类支出的其他用品与服务支出。

**居民储蓄存款余额** 指城乡居民在某一时点上在银行和其他金融机构的本（人民币）、外币储蓄存款总额。不包括居民的手存现金和工矿企业、部队、机关、团体等单位存款。

# 六、城市概况

## 6-1 分地区民族自治地方城市情况(2022年)

| 地　区 | 城市数(个) | #地级市 | #县级市 |
|---|---|---|---|
| **合　计** | **127** | **38** | **89** |
| 内蒙古 | 20 | 9 | 11 |
| 吉　林 | 6 | | 6 |
| 湖　北 | 2 | | 2 |
| 湖　南 | 1 | | 1 |
| 广　西 | 24 | 14 | 10 |
| 四　川 | 4 | | 4 |
| 贵　州 | 5 | | 5 |
| 云　南 | 13 | | 13 |
| 西　藏 | 6 | 6 | |
| 甘　肃 | 2 | | 2 |
| 青　海 | 5 | | 5 |
| 宁　夏 | 7 | 5 | 2 |
| 新　疆 | 32 | 4 | 28 |

## 6-2 分地区民族自治地方城市市区情况(2022年)

| 地　区 | 市区面积<br>(平方公里) | 市区人口<br>(万人) | 市区暂住人口<br>(万人) |
|---|---|---|---|
| **合　计** | **880718.71** | **6735.56** | **1384.98** |
| 内蒙古 | 148694.54 | 904.43 | 319.71 |
| 吉　林 | 27270.36 | 154.42 | 20.54 |
| 湖　北 | 8572.82 | 173.75 | 8.93 |
| 湖　南 | 1093.30 | 40.88 | 10.47 |
| 广　西 | 78641.38 | 2688.19 | 335.02 |
| 四　川 | 25529.50 | 136.78 | 39.37 |
| 贵　州 | 10234.32 | 293.63 | 50.13 |
| 云　南 | 48313.19 | 530.95 | 109.85 |
| 西　藏 | 48658.42 | 93.87 | 38.47 |
| 甘　肃 | 2774.33 | 38.57 | 12.94 |
| 青　海 | 193461.71 | 46.07 | 13.05 |
| 宁　夏 | 21123.03 | 442.17 | 56.77 |
| 新　疆 | 266351.81 | 1191.85 | 369.73 |

## 6–3 分地区民族自治地方城市城区面积和人口情况(2022年)

| 地　区 | 城区面积（平方公里） | 城区人口（万人） | 城区暂住人口（万人） |
|---|---|---|---|
| **合　计** | **17808.12** | **3310.15** | **1111.28** |
| 内蒙古 | 4674.87 | 681.97 | 253.79 |
| 吉　林 | 504.15 | 94.99 | 18.69 |
| 湖　北 | 253.00 | 43.70 | 5.20 |
| 湖　南 | 48.00 | 31.90 | 10.39 |
| 广　西 | 5394.85 | 1027.98 | 306.09 |
| 四　川 | 689.58 | 67.96 | 22.83 |
| 贵　州 | 864.47 | 118.63 | 36.75 |
| 云　南 | 667.53 | 203.57 | 73.18 |
| 西　藏 | 632.58 | 56.36 | 39.56 |
| 甘　肃 | 44.53 | 24.78 | 5.37 |
| 青　海 | 173.92 | 30.66 | 11.10 |
| 宁　夏 | 914.37 | 254.78 | 34.34 |
| 新　疆 | 2946.27 | 672.87 | 293.99 |

## 6-4 分地区民族自治地方城市用地情况(2022年)

| 地　　区 | 建成区面积<br>(平方公里) | 城市建设用地<br>(平方公里) |
| --- | --- | --- |
| **合　　计** | **6488.40** | **5987.32** |
| 内蒙古 | 1272.80 | 1231.70 |
| 吉　　林 | 163.85 | 142.77 |
| 湖　　北 | 64.49 | 64.49 |
| 湖　　南 | 44.00 | 30.80 |
| 广　　西 | 1809.48 | 1643.12 |
| 四　　川 | 78.13 | 73.12 |
| 贵　　州 | 246.92 | 183.77 |
| 云　　南 | 376.64 | 377.87 |
| 西　　藏 | 170.71 | 164.57 |
| 甘　　肃 | 40.48 | 35.81 |
| 青　　海 | 92.66 | 90.58 |
| 宁　　夏 | 473.66 | 442.99 |
| 新　　疆 | 1654.58 | 1505.73 |

## 6-5 分地区民族自治地方城市供水、液化气供气情况(2022年)

| 地　区 | 城市供水综合生产能力（万立方米/日） | 供水管道长度（公里） | 城市液化石油气储气能力（吨） | 液化石油气供气总量（吨） |
|---|---|---|---|---|
| **合　计** | **2566.78** | **75968.66** | **178968.42** | **513668.49** |
| 内蒙古 | 450.46 | 13515.32 | 7367.40 | 56580.35 |
| 吉　林 | 49.37 | 1618.23 | 2933.50 | 16053.03 |
| 湖　北 | 31.39 | 1360.73 | 1061.00 | 5458.00 |
| 湖　南 | 13.00 | 765.43 | 80.00 | 2614.30 |
| 广　西 | 776.28 | 26593.44 | 148374.25 | 296882.59 |
| 四　川 | 34.50 | 1366.25 | 2230.00 | 13578.00 |
| 贵　州 | 75.54 | 4254.49 | 3550.69 | 17248.81 |
| 云　南 | 141.86 | 5409.48 | 3624.88 | 24806.57 |
| 西　藏 | 68.70 | 1883.65 | 1047.50 | 8445.21 |
| 甘　肃 | 27.60 | 469.19 | 285.20 | 3055.00 |
| 青　海 | 78.92 | 1396.96 | 2031.30 | 3970.48 |
| 宁　夏 | 195.12 | 3353.96 | 3202.00 | 17126.20 |
| 新　疆 | 624.04 | 13981.53 | 3180.70 | 47849.95 |

## 6-6 分地区民族自治地方城市道路情况(2022年)

| 地 区 | 城市道路长度(公里) | 城市道路面积(万平方米) |
|---|---|---|
| **合 计** | **51326.90** | **106016.67** |
| 内蒙古 | 11310.56 | 22989.70 |
| 吉 林 | 986.00 | 1663.93 |
| 湖 北 | 372.76 | 576.99 |
| 湖 南 | 523.70 | 1283.35 |
| 广 西 | 15822.05 | 32557.36 |
| 四 川 | 581.29 | 1087.24 |
| 贵 州 | 2372.01 | 4699.72 |
| 云 南 | 3173.15 | 5775.81 |
| 西 藏 | 1125.72 | 2113.31 |
| 甘 肃 | 251.87 | 667.96 |
| 青 海 | 631.82 | 1442.53 |
| 宁 夏 | 2950.17 | 8086.42 |
| 新 疆 | 11225.80 | 23072.35 |

## 6-7 分地区民族自治地方城市绿化面积(2022年)

| 地区 | 绿化覆盖面积（公顷） | #建成区 | 绿地面积（公顷） | #建成区 |
|---|---|---|---|---|
| **合计** | **372994.39** | **270834.74** | **324680.94** | **247365.02** |
| 内蒙古 | 77104.85 | 53383.41 | 71573.19 | 49586.85 |
| 吉林 | 8031.52 | 6850.26 | 6590.08 | 6312.12 |
| 湖北 | 3838.53 | 2675.32 | 3049.41 | 2383.91 |
| 湖南 | 1809.60 | 1568.40 | 1665.50 | 1399.78 |
| 广西 | 93391.38 | 76382.62 | 81235.50 | 66693.76 |
| 四川 | 3726.06 | 3538.06 | 2965.74 | 2965.74 |
| 贵州 | 26923.45 | 10438.89 | 11439.21 | 9916.66 |
| 云南 | 21335.16 | 16227.74 | 18775.61 | 14863.63 |
| 西藏 | 7249.57 | 6965.57 | 6858.48 | 6589.59 |
| 甘肃 | 1514.06 | 1354.85 | 1257.68 | 1183.65 |
| 青海 | 3051.57 | 2771.73 | 2750.11 | 2470.31 |
| 宁夏 | 27232.74 | 20189.60 | 25881.28 | 19376.92 |
| 新疆 | 97785.90 | 68488.29 | 90639.15 | 63622.10 |

## 6-8 分地区民族自治地方城市公园情况(2022年)

| 地　区 | 公园绿地面积（公顷） | 公园个数（个） | 公园面积（公顷） |
|---|---|---|---|
| **合　计** | **72425.52** | **2351** | **56809.40** |
| 内蒙古 | 18220.38 | 479 | 15238.26 |
| 吉　林 | 1745.00 | 40 | 978.64 |
| 湖　北 | 903.40 | 36 | 440.30 |
| 湖　南 | 380.52 | 10 | 252.00 |
| 广　西 | 18529.40 | 474 | 16921.23 |
| 四　川 | 1053.13 | 49 | 1114.85 |
| 贵　州 | 2663.56 | 118 | 2210.45 |
| 云　南 | 3874.65 | 380 | 3977.09 |
| 西　藏 | 1556.56 | 167 | 1280.51 |
| 甘　肃 | 510.08 | 8 | 229.78 |
| 青　海 | 591.43 | 14 | 438.43 |
| 宁　夏 | 6701.10 | 142 | 3797.46 |
| 新　疆 | 15696.31 | 434 | 9930.40 |

## 6-9 分地区民族自治地方城市环境卫生情况(2022年)

| 地　区 | 生活垃圾处理量（万吨） | 垃圾无害化处理厂数（座） | 公厕数（座） |
|---|---|---|---|
| **合　计** | **1859.14** | **178** | **18760** |
| 内蒙古 | 348.53 | 30 | 6956 |
| 吉　林 | 33.97 | 7 | 264 |
| 湖　北 | 25.67 | 4 | 170 |
| 湖　南 | 12.03 | 2 | 142 |
| 广　西 | 601.43 | 43 | 3039 |
| 四　川 | 41.71 | 5 | 307 |
| 贵　州 | 69.46 | 10 | 831 |
| 云　南 | 137.49 | 14 | 2263 |
| 西　藏 | 62.05 | 8 | 897 |
| 甘　肃 | 14.57 | 2 | 98 |
| 青　海 | 17.35 | 4 | 194 |
| 宁　夏 | 114.45 | 9 | 893 |
| 新　疆 | 380.42 | 40 | 2706 |

## 6-10 分地区民族自治地方城市市政公用设施水平情况(2022年)(一)

| 地 区 | 人口密度<br>(人/平方公里) | 人均日生活用水量<br>(升) | 用水普及率<br>(%) | 燃气普及率<br>(%) |
|---|---|---|---|---|
| **合 计** | **3522** | **186.49** | **99.06** | **95.08** |
| 内蒙古 | 3931 | 117.27 | 99.77 | 97.94 |
| 吉 林 | 3907 | 116.59 | 99.49 | 96.11 |
| 湖 北 | 1932 | 199.60 | 100.00 | 98.70 |
| 湖 南 | 8810 | 137.16 | 98.56 | 96.12 |
| 广 西 | 2892 | 286.24 | 99.95 | 99.55 |
| 四 川 | 4250 | 142.40 | 87.16 | 55.19 |
| 贵 州 | 3663 | 149.31 | 95.60 | 90.50 |
| 云 南 | 4904 | 193.15 | 99.80 | 67.87 |
| 西 藏 | 2386 | 226.56 | 99.77 | 74.94 |
| 甘 肃 | 7162 | 236.74 | 98.36 | 88.42 |
| 青 海 | 4052 | 206.42 | 98.28 | 92.80 |
| 宁 夏 | 3416 | 165.07 | 99.99 | 98.52 |
| 新 疆 | 3887 | 165.34 | 99.41 | 98.73 |

## 6-10 分地区民族自治地方城市市政公用设施水平情况(2022年)(二)

| 地 区 | 建成区供水管道密度(公里/平方公里) | 人均道路面积(平方米) | 建成区排水管道密度(公里/平方公里) | 人均公园绿地面积(平方米) |
|---|---|---|---|---|
| **合 计** | **11.34** | **23.92** | **9.95** | **14.51** |
| 内蒙古 | 10.69 | 26.01 | 10.78 | 20.10 |
| 吉 林 | 9.94 | 15.05 | 10.34 | 15.60 |
| 湖 北 | 21.40 | 10.36 | 22.62 | 15.67 |
| 湖 南 | 16.84 | 30.35 | 5.82 | 9.00 |
| 广 西 | 13.93 | 23.48 | 12.10 | 9.92 |
| 四 川 | 14.12 | 11.78 | 9.78 | 12.03 |
| 贵 州 | 14.06 | 29.05 | 9.03 | 16.47 |
| 云 南 | 13.16 | 21.40 | 13.20 | 13.22 |
| 西 藏 | 11.99 | 21.87 | 3.69 | 15.73 |
| 甘 肃 | 12.40 | 22.29 | 12.04 | 16.83 |
| 青 海 | 13.00 | 32.11 | 21.36 | 13.91 |
| 宁 夏 | 6.82 | 26.72 | 4.81 | 22.02 |
| 新 疆 | 8.25 | 23.40 | 7.19 | 16.08 |

## 6-10 分地区民族自治地方城市市政公用设施水平情况(2022年)(三)

| 地　区 | 建成区绿化覆盖率(%) | 建成区绿地率(%) | 生活垃圾处理率(%) | 生活垃圾无害化处理率(%) |
|---|---|---|---|---|
| **合　计** | **41.62** | **37.08** | **99.92** | **99.94** |
| 内蒙古 | 42.07 | 39.09 | 99.99 | 99.99 |
| 吉　林 | 41.82 | 38.54 | 100.00 | 100.00 |
| 湖　北 | 41.48 | 36.97 | 100.00 | 100.00 |
| 湖　南 | 35.65 | 31.81 | 100.00 | 100.00 |
| 广　西 | 42.17 | 36.84 | 100.00 | 100.00 |
| 四　川 | 45.27 | 37.92 | 99.91 | 99.91 |
| 贵　州 | 42.34 | 40.34 | 99.37 | 99.33 |
| 云　南 | 42.95 | 39.47 | 100.00 | 99.48 |
| 西　藏 | 40.71 | 38.52 | 99.81 | 99.81 |
| 甘　肃 | 33.43 | 29.22 | 100.00 | 100.00 |
| 青　海 | 29.74 | 26.50 | 98.64 | 98.64 |
| 宁　夏 | 42.60 | 40.93 | 100.00 | 100.00 |
| 新　疆 | 41.49 | 38.59 | 100.00 | 100.00 |

# 主要统计指标解释

**供水管道长度** 指从送水泵至用户水表之间所有管道的长度。不包括新安装尚未使用、水厂内以及用户建筑物内的管道。

**供水总量** 指报告期供水企业（单位）供出的全部水量。包括有效供水量和漏损水量。

**用水普及率** 指报告期末城区内用水人口与总人口的比率。计算公式为：

$$用水普及率=\frac{城区用水人口（含暂住人口）}{城区人口+城区暂住人口}\times100\%$$

**供气管道长度** 指报告期末人工燃气生产厂制气、净化、输送等环节的综合生产能力，不包括备用设备能力。一般按设计能力计算，当实际生产能力大于设计能力时，应按实际测定的生产能力计算。测定时应以制气、净化、输送三个环节中最薄弱的环节为主。

**供气总量** 指报告期燃气企业（单位）向用户供应的燃气数量。包括销售量和损失量。

**燃气普及率** 指报告期末城区内使用燃气的人口与总人口的比率。

$$燃气普及率=\frac{城区用气人口（含暂住人口）}{城区人口+城区暂住人口}\times100\%$$

**城市道路** 指城市供车辆、行人通行的，具备一定技术条件的道路、桥梁、隧道及其附属设施。城市道路由车行道和人行道等组成。在统计时只统计路面宽度在 3.5 米（含 3.5 米）以上的各种铺装道路，包括开放型工业区和住宅区道路在内。

**道路长度** 指道路长度和与道路相通的桥梁、隧道的长度，按车行道中心线计算。

**道路面积** 道路实际铺装面积和与道路相通的广场、桥梁、隧道的铺装面积（统计时，将车行道面积、人行道面积分别统计）。

人行道面积按道路两侧面积相加计算，包括步行街和广场，不含人车混行的道路。

**建成区面积** 城市行政区内实际已成片开发建设、市政公用设施和公共设施基本具备的区域。对核心城市，它包括集中连片的部分以及分散的若干个已经成片建设起来，市政公用设施和公共设施基本具备的地区组成。因此建成区范围，一般是指建成区外轮廓线所能包括的地区，也就是这个城市实际建设用地所达到的范围。

**绿地面积** 指报告期末建成区内用作园林和绿化的各种绿地面积。包括公园绿地、生产绿地、防护绿地、附属绿地的面积。

其中：**公园绿地** 指向公众开放的、以游憩为主要功能，有一定游憩设施的绿地。

**人口密度** 指建成区范围内的人口疏密程度。

计算公式：

$$建成区人口密度（人/平方公里）=\frac{建成区常住人口（人）}{建成区面积（公顷）}\times100$$

**人均日生活用水量** 指用水人口平均每天的生活用水量。计算公式：

$$建成区人均日生活用水量（升/人）=\frac{建成区年生活用水量（万立方米）}{建成区用水人口（人）}\div365\times10^7$$

**人均公园绿地面积** 指报告期末建成区范围内平均每人拥有的公园绿地面积。

计算公式：

$$建成区人均公园绿地面积（平方米/人）=\frac{建成区公园绿地面积（公顷）}{建成区常住人口（人）}\times10^4$$

**建成区绿化覆盖率** 指报告期末建成区范围内绿化覆盖面积与建成区面积的比率。

计算公式：

$$建成区绿化覆盖率(\%)=\frac{建成区绿化覆盖面积（公顷）}{建成区面积（公顷）}\times100\%$$

**建成区绿化率** 指报告期末镇（乡）建成区范围内绿地面积与建成区面积的比率。

计算公式：

$$建成区绿地率(\%)=\frac{建成区绿地面积（公顷）}{建成区面积（公顷）}\times100\%$$

**生活垃圾处理率** 指报告期建成区范围内生活垃圾处理量与生活垃圾产生量的比率。

计算公式：

$$建成区生活垃圾处理率(\%)=\frac{建成区生活垃圾处理量（吨）}{建成区生活垃圾产生量（吨）}\times100\%$$

**生活垃圾无害化处理率** 指报告期建成区范围内生活垃圾无害化处理量与生活垃圾产生量的比率。

计算公式：

$$建成区生活垃圾无害化处理率(\%)=\frac{建成区生活垃圾无害化处理量（吨）}{建成区生活垃圾产生量（吨）}\times100\%$$

由于生活垃圾产生量不易取得，用清运量代替。

# 七、农　业

## 7-1 分地区民族自治地方农村基层组织情况(2022年)

| 地 区 | 乡镇个数（个） | 村民委员会（个） | 乡村人口（万人） | 乡个数（个） | 镇个数（个） |
|---|---|---|---|---|---|
| **合 计** | **7506** | **66814** | **12200** | **3389** | **4117** |
| 河 北 | 116 | 1453 | 151 | 59 | 57 |
| 内蒙古 | 779 | | 1346 | 270 | 509 |
| 辽 宁 | 149 | 1513 | 235 | 30 | 119 |
| 吉 林 | 110 | 1542 | 140 | 41 | 69 |
| 黑龙江 | 11 | 79 | 17 | 6 | 5 |
| 浙 江 | 19 | 136 | 13 | 15 | 4 |
| 湖 北 | 102 | 2047 | 281 | 35 | 67 |
| 湖 南 | 202 | 2813 | 294 | 70 | 132 |
| 广 东 | 23 | 221 | 37 | | 23 |
| 广 西 | 1118 | 14166 | 3748 | 312 | 806 |
| 海 南 | 60 | 589 | 122 | 16 | 44 |
| 重 庆 | 125 | 913 | 190 | 53 | 72 |
| 四 川 | 995 | 5814 | 574 | 592 | 403 |
| 贵 州 | 525 | 6760 | 1180 | 107 | 418 |
| 云 南 | 778 | 6903 | 1460 | 368 | 410 |
| 西 藏 | 676 | 5304 | 269 | 534 | 142 |
| 甘 肃 | 268 | 2427 | 266 | 116 | 152 |
| 青 海 | 322 | 3056 | 234 | 207 | 115 |
| 宁 夏 | 193 | 2217 | 368 | 90 | 103 |
| 新 疆 | 935 | 8861 | 1278 | 468 | 467 |

注：本表所指的乡包括民族乡。

## 7-2 分地区民族自治地方农、林、牧、渔业总产值及指数(2022年)

| 地区 | 绝对数(亿元) | | | | | 指数(上年=100) | | | | |
|---|---|---|---|---|---|---|---|---|---|---|
| | 农林牧渔业总产值 | #农业 | #林业 | #牧业 | #渔业 | 农林牧渔业总产值 | #农业 | #林业 | #牧业 | #渔业 |
| **合　　计** | **29011.99** | **16815.82** | **1615.36** | **8530.85** | **894.31** | **107.38** | **108.93** | **101.98** | **104.40** | **96.07** |
| 河　　北 | 353.86 | 195.78 | 28.03 | 117.03 | 0.85 | 110.14 | 116.59 | 88.03 | 106.85 | 115.58 |
| 内 蒙 古 | 4316.76 | 2208.47 | 107.50 | 1876.28 | 31.30 | 104.90 | 103.90 | 109.00 | 105.50 | 105.30 |
| 辽　　宁 | 506.55 | 208.29 | 54.76 | 212.53 | 19.63 | 105.06 | 101.47 | 111.69 | 107.42 | 106.49 |
| 吉　　林 | 413.92 | 207.86 | 11.43 | 177.12 | 7.78 | 111.06 | 116.01 | 106.19 | 105.15 | 111.15 |
| 黑 龙 江 | 102.80 | 37.53 | 1.72 | 53.60 | 9.95 | 103.00 | 106.65 | 308.58 | 102.13 | 94.05 |
| 浙　　江 | 11.42 | 8.07 | 1.60 | 1.31 | 0.26 | 102.60 | 117.13 | 99.12 | 58.16 | 129.31 |
| 湖　　北 | 624.75 | 360.73 | 38.25 | 180.67 | 4.94 | 111.61 | 113.42 | 106.06 | 109.11 | 113.29 |
| 湖　　南 | 478.18 | 258.47 | 36.47 | 165.63 | 7.63 | 105.79 | 108.74 | 109.81 | 100.50 | 106.89 |
| 广　　东 | 55.14 | 31.02 | 10.55 | 11.47 | 1.12 | 110.10 | 111.87 | 109.24 | 106.08 | 111.66 |
| 广　　西 | 6938.53 | 3977.68 | 548.46 | 1509.55 | 575.80 | 105.00 | 105.30 | 104.70 | 105.10 | 103.00 |
| 海　　南 | 461.60 | 314.19 | 41.73 | 42.61 | 47.02 | 111.61 | 114.33 | 109.70 | 102.86 | 102.04 |
| 重　　庆 | 260.26 | 158.68 | 21.67 | 70.36 | 4.52 | 106.73 | 109.51 | 105.84 | 100.99 | 102.07 |
| 四　　川 | 1166.83 | 619.96 | 68.36 | 449.50 | 6.50 | 107.69 | 116.70 | 111.19 | 101.36 | 141.45 |
| 贵　　州 | 2167.93 | 1426.02 | 193.23 | 412.62 | 41.54 | 103.80 | 103.53 | 105.67 | 103.76 | 107.02 |
| 云　　南 | 3833.21 | 2160.88 | 364.24 | 1115.18 | 75.88 | 104.01 | 106.78 | 99.26 | 101.81 | 104.19 |
| 西　　藏 | 278.62 | 120.95 | 6.96 | 143.40 | 0.22 | 104.80 | 100.80 | 168.60 | 106.60 | 72.40 |
| 甘　　肃 | 276.15 | 136.09 | 5.36 | 109.94 | 0.27 | 130.53 | 139.50 | 217.41 | 205.93 | 100.44 |
| 青　　海 | 450.50 | 175.60 | 10.07 | 253.27 | 4.23 | 105.87 | 106.15 | 70.79 | 107.18 | 102.73 |
| 宁　　夏 | 845.92 | 455.59 | 11.48 | 323.50 | 22.75 | 104.90 | 102.00 | 101.40 | 109.30 | 104.70 |
| 新　　疆 | 5469.04 | 3753.98 | 53.50 | 1305.28 | 32.13 | 105.80 | 105.70 | 63.10 | 106.50 | 100.70 |

注：本表绝对数按当年价格计算，指数按可比价格计算。

## 7-3 分地区民族自治地方农、林、牧、渔业总产值构成(2022年)

(以农、林、牧、渔业和农林牧渔服务业总产值为100)

| 地　区 | 农业 | 林业 | 牧业 | 渔业 |
|---|---|---|---|---|
| **合　计** | **57.96** | **5.57** | **29.40** | **3.08** |
| 河　北 | 55.33 | 7.92 | 33.07 | 0.24 |
| 内蒙古 | 51.16 | 2.49 | 43.47 | 0.73 |
| 辽　宁 | 41.12 | 10.81 | 41.96 | 3.87 |
| 吉　林 | 50.22 | 2.76 | 42.79 | 1.88 |
| 黑龙江 | 36.51 | 1.67 | 52.14 | 9.67 |
| 浙　江 | 70.62 | 14.02 | 11.50 | 2.26 |
| 湖　北 | 57.74 | 6.12 | 28.92 | 0.79 |
| 湖　南 | 54.05 | 7.63 | 34.64 | 1.60 |
| 广　东 | 56.25 | 19.14 | 20.80 | 2.02 |
| 广　西 | 57.33 | 7.90 | 21.76 | 8.30 |
| 海　南 | 68.06 | 9.04 | 9.23 | 10.19 |
| 重　庆 | 60.97 | 8.33 | 27.04 | 1.74 |
| 四　川 | 53.13 | 5.86 | 38.52 | 0.56 |
| 贵　州 | 65.78 | 8.91 | 19.03 | 1.92 |
| 云　南 | 56.37 | 9.50 | 29.09 | 1.98 |
| 西　藏 | 43.41 | 2.50 | 51.47 | 0.08 |
| 甘　肃 | 49.28 | 1.94 | 39.81 | 0.10 |
| 青　海 | 38.98 | 2.24 | 56.22 | 0.94 |
| 宁　夏 | 53.86 | 1.36 | 38.24 | 2.69 |
| 新　疆 | 68.64 | 0.98 | 23.87 | 0.59 |

注：本表按当年价格计算。

## 7-4 分地区民族自治地方农作物播种面积(2022年)

单位：千公顷

| 地　区 | 农作物总播种面积 | #粮　食 | #油　料 | #棉　花 |
|---|---|---|---|---|
| 合　计 | **35184.86** | **20494.33** | **2196.69** | **2498.65** |
| 河　北 | 264.24 | 186.38 | 10.24 | |
| 内蒙古 | 8750.68 | 6951.80 | 742.80 | 0.01 |
| 辽　宁 | 579.72 | 500.33 | 41.79 | |
| 吉　林 | 845.12 | 761.21 | 65.72 | |
| 黑龙江 | 207.35 | 145.95 | 6.53 | |
| 浙　江 | 12.49 | 6.49 | 0.14 | |
| 湖　北 | 855.03 | 434.37 | 69.56 | |
| 湖　南 | 600.13 | 325.45 | 107.97 | 0.32 |
| 广　东 | 68.89 | 26.82 | 7.63 | |
| 广　西 | 6271.40 | 2829.31 | 265.58 | 1.04 |
| 海　南 | 151.23 | 51.43 | 3.62 | |
| 重　庆 | 475.78 | 264.16 | 103.66 | |
| 四　川 | 1001.45 | 690.77 | 39.46 | |
| 贵　州 | 2265.33 | 1145.21 | 261.86 | 0.39 |
| 云　南 | 4054.04 | 2372.46 | 144.11 | |
| 西　藏 | 277.24 | 192.59 | 18.67 | |
| 甘　肃 | 358.92 | 248.38 | 35.34 | |
| 青　海 | 463.20 | 235.32 | 128.53 | |
| 宁　夏 | 1189.49 | 692.00 | 26.67 | |
| 新　疆 | 6493.13 | 2433.90 | 116.82 | 2496.89 |

## 7—5 分地区民族自治地方主要农产品产量(2022年)

单位：万吨

| 地区 | 粮食 | 油料 | 棉花 | 糖料 | 烟叶 | 茶叶 | 水果 |
|---|---|---|---|---|---|---|---|
| **合计** | **11198.94** | **489.63** | **539.53** | **9284.48** | **83.34** | **80.42** | **7604.09** |
| 河北 | 87.36 | 2.46 | | 1.02 | | | 56.30 |
| 内蒙古 | 3900.63 | 169.98 | | 387.15 | 0.44 | | 175.54 |
| 辽宁 | 324.63 | 11.47 | | | 0.27 | | 33.33 |
| 吉林 | 507.75 | 22.05 | | | 0.34 | | 27.28 |
| 黑龙江 | 86.02 | 2.82 | | | | | 1.80 |
| 浙江 | 3.68 | 0.03 | | | | 0.24 | 0.90 |
| 湖北 | 163.64 | 13.77 | | | 5.16 | 15.83 | 50.73 |
| 湖南 | 187.48 | 17.90 | 0.02 | 4.33 | 3.36 | 1.53 | 189.33 |
| 广东 | 11.86 | 2.31 | | 0.38 | 0.12 | 0.19 | 6.78 |
| 广西 | 1393.15 | 76.48 | 0.11 | 7116.54 | 1.94 | 10.77 | 3402.46 |
| 海南 | 26.34 | 0.96 | | 28.09 | 0.02 | 0.08 | 107.56 |
| 重庆 | 119.30 | 11.55 | | 0.01 | 2.35 | 1.59 | 22.73 |
| 四川 | 309.60 | 5.94 | | 5.51 | 11.73 | 5.20 | 262.83 |
| 贵州 | 508.40 | 45.90 | 0.04 | 38.93 | 11.01 | 11.85 | 339.46 |
| 云南 | 1078.95 | 27.28 | | 1303.27 | 46.57 | 33.13 | 963.23 |
| 西藏 | 107.34 | 4.68 | | | | 0.01 | 3.14 |
| 甘肃 | 109.10 | 8.47 | | 0.09 | | | 14.63 |
| 青海 | 84.38 | 23.79 | | | | | 1.72 |
| 宁夏 | 375.83 | 4.54 | | 0.01 | 0.05 | | 271.73 |
| 新疆 | 1813.50 | 37.23 | 539.37 | 399.14 | | | 1672.61 |

## 7-6 分地区民族自治地方牲畜饲养情况(2022年)

单位：万头

| 地区 | 牲畜年末存栏数 | | |
|---|---|---|---|
| | 大牲畜 | 猪 | 羊 |
| **合计** | **5692.23** | **7550.52** | **16879.12** |
| 河北 | 32.03 | 51.91 | 86.73 |
| 内蒙古 | 956.91 | 597.08 | 6124.06 |
| 辽宁 | 12.33 | 144.19 | 288.84 |
| 吉林 | 53.94 | 145.19 | 91.46 |
| 黑龙江 | 13.73 | 12.07 | 31.22 |
| 浙江 | 2.98 | 2.61 | 0.22 |
| 湖北 | 18.36 | 337.66 | 91.75 |
| 湖南 | 64.34 | 268.77 | 81.92 |
| 广东 | 0.92 | 18.20 | 2.11 |
| 广西 | 377.29 | 2219.70 | 252.73 |
| 海南 | 17.16 | 55.14 | 15.10 |
| 重庆 | 36.22 | 121.06 | 59.50 |
| 四川 | 350.99 | 604.89 | 566.10 |
| 贵州 | 505.84 | 713.56 | 180.92 |
| 云南 | 561.42 | 1575.73 | 751.53 |
| 西藏 | 691.03 | 47.84 | 940.05 |
| 甘肃 | 211.03 | 51.94 | 529.03 |
| 青海 | 701.24 | 39.45 | 1249.64 |
| 宁夏 | 233.17 | 74.00 | 711.00 |
| 新疆 | 851.30 | 469.53 | 4825.21 |

## 7-7 分地区民族自治地方畜产品和水产品产量(2022年)(一)

单位：万吨

| 地　区 | 肉类总产量 | #猪　肉 | #牛　肉 | #羊　肉 | 奶类产量 |
|---|---|---|---|---|---|
| **合　计** | **1713.90** | **846.01** | **288.65** | **247.59** | **1570.68** |
| 河　北 | 23.10 | 6.92 | 7.09 | 1.97 | 9.27 |
| 内蒙古 | 284.05 | 73.66 | 71.87 | 110.25 | 740.85 |
| 辽　宁 | 55.57 | 19.79 | 9.03 | 4.64 | 6.15 |
| 吉　林 | 32.84 | 19.72 | 8.94 | 1.38 | 1.41 |
| 黑龙江 | 5.17 | 1.76 | 1.80 | 0.72 | 35.05 |
| 浙　江 | 0.29 | 0.23 | 0.03 | 0.01 | |
| 湖　北 | 45.34 | 40.44 | 1.15 | 1.81 | |
| 湖　南 | 35.20 | 27.92 | 2.72 | 1.70 | 4.65 |
| 广　东 | 3.19 | 2.30 | 0.04 | 0.04 | |
| 广　西 | 454.94 | 262.65 | 14.94 | 4.31 | 13.12 |
| 海　南 | 7.15 | 5.23 | 0.41 | 0.27 | 0.21 |
| 重　庆 | 20.91 | 14.89 | 2.54 | 1.13 | |
| 四　川 | 75.84 | 44.16 | 18.99 | 8.55 | 31.30 |
| 贵　州 | 97.65 | 73.70 | 11.59 | 2.38 | 0.28 |
| 云　南 | 247.68 | 176.93 | 26.84 | 11.37 | 53.82 |
| 西　藏 | 28.63 | 1.79 | 21.35 | 5.10 | 57.79 |
| 甘　肃 | 20.32 | 3.84 | 8.33 | 7.57 | 13.68 |
| 青　海 | 34.56 | 4.06 | 19.15 | 11.19 | 29.15 |
| 宁　夏 | 36.77 | 9.03 | 12.47 | 12.48 | 342.50 |
| 新　疆 | 204.69 | 57.01 | 49.37 | 60.72 | 231.46 |

## 7−7 分地区民族自治地方畜产品和水产品产量(2022年)(二)

单位：万吨

| 地　　区 | 羊　毛 | 羊　绒 | 水产品 |
|---|---|---|---|
| **合　　计** | **24.18** | **0.90** | **518.27** |
| 河　　北 | 0.12 | 0.01 | 0.40 |
| 内 蒙 古 | 13.06 | 0.60 | 10.87 |
| 辽　　宁 | 0.05 | 0.04 | 10.01 |
| 吉　　林 | 0.02 | | 1.63 |
| 黑 龙 江 | 0.13 | | |
| 浙　　江 | | | 0.19 |
| 湖　　北 | | | 1.08 |
| 湖　　南 | | | 4.32 |
| 广　　东 | | | 0.76 |
| 广　　西 | | | 365.67 |
| 海　　南 | | | 18.59 |
| 重　　庆 | | | 1.35 |
| 四　　川 | 0.44 | | 2.47 |
| 贵　　州 | | | 21.80 |
| 云　　南 | 0.03 | | 42.97 |
| 西　　藏 | | 0.07 | 0.01 |
| 甘　　肃 | 0.60 | | 0.01 |
| 青　　海 | 1.11 | 0.02 | 1.78 |
| 宁　　夏 | 0.91 | 0.05 | 17.04 |
| 新　　疆 | 7.72 | 0.11 | 17.30 |

## 7-8 分地区民族自治地方农业机械总动力、有效灌溉面积、农村用电量和农用化肥施用量(2022年)

| 地　区 | 农业机械总动力（万千瓦） | 有效灌溉面积（千公顷） | 农村用电量（亿千瓦小时） | 农用化肥施用量（万吨） |
|---|---|---|---|---|
| **合　计** | **21541.19** | **17852.02** | **1130.77** | **1155.05** |
| 河　北 | 170.24 | 88.22 | 27.39 | 12.73 |
| 内蒙古 | 4596.42 | 4379.31 | 103.29 | 227.36 |
| 辽　宁 | 353.86 | 105.25 | 35.15 | 34.88 |
| 吉　林 | 619.22 | 39.35 | 21.35 | 26.36 |
| 黑龙江 | 84.60 | 111.08 | 0.92 | 2.01 |
| 浙　江 | 8.90 | 3.84 | 0.28 | 0.92 |
| 湖　北 | 274.67 | 95.15 | 9.92 | 28.73 |
| 湖　南 | 382.75 | 314.29 | 4.38 | 21.36 |
| 广　东 | 15.09 | 21.04 | 2.10 | 2.85 |
| 广　西 | 3825.26 | 1549.35 | 211.99 | 249.20 |
| 海　南 | 167.82 | 51.71 | 3.87 | 13.88 |
| 重　庆 | 156.03 | 42.35 | 8.61 | 22.53 |
| 四　川 | 585.02 | 300.05 | 343.32 | 45.21 |
| 贵　州 | 1259.64 | 556.12 | 31.16 | 42.44 |
| 云　南 | 4060.07 | 1312.93 | 52.36 | 122.36 |
| 西　藏 | 624.08 | 304.63 | 5.35 | 2.83 |
| 甘　肃 | 194.34 | 1346.63 | 7.30 | 9.21 |
| 青　海 | 424.40 | 135.46 | 9.96 | 9.63 |
| 宁　夏 | 663.43 | 560.57 | 33.35 | 36.88 |
| 新　疆 | 3075.35 | 6534.69 | 218.72 | 243.68 |

# 主要统计指标解释

**农林牧渔业总产值** 指以货币表现的农、林、牧、渔业全部产品和对农林牧渔业生产活动进行的各种支持性服务活动的价值总量，它反映一定时期内农林牧渔业生产总规模和总成果。1957 年以前的农林牧渔业总产值中包括了厩肥和农民自给性手工业(如农民自制衣服、鞋、袜，自己从事粮食初步加工等)。1958 年及以后，林业中增加了村及村以下竹木采伐产值；牧业中取消了厩肥产值；副业中取消了农民自给性手工业产值，增加了村及村以下办的工业产值； 渔业中增加了海洋捕捞水产品产值。1980 年及以后，在副业中增加了农民家庭兼营工业商品部分的产值。从 1984 年起村及村以下工业产值划归工业。从 1993 年起取消副业，将野生动物的捕猎划入牧业，野生植物采集和农民家庭兼营商品性工业划归农业。从 2003 年起，执行新的国民经济行业分类标准，农林牧渔业总产值中包括了农林牧渔服务业产值。林业中增加了森林采运业产值。农业中取消了家庭兼营商品性工业产值，将野生林产品的采集划归林业。第一次农业普查以后，由于畜牧业产品年报数据与普查数据之间存在一定的差距，根据农业普查结果，对畜牧业年报数据和畜牧业产值进行了修正。2010 年执行《统计用产品分类目录》，对 2009 年的农业、林业产值做了相应调整。

农林牧渔业总产值的计算方法通常是按农、林、牧、渔业产品及其副产品的产量分别乘以各自单位产品价格求得；少数生产周期较长，当年没有产品或产品产量不易统计的，则采用间接方法匡算其产值；然后将四业产品产值及农林牧渔服务业产值相加即为农林牧渔业总产值。

**农业机械总动力** 指全部农业机械动力的额定功率之和。农业机械是指用于种植业、畜牧业、渔业、农产品初加工、农用运输和农田基本建设等活动的机械及设备。农机总动力按使用能源不同分为以下四部分：

柴油发动机动力：指全部柴油发动机额定功率之和；

汽油发动机动力：指全部汽油发动机额定功率之和；

电动机动力：指全部电动机（含潜水电泵的电动机）额定功率之和；

其他机械动力：指采用柴油、汽油、电力之外的其他能源，如水力、风力、煤炭、太阳能等动力机械功率之和。

这个指标的统计数据主要来源于农机部门。

**农村用电总量** 指调查年度内农村范围内所有企业、事业、行政单位和住房从事生产经营活动、工作和日常生活用电总量。

**农用化肥施用量** 指本年内实际用于农业生产的化肥数量，包括氮肥、磷肥、钾肥和复合肥。化肥施用量要求按折纯量计算数量。折纯量是指把氮肥、磷肥、钾肥分别按含氮、含五氧化二磷、含氧化钾的百分之百成分进行折算后的数量。复合肥按其所含主要成分折算。公式为：

折纯量=实物量×某种化肥有效成分含量的百分比

**耕地灌溉面积** 指具有一定的水源，地块比较平整，灌溉工程或设备已经配套，在一般年景下能够进行正常灌溉的耕地面积。在一般情况下，耕地灌溉面积应等于灌溉工程或设备已经配套，能够进行正常灌溉的水田和水浇地面积之和。它是反映我国农田水利建设的重要指标。

**农作物总播种面积** 指农业生产经营者应在日历年度内收获农作物在全部土地（耕地或非耕地）上的播种或移植面积。凡是本年内收获的农作物，无论是本年还是上年播种，都算为播种面积，但不包括本年播种，下年收获的农作物面积。

**农作物产量** 指调查年度内全社会生产农产品的数量，不论耕地上与非耕地上的农作物产量，都应该统计在内。各种主要作物产量按国家的统一规定计算。谷物一律按脱粒后原粮计算（玉米按脱粒后的粒子计算）；薯类产量按五斤折一斤计算；豆类按去豆荚后干豆计算；棉花按去籽后的皮棉计算；麻类除亚麻以麻秆计算、苎麻以刮皮后的干麻计算、苘麻和线麻以熟麻皮计算外，其余一律以生麻计算；烤烟和晒烟均以干烟叶计算；花生以带壳的干花生计算；甘蔗以蔗秆计算；甜菜以根块计算。城市郊区按蔬菜计算的薯类和豆类产量按鲜品统计。

**粮食产量** 指农业生产经营者日历年度内生产的全部粮食数量。按收获季节包括夏收粮食、早稻和秋收粮食，按作物品种包括谷物、薯类和豆类。其产量计算方法：谷物按脱粒后的原粮计算，豆类按去豆荚后的干豆计算；薯类(包括甘薯和马铃薯，不包括芋头和木薯)1963 年以前按每 4 公斤鲜薯折 1 公斤粮食计算，从 1964 年开始改为按 5 公斤鲜薯折 1 公斤粮食计算，2014 年开始按鲜薯计算；城市郊区作为蔬菜的薯类(如马铃薯等)按鲜品计算，并且不作粮食统计。1989 年以前全国粮食产量数据主要靠全面报表取得，1989 年开始使用抽样调查数据。

**棉花产量** 指全社会的产量。包括春播棉和夏播棉。产量按皮棉计算。不包括木棉。

**油料产量** 指全部油料作物的生产量。包括花生、油菜籽、芝麻、向日葵籽、胡麻籽（亚麻籽）和其他油料。不包括大豆、木本油料和野生油料。花生以带壳干花生计算。

**茶叶产量** 指调查年度内生产的全部茶叶数量。包括从成片茶园和荒芜未垦土地上种植的以及零星种植的茶树上所采摘的全部产量，不论自食的或出售的，都应统计在内。茶叶产量按经过初步加工后的干毛茶计算。

**水果产量** 指调查年度内从果树上收获的全部水果数量。不论自食的或出售的，都应统计在内。但不包括果用瓜，如西瓜、甜瓜、白兰瓜、哈密瓜、脆瓜等以及主要作蔬菜用的藕、西红柿等；也不包括采集的野生水果。水果产量按鲜果计算，干枣、葡萄干、柿饼、橘饼等应统一折成鲜果计算。

**期初(末)畜禽存栏头(只)数** 指报告期初(末)农村各种合作经济组织和国营农场、农民个人、机关、团体、学校、工矿企业、部队等单位以及城镇居民饲养的大牲畜、猪、羊、家禽等畜禽的数量。数据上报方式及数据调整情况同猪、牛、羊肉产量。

**猪、牛、羊肉产量** 指当年出栏并已屠宰、除去头蹄下水后带骨肉(即胴体重)的重量。包括全社会范围内的产量。1996 年以前为全面统计并逐级上报数据。1996 年第一次农业普查以后，根据普查结果，对畜牧业主要年报数据进行了修正。1999 年以后，国家统计局在部分地区开展了猪、牛、羊、禽等主要畜禽品种的抽样调查，并用抽样数据作为国家定案数据使用。未开展抽样调查的地区和品种，仍使用各级统计部门逐级上报数据。2007 年，根据第二次农业普查结果，对 2000—2006 年畜牧业主要年报数据进行了修正。2008 年，建立了主要畜禽监测调查制度，猪、牛、羊、禽等主要畜禽数据均以抽样调查数为法定数据。

**水产品产量** 指渔业（捕捞和养殖）生产活动的最终有效成果，包括全部海水和淡水鱼类、甲壳类(虾、蟹)、贝类、头足类、藻类和其他类渔业产品的最终产量。水产品产量是通过各级水产部门逐级上报取得数据。1995 年及以前，贝类中牡蛎按鲜肉计算；蚶、蛤、蛏按 5 斤鲜品折 1 斤计算。1996 年以后则统一按鲜品计算。

# 八、工　业

## 8-1 分地区民族自治地方规模以上工业企业单位数(2022年)

单位：个

| 地　区 | 总　计 | #国有企业 | #私营企业 | #外资及港、澳、台商投资企业 | 大中型工业企业 |
|---|---|---|---|---|---|
| **合　计** | **27609** | **3512** | **18692** | **966** | **3070** |
| 河　北 | 367 | 14 | 231 | 15 | 9 |
| 内蒙古 | 3591 | 864 | 1738 | 131 | 633 |
| 辽　宁 | 346 | 8 | 245 | 14 | 40 |
| 吉　林 | 376 | 15 | 267 | 20 | 56 |
| 黑龙江 | 43 | 2 | 34 | 2 | 5 |
| 浙　江 | 45 | 1 | 43 | 1 | |
| 湖　北 | 557 | 11 | 498 | 3 | 10 |
| 湖　南 | 780 | 27 | 715 | 14 | 33 |
| 广　东 | 84 | 8 | 43 | 8 | 15 |
| 广　西 | 8959 | 770 | 6614 | 457 | 831 |
| 海　南 | 102 | 11 | 42 | 33 | 7 |
| 重　庆 | 197 | 19 | 167 | 3 | 20 |
| 四　川 | 680 | 50 | 389 | 16 | 39 |
| 贵　州 | 2179 | 66 | 1599 | 41 | 508 |
| 云　南 | 2060 | 73 | 1637 | 56 | 148 |
| 西　藏 | 190 | 73 | 59 | 6 | 14 |
| 甘　肃 | 219 | 28 | 130 | | 5 |
| 青　海 | 977 | 67 | 720 | 10 | 52 |
| 宁　夏 | 1476 | 262 | 999 | 49 | 202 |
| 新　疆 | 4381 | 1143 | 2522 | 87 | 443 |

## 8-2 分地区民族自治地方规模以上工业企业主要财务指标(2022年)

单位：亿元

| 地　　区 | 资产合计 | 负债合计 | 所有者权益合计 | 利润总额 | 主营业务收入 |
|---|---|---|---|---|---|
| **合　　计** | **146540.28** | **88537.08** | **58003.20** | **9737.02** | **94015.66** |
| 河　　北 | 1513.94 | 1014.13 | 499.81 | 46.86 | 758.51 |
| 内 蒙 古 | 43617.57 | 24504.14 | 19113.43 | 4080.90 | 28158.15 |
| 辽　　宁 | 644.46 | 393.17 | 251.29 | 29.64 | 494.48 |
| 吉　　林 | 1095.31 | 645.80 | 449.52 | 40.93 | 764.49 |
| 黑 龙 江 | 178.21 | 112.64 | 65.58 | 4.66 | 50.28 |
| 浙　　江 | 35.87 | 18.35 | 17.52 | 1.91 | 23.51 |
| 湖　　北 | 731.21 | 434.46 | 296.75 | 26.14 | 366.87 |
| 湖　　南 | 898.53 | 480.76 | 417.76 | 93.30 | 1642.20 |
| 广　　东 | 317.51 | 183.72 | 133.79 | 19.28 | 235.66 |
| 广　　西 | 26912.97 | 17949.60 | 8963.37 | 893.56 | 22596.26 |
| 海　　南 | 723.84 | 368.56 | 355.28 | 14.30 | 174.31 |
| 重　　庆 | 510.14 | 305.45 | 204.69 | 37.04 | 235.19 |
| 四　　川 | 5169.35 | 3450.87 | 1718.48 | 220.93 | 1693.30 |
| 贵　　州 | 4530.36 | 3086.11 | 1444.25 | 136.81 | 2683.45 |
| 云　　南 | 8956.53 | 5379.85 | 3576.68 | 427.48 | 5985.65 |
| 西　　藏 | 2382.81 | 1255.86 | 1126.95 | 62.74 | 503.59 |
| 甘　　肃 | 516.92 | 343.04 | 173.88 | 17.62 | 123.72 |
| 青　　海 | 3941.54 | 2849.28 | 1092.26 | 619.53 | 1959.62 |
| 宁　　夏 | 13420.48 | 8775.90 | 4644.58 | 416.29 | 7876.17 |
| 新　　疆 | 30442.72 | 16985.39 | 13457.33 | 2547.09 | 17690.23 |

## 8-3 分地区民族自治地方主要工业产品产量(2022年)(一)

| 地　区 | 机制纸及纸板(万吨) | 原　盐(万吨) | 成品糖(万吨) | 卷　烟(亿支) |
|---|---|---|---|---|
| **合　计** | **735.01** | **1026.39** | **1038.50** | **1986.19** |
| 河　北 | | | | |
| 内蒙古 | 10.61 | 133.52 | 60.87 | 318.11 |
| 辽　宁 | | | | |
| 吉　林 | | | | 471.04 |
| 黑龙江 | 0.43 | | | |
| 浙　江 | | | | |
| 湖　北 | 0.40 | | | |
| 湖　南 | 19.98 | | | |
| 广　东 | | | | |
| 广　西 | 558.05 | | 735.83 | 718.14 |
| 海　南 | | 2.50 | 2.87 | |
| 重　庆 | | | | |
| 四　川 | 0.30 | | | |
| 贵　州 | 62.70 | | 1.04 | |
| 云　南 | 33.56 | | 197.76 | 218.75 |
| 西　藏 | | | | |
| 甘　肃 | | | | |
| 青　海 | | 432.70 | | |
| 宁　夏 | 23.69 | 108.09 | | 80.00 |
| 新　疆 | 25.29 | 349.58 | 40.13 | 180.15 |

## 8-3 分地区民族自治地方主要工业产品产量(2022年)(二)

| 地　　区 | 焦　炭<br>(万吨) | 天然气<br>(万立方米) | 发电量<br>(亿千瓦小时) | 生　铁<br>(万吨) |
|---|---|---|---|---|
| **合　　计** | **10112.40** | **7756264.16** | **22542.42** | **7550.33** |
| 河　　北 | | | 161.63 | 98.60 |
| 内 蒙 古 | 4672.47 | 3072238.70 | 6619.21 | 2188.83 |
| 辽　　宁 | | | 64.07 | 102.79 |
| 吉　　林 | | | 63.01 | |
| 黑 龙 江 | | | 8.34 | |
| 浙　　江 | | | 8.60 | |
| 湖　　北 | | 6000.00 | 81.42 | |
| 湖　　南 | | 53.08 | 69.79 | |
| 广　　东 | | | 21.16 | |
| 广　　西 | 1084.79 | 2261.00 | 2115.91 | 3013.35 |
| 海　　南 | | | 141.69 | |
| 重　　庆 | | 2753.57 | 100.52 | |
| 四　　川 | 256.40 | | 2142.72 | 441.40 |
| 贵　　州 | 19.22 | 4492.00 | 735.22 | 10.85 |
| 云　　南 | 128.70 | 34.81 | 2079.65 | 169.68 |
| 西　　藏 | | | 128.23 | |
| 甘　　肃 | | | 216.71 | |
| 青　　海 | 89.53 | 600000.00 | 755.97 | |
| 宁　　夏 | 1225.37 | 1631.00 | 2235.13 | 497.69 |
| 新　　疆 | 2635.92 | 4066800.00 | 4793.44 | 1027.14 |

# 8-3 分地区民族自治地方主要工业产品产量(2022年)(三)

| 地　　区 | 粗钢（万吨） | 钢材（万吨） | 水泥（万吨） | 平板玻璃（万箱） | 农用氮磷钾化肥（万吨） |
|---|---|---|---|---|---|
| **合　　计** | **9524.33** | **10983.15** | **31055.37** | **8987.82** | **1037.22** |
| 河　　北 | 102.00 | 88.60 | 106.44 | | |
| 内 蒙 古 | 2956.51 | 3041.87 | 3597.06 | 1117.94 | |
| 辽　　宁 | | | 124.75 | 2051.00 | |
| 吉　　林 | | | 147.60 | | 3.31 |
| 黑 龙 江 | | | | | |
| 浙　　江 | | | | | |
| 湖　　北 | | | 595.76 | | |
| 湖　　南 | | 13.02 | 447.04 | | 181.79 |
| 广　　东 | | | 18.90 | | |
| 广　　西 | 3793.23 | 4995.56 | 10419.98 | 3556.42 | 34.09 |
| 海　　南 | | | 627.21 | | |
| 重　　庆 | | 0.69 | 302.79 | | 7.64 |
| 四　　川 | 425.50 | 425.16 | 1205.74 | | 0.27 |
| 贵　　州 | | 60.09 | 2887.57 | 738.66 | 84.27 |
| 云　　南 | 488.09 | 455.01 | 3196.19 | | 85.78 |
| 西　　藏 | | | 792.74 | | |
| 甘　　肃 | | | 354.20 | | 16.16 |
| 青　　海 | | | 686.53 | 110.94 | 521.02 |
| 宁　　夏 | 596.22 | 578.50 | 1667.42 | 411.21 | 71.00 |
| 新　　疆 | 1162.78 | 1324.65 | 3877.45 | 1001.65 | 31.89 |

# 主要统计指标解释

**工业** 指从事自然资源的开采，对采掘品和农产品进行加工和再加工的物质生产部门。具体包括：(1)对自然资源的开采，如采矿、晒盐等(但不包括禽兽捕猎和水产捕捞)；(2)对农副产品的加工、再加工，如粮油加工、食品加工、缫丝、纺织、制革等；(3)对采掘品的加工、再加工，如炼铁、炼钢、化工生产、石油加工、机器制造、木材加工等，以及电力、燃气及水的生产和供应等；(4)对工业品的修理、翻新，如机器设备的修理等。工业统计调查单位为工业法人单位。

工业法人单位指从事工业生产经营活动的法人单位。工业法人单位应同时具备以下条件：①依法成立，有自己的名称、组织机构和场所，能够独立承担民事责任；②独立拥有（或授权）使用资产，承担负债，有权与其他单位签订合同；③具有包括资产负债表在内的账户，或者能够根据需要编制账户。

**主营业务收入** 指企业确认的销售产品、提供劳务等主要经营业务取得的收入。

**主营业务成本** 指企业经营主要业务所发生的成本总额。

**资产总计** 指企业过去的交易或者事项形成的，由企业拥有或控制的，预期会给企业带来经济利益的资源。资产一般按流动性分为流动资产和非流动资产。其中流动资产可分为货币资金、交易性金融资产、应收票据、应收账款、预付款项、其他应收款、存货等；非流动资产可分为长期股权投资、固定资产、无形资产及其他非流动资产。

**负债合计** 指企业过去的交易或者事项形成的，预期会导致经济利益流出企业的现时义务。负债一般按偿还期长短分为流动负债和长期负债。

**所有者权益** 指企业投资人对企业净资产的所有权。企业净资产为企业全部资产与企业全部负债的差额，包括实收资本、资本公积、盈余公积、未分配利润等。

**利润总额** 指企业在一定会计期间的经营成果、是生产经营过程中各种收入扣除各种耗费后的盈余，反映企业在报告期内实现的盈亏总额。

# 九、建筑业

## 9-1 分地区民族自治地方建筑业基本情况(2022年)

| 地　区 | 单位数（个） | 建筑业总产值（亿元） | 房屋建筑施工面积（万平方米） | 房屋建筑竣工面积（万平方米） | 年末从业人数（万人） |
|---|---|---|---|---|---|
| **合　计** | **12720** | **16863.48** | **64619.65** | **18502.79** | **284.22** |
| 河　北 | 76 | 48.82 | 153.02 | 58.21 | 1.08 |
| 内蒙古 | 1040 | 1332.84 | 7045.50 | 1096.30 | 13.92 |
| 辽　宁 | 201 | 51.96 | 232.62 | 130.34 | 1.12 |
| 吉　林 | 345 | 176.06 | 796.84 | 249.76 | 4.77 |
| 黑龙江 | 9 | 0.81 | 1.02 | 0.94 | 0.03 |
| 浙　江 | 41 | 30.37 | 132.23 | 17.66 | 0.87 |
| 湖　北 | 240 | 182.42 | 1630.82 | 198.06 | 5.39 |
| 湖　南 | 157 | 93.75 | 544.29 | 294.53 | 2.65 |
| 广　东 | 57 | 78.27 | 196.18 | 23.30 | 1.10 |
| 广　西 | 2749 | 7194.35 | 27539.20 | 8561.00 | 108.66 |
| 海　南 | 33 | 10.31 | 29.52 | 13.03 | 0.49 |
| 重　庆 | 153 | 188.07 | 454.43 | 220.93 | 4.03 |
| 四　川 | 1248 | 238.34 | 162.99 | 264.35 | 2.68 |
| 贵　州 | 788 | 811.58 | 3110.71 | 1462.66 | 12.10 |
| 云　南 | 2241 | 2244.07 | 5910.21 | 2514.59 | 59.32 |
| 西　藏 | 410 | 203.79 | 262.57 | 117.52 | 3.30 |
| 甘　肃 | 175 | 34.14 | 461.43 | 319.28 | 0.99 |
| 青　海 | 166 | 116.17 | 435.49 | 96.13 | 1.62 |
| 宁　夏 | 730 | 725.85 | 1802.30 | 559.30 | 24.65 |
| 新　疆 | 1861 | 3101.50 | 13718.28 | 2304.90 | 35.45 |

## 9-2 分地区民族自治地方建筑业主要财务指标(2022年)

单位：亿元

| 地 区 | 企业资产合计 | 企业负债合计 | 企业所有者权益 | 企业利润总额 |
|---|---|---|---|---|
| **合 计** | **18683.76** | **13950.37** | **4733.39** | **391.80** |
| 河 北 | 71.25 | 50.69 | 20.55 | 1.10 |
| 内蒙古 | 2758.54 | 1990.69 | 767.85 | 43.96 |
| 辽 宁 | 94.88 | 64.94 | 29.94 | 1.34 |
| 吉 林 | 380.69 | 284.95 | 95.74 | 3.69 |
| 黑龙江 | 1.94 | 1.06 | 0.88 | -0.01 |
| 浙 江 | 28.44 | 18.99 | 9.45 | 0.63 |
| 湖 北 | 153.53 | 85.33 | 68.20 | 17.01 |
| 湖 南 | 160.72 | 114.25 | 46.47 | 3.26 |
| 广 东 | 225.96 | 174.55 | 51.42 | 11.42 |
| 广 西 | 5806.28 | 4429.65 | 1376.63 | 145.11 |
| 海 南 | 31.55 | 20.43 | 11.11 | -0.20 |
| 重 庆 | 207.52 | 125.21 | 82.31 | 31.47 |
| 四 川 | 132.10 | 80.30 | 51.80 | 2.94 |
| 贵 州 | 445.38 | 375.65 | 69.73 | 3.89 |
| 云 南 | 1185.72 | 821.00 | 364.72 | 22.62 |
| 西 藏 | 685.63 | 459.08 | 226.55 | 8.74 |
| 甘 肃 | 21.89 | 9.44 | 12.45 | 1.52 |
| 青 海 | 117.28 | 79.88 | 37.41 | 13.49 |
| 宁 夏 | 937.26 | 690.84 | 246.42 | 12.97 |
| 新 疆 | 5237.22 | 4073.44 | 1163.78 | 66.86 |

# 主要统计指标解释

**建筑业统计单位** 指从事房屋、构筑物建造和设备安装活动的法人企业。建筑业法人企业应具有建筑业资质并能够独立核算，同时还应具备以下条件：①依法成立，有自己的名称、组织机构和场所，能够承担民事责任；②独立拥有和使用资产，承担负债，有权与其他单位签订合同；③独立核算盈亏，能够编制资产负债表。

**建筑业总产值** 是以货币形式表现的建筑业企业在一定时期内生产的建筑业产品和提供服务的总和。建筑业总产值包括：

⑴建筑工程产值：指列入建筑工程预算内的各种工程价值。

⑵安装工程产值：指设备安装工程价值，不包括被安装设备本身的价值。

⑶其他产值：建筑业总产值中除建筑工程、安装工程以外的产值。包括房屋构筑物修理产值、非标准设备制造产值、总包企业向分包企业收取的管理费以及不能明确划分的施工活动所完成的产值。

a.房屋构筑物修理产值：指房屋和构筑物修理所完成的产值，但不包括被修理房屋、构筑物本身价值和生产设备的修理价值。

b.非标准设备制造产值：指加工制造没有定型的非标准生产设备的加工费和原材料价值(如化工厂、炼油厂用的各种罐、槽，矿井生产统一使用的各种漏斗、三角槽、阀门等)以及附属加工厂为本企业承建工程制作的非标准设备的价值。

**房屋建筑施工面积** 指报告期内施工的全部房屋建筑面积，包括本期新开工的房屋建筑面积、上期跨入本期继续施工的房屋建筑面积、上期停缓建在本期恢复施工的房屋建筑面积、本期竣工的房屋建筑面积及本期施工后又停缓建的房屋建筑面积。

**房屋建筑竣工面积** 指报告期内房屋建筑按照设计要求已全部完工，达到住人和使用条件，经验收鉴定合格或达到竣工验收标准，可正式移交使用的各栋房屋建筑面积的总和。

# 十、运输和邮电

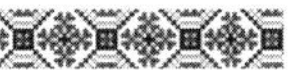

## 10-1 分地区民族自治地方运输条件(2022年)

单位：公里

| 地　区 | 公路里程 | #等级公路 | 铁　路<br>营业里程 | 内河航道<br>里　程 |
|---|---|---|---|---|
| **合　计** | **1504575** | **1321228** | **38840** | **19928** |
| 河　北 | 12964 | 5964 | 323 | |
| 内蒙古 | 216200 | 212600 | 14200 | 2400 |
| 辽　宁 | 20058 | 19098 | 378 | 217 |
| 吉　林 | 13639 | 12215 | | |
| 黑龙江 | 185 | 185 | 60 | 146 |
| 浙　江 | 1901 | 1856 | | 105 |
| 湖　北 | 43465 | 39717 | 341 | 589 |
| 湖　南 | 25398 | 24731 | 721 | 1492 |
| 广　东 | 4180 | 4031 | | |
| 广　西 | 172391 | 167280 | 5337 | 5700 |
| 海　南 | 9487 | 7828 | 104 | 29 |
| 重　庆 | 25354 | 23572 | 413 | 241 |
| 四　川 | 84371 | 81567 | 582 | 886 |
| 贵　州 | 127640 | 97333 | 1827 | 3510 |
| 云　南 | 229979 | 184233 | 2964 | 4063 |
| 西　藏 | 120900 | 102000 | 1189 | |
| 甘　肃 | 26496 | 25467 | 15 | 170 |
| 青　海 | 108522 | 74304 | 42 | 250 |
| 宁　夏 | 38347 | 38347 | 1645 | 130 |
| 新　疆 | 223100 | 198900 | 8699 | |

## 10-2 分地区民族自治地方公路、铁路旅客、货物运输量(2022年)

| 地　区 | 客运量合计（万人） | #公　路 | #铁　路 | 货运量合计（万吨） | #公　路 | #铁　路 |
|---|---|---|---|---|---|---|
| **合　计** | **98641** | **80025** | **17388** | **746784** | **564075** | **141131** |
| 河　北 | 611 | 575 | 35 | 4823 | 4809 | 14 |
| 内蒙古 | 3557 | 1844 | 1712 | 211615 | 126709 | 84906 |
| 辽　宁 | 4400 | 1346 | 3054 | 18551 | 17501 | 1027 |
| 吉　林 | 1228 | 976 | 221 | 5359 | 4682 | 676 |
| 黑龙江 | 160 | 150 | 10 | 100 | 2 | 98 |
| 浙　江 | | | | | | |
| 湖　北 | 2491 | 2013 | 389 | 4426 | 4286 | 4 |
| 湖　南 | 17840 | 17227 | 498 | 3810 | 3125 | 643 |
| 广　东 | 229 | 229 | | 202 | 202 | |
| 广　西 | 20654 | 14479 | 5974 | 213331 | 163219 | 9805 |
| 海　南 | 437 | 437 | | 412 | 412 | |
| 重　庆 | 1993 | 1634 | 358 | 2494 | 2331 | 163 |
| 四　川 | 3690 | 3508 | 182 | 17830 | 14727 | 3103 |
| 贵　州 | 11030 | 10019 | 952 | 44990 | 40590 | 4400 |
| 云　南 | 11233 | 9053 | 1561 | 61145 | 58789 | 1963 |
| 西　藏 | 630 | 390 | 240 | 4024 | 3934 | 90 |
| 甘　肃 | 1701 | 1700 | 1 | 8325 | 8324 | 1 |
| 青　海 | 1907 | 1866 | | 8431 | 4745 | 3010 |
| 宁　夏 | 2701 | 2195 | 434 | 48623 | 38463 | 10160 |
| 新　疆 | 12149 | 10384 | 1766 | 88293 | 67225 | 21068 |

# 10-3 分地区民族自治地方公路、铁路旅客、货物周转量(2022年)

| 地　区 | 旅客周转量（亿人公里） | #公　路 | #铁　路 | 货物周转量（亿吨公里） | #公　路 | #铁　路 |
|---|---|---|---|---|---|---|
| **合　计** | **1068.06** | **523.81** | **513.76** | **15691.86** | **7388.48** | **5739.13** |
| 河　北 | 5.73 | 4.80 | 0.86 | 29.35 | 28.64 | 0.71 |
| 内蒙古 | 88.98 | 20.40 | 68.55 | 5220.71 | 2140.96 | 3079.75 |
| 辽　宁 | 18.52 | 13.15 | 4.46 | 190.17 | 189.24 | 0.04 |
| 吉　林 | 11.23 | 11.23 | | 154.00 | 154.00 | |
| 黑龙江 | 1.95 | 1.95 | | 2.10 | 2.10 | |
| 浙　江 | | | | 3.58 | 3.58 | |
| 湖　北 | 11.92 | 11.78 | | 64.55 | 60.27 | |
| 湖　南 | 20.22 | 16.20 | 3.81 | 25.38 | 21.58 | 1.72 |
| 广　东 | 0.33 | 0.33 | | 3.37 | 3.37 | |
| 广　西 | 377.78 | 131.82 | 245.16 | 5172.95 | 1885.63 | 741.45 |
| 海　南 | 3.06 | 3.06 | | 1.93 | 1.93 | |
| 重　庆 | 10.87 | 8.69 | 2.18 | 20.62 | 20.62 | |
| 四　川 | 23.56 | 23.56 | | 179.66 | 179.66 | |
| 贵　州 | 96.80 | 95.63 | 1.17 | 190.30 | 187.53 | 2.77 |
| 云　南 | 129.81 | 76.76 | 25.38 | 686.23 | 626.62 | 59.41 |
| 西　藏 | 21.65 | 10.09 | 11.56 | 130.46 | 102.79 | 27.67 |
| 甘　肃 | 8.89 | 8.89 | | 155.31 | 155.31 | |
| 青　海 | 7.10 | 6.51 | | 84.21 | 73.29 | |
| 宁　夏 | 36.55 | 18.97 | 17.53 | 873.75 | 597.79 | 275.96 |
| 新　疆 | 193.12 | 60.01 | 133.11 | 2503.24 | 953.59 | 1549.65 |

## 10–4 分地区民族自治地方邮电业情况(2022年)

| 地区 | 邮政业务总量(亿元) | 营业网点(处) | 邮路总长度(万公里) | 农村投递线路(万公里) | 电信业务总量(亿元) | 移动电话年末用户(万户) | 固定电话年末用户(万户) | 互联网宽带接入用户(万户) |
|---|---|---|---|---|---|---|---|---|
| **合计** | **444.85** | **38876** | **129.24** | **172.79** | **1936.82** | **19905.29** | **1771.74** | **6755.87** |
| 河北 | 2.01 | 111 | 0.70 | 1.36 | 7.27 | 192.05 | 10.49 | 72.48 |
| 内蒙古 | 58.66 | 6985 | 18.29 | 15.78 | 295.53 | 3013.10 | 208.40 | 868.10 |
| 辽宁 | 3.68 | 253 | 1.33 | 2.25 | 3.11 | 182.26 | 33.57 | 30.60 |
| 吉林 | 5.34 | 481 | 0.73 | 1.07 | 1.55 | 306.69 | 38.01 | 77.52 |
| 黑龙江 | 0.33 | 11 | 0.12 | 0.11 |  | 7.00 | 2.40 | 4.63 |
| 浙江 | 0.49 | 22 | 0.22 | 0.19 | 1.26 | 13.79 | 0.91 | 5.71 |
| 湖北 | 10.65 | 113 | 2.38 | 2.38 | 31.21 | 421.69 | 16.06 | 181.85 |
| 湖南 | 9.72 | 585 | 1.88 | 2.60 | 38.03 | 428.55 | 14.25 | 138.75 |
| 广东 | 0.67 | 27 | 0.11 | 0.21 | 0.93 | 39.40 | 4.18 | 8.89 |
| 广西 | 168.80 | 14521 | 20.68 | 11.67 | 531.26 | 5805.00 | 512.00 | 2054.20 |
| 海南 | 1.65 | 108 | 0.66 | 0.60 | 13.45 | 173.88 | 18.83 | 69.81 |
| 重庆 | 4.73 | 222 | 0.93 | 83.71 | 12.49 | 221.25 | 24.35 | 68.00 |
| 四川 | 7.16 | 1513 | 6.14 | 8.38 | 43.56 | 685.15 | 118.09 | 217.57 |
| 贵州 | 18.35 | 2877 | 5.99 | 7.72 | 128.37 | 1542.31 | 71.61 | 452.28 |
| 云南 | 47.24 | 3336 | 16.39 | 12.76 | 254.48 | 2239.83 | 88.21 | 700.53 |
| 西藏 | 4.72 | 1167 | 6.33 | 8.91 | 60.16 | 329.92 | 85.13 | 130.29 |
| 甘肃 | 3.82 | 603 | 1.01 | 1.26 | 28.53 | 301.96 | 28.44 | 84.74 |
| 青海 | 28.86 | 395 | 2.02 | 2.91 | 7.57 | 237.86 | 39.31 | 65.72 |
| 宁夏 | 21.77 | 1971 | 7.11 | 1.98 | 106.80 | 891.00 | 47.40 | 349.40 |
| 新疆 | 46.21 | 3575 | 36.23 | 6.92 | 371.23 | 2872.60 | 410.10 | 1174.80 |

# 主要统计指标解释

**铁路营业里程** 又称营业长度，指办理客货运输业务的铁路正线总长度。

**公路里程** 指报告期末公路的实际长度。统计范围：包括城间、城乡间、乡（村）间能行驶汽车的公共道路，公路通过城镇街道的里程，公路桥梁长度、隧道长度、渡口宽度。不包括城市街道里程，断头路里程，农（林）业生产用道路里程，工（矿）企业等内部道路里程。统计原则：按已竣工验收或交付使用的实际里程计算；两条或多条公路共同经由同一路段的重复里程，只计算一次。

**内河航道里程** 指在一定时期内，能通航运输船舶及排筏的天然河流、湖泊水库、运河及通航渠道的长度。包括全年季节性通航累计三个月以上的航道，不包括仅供零散流放竹、木排的河道。两省以河为界的航道里程，双方均按一半计算，以免重复。

**货（客）运量** 指在一定时期内，各种运输工具实际运送的货物重量(旅客数量)。货运按吨计算，客运按人计算。货物不论运输距离长短、货物类别，均按实际重量统计。旅客不论行程远近或票价多少，均按一人一次客运量统计；半价票、儿童票也按一人统计。

**货（客）周转量** 指在一定时期内，由各种运输工具运送的货物(旅客)数量与其相应运输距离的乘积之总和。该指标可以反映运输业生产的总成果，也是编制和检查运输生产计划，计算运输效率、劳动生产率以及核算运输单位成本的主要基础资料。计算货物周转量通常按发出站与到达站之间的最短距离，也就是计费距离计算。计算公式为：

$$\text{货物（旅客）周转量} = \sum \text{（货物（旅客）运输量} \times \text{运输距离）}$$

**邮电、电信业务总量** 指以货币形式表示的邮政、电信通信企业为社会提供各类邮政、电信通信服务的总数量。计算方法为各类业务的实物量分别乘以相应的不变单价，求出各类业务的货币量加总求得。没有不变单价的业务按其业务收入直接相加。

**移动电话用户** 指在电信运营企业营业网点办理开户登记手续，通过移动电话交换机进入移动电话网，占用移动电话号码的各类电话用户。包括各类签约用户、智能网预付费用户、无线上网卡用户。

**固定电话用户** 指在电信企业营业网点办理开户登记手续并已接入固定电话网上的全部电话用户。包括普通电话用户、无线市话用户、公用电话用户、窄带综合业务数字网（N—ISDN）用户、智能网专用接入终端用户等。

**邮路** 指各邮电局、所、代办所之间，邮电局、所与代办所、车站、码头、机场、转运站、报刊社之间，有自编或委办人员按固定班期规定路线交换邮件、报刊的路线。包括农村地区运邮兼投递的路线，不包括城市、农村地区纯投递路线。

**农村投递路线** 指农村局、所自编或委办人员按固定班期、规定路线至农村乡（镇）、行政村等收件单位投递邮件、报刊的路线。

# 十一、国内贸易

## 11-1　分地区民族自治地方社会消费品零售总额(2022年)

| 地　区 | 社会消费品零售总额(亿元) | 上年社会消费品零售总额(亿元) | 同比(%) |
|---|---|---|---|
| **合　计** | **30046.27** | **30843.51** | **-2.58** |
| 河　北 | 226.48 | 222.63 | 1.73 |
| 内蒙古 | 4971.40 | 5060.31 | -1.76 |
| 辽　宁 | 210.21 | 210.10 | 0.05 |
| 吉　林 | 427.16 | 445.52 | -4.12 |
| 黑龙江 | 10.72 | 23.70 | -54.79 |
| 浙　江 | 36.62 | 38.32 | -4.45 |
| 湖　北 | 830.24 | 806.48 | 2.95 |
| 湖　南 | 545.20 | 533.68 | 2.16 |
| 广　东 | 38.97 | 40.53 | -3.85 |
| 广　西 | 8539.09 | 8538.50 | 0.01 |
| 海　南 | 165.62 | 179.46 | -7.71 |
| 重　庆 | 580.11 | 573.12 | 1.22 |
| 四　川 | 1109.65 | 1089.27 | 1.87 |
| 贵　州 | 2305.97 | 2636.12 | -12.52 |
| 云　南 | 4264.04 | 4212.81 | 1.22 |
| 西　藏 | 726.52 | 810.34 | -10.34 |
| 甘　肃 | 202.49 | 211.83 | -4.41 |
| 青　海 | 276.87 | 291.05 | -4.87 |
| 宁　夏 | 1338.44 | 1335.12 | 0.25 |
| 新　疆 | 3240.48 | 3584.62 | -9.60 |

## 11-2 分地区民族自治地方限额以上批发业情况(2022年)

| 地区 | 法人企业(个) | 年末从业人员(人) | 商品购进额(亿元) | 商品销售额(亿元) | 期末商品库存额(亿元) | 主营业务收入(亿元) | 主营业务利润(亿元) |
|---|---|---|---|---|---|---|---|
| **合计** | **11764.00** | **476886.00** | **46562.10** | **49549.59** | **2423.85** | **44012.92** | **781.75** |
| 河北 | 36.00 | 1304.00 | 26.52 | 29.42 | 1.88 | 20.92 | -1.42 |
| 内蒙古 | 1592.00 | 48436.00 | 6984.10 | 7452.30 | 425.40 | 6724.10 | 222.90 |
| 辽宁 | 48.00 | 639.00 | 75.15 | 99.35 | 5.31 | 71.36 | 0.73 |
| 吉林 | 79.00 | 4848.00 | 148.82 | 201.65 | 7.30 | 194.25 | 2.80 |
| 黑龙江 | 5.00 | 162.00 | 1.64 | 1.73 | 0.22 | 1.63 | 0.04 |
| 浙江 | 24.00 | 2524.00 | 1004.66 | 1050.85 | 27.18 | 932.16 | 34.08 |
| 湖北 | 78.00 | 4169.00 | 143.55 | 173.99 | 5.01 | 158.27 | 6.27 |
| 湖南 | 90.00 | 3837.00 | 138.71 | 186.79 | 10.97 | 171.04 | 10.24 |
| 广东 | 64.00 | 2195.00 | 240.10 | 257.61 | 6.39 | 223.09 | 8.74 |
| 广西 | 3385.00 | 235096.00 | 14957.85 | 15269.21 | 441.97 | 13599.80 | 131.50 |
| 海南 | 42.00 | 463.00 | 20.17 | 18.81 | 1.45 | 19.04 | 0.17 |
| 重庆 | 182.00 | 4430.00 | 284.75 | 341.68 | 7.56 | 312.61 | 25.97 |
| 四川 | 463.00 | 12366.00 | 374.89 | 489.60 | 33.78 | 419.51 | 26.66 |
| 贵州 | 567.00 | 13769.00 | 784.33 | 898.51 | 47.37 | 652.56 | 15.10 |
| 云南 | 1074.00 | 25871.00 | 2314.84 | 2686.98 | 164.78 | 2327.19 | 70.86 |
| 西藏 | 91.00 | 8020.00 | 638.85 | 775.88 | 37.17 | 697.46 | 25.50 |
| 甘肃 | 40.00 | 1298.00 | 47.51 | 54.77 | 2.79 | 50.12 | 0.46 |
| 青海 | 81.00 | 2747.00 | 1708.07 | 2178.84 | 62.54 | 1746.52 | 61.45 |
| 宁夏 | 410.00 | 15363.00 | 1787.30 | 1804.70 | 64.73 | 1629.70 | 11.80 |
| 新疆 | 3413.00 | 89349.00 | 14880.30 | 15576.90 | 1070.06 | 14061.60 | 127.90 |

# 11-3 分地区民族自治地方限额以上零售业情况(2022年)

| 地　　区 | 法人企业(个) | 年末从业人员(人) | 商品购进额(亿元) | 商品销售额(亿元) | 期末商品库存额(亿元) | 主营业务收入(亿元) | 主营业务利润(亿元) |
|---|---|---|---|---|---|---|---|
| **合　　计** | **11800.00** | **450245.00** | **6637.28** | **7632.65** | **694.40** | **6658.33** | **61.54** |
| 河　　北 | 54.00 | 3165.00 | 19.01 | 21.52 | 2.06 | 15.19 | 0.20 |
| 内 蒙 古 | 1284.00 | 77670.00 | 1308.20 | 1513.50 | 131.10 | 1370.80 | 7.70 |
| 辽　　宁 | 52.00 | 1855.00 | 27.15 | 30.09 | 1.18 | 7.99 | 0.06 |
| 吉　　林 | 176.00 | 7423.00 | 102.35 | 121.83 | 11.14 | 108.91 | 1.18 |
| 黑 龙 江 | 2.00 | 507.00 | 0.37 | 0.54 | 0.02 | 0.51 | 0.02 |
| 浙　　江 | 17.00 | 289.00 | 2.71 | 3.05 | 0.25 | 1.88 | -0.06 |
| 湖　　北 | 398.00 | 10194.00 | 85.14 | 107.86 | 8.25 | 95.51 | 1.87 |
| 湖　　南 | 293.00 | 7401.00 | 76.76 | 133.69 | 6.09 | 120.26 | 1.29 |
| 广　　东 | 12.00 | 127.00 | 1.22 | 1.65 | 0.12 | 1.48 | 0.00 |
| 广　　西 | 3431.00 | 142044.00 | 1980.20 | 2115.40 | 211.90 | 1945.20 | 1.10 |
| 海　　南 | 35.00 | 921.00 | 5.22 | 5.59 | 0.79 | 5.85 | -0.02 |
| 重　　庆 | 430.00 | 8367.00 | 115.62 | 132.11 | 5.09 | 118.18 | 11.85 |
| 四　　川 | 476.00 | 12178.00 | 179.06 | 255.32 | 10.36 | 204.53 | 3.43 |
| 贵　　州 | 1040.00 | 23145.00 | 360.75 | 440.93 | 41.72 | 262.16 | 10.27 |
| 云　　南 | 1544.00 | 43715.00 | 583.99 | 742.13 | 48.34 | 593.95 | 10.28 |
| 西　　藏 | 224.00 | 7466.00 | 166.04 | 217.30 | 16.00 | 200.29 | 4.10 |
| 甘　　肃 | 85.00 | 3120.00 | 53.00 | 58.02 | 3.30 | 51.91 | 0.57 |
| 青　　海 | 74.00 | 1748.00 | 65.27 | 90.21 | 8.00 | 62.63 | 0.23 |
| 宁　　夏 | 371.00 | 23050.00 | 370.23 | 380.80 | 41.50 | 336.40 | 4.30 |
| 新　　疆 | 1802.00 | 75860.00 | 1135.00 | 1261.10 | 147.20 | 1154.70 | 3.20 |

# 主要统计指标解释

**社会消费品零售总额** 指企业（单位、个体户）通过交易售给个人、社会集团非生产、非经营用的实物商品金额，以及提供餐饮服务所取得的收入金额。个人包括城乡居民和入境人员，社会集团包括机关、社会团体、部队、学校、企事业单位、居委会或村委会等。

**批发零售贸易业商品购、销、存总额** 指各种登记注册类型的批发和零售业企业(单位)以本企业(单位)为总体的，从国内、国外市场购进的商品总量，销售和出口的商品总量，库存的商品总量等情况。该指标可以反映商品流转过程中商品的购进、销售、库存之间的比例关系和存在的问题。

**商品购进额** 指从本企业以外的单位和个人购进（包括从国外直接进口）作为转卖或加工后转卖的商品金额（含增值税）。商品购进包括：(1) 从工农业生产者、批发和零售业企业、住宿和餐饮业企业、出版社或报社的出版发行部门和其他服务业企业购进的商品；(2) 从机关团体、事业单位购进的商品；(3) 从海关、市场管理部门购进的缉私和没收的商品；(4) 从居民收购的废旧商品等。不包括：(1) 企业为本单位自身经营用，不是作为转卖而购进的商品，如材料物资、包装物、低值易耗品、办公用品等；(2) 未通过买卖行为而收入的商品，如接受其他部门移交的商品、借入的商品、收入代其他单位保管的商品、其他单位赠送的样品、加工回收的成品等；(3) 经本单位介绍，由买卖双方直接结算，本单位只收取手续费的业务；(4) 销售退回和买方拒付货款的商品；(5) 商品溢余。

**商品销售额** 指对本单位以外的单位和个人出售的商品金额（包括售给本单位消费用的商品，含增值税）。商品销售包括：(1) 售给城乡居民和社会集团消费用的商品；(2) 售给农业、工业、建筑业、服务业等国民经济各行业用于生产、经营用的商品，包括售予批发和零售业作为转卖或加工后转卖的商品；(3) 对国（境）外直接出口的商品。不包括：(1) 未通过买卖行为付出的商品，如随机构变动移交给其他企业单位的商品、借出的商品、归还受其他单位委托代保管的商品、付出的加工原料和赠送给其他单位的样品等；(2) 经本单位介绍，由买卖双方直接结算，本单位只收取手续费的业务；(3) 购货退回的商品；(4) 商品损耗和损失；(5) 出售本单位自用的废旧物资。

**期末商品库存额** 对于批发和零售业法人单位和个体经营户，是指报告期末取得所有权的全部商品金额（含增值税）；对于批发和零售业产业活动单位，是指报告期末实际在库且归属法人具有所有权的全部商品金额（含增值税）。库存商品包括：(1)存放在本单位(如门市部、批发站、采购站、经营处)的仓库、货场、货柜和货架中的商品；(2)挑选、整理、包装中的商品；(3)已记入购进而尚未运到本单位的商品，即发货单或银行承兑凭证已到而货未到的商品；(4)寄放他处的商品，如因购货方拒绝付款而暂时存在购货方的商品；(5)委托其他单位代销(未作销售或调出)尚未售出的商品；(6)代其他单位购进尚未交付的商品。不包括：所有权不属于本单位的商品；委托外单位加工的商品；外贸企业代理其他单位从国外进口，尚未付给订货单位的商品；代国家储备部门保管的商品。

# 十二、对外经济贸易

## 12-1 分地区民族自治地方对外贸易和利用外资情况(2022年)

| 地区 | 进出口总额（亿元） | 出口总额（亿元） | 进口总额（亿元） | 外商投资企业年底注册登记情况 企业数（个） | 投资总额（亿美元） | 注册资本（亿美元） |
|---|---|---|---|---|---|---|
| **合计** | **12725.51** | **7659.85** | **5065.66** | **14985** | **11241.35** | **2461.57** |
| 河北 | 18.26 | 17.27 | 0.99 | 31 | 0.19 | 1.87 |
| 内蒙古 | 1523.63 | 630.35 | 893.28 | 3186 | 506.00 | 243.00 |
| 辽宁 | 11.62 | 3.13 | 8.49 | 9 | 2.56 | 0.96 |
| 吉林 | 269.14 | 158.67 | 110.47 | 13 | -0.39 | 0.02 |
| 黑龙江 | 27.54 | 27.54 | | | | |
| 浙江 | 19.49 | 7.17 | 12.32 | 2 | 0.02 | 0.02 |
| 湖北 | 25.40 | 24.72 | 0.68 | 358 | 0.19 | 18.93 |
| 湖南 | 89.18 | 88.22 | 0.96 | 23 | 0.68 | 0.99 |
| 广东 | 15.07 | 13.97 | 1.10 | 77 | | 2.56 |
| 广西 | 6464.20 | 3587.30 | 2876.90 | 7276 | 9707.00 | 1580.00 |
| 海南 | 0.69 | 0.40 | 0.28 | 14 | 0.03 | 0.20 |
| 重庆 | 55.71 | 22.67 | 33.04 | 3 | 0.01 | 0.01 |
| 四川 | 8.02 | 5.67 | 2.35 | 44 | | |
| 贵州 | 40.79 | 38.90 | 1.89 | 88 | 0.69 | 20.44 |
| 云南 | 1428.64 | 735.41 | 693.23 | 749 | 77.37 | 52.60 |
| 西藏 | 46.01 | 43.1 | 2.91 | 288 | 27.00 | 21.00 |
| 甘肃 | 2.88 | 1.23 | 1.65 | | | |
| 青海 | 7.14 | 6.84 | 0.30 | | | |
| 宁夏 | 214.6 | 161.0 | 53.60 | 865 | 304.00 | 159.00 |
| 新疆 | 2457.5 | 2086.3 | 371.20 | 1959 | 616.00 | 360.00 |

注：进出口总额按经营单位所在地分。

# 主要统计指标解释

**货物进出口总额** 指实际进出我国国境的货物总金额。包括对外贸易实际进出口货物，来料加工装配进出口货物，国家间、联合国及国际组织无偿援助物资和赠送品，华侨、港澳台同胞和外籍华人捐赠品，租赁期满归承租人所有的租赁货物，进料加工进出口货物，边境地方贸易及边境地区小额贸易进出口货物，中外合资企业、中外合作经营企业、外商独资经营企业进出口货物和公用物品，到、离岸价格在规定限额以上的进出口货样和广告品(无商业价值、无使用价值和免费提供出口的除外)，从保税仓库提取在中国境内销售的进口货物，以及其他进出口货物。该指标可以观察一个国家在对外贸易方面的总规模。我国规定出口货物按离岸价格统计，进口货物按到岸价格统计。

**进口** 指直接从国外进口的商品和委托外贸部门代理进口的商品，不包括从国内有关单位（包括对外贸易部门和其他单位）购进的进口商品。对外贸易企业只统计自主经营进口的商品，不包括受托代理进口的商品。

**出口** 指直接向国（境）外出口商品和委托外贸部门代理出口的商品，不包括售给外贸部门出口或加工后出口的商品以及在国内市场以外币销售的商品。

**商品经营单位所在地进、出口额** 指在所在地海关注册登记的有进出口经营权的企业实际进、出口额。

**商品目的地进口额和商品货源地出口额** 目的地进口额指进口货物的消费、使用或最终抵运地的实际进口额；货源地出口额指出口货物的产地或原始发货地的实际出口额。

# 十三、文旅资源

## 13-1 分地区民族自治地方世界遗产情况(2022年)

单位：个

| 地　区 | 世　界<br>自然遗产 | 世　界<br>文化遗产 | 人类口述和<br>非物质遗产 |
|---|---|---|---|
| **合　计** | **7** | **7** | **11** |
| 河　北 | | | |
| 内蒙古 | | 1 | 2 |
| 辽　宁 | | 1 | |
| 吉　林 | | | |
| 黑龙江 | | | 1 |
| 浙　江 | | | |
| 湖　北 | | 1 | |
| 湖　南 | | | |
| 广　东 | | | |
| 广　西 | | 1 | |
| 海　南 | | | |
| 重　庆 | | | |
| 四　川 | 3 | | |
| 贵　州 | 1 | | 1 |
| 云　南 | 1 | 1 | |
| 西　藏 | | 1 | 3 |
| 甘　肃 | | | 1 |
| 青　海 | 1 | | 1 |
| 宁　夏 | | | |
| 新　疆 | 1 | 1 | 2 |

## 13-2 分地区民族自治地方国家级自然保护区、国家AAAAA级旅游区、国家级风景名胜区(2022年)

单位：个

| 地　　区 | 国家级自然保护区 | 国家AAAAA级旅游区 | 国家级风景名胜区 |
|---|---|---|---|
| **合　　计** | **158** | **68** | **50** |
| 河　　北 | 3 | | |
| 内 蒙 古 | 29 | 6 | 2 |
| 辽　　宁 | 3 | 1 | 2 |
| 吉　　林 | 9 | 2 | 2 |
| 黑 龙 江 | | | |
| 浙　　江 | | | |
| 湖　　北 | 5 | 4 | |
| 湖　　南 | 1 | | 4 |
| 广　　东 | | | |
| 广　　西 | 23 | 9 | 3 |
| 海　　南 | 4 | 2 | |
| 重　　庆 | | 2 | |
| 四　　川 | 16 | 6 | 4 |
| 贵　　州 | 6 | 3 | 11 |
| 云　　南 | 12 | 6 | 9 |
| 西　　藏 | 11 | 5 | 4 |
| 甘　　肃 | 7 | 1 | |
| 青　　海 | 5 | 2 | 1 |
| 宁　　夏 | 9 | 4 | 2 |
| 新　　疆 | 15 | 15 | 6 |

## 13-3 分地区民族自治地方全国重点文物保护单位(2022年)

单位：个

| 地区 | 全国重点文物保护单位 | 古遗址 | 古墓葬 | 古建筑及历史纪念建筑物 | 近现代重要史迹及代表性建筑 | 石窟寺石刻及其他 |
|---|---|---|---|---|---|---|
| **合计** | **589** | **246** | **85** | **147** | **74** | **37** |
| 河北 | 3 | | | 2 | | 1 |
| 内蒙古 | 128 | 74 | 22 | 22 | 8 | 2 |
| 辽宁 | 16 | 10 | 6 | | | |
| 吉林 | 14 | 9 | 4 | 1 | | |
| 黑龙江 | | | | | | |
| 浙江 | 1 | | | 1 | | |
| 湖北 | 9 | 5 | | 2 | 1 | 1 |
| 湖南 | 18 | 5 | 1 | 6 | 3 | 3 |
| 广东 | 1 | 1 | | | | |
| 广西 | 66 | 19 | 2 | 17 | 25 | 3 |
| 海南 | 3 | 2 | | | 1 | |
| 重庆 | 3 | 1 | | 1 | 1 | |
| 四川 | 20 | 5 | 1 | 10 | 3 | 1 |
| 贵州 | 21 | 2 | 6 | 9 | 4 | |
| 云南 | 53 | 11 | 2 | 26 | 10 | 4 |
| 西藏 | 52 | 7 | 5 | 31 | 4 | 5 |
| 甘肃 | 18 | 11 | | 2 | 1 | 4 |
| 青海 | 21 | 8 | 4 | 5 | 3 | 1 |
| 宁夏 | 30 | 15 | 3 | 7 | 2 | 3 |
| 新疆 | 112 | 61 | 29 | 5 | 8 | 9 |

## 13-4 分地区民族自治地方国家历史文化名城和中国历史文化名镇、中国历史文化名村(2022年)

单位：个

| 地　区 | 国家历史文化名城 | 中国历史文化名镇 | 中国历史文化名村 |
|---|---|---|---|
| **合　计** | **20** | **43** | **73** |
| 河　北 | | | |
| 内蒙古 | 1 | 5 | 2 |
| 辽　宁 | | 1 | |
| 吉　林 | | | 1 |
| 黑龙江 | | | |
| 浙　江 | | 1 | |
| 湖　北 | | 1 | 4 |
| 湖　南 | 1 | 4 | 5 |
| 广　东 | | | 1 |
| 广　西 | 3 | 10 | 29 |
| 海　南 | | | |
| 重　庆 | | 2 | |
| 四　川 | 1 | | 1 |
| 贵　州 | 1 | 3 | 10 |
| 云　南 | 3 | 6 | 6 |
| 西　藏 | 3 | 5 | 4 |
| 甘　肃 | | 1 | |
| 青　海 | 1 | 1 | 5 |
| 宁　夏 | 1 | | 1 |
| 新　疆 | 5 | 3 | 4 |

# 主要统计指标解释

**旅游人数** 包括入境国际旅游者人数、出境居民人数和国内旅游者人数。

**入境游客** 指报告期内来中国（大陆）观光、度假、探亲访友、就医疗养、购物、参加会议或从事经济、文化、体育、宗教活动的外国人、港澳台同胞等游客（即入境旅游人数）。统计时，入境游客按每入境一次统计 1 人次。入境旅游人数包括入境过夜游客和入境一日游游客。

**出境人数（出境游客）** 指中国（大陆）居民因公或因私出境前往其他国家、中国香港特别行政区、澳门特别行政区和台湾省观光、度假、探亲访友、就医疗养、购物、参加会议或从事经济、文化、体育、宗教活动的人数（即出境游客）。统计时，出境游客按每出境一次统计 1 人次。

**国内游客** 指报告期内在中国（大陆）观光游览、度假、探亲访友、就医疗养、购物、参加会议或从事经济、文化、体育、宗教活动的中国（大陆）居民人数，其出游的目的不是通过所从事的活动谋取报酬。统计时，国内游客按每出游一次统计 1 人次。

**国际旅行社** 指经营对外招徕并接待外国人、华侨、港澳同胞和台湾同胞来中国、归国或回内地旅游业务的旅行社。

**国内旅行社** 指负责经营招徕、组团、接待国内旅客的旅游业务，以及不对外招徕，负责经营接待国际旅行社或其他涉外部门组织的外国人、华侨、港澳同胞和台湾同胞来中国、归国或回内地旅游业务的旅行社。

# 十四、金　融

## 14-1 分地区民族自治地方金融机构信贷(2022年)

单位：亿元

| 地　区 | 全部金融机构人民币各项存款余额 | 全部金融机构人民币各项贷款余额 |
|---|---|---|
| **合　计** | **159352.78** | **146648.11** |
| 河　北 | 1673.20 | 1365.62 |
| 内蒙古 | 32313.63 | 26918.95 |
| 辽　宁 | 2061.36 | 809.91 |
| 吉　林 | 3235.63 | 1726.09 |
| 黑龙江 | 99.50 | 68.30 |
| 浙　江 | 157.30 | 138.49 |
| 湖　北 | 2368.91 | 1999.31 |
| 湖　南 | 2480.86 | 2086.99 |
| 广　东 | 229.54 | 131.51 |
| 广　西 | 40032.65 | 44197.23 |
| 海　南 | 971.52 | 644.25 |
| 重　庆 | 1215.60 | 1241.43 |
| 四　川 | 5022.02 | 2986.96 |
| 贵　州 | 6512.71 | 8008.29 |
| 云　南 | 11802.53 | 10296.20 |
| 西　藏 | 6356.24 | 5416.17 |
| 甘　肃 | 1661.35 | 1062.39 |
| 青　海 | 1956.04 | 1251.10 |
| 宁　夏 | 8465.00 | 8885.00 |
| 新　疆 | 30737.21 | 27413.92 |

# 主要统计指标解释

**信贷资金** 指金融机构以信用方式积聚和分配的货币资金。金融机构信贷资金的来源有各项存款、金融债券、对国际金融机构负债、流通中现金、其他项目等；信贷资金的运用有各项贷款、有价证券及投资、黄金占款、外汇买卖、财政借款及在国际金融机构中的资产等。

**存款** 指企业、机关、团体或居民根据资金必须收回的原则，把货币资金存入银行或其他信贷机构保管并取得一定利息的一种信用活动形式。根据存款对象或性质的不同可划分为住户存款、非金融企业存款、政府存款、非银行业金融机构存款等科目。它是银行信贷资金的主要来源。

**贷款** 指银行或其他信贷机构根据资金必须归还的原则，按一定利率，为企业、个人等提供资金的一种信用活动形式。我国银行贷款分为短期贷款、中长期贷款、融资租赁、票据融资、各项垫款、境外贷款等。

# 十五、教　育

## 15-1 分地区民族自治地方高等学校基本情况(2022年)

单位：人

| 地区 | 学校数（所） | 在校本、专科学生数 | 招生数 | 毕业生数 | 教职工数 | #专任教师数 |
|---|---|---|---|---|---|---|
| **合计** | **269** | **3276168** | **969513** | **821569** | **214253** | **151114** |
| 河北 | | | | | | |
| 内蒙古 | 54 | 534509 | 145766 | 140259 | 42496 | 27672 |
| 辽宁 | | | | | | |
| 吉林 | 3 | 30387 | 8503 | 6695 | 3015 | 1839 |
| 黑龙江 | | | | | | |
| 浙江 | | | | | | |
| 湖北 | 3 | 54892 | 19545 | 14379 | 3009 | 2307 |
| 湖南 | 3 | 36821 | 12564 | 9088 | 2621 | 1943 |
| 广东 | | | | | | |
| 广西 | 85 | 1407503 | 417760 | 361942 | 84175 | 61696 |
| 海南 | | | | | | |
| 重庆 | | | | | | |
| 四川 | 5 | 40032 | 10953 | 11405 | 3086 | 2150 |
| 贵州 | 15 | 174933 | 56347 | 52850 | 9805 | 7818 |
| 云南 | 17 | 152221 | 57356 | 42036 | 7585 | 5774 |
| 西藏 | 7 | 42518 | 11706 | 10218 | 4042 | 2834 |
| 甘肃 | 2 | 18492 | 5888 | 4564 | 1040 | 809 |
| 青海 | | | | | | |
| 宁夏 | 20 | 172457 | 46253 | 40486 | 13537 | 9631 |
| 新疆 | 55 | 611403 | 176872 | 127647 | 39842 | 26641 |

## 15-2 分地区民族自治地方普通高中基本情况(2022年)

单位：人

| 地　区 | 学校数（所） | 在校学生数 | 招生数 | 毕业生数 | 教职工数 | #专任教师数 |
|---|---|---|---|---|---|---|
| **合　计** | **2030** | **4008378** | **1399502** | **1248714** | **415722** | **300208** |
| 河　北 | 15 | 38567 | 12870 | 11152 | 3131 | 2622 |
| 内蒙古 | 311 | 425686 | 144285 | 129220 | 62062 | 40737 |
| 辽　宁 | 24 | 43197 | 14051 | 14432 | 4249 | 3610 |
| 吉　林 | 38 | 46084 | 15361 | 15013 | 5038 | 4247 |
| 黑龙江 | 2 | 4942 | 1487 | 1674 | 359 | 175 |
| 浙　江 | 1 | 1993 | 719 | 607 | 209 | 180 |
| 湖　北 | 33 | 87304 | 30804 | 25296 | 7258 | 6048 |
| 湖　南 | 46 | 90901 | 32579 | 28129 | 3809 | 3407 |
| 广　东 | 3 | 7252 | 2471 | 2281 | 597 | 572 |
| 广　西 | 537 | 1260477 | 440538 | 380141 | 120459 | 83638 |
| 海　南 | 24 | 27877 | 9713 | 8598 | 2561 | 2170 |
| 重　庆 | 13 | 56804 | 18983 | 18367 | 4119 | 4011 |
| 四　川 | 37 | 119634 | 41003 | 37029 | 13950 | 12479 |
| 贵　州 | 174 | 381824 | 123982 | 126659 | 34658 | 27840 |
| 云　南 | 264 | 475619 | 163035 | 136645 | 45642 | 34189 |
| 西　藏 | 40 | 79265 | 27583 | 23397 | 7652 | 6588 |
| 甘　肃 | 35 | 75041 | 25579 | 20035 | 12761 | 7814 |
| 青　海 | 63 | 83829 | 44559 | 48972 | 8228 | 5997 |
| 宁　夏 | 70 | 172385 | 58653 | 53161 | 15834 | 13063 |
| 新　疆 | 300 | 529697 | 191247 | 167906 | 63146 | 40821 |

## 15-3 分地区民族自治地方中等职业学校基本情况(2022年)

单位：人

| 地区 | 学校数(所) | 在校学生数 | 招生数 | 毕业生数 | 教职工数 | #专任教师数 |
|---|---|---|---|---|---|---|
| **合计** | **985** | **1872033** | **690171** | **530191** | **100843** | **83881** |
| 河北 | 7 | 18397 | 6456 | 4555 | 1363 | 1122 |
| 内蒙古 | 174 | 187098 | 66452 | 51229 | 17869 | 14694 |
| 辽宁 | 8 | 7744 | 3254 | 2371 | 821 | 610 |
| 吉林 | 25 | 14644 | 5152 | 4664 | 2114 | 1754 |
| 黑龙江 | 1 | 345 | 247 | 39 | 91 | 70 |
| 浙江 | 1 | 1728 | 569 | 622 | 133 | 124 |
| 湖北 | 14 | 37304 | 12910 | 12766 | 1892 | 1693 |
| 湖南 | 40 | 47759 | 19060 | 16098 | 2614 | 2398 |
| 广东 | 3 | 2454 | 1036 | 589 | 227 | 187 |
| 广西 | 241 | 652704 | 227023 | 187836 | 28890 | 22397 |
| 海南 | 2 | 3340 | 1263 | 784 | 194 | 167 |
| 重庆 | 6 | 19464 | 7376 | 5590 | 1173 | 1129 |
| 四川 | 25 | 54517 | 19355 | 15763 | 2887 | 2380 |
| 贵州 | 60 | 192941 | 109693 | 38350 | 6760 | 6154 |
| 云南 | 155 | 204619 | 63370 | 61884 | 9501 | 8144 |
| 西藏 | 13 | 32956 | 12702 | 11750 | 2624 | 2518 |
| 甘肃 | 18 | 13292 | 6241 | 2264 | 1562 | 1180 |
| 青海 | 19 | 58733 | 13896 | 10070 | 1474 | 1248 |
| 宁夏 | 32 | 77874 | 28930 | 23672 | 4301 | 3746 |
| 新疆 | 141 | 244120 | 85186 | 79295 | 14353 | 12166 |

## 15-4 分地区民族自治地方初中基本情况(2022年)

单位：人

| 地区 | 学校数（所） | 在校学生数 | #专任教师数 |
|---|---|---|---|
| **合计** | **6932** | **7718486** | **575124** |
| 河北 | 64 | 84845 | 5908 |
| 内蒙古 | 721 | 667936 | 63969 |
| 辽宁 | 117 | 65302 | 8918 |
| 吉林 | 168 | 64493 | 8291 |
| 黑龙江 | 13 | 8064 | 598 |
| 浙江 | 5 | 4380 | 315 |
| 湖北 | 165 | 151329 | 11743 |
| 湖南 | 301 | 203472 | 15104 |
| 广东 | 21 | 18854 | 1627 |
| 广西 | 1746 | 2361962 | 162141 |
| 海南 | 91 | 64519 | 5286 |
| 重庆 | 91 | 112086 | 8648 |
| 四川 | 220 | 360816 | 17330 |
| 贵州 | 704 | 753237 | 50713 |
| 云南 | 906 | 879217 | 66876 |
| 西藏 | 105 | 150557 | 12614 |
| 甘肃 | 127 | 141931 | 11380 |
| 青海 | 175 | 163281 | 12894 |
| 宁夏 | 250 | 284170 | 21441 |
| 新疆 | 942 | 1178035 | 89328 |

## 15-5 分地区民族自治地方小学基本情况(2022年)

单位：人

| 地　区 | 学校数（所） | 在校学生数 | #专任教师数 |
|---|---|---|---|
| **合　计** | **29754** | **16745790** | **1021346** |
| 河　北 | 262 | 152108 | 10103 |
| 内蒙古 | 1651 | 1383339 | 109852 |
| 辽　宁 | 260 | 111741 | 12058 |
| 吉　林 | 401 | 117805 | 12590 |
| 黑龙江 | 11 | 7225 | 752 |
| 浙　江 | 9 | 6822 | 547 |
| 湖　北 | 476 | 260555 | 16117 |
| 湖　南 | 556 | 392950 | 23970 |
| 广　东 | 58 | 43945 | 2426 |
| 广　西 | 7948 | 5158569 | 297824 |
| 海　南 | 326 | 135463 | 9228 |
| 重　庆 | 261 | 167127 | 12270 |
| 四　川 | 1283 | 841955 | 44270 |
| 贵　州 | 3106 | 1489193 | 93595 |
| 云　南 | 5285 | 1795507 | 112426 |
| 西　藏 | 825 | 375623 | 25409 |
| 甘　肃 | 1774 | 363718 | 11113 |
| 青　海 | 551 | 334649 | 21108 |
| 宁　夏 | 1101 | 609840 | 35926 |
| 新　疆 | 3610 | 2997656 | 169762 |

# 主要统计指标解释

**普通高等学校** 指通过国家普通高等教育招生考试，招收高中毕业生为主要培养对象，实施高等学历教育的全日制大学、独立设置的学院、独立学院和高等专科学校、高等职业学校及其他机构。

大学、独立设置的学院主要实施本科及本科层次以上的教育。独立学院主要实施本科层次的教育。高等专科学校、高等职业学校实施专科层次的教育。其他机构是指承担国家普通招生计划任务不计校数的机构，包括普通高等学校分校、大专班等。

# 十六、科　技

## 16-1 分地区民族自治地方县及县以上政府部门所属研究与开发机构及情报文献机构和人员(2022年)

| 地　区 | 机构数（个） | 从业人员（人） | #从事科技活动人员 | #大学本科及以上学历 |
|---|---|---|---|---|
| 合　计 | **901** | **61656** | **27667** | **23851** |
| 内蒙古 | 131 | 13292 | 4360 | 3900 |
| 辽　宁 | 1 | 120 | 120 | 102 |
| 吉　林 | 9 | 209 | 145 | 121 |
| 湖　北 | 16 | 890 | 244 | 222 |
| 湖　南 | 12 | 309 | 137 | 44 |
| 广　东 | 1 | 11 | 4 | 1 |
| 广　西 | 146 | 16704 | 7451 | 6626 |
| 海　南 | 4 | 106 | 28 | 20 |
| 重　庆 | 20 | 367 | 221 | 177 |
| 四　川 | 20 | 1489 | 343 | 306 |
| 贵　州 | 29 | 2062 | 457 | 365 |
| 云　南 | 219 | 7087 | 4836 | 3871 |
| 西　藏 | 34 | 2940 | 1465 | 1124 |
| 甘　肃 | 26 | 1152 | 415 | 319 |
| 青　海 | 10 | 435 | 91 | 83 |
| 宁　夏 | 94 | 5849 | 2508 | 2214 |
| 新　疆 | 129 | 8634 | 4842 | 4356 |

## 16-2 分地区民族自治地方县及县以上政府部门所属研究与开发机构及情报文献机构经费(2022年)

单位：千元

| 地　　区 | 经费收入 | 经费支出 |
|---|---|---|
| **合　　计** | **25339648** | **25054903** |
| 内 蒙 古 | 4829060 | 4683635 |
| 辽　　宁 | 21005 | 20047 |
| 吉　　林 | 42082 | 42275 |
| 湖　　北 | 299693 | 295665 |
| 湖　　南 | 83198 | 77550 |
| 广　　东 | 800 | 800 |
| 广　　西 | 7749258 | 7748728 |
| 海　　南 | 26537 | 41644 |
| 重　　庆 | 212544 | 202089 |
| 四　　川 | 556263 | 555153 |
| 贵　　州 | 619878 | 643123 |
| 云　　南 | 2157238 | 2174438 |
| 西　　藏 | 2088932 | 2014594 |
| 甘　　肃 | 254201 | 232091 |
| 青　　海 | 270883 | 279081 |
| 宁　　夏 | 2405615 | 2385188 |
| 新　　疆 | 3722461 | 3658802 |

## 16-3 分地区民族自治地方县及县以上政府部门所属研究与开发机构及情报文献机构科技活动成果情况(2022年)

单位：篇

| 地区 | 发表科技论文 | #国外发表 | 出版科技著作 | 有效发明专利总数（项） | 专利申请数 | #发明专利 | 专利授权数 | #发明专利 |
|---|---|---|---|---|---|---|---|---|
| **合计** | **11839** | **2495** | **399** | **5812** | **3320** | **1489** | **3184** | **1131** |
| 内蒙古 | 1449 | 103 | 85 | 503 | 530 | 169 | 503 | 98 |
| 辽宁 | | | | | | | | |
| 吉林 | 25 | | | 24 | 13 | 4 | 10 | 1 |
| 湖北 | 104 | 22 | 3 | 56 | 63 | 34 | 53 | 13 |
| 湖南 | 32 | | 1 | 1 | 6 | | 1 | |
| 广东 | 2 | | | | | | | |
| 广西 | 3535 | 866 | 132 | 3086 | 1199 | 641 | 1219 | 583 |
| 海南 | 16 | | | 4 | 7 | 4 | 3 | 2 |
| 重庆 | 44 | | | 6 | 1 | | | |
| 四川 | 240 | 20 | 6 | 52 | 55 | 8 | 52 | 7 |
| 贵州 | 229 | 5 | 1 | 70 | 55 | 36 | 28 | 11 |
| 云南 | 843 | 260 | 27 | 386 | 198 | 88 | 160 | 47 |
| 西藏 | 413 | 58 | 21 | 98 | 74 | 37 | 70 | 32 |
| 甘肃 | 109 | 2 | 8 | 11 | 12 | 2 | 11 | 4 |
| 青海 | 27 | | | | 5 | | | |
| 宁夏 | 1092 | 81 | 38 | 326 | 378 | 114 | 445 | 104 |
| 新疆 | 3679 | 1078 | 77 | 1189 | 724 | 352 | 629 | 229 |

# 主要统计指标解释

**研究与开发机构**　指有明确的任务和研究方向，有一定学术水平的业务骨干和一定数量的研究人员，具有研究、开发、开展学术工作的基本条件，主要进行科学研究与技术开发活动，并且在行政上有独立的组织形式，财务上独立核算盈亏，有权与其他单位签订合同，在银行有单独户头的单位。包括国务院各部门、中国科学院、中国社会科学院和各省、自治区、协调以及地（市）以上［含地（市）］各部门所属的国有科学研究与技术开发机构。

**研究与开发机构职工**　指参与研究与试验发展项目研究、管理和辅助工作的人员，包括项目(课题)组人员，企业科技行政管理人员和直接为项目(课题)活动提供服务的辅助人员。反映投入从事拥有自主知识产权的研究开发活动的人力规模。

**研究与开发经费支出合计**　指调查单位用于内部开展 R&D 活动（基础研究、应用研究和试验发展）的实际支出。包括用于 R&D 项目（课题）活动的直接支出，以及间接用于 R&D 活动的管理费、服务费、与 R&D 有关的基本建设支出以及外协加工费等。不包括生产性活动支出、归还贷款支出以及与外单位合作或委托外单位进行 R&D 活动而转拨给对方的经费支出。

# 十七、文 化

## 17-1 民族自治地方分类别按登记注册类型分的主要文化事业机构(2022年)

单位：个

| 类别 | 合计 | 按执行会计制度分类 | | 按单位所属部门分类 | |
|---|---|---|---|---|---|
| | | 事业 | 企业 | 文化部门 | 其他部门 |
| **总计** | **36159** | **14478** | **21681** | **14340** | **21819** |
| 一、文化合计 | 33762 | 12082 | 21680 | 12150 | 21612 |
| 艺术表演团体 | 1316 | 401 | 915 | 442 | 874 |
| 其中：公有制艺术表演团体 | 458 | 401 | 57 | 442 | 16 |
| 艺术表演场馆 | 251 | 73 | 178 | 73 | 178 |
| 其中：公有制艺术表演场馆 | 80 | 73 | 7 | 73 | 7 |
| 公共图书馆 | 786 | 786 | | 786 | |
| 文化馆 | 806 | 806 | | 806 | |
| 文化站 | 8541 | 8541 | | 8541 | |
| 其中：乡镇综合文化站 | 7829 | 7829 | | 7829 | |
| 艺术创作机构 | 135 | 135 | | 135 | |
| 其中：美术馆 | 126 | 126 | | 126 | |
| 艺术教育业 | 9 | 9 | | 9 | |
| 文化科研机构 | 32 | 32 | | 32 | |
| 文化市场经营机构(不包括非公有制院团和场馆) | 20552 | | 20552 | | 20552 |
| 文化行政主管部门 | 798 | 798 | | 798 | |
| 其他文化机构 | 536 | 501 | 35 | 528 | 8 |
| 其中：文化市场执法机构 | 335 | 335 | | 334 | 1 |
| 二、文物合计 | 2397 | 2396 | 1 | 2190 | 207 |
| 博物馆 | 794 | 794 | | 633 | 161 |
| 文物保护管理机构 | 1095 | 1095 | | 1059 | 36 |
| 文物科研机构 | 14 | 14 | | 14 | |
| 文物商店 | 467 | 467 | | 467 | |
| 其他文物机构 | 27 | 26 | 1 | 17 | 10 |

## 17-2 民族自治地方分类别按登记注册类型分的主要文化事业机构职工(2022年)

单位：人

| 类别 | 合计 | 按执行会计制度分类 | | 按单位所属部门分类 | |
|---|---|---|---|---|---|
| | | 事业 | 企业 | 文化部门 | 其他部门 |
| **总计** | **307539** | **120764** | **186775** | **121409** | **186130** |
| 一、文化合计 | 285685 | 98920 | 186765 | 101738 | 183947 |
| 艺术表演团体 | 37403 | 18455 | 18948 | 20704 | 16699 |
| 其中：公有制艺术表演团体 | 21167 | 18455 | 2712 | 20704 | 463 |
| 艺术表演场馆 | 4278 | 474 | 3804 | 469 | 3809 |
| 其中：公有制艺术表演场馆 | 508 | 474 | 34 | 469 | 39 |
| 公共图书馆 | 8482 | 8482 | | 8482 | |
| 文化馆 | 11413 | 11413 | | 11413 | |
| 文化站 | 26503 | 26503 | | 26503 | |
| 其中：乡镇综合文化站 | 24076 | 24076 | | 24076 | |
| 艺术创作机构 | 720 | 720 | | 720 | |
| 其中：美术馆 | 659 | 659 | | 659 | |
| 艺术教育事业 | 709 | 709 | | 709 | |
| 文化科研机构 | 543 | 543 | | 543 | |
| 文化市场经营机构(不包括非公有制院团和场馆) | 163284 | | 163284 | | 163284 |
| 文化行政主管部门 | 25217 | 25217 | | 25217 | |
| 其他文化机构 | 7133 | 6404 | 729 | 6978 | 155 |
| 其中：文化市场执法机构 | 3783 | 3783 | | 3783 | |
| 二、文物合计 | 21854 | 21844 | 10 | 19671 | 2183 |
| 博物馆 | 12768 | 12768 | | 10903 | 1865 |
| 文物保护管理机构 | 6391 | 6391 | | 6092 | 299 |
| 文物科研机构 | 527 | 527 | | 527 | |
| 文物商店 | 1888 | 1888 | | 1888 | |
| 其他文物机构 | 280 | 270 | 10 | 261 | 19 |

## 17–3 分地区民族自治地方按登记注册类型分的主要文化事业机构(2022年)

单位：个

| 地区 | 合计 | 按执行会计制度分类 | | 按单位所属部门分类 | |
|---|---|---|---|---|---|
| | | 事业 | 企业 | 文化部门 | 其他部门 |
| **合计** | **36159** | **14478** | **21681** | **14340** | **21819** |
| 河北 | 430 | 158 | 272 | 158 | 272 |
| 内蒙古 | 5275 | 1959 | 3316 | 1924 | 3351 |
| 辽宁 | 451 | 205 | 246 | 205 | 246 |
| 吉林 | 893 | 234 | 659 | 232 | 661 |
| 黑龙江 | 39 | 19 | 20 | 19 | 20 |
| 浙江 | 59 | 30 | 29 | 29 | 30 |
| 湖北 | 969 | 183 | 786 | 181 | 788 |
| 湖南 | 1791 | 477 | 1314 | 479 | 1312 |
| 广东 | 98 | 42 | 56 | 43 | 55 |
| 广西 | 5344 | 2030 | 3314 | 2017 | 3327 |
| 海南 | 132 | 130 | 2 | 128 | 4 |
| 重庆 | 775 | 205 | 570 | 202 | 573 |
| 四川 | 2735 | 1160 | 1575 | 1159 | 1576 |
| 贵州 | 2332 | 1066 | 1266 | 1064 | 1268 |
| 云南 | 5362 | 1505 | 3857 | 1488 | 3874 |
| 西藏 | 2403 | 1791 | 612 | 1747 | 656 |
| 甘肃 | 927 | 447 | 480 | 447 | 480 |
| 青海 | 1243 | 546 | 697 | 545 | 698 |
| 宁夏 | 1384 | 455 | 929 | 435 | 949 |
| 新疆 | 3517 | 1836 | 1681 | 1838 | 1679 |

## 17-4 分地区民族自治地方按登记注册类型分的主要文化事业机构职工(2022年)

单位：人

| 地　区 | 合　计 | 按执行会计制度分类 | | 按单位所属部门分类 | |
|---|---|---|---|---|---|
| | | 事业 | 企业 | 文化部门 | 其他部门 |
| **合　计** | **307539** | **120764** | **186775** | **121409** | **186130** |
| 河　北 | 2138 | 642 | 1496 | 662 | 1476 |
| 内蒙古 | 46706 | 22286 | 24420 | 22010 | 24696 |
| 辽　宁 | 2023 | 987 | 1036 | 987 | 1036 |
| 吉　林 | 4596 | 2417 | 2179 | 2470 | 2126 |
| 黑龙江 | 338 | 122 | 216 | 122 | 216 |
| 浙　江 | 897 | 184 | 713 | 196 | 701 |
| 湖　北 | 7933 | 2015 | 5918 | 2007 | 5926 |
| 湖　南 | 12555 | 3729 | 8826 | 3711 | 8844 |
| 广　东 | 1098 | 448 | 650 | 471 | 627 |
| 广　西 | 68619 | 18946 | 49673 | 19360 | 49259 |
| 海　南 | 837 | 756 | 81 | 796 | 41 |
| 重　庆 | 5227 | 1196 | 4031 | 1171 | 4056 |
| 四　川 | 12820 | 5586 | 7234 | 5557 | 7263 |
| 贵　州 | 22715 | 7591 | 15124 | 7669 | 15046 |
| 云　南 | 40048 | 11637 | 28411 | 11467 | 28581 |
| 西　藏 | 15842 | 13118 | 2724 | 12818 | 3024 |
| 甘　肃 | 7290 | 4010 | 3280 | 4233 | 3057 |
| 青　海 | 9931 | 3414 | 6517 | 3421 | 6510 |
| 宁　夏 | 12716 | 4428 | 8288 | 5007 | 7709 |
| 新　疆 | 33210 | 17252 | 15958 | 17274 | 15936 |

## 17—5 分地区民族自治地方艺术事业机构(2022年)

单位：个、座

| 地 区 | 合 计 | 艺术表演团 体 | 艺术表演场 馆 | 艺术创作机 构 |
|---|---|---|---|---|
| **合 计** | **1702** | **1316** | **251** | **135** |
| 河 北 | 40 | 37 | 2 | 1 |
| 内蒙古 | 284 | 229 | 27 | 28 |
| 辽 宁 | 10 | 6 | 4 | |
| 吉 林 | 23 | 14 | 7 | 2 |
| 黑龙江 | 4 | 4 | | |
| 浙 江 | 12 | 11 | 1 | |
| 湖 北 | 127 | 120 | 4 | 3 |
| 湖 南 | 87 | 72 | 6 | 9 |
| 广 东 | 5 | 5 | | |
| 广 西 | 118 | 74 | 38 | 6 |
| 海 南 | 9 | 7 | 2 | |
| 重 庆 | 144 | 139 | 4 | 1 |
| 四 川 | 69 | 26 | 36 | 7 |
| 贵 州 | 54 | 51 | 2 | 1 |
| 云 南 | 208 | 178 | 24 | 6 |
| 西 藏 | 100 | 86 | 14 | |
| 甘 肃 | 38 | 25 | 4 | 9 |
| 青 海 | 137 | 93 | 44 | |
| 宁 夏 | 35 | 30 | 4 | 1 |
| 新 疆 | 198 | 109 | 28 | 61 |

## 17-6 分地区民族自治地方艺术事业机构职工(2022年)

单位：人

| 地 区 | 合 计 | 艺术表演团 体 | 艺术表演场 馆 | 艺术创作机 构 |
|---|---|---|---|---|
| **合 计** | **42401** | **37403** | **4278** | **720** |
| 河 北 | 606 | 418 | 186 | 2 |
| 内蒙古 | 9729 | 9100 | 412 | 217 |
| 辽 宁 | 109 | 96 | 13 | |
| 吉 林 | 561 | 534 | 16 | 11 |
| 黑龙江 | 64 | 64 | | |
| 浙 江 | 283 | 273 | 10 | |
| 湖 北 | 1566 | 1414 | 117 | 35 |
| 湖 南 | 1632 | 1573 | 34 | 25 |
| 广 东 | 155 | 155 | | |
| 广 西 | 3831 | 3054 | 683 | 94 |
| 海 南 | 214 | 190 | 24 | |
| 重 庆 | 1908 | 1733 | 175 | |
| 四 川 | 884 | 514 | 356 | 14 |
| 贵 州 | 2119 | 2054 | 57 | 8 |
| 云 南 | 5557 | 4518 | 1017 | 22 |
| 西 藏 | 2635 | 2626 | 9 | |
| 甘 肃 | 1124 | 970 | 119 | 35 |
| 青 海 | 2445 | 2036 | 409 | |
| 宁 夏 | 1606 | 1551 | 47 | 8 |
| 新 疆 | 5373 | 4530 | 594 | 249 |

## 17−7 分地区民族自治地方群众文化事业、图书馆事业机构(2022年)

单位：个、座

| 地　区 | 群众文化事业 | | | 图书馆 |
|---|---|---|---|---|
| | 合　计 | 文化馆 | 文化站 | |
| **合　计** | **9347** | **806** | **8541** | **786** |
| 河　北 | 127 | 7 | 120 | 6 |
| 内蒙古 | 1201 | 118 | 1083 | 117 |
| 辽　宁 | 167 | 8 | 159 | 8 |
| 吉　林 | 152 | 13 | 139 | 12 |
| 黑龙江 | 12 | 1 | 11 | 1 |
| 浙　江 | 22 | 1 | 21 | 1 |
| 湖　北 | 120 | 12 | 108 | 11 |
| 湖　南 | 339 | 20 | 319 | 22 |
| 广　东 | 26 | 3 | 23 | 3 |
| 广　西 | 1300 | 124 | 1176 | 116 |
| 海　南 | 85 | 8 | 77 | 8 |
| 重　庆 | 173 | 5 | 168 | 5 |
| 四　川 | 926 | 54 | 872 | 54 |
| 贵　州 | 807 | 49 | 758 | 49 |
| 云　南 | 942 | 89 | 853 | 88 |
| 西　藏 | 779 | 82 | 697 | 82 |
| 甘　肃 | 297 | 24 | 273 | 24 |
| 青　海 | 353 | 44 | 309 | 42 |
| 宁　夏 | 272 | 27 | 245 | 27 |
| 新　疆 | 1247 | 117 | 1130 | 110 |

## 17-8 分地区民族自治地方群众文化事业、图书馆事业机构职工(2022年)

单位：人

| 地 区 | 群众文化事业 | | | 图书馆事业 |
|---|---|---|---|---|
| | 合 计 | 文化馆 | 文化站 | |
| **合 计** | **37916** | **11413** | **26503** | **8482** |
| 河 北 | 293 | 66 | 227 | 37 |
| 内蒙古 | 5003 | 1859 | 3144 | 1826 |
| 辽 宁 | 346 | 107 | 239 | 80 |
| 吉 林 | 899 | 597 | 302 | 263 |
| 黑龙江 | 23 | 12 | 11 | 11 |
| 浙 江 | 99 | 19 | 80 | 12 |
| 湖 北 | 577 | 148 | 429 | 124 |
| 湖 南 | 1086 | 269 | 817 | 227 |
| 广 东 | 119 | 54 | 65 | 26 |
| 广 西 | 5602 | 2167 | 3435 | 1821 |
| 海 南 | 236 | 106 | 130 | 67 |
| 重 庆 | 702 | 104 | 598 | 60 |
| 四 川 | 2045 | 733 | 1312 | 344 |
| 贵 州 | 2643 | 709 | 1934 | 370 |
| 云 南 | 3946 | 1228 | 2718 | 855 |
| 西 藏 | 5501 | 568 | 4933 | 202 |
| 甘 肃 | 913 | 332 | 581 | 269 |
| 青 海 | 1309 | 583 | 726 | 323 |
| 宁 夏 | 1270 | 545 | 725 | 580 |
| 新 疆 | 5304 | 1207 | 4097 | 985 |

## 17–9 分地区民族自治地方文物事业机构和职工(2022年)

| 地区 | 文物事业机构 | | #文物保护管理机构 | | #博物馆 | |
|---|---|---|---|---|---|---|
| | 机构数(个) | 职工人数(人) | 机构数(个) | 职工人数(人) | 机构数(个) | 职工人数(人) |
| **合　计** | **2397** | **21854** | **1094** | **6391** | **794** | **12768** |
| 河　北 | 16 | 79 | 6 | 11 | 4 | 68 |
| 内蒙古 | 259 | 4131 | 83 | 787 | 166 | 3113 |
| 辽　宁 | 18 | 336 | 7 | 219 | 8 | 87 |
| 吉　林 | 28 | 304 | 12 | 66 | 16 | 238 |
| 黑龙江 | 3 | 16 | | | 1 | 16 |
| 浙　江 | 5 | 47 | 1 | 9 | 3 | 38 |
| 湖　北 | 24 | 308 | 2 | 15 | 12 | 197 |
| 湖　南 | 44 | 732 | 6 | 108 | 19 | 512 |
| 广　东 | 6 | 53 | | | 3 | 52 |
| 广　西 | 311 | 4002 | 69 | 373 | 141 | 2896 |
| 海　南 | 18 | 80 | | | 10 | 71 |
| 重　庆 | 18 | 86 | 5 | 25 | 8 | 51 |
| 四　川 | 92 | 911 | 27 | 298 | 40 | 539 |
| 贵　州 | 116 | 973 | 28 | 129 | 59 | 635 |
| 云　南 | 237 | 1475 | 84 | 502 | 86 | 898 |
| 西　藏 | 748 | 3622 | 635 | 2964 | 15 | 298 |
| 甘　肃 | 72 | 808 | 11 | 80 | 38 | 659 |
| 青　海 | 82 | 336 | 22 | 28 | 16 | 201 |
| 宁　夏 | 115 | 1333 | 20 | 252 | 64 | 939 |
| 新　疆 | 185 | 2222 | 76 | 525 | 85 | 1260 |

## 17-10 分地区民族自治地方广播电视机构设置情况(2022年)(一)

单位：个

| 地　　区 | 合　计 | 广播电台 | 电视台 | 广播电视台 | 融媒体中心 |
|---|---|---|---|---|---|
| **合　　计** | **734** | **1** | **7** | **452** | **274** |
| 河　　北 | 6 | | | | 6 |
| 内 蒙 古 | 92 | | 3 | 74 | 15 |
| 辽　　宁 | 10 | | | 5 | 5 |
| 吉　　林 | 12 | | | 12 | |
| 黑 龙 江 | 1 | | | | 1 |
| 浙　　江 | 1 | | | 1 | |
| 湖　　北 | 11 | | | 1 | 10 |
| 湖　　南 | 16 | | | 16 | |
| 广　　东 | 3 | | | | 3 |
| 广　　西 | 92 | | | 79 | 13 |
| 海　　南 | 6 | | | | 6 |
| 重　　庆 | 4 | | | | 4 |
| 四　　川 | 54 | | | 25 | 29 |
| 贵　　州 | 50 | | | 49 | 1 |
| 云　　南 | 96 | | | 8 | 88 |
| 西　　藏 | 76 | | | 76 | |
| 甘　　肃 | 24 | | | 24 | |
| 青　　海 | 43 | | 4 | 39 | |
| 宁　　夏 | 32 | 1 | | 26 | 5 |
| 新　　疆 | 105 | | | 17 | 88 |

## 17-10 分地区民族自治地方广播电视机构设置情况(2022年)(二)

单位：个

| 地　区 | 省级 | | | |
| --- | --- | --- | --- | --- |
| | 合　计 | 广播电台 | 电视台 | 广播电视台 |
| **合　计** | **5** | | | **5** |
| 内蒙古 | 1 | | | 1 |
| 广　西 | 1 | | | 1 |
| 西　藏 | 1 | | | 1 |
| 宁　夏 | 1 | | | 1 |
| 新　疆 | 1 | | | 1 |

## 17-10 分地区民族自治地方广播电视机构设置情况(2022年)(三)

单位：个

| 地　区 | 地级 | | | | |
| --- | --- | --- | --- | --- | --- |
| | 合　计 | 广播电台 | 电视台 | 广播电视台 | 融媒体中心 |
| **合　计** | **87** | | **6** | **77** | 4 |
| 内蒙古 | 16 | | 2 | 14 | |
| 吉　林 | 1 | | | 1 | |
| 湖　北 | 1 | | | 1 | |
| 湖　南 | 1 | | | 1 | |
| 广　西 | 14 | | | 14 | |
| 四　川 | 4 | | | 3 | 1 |
| 贵　州 | 3 | | | 3 | |
| 云　南 | 9 | | | 8 | 1 |
| 西　藏 | 7 | | | 7 | |
| 甘　肃 | 2 | | | 2 | |
| 青　海 | 6 | | 4 | 2 | |
| 宁　夏 | 7 | | | 7 | |
| 新　疆 | 16 | | | 14 | 2 |

## 17-10 分地区民族自治地方广播电视机构设置情况(2022年)(四)

单位：个

| 地区 | 县级 | | | | |
|---|---|---|---|---|---|
| | 合计 | 广播电台 | 电视台 | 广播电视台 | 融媒体中心 |
| **合计** | **642** | **1** | **1** | **370** | **270** |
| 河北 | 6 | | | | 6 |
| 内蒙古 | 75 | | 1 | 59 | 15 |
| 辽宁 | 10 | | | 5 | 5 |
| 吉林 | 11 | | | 11 | |
| 黑龙江 | 1 | | | | 1 |
| 浙江 | 1 | | | 1 | |
| 湖北 | 10 | | | | 10 |
| 湖南 | 15 | | | 15 | |
| 广东 | 3 | | | | 3 |
| 广西 | 77 | | | 64 | 13 |
| 海南 | 6 | | | | 6 |
| 重庆 | 4 | | | | 4 |
| 四川 | 50 | | | 22 | 28 |
| 贵州 | 47 | | | 46 | 1 |
| 云南 | 87 | | | | 87 |
| 西藏 | 68 | | | 68 | |
| 甘肃 | 22 | | | 22 | |
| 青海 | 37 | | | 37 | |
| 宁夏 | 24 | 1 | | 18 | 5 |
| 新疆 | 88 | | | 2 | 86 |

## 17-11　分地区民族自治地方使用少数民族语言广播播出机构(2022年)(一)

单位：个

| 地　区 | 总 计 | 蒙古语 | 藏语 | 维吾尔语 | 苗语 | 彝语 | 壮语 | 朝鲜语 |
|---|---|---|---|---|---|---|---|---|
| **合　计** | **189** | **37** | **52** | **44** | **1** | **5** | **13** | **7** |
| 内蒙古 | 27 | 27 | | | | | | |
| 辽　宁 | 4 | 2 | | | | | | 2 |
| 吉　林 | 5 | 1 | | | | | | 4 |
| 黑龙江 | 2 | 1 | | | | | | 1 |
| 广　西 | 12 | | | | | | 12 | |
| 四　川 | 6 | | 3 | | | 3 | | |
| 云　南 | 15 | | 1 | | 1 | 2 | 1 | |
| 西　藏 | 22 | | 22 | | | | | |
| 甘　肃 | 3 | | 2 | | | | | |
| 青　海 | 26 | 2 | 24 | | | | | |
| 新　疆 | 67 | 4 | | 44 | | | | |

## 17－11　分地区民族自治地方使用少数民族语言广播播出机构(2022年)(二)

单位：个

| 地　区 | 哈尼语 | 哈萨克语 | 傣语 | 傈僳语 | 拉祜语 | 景颇语 | 柯尔克孜语 |
|---|---|---|---|---|---|---|---|
| **合　计** | **2** | **17** | **3** | **2** | **1** | **2** | **3** |
| 内蒙古 | | | | | | | |
| 辽　宁 | | | | | | | |
| 吉　林 | | | | | | | |
| 黑龙江 | | | | | | | |
| 广　西 | | | | | | | |
| 四　川 | | | | | | | |
| 云　南 | 2 | | 3 | 2 | 1 | 2 | |
| 西　藏 | | | | | | | |
| 甘　肃 | | 1 | | | | | |
| 青　海 | | | | | | | |
| 新　疆 | | 16 | | | | | 3 |

## 17-12 分地区民族自治地方广播节目制作情况(2022年)(一)

单位：小时

| 地 区 | 全年制作广播节目时间 | 全年制作新闻资讯类广播节目时间 | 全年制作专题服务类广播节目时间 | 全年制作综艺类广播节目时间 |
|---|---|---|---|---|
| **合 计** | **1015501** | **214919** | **312296** | **286156** |
| 河 北 | 3960 | 1724 | 1081 | 206 |
| 内蒙古 | 295059 | 45714 | 93916 | 98944 |
| 辽 宁 | 18495 | 2546 | 3267 | 6400 |
| 吉 林 | 34915 | 4268 | 12997 | 13597 |
| 黑龙江 | 144 | 109 |  | 33 |
| 浙 江 | 658 | 103 | 204 | 91 |
| 湖 北 | 13710 | 3443 | 4291 | 3920 |
| 湖 南 | 8316 | 2850 | 1311 | 1720 |
| 广 东 | 1095 | 1095 |  |  |
| 广 西 | 206365 | 45614 | 39402 | 76854 |
| 海 南 | 888 | 571 | 235 |  |
| 重 庆 | 2943 | 1364 | 732 | 489 |
| 四 川 | 14528 | 5190 | 5303 | 2916 |
| 贵 州 | 25283 | 12216 | 7679 | 2594 |
| 云 南 | 53507 | 16014 | 22146 | 8497 |
| 西 藏 | 27809 | 6447 | 8572 | 8274 |
| 甘 肃 | 7959 | 4665 | 1190 | 693 |
| 青 海 | 7870 | 3959 | 2134 | 775 |
| 宁 夏 | 54657 | 10859 | 22163 | 11764 |
| 新 疆 | 237340 | 46168 | 85674 | 48392 |

## 17-12 分地区民族自治地方广播节目制作情况(2022年)(二)

单位：小时

| 地区 | 全年制作广播剧类广播节目时间 | 全年制作广告类广播节目时间 | 全年制作其他类广播节目时间 |
|---|---|---|---|
| **合计** | **27947** | **65282** | **108901** |
| 河北 | | 23 | 926 |
| 内蒙古 | 8660 | 18036 | 29789 |
| 辽宁 | 3700 | 1071 | 1512 |
| 吉林 | 1359 | 1812 | 883 |
| 黑龙江 | | 1 | |
| 浙江 | | 30 | 230 |
| 湖北 | 64 | 982 | 1010 |
| 湖南 | 701 | 666 | 1068 |
| 广东 | | | |
| 广西 | 2011 | 10184 | 32300 |
| 海南 | 6 | 26 | 50 |
| 重庆 | 300 | 59 | |
| 四川 | 5 | 329 | 785 |
| 贵州 | 69 | 1051 | 1675 |
| 云南 | 2286 | 1396 | 3168 |
| 西藏 | 1357 | 1327 | 1833 |
| 甘肃 | 614 | 73 | 724 |
| 青海 | 160 | 156 | 686 |
| 宁夏 | 1376 | 6088 | 2407 |
| 新疆 | 5279 | 21973 | 29855 |

## 17-13　分地区民族自治地方广播覆盖情况(2022年)(一)

| 地　　区 | 广播综合人口覆盖 | | 中央节目 | | 省级节目 | |
| --- | --- | --- | --- | --- | --- | --- |
| | 人　口(万人) | 覆盖率(%) | 人　口(万人) | 覆盖率(%) | 人　口(万人) | 覆盖率(%) |
| **合　　计** | **18408.12** | **99.10** | **18381.75** | **98.96** | **18116.16** | **97.53** |
| 河　　北 | 175.49 | 97.68 | 175.49 | 97.68 | 151.43 | 84.28 |
| 内 蒙 古 | 2392.42 | 99.75 | 2390.64 | 99.67 | 2349.57 | 97.96 |
| 辽　　宁 | 309.21 | 98.19 | 308.61 | 98.00 | 304.37 | 96.65 |
| 吉　　林 | 309.31 | 99.72 | 309.31 | 99.72 | 308.84 | 99.57 |
| 黑 龙 江 | 23.32 | 100.00 | 23.32 | 100.00 | 22.82 | 97.86 |
| 浙　　江 | 16.83 | 100.00 | 16.83 | 100.00 | 16.83 | 100.00 |
| 湖　　北 | 458.15 | 99.95 | 458.15 | 99.95 | 457.89 | 99.89 |
| 湖　　南 | 435.15 | 98.82 | 435.15 | 98.82 | 431.40 | 97.97 |
| 广　　东 | 38.74 | 100.00 | 38.74 | 100.00 | 38.74 | 100.00 |
| 广　　西 | 4976.66 | 98.80 | 4965.05 | 98.57 | 4915.51 | 97.59 |
| 海　　南 | 175.18 | 99.30 | 175.18 | 99.30 | 164.03 | 92.98 |
| 重　　庆 | 275.05 | 98.92 | 271.02 | 97.47 | 271.02 | 97.47 |
| 四　　川 | 787.48 | 97.00 | 787.04 | 96.94 | 730.32 | 89.96 |
| 贵　　州 | 1435.36 | 98.74 | 1435.36 | 98.74 | 1433.36 | 98.61 |
| 云　　南 | 2326.42 | 99.62 | 2324.02 | 99.51 | 2257.35 | 96.66 |
| 西　　藏 | 363.84 | 99.41 | 359.24 | 98.15 | 360.27 | 98.43 |
| 甘　　肃 | 375.45 | 99.27 | 375.45 | 99.27 | 375.45 | 99.27 |
| 青　　海 | 364.36 | 98.95 | 364.36 | 98.95 | 358.73 | 97.42 |
| 宁　　夏 | 726.35 | 99.93 | 726.35 | 99.93 | 725.77 | 99.85 |
| 新　　疆 | 2443.36 | 99.20 | 2442.46 | 99.16 | 2442.46 | 99.16 |

## 17–13 分地区民族自治地方广播覆盖情况(2022年)(二)

| 地区 | 广播综合人口覆盖 | | | | 无线广播综合覆盖 | | | |
|---|---|---|---|---|---|---|---|---|
| | 地市级节目 | | 县级节目 | | | | 中央节目 | |
| | 人口(万人) | 覆盖率(%) | 人口(万人) | 覆盖率(%) | 人口(万人) | 覆盖率(%) | 人口(万人) | 覆盖率(%) |
| **合计** | **15117.02** | **81.38** | **9242.17** | **49.75** | **18185.46** | **97.90** | **18154.65** | **97.73** |
| 河北 | 175.49 | 97.68 | 158.35 | 88.14 | 175.49 | 97.68 | 175.49 | 97.68 |
| 内蒙古 | 2350.77 | 98.01 | 1338.88 | 55.82 | 2386.61 | 99.50 | 2384.90 | 99.43 |
| 辽宁 | 272.20 | 86.44 | 291.26 | 92.49 | 306.02 | 97.17 | 301.37 | 95.70 |
| 吉林 | 291.16 | 93.87 | 261.55 | 84.33 | 309.13 | 99.67 | 309.13 | 99.67 |
| 黑龙江 | 21.47 | 92.07 | 21.42 | 91.85 | 23.32 | 100.00 | 23.32 | 100.00 |
| 浙江 | 7.91 | 46.99 | 7.91 | 46.99 | 16.83 | 100.00 | 16.83 | 100.00 |
| 湖北 | 435.84 | 95.08 | 194.89 | 42.52 | 457.99 | 99.91 | 457.99 | 99.91 |
| 湖南 | 346.57 | 78.71 | 256.58 | 58.27 | 427.17 | 97.01 | 427.16 | 97.01 |
| 广东 | 31.62 | 81.62 | 27.20 | 70.21 | 38.74 | 100.00 | 38.74 | 100.00 |
| 广西 | 4747.05 | 94.24 | 2387.66 | 47.40 | 4937.71 | 98.03 | 4932.99 | 97.94 |
| 海南 | | | 151.78 | 86.04 | 174.89 | 99.14 | 174.89 | 99.14 |
| 重庆 | | | 111.41 | 40.07 | 263.75 | 94.86 | 261.16 | 93.93 |
| 四川 | 481.27 | 59.28 | 342.33 | 42.17 | 760.67 | 93.69 | 757.42 | 93.29 |
| 贵州 | 822.48 | 56.58 | 391.36 | 26.92 | 1368.76 | 94.16 | 1368.75 | 94.16 |
| 云南 | 1964.56 | 84.12 | 672.93 | 28.81 | 2282.07 | 97.72 | 2277.34 | 97.51 |
| 西藏 | 164.82 | 45.03 | 59.64 | 16.30 | 359.27 | 98.16 | 354.80 | 96.94 |
| 甘肃 | 322.13 | 85.17 | 309.00 | 81.70 | 367.85 | 97.26 | 367.85 | 97.26 |
| 青海 | 176.68 | 47.98 | 234.95 | 63.81 | 364.28 | 98.93 | 364.28 | 98.93 |
| 宁夏 | 696.42 | 95.81 | 390.72 | 53.75 | 723.16 | 99.49 | 723.06 | 99.47 |
| 新疆 | 1808.59 | 73.43 | 1632.34 | 66.27 | 2441.76 | 99.13 | 2437.17 | 98.95 |

## 17–14 分地区民族自治地方使用少数民族语言电视播出机构(2022年)

单位：个

| 地　区 | 合　计 | 蒙古语 | 藏语 | 维吾尔语 | 彝语 | 壮语 | 朝鲜语 | 哈萨克语 | 傣语 | 景颇语 | 柯尔克孜语 |
|---|---|---|---|---|---|---|---|---|---|---|---|
| **合　计** | **266** | **33** | **106** | **54** | **7** | **17** | **6** | **26** | **8** | **6** | **3** |
| 内蒙古 | 24 | 24 | | | | | | | | | |
| 辽　宁 | 1 | 1 | | | | | | | | | |
| 吉　林 | 7 | 1 | | | | | 6 | | | | |
| 黑龙江 | 1 | 1 | | | | | | | | | |
| 山　东 | | | | | | | | | | | |
| 广　西 | 16 | | | | | 16 | | | | | |
| 四　川 | 23 | | 20 | | 3 | | | | | | |
| 云　南 | 21 | | 2 | | 4 | 1 | | | 8 | 6 | |
| 西　藏 | 50 | | 50 | | | | | | | | |
| 甘　肃 | 8 | | 7 | | | | | 1 | | | |
| 青　海 | 29 | 2 | 27 | | | | | | | | |
| 新　疆 | 86 | 4 | | 54 | | | | 25 | | | 3 |

## 17–15 分地区民族自治地方电视节目制作情况（2022年）（一）

单位：小时

| 地区 | 全年制作电视节目时间 | #新闻资讯类 | #专题服务类 | #综艺益智类 | #影视剧类 | #广告类 |
|---|---|---|---|---|---|---|
| **合计** | **404673** | **183255** | **90604** | **28637** | **7281** | **50398** |
| 河北 | 4335 | 1891 | 2096 | 134 | | 169 |
| 内蒙古 | 78396 | 31612 | 17036 | 9162 | | 10395 |
| 辽宁 | 6320 | 991 | 1583 | 2200 | | 442 |
| 吉林 | 12942 | 2094 | 2927 | 1109 | 152 | 6078 |
| 黑龙江 | 1463 | 347 | 1115 | | | 1 |
| 浙江 | 479 | 96 | 54 | 98 | | 110 |
| 湖北 | 3357 | 2040 | 417 | 139 | | 302 |
| 湖南 | 8938 | 3351 | 1611 | 835 | | 1312 |
| 广东 | 216 | 175 | | | | 41 |
| 广西 | 87451 | 36101 | 18363 | 3029 | 435 | 15947 |
| 海南 | | | | | | |
| 重庆 | 2669 | 803 | 324 | 17 | 149 | 394 |
| 四川 | 17756 | 11835 | 2944 | 1567 | | 356 |
| 贵州 | 14414 | 10192 | 1343 | 122 | | 734 |
| 云南 | 42738 | 22749 | 8861 | 1785 | 366 | 4613 |
| 西藏 | 32309 | 13210 | 8027 | 1853 | 3247 | 4319 |
| 甘肃 | 6481 | 3371 | 2178 | 479 | | 217 |
| 青海 | 9074 | 5690 | 1492 | 441 | 327 | 280 |
| 宁夏 | 16103 | 7476 | 4260 | 679 | | 2368 |
| 新疆 | 59231 | 29231 | 15973 | 4986 | 2605 | 2318 |

## 17-15 分地区民族自治地方电视节目制作情况(2022年)(二)

| 地区 | 全年制作其他类电视节目时间(小时) | 全年制作电视剧数量 | |
|---|---|---|---|
| | | 部 | 集 |
| **合计** | **44499** | **3** | **62** |
| 河北 | 44 | | |
| 内蒙古 | 10190 | | |
| 辽宁 | 1104 | | |
| 吉林 | 582 | | |
| 黑龙江 | | | |
| 浙江 | 121 | | |
| 湖北 | 459 | | |
| 湖南 | 1829 | | |
| 广东 | | | |
| 广西 | 13576 | 1 | 40 |
| 海南 | | | |
| 重庆 | 982 | | |
| 四川 | 1054 | | |
| 贵州 | 2023 | | |
| 云南 | 4364 | | |
| 西藏 | 1654 | | |
| 甘肃 | 235 | | |
| 青海 | 845 | | |
| 宁夏 | 1320 | | |
| 新疆 | 4118 | 2 | 22 |

## 17-16 分地区民族自治地方电视覆盖情况(2022年)(一)

| 地 区 | 电视综合人口覆盖 | | 中央节目 | | 省级节目 | |
|---|---|---|---|---|---|---|
| | 人 口<br>(万人) | 覆盖率<br>(%) | 人 口<br>(万人) | 覆盖率<br>(%) | 人 口<br>(万人) | 覆盖率<br>(%) |
| **合 计** | **18470.58** | **99.43** | **18450.51** | **99.33** | **18296.20** | **98.50** |
| 河 北 | 178.52 | 99.36 | 178.52 | 99.36 | 178.52 | 99.36 |
| 内蒙古 | 2392.45 | 99.75 | 2392.07 | 99.73 | 2360.29 | 98.41 |
| 辽 宁 | 307.82 | 97.75 | 307.28 | 97.58 | 307.42 | 97.62 |
| 吉 林 | 309.84 | 99.90 | 308.57 | 99.49 | 309.09 | 99.65 |
| 黑龙江 | 23.32 | 100.00 | 23.32 | 100.00 | 22.82 | 97.86 |
| 浙 江 | 16.83 | 100.00 | 16.83 | 100.00 | 16.83 | 100.00 |
| 湖 北 | 458.21 | 99.96 | 458.21 | 99.96 | 458.21 | 99.96 |
| 湖 南 | 436.99 | 99.24 | 436.99 | 99.24 | 428.80 | 97.38 |
| 广 东 | 38.74 | 100.00 | 38.74 | 100.00 | 38.74 | 100.00 |
| 广 西 | 5009.39 | 99.45 | 4998.83 | 99.24 | 4989.45 | 99.06 |
| 海 南 | 175.43 | 99.45 | 175.43 | 99.45 | 172.58 | 97.83 |
| 重 庆 | 276.84 | 99.57 | 276.62 | 99.49 | 276.62 | 99.49 |
| 四 川 | 801.53 | 98.73 | 801.46 | 98.72 | 734.53 | 90.47 |
| 贵 州 | 1439.89 | 99.06 | 1439.89 | 99.06 | 1438.63 | 98.97 |
| 云 南 | 2327.95 | 99.68 | 2326.36 | 99.61 | 2293.27 | 98.20 |
| 西 藏 | 364.39 | 99.56 | 361.57 | 98.79 | 361.66 | 98.81 |
| 甘 肃 | 375.40 | 99.25 | 375.40 | 99.25 | 375.38 | 99.25 |
| 青 海 | 364.35 | 98.95 | 364.28 | 98.93 | 363.42 | 98.70 |
| 宁 夏 | 726.76 | 99.98 | 726.46 | 99.94 | 726.26 | 99.92 |
| 新 疆 | 2445.92 | 99.30 | 2443.69 | 99.21 | 2443.69 | 99.21 |

## 17-16 分地区民族自治地方电视覆盖情况(2022年)(二)

| 地区 | 电视综合人口覆盖率 | | | | | | | |
|---|---|---|---|---|---|---|---|---|
| | 地市级节目 | | 县级节目 | | 无线电视综合覆盖 | | | |
| | | | | | | | 中央节目 | |
| | 人口(万人) | 覆盖率(%) | 人口(万人) | 覆盖率(%) | 人口(万人) | 覆盖率(%) | 人口(万人) | 覆盖率(%) |
| **合计** | **16155.10** | **86.97** | **12190.95** | **65.63** | **18158.31** | **97.75** | **18106.35** | **97.47** |
| 河北 | 136.58 | 76.02 | 178.52 | 99.36 | 178.52 | 99.36 | 178.52 | 99.36 |
| 内蒙古 | 2338.77 | 97.51 | 1362.59 | 56.81 | 2371.69 | 98.88 | 2354.56 | 98.17 |
| 辽宁 | 285.85 | 90.77 | 274.71 | 87.23 | 286.50 | 90.98 | 285.83 | 90.76 |
| 吉林 | 282.20 | 90.99 | 302.19 | 97.43 | 308.46 | 99.45 | 307.22 | 99.05 |
| 黑龙江 | 22.34 | 95.80 | 22.31 | 95.67 | 23.32 | 100.00 | 23.32 | 100.00 |
| 浙江 | 8.26 | 49.06 | 8.26 | 49.06 | 16.83 | 100.00 | 16.83 | 100.00 |
| 湖北 | 424.30 | 92.56 | 307.08 | 66.99 | 458.14 | 99.94 | 458.14 | 99.94 |
| 湖南 | 336.83 | 76.49 | 279.99 | 63.59 | 424.00 | 96.29 | 424.00 | 96.29 |
| 广东 | 31.62 | 81.62 | 29.85 | 77.05 | 38.74 | 100.00 | 38.74 | 100.00 |
| 广西 | 4798.96 | 95.27 | 2750.47 | 54.61 | 4973.05 | 98.73 | 4954.39 | 98.36 |
| 海南 | | | | | 175.12 | 99.27 | 175.12 | 99.27 |
| 重庆 | | | 156.64 | 56.34 | 256.73 | 92.34 | 256.51 | 92.26 |
| 四川 | 639.57 | 78.78 | 600.65 | 73.98 | 765.57 | 94.30 | 763.56 | 94.05 |
| 贵州 | 1070.84 | 73.67 | 1007.73 | 69.33 | 1337.27 | 92.00 | 1337.27 | 92.00 |
| 云南 | 2030.26 | 86.93 | 1929.60 | 82.62 | 2288.81 | 98.01 | 2283.30 | 97.77 |
| 西藏 | 190.79 | 52.13 | 96.58 | 26.39 | 355.83 | 97.22 | 353.08 | 96.47 |
| 甘肃 | 327.21 | 86.51 | 319.17 | 84.38 | 366.47 | 96.89 | 366.47 | 96.89 |
| 青海 | 293.25 | 79.64 | 294.82 | 80.07 | 364.26 | 98.93 | 364.15 | 98.90 |
| 宁夏 | 703.64 | 96.80 | 438.21 | 60.29 | 723.84 | 99.58 | 723.34 | 99.51 |
| 新疆 | 2233.85 | 90.69 | 1831.58 | 74.36 | 2445.17 | 99.27 | 2442.00 | 99.14 |

## 17-17 分地区民族自治地方图书、杂志、报纸出版情况(2022年)

| 地区 | 图书 | | 杂志 | | 报纸 | |
|---|---|---|---|---|---|---|
| | 种数（种） | 印数［万册(份)］ | 种数（种） | 印数［万册(份)］ | 种数（种） | 印数［万册(份)］ |
| **合计** | **38926** | **76227** | **1812** | **6056** | **410** | **127074** |
| 河北 | 5 | 4 | 1 | 1 | 2 | 199 |
| 内蒙古 | 2274 | 6000 | 150 | 1000 | 52 | 22000 |
| 辽宁 | | | | | 3 | 351 |
| 吉林 | 4500 | 8961 | 21 | 63 | 10 | 57 |
| 黑龙江 | | | | | 1 | 23 |
| 浙江 | | | | | 1 | 90 |
| 湖北 | | | | | 2 | 1415 |
| 湖南 | 44 | 10 | 131 | 1 | 35 | 5 |
| 广东 | | | | | | |
| 广西 | 6797 | 35581 | 177 | 3492 | 42 | 44800 |
| 海南 | 1 | | 4 | | | |
| 重庆 | 44 | 24 | 155 | 22 | 30 | 651 |
| 四川 | 19324 | 4 | 132 | 14 | 21 | 305 |
| 贵州 | 35 | 12 | 310 | 2 | 33 | 5 |
| 云南 | 196 | 191 | 271 | 14 | 44 | 4601 |
| 西藏 | | 1399 | 39 | 234 | 24 | 8966 |
| 甘肃 | 55 | 4 | 151 | 1 | 27 | 352 |
| 青海 | 25 | 19 | 32 | 9 | 9 | 719 |
| 宁夏 | 2085 | 5196 | 37 | 326 | 13 | 8586 |
| 新疆 | 3541 | 18821 | 201 | 876 | 61 | 33950 |

# 主要统计指标解释

**文化产业机构** 指专门从事文化工作具有法人资格、独立核算的事业、企业单位以及单独核算、附属于事业单位的经营性专业文化活动单位。

文化产业机构包括艺术业、图书馆业、群众文化业、文物业、文化艺术教育业、出版业、娱乐业、文化艺术经纪与代理业以及不属于以上分类的其他文化产业。

**艺术业** 包括戏剧、舞蹈、音乐、美术等各种艺术团及艺术家的活动。如演员、音乐家、作家、雕刻家、画家、漫画家、雕塑家的活动等。也包括剧场、音乐厅、美术展览馆等演出、展出设施的管理。

在制度中，将艺术业分为艺术表演团体、艺术表演场所和其他艺术三类。

**艺术表演团体** 指由文化部门主办或实行行业管理（经文化行政部门审批或已申报登记并领取相关许可证），专门从事表演艺术等活动的各类专业艺术表演团体，含民间职业剧团。不包括群众业余文艺表演团体。

**艺术表演场所** 指由文化部门主办或实行行业管理（经文化市场行政部门审批或已申报登记并领取相关许可证），有观众席、舞台、灯光设备，公开售票、专供文艺团体演出的文化活动场所。

**图书馆** 包括公共图书馆和除部队系统外的各类单位内部举办的或单独举办的图书馆。不包括群众艺术馆、文化馆、文化站内设的图书室。目前制度仅统计公共图书馆。

**群众文化机构** 包括群众艺术馆、文化馆、文化站、文化宫、少年宫等群众文化活动。在制度中，目前暂时不统计文化系统外的文化宫和少年宫。

群众艺术馆、文化馆、文化站指从事群众文化工作的专业机构。不包括临时抽调人员组成、没有编制的农村和街道文化工作队、服务站等。

**广播电台** 经国家广播电影电视总局（原广播电影电视部，下同）批准设置并颁发许可证，独立建制，财务上独立核算，有自办节目并正式播出的无线广播播出机构。

**广播节目套数** 经国家广播电影电视总局批准，并在颁发许可证中载明的，用固定频率自办播出节目并编有整套节目时间表，定期向听众公布广播节目名称和播出时间和节目的套数。

**广播/电视节目覆盖人口数** 按一定的技术标准在对象区内能接收广播节目的人口数。

**广播/电视节目综合人口覆盖率** 指根据原国家广电总局制定的《广播电视人口覆盖率统计技术标准和方法》进行统计调查的，在对象区内能接收到由中央、省、地市或县通过无线、有线或卫星等各种技术方式转播的各级广播/电视节目的人口数占全国总人口数的百分比。

**电视台** 经国家广播电影电视总局批准设置，并颁发许可证，独立建制，财务上独立核算，有自办节目并正式播出的无线电视播出机构。

**电视节目套数** 经国家广播电影电视总局批准，并在颁发许可证中载明的，用固定频道自办电视节目，并编有整套节目时间表，定期向观众公布电视节目名称和播出时间的节目的套数。

**电视覆盖人口数** 按一定的技术标准在对象区内能接收电视节目的人口数。

**电视发射台和转播台** 经广播电影电视行政主管部门批准设置正式开播的电视发射台和转播台。

**电影放映单位** 指具有放映机器设备、固定或不固定的放映场所与专职或兼职的放映技术人员，经有关部门登记批准，经常为一定的观众对象放映电影的机构。包括经批准对外开放进行营业，并与电影发行放映管理机构分账的专用放映单位和军委系统租片单位。

# 十八、卫　生

## 18-1 分地区民族自治地方卫生机构数(2022年)

单位：个

| 地区 | 卫生机构 | 医院 | 卫生院 | 门诊部 | 疗养院、所 | 专科防治所、站 | 疾病预防控制中心 | 妇幼保健所、站 |
|---|---|---|---|---|---|---|---|---|
| **合计** | **148628** | **5014** | **8382** | **2471** | **26** | **104** | **831** | **696** |
| 河北 | 2621 | 49 | 116 | 23 | | | 6 | 6 |
| 内蒙古 | 25048 | 810 | 1250 | 854 | 6 | 11 | 122 | 115 |
| 辽宁 | 2867 | 58 | 160 | 21 | 1 | 5 | 8 | 8 |
| 吉林 | 3096 | 78 | 128 | 95 | | 12 | 12 | 12 |
| 黑龙江 | 269 | 8 | 19 | 3 | | | 3 | 2 |
| 浙江 | 100 | 3 | 19 | | | | 1 | 1 |
| 湖北 | 3271 | 64 | 104 | 15 | | 2 | 11 | 10 |
| 湖南 | 4586 | 116 | 335 | 41 | 1 | 5 | 16 | 16 |
| 广东 | 311 | 7 | 28 | 1 | | 2 | 3 | 3 |
| 广西 | 34500 | 850 | 1267 | 732 | 9 | 29 | 122 | 106 |
| 海南 | 1132 | 32 | 76 | 55 | | 6 | 7 | 6 |
| 重庆 | 1558 | 44 | 125 | 4 | | 2 | 4 | 4 |
| 四川 | 8794 | 220 | 806 | 29 | | | 54 | 54 |
| 贵州 | 11550 | 508 | 681 | 45 | 1 | 1 | 49 | 49 |
| 云南 | 12801 | 614 | 834 | 158 | 1 | 25 | 87 | 85 |
| 西藏 | 6905 | 182 | 674 | 9 | | | 82 | 34 |
| 甘肃 | 3284 | 94 | 288 | 8 | 1 | | 24 | 23 |
| 青海 | 4329 | 137 | 346 | 20 | | 1 | 42 | 41 |
| 宁夏 | 4607 | 211 | 204 | 73 | 1 | | 25 | 23 |
| 新疆 | 16999 | 929 | 922 | 285 | 5 | 3 | 153 | 98 |

| 社区卫生服务中心（站） | 诊所、卫生所、医务室 | 急救中心（站） | 采供血机构 | 卫生监督所（中心） | 医学科学研究机构 | 医学在职培训机构 | 健康教育所（站、中心） | 其　他卫生机构 |
|---|---|---|---|---|---|---|---|---|
| **3803** | **36389** | **53** | **138** | **647** | **20** | **11** | **72** | **89971** |
| 28 | 765 | | | 6 | | | | 1622 |
| 1240 | 7583 | 9 | 18 | 104 | 2 | 1 | 35 | 12888 |
| 19 | 643 | | 1 | 7 | 1 | | | 1935 |
| 19 | 1472 | 1 | 7 | 7 | | 1 | | 1252 |
| 3 | 41 | | | 2 | | | | 188 |
| 2 | 28 | | | 1 | | | | 45 |
| 9 | 664 | | 1 | 10 | | | | 2381 |
| 18 | 696 | | 1 | 16 | 1 | | | 3324 |
| 1 | 35 | | | 3 | | | | 228 |
| 346 | 11803 | 4 | 35 | 126 | 10 | | 2 | 19059 |
| 22 | 315 | | 3 | | | | | 610 |
| 16 | 341 | | | 4 | | | | 1014 |
| 54 | 655 | 3 | 3 | 42 | 1 | 5 | | 6868 |
| 231 | 1377 | 2 | 10 | 47 | | | 2 | 8547 |
| 143 | 3215 | 26 | 9 | 75 | 2 | 2 | 8 | 7517 |
| 16 | 648 | | 7 | 2 | | 1 | | 5250 |
| 41 | 521 | 2 | 2 | 21 | 2 | 1 | 5 | 2251 |
| 121 | 398 | | 7 | 35 | | | | 3181 |
| 242 | 1608 | 3 | 7 | 24 | | | 16 | 2170 |
| 1232 | 3581 | 3 | 27 | 115 | 1 | | 4 | 9641 |

## 18–2　分地区民族自治地方卫生机构床位数（2022年）

单位：张

| 地　区 | 卫生机构床位 | 医　院 | #市 | 疗养院、所 | 卫生院 | #乡卫生院 | 门诊部 | 妇幼保健所、站 | 专科防治所、站 | 卫　生防疫站 | 其他卫生机构 |
|---|---|---|---|---|---|---|---|---|---|---|---|
| **合　计** | **1233156** | **919256** | **183950** | **1185** | **245875** | **244995** | **1451** | **41400** | **1718** | | **22271** |
| 河　北 | 11597 | 7683 | | | 3433 | 3433 | | 243 | | | 238 |
| 内蒙古 | 167692 | 135193 | 31594 | 2 | 21225 | 21205 | 625 | 4542 | 366 | | 5739 |
| 辽　宁 | 15191 | 10822 | | | 3907 | 3907 | | 182 | 30 | | 250 |
| 吉　林 | 15463 | 12360 | 990 | | 2480 | 2480 | 30 | 189 | 94 | | 310 |
| 黑龙江 | 1270 | 937 | | | 276 | 276 | | 57 | | | |
| 浙　江 | 669 | 573 | | | 82 | 82 | | | | | 14 |
| 湖　北 | 26927 | 16317 | | | 9299 | 8979 | 13 | 754 | 16 | | 528 |
| 湖　南 | 39219 | 28097 | 6212 | | 9899 | 9899 | 19 | 604 | 30 | | 570 |
| 广　东 | 1578 | 845 | | | 574 | 574 | | 149 | 10 | | |
| 广　西 | 341716 | 236649 | 60721 | 785 | 82913 | 82913 | 20 | 17051 | 474 | | 3824 |
| 海　南 | 8109 | 5463 | | | 2334 | 2334 | 36 | 165 | 28 | | 83 |
| 重　庆 | 15524 | 8977 | | | 5283 | 5283 | | 210 | | | 1054 |
| 四　川 | 47224 | 35577 | 6019 | | 9352 | 9352 | 26 | 1569 | | | 700 |
| 贵　州 | 106972 | 82523 | 8655 | 80 | 18303 | 18015 | 14 | 4156 | | | 1896 |
| 云　南 | 151452 | 111226 | 18296 | | 31840 | 31594 | 348 | 5133 | 585 | | 2320 |
| 西　藏 | 19992 | 15371 | 3513 | | 3754 | 3748 | 10 | 440 | | | 417 |
| 甘　肃 | 20493 | 14682 | 2779 | 100 | 4113 | 4113 | 8 | 1147 | | | 443 |
| 青　海 | 20706 | 15825 | 2087 | | 3996 | 3996 | 59 | 458 | 30 | | 338 |
| 宁　夏 | 41782 | 36256 | 7484 | | 3399 | 3399 | 57 | 1544 | | | 526 |
| 新　疆 | 179580 | 143880 | 35600 | 218 | 29413 | 29413 | 186 | 2807 | 55 | | 3021 |

## 18—3 分地区民族自治地方专业卫生人员(2022年)(一)

单位：人

| 地区 | 卫生人员合计 | #卫生技术人员 | #执业(助理)医师 |
|---|---|---|---|
| **合计** | **1807344** | **1438013** | **502788** |
| 河北 | 14436 | 11096 | 4888 |
| 内蒙古 | 267401 | 216665 | 85970 |
| 辽宁 | 20508 | 15149 | 6062 |
| 吉林 | 27846 | 22037 | 9238 |
| 黑龙江 | 1894 | 1524 | 753 |
| 浙江 | 1269 | 1032 | 452 |
| 湖北 | 32862 | 26853 | 10134 |
| 湖南 | 44044 | 35928 | 12980 |
| 广东 | 3352 | 2638 | 824 |
| 广西 | 517122 | 415179 | 138636 |
| 海南 | 13292 | 10458 | 3551 |
| 重庆 | 15620 | 11979 | 4471 |
| 四川 | 66577 | 50921 | 16277 |
| 贵州 | 136988 | 109347 | 35073 |
| 云南 | 206312 | 166833 | 53388 |
| 西藏 | 42195 | 26416 | 11087 |
| 甘肃 | 27832 | 21988 | 7308 |
| 青海 | 29241 | 22040 | 8346 |
| 宁夏 | 74347 | 61815 | 22728 |
| 新疆 | 264206 | 208115 | 70622 |

## 18-3 分地区民族自治地方专业卫生人员(2022年)(二)

单位：人

| 地　区 | 市属卫生人员 | #卫生技术人　员 | #执业(助理)医　生 | 县属专业卫生人员 | #卫生技术人　员 | #执业(助理)医　生 |
|---|---|---|---|---|---|---|
| **合　计** | **270701** | **229380** | **77528** | **882312** | **755160** | **243159** |
| 河　北 | | | | 8984 | 7704 | 2994 |
| 内蒙古 | 47165 | 39016 | 13711 | 118743 | 101646 | 38192 |
| 辽　宁 | | | | 13374 | 10898 | 3941 |
| 吉　林 | 1719 | 1400 | 465 | 16066 | 12992 | 5011 |
| 黑龙江 | | | | 1443 | 1259 | 549 |
| 浙　江 | | | | 814 | 670 | 256 |
| 湖　北 | 153 | 137 | 33 | 17498 | 15895 | 5643 |
| 湖　南 | 5405 | 4522 | 1469 | 28267 | 24952 | 8599 |
| 广　东 | | | | 1900 | 1509 | 423 |
| 广　西 | 100573 | 85827 | 28123 | 227431 | 191167 | 56198 |
| 海　南 | | | | 9159 | 7483 | 2318 |
| 重　庆 | | | | 10647 | 9013 | 3306 |
| 四　川 | 7125 | 5829 | 1877 | 41399 | 36050 | 10969 |
| 贵　州 | 10688 | 9152 | 3140 | 80930 | 71051 | 22409 |
| 云　南 | 23126 | 20359 | 6642 | 121209 | 106900 | 32736 |
| 西　藏 | 6172 | 5009 | 2027 | 11109 | 8970 | 3478 |
| 甘　肃 | 3856 | 3283 | 1024 | 16811 | 14407 | 4615 |
| 青　海 | 2250 | 1899 | 704 | 13763 | 12076 | 4392 |
| 宁　夏 | 13691 | 11873 | 4266 | 21427 | 18708 | 6224 |
| 新　疆 | 48778 | 41074 | 14047 | 121338 | 101810 | 30906 |

## 18-4 分地区民族自治地方卫生机构万元以上设备台数(2022年)

单位：台

| 地　区 | 合　计 | 10万元以下 | 10—49万元 | 50—99万元 | 100万元以上 |
|---|---|---|---|---|---|
| **合　计** | **1463154** | **1069370** | **308247** | **45756** | **39781** |
| 河　北 | 10120 | 7486 | 2108 | 246 | 280 |
| 内蒙古 | 243341 | 175308 | 52148 | 8196 | 7689 |
| 辽　宁 | 16369 | 13356 | 2353 | 364 | 296 |
| 吉　林 | 25886 | 18587 | 5874 | 692 | 733 |
| 黑龙江 | 1947 | 1575 | 308 | 29 | 35 |
| 浙　江 | 1884 | 1465 | 344 | 32 | 43 |
| 湖　北 | 25588 | 19391 | 4812 | 805 | 580 |
| 湖　南 | 27247 | 17219 | 8598 | 736 | 694 |
| 广　东 | 2763 | 1956 | 623 | 109 | 75 |
| 广　西 | 398311 | 285321 | 86883 | 14282 | 11825 |
| 海　南 | 8596 | 6265 | 1823 | 303 | 205 |
| 重　庆 | 11814 | 8515 | 2608 | 378 | 313 |
| 四　川 | 50689 | 38741 | 9422 | 1464 | 1062 |
| 贵　州 | 91325 | 68211 | 18339 | 2525 | 2250 |
| 云　南 | 147641 | 111747 | 28218 | 3903 | 3773 |
| 西　藏 | 27462 | 18544 | 6756 | 1314 | 848 |
| 甘　肃 | 45274 | 39836 | 4330 | 646 | 462 |
| 青　海 | 27618 | 20959 | 5212 | 860 | 587 |
| 宁　夏 | 67843 | 50080 | 13790 | 2032 | 1941 |
| 新　疆 | 231436 | 164808 | 53698 | 6840 | 6090 |

## 18–5 分地区民族自治地方乡村医生、卫生员(2022年)

单位：人

| 地　区 | 乡村医生和卫生员 | 乡村医生 | 卫生员 |
|---|---|---|---|
| **合　计** | **120984** | **117983** | **3001** |
| 河　北 | 1761 | 1759 | 2 |
| 内蒙古 | 13050 | 12593 | 457 |
| 辽　宁 | 2084 | 2039 | 45 |
| 吉　林 | 1352 | 1340 | 12 |
| 黑龙江 | 156 | 152 | 4 |
| 浙　江 | 20 | 20 | |
| 湖　北 | 2705 | 2658 | 47 |
| 湖　南 | 2759 | 2717 | 42 |
| 广　东 | 174 | 172 | 2 |
| 广　西 | 27171 | 26807 | 364 |
| 海　南 | 605 | 578 | 27 |
| 重　庆 | 1439 | 1418 | 21 |
| 四　川 | 6992 | 6938 | 54 |
| 贵　州 | 10925 | 10590 | 335 |
| 云　南 | 16746 | 16666 | 80 |
| 西　藏 | 9396 | 8763 | 633 |
| 甘　肃 | 2240 | 2177 | 63 |
| 青　海 | 4028 | 3873 | 155 |
| 宁　夏 | 2641 | 2601 | 40 |
| 新　疆 | 14740 | 14122 | 618 |

## 18-6 分地区民族自治地方民族医院情况(2022年)

单位：个

| 地区 | 机构个数 | 床位数 | 人员数 | | | | |
|---|---|---|---|---|---|---|---|
| | | | 合计 | 卫生技术人员小计 | #医生 | 其他技术人员 | 管理人员 |
| **合计** | **304** | **40138** | **46755** | **38666** | **14972** | **3704** | **3058** |
| 内蒙古 | 93 | 16954 | 21807 | 18525 | 7222 | 1359 | 1598 |
| 辽宁 | 2 | 500 | 679 | 532 | 234 | 71 | 34 |
| 吉林 | 2 | 124 | 151 | 129 | 62 | 9 | 15 |
| 黑龙江 | 1 | 100 | 46 | 36 | 13 | | 5 |
| 湖北 | 1 | 200 | 234 | 200 | 77 | 28 | |
| 湖南 | 1 | 40 | 57 | 52 | 20 | 1 | 3 |
| 广西 | 5 | 1421 | 2424 | 2074 | 759 | 220 | 301 |
| 四川 | 40 | 2170 | 2129 | 1749 | 725 | 164 | 93 |
| 贵州 | 5 | 365 | 297 | 229 | 62 | 9 | 43 |
| 云南 | 4 | 485 | 655 | 568 | 219 | 17 | 56 |
| 西藏 | 53 | 3057 | 3529 | 2531 | 1384 | 460 | 245 |
| 甘肃 | 12 | 847 | 897 | 781 | 390 | 43 | 69 |
| 青海 | 32 | 2722 | 2248 | 1875 | 881 | 246 | 92 |
| 宁夏 | 2 | 241 | 237 | 195 | 64 | | 34 |
| 新疆 | 51 | 10912 | 11365 | 9190 | 2860 | 1077 | 470 |

# 主要统计指标解释

**医疗卫生机构**　指从卫生(卫生计生)行政部门取得《医疗机构执业许可证》、《计划生育技术服务许可证》，或从民政、工商行政、机构编制管理部门取得法人单位登记证书，为社会提供医疗服务、公共卫生服务或从事医学科研和医学在职培训等工作的单位。医疗卫生机构包括医院、基层医疗卫生机构、专业公共卫生机构、其他医疗卫生机构。

**医院**　包括综合医院、中医医院、中西医结合医院、民族医院、各类专科医院和护理院，不包括专科疾病防治院、妇幼保健院和疗养院，包括医学院校附属医院。

**基层医疗卫生机构**　包括社区卫生服务中心、社区卫生服务站、街道卫生院、乡镇卫生院、村卫生室、门诊部、诊所(医务室)。

**专业公共卫生机构**　包括疾病预防控制中心、专科疾病防治机构、妇幼保健机构（含妇幼保健计划生育服务中心）、健康教育机构、急救中心（站）、采供血机构、卫生监督机构、取得《医疗机构执业许可证》或《计划生育技术服务许可证》的计划生育技术服务机构。

**其他医疗卫生机构**　包括疗养院、临床检验中心、医学科研机构、医学在职教育机构、卫生监督（监测、检测）机构、医学考试中心、农村改水中心、人才交流中心、统计信息中心等卫生事业单位。

**卫生人员**　指在医院、基层医疗卫生机构、专业公共卫生机构及其他医疗卫生机构工作的职工，包括卫生技术人员、乡村医生和卫生员、其他技术人员、管理人员和工勤人员。一律按支付年底工资的在岗职工统计，包括各类聘任人员(含合同工)及返聘本单位半年以上人员，不包括临时工、离退休人员、退职人员、离开本单位仍保留劳动关系人员、本单位返聘和临聘不足半年人员。

**卫生技术人员**　包括执业医师、执业助理医师、注册护士、药师（士）、检验技师（士）、影像技师、卫生监督员和见习医（药、护、技）师（士）等卫生专业人员。不包括从事管理工作的卫生技术人员(如院长、副院长、党委书记等)。

**执业医师**　指《医师执业证》“级别”为“执业医师”且实际从事医疗、预防保健工作的人员，不包括实际从事管理工作的执业医师。执业医师类别分为临床、中医、口腔和公共卫生四类。

**执业(助理)医师**　指《医师执业证》“级别”为“执业助理医师”且实际从事医疗、预防保健工作的人员，不包括实际从事管理工作的执业助理医师。执业助理医师类别分为临床、中医、口腔和公共卫生四类。

**床位数**　指年底固定实有床位（非编制床位），包括正规床、简易床、监护床、正在消毒和修理床位、因扩建或大修而停用的床位、不包括产科新生儿床、接产室待产床、库存床、观察床、临时加床和病人家属陪侍床。

# 十九、社会服务

## 19-1 分地区民族自治地方收养单位、民间组织和社区建设情况(2022年)

| 地　区 | 收养单位 | | 民间组织 | | 社区建设 |
|---|---|---|---|---|---|
| | 福利类收养单位床位数(万张) | 福利类收养单位收养救助人数(万人) | 单位数(个) | #社会团体 | 城镇社区服务设施数(个) |
| **合　计** | **48.42** | **20.47** | **95215** | **50232** | **18244** |
| 河　北 | 0.47 | 0.22 | 538 | 270 | 62 |
| 内蒙古 | 8.52 | 4.33 | 16857 | 7602 | 1944 |
| 辽　宁 | 0.88 | 0.41 | 812 | 301 | 81 |
| 吉　林 | 2.02 | 1.12 | 2325 | 1207 | 346 |
| 黑龙江 | 0.09 | 0.04 | 115 | 49 | 8 |
| 浙　江 | 0.06 | 0.03 | 237 | 169 | 9 |
| 湖　北 | 1.86 | 0.61 | 2512 | 1000 | 256 |
| 湖　南 | 1.55 | 0.74 | 2281 | 1214 | 508 |
| 广　东 | 0.09 | 0.02 | 268 | 180 | 20 |
| 广　西 | 9.99 | 3.47 | 28947 | 12447 | 2657 |
| 海　南 | 0.10 | 0.02 | 752 | 394 | 73 |
| 重　庆 | 0.24 | 0.07 | 1333 | 749 | 169 |
| 四　川 | 2.01 | 0.87 | 2965 | 2066 | 172 |
| 贵　州 | 3.21 | 1.22 | 4782 | 2837 | 1789 |
| 云　南 | 4.86 | 1.43 | 10918 | 7137 | 1216 |
| 西　藏 | 1.55 | 0.88 | 651 | 569 | 1191 |
| 甘　肃 | 0.44 | 0.24 | 3001 | 2434 | 479 |
| 青　海 | 0.52 | 0.30 | 3366 | 2661 | 1200 |
| 宁　夏 | 2.86 | 0.84 | 4488 | 2531 | 652 |
| 新　疆 | 7.10 | 3.61 | 8067 | 4415 | 5412 |

## 19-2 分地区民族自治地方城镇居民最低生活保障情况(2022年)

| 地　　区 | 城镇居民最低生活保障人数(人) | 城镇居民最低生活保障户数(户) | 城镇居民最低生活保障支出(万元) | 城镇居民最低生活保障年支出水平(元/人·年) |
|---|---|---|---|---|
| **合　　计** | **1656506** | **885976** | **1019427** | **6154** |
| 河　　北 | 6896 | 4009 | 3776 | 5475 |
| 内 蒙 古 | 253995 | 169360 | 188583 | 7425 |
| 辽　　宁 | 13007 | 9785 | 9286 | 7139 |
| 吉　　林 | 46434 | 35538 | 37207 | 8013 |
| 黑 龙 江 | 1447 | 1009 | 956 | 6606 |
| 浙　　江 | 204 | 132 | 507 | 24853 |
| 湖　　北 | 8093 | 5613 | 6219 | 7685 |
| 湖　　南 | 40220 | 21730 | 21366 | 5312 |
| 广　　东 | 492 | 326 | 417 | 8484 |
| 广　　西 | 385207 | 166219 | 184462 | 4789 |
| 海　　南 | 8418 | 4316 | 4737 | 5627 |
| 重　　庆 | 23446 | 13563 | 17223 | 7346 |
| 四　　川 | 47956 | 29664 | 22774 | 4749 |
| 贵　　州 | 237572 | 86987 | 122469 | 5155 |
| 云　　南 | 135360 | 94560 | 75217 | 5557 |
| 西　　藏 | 23472 | 13059 | 22231 | 9471 |
| 甘　　肃 | 61773 | 22372 | 36930 | 5978 |
| 青　　海 | 53500 | 26898 | 55397 | 10354 |
| 宁　　夏 | 69343 | 43990 | 51674 | 7452 |
| 新　　疆 | 239671 | 136846 | 157997 | 6592 |

## 19—3 分地区民族自治地方农村居民最低生活保障情况(2022年)

| 地　区 | 农村居民最低生活保障人数（人） | 农村居民最低生活保障户数（户） | 农村居民最低生活保障支出（万元） | 农村居民最低生活保障年支出水平（元/人·年） |
|---|---|---|---|---|
| **合　计** | **9696470** | **4610168** | **3704018** | **3820** |
| 河　北 | 104589 | 83798 | 35645 | 3408 |
| 内蒙古 | 1289405 | 844052 | 550983 | 4273 |
| 辽　宁 | 110722 | 69606 | 41619 | 3759 |
| 吉　林 | 71706 | 47923 | 31378 | 4376 |
| 黑龙江 | 5926 | 4017 | 2644 | 4461 |
| 浙　江 | 4286 | 2466 | 3892 | 9081 |
| 湖　北 | 192655 | 108800 | 99488 | 5164 |
| 湖　南 | 193958 | 94685 | 65476 | 3376 |
| 广　东 | 9877 | 4731 | 5620 | 5690 |
| 广　西 | 2383687 | 850779 | 702294 | 2946 |
| 海　南 | 38644 | 15936 | 17097 | 4424 |
| 重　庆 | 88210 | 44682 | 51784 | 5871 |
| 四　川 | 784264 | 325957 | 273280 | 3485 |
| 贵　州 | 811481 | 330264 | 305891 | 3770 |
| 云　南 | 1272182 | 642726 | 452296 | 3555 |
| 西　藏 | 130675 | 38670 | 33182 | 2539 |
| 甘　肃 | 329569 | 117297 | 102579 | 3113 |
| 青　海 | 277136 | 102749 | 152860 | 5516 |
| 宁　夏 | 352960 | 255123 | 178986 | 5071 |
| 新　疆 | 1244538 | 625907 | 597026 | 4797 |

# 主要统计指标解释

**城市居民最低生活保障人数** 指在报告期末共同生活的家庭成员人均收入低于当地最低生活保障标准，且家庭财产状况符合相关规定的城镇居民，并已发放补助经费的人数。

**农村居民最低生活保障人数** 指报告期末共同生活的家庭成员人均收入低于当地最低生活保障标准，得到当地政府给予最低生活保障待遇的农业人口家庭人数。

**社区服务机构和设施数** 指报告期末设立的社区服务指导中心、社区服务中心、社区服务站、社区养老机构、社区互助型养老设施及其他社区服务机构的总和数。具有面向老人，残疾人，儿童及其家庭的商品递送、医疗保健、家庭保洁、日间照料、陪伴服务等为社区居家养老服务的设施和突出综合服务的职能。

# 陆地边境县

## 1-1 陆地边境县经济社会发展主要指标

| 指标 | 2021年 | 占全国比重(%) | 2022年 | 占全国比重(%) |
|---|---|---|---|---|
| **人口与就业** | | | | |
| 年末总人口(万人) | 2336.67 | 1.65 | 2327.39 | 1.59 |
| #少数民族人口 | 1204.22 | | 1127.92 | |
| **地区生产总值(亿元)** | **11404.81** | **1.00** | **12123.98** | **1.01** |
| 第一产业 | 2588.21 | 3.12 | 2878.60 | 3.19 |
| 第二产业 | 3657.75 | 0.81 | 3914.87 | 0.83 |
| 第三产业 | 5158.86 | 0.85 | 5330.51 | 0.83 |
| **人均地区生产总值(元)** | **48807.87** | **60.27** | **53495.21** | **61.30** |
| **财政(亿元)** | | | | |
| 地方一般公共预算收入 | 672.39 | 0.33 | 715.38 | 0.36 |
| 地方一般公共预算支出 | 3402.34 | 1.62 | 3721.22 | 1.43 |
| **农业** | | | | |
| 耕地灌溉面积(千公顷) | 3036.17 | 4.36 | 4325.56 | 4.83 |
| 农林牧渔业总产值(亿元) | 4209.18 | 2.86 | 4637.39 | 2.92 |
| 主要农产品产量(万吨) | | | | |
| 粮食产量 | 2556.01 | 3.74 | 3276.20 | 4.63 |
| 棉花产量 | 19.99 | 3.49 | 57.82 | 3.93 |
| 油料产量 | 44.92 | 1.24 | 22.72 | 0.68 |
| 牲畜年末存栏数(万头) | | | | |
| 大牲畜 | 1054.53 | 10.06 | 1193.65 | 10.17 |
| 羊 | 2691.90 | 8.42 | 3196.54 | 10.14 |
| 猪 | 655.16 | 1.46 | 702.79 | 1.52 |
| 肉类总产量(万吨) | 191.33 | 2.13 | 205.92 | 2.16 |
| **工业** | | | | |
| 规模以上工业企业资产总计(亿元) | 10686.82 | 0.73 | 14673.27 | 0.76 |
| **教育** | | | | |
| 普通高中和初中 | | | | |
| 学校数(个) | 1139 | 1.73 | 1196 | 1.77 |
| 在校学生数(人) | 1122128 | 1.60 | 1127205 | 1.44 |
| 专任教师数(人) | 94789 | 1.74 | 100386 | 1.55 |
| 普通小学 | | | | |
| 学校数(个) | 3994 | 2.59 | 3773 | 2.53 |
| 在校学生数(人) | 1769754 | 1.64 | 1756644 | 1.64 |
| 专任教师数(人) | 113587 | 1.72 | 117530 | 1.71 |
| **医疗卫生** | | | | |
| 医疗卫生机构数(个) | 16242 | 1.58 | 16424 | 1.83 |
| 医疗机构床位数(张) | 115115 | 1.22 | 123348 | 1.51 |
| 卫生技术人员数(人) | 136957 | 1.22 | 144572 | 1.49 |

## 2-1 陆地边境县行政区划(2022年末)

| 地区 | 合计 | 市辖区 | 县级市 | 县 | 旗 | 自治县 |
|---|---|---|---|---|---|---|
| **合计** | **140** | **8** | **34** | **66** | **15** | **17** |
| 内蒙古 | 20 | 1 | 4 | | 15 | |
| 辽宁 | 5 | 3 | 1 | | | 1 |
| 吉林 | 10 | 1 | 6 | 2 | | 1 |
| 黑龙江 | 18 | 1 | 8 | 9 | | |
| 广西 | 8 | 1 | 3 | 4 | | |
| 云南 | 25 | | 5 | 11 | | 9 |
| 西藏 | 18 | | | 18 | | |
| 甘肃 | 1 | | | | | 1 |
| 新疆 | 35 | 1 | 7 | 22 | | 5 |

## 2-2 陆地边境县(区、市、旗)分布(2022年末)

| 地区 | 个数 | 县(区、市、旗) |
| --- | --- | --- |
| 内蒙古自治区 | 1 市辖区<br>4 县级市<br>15 旗 | 包头市：达尔罕茂明安联合旗<br>呼伦贝尔市：扎赉诺尔区、满洲里市、额尔古纳市<br>陈巴尔虎旗、新巴尔虎左旗、新巴尔虎右旗<br>巴彦淖尔市：乌拉特中旗、乌拉特后旗<br>乌兰察布市：四子王旗<br>兴安盟：阿尔山市、科尔沁右翼前旗<br>锡林郭勒盟：二连浩特市、阿巴嘎旗、苏尼特左旗<br>苏尼特右旗、东乌珠穆沁旗<br>阿拉善盟：阿拉善左旗、阿拉善右旗、额济纳旗 |
| 辽宁省 | 3 市辖区<br>1 县级市<br>1 自治县 | 丹东市：振兴区、元宝区、振安区、东港市、宽甸满族自治县 |
| 吉林省 | 1 市辖区<br>6 县级市<br>2 县<br>1 自治县 | 通化市：集安市<br>白山市：浑江区、临江市、抚松县、长白朝鲜族自治县<br>延边朝鲜族自治州：图们市、珲春市、龙井市、和龙市、安图县 |
| 黑龙江省 | 1 市辖区<br>8 县级市<br>9 县 | 鸡西市：虎林市、密山市、鸡东县<br>鹤岗市：萝北县、绥滨县<br>双鸭山市：饶河县<br>伊春市：嘉荫县<br>佳木斯市：同江市、抚远市<br>牡丹江市：绥芬河市、穆棱市、东宁市<br>黑河市：爱辉区、逊克县、孙吴县<br>大兴安岭地区：漠河市、呼玛县、塔河县 |

2-2 续表

| 地区 | 个数 | 县(区、市、旗) |
| --- | --- | --- |
| 广西壮族自治区 | 1 市辖区<br>3 县级市<br>4 县 | 防城港市：防城区、东兴市<br>百色市：靖西市、那坡县<br>崇左市：凭祥市、宁明县、龙州县、大新县 |
| 云南省 | 5 县级市<br>11 县<br>9 自治县 | 保山市：腾冲市、龙陵县<br>普洱市：江城哈尼族彝族自治县、孟连傣族拉祜族佤族自治县<br>澜沧拉祜族自治县、西盟佤族自治县<br>临沧市：镇康县、耿马傣族佤族自治县、沧源佤族自治县<br>红河哈尼族彝族自治州：绿春县、金平苗族瑶族傣族自治县、河口瑶族自治县<br>文山壮族苗族自治州：麻栗坡县、马关县、富宁县<br>西双版纳傣族自治州：景洪市、勐海县、勐腊县<br>德宏傣族景颇族自治州：芒市、瑞丽市、盈江县、陇川县<br>怒江傈僳族自治州：泸水市、福贡县、贡山独龙族怒族自治县 |
| 西藏自治区 | 18 县 | 日喀则市：定日县、康马县、定结县、仲巴县、亚东县、吉隆县、<br>聂拉木县、萨嘎县、岗巴县<br>林芝市：墨脱县、察隅县<br>山南市：洛扎县、错那县、浪卡子县<br>阿里地区：噶尔县、普兰县、札达县、日土县 |
| 甘肃省 | 1 自治县 | 酒泉市：肃北蒙古族自治县 |
| 新疆维吾尔自治区 | 1 市辖区<br>7 县级市<br>22 县<br>5 自治县 | 哈密市：伊州区、巴里坤哈萨克自治县、伊吾县<br>阿克苏地区：温宿县、乌什县<br>喀什地区：叶城县、塔什库尔干塔吉克自治县<br>和田地区：和田县、皮山县<br>昌吉回族自治州：奇台县、木垒哈萨克自治县<br>博尔塔拉蒙古自治州：博乐市、阿拉山口市、温泉县<br>克孜勒苏柯尔克孜自治州：阿图什市、阿克陶县、阿合奇县、乌恰县<br>伊犁哈萨克自治州：霍尔果斯市、霍城县、昭苏县、察布查尔锡伯自治县<br>塔城地区：塔城市、额敏县、托里县、裕民县、和布克赛尔蒙古自治县<br>阿勒泰地区：阿勒泰市、布尔津县、富蕴县、福海县、哈巴河县、青河县、吉木乃县<br>自治区直辖县级行政单位：可克达拉市 |

## 3-1 分地区陆地边境县年末总人口和少数民族人口(2022年)

单位：万人

| 地　　区 | 年末总人口① | #少数民族人口 | 城镇人口 | 乡村人口 |
|---|---|---|---|---|
| **合　　计** | **2327.39** | **1127.92** | **924.79** | **1402.60** |
| 内 蒙 古 | 176.48 | 59.66 | 84.19 | 92.29 |
| 辽　　宁 | 172.88 | 40.81 | 85.89 | 86.99 |
| 吉　　林 | 174.97 | 35.52 | 121.90 | 53.07 |
| 黑 龙 江 | 277.25 | 20.11 | 160.75 | 116.50 |
| 广　　西 | 271.06 | 189.94 | 79.53 | 191.53 |
| 云　　南 | 676.80 | 412.23 | 252.42 | 424.38 |
| 西　　藏 | 40.40 | 29.56 | 8.44 | 31.96 |
| 甘　　肃 | 1.26 | 0.46 | 0.82 | 0.44 |
| 新　　疆 | 536.29 | 339.63 | 130.85 | 405.44 |

注：①本表人口均为户籍人口。

## 4-1 分地区陆地边境县地区生产总值和人均地区生产总值(2022年)

单位：亿元

| 地　　区 | 地区生产总值 | 第一产业 | 第二产业 | 第三产业 | 人均地区生产总值（元） |
|---|---|---|---|---|---|
| **合　　计** | **12123.98** | **2878.60** | **3914.87** | **5330.51** | **53495.21** |
| 内 蒙 古 | 1604.93 | 374.71 | 708.18 | 522.04 | 91950.88 |
| 辽　　宁 | 611.38 | 136.17 | 132.73 | 342.48 | 36363.61 |
| 吉　　林 | 716.75 | 93.42 | 238.00 | 385.33 | 40804.27 |
| 黑 龙 江 | 1383.79 | 642.13 | 220.16 | 521.50 | 53302.70 |
| 广　　西 | 904.51 | 230.93 | 264.08 | 409.50 | 40494.62 |
| 云　　南 | 3178.90 | 718.20 | 966.20 | 1494.50 | 47444.96 |
| 西　　藏 | 188.82 | 40.54 | 58.12 | 90.16 | 43567.03 |
| 甘　　肃 | 25.86 | 1.46 | 13.90 | 10.50 | 171273.00 |
| 新　　疆 | 3509.05 | 641.05 | 1313.50 | 1554.50 | 63743.12 |

## 4-2 分地区陆地边境县地区生产总值指数(2022年)

| 地　区 | 地区生产总值<br>(以2021年为100) | 第一产业 | 第二产业 | 第三产业 |
|---|---|---|---|---|
| **合　计** | **105.7** | **108.6** | **107.0** | **103.3** |
| 内蒙古 | 93.6 | 113.1 | 90.0 | 89.0 |
| 辽　宁 | 103.1 | 102.8 | 101.6 | 103.7 |
| 吉　林 | 102.6 | 111.4 | 106.5 | 98.5 |
| 黑龙江 | 107.0 | 105.7 | 112.9 | 106.3 |
| 广　西 | 106.8 | 116.1 | 103.3 | 104.3 |
| 云　南 | 106.5 | 104.2 | 109.1 | 106.0 |
| 西　藏 | 97.1 | 138.1 | 85.1 | 96.9 |
| 甘　肃 | 130.8 | 105.9 | 148.5 | 116.6 |
| 新　疆 | 112.1 | 112.1 | 119.1 | 106.8 |

## 4-3 分地区陆地边境县地区生产总值构成(2022年)

单位：%

| 地　区 | 地区生产总值 | 第一产业 | 第二产业 | 第三产业 |
|---|---|---|---|---|
| **合　计** | **100.00** | **23.74** | **32.29** | **43.97** |
| 内蒙古 | 100.00 | 23.35 | 44.13 | 32.53 |
| 辽　宁 | 100.00 | 22.27 | 21.71 | 56.02 |
| 吉　林 | 100.00 | 13.03 | 33.21 | 53.76 |
| 黑龙江 | 100.00 | 46.40 | 15.91 | 37.69 |
| 广　西 | 100.00 | 25.53 | 29.20 | 45.27 |
| 云　南 | 100.00 | 22.59 | 30.39 | 47.01 |
| 西　藏 | 100.00 | 21.47 | 30.78 | 47.75 |
| 甘　肃 | 100.00 | 5.65 | 53.75 | 40.60 |
| 新　疆 | 100.00 | 18.27 | 37.43 | 44.30 |

## 5—1 分地区陆地边境县社会消费品零售总额和进出口总额(2022年)

单位：亿元

| 地　　区 | 社会消费品零售总额 | 进出口总额 |
| --- | --- | --- |
| **合　　计** | **3049.27** | **4522.03** |
| 内 蒙 古 | 265.39 | 508.47 |
| 辽　　宁 | 222.45 | 83.47 |
| 吉　　林 | 195.63 | 169.11 |
| 黑 龙 江 | 474.71 | 438.43 |
| 广　　西 | 217.49 | 1189.63 |
| 云　　南 | 1155.01 | 1493.64 |
| 西　　藏 | 38.72 | 25.44 |
| 甘　　肃 | 3.82 | |
| 新　　疆 | 476.04 | 613.85 |

## 6—1 分地区陆地边境县财政收入情况(2022年)

单位：亿元

| 地　　区 | 地方一般公共预算收入 | #税收收入 | #国内增值税 | #企业所得税 | #个人所得税 |
| --- | --- | --- | --- | --- | --- |
| **合　　计** | **715.38** | **474.55** | **143.25** | **59.20** | **34.83** |
| 内 蒙 古 | 130.92 | 92.87 | 17.70 | 9.33 | 2.23 |
| 辽　　宁 | 35.73 | 23.49 | 8.78 | 2.68 | 0.92 |
| 吉　　林 | 37.57 | 23.67 | 3.13 | 1.83 | 0.51 |
| 黑 龙 江 | 62.93 | 29.59 | 6.89 | 5.16 | 1.31 |
| 广　　西 | 36.66 | 21.72 | 5.81 | 1.94 | 0.60 |
| 云　　南 | 105.09 | 62.06 | 20.11 | 4.06 | 1.24 |
| 西　　藏 | 10.42 | 5.25 | 2.43 | 1.11 | 0.45 |
| 甘　　肃 | 3.59 | 1.67 | 0.52 | 0.24 | 0.22 |
| 新　　疆 | 292.47 | 214.23 | 77.88 | 32.85 | 27.36 |

## 6-2 分地区陆地边境县财政支出情况(2022年)

单位：亿元

| 地　　区 | 地方一般公共预算支出 | #一般公共服务 | #教　育 | #科学技术 |
|---|---|---|---|---|
| **合　计** | **3721.22** | **457.99** | **538.36** | **8.60** |
| 内蒙古 | 453.28 | 52.65 | 43.85 | 1.21 |
| 辽　宁 | 110.12 | 11.51 | 17.94 | 0.03 |
| 吉　林 | 251.30 | 21.66 | 32.51 | 0.31 |
| 黑龙江 | 479.62 | 45.40 | 44.71 | 3.31 |
| 广　西 | 258.81 | 25.43 | 42.19 | 1.66 |
| 云　南 | 773.08 | 81.23 | 140.82 | 1.27 |
| 西　藏 | 192.19 | 56.65 | 24.46 | 0.17 |
| 甘　肃 | 13.21 | 1.80 | 0.70 | 0.11 |
| 新　疆 | 1189.61 | 161.66 | 191.18 | 0.51 |

## 7-1 分地区陆地边境县居民收入和支出情况(2022年)

单位：元

| 地　　区 | 城镇居民人均可支配收入 | 城镇居民人均消费支出 | 农村居民人均可支配收入 | 农村居民人均消费支出 |
|---|---|---|---|---|
| **合　计** | **34422** | **20859** | **18432** | **11943** |
| 内蒙古 | 37572 | 20544 | 27627 | 12291 |
| 辽　宁 | 37602 | 21359 | 20977 | 16299 |
| 吉　林 | 28893 | 17519 | 16109 | 13679 |
| 黑龙江 | 31749 | 20448 | 22056 | 13025 |
| 广　西 | 36784 | 23936 | 17848 | 9704 |
| 云　南 | 36160 | 22404 | 14940 | 11869 |
| 西　藏 | 28072 | 21471 | 17364 | 10744 |
| 甘　肃 | 46286 | 39321 | 33750 | 28444 |
| 新　疆 | 31906 | 19348 | 17451 | 11567 |

## 8-1 分地区陆地边境县农村基层组织情况(2022年)

| 地　　区 | 乡镇个数（个） | 乡村人口（万人） | 村民委员会（个） |
|---|---|---|---|
| **合　　计** | **1360** | **1308.87** | **10351** |
| 内 蒙 古 | 208 | 92.28 | 912 |
| 辽　　宁 | 44 | 87.00 | 456 |
| 吉　　林 | 86 | 55.73 | 951 |
| 黑 龙 江 | 208 | 105.20 | 1148 |
| 广　　西 | 88 | 191.51 | 1073 |
| 云　　南 | 252 | 425.23 | 2031 |
| 西　　藏 | 139 | 29.37 | 860 |
| 甘　　肃 | 4 | 0.52 | 26 |
| 新　　疆 | 331 | 322.03 | 2894 |

注：本表所指的乡包括民族乡。

## 8-2 分地区陆地边境县农、林、牧、渔业总产值及指数(2022年)

单位：亿元

| 地　　区 | 农林牧渔业总产值 | #农业 | #林业 | #牧业 | #渔业 | 农林牧渔业总产值指数 |
|---|---|---|---|---|---|---|
| **合　　计** | **4637.39** | **2729.36** | **320.03** | **1029.11** | **223.20** | **108.4** |
| 内 蒙 古 | 460.05 | 180.93 | 13.26 | 223.50 | 6.59 | 107.3 |
| 辽　　宁 | 257.34 | 93.03 | 3.90 | 52.97 | 85.48 | 108.3 |
| 吉　　林 | 168.75 | 93.78 | 15.93 | 32.30 | 9.71 | 107.9 |
| 黑 龙 江 | 1180.64 | 865.42 | 47.44 | 134.39 | 25.77 | 107.5 |
| 广　　西 | 361.00 | 187.64 | 43.89 | 57.09 | 54.55 | 108.7 |
| 云　　南 | 1146.93 | 667.69 | 185.83 | 195.44 | 35.69 | 109.3 |
| 西　　藏 | 30.64 | 6.57 | 0.56 | 11.45 | 0.06 | 107.6 |
| 甘　　肃 | 3.27 | 0.34 | 0.08 | 2.76 | | 100.0 |
| 新　　疆 | 1028.76 | 633.96 | 9.13 | 319.21 | 5.36 | 109.1 |

## 8–3 分地区陆地边境县耕地灌溉面积(2022年)

单位：千公顷

| 地区 | 耕地灌溉面积 |
|---|---|
| **合计** | **4325.56** |
| 内蒙古 | 327.22 |
| 辽宁 | 156.33 |
| 吉林 | 125.81 |
| 黑龙江 | 1663.07 |
| 广西 | 60.00 |
| 云南 | 529.36 |
| 西藏 | 37.56 |
| 甘肃 | 1.26 |
| 新疆 | 1424.96 |

## 8–4 分地区陆地边境县主要农产品产量(2022年)

单位：万吨

| 地区 | 粮食 | 油料 | 棉花 |
|---|---|---|---|
| **合计** | **3276.20** | **57.82** | **22.72** |
| 内蒙古 | 290.95 | 30.83 | |
| 辽宁 | 87.36 | 0.96 | |
| 吉林 | 114.26 | 0.23 | |
| 黑龙江 | 1734.28 | 1.53 | |
| 广西 | 64.50 | 1.46 | 0.02 |
| 云南 | 323.22 | 9.06 | |
| 西藏 | 13.80 | 0.65 | |
| 甘肃 | 0.41 | 0.06 | |
| 新疆 | 647.42 | 13.05 | 22.70 |

## 8-5 分地区陆地边境县牲畜年末存栏数(2022年)

单位：万头

| 地　区 | 牲畜年末存栏数 | | |
|---|---|---|---|
| | 大牲畜 | 猪 | 羊 |
| **合　计** | **1193.65** | **702.79** | **3196.54** |
| 内蒙古 | 430.58 | 27.20 | 1266.89 |
| 辽　宁 | 4.56 | 37.72 | 12.10 |
| 吉　林 | 21.86 | 31.55 | 6.42 |
| 黑龙江 | 79.00 | 94.68 | 49.69 |
| 广　西 | 26.72 | 84.77 | 11.68 |
| 云　南 | 130.72 | 370.90 | 77.63 |
| 西　藏 | 62.69 | 5.62 | 225.82 |
| 甘　肃 | 3.42 | 0.18 | 24.69 |
| 新　疆 | 434.10 | 50.17 | 1521.62 |

## 8-6 分地区陆地边境县畜产品产量(2022年)

单位：万吨

| 地　区 | 肉类总产量 | #猪肉 | #牛肉 | #羊肉 |
|---|---|---|---|---|
| **合　计** | **205.92** | **77.06** | **41.56** | **36.39** |
| 内蒙古 | 37.75 | 2.48 | 11.52 | 15.57 |
| 辽　宁 | 27.37 | 3.75 | 0.20 | 0.07 |
| 吉　林 | 6.47 | 3.20 | 1.76 | 0.11 |
| 黑龙江 | 19.49 | 13.62 | 3.75 | 0.85 |
| 广　西 | 13.13 | 8.55 | 1.03 | 0.19 |
| 云　南 | 53.40 | 41.03 | 5.82 | 1.21 |
| 西　藏 | 2.52 | 0.33 | 1.13 | 0.93 |
| 甘　肃 | 0.45 | 0.02 | 0.08 | 0.27 |
| 新　疆 | 45.35 | 4.08 | 16.27 | 17.19 |

## 8-7 分地区陆地边境县农业机械总动力和农村用电量(2022年)

| 地　区 | 农业机械总动力（万千瓦） | 农村用电量（亿千瓦小时） |
| --- | --- | --- |
| **合　计** | **2729.65** | **43.31** |
| 内蒙古 | 205.43 | 2.42 |
| 辽　宁 | 102.75 | 2.20 |
| 吉　林 | 102.31 | 2.79 |
| 黑龙江 | 884.64 | 5.38 |
| 广　西 | 156.52 | 1.12 |
| 云　南 | 481.08 | 11.72 |
| 西　藏 | 194.80 | 0.35 |
| 甘　肃 | 3.31 | 0.02 |
| 新　疆 | 598.81 | 17.31 |

## 9-1 分地区陆地边境县规模以上工业企业单位数和资产总计(2022年)

| 地　区 | 工业企业单位数（个） | 资产总计（亿元） |
| --- | --- | --- |
| **合　计** | **3810** | **14673.27** |
| 内蒙古 | 398 | 3105.36 |
| 辽　宁 | 276 | 412.44 |
| 吉　林 | 286 | 952.59 |
| 黑龙江 | 454 | 785.23 |
| 广　西 | 286 | 821.61 |
| 云　南 | 614 | 2162.63 |
| 西　藏 | 676 | 1613.71 |
| 甘　肃 | 27 | 180.48 |
| 新　疆 | 793 | 4639.21 |

## 10-1 分地区陆地边境县教育情况(2022年)

单位：人

| 地区 | 普通高中 | | | 初中 | | | 普通小学 | | |
|---|---|---|---|---|---|---|---|---|---|
| | 学校数（所） | 在校学生数 | 专任教师数 | 学校数（所） | 在校学生数 | 专任教师数 | 学校数（所） | 在校学生数 | 专任教师数 |
| **合计** | **244** | **358275** | **31419** | **952** | **768930** | **68967** | **3773** | **1756644** | **117530** |
| 内蒙古 | 27 | 17394 | 2409 | 82 | 37173 | 5295 | 112 | 74398 | 8127 |
| 辽宁 | 7 | 15428 | 1300 | 65 | 21881 | 3139 | 143 | 63961 | 5475 |
| 吉林 | 21 | 21132 | 2622 | 114 | 26521 | 5538 | 122 | 55997 | 6737 |
| 黑龙江 | 33 | 38662 | 3577 | 147 | 65861 | 8284 | 192 | 98201 | 9251 |
| 广西 | 18 | 33926 | 2177 | 82 | 93611 | 6698 | 352 | 206380 | 12196 |
| 云南 | 79 | 132817 | 9270 | 266 | 276596 | 19744 | 1706 | 594285 | 34661 |
| 西藏 | | | | 20 | 14703 | 1464 | 145 | 36098 | 2956 |
| 甘肃 | 2 | 226 | 35 | 1 | 298 | 48 | 2 | 643 | 77 |
| 新疆 | 57 | 98690 | 10029 | 175 | 232286 | 18757 | 999 | 626681 | 38050 |

## 11-1 分地区陆地边境县医疗卫生情况(2022年)

| 地区 | 医疗卫生机构数（个） | 医疗卫生机构床位数（张） | 卫生技术人员数（人） |
|---|---|---|---|
| **合计** | **16424** | **123348** | **144572** |
| 内蒙古 | 1549 | 7957 | 11636 |
| 辽宁 | 1430 | 7901 | 9629 |
| 吉林 | 1665 | 8315 | 10504 |
| 黑龙江 | 1919 | 14735 | 15651 |
| 广西 | 1424 | 11628 | 13622 |
| 云南 | 3664 | 42681 | 47132 |
| 西藏 | 1048 | 2129 | 2219 |
| 甘肃 | 30 | 191 | 159 |
| 新疆 | 3695 | 27811 | 34020 |

## 12-1 分地区陆地边境县收养单位、民间组织和社区建设情况(2022年)

| 地区 | 收养单位 | | 民间组织 | | 社区建设 |
|---|---|---|---|---|---|
| | 福利类收养单位床位数(万张) | 福利类收养单位收养救助人数(万人) | 单位数(个) | #社会团体(个) | 城镇社区服务设施数(个) |
| **合　计** | **5.84** | **2.76** | **8269** | **4534** | **2708** |
| 内蒙古 | 0.48 | 0.25 | 1048 | 670 | 202 |
| 辽　宁 | 0.68 | 0.39 | 713 | 92 | 347 |
| 吉　林 | 1.08 | 0.60 | 917 | 591 | 361 |
| 黑龙江 | 1.43 | 0.61 | 1133 | 459 | 244 |
| 广　西 | 0.09 | 0.03 | 1389 | 646 | 137 |
| 云　南 | 0.98 | 0.29 | 2200 | 1564 | 476 |
| 西　藏 | 0.12 | 0.05 | 27 | 26 | 141 |
| 甘　肃 | 0.01 | | 30 | 22 | 7 |
| 新　疆 | 0.97 | 0.54 | 812 | 464 | 793 |

## 12-2 分地区陆地边境县城镇居民最低生活保障情况(2022年)

| 地区 | 城镇居民最低生活保障人数(人) | 城镇居民最低生活保障户数(户) | 城镇居民最低生活保障支出(万元) | 城镇居民最低生活保障年支出水平(元/人·年) |
|---|---|---|---|---|
| **合　计** | **231150** | **146715** | **152877** | **6614** |
| 内蒙古 | 24270 | 15697 | 19810 | 8099 |
| 辽　宁 | 10297 | 8198 | 8456 | 8212 |
| 吉　林 | 46900 | 35428 | 32290 | 6885 |
| 黑龙江 | 37622 | 25720 | 26780 | 7095 |
| 广　西 | 16480 | 7112 | 7177 | 4355 |
| 云　南 | 30891 | 20822 | 16766 | 5436 |
| 西　藏 | 2197 | 1158 | 2558 | 10964 |
| 甘　肃 | 296 | 159 | 248 | 8372 |
| 新　疆 | 62197 | 32421 | 38792 | 6234 |

## 12—3 分地区陆地边境县农村居民最低生活保障情况(2022年)

| 地　区 | 农村居民最低生活保障人数(人) | 农村居民最低生活保障户数(户) | 农村居民最低生活保障支出(万元) | 农村居民最低生活保障年支出水平(元/人·年) |
|---|---|---|---|---|
| **合　计** | **1101487** | **565411** | **466577** | **4236** |
| 内蒙古 | 81492 | 55027 | 58183 | 4722 |
| 辽　宁 | 28771 | 20261 | 13154 | 4572 |
| 吉　林 | 49055 | 34582 | 21860 | 4456 |
| 黑龙江 | 44482 | 28746 | 25867 | 5824 |
| 广　西 | 156620 | 55090 | 45507 | 2906 |
| 云　南 | 401071 | 198405 | 139245 | 3462 |
| 西　藏 | 4684 | 2052 | 1625 | 3551 |
| 甘　肃 | 309 | 187 | 129 | 4184 |
| 新　疆 | 335003 | 171061 | 161007 | 4805 |

## 13-1 各陆地边境县主要经济社会指标(2022年)(一)

| 地 区 | 年 末 总人口 (万人) | 地 区 生产总值 (亿元) | 人均地区 生产总值 (元) | 规模以上 工业企业资产总计 (亿元) | 农林牧渔业 总产值 (亿元) |
|---|---|---|---|---|---|
| **内蒙古自治区** | **176.48** | **1604.93** | **91951** | **3105.36** | **460.05** |
| 达尔罕茂明安联合旗 | 10.78 | 107.74 | 160432 | 320.14 | 20.42 |
| 扎赉诺尔区 | 8.24 | 69.91 | 87425 | 140.85 | 3.50 |
| 陈巴尔虎旗 | 5.27 | 138.68 | 277360 | 271.29 | 33.04 |
| 新巴尔虎左旗 | 4.12 | 29.54 | 73850 | 11.34 | 25.52 |
| 新巴尔虎右旗 | 3.50 | 85.48 | 213700 | 102.72 | 36.84 |
| 满洲里市 | 17.08 | 174.29 | 77311 | 164.23 | 3.88 |
| 额尔古纳市 | 7.62 | 50.29 | 71843 | 52.90 | 39.10 |
| 乌拉特中旗 | 14.18 | 113.15 | 103329 | 383.65 | 47.11 |
| 乌拉特后旗 | 5.77 | 117.30 | 205088 | 325.11 | 11.08 |
| 四子王旗 | 20.50 | 71.82 | 34918 | 163.28 | 37.22 |
| 阿尔山市 | 4.15 | 22.08 | 73597 | 22.97 | 4.34 |
| 科尔沁右翼前旗 | 33.10 | 128.79 | 45573 | 291.42 | 90.87 |
| 二连浩特市 | 3.69 | 73.76 | 103091 | 37.90 | 2.03 |
| 阿巴嘎旗 | 4.26 | 48.29 | 120586 | 265.20 | 22.54 |
| 苏尼特左旗 | 3.40 | 46.78 | 135589 | 181.40 | 17.68 |
| 苏尼特右旗 | 6.51 | 47.16 | 78014 | 89.34 | 15.90 |
| 东乌珠穆沁旗 | 6.20 | 73.18 | 104391 | 63.57 | 41.04 |
| 阿拉善左旗 | 13.66 | 140.76 | 83275 | 181.50 | |
| 阿拉善右旗 | 2.50 | 25.93 | 114023 | 36.55 | 4.51 |
| 额济纳旗 | 1.95 | 40.00 | 205636 | | 3.43 |
| **辽宁省** | **172.88** | **611.38** | **36364** | **412.44** | **257.34** |
| 元宝区 | 17.40 | 65.58 | 33544 | 18.20 | 1.06 |
| 振兴区 | 40.90 | 125.44 | 36572 | 37.60 | 10.86 |
| 振安区 | 16.30 | 51.85 | 27879 | 125.28 | 17.36 |
| 宽甸满族自治县 | 40.28 | 108.87 | 27028 | 68.27 | 56.47 |
| 东港市 | 58.00 | 259.64 | 46866 | 163.09 | 171.60 |
| **吉林省** | **174.97** | **716.75** | **40804** | **952.59** | **168.75** |
| 集安市 | 20.00 | 75.71 | 36777 | 92.27 | 16.34 |

| 粮　食<br>总产量<br>（万吨） | 肉　类<br>总产量<br>（万吨） | 社会消费品<br>零售总额<br>（亿元） | 城镇居民人均<br>可支配收入<br>（元） | 农村居民人均<br>可支配收入<br>（元） | 地方一般<br>公共预算收入<br>（亿元） | 地方一般<br>公共预算支出<br>（亿元） |
|---:|---:|---:|---:|---:|---:|---:|
| **290.95** | **37.75** | **265.39** | **37572** | **27627** | **130.92** | **453.28** |
| 9.01 | 3.28 | 16.59 | 48274 | 22062 | 7.04 | 22.07 |
| 0.19 | 0.23 | 11.00 | 40070 |  | 4.97 | 9.51 |
| 14.24 | 2.17 | 7.56 | 37809 | 29186 | 37.95 | 20.53 |
| 5.19 | 2.18 | 6.50 | 32766 | 29290 | 1.38 | 15.17 |
| 0.39 | 2.06 | 6.95 | 35938 | 29015 | 3.96 | 17.26 |
| 0.41 | 0.38 | 40.49 | 43023 | 43023 | 10.62 | 48.78 |
| 29.71 | 1.21 | 13.12 | 35918 | 34127 | 1.65 | 18.68 |
| 32.59 | 2.03 | 13.75 | 39125 | 23614 | 9.31 | 33.60 |
| 8.97 | 1.06 | 7.09 | 38826 | 21205 | 15.05 | 27.24 |
| 19.88 | 2.82 | 17.02 | 34811 | 15657 | 2.62 | 27.91 |
| 3.66 | 0.34 | 5.24 | 35575 | 15273 | 1.35 | 17.76 |
| 154.47 | 6.70 | 19.81 | 34466 | 15632 | 4.79 | 50.00 |
|  | 0.02 | 22.02 | 51339 | 34401 | 2.39 | 23.01 |
|  | 4.28 | 5.23 | 45602 | 35778 | 4.31 | 15.67 |
|  | 2.06 | 5.14 | 21968 | 21968 | 3.97 | 12.83 |
| 0.19 | 1.56 | 8.58 | 16996 | 16996 | 1.86 | 16.79 |
|  | 3.84 | 10.87 | 47037 | 40393 | 6.09 | 20.19 |
| 11.44 | 1.19 | 33.97 | 49322 | 25673 | 8.06 | 28.13 |
| 0.42 | 0.26 | 5.45 | 71648 | 29250 | 1.42 | 12.94 |
| 0.22 | 0.09 | 8.99 | 50450 | 30980 | 2.14 | 15.20 |
| **87.36** | **27.37** | **222.45** | **37602** | **20977** | **35.73** | **110.12** |
| 0.20 | 0.18 | 49.51 | 36447 | 20218 | 3.20 | 6.83 |
| 1.95 | 0.37 | 84.29 | 40443 |  | 5.94 | 13.17 |
| 4.14 | 1.70 | 8.14 | 36252 | 20902 | 3.67 | 9.88 |
| 26.22 | 13.79 | 31.19 |  | 19479 | 5.55 | 30.35 |
| 54.85 | 11.32 | 49.32 |  | 22892 | 17.38 | 49.89 |
| **114.26** | **6.47** | **195.63** | **28893** | **16109** | **37.57** | **251.30** |
| 7.15 | 0.63 | 19.38 | 30792 | 18561 | 4.68 | 31.03 |

13-1(一) 续表 1

| 地 区 | 年 末<br>总人口<br>（万人） | 地 区<br>生产总值<br>（亿元） | 人均地区<br>生产总值<br>（元） | 规模以上<br>工业企业资产总计<br>（亿元） | 农林牧渔业<br>总产值<br>（亿元） |
|---|---|---|---|---|---|
| 浑江区 | 31.00 | 142.75 | 44782 | 236.38 | 22.16 |
| 抚松县 | 26.00 | 115.60 | 42966 | 81.57 | 47.02 |
| 长白朝鲜族自治县 | 7.33 | 37.75 | 51117 | 7.52 | 11.63 |
| 临江市 | 15.00 | 90.35 | 77456 | 29.37 | 18.53 |
| 图们市 | 9.99 | 28.78 | 28501 | 187.00 | 3.74 |
| 珲春市 | 22.00 | 109.20 | 48886 | 185.19 | 14.36 |
| 龙井市 | 14.26 | 34.83 | 24237 | 23.23 | 9.22 |
| 和龙市 | 15.39 | 37.97 | 24461 | 61.82 | 10.58 |
| 安图县 | 14.00 | 43.82 | 29383 | 48.24 | 15.18 |
| **黑龙江省** | **277.25** | **1383.79** | **53303** | **785.23** | **1180.64** |
| 鸡东县 | 25.64 | 102.25 | 49601 |  | 59.29 |
| 虎林市 | 26.53 | 168.22 | 64143 | 178.57 | 165.18 |
| 密山市 | 37.71 | 151.77 | 45249 | 99.32 | 117.22 |
| 萝北县 | 20.56 | 116.82 | 56809 | 93.88 | 100.77 |
| 绥滨县 | 17.12 | 61.34 | 45028 | 41.15 | 73.03 |
| 饶河县 | 13.40 | 71.34 | 53045 | 9.26 | 138.15 |
| 嘉荫县 | 6.76 | 29.37 | 43217 | 7.22 | 26.13 |
| 同江市 | 17.29 | 114.74 | 66127 | 41.72 | 114.06 |
| 抚远市 | 8.10 | 79.55 | 83195 | 15.39 | 99.53 |
| 绥芬河市 | 6.60 | 60.85 | 54031 | 30.54 | 3.12 |
| 穆棱市 | 25.50 | 144.16 | 56534 | 45.63 | 67.39 |
| 东宁市 | 19.62 | 80.92 | 42252 | 22.79 | 57.83 |
| 爱辉区 | 18.64 | 40.57 | 39566 | 72.45 | 31.06 |
| 逊克县 | 8.85 | 46.27 | 54242 | 65.03 | 42.46 |
| 孙吴县 | 7.68 | 24.56 | 30688 | 7.77 | 18.91 |
| 漠河市 | 6.42 | 46.73 | 72791 | 42.19 | 25.56 |
| 呼玛县 | 4.23 | 19.20 | 54661 | 6.06 | 16.91 |
| 塔河县 | 6.60 | 25.14 | 47857 | 6.27 | 24.03 |
| **广西壮族自治区** | **271.06** | **904.51** | **40495** | **821.61** | **361.00** |
| 防城区 | 45.66 | 143.37 | 36237 | 41.25 | 67.47 |

| 粮　食<br>总产量<br>（万吨） | 肉　类<br>总产量<br>（万吨） | 社会消费品<br>零售总额<br>（亿元） | 城镇居民人均<br>可支配收入<br>（元） | 农村居民人均<br>可支配收入<br>（元） | 地方一般<br>公共预算收入<br>（亿元） | 地方一般<br>公共预算支出<br>（亿元） |
|---:|---:|---:|---:|---:|---:|---:|
| 4.15 | 0.61 | 60.01 | 28503 | 14643 | 2.37 | 13.58 |
| 8.71 | 0.67 | 25.78 | 28358 | 18416 | 3.69 | 35.13 |
| 2.15 | 0.23 | 6.65 | 26228 | 14317 | 1.07 | 18.25 |
| 4.70 | 0.64 | 12.22 | 27673 | 17860 | 2.68 | 26.14 |
| 6.65 | 0.40 | 7.81 | 31382 | 15148 | 1.58 | 18.41 |
| 18.90 | 0.65 | 31.87 | 31882 | 17450 | 13.89 | 37.38 |
| 18.75 | 1.04 | 8.74 | 28250 | 14149 | 2.40 | 23.04 |
| 17.95 | 0.97 | 12.91 | 26462 | 13759 | 2.86 | 25.82 |
| 25.15 | 0.63 | 10.25 | 28417 | 14592 | 2.34 | 22.53 |
| **1734.28** | **19.49** | **474.71** | **31749** | **22056** | **62.93** | **479.62** |
| 73.49 | 2.73 | 23.28 | 30925 | 22841 | 4.35 | 32.70 |
| 305.67 | 0.57 | 27.36 | 31481 | 26127 | 4.29 | 34.88 |
| 209.15 | 1.90 | 30.11 | 31686 | 20717 | 4.63 | 50.54 |
| 144.53 | 2.85 | 13.78 | 32161 | 25200 | 4.61 | 29.51 |
| 129.14 | 1.45 | 9.44 | 28261 | 17403 | 2.15 | 21.48 |
| 191.71 | 0.45 | 7.78 | 30046 | 13431 | 2.10 | 21.85 |
| 29.35 | 0.25 | 7.48 | 28628 | 23448 | 1.39 | 20.32 |
| 249.51 | 0.70 | 21.32 | 30242 | 14404 | 4.22 | 34.31 |
| 184.79 | 1.04 | 10.88 | 30212 | 20477 | 3.28 | 27.69 |
| 0.59 | 1.72 | 204.07 | 41622 | 26955 | 5.37 | 23.53 |
| 50.39 | 2.26 | 41.54 | 34575 | 24720 | 5.75 | 31.85 |
| 19.89 | 0.57 | 40.23 | 37888 | 30960 | 2.81 | 28.47 |
| 42.20 | 0.62 | 11.48 | 34550 | 20938 | 3.84 | 27.45 |
| 61.79 | 0.79 | 5.74 | 30125 | 20834 | 4.79 | 27.97 |
| 29.21 | 0.87 | 5.08 | 24970 | 18186 | 2.30 | 20.72 |
| 0.32 | 0.29 | 7.65 | 32647 | 25321 | 4.64 | 15.33 |
| 12.47 | 0.22 | 2.68 | 30755 | 20790 | 1.61 | 17.60 |
| 0.09 | 0.21 | 4.80 | 26511 | 18253 | 0.81 | 13.42 |
| **64.50** | **13.13** | **217.49** | **36784** | **17848** | **36.66** | **258.81** |
| 9.78 | 3.06 | 32.00 | 42302 | 20507 | 4.82 | 28.61 |

13-1(一) 续表 2

| 地　区 | 年　末<br>总人口<br>(万人) | 地　区<br>生产总值<br>(亿元) | 人均地区<br>生产总值<br>(元) | 规模以上<br>工业企业资产总计<br>(亿元) | 农林牧渔业<br>总产值<br>(亿元) |
|---|---|---|---|---|---|
| 东兴市 | 16.29 | 79.43 | 36463 | 29.78 | 34.69 |
| 那坡县 | 21.81 | 50.03 | 29209 | 19.76 | 20.87 |
| 靖西市 | 66.03 | 184.77 | 37805 | 399.36 | 40.61 |
| 宁明县 | 44.13 | 123.18 | 38675 | 54.10 | 78.65 |
| 龙州县 | 27.31 | 115.04 | 49824 | 113.63 | 54.57 |
| 大新县 | 38.16 | 109.11 | 38779 | 124.60 | 52.75 |
| 凭祥市 | 11.67 | 99.57 | 76974 | 39.14 | 11.38 |
| **云南省** | **676.80** | **3178.90** | **47445** | **2162.63** | **1146.93** |
| 龙陵县 | 30.60 | 154.09 | 57495 | 182.84 | 58.25 |
| 腾冲市 | 69.32 | 347.97 | 54201 | 198.10 | 98.10 |
| 江城哈尼族彝族自治县 | 10.50 | 62.09 | 58297 | 35.07 | 26.47 |
| 孟连傣族拉祜族佤族自治县 | 13.37 | 58.35 | 41137 | 13.98 | 30.64 |
| 澜沧拉祜族自治县 | 49.16 | 142.83 | 32667 | 216.37 | 59.68 |
| 西盟佤族自治县 | 8.70 | 32.21 | 36545 | 5.49 | 10.34 |
| 镇康县 | 17.15 | 73.79 | 43089 | 70.74 | 32.25 |
| 耿马傣族佤族自治县 | 29.88 | 148.07 | 52348 | 53.98 | 87.75 |
| 沧源佤族自治县 | 17.33 | 65.31 | 41166 | 27.03 | 33.28 |
| 金平苗族瑶族傣族自治县 | 39.57 | 93.90 | 29184 | 42.88 | 32.90 |
| 绿春县 | 24.66 | 60.88 | 29916 | 12.04 | 27.53 |
| 河口瑶族自治县 | 9.21 | 122.33 | 123567 | 16.03 | 25.03 |
| 麻栗坡县 | 23.69 | 111.84 | 47401 | 46.14 | 28.37 |
| 马关县 | 31.09 | 137.35 | 44243 | 140.58 | 46.51 |
| 富宁县 | 39.10 | 155.11 | 39722 | 230.48 | 50.99 |
| 景洪市 | 43.67 | 373.89 | 57945 | 208.93 | 111.80 |
| 勐海县 | 33.93 | 194.81 | 54815 | 127.83 | 69.37 |
| 勐腊县 | 30.65 | 152.68 | 49839 | 35.09 | 98.09 |
| 瑞丽市 | 23.11 | 153.18 | 66935 | 83.84 | 23.58 |
| 芒市 | 46.19 | 190.02 | 41143 | 179.17 | 59.53 |
| 盈江县 | 30.29 | 127.29 | 42032 | 105.09 | 61.13 |
| 陇川县 | 18.63 | 73.94 | 39700 | 47.80 | 38.59 |

| 粮食总产量（万吨） | 肉类总产量（万吨） | 社会消费品零售总额（亿元） | 城镇居民人均可支配收入（元） | 农村居民人均可支配收入（元） | 地方一般公共预算收入（亿元） | 地方一般公共预算支出（亿元） |
|---|---|---|---|---|---|---|
| 1.85 | 0.85 | 19.98 | 45648 | 23251 | 2.18 | 25.30 |
| 6.52 | 1.15 | 4.38 | 30316 | 11842 | 1.29 | 27.53 |
| 20.99 | 2.92 | 38.42 | 35353 | 14686 | 14.39 | 62.40 |
| 6.85 | 1.39 | 22.28 | 33862 | 16509 | 2.90 | 36.69 |
| 4.00 | 1.34 | 29.63 | 35189 | 14862 | 3.22 | 27.41 |
| 12.80 | 1.97 | 34.28 | 39824 | 17702 | 4.17 | 29.92 |
| 1.70 | 0.44 | 36.51 | 42539 | 16694 | 3.70 | 20.94 |
| **323.22** | **53.40** | **1155.01** | **36160** | **14940** | **105.09** | **773.08** |
| 15.82 | 4.39 | 45.97 | 35150 | 14834 | 6.92 | 31.19 |
| 43.57 | 9.55 | 117.20 | 40100 | 15887 | 12.44 | 56.56 |
| 5.43 | 0.73 | 14.80 | 36312 | 14270 | 1.78 | 19.55 |
| 7.75 | 0.80 | 20.78 | 31818 | 14057 | 2.37 | 19.76 |
| 26.14 | 7.93 | 36.38 | 34503 | 14107 | 5.41 | 44.92 |
| 4.32 | 0.58 | 7.33 | 31841 | 14092 | 1.02 | 18.57 |
| 9.10 | 2.04 | 21.97 | 34619 | 14919 | 3.53 | 20.73 |
| 12.30 | 2.44 | 45.24 | 35959 | 16050 | 1.52 | 27.06 |
| 8.32 | 1.45 | 22.98 | 34218 | 14637 | 3.21 | 21.52 |
| 13.71 | 1.83 | 36.80 | 39210 | 12310 | 1.99 | 30.33 |
| 11.32 | 1.55 | 32.74 | 38832 | 12285 | 1.79 | 22.31 |
| 2.27 | 0.32 | 21.40 | 42019 | 17612 | 3.06 | 21.36 |
| 11.01 | 2.38 | 49.36 | 34630 | 14217 | 3.77 | 31.80 |
| 16.53 | 2.72 | 54.56 | 38111 | 14250 | 7.43 | 35.84 |
| 13.37 | 1.69 | 66.17 | 37395 | 14655 | 4.60 | 37.52 |
| 9.63 | 1.71 | 170.48 | 42353 | 21028 | 9.70 | 46.75 |
| 29.93 | 0.79 | 50.96 | 37009 | 16479 | 6.03 | 35.37 |
| 10.06 | 1.49 | 50.15 | 32467 | 15389 | 2.35 | 40.74 |
| 4.61 | 0.89 | 101.74 | 36592 | 13723 | 5.28 | 38.63 |
| 22.33 | 1.92 | 102.20 | 34819 | 15402 | 9.42 | 32.04 |
| 24.09 | 1.55 | 37.58 | 32084 | 13547 | 4.04 | 31.60 |
| 12.45 | 1.13 | 21.28 | 30470 | 12169 | 2.88 | 27.14 |

13-1(一) 续表 3

| 地 区 | 年末总人口（万人） | 地区生产总值（亿元） | 人均地区生产总值（元） | 规模以上工业企业资产总计（亿元） | 农林牧渔业总产值（亿元） |
|---|---|---|---|---|---|
| 泸水市 | 21.21 | 94.64 | 46505 | 62.06 | 21.55 |
| 福贡县 | 12.32 | 30.08 | 26339 | 5.95 | 8.76 |
| 贡山独龙族怒族自治县 | 3.47 | 22.24 | 58438 | 15.12 | 6.44 |
| **西藏自治区** | **40.40** | **188.82** | **43567** | **1613.71** | **30.64** |
| 定日县 | 6.40 | 13.60 | 13825 | 5.78 | 4.27 |
| 康马县 | 2.38 | 7.93 | 33282 | | 2.43 |
| 定结县 | 2.50 | 6.56 | 26240 | | 1.80 |
| 仲巴县 | 2.84 | 13.04 | 47234 | 14.26 | 3.21 |
| 亚东县 | 1.45 | 10.63 | 69522 | 3.25 | 1.96 |
| 吉隆县 | 1.75 | 11.19 | 65128 | 0.29 | 1.68 |
| 聂拉木县 | 2.18 | 11.26 | 64424 | 5.00 | 2.12 |
| 萨嘎县 | 1.71 | 7.43 | 41484 | | 1.76 |
| 岗巴县 | 1.22 | 7.05 | 57043 | | 0.77 |
| 墨脱县 | 1.58 | 7.92 | 53254 | 0.15 | 0.55 |
| 察隅县 | 2.82 | 11.52 | 40821 | | 2.70 |
| 洛扎县 | 2.04 | 8.50 | 41687 | 213.03 | 0.89 |
| 浪卡子县 | 3.53 | 11.12 | 33688 | 6.92 | 1.30 |
| 错那市 | 1.60 | 9.13 | 65267 | | 0.68 |
| 普兰县 | 1.22 | 7.86 | 64245 | 213.00 | 1.19 |
| 札达县 | 0.84 | 7.05 | 83416 | 213.03 | 0.90 |
| 噶尔县 | 3.09 | 29.98 | 96597 | | 0.95 |
| 日土县 | 1.25 | 7.05 | 63223 | 939.00 | 1.47 |
| **甘肃省** | **1.26** | **25.86** | **171273** | **180.48** | **3.27** |
| 肃北蒙古族自治县 | 1.26 | 25.86 | 171273 | 180.48 | 3.27 |
| **新疆维吾尔自治区** | **536.29** | **3509.05** | **63743** | **4639.21** | **1028.76** |
| 伊州区 | 35.94 | 529.72 | 165362 | 1418.98 | 34.12 |
| 巴里坤哈萨克自治县 | 10.35 | 131.59 | 127833 | 262.20 | 17.03 |
| 伊吾县 | 4.07 | 207.68 | 562376 | 573.16 | 7.66 |
| 奇台县 | 23.33 | 256.56 | 109947 | 305.73 | 54.70 |
| 木垒哈萨克自治县 | 8.46 | 115.43 | 27625 | 303.18 | 20.10 |

| 粮食总产量（万吨） | 肉类总产量（万吨） | 社会消费品零售总额（亿元） | 城镇居民人均可支配收入（元） | 农村居民人均可支配收入（元） | 地方一般公共预算收入（亿元） | 地方一般公共预算支出（亿元） |
|---|---|---|---|---|---|---|
| 6.46 | 2.89 | 18.09 | 31913 | 9515 | 2.95 | 37.60 |
| 2.29 | 0.49 | 4.99 | 29266 | 9061 | 0.86 | 27.41 |
| 0.42 | 0.14 | 3.85 | 29264 | 9099 | 0.75 | 16.78 |
| **13.80** | **2.52** | **38.72** | **28072** | **17364** | **10.42** | **192.19** |
| 3.49 | 0.07 | 2.40 | 13825 | 13825 | 0.15 | 16.44 |
| 1.31 | 0.34 | 1.48 | | 18287 | 0.18 | 10.32 |
| 0.83 | 0.05 | 1.47 | 12744 | 12744 | 0.12 | 8.01 |
| 1.37 | 0.37 | 1.15 | | 18705 | 2.27 | 16.70 |
| 0.08 | 0.04 | 3.65 | | 19630 | 0.74 | 13.42 |
| 0.42 | 0.08 | 1.74 | 18590 | 17947 | 0.30 | 11.45 |
| 0.84 | 0.19 | 1.70 | | 13621 | | 0.87 |
| 0.14 | 0.05 | 2.58 | | 14028 | 0.12 | 9.43 |
| 0.23 | 0.05 | 0.80 | | 17428 | 0.20 | 8.73 |
| 0.52 | 0.03 | 0.68 | 43433 | 17035 | 0.68 | 9.13 |
| 1.90 | 0.40 | 2.36 | 43433 | 17106 | 1.50 | 16.33 |
| 0.98 | 0.11 | 2.04 | 41778 | 19525 | 0.53 | 7.44 |
| 0.52 | 0.23 | 2.06 | | 17400 | 0.20 | 15.05 |
| 0.57 | 0.16 | 2.11 | | 17849 | 0.52 | 13.51 |
| 0.25 | 0.07 | 1.08 | 51166 | 17573 | 0.65 | 9.04 |
| 0.13 | 0.06 | 1.04 | 51253 | 16957 | 0.62 | 13.78 |
| 0.07 | 0.10 | 9.24 | 52358 | 18420 | 1.06 | 1.10 |
| 0.15 | 0.12 | 1.16 | | 18157 | 0.57 | 11.43 |
| **0.41** | **0.45** | **3.82** | **46286** | **33750** | **3.59** | **13.21** |
| 0.41 | 0.45 | 3.82 | 46286 | 33750 | 3.59 | 13.21 |
| **647.42** | **45.35** | **476.04** | **31906** | **17451** | **292.47** | **1189.61** |
| 2.43 | 1.12 | 100.80 | 41299 | 23316 | 38.37 | 62.52 |
| 11.03 | 0.88 | 6.35 | 35392 | 17271 | 19.37 | 36.35 |
| 0.75 | 0.27 | 2.73 | 42479 | 23818 | 31.63 | 22.92 |
| 58.63 | 1.83 | 24.80 | 38849 | 22773 | 13.12 | 43.18 |
| 17.07 | 2.27 | 9.05 | 34105 | 21145 | 5.20 | 25.52 |

13-1(一) 续表 4

| 地 区 | 年 末 总人口 (万人) | 地 区 生产总值 (亿元) | 人均地区 生产总值 (元) | 规模以上 工业企业资产总计 (亿元) | 农林牧渔业 总产值 (亿元) |
|---|---|---|---|---|---|
| 博乐市 | 26.00 | 216.81 | 83385 | 109.24 | 43.03 |
| 阿拉山口市 | 1.60 | 114.82 | 717611 | 76.91 | |
| 温泉县 | 7.33 | 36.67 | 72898 | 9.49 | 26.80 |
| 温宿县 | 27.16 | 111.57 | 41861 | 85.19 | 111.35 |
| 乌什县 | 23.05 | 66.17 | 32125 | 42.60 | 43.55 |
| 阿图什市 | 28.52 | 85.56 | 30000 | 69.85 | 23.21 |
| 阿克陶县 | 23.15 | 62.10 | 26849 | 77.36 | 24.91 |
| 阿合奇县 | 4.56 | 18.56 | 40586 | 13.14 | 4.87 |
| 乌恰县 | 5.79 | 50.90 | 83581 | 125.08 | 6.28 |
| 叶城县 | 55.08 | 126.05 | 22885 | 44.64 | 99.38 |
| 塔什库尔干塔吉克自治县 | 4.18 | 19.35 | 46393 | 27.75 | 4.12 |
| 和田县 | 35.12 | 56.25 | 16402 | 70.27 | 41.77 |
| 皮山县 | 29.44 | 49.52 | 15342 | 5.64 | 30.20 |
| 霍尔果斯市 | 6.56 | 208.35 | 291630 | 41.59 | 9.93 |
| 察布查尔锡伯自治县 | 19.29 | 88.58 | 49794 | 80.90 | 57.38 |
| 霍城县 | 26.66 | 119.23 | 40758 | 72.02 | 49.74 |
| 昭苏县 | 17.30 | 53.56 | 36471 | 17.39 | 34.89 |
| 塔城市 | 14.39 | 130.05 | 92892 | 8.16 | 41.90 |
| 额敏县 | 15.20 | 122.06 | 80280 | 36.21 | 52.20 |
| 托里县 | 9.29 | 53.44 | 57508 | 61.53 | 23.65 |
| 裕民县 | 5.15 | 24.22 | 47026 | 5.49 | 9.68 |
| 和布克赛尔蒙古自治县 | 4.96 | 54.55 | 111870 | 115.67 | 10.14 |
| 阿勒泰市 | 22.10 | 111.85 | 50605 | 29.14 | 33.97 |
| 布尔津县 | 7.20 | 39.69 | 54358 | 92.37 | 13.60 |
| 富蕴县 | 9.96 | 82.32 | 82688 | 131.64 | 22.39 |
| 福海县 | 6.50 | 51.98 | 52645 | 35.33 | 36.82 |
| 哈巴河县 | 8.24 | 65.06 | 78988 | 83.67 | 22.26 |
| 青河县 | 6.30 | 30.89 | 50176 | 33.43 | 13.19 |
| 吉木乃县 | 4.07 | 17.92 | 44048 | 174.29 | 3.95 |

| 粮食总产量（万吨） | 肉类总产量（万吨） | 社会消费品零售总额（亿元） | 城镇居民人均可支配收入（元） | 农村居民人均可支配收入（元） | 地方一般公共预算收入（亿元） | 地方一般公共预算支出（亿元） |
|---|---|---|---|---|---|---|
| 23.34 | 1.87 | 33.78 | 39229 | 23890 | 16.86 | 47.78 |
| | | 1.36 | 37853 | | 10.31 | 24.26 |
| 37.82 | 1.18 | 3.46 | 34966 | 17489 | 2.41 | 19.86 |
| 24.72 | 2.99 | 59.51 | 36457 | 18768 | 7.80 | 56.59 |
| 21.82 | 2.02 | 4.91 | 34273 | 12710 | 3.26 | 37.23 |
| 9.97 | 1.16 | 17.24 | 30420 | 11310 | 4.85 | 49.62 |
| 18.79 | 2.36 | 7.85 | 13745 | 9838 | 5.06 | 53.79 |
| 0.75 | 0.49 | 4.50 | 34162 | 10355 | 1.10 | 18.35 |
| 0.76 | 0.65 | 6.11 | 17931 | 10979 | 5.58 | 28.17 |
| 31.60 | 2.83 | 13.45 | 28452 | 11485 | 6.17 | 70.65 |
| 1.74 | 0.33 | 0.98 | 34293 | 11099 | 1.74 | 30.79 |
| 25.59 | 2.07 | 4.09 | 34187 | 11889 | 3.21 | 51.32 |
| 11.85 | 0.91 | 4.47 | 32671 | 11170 | 2.42 | 49.30 |
| 5.72 | 0.25 | 6.34 | 36594 | 19326 | 44.00 | 76.71 |
| 77.69 | 1.33 | 12.78 | 31853 | 18180 | 5.30 | 34.96 |
| 30.32 | 2.60 | 27.01 | 33716 | 18486 | 5.22 | 36.03 |
| 17.75 | 2.06 | 12.78 | 34983 | 18376 | 2.65 | 32.53 |
| 0.01 | 1.42 | 16.81 | 31067 | 23299 | 4.41 | 24.81 |
| 88.07 | 1.56 | 15.01 | 31078 | 21609 | 2.95 | 32.37 |
| 23.07 | 1.53 | 3.45 | 29607 | 15633 | 3.25 | 18.56 |
| 20.64 | 1.04 | 2.70 | 29922 | 18906 | 1.01 | 17.41 |
| 2.33 | 1.46 | 2.95 | 30339 | 18649 | 14.66 | 19.02 |
| 10.13 | 2.21 | 30.63 | 38821 | 18571 | 5.20 | 40.77 |
| 5.70 | 0.74 | 14.64 | 35394 | 16862 | 2.64 | 20.00 |
| 22.14 | 0.34 | 7.03 | 32548 | 14476 | 9.63 | 27.11 |
| 23.40 | 0.54 | 6.74 | 32601 | 19321 | 2.99 | 23.49 |
| 6.75 | 1.78 | 7.18 | 33172 | 15788 | 6.45 | 22.57 |
| 12.96 | 0.79 | 3.23 | 37500 | 17300 | 2.48 | 20.57 |
| 2.08 | 0.47 | 1.29 | 29479 | 14386 | 1.16 | 14.46 |

## 13–1 各陆地边境县主要经济社会指标(2022年)(二)

| 地 区 | 普通高中在校学生数(人) | 普通高中专任教师数(人) | 初中在校学生数(人) | 初中专任教师数(人) | 普通小学在校学生(人) | 普通小学专任教师(人) | 文化馆(个) |
|---|---|---|---|---|---|---|---|
| **内蒙古自治区** | **17394** | **2409** | **37173** | **5295** | **74398** | **8127** | **20** |
| 达尔罕茂明安联合旗 | 429 | 72 | 884 | 146 | 2409 | 277 | 1 |
| 扎赉诺尔区 | 756 | 81 | 1803 | 226 | 2239 | 265 | 1 |
| 陈巴尔虎旗 | 36 | 49 | 873 | 245 | 1639 | 383 | 1 |
| 新巴尔虎左旗 | | | 777 | 153 | 1849 | 213 | 1 |
| 新巴尔虎右旗 | | | 730 | 135 | 1786 | 167 | 1 |
| 满洲里市 | 2918 | 331 | 6637 | 774 | 5919 | 279 | 1 |
| 额尔古纳市 | 788 | 86 | 1257 | 184 | 2370 | 275 | 1 |
| 乌拉特中旗 | 1083 | 159 | 1455 | 160 | 4059 | 369 | 1 |
| 乌拉特后旗 | 630 | 92 | 817 | 128 | 2314 | 285 | 1 |
| 四子王旗 | 2227 | 246 | 2986 | 398 | 5431 | 691 | 1 |
| 阿尔山市 | 146 | 53 | 263 | 62 | 789 | 153 | 1 |
| 科尔沁右翼前旗 | 3278 | 430 | 8083 | 1141 | 17100 | 2216 | 1 |
| 二连浩特市 | 1504 | 170 | 2038 | 229 | 4623 | 361 | 1 |
| 阿巴嘎旗 | 436 | 85 | 629 | 130 | 1633 | 188 | 1 |
| 苏尼特左旗 | 385 | 80 | 680 | 118 | 1785 | 158 | 1 |
| 苏尼特右旗 | 463 | 102 | 1361 | 234 | 3125 | 377 | 1 |
| 东乌珠穆沁旗 | 755 | 115 | 1849 | 219 | 4246 | 390 | 1 |
| 阿拉善左旗 | 1012 | 115 | 3504 | 514 | 8847 | 824 | 1 |
| 阿拉善右旗 | 247 | 41 | 82 | 29 | 810 | 126 | 1 |
| 额济纳旗 | 301 | 102 | 465 | 70 | 1425 | 130 | 1 |
| **辽宁省** | **15428** | **1300** | **21881** | **3139** | **63961** | **5475** | **5** |
| 元宝区 | | | 535 | 84 | 6821 | 316 | 1 |
| 振兴区 | | | 1390 | 214 | 16239 | 922 | 1 |
| 振安区 | 1248 | 80 | 1748 | 421 | 5127 | 531 | 1 |
| 宽甸满族自治县 | 4976 | 357 | 7078 | 1038 | 12904 | 1816 | 1 |
| 东港市 | 9204 | 863 | 11130 | 1382 | 22870 | 1890 | 1 |
| **吉林省** | **21132** | **2622** | **26521** | **5538** | **55997** | **6737** | **11** |
| 集安市 | 2561 | 340 | 3306 | 918 | 6444 | 783 | 1 |

| 图书馆（个） | 博物馆（个） | 医疗卫生机构数（个） | 医疗卫生机构床位数（张） | 卫生技术人员（人） | 城镇居民最低生活保障人数（人） | 城镇居民最低生活保障支出（万元） | 农村居民最低生活保障人数（人） | 农村居民最低生活保障支出（万元） |
|---|---|---|---|---|---|---|---|---|
| **20** | **30** | **1549** | **7957** | **11636** | **24270** | **19810** | **81492** | **58183** |
| 1 | 1 | 91 | 649 | 537 | 290 | 253 | 2689 | 1369 |
| 1 | 2 | 58 | 227 | 656 | 2475 | 2159 | | |
| 1 | 1 | 21 | 340 | 342 | 1571 | 1297 | 369 | 311 |
| 1 | 1 | 24 | 188 | 360 | 1081 | 966 | 1377 | 873 |
| 1 | 2 | 17 | 161 | 414 | 963 | 846 | 569 | 365 |
| 1 | 5 | 68 | 926 | 1494 | 1370 | 1221 | | |
| 1 | 3 | 79 | 374 | 541 | 2062 | 1617 | | |
| 1 | 1 | 134 | 510 | 906 | 856 | 711 | 5118 | 2457 |
| 1 | 1 | 78 | 294 | 560 | 1986 | 1514 | 2085 | 1566 |
| 1 | 1 | 232 | 709 | 940 | 2525 | 1347 | 32813 | 12961 |
| 1 | | 22 | 224 | 210 | 1484 | 1290 | | |
| 1 | 5 | 402 | 1196 | 1663 | 1402 | 1183 | 28874 | 14632 |
| 1 | 1 | 7 | 288 | 404 | 355 | 575 | 34 | 19713 |
| 1 | 1 | 17 | 245 | 234 | 735 | 586 | 522 | 331 |
| 1 | 1 | 17 | 160 | 329 | 508 | 338 | 966 | 538 |
| 1 | | 40 | 372 | 330 | 1900 | 1221 | 4772 | 2049 |
| 1 | 1 | 60 | 360 | 306 | 1314 | 1033 | 508 | 400.4 |
| 1 | 1 | 152 | 414 | 916 | 1235 | 1500 | 777 | 602 |
| 1 | 1 | 16 | 176 | 198 | 73 | 72 | | |
| 1 | 1 | 14 | 144 | 296 | 85 | 81 | 19 | 15 |
| **4** | **2** | **1430** | **7901** | **9629** | **10297** | **8456** | **28771** | **13154** |
| 1 | | 85 | 23 | 548 | 2377 | 2071 | 332 | 170 |
| | | 200 | 422 | 1213 | 3316 | 2713 | 1272 | 866 |
| 1 | | 140 | 762 | 879 | 1384 | 1124 | 2359 | 1197 |
| 1 | 1 | 318 | 2293 | 2667 | 2506 | 1965 | 15490 | 6529 |
| 1 | 1 | 687 | 4401 | 4322 | 714 | 583 | 9318 | 4391 |
| **26** | **11** | **1665** | **8315** | **10504** | **46900** | **32290** | **49055** | **21860** |
| 1 | 1 | 283 | 967 | 1237 | 2335 | 1340 | 5881 | 2745 |

13-1(二) 续表 1

| 地　区 | 普通高中在校学生数（人） | 普通高中专任教师数（人） | 初中在校学生数（人） | 初中专任教师数（人） | 普通小学在校学生（人） | 普通小学专任教师（人） | 文化馆（个） |
|---|---|---|---|---|---|---|---|
| 浑江区 | 2058 | 176 | 2566 | 660 | 6851 | 876 | 1 |
| 抚松县 | 5117 | 573 | 5265 | 686 | 11114 | 1059 | 1 |
| 长白朝鲜族自治县 | 880 | 129 | 1134 | 357 | 2200 | 688 | 1 |
| 临江市 | 2545 | 284 | 2305 | 650 | 4862 | 326 | 1 |
| 图们市 | 655 | 130 | 1034 | 242 | 1948 | 267 | 1 |
| 珲春市 | 3203 | 377 | 5124 | 735 | 11463 | 1081 | 1 |
| 龙井市 | 1005 | 179 | 1525 | 354 | 2934 | 352 | 2 |
| 和龙市 | 1236 | 150 | 1654 | 415 | 3379 | 571 | 1 |
| 安图县 | 1872 | 284 | 2608 | 521 | 4802 | 734 | 1 |
| **黑龙江省** | **38662** | **3577** | **65861** | **8284** | **98201** | **9251** | **18** |
| 鸡东县 | 3234 | 324 | 6292 | 860 | 5701 | 914 | 1 |
| 虎林市 | 4069 | 296 | 5990 | 661 | 9719 | 586 | 1 |
| 密山市 | 7939 | 636 | 9300 | 1452 | 9548 | 594 | 1 |
| 萝北县 | 1046 | 190 | 6872 | 543 | 6174 | 389 | 1 |
| 绥滨县 | 1645 | 177 | 3231 | 490 | 5218 | 557 | 1 |
| 饶河县 | 1526 | 167 | 2963 | 357 | 5294 | 508 | 1 |
| 嘉荫县 | 624 | 61 | 1274 | 142 | 2159 | 223 | 1 |
| 同江市 | 1908 | 152 | 4900 | 575 | 8352 | 885 | 1 |
| 抚远市 | 1107 | 85 | 2719 | 298 | 4251 | 441 | 1 |
| 绥芬河市 | 2302 | 181 | 3364 | 270 | 5878 | 415 | 1 |
| 穆棱市 | 3997 | 315 | 5057 | 576 | 7595 | 724 | 1 |
| 东宁市 | 3742 | 307 | 4278 | 458 | 8828 | 825 | 1 |
| 爱辉区 | 1176 | 191 | 2529 | 527 | 7985 | 871 | 1 |
| 逊克县 | 1225 | 119 | 1667 | 260 | 3055 | 348 | 1 |
| 孙吴县 | 1425 | 163 | 1927 | 229 | 3322 | 397 | 1 |
| 漠河市 | 610 | 68 | 2264 | 313 | 2731 | 283 | 1 |
| 呼玛县 | 702 | 68 | 655 | 105 | 1292 | 127 | 1 |
| 塔河县 | 385 | 77 | 579 | 168 | 1099 | 164 | 1 |
| **广西壮族自治区** | **33926** | **2177** | **93611** | **6698** | **206380** | **12196** | **8** |
| 防城区 | 618 | 24 | 17730 | 1116 | 42774 | 2340 | 1 |

| 图书馆（个） | 博物馆（个） | 医疗卫生机构数（个） | 医疗卫生机构床位数（张） | 卫生技术人员（人） | 城镇居民最低生活保障人数（人） | 城镇居民最低生活保障支出（万元） | 农村居民最低生活保障人数（人） | 农村居民最低生活保障支出（万元） |
|---|---|---|---|---|---|---|---|---|
| | | 67 | 559 | 836 | 11788 | 7776 | 3884 | 1902 |
| 1 | 1 | 300 | 2339 | 2009 | 6523 | 3548 | 8572 | 2430 |
| 1 | 1 | 11 | 370 | 435 | 2921 | 2257 | 3417 | 1929 |
| 1 | 3 | 186 | 1122 | 1241 | 3260 | 1815 | 5896 | 2567 |
| 1 | 1 | 99 | 507 | 674 | 2450 | 2142 | 1822 | 934 |
| 1 | 1 | 296 | 718 | 2020 | 5807 | 4427 | 3530 | 1721 |
| 18 | 1 | 73 | 366 | 663 | 3343 | 3015 | 1831 | 1120 |
| 1 | 1 | 170 | 708 | 751 | 5043 | 4008 | 5444 | 2953 |
| 1 | 1 | 180 | 659 | 638 | 3430 | 1963 | 8778 | 3559 |
| **18** | **38** | **1919** | **14735** | **15651** | **37622** | **26780** | **44482** | **25867** |
| 1 | 1 | 153 | 1319 | 1155 | 1999 | 1423 | 5383 | 3371 |
| 1 | 1 | 203 | 1412 | 2070 | 3248 | 2483 | 1495 | 979 |
| 1 | 1 | 193 | 3274 | 3022 | 3327 | 2708 | 8969 | 4854 |
| 1 | 4 | 177 | 929 | 771 | 4021 | 2489 | 2619 | 1437 |
| 1 | 1 | 132 | 825 | 632 | 2598 | 1791 | 4150 | 2140 |
| 1 | 1 | 83 | 789 | 934 | 1522 | 1005 | 1857 | 826 |
| 1 | 2 | 46 | 373 | 388 | 1385 | 894 | 2376 | 1297 |
| 1 | 3 | 19 | 666 | 672 | 2781 | 2134 | 2887 | 1958 |
| 1 | | 55 | 303 | 402 | 506 | 366 | 798 | 488 |
| 1 | 3 | 17 | 555 | 721 | 321 | 260 | 289 | 219 |
| 1 | 1 | 266 | 954 | 1360 | 3436 | 2438 | 3462 | 2167 |
| 1 | 2 | 197 | 1004 | 867 | 1480 | 1114 | 1851 | 1399 |
| 1 | 4 | 92 | 490 | 420 | 3789 | 2951 | 557 | 258 |
| 1 | 2 | 78 | 401 | 473 | 946 | 665 | 1412 | 810 |
| 1 | 5 | 110 | 460 | 593 | 1843 | 1077 | 4414 | 2484 |
| 1 | 4 | 12 | 239 | 407 | 1998 | 1504 | 379 | 181 |
| 1 | 1 | 53 | 243 | 323 | 736 | 170 | 1253 | 764 |
| 1 | 2 | 33 | 499 | 441 | 1686 | 1309 | 331 | 234 |
| **11** | **6** | **1424** | **11628** | **13622** | **16480** | **7177** | **156620** | **45507** |
| 1 | | 293 | 1166 | 1694 | 2734 | 1327 | 12885 | 4484 |

13-1(二) 续表 2

| 地 区 | 普通高中在校学生数（人） | 普通高中专任教师数（人） | 初中在校学生数（人） | 初中专任教师数（人） | 普通小学在校学生（人） | 普通小学专任教师（人） | 文化馆（个） |
|---|---|---|---|---|---|---|---|
| 东兴市 | 3093 | 214 | 8177 | 674 | 21973 | 1554 | 1 |
| 那坡县 | 3280 | 224 | 7869 | 604 | 15069 | 893 | 1 |
| 靖西市 | 8667 | 615 | 24017 | 1541 | 44342 | 2530 | 1 |
| 宁明县 | 6517 | 383 | 14029 | 751 | 28519 | 1837 | 1 |
| 龙州县 | 3619 | 202 | 6559 | 411 | 17609 | 1132 | 1 |
| 大新县 | 5965 | 367 | 10979 | 792 | 23990 | 1664 | 1 |
| 凭祥市 | 2167 | 148 | 4251 | 809 | 12104 | 246 | 1 |
| **云南省** | **132817** | **9270** | **276596** | **19744** | **594285** | **34661** | **27** |
| 龙陵县 | 6032 | 381 | 12297 | 840 | 24450 | 1608 | 1 |
| 腾冲市 | 16606 | 1193 | 26716 | 1851 | 50237 | 2923 | 1 |
| 江城哈尼族彝族自治县 | 1746 | 119 | 4118 | 530 | 9211 | 476 | 1 |
| 孟连傣族拉祜族佤族自治县 | 1986 | 159 | 5504 | 395 | 12978 | 693 | 1 |
| 澜沧拉祜族自治县 | 4972 | 354 | 15740 | 1205 | 37555 | 1937 | 1 |
| 西盟佤族自治县 | 1019 | 72 | 3061 | 273 | 8445 | 538 | 1 |
| 镇康县 | 3289 | 177 | 8564 | 565 | 18472 | 1060 | 1 |
| 耿马傣族佤族自治县 | 15053 | 336 | 11074 | 1023 | 28444 | 2126 | 1 |
| 沧源佤族自治县 | 2461 | 205 | 5885 | 502 | 14366 | 1046 | 1 |
| 金平苗族瑶族傣族自治县 | 7101 | 432 | 17653 | 1027 | 31340 | 1826 | 1 |
| 绿春县 | 3128 | 218 | 9489 | 676 | 22884 | 1079 | 1 |
| 河口瑶族自治县 | 1207 | 104 | 2924 | 332 | 7622 | 567 | 1 |
| 麻栗坡县 | 4493 | 645 | 11913 | 746 | 22806 | 1690 | 1 |
| 马关县 | 5731 | 384 | 15639 | 1184 | 32226 | 1818 | 1 |
| 富宁县 | 11196 | 1132 | 21508 | 1576 | 39906 | 2707 | 1 |
| 景洪市 | 11634 | 802 | 21217 | 1286 | 44023 | 2205 | 2 |
| 勐海县 | 3838 | 266 | 12178 | 737 | 27951 | 1372 | 1 |
| 勐腊县 | 4809 | 315 | 11027 | 767 | 22351 | 1202 | 1 |
| 瑞丽市 | 3898 | 292 | 7209 | 504 | 18025 | 960 | 2 |
| 芒市 | 5314 | 358 | 16058 | 1070 | 37364 | 2009 | 1 |
| 盈江县 | 5534 | 393 | 14206 | 1020 | 30100 | 1639 | 1 |
| 陇川县 | 3904 | 277 | 8388 | 566 | 17987 | 982 | 1 |

| 图书馆（个） | 博物馆（个） | 医疗卫生机构数（个） | 医疗卫生机构床位数（张） | 卫生技术人员（人） | 城镇居民最低生活保障人数（人） | 城镇居民最低生活保障支出（万元） | 农村居民最低生活保障人数（人） | 农村居民最低生活保障支出（万元） |
|---:|---:|---:|---:|---:|---:|---:|---:|---:|
| 4 | 1 | 38 | 455 | 1006 | 728 | 363 | 4700 | 1837 |
| 1 | 1 | 138 | 1162 | 1206 | 2227 | 966 | 24467 | 6195 |
| 1 | 1 | 373 | 3395 | 3043 | 3963 | 1623 | 66893 | 19347 |
| 1 |  | 199 | 1583 | 2069 | 2215 | 999 | 18342 | 5471 |
| 1 | 1 | 136 | 1375 | 1713 | 2386 | 860 | 9193 | 2452 |
| 1 | 1 | 205 | 1970 | 2095 | 1166 | 562 | 16469 | 4813 |
| 1 | 1 | 42 | 522 | 796 | 1061 | 477 | 3671 | 908 |
| **28** | **24** | **3664** | **42681** | **47132** | **30891** | **16766** | **401071** | **139245** |
| 1 | 3 | 162 | 1455 | 629 | 298 | 162 | 16972 | 6991 |
| 2 | 4 | 387 | 3893 | 5114 | 699 | 491 | 22344 | 8793 |
| 1 | 1 | 66 | 540 | 847 | 762 | 398 | 7445 | 2286 |
| 1 | 1 | 64 | 775 | 1056 | 213 | 130 | 5300 | 2118 |
| 1 | 1 | 223 | 2196 | 1026 | 908 | 441 | 50248 | 16494 |
| 1 | 1 | 45 | 608 | 347 | 481 | 282 | 4783 | 1716 |
| 1 |  | 114 | 1233 | 1068 | 504 | 260 | 9354 | 2822 |
| 1 | 1 | 135 | 1433 | 1852 | 1005 | 457 | 13669 | 4242 |
| 1 |  | 126 | 742 | 1307 | 787 | 390 | 19457 | 6168 |
| 1 | 1 | 180 | 2055 | 1718 | 646 | 329 | 17230 | 6502 |
| 1 | 1 | 114 | 1610 | 1453 | 794 | 390 | 16087 | 6793 |
| 1 | 1 | 60 | 825 | 939 | 4879 | 2597 | 1573 | 673 |
| 1 |  | 113 | 1142 | 1104 | 1111 | 571 | 22011 | 7848 |
| 1 |  | 160 | 1858 | 2105 | 2373 | 1311 | 33840 | 11306 |
| 1 | 1 | 182 | 1866 | 1932 | 2851 | 1648 | 42231 | 13675 |
| 2 | 2 | 399 | 5055 | 6131 | 3039 | 1665 | 5759 | 2098 |
| 1 |  | 223 | 1989 | 3029 | 821 | 436 | 5523 | 2122 |
| 1 | 1 | 161 | 1293 | 2329 | 1738 | 915 | 5137 | 1770 |
| 2 |  | 93 | 1525 | 1608 | 516 | 302 | 3831 | 1374 |
| 1 | 1 | 177 | 4718 | 5209 | 925 | 476 | 7204 | 2879 |
| 1 | 1 | 157 | 1513 | 1902 | 573 | 389 | 13868 | 5115 |
| 1 |  | 97 | 1135 | 1453 | 369 | 228 | 10793 | 4325 |

13-1(二) 续表 3

| 地　区 | 普通高中在校学生数（人） | 普通高中专任教师数（人） | 初中在校学生数（人） | 初中专任教师数（人） | 普通小学在校学生（人） | 普通小学专任教师（人） | 文化馆（个） |
|---|---|---|---|---|---|---|---|
| 泸水市 | 5739 | 465 | 8053 | 600 | 18294 | 1264 | 1 |
| 福贡县 | 1555 | 137 | 4886 | 323 | 14293 | 658 | 1 |
| 贡山独龙族怒族自治县 | 572 | 54 | 1289 | 146 | 2955 | 276 | 1 |
| **西藏自治区** | | | **14703** | **1464** | **36098** | **2956** | **14** |
| 定日县 | | | 2948 | 240 | 7475 | 402 | |
| 康马县 | | | 899 | 90 | 2033 | 218 | 1 |
| 定结县 | | | 878 | 80 | 2044 | 175 | 1 |
| 仲巴县 | | | 1313 | 106 | 3570 | 200 | |
| 亚东县 | | | 409 | 59 | 1159 | 128 | 1 |
| 吉隆县 | | | 678 | 76 | 1897 | 143 | 1 |
| 聂拉木县 | | | 754 | 79 | 1908 | 166 | 1 |
| 萨嘎县 | | | 753 | 71 | 1872 | 166 | 1 |
| 岗巴县 | | | 501 | 73 | 1111 | 143 | 1 |
| 墨脱县 | | | 504 | 61 | 1480 | 159 | |
| 察隅县 | | | 1113 | 101 | 2607 | 213 | 1 |
| 洛扎县 | | | 727 | 59 | 1671 | 119 | 1 |
| 浪卡子县 | | | 1634 | 140 | 2954 | 261 | |
| 错那市 | | | 363 | 52 | 759 | 101 | 1 |
| 普兰县 | | | 258 | 46 | 1061 | 97 | 1 |
| 札达县 | | | 157 | 26 | 555 | 79 | 1 |
| 噶尔县 | | | 517 | 66 | 939 | 95 | 1 |
| 日土县 | | | 297 | 39 | 1003 | 91 | 1 |
| **甘肃省** | **226** | **35** | **298** | **48** | **643** | **77** | **1** |
| 肃北蒙古族自治县 | 226 | 35 | 298 | 48 | 643 | 77 | 1 |
| **新疆维吾尔自治区** | **98690** | **10029** | **232286** | **18757** | **626681** | **38050** | **35** |
| 伊州区 | 9467 | 926 | 15469 | 1207 | 33153 | 2682 | 2 |
| 巴里坤哈萨克自治县 | 740 | 96 | 2179 | 249 | 5280 | 710 | 1 |
| 伊吾县 | 501 | 62 | 685 | 91 | 1856 | 278 | 1 |
| 奇台县 | 3689 | 369 | 6605 | 247 | 14273 | 909 | 1 |
| 木垒哈萨克自治县 | 1012 | 94 | 2086 | 147 | 5018 | 446 | 1 |

| 图书馆（个） | 博物馆（个） | 医疗卫生机构数（个） | 医疗卫生机构床位数（张） | 卫生技术人员（人） | 城镇居民最低生活保障人数（人） | 城镇居民最低生活保障支出（万元） | 农村居民最低生活保障人数（人） | 农村居民最低生活保障支出（万元） |
|---|---|---|---|---|---|---|---|---|
| 1 | 1 | 126 | 2222 | 2154 | 1737 | 850 | 35404 | 11330 |
| 1 | 1 | 68 | 729 | 531 | 2533 | 1424 | 25228 | 8072 |
| 1 | 1 | 32 | 271 | 289 | 329 | 224 | 5780 | 1732 |
| **16** | **4** | **1048** | **2129** | **2219** | **2197** | **2558** | **4684** | **1625** |
| 1 | 1 | 180 | 332 | 197 | 75 | 63 | 1469 | 284 |
| 1 |  | 57 | 350 | 130 | 7 | 10 | 148 | 26 |
| 1 |  | 67 | 142 | 63 | 24 | 13 | 185 | 44 |
| 1 |  | 71 | 113 | 59 | 64 | 78 | 602 | 256 |
|  |  | 24 | 63 | 118 | 24 | 16 |  |  |
| 1 |  | 42 | 87 | 39 | 27 | 35 | 298 | 390 |
| 1 |  | 88 | 201 | 133 | 1632 | 1908 | 197 | 61 |
| 1 |  | 55 | 88 | 128 | 34 | 23 | 268 | 43 |
| 1 |  | 29 | 41 | 105 | 8 | 7 | 99 | 32 |
| 1 | 1 | 55 | 49 | 108 | 18 | 17 | 284 | 163 |
| 1 | 1 | 105 | 140 | 129 | 7 | 8 | 63 | 12 |
| 1 |  | 42 | 105 | 135 | 21 | 28 | 98 | 50 |
| 1 |  | 93 | 67 | 370 | 25 | 126 | 861 | 220 |
| 1 |  | 41 | 107 | 161 | 17 | 13 | 92 | 36 |
|  |  | 25 | 45 | 35 | 1 | 2 |  |  |
| 1 |  | 27 | 62 | 125 | 20 | 20 |  |  |
| 1 |  | 24 | 75 | 46 | 162 | 163 | 11 | 4 |
| 1 | 1 | 23 | 62 | 138 | 31 | 30 | 9 | 4 |
| **1** | **1** | **30** | **191** | **159** | **296** | **248** | **309** | **129** |
| 1 | 1 | 30 | 191 | 159 | 296 | 248 | 309 | 129 |
| **36** | **30** | **3695** | **27811** | **34020** | **62197** | **38792** | **335003** | **161007** |
| 2 | 2 | 281 | 2651 | 3565 | 1113 | 779 | 4129 | 1972 |
| 1 | 1 | 55 | 203 | 446 | 366 | 250 | 1601 | 870 |
| 1 | 1 | 27 | 238 | 312 | 31 | 27 | 154 | 128 |
| 1 | 1 | 178 | 1504 | 1636 | 306 | 253 | 1907 | 1326 |
| 1 | 1 | 54 | 420 | 518 | 489 | 406 | 1759 | 1276 |

13-1(二) 续表 4

| 地 区 | 普通高中在校学生数（人） | 普通高中专任教师数（人） | 初中在校学生数（人） | 初中专任教师数（人） | 普通小学在校学生（人） | 普通小学专任教师（人） | 文化馆（个） |
|---|---|---|---|---|---|---|---|
| 博乐市 | 3181 | 278 | 8565 | 755 | 16839 | 1113 | 1 |
| 阿拉山口市 | 207 | 29 | 242 | 25 | 599 | 38 | 1 |
| 温泉县 | 457 | 70 | 1412 | 177 | 3130 | 428 | 1 |
| 温宿县 | 4171 | 361 | 11131 | 941 | 30664 | 1634 | 1 |
| 乌什县 | 4309 | 227 | 11803 | 796 | 31769 | 1602 | 1 |
| 阿图什市 | 9975 | 958 | 14883 | 1183 | 43131 | 2630 | 1 |
| 阿克陶县 | 4470 | 519 | 11967 | 1422 | 38904 | 2394 | 1 |
| 阿合奇县 | | | 1954 | 243 | 5385 | 665 | 1 |
| 乌恰县 | | | 2509 | 323 | 7001 | 1085 | 1 |
| 叶城县 | 11239 | 868 | 33224 | 2562 | 100736 | 4269 | 1 |
| 塔什库尔干塔吉克自治县 | 786 | 61 | 1821 | 120 | 4259 | 120 | 1 |
| 和田县 | 6441 | 526 | 20093 | 1152 | 78446 | 2972 | 1 |
| 皮山县 | 3104 | 462 | 15734 | 1172 | 54829 | 2347 | 1 |
| 霍尔果斯市 | 1038 | 76 | 1713 | 121 | 3188 | 227 | 1 |
| 察布查尔锡伯自治县 | 3190 | 229 | 7241 | 1082 | 15924 | 1302 | 1 |
| 霍城县 | 5818 | 342 | 11472 | 850 | 25448 | 1838 | 1 |
| 昭苏县 | 2662 | 217 | 6423 | 552 | 16266 | 1194 | 1 |
| 塔城市 | 1541 | 118 | 5357 | 409 | 9497 | 760 | 1 |
| 额敏县 | 2885 | 198 | 6284 | 464 | 12318 | 662 | 1 |
| 托里县 | 1488 | 1142 | 3734 | 251 | 8338 | 675 | 1 |
| 裕民县 | 562 | 777 | 1495 | 210 | 3971 | 339 | 1 |
| 和布克赛尔蒙古自治县 | 632 | 82 | 1546 | 173 | 4158 | 547 | 1 |
| 阿勒泰市 | 3921 | 303 | 6662 | 473 | 12080 | 1071 | 1 |
| 布尔津县 | 1355 | 104 | 2836 | 200 | 6480 | 596 | 1 |
| 富蕴县 | 2164 | 136 | 4473 | 320 | 10417 | 632 | 1 |
| 福海县 | 3551 | 106 | 2454 | 231 | 5819 | 539 | 1 |
| 哈巴河县 | 2098 | 129 | 3887 | 267 | 7622 | 625 | 1 |
| 青河县 | 1435 | 110 | 3070 | 263 | 7305 | 455 | 1 |
| 吉木乃县 | 601 | 54 | 1277 | 79 | 2578 | 266 | 1 |

| 图书馆（个） | 博物馆（个） | 医疗卫生机构数（个） | 医疗卫生机构床位数（张） | 卫生技术人员（人） | 城镇居民最低生活保障人数（人） | 城镇居民最低生活保障支出（万元） | 农村居民最低生活保障人数（人） | 农村居民最低生活保障支出（万元） |
|---|---|---|---|---|---|---|---|---|
| 1 | 1 | 232 | 1616 | 2581 | 2112 | 1430 | 4453 | 2407 |
| 1 | | 2 | 100 | 95 | 78 | 53 | | |
| 1 | 1 | 71 | 322 | 540 | 894 | 620 | 1222 | 769 |
| 1 | | 139 | 836 | 1528 | 1091 | 574 | 4382 | 1708 |
| 1 | 1 | 124 | 1027 | 971 | 2115 | 873 | 19296 | 7425 |
| 2 | 1 | 95 | 1230 | 718 | 3085 | 1805 | 21552 | 8951 |
| 1 | | 109 | 1461 | 1321 | 2371 | 1619 | 23443 | 11026 |
| 1 | | 27 | 270 | 458 | 719 | 408 | 1475 | 577 |
| 1 | 1 | 43 | 443 | 703 | 538 | 362 | 1896 | 855 |
| 1 | 1 | 447 | 3627 | 3501 | 25367 | 14648 | 92501 | 43517 |
| 1 | 1 | 49 | 228 | 306 | 316 | 183 | 3337 | 1373 |
| 1 | | 264 | 1402 | 949 | 1219 | 772 | 53222 | 26343 |
| 1 | | 220 | 1432 | 1744 | 2768 | 1863 | 43351 | 21830 |
| 1 | 1 | 21 | 378 | 397 | 85 | 66 | 611 | 348 |
| 1 | 1 | 106 | 710 | 1050 | 1092 | 755 | 6189 | 3216 |
| 1 | 1 | 86 | 1112 | 1747 | 3788 | 2331 | 16917 | 8166 |
| 1 | 1 | 71 | 678 | 1261 | 1839 | 1172 | 6258 | 3143 |
| 1 | 2 | 155 | 542 | 412 | 1039 | 853 | 3253 | 1963 |
| 1 | 1 | 161 | 752 | 1376 | 3057 | 2043 | 3675 | 1973 |
| 1 | 1 | 79 | 683 | 658 | 875 | 673 | 2629 | 1322 |
| 1 | 1 | 57 | 260 | 412 | 733 | 551 | 1214 | 687 |
| 1 | 1 | 34 | 568 | 453 | 976 | 686 | 1130 | 784 |
| 1 | 1 | 107 | 552 | 793 | 840 | 625 | 2857 | 1442 |
| 1 | 1 | 99 | 546 | 695 | 498 | 392 | 2010 | 1108 |
| 1 | 1 | 90 | 520 | 716 | 754 | 594 | 2452 | 1399 |
| 1 | 1 | 22 | 483 | 682 | 525 | 424 | 1096 | 681 |
| 1 | 1 | 94 | 629 | 886 | 377 | 271 | 2393 | 1145 |
| 1 | 1 | 55 | 247 | 262 | 402 | 191 | 1832 | 809 |
| 1 | 1 | 41 | 141 | 328 | 339 | 242 | 807 | 469 |

# 牧区半牧区县

## 1-1 牧区半牧区县经济社会发展主要指标

| 指　　标 | 2021年 | 占全国比重(%) | 2022年 | 占全国比重(%) |
|---|---|---|---|---|
| 人口 | | | | |
| 年末总人口(万人) | 4243.58 | 3.00 | 4556.68 | 3.15 |
| **地区生产总值(亿元)** | **21910.46** | **1.92** | **25380.52** | **2.15** |
| 第一产业 | 4654.98 | 5.60 | 5523.41 | 6.16 |
| 第二产业 | 8727.38 | 1.94 | 10743.30 | 2.24 |
| 第三产业 | 8708.15 | 1.43 | 9113.81 | 1.45 |
| **人均地区生产总值(元)** | **52561.57** | **64.60** | **58845** | **67.41** |
| 财政(亿元) | | | | |
| 地方一般公共预算收入 | 1279.06 | 1.15 | 1710.70 | 0.82 |
| 地方一般公共预算支出 | 6182.43 | 2.94 | 7610.73 | 2.88 |
| 农业 | | | | |
| 农林牧渔总产值(亿元) | 7622.69 | 5.19 | 9210.32 | 5.85 |
| 粮食产量(万吨) | 7200.95 | 10.55 | 7824.73 | 11.48 |
| 牲畜年末存栏数(万头) | | | | |
| 大牲畜 | 4206.17 | 40.11 | 4325.35 | 39.82 |
| 羊 | 9877.37 | 30.90 | 11713.41 | 35.93 |
| 猪 | 1934.87 | 4.31 | 2175.15 | 4.87 |
| 肉类总产量(万吨) | 570.10 | 6.34 | 675.92 | 7.19 |
| 工业 | | | | |
| 规模以上工业企业资产总计(亿元) | 32202.15 | 2.20 | 41132.61 | 2.36 |
| 教育 | | | | |
| 普通高中和初中 | | | | |
| 学校数(个) | 2025 | 3.09 | 2055 | 3.05 |
| 在校学生数(人) | 2079146 | 3.11 | 2261753 | 2.85 |
| 专任教师数(人) | 190570 | 2.11 | 205400 | 3.30 |
| 普通小学 | | | | |
| 学校数(个) | 8559 | 5.55 | 6515 | 4.37 |
| 在校学生数(人) | 2985988 | 2.77 | 3023404 | 2.77 |
| 专任教师数(人) | 218549 | 3.31 | 232144 | 3.46 |
| 医疗卫生 | | | | |
| 医疗卫生机构数(个) | 39133 | 3.80 | 42903 | 4.65 |
| 医疗卫生机构床位数(张) | 206013 | 2.18 | 229046 | 2.57 |
| 卫生技术人员数(人) | 228451 | 2.03 | 247249 | 2.46 |
| 人民生活 | | | | |
| 农村居民人均可支配收入(元) | 16350 | 86.37 | 17549 | 86.48 |

## 2-1 牧区半牧区县行政区划(2022年末)

| 地　区 | 合计 | 市辖区 | 县级市 | 县 | 自治县 | 旗 | 自治旗 |
|---|---|---|---|---|---|---|---|
| **合　计** | **268** | **3** | **24** | **177** | **18** | **44** | **2** |
| 河　北 | 6 | | | 4 | 2 | | |
| 山　西 | 1 | | | 1 | | | |
| 内蒙古 | 53 | 1 | 2 | 4 | | 44 | 2 |
| 辽　宁 | 6 | | 1 | 3 | 2 | | |
| 吉　林 | 8 | | 3 | 4 | 1 | | |
| 黑龙江 | 15 | | 4 | 10 | 1 | | |
| 四　川 | 48 | | 4 | 43 | 1 | | |
| 云　南 | 3 | | 1 | 1 | 1 | | |
| 西　藏 | 38 | 1 | 1 | 36 | | | |
| 甘　肃 | 20 | | 1 | 15 | 4 | | |
| 青　海 | 30 | | 4 | 24 | 2 | | |
| 宁　夏 | 3 | | | 3 | | | |
| 新　疆 | 37 | 1 | 3 | 29 | 4 | | |

## 2-2 牧区半牧区县(区、市、旗)分布(2022年末)

| 地区 | 个数 | 县(区、市、旗) |
|---|---|---|
| 河北省 | 4 县<br>2 自治县 | 张家口市：张北县、康保县、沽源县、尚义县<br>承德市：丰宁满族自治县、围场满族蒙古族自治县 |
| 山西省 | 1 县 | 朔州市：右玉县 |
| 内蒙古自治区 | 1 市辖区<br>2 县级市<br>4 县<br>44 旗<br>2 自治旗 | 包头市：达尔罕茂明安联合旗<br>赤峰市：林西县、阿鲁科尔沁旗、巴林左旗、巴林右旗、克什克腾旗、翁牛特旗、敖汉旗<br>通辽市：开鲁县、科尔沁左翼中旗、科尔沁左翼后旗、库伦旗、奈曼旗、扎鲁特旗<br>鄂尔多斯市：东胜区、达拉特旗、准格尔旗、鄂托克前旗、鄂托克旗、杭锦旗、乌审旗、伊金霍洛旗<br>呼伦贝尔市：扎兰屯市、阿荣旗、陈巴尔虎旗、新巴尔虎左旗、新巴尔虎右旗、莫力达瓦达斡尔族自治旗、鄂温克族自治旗<br>巴彦淖尔市：磴口县、乌拉特前旗、乌拉特中旗、乌拉特后旗<br>乌兰察布市：察哈尔右翼中旗、察哈尔右翼后旗、四子王旗<br>兴安盟：突泉县、科尔沁右翼前旗、科尔沁右翼中旗、扎赉特旗<br>锡林郭勒盟：锡林浩特市、阿巴嘎旗、苏尼特左旗、苏尼特右旗、东乌珠穆沁旗、西乌珠穆沁旗、太仆寺旗、镶黄旗、正镶白旗、正蓝旗<br>阿拉善盟：阿拉善左旗、阿拉善右旗、额济纳旗 |
| 辽宁省 | 1 县级市<br>3 县<br>2 自治县 | 沈阳市：康平县<br>阜新市：彰武县、阜新蒙古族自治县<br>朝阳市：北票市、建平县、喀喇沁左翼蒙古族自治县 |
| 吉林省 | 3 县级市<br>4 县<br>1 自治县 | 四平市：双辽市<br>松原市：长岭县、乾安县、前郭尔罗斯蒙古族自治县<br>白城市：洮南市、大安市、镇赉县、通榆县 |
| 黑龙江省 | 4 县级市<br>10 县<br>1 自治县 | 齐齐哈尔市：龙江县、泰来县、甘南县、富裕县<br>鸡西市：虎林市<br>大庆市：肇州县、肇源县、林甸县、杜尔伯特蒙古族自治县<br>佳木斯市：同江市<br>绥化市：安达市、肇东市、兰西县、青冈县、明水县 |

2–2 续表

| 地区 | 个数 | 县(区、市、旗) |
|---|---|---|
| 四川省 | 4 县级市<br>43 县<br>1 自治县 | 阿坝藏族羌族自治州：马尔康市、汶川县、理县、茂县、松潘县、九寨沟县、金川县、小金县、黑水县、壤塘县、阿坝县、若尔盖县、红原县<br>甘孜藏族自治州：康定市、泸定县、丹巴县、九龙县、雅江县、道孚县、炉霍县、甘孜县、新龙县、德格县、白玉县、石渠县、色达县、理塘县、巴塘县、乡城县、稻城县、得荣县<br>凉山彝族自治州：西昌市、会理市、盐源县、德昌县、会东县、宁南县、普格县、布拖县、金阳县、昭觉县、喜德县、冕宁县、越西县、甘洛县、美姑县、雷波县、木里藏族自治县 |
| 云南省 | 1 县级市<br>1 县<br>1 自治县 | 迪庆藏族自治州：香格里拉市、德钦县、维西傈僳族自治县 |
| 西藏自治区 | 1 市辖区<br>1 县级市<br>36 县 | 拉萨市：林周县、当雄县<br>日喀则市：昂仁县、谢通门县、康马县、仲巴县、亚东县、萨嘎县、岗巴县<br>昌都市：卡若区、江达县、贡觉县、类乌齐县、丁青县、察雅县、八宿县<br>林芝市：工布江达县<br>山南市：曲松县、措美县、错那县、浪卡子县<br>那曲市：色尼区、嘉黎县、比如县、聂荣县、安多县、申扎县、索县、班戈县、巴青县、尼玛县<br>阿里地区：噶尔县、普兰县、札达县、日土县、革吉县、改则县、措勤县 |
| 甘肃省 | 1 县级市<br>15 县<br>4 自治县 | 兰州市：永登县<br>金昌市：永昌县<br>白银市：靖远县<br>武威市：民勤县、天祝藏族自治县<br>张掖市：山丹县、肃南裕固族自治县<br>酒泉市：瓜州县、肃北蒙古族自治县、阿克塞哈萨克族自治县<br>庆阳市：环县、华池县<br>定西市：漳县、岷县<br>甘南藏族自治州：合作市、卓尼县、迭部县、玛曲县、碌曲县、夏河县 |
| 青海省 | 4 县级市<br>24 县<br>2 自治县 | 海北藏族自治州：海晏县、祁连县、刚察县、门源回族自治县<br>黄南藏族自治州：同仁市、尖扎县、泽库县、河南蒙古族自治县<br>海南藏族自治州：共和县、同德县、贵德县、兴海县、贵南县<br>果洛藏族自治州：玛沁县、班玛县、甘德县、达日县、久治县、玛多县<br>玉树藏族自治州：玉树市、杂多县、称多县、治多县、囊谦县、曲麻莱县<br>海西蒙古族藏族自治州：德令哈市、格尔木市、乌兰县、都兰县、天峻县 |
| 宁夏回族自治区 | 3 县 | 吴忠市：盐池县、同心县<br>中卫市：海原县 |
| 新疆维吾尔自治区 | 1 市辖区<br>3 县级市<br>29 县<br>4 自治县 | 乌鲁木齐市：乌鲁木齐县<br>哈密市：伊州区、巴里坤哈萨克自治县、伊吾县<br>阿克苏地区：温宿县、沙雅县<br>喀什地区：塔什库尔干塔吉克自治县<br>和田地区：民丰县<br>昌吉回族自治县：奇台县、木垒哈萨克自治县<br>博尔塔拉蒙古自治州：博乐市、精河县、温泉县<br>巴音郭楞蒙古自治州：尉犁县、且末县、和静县、和硕县<br>克孜勒苏柯尔克孜自治州：阿克陶县、阿合奇县、乌恰县<br>伊犁哈萨克自治州：巩留县、新源县、昭苏县、特克斯县、尼勒克县<br>塔城地区：塔城市、额敏县、托里县、裕民县、和布克赛尔蒙古自治县<br>阿勒泰地区：阿勒泰市、布尔津县、富蕴县、福海县、哈巴河县、青河县、吉木乃县 |

## 3−1　分地区牧区半牧区县年末总人口(2022年)

单位：万人

| 地　区 | 年末总人口 | 城镇人口 | 乡村人口 |
| --- | --- | --- | --- |
| **合　计** | **4556.68** | **1475.60** | **3081.08** |
| 河　北 | 197.14 | 35.00 | 162.14 |
| 山　西 | 8.73 | 5.20 | 3.53 |
| 内蒙古 | 1112.33 | 400.86 | 711.47 |
| 辽　宁 | 278.28 | 59.99 | 218.29 |
| 吉　林 | 318.40 | 104.24 | 214.16 |
| 黑龙江 | 570.29 | 156.90 | 413.39 |
| 四　川 | 738.51 | 177.77 | 560.74 |
| 云　南 | 40.57 | 10.65 | 29.92 |
| 西　藏 | 167.41 | 43.40 | 124.01 |
| 甘　肃 | 342.19 | 118.76 | 223.43 |
| 青　海 | 209.59 | 87.34 | 122.25 |
| 宁　夏 | 90.10 | 27.26 | 62.84 |
| 新　疆 | 483.13 | 248.22 | 234.91 |

注：本表中人口为户籍人口。

## 4−1　分地区牧区半牧区县地区生产总值和人均地区生产总值(2022年)

单位：亿元

| 地　区 | 地区生产总值 | | | | 人均地区生产总值(元) |
| --- | --- | --- | --- | --- | --- |
| | | 第一产业 | 第二产业 | 第三产业 | |
| **合　计** | **25380.52** | **5523.41** | **10743.30** | **9113.81** | **58845** |
| 河　北 | 709.79 | 255.49 | 205.78 | 248.52 | 48905 |
| 山　西 | 122.33 | 8.86 | 62.32 | 51.16 | 140143 |
| 内蒙古 | 10522.18 | 1643.76 | 5734.19 | 3144.22 | 96019 |
| 辽　宁 | 826.10 | 292.57 | 192.91 | 340.62 | 31255 |
| 吉　林 | 918.92 | 354.29 | 150.67 | 413.96 | 29476 |
| 黑龙江 | 1838.97 | 865.79 | 324.17 | 649.01 | 37020 |
| 四　川 | 3001.10 | 654.19 | 957.06 | 1389.85 | 44618 |
| 云　南 | 303.36 | 20.11 | 111.97 | 171.29 | 78018 |
| 西　藏 | 662.48 | 87.27 | 230.20 | 345.02 | 40551 |
| 甘　肃 | 1383.27 | 285.45 | 509.66 | 588.16 | 46669 |
| 青　海 | 1206.33 | 219.15 | 594.91 | 392.26 | 53565 |
| 宁　夏 | 430.61 | 59.65 | 207.80 | 163.16 | 52239 |
| 新　疆 | 3455.08 | 776.83 | 1461.66 | 1216.59 | 67528 |

## 4-2 分地区牧区半牧区县地区生产总值指数(2022年)

| 地区 | 地区生产总值（以2021年为100） | 第一产业 | 第二产业 | 第三产业 |
|---|---|---|---|---|
| **合计** | **115.5** | **116.9** | **123.8** | **106.5** |
| 河北 | 107.2 | 114.5 | 105.8 | 101.5 |
| 山西 | 112.4 | 101.8 | 127.0 | 100.3 |
| 内蒙古 | 129.3 | 148.6 | 129.5 | 121.1 |
| 辽宁 | 105.6 | 105.6 | 108.4 | 103.9 |
| 吉林 | 105.5 | 112.3 | 112.8 | 98.1 |
| 黑龙江 | 101.3 | 100.2 | 107.7 | 99.6 |
| 四川 | 107.8 | 109.2 | 111.2 | 105.1 |
| 云南 | 103.4 | 102.5 | 101.3 | 105.0 |
| 西藏 | 95.2 | 103.5 | 99.5 | 90.6 |
| 甘肃 | 107.7 | 116.4 | 125.6 | 92.9 |
| 青海 | 114.6 | 107.4 | 126.0 | 104.3 |
| 宁夏 | 115.3 | 123.2 | 122.3 | 105.1 |
| 新疆 | 108.9 | 102.4 | 126.8 | 96.2 |

## 4-3 分地区牧区半牧区县地区生产总值构成(2022年)

单位：%

| 地区 | 地区生产总值 | 第一产业 | 第二产业 | 第三产业 |
|---|---|---|---|---|
| **合计** | **100** | **21.8** | **42.3** | **35.9** |
| 河北 | 100 | 36.0 | 29.0 | 35.0 |
| 山西 | 100 | 7.2 | 50.9 | 41.8 |
| 内蒙古 | 100 | 15.6 | 54.5 | 29.9 |
| 辽宁 | 100 | 35.4 | 23.4 | 41.2 |
| 吉林 | 100 | 38.6 | 16.4 | 45.0 |
| 黑龙江 | 100 | 47.1 | 17.6 | 35.3 |
| 四川 | 100 | 21.8 | 31.9 | 46.3 |
| 云南 | 100 | 6.6 | 36.9 | 56.5 |
| 西藏 | 100 | 13.2 | 34.7 | 52.1 |
| 甘肃 | 100 | 20.6 | 36.8 | 42.5 |
| 青海 | 100 | 18.2 | 49.3 | 32.5 |
| 宁夏 | 100 | 13.9 | 48.3 | 37.9 |
| 新疆 | 100 | 22.5 | 42.3 | 35.2 |

## 5-1　分地区牧区半牧区县农村居民生活水平情况(2022年)

单位：元

| 地　　区 | 农村居民人　　均可支配收入 | 农村居民人　　均消费支出 |
|---|---|---|
| **合　　计** | **17549** | **12652** |
| 河　　北 | 14503 | 13519 |
| 山　　西 | 12237 | 8409 |
| 内 蒙 古 | 20066 | 14796 |
| 辽　　宁 | 18642 | 10483 |
| 吉　　林 | 16317 | 11766 |
| 黑 龙 江 | 17782 | 12247 |
| 四　　川 | 17562 | 12987 |
| 云　　南 | 12305 | 11714 |
| 西　　藏 | 17364 | 8694 |
| 甘　　肃 | 13339 | 11198 |
| 青　　海 | 14697 | 11647 |
| 宁　　夏 | 14012 | 10179 |
| 新　　疆 | 18976 | 13131 |

## 6-1　分地区牧区半牧区县财政收支、城乡居民储蓄存款和社会消费品零售总额(2022年)

单位：亿元

| 地　　区 | 地方一般公共预算收入 | 地方一般公共预算支出 | 城乡居民储蓄存款年末余额 | 社会消费品零售总额 |
|---|---|---|---|---|
| **合　　计** | **1710.70** | **7610.73** | **19849.92** | **4631.87** |
| 河　　北 | 34.52 | 221.54 | 988.60 | 135.35 |
| 山　　西 | 7.22 | 21.43 | 129.90 | 17.13 |
| 内 蒙 古 | 804.96 | 2074.58 | 7653.86 | 1409.72 |
| 辽　　宁 | 55.14 | 239.27 | 1538.95 | 191.45 |
| 吉　　林 | 85.87 | 372.62 | 1233.63 | 206.81 |
| 黑 龙 江 | 61.30 | 522.83 | 2169.49 | 402.56 |
| 四　　川 | 206.48 | 1105.95 | 1647.60 | 926.17 |
| 云　　南 | 11.84 | 105.31 | 146.63 | 74.00 |
| 西　　藏 | 45.84 | 550.91 | 194.82 | 141.86 |
| 甘　　肃 | 57.76 | 557.23 | 1026.40 | 326.24 |
| 青　　海 | 53.23 | 599.13 | 679.64 | 181.59 |
| 宁　　夏 | 14.25 | 158.08 | 245.12 | 83.07 |
| 新　　疆 | 272.30 | 1081.84 | 2195.27 | 535.92 |

## 7—1 分地区牧区半牧区县农业经济和规模以上工业企业资产总计(2022年)

| 地　区 | 农林牧渔业总产值（亿元） | 粮食总产量（万吨） | 规模以上工业企业资产总计（亿元） |
|---|---|---|---|
| **合　计** | **9210.32** | **7824.73** | **41132.61** |
| 河　北 | 440.82 | 121.80 | 2165.32 |
| 山　西 | 14.84 | 5.82 | 18.08 |
| 内蒙古 | 2428.45 | 2721.39 | 17999.07 |
| 辽　宁 | 647.80 | 515.54 | 773.14 |
| 吉　林 | 698.31 | 1102.76 | 1103.35 |
| 黑龙江 | 1568.24 | 2103.45 | 1378.27 |
| 四　川 | 1099.53 | 278.60 | 4137.99 |
| 云　南 | 33.61 | 16.87 | 387.26 |
| 西　藏 | 164.58 | 31.79 | 2728.06 |
| 甘　肃 | 497.23 | 203.75 | 2001.07 |
| 青　海 | 299.99 | 34.81 | 2370.59 |
| 宁　夏 | 128.32 | 68.70 | 1039.59 |
| 新　疆 | 1188.61 | 619.47 | 5030.83 |

## 7—2 分地区牧区半牧区县牲畜年末存栏数和奶产量(2022年)

| 地　区 | 牲畜年末存栏数(万头) | | | 奶产量（万吨） |
|---|---|---|---|---|
| | 大牲畜 | 猪 | 羊 | |
| **合　计** | **4325.35** | **2175.15** | **11713.41** | **756.96** |
| 河　北 | 43.40 | 62.59 | 128.43 | 33.89 |
| 山　西 | 0.13 | 2.18 | 28.32 | 0.06 |
| 内蒙古 | 1237.45 | 357.25 | 4836.65 | 283.92 |
| 辽　宁 | 92.03 | 281.00 | 414.02 | 29.19 |
| 吉　林 | 158.44 | 305.86 | 527.17 | 14.20 |
| 黑龙江 | 246.16 | 442.79 | 411.62 | 227.12 |
| 四　川 | 637.31 | 517.24 | 612.30 | 32.57 |
| 云　南 | 8.83 | 38.06 | 18.06 | 1.67 |
| 西　藏 | 472.06 | 9.14 | 607.31 | 24.16 |
| 甘　肃 | 189.16 | 88.61 | 966.95 | 16.14 |
| 青　海 | 631.54 | 8.50 | 1035.88 | 18.73 |
| 宁　夏 | 25.39 | 4.57 | 284.16 | 9.85 |
| 新　疆 | 583.45 | 57.36 | 1842.54 | 65.46 |

## 7—3 分地区牧区半牧区县肉产量(2022年)

单位：万吨

| 地区 | 肉类总产量 | #猪肉 | #牛肉 | #羊肉 |
|---|---|---|---|---|
| **合计** | **675.92** | **247.16** | **182.74** | **147.61** |
| 河北 | 19.74 | 5.76 | 8.48 | 2.39 |
| 山西 | 0.77 | 0.23 | 0.18 | 0.33 |
| 内蒙古 | 191.06 | 51.23 | 50.67 | 62.08 |
| 辽宁 | 101.62 | 43.84 | 20.03 | 7.64 |
| 吉林 | 50.08 | 32.52 | 7.17 | 6.90 |
| 黑龙江 | 95.31 | 54.96 | 18.58 | 8.12 |
| 四川 | 71.49 | 39.27 | 17.46 | 7.86 |
| 云南 | 3.72 | 2.96 | 0.42 | 0.17 |
| 西藏 | 19.85 | 0.63 | 13.74 | 4.79 |
| 甘肃 | 29.33 | 8.54 | 7.40 | 12.29 |
| 青海 | 27.55 | 0.89 | 17.18 | 8.72 |
| 宁夏 | 8.59 | 0.80 | 1.90 | 5.72 |
| 新疆 | 56.81 | 5.53 | 19.52 | 20.61 |

## 8—1 分地区牧区半牧区县教育情况(2022年)

| 地区 | 普通高中 | | | 初中 | | | 普通小学 | | |
|---|---|---|---|---|---|---|---|---|---|
| | 学校数(所) | 在校学生数(人) | 专任教师数(人) | 学校数(所) | 在校学生数(人) | 专任教师数(人) | 学校数(所) | 在校学生数(人) | 专任教师数(人) |
| **合计** | **382** | **750269** | **66819** | **1673** | **1511484** | **138581** | **6515** | **3023404** | **232144** |
| 河北 | 14 | 40594 | 2229 | 43 | 64598 | 3809 | 174 | 96437 | 7468 |
| 山西 | 1 | 1987 | 179 | 2 | 2486 | 234 | 9 | 4865 | 466 |
| 内蒙古 | 97 | 201995 | 20603 | 371 | 291603 | 32457 | 984 | 574497 | 55324 |
| 辽宁 | 22 | 45039 | 4200 | 123 | 65831 | 8968 | 258 | 112588 | 9167 |
| 吉林 | 26 | 52865 | 4045 | 185 | 72810 | 10048 | 532 | 115608 | 13165 |
| 黑龙江 | 37 | 97247 | 5458 | 247 | 156078 | 17876 | 243 | 145060 | 17816 |
| 四川 | 64 | 118244 | 7985 | 204 | 344956 | 21007 | 1476 | 793184 | 43829 |
| 云南 | 1 | 895 | 69 | 7 | 11932 | 911 | 34 | 27581 | 2242 |
| 西藏 | | | | 40 | 69653 | 6377 | 417 | 167295 | 11565 |
| 甘肃 | 45 | 62937 | 7092 | 164 | 108399 | 11180 | 1070 | 229596 | 20766 |
| 青海 | 19 | 24742 | 2070 | 89 | 89352 | 7088 | 341 | 219069 | 12966 |
| 宁夏 | 7 | 21701 | 1613 | 35 | 43765 | 3391 | 321 | 93491 | 5360 |
| 新疆 | 49 | 82023 | 11276 | 163 | 190021 | 15235 | 656 | 444133 | 32010 |

## 9-1 分地区牧区半牧区县医疗卫生情况(2022年)

| 地区 | 医疗卫生机构（个） | 医疗卫生机构床位数（张） | 卫生技术人员（人） |
|---|---|---|---|
| **合计** | **42903** | **229046** | **247249** |
| 河北 | 2055 | 10464 | 7350 |
| 山西 | 190 | 618 | 692 |
| 内蒙古 | 10899 | 57238 | 66020 |
| 辽宁 | 2583 | 14089 | 16767 |
| 吉林 | 2498 | 11930 | 15182 |
| 黑龙江 | 2520 | 21642 | 20594 |
| 四川 | 8203 | 43973 | 42252 |
| 云南 | 251 | 2351 | 3286 |
| 西藏 | 3368 | 5863 | 8009 |
| 甘肃 | 3188 | 18150 | 17819 |
| 青海 | 3047 | 13070 | 11901 |
| 宁夏 | 518 | 3430 | 4287 |
| 新疆 | 3583 | 26228 | 33090 |

## 10-1 分地区牧区半牧区县城镇居民最低生活保障情况(2022年)

| 地区 | 城镇居民最低生活保障人数（人） | 城镇居民最低生活保障户数（户） | 城镇居民最低生活保障支出（万元） | 城镇居民最低生活保障年支出水平（元/人·年） |
|---|---|---|---|---|
| **合计** | **387671** | **238543** | **289623** | **7471** |
| 河北 | 11356 | 8259 | 5861 | 5161 |
| 山西 | 1018 | 664 | 537 | 5277 |
| 内蒙古 | 98316 | 62834 | 74470 | 7551 |
| 辽宁 | 10328 | 7774 | 9501 | 9199 |
| 吉林 | 29710 | 21456 | 20439 | 6879 |
| 黑龙江 | 51227 | 38210 | 37599 | 7340 |
| 四川 | 44061 | 25814 | 21028 | 4748 |
| 云南 | 2412 | 1391 | 1408 | 5838 |
| 西藏 | 13904 | 5675 | 13004 | 9750 |
| 甘肃 | 33636 | 15931 | 25314 | 7526 |
| 青海 | 40230 | 18624 | 45116 | 11500 |
| 宁夏 | 15399 | 8186 | 10617 | 6895 |
| 新疆 | 36074 | 23725 | 24730 | 6855 |

## 10-2 分地区牧区半牧区县农村居民最低生活保障情况(2022年)

| 地　区 | 农村居民最低生活保障人数（人） | 农村居民最低生活保障户数（户） | 农村居民最低生活保障支出（万元） | 农村居民最低生活保障年支出水平（元/人·年） |
|---|---|---|---|---|
| **合　计** | **2787382** | **1503623** | **1104252** | **3962** |
| 河　北 | 174131 | 142431 | 63139 | 3626 |
| 山　西 | 10157 | 6582 | 4040 | 3978 |
| 内蒙古 | 689465 | 436546 | 293942 | 4262 |
| 辽　宁 | 78942 | 47632 | 34527 | 4374 |
| 吉　林 | 152960 | 98544 | 54149 | 3540 |
| 黑龙江 | 208199 | 144901 | 74845 | 3595 |
| 四　川 | 736275 | 299425 | 255746 | 3466 |
| 云　南 | 37452 | 18807 | 12355 | 3299 |
| 西　藏 | 81795 | 22136 | 19165 | 2247 |
| 甘　肃 | 190003 | 71841 | 69823 | 3669 |
| 青　海 | 187498 | 60581 | 102290 | 5622 |
| 宁　夏 | 105684 | 75749 | 51013 | 4827 |
| 新　疆 | 134821 | 78448 | 69217 | 5134 |

## 11-1 各牧区半牧区县主要经济社会指标(2022年)(一)

| 地　区 | 年末总人口(万人) | 地区生产总值(亿元) | 人均地区生产总值(元) | 规模以上工业企业资产总计(亿元) |
|---|---|---|---|---|
| **河北省** | **197.14** | **709.79** | **48905** | **2165.32** |
| 张北县 | 37.62 | 149.17 | 48361 | 630.90 |
| 康保县 | 26.03 | 73.92 | 54116 | 284.51 |
| 沽源县 | 21.90 | 76.06 | 47809 | 196.96 |
| 尚义县 | 18.24 | 58.34 | 56151 | 250.83 |
| 丰宁满族自治县 | 40.30 | 156.82 | 48529 | 474.58 |
| 围场满族蒙古族自治县 | 53.05 | 195.47 | 46524 | 327.53 |
| **山西省** | **8.73** | **122.33** | **140127** | **18.08** |
| 右玉县 | 8.73 | 122.33 | 140143 | 18.08 |
| **内蒙古自治区** | **1112.33** | **10522.18** | **96019** | **17999.07** |
| 达尔罕茂明安联合旗 | 10.78 | 107.74 | 160432 | 320.14 |
| 阿鲁科尔沁旗 | 28.72 | 110.22 | 46213 | 85.50 |
| 巴林左旗 | 33.43 | 154.63 | 56138 | 123.27 |
| 巴林右旗 | 15.08 | 69.92 | 46059 | 74.90 |
| 林西县 | 22.03 | 97.61 | 54606 | 97.88 |
| 克什克腾旗 | 24.00 | 167.53 | 92661 | 486.15 |
| 翁牛特旗 | 32.90 | 176.67 | 53511 | 72.63 |
| 敖汉旗 | 59.25 | 177.27 | 39818 | 83.52 |
| 科尔沁左翼中旗 | 51.34 | 143.90 | 37397 | 145.96 |
| 科尔沁左翼后旗 | 39.37 | 134.07 | 42562 | 83.85 |
| 开鲁县 | 38.70 | 146.50 | 47646 | 160.79 |
| 库伦旗 | 14.86 | 61.18 | 40923 | 16.79 |
| 奈曼旗 | 44.39 | 143.60 | 38811 | 211.87 |
| 扎鲁特旗 | 30.35 | 179.42 | 72056 | 135.62 |
| 东胜区 | 58.08 | 949.14 | 164055 | 178.26 |
| 达拉特旗 | 37.20 | 480.83 | 129290 | 817.60 |
| 准格尔旗 | 33.65 | 1300.07 | 358344 | 3505.50 |
| 鄂托克前旗 | 9.72 | 262.46 | 274251 | 419.71 |
| 鄂托克旗 | 9.76 | 613.95 | 369850 | 1895.34 |
| 杭锦旗 | 14.24 | 165.93 | 145614 | 789.68 |
| 乌审旗 | 11.81 | 490.70 | 303375 | 1483.40 |
| 伊金霍洛旗 | 17.77 | 1219.19 | 96474 | 1778.67 |
| 阿荣旗 | 31.68 | 119.09 | 45804 | 41.72 |
| 莫力达瓦达斡尔族自治旗 | 30.82 | 109.35 | 47543 | 9.35 |
| 鄂温克族自治旗 | 13.51 | 182.33 | 130236 | 326.69 |

| 农林牧渔业总产值（亿元） | 粮食总产量（万吨） | 肉类总产量（万吨） | 社会消费品零售总额（亿元） | 农村居民人均可支配收入（元） | 地方一般公共预算收入（亿元） | 地方一般公共预算支出（亿元） |
|---|---|---|---|---|---|---|
| **440.82** | **121.80** | **19.74** | **135.35** | **14503** | **34.52** | **221.54** |
| 71.39 | 15.05 | 2.67 | 26.09 | 16485 | 7.29 | 42.19 |
| 59.33 | 13.71 | 2.44 | 1.25 | 15146 | 2.70 | 32.47 |
| 67.31 | 22.89 | 1.84 | 17.38 | 15890 | 5.02 | 29.84 |
| 48.24 | 5.09 | 2.10 | 6.70 | 13869 | 5.85 | 27.20 |
| 70.52 | 18.04 | 5.21 | 35.58 | 12422 | 6.65 | 49.86 |
| 124.01 | 47.02 | 5.48 | 48.36 | 13619 | 7.00 | 39.98 |
| **14.84** | **5.82** | **0.77** | **17.13** | **12237** | **7.22** | **21.43** |
| 14.84 | 5.82 | 0.77 | 17.13 | 12237 | 7.22 | 21.43 |
| **2428.45** | **2721.39** | **191.06** | **1409.72** | **20066** | **804.96** | **2074.58** |
| 20.42 | 9.01 | 3.28 | 16.59 | 22062 | 7.04 | 22.07 |
| 47.88 | 72.05 | 4.39 | 29.26 | 14124 | 3.82 | 40.33 |
| 56.80 | 6.10 | 4.69 | 47.55 | 15023 | 4.89 | 38.71 |
| 29.86 | 37.60 | 3.57 | 18.16 | 15461 | 6.18 | 31.30 |
| 31.81 | 29.24 | 1.86 | 18.35 | 14192 | 3.58 | 30.67 |
| 42.13 | 27.37 | 2.14 | 21.30 | 16333 | 7.00 | 32.11 |
| 102.85 | 91.23 | 7.60 | 34.73 | 15136 | 4.91 | 44.26 |
| 106.93 | 104.74 | 6.71 | 37.97 | 16456 | 4.67 | 47.72 |
| 129.64 | 237.66 | 7.25 | 28.24 | 17224 | 4.38 | 44.62 |
| 106.11 | 139.71 | 6.36 | 25.38 | 17997 | 2.65 | 36.54 |
| 108.51 | 135.75 | 11.37 | 25.90 | 22713 | 6.83 | 36.34 |
| 39.56 | 64.00 | 2.38 | 11.13 | 16325 | 1.37 | 20.30 |
| 89.12 | 127.78 | 11.08 | 26.81 | 16653 | 5.77 | 41.85 |
| 64.83 | 79.44 | 6.30 | 21.17 | 22044 | 8.73 | 41.82 |
| 3.98 | 1.80 | 0.37 | 234.61 |  | 76.66 | 127.94 |
| 103.20 | 82.43 | 5.90 | 45.22 | 24618 | 33.38 | 70.21 |
| 28.74 | 4.81 | 1.61 | 106.22 | 24624 | 159.27 | 152.93 |
| 35.01 | 13.03 | 2.35 | 25.60 | 26076 | 17.21 | 43.59 |
| 24.60 | 13.72 | 2.28 | 32.68 | 25574 | 48.93 | 62.53 |
| 53.88 | 38.36 | 4.47 | 15.25 | 25223 | 10.40 | 47.43 |
| 40.58 | 24.00 | 2.14 | 35.40 | 25601 | 34.40 | 63.59 |
| 21.25 | 11.14 | 4.47 | 51.64 | 25086 | 134.40 | 162.07 |
| 100.43 | 150.04 | 2.62 | 21.55 | 24826 | 2.91 | 39.39 |
| 116.36 | 193.51 | 2.26 | 18.20 | 14857 | 3.58 | 40.12 |
| 22.92 | 1.15 | 2.99 | 30.71 | 31051 | 11.39 | 28.45 |

11-1(一) 续表 1

| 地区 | 年末<br>总人口<br>（万人） | 地区<br>生产总值<br>（亿元） | 人均地区<br>生产总值<br>（元） | 规模以上工业<br>企业资产总计<br>（亿元） |
|---|---|---|---|---|
| 陈巴尔虎旗 | 5.27 | 138.68 | 277360 | 271.29 |
| 新巴尔虎左旗 | 4.12 | 29.54 | 73850 | 11.34 |
| 新巴尔虎右旗 | 3.50 | 85.48 | 213700 | 102.72 |
| 扎兰屯市 | 39.38 | 200.22 | 63562 | 171.22 |
| 磴口县 | 10.90 | 71.02 | 81353 | 85.86 |
| 乌拉特前旗 | 32.51 | 180.63 | 71282 | 266.16 |
| 乌拉特中旗 | 14.18 | 113.15 | 103329 | 383.65 |
| 乌拉特后旗 | 5.77 | 117.30 | 205088 | 325.11 |
| 察哈尔右翼中旗 | 19.23 | 61.98 | 32624 | 201.32 |
| 察哈尔右翼后旗 | 19.75 | 90.79 | 103189 | 168.06 |
| 四子王旗 | 20.50 | 71.82 | 34918 | 163.28 |
| 科尔沁右翼前旗 | 33.10 | 128.79 | 45573 | 291.42 |
| 科尔沁右翼中旗 | 24.82 | 82.83 | 40603 | 75.49 |
| 扎赉特旗 | 30.99 | 127.93 | 41145 | 49.37 |
| 突泉县 | 29.25 | 101.75 | 46252 | 104.85 |
| 锡林浩特市 | 20.66 | 328.76 | 91936 | 728.60 |
| 阿巴嘎旗 | 4.26 | 48.29 | 120586 | 265.20 |
| 苏尼特左旗 | 3.40 | 46.78 | 135589 | 181.40 |
| 苏尼特右旗 | 6.51 | 47.16 | 78014 | 89.34 |
| 东乌珠穆沁旗 | 6.20 | 73.18 | 104391 | 63.57 |
| 西乌珠穆沁旗 | 8.05 | 219.86 | 216615 | 0.07 |
| 太仆寺旗 | 20.05 | 59.13 | 53685 | 122.19 |
| 镶黄旗 | 3.10 | 26.28 | 94544 | 84.15 |
| 正镶白旗 | 6.90 | 29.62 | 90818 | 129.48 |
| 正蓝旗 | 8.38 | 71.20 | 100489 | 101.07 |
| 阿拉善左旗 | 13.66 | 140.76 | 83275 | 181.50 |
| 阿拉善右旗 | 2.50 | 25.93 | 114023 | 36.55 |
| 额济纳旗 | 1.95 | 40.00 | 205636 | |
| **辽宁省** | **278.28** | **826.10** | **31255** | **773.14** |
| 康平县 | 33.10 | 125.15 | 47117 | 115.15 |
| 阜新蒙古族自治县 | 68.86 | 175.51 | 25554 | 238.72 |
| 彰武县 | 38.51 | 126.02 | 32721 | 98.25 |
| 建平县 | 44.20 | 138.20 | 31267 | 91.94 |
| 喀喇沁左翼蒙古族自治县 | 41.04 | 112.59 | 33329 | 78.39 |
| 北票市 | 52.57 | 148.63 | 28273 | 150.70 |

| 农林牧渔业总产值（亿元） | 粮食总产量（万吨） | 肉类总产量（万吨） | 社会消费品零售总额（亿元） | 农村居民人均可支配收入（元） | 地方一般公共预算收入（亿元） | 地方一般公共预算支出（亿元） |
|---|---|---|---|---|---|---|
| 33.04 | 14.24 | 2.17 | 7.56 | 29186 | 37.95 | 20.53 |
| 25.52 | 5.19 | 2.18 | 6.50 | 29290 | 1.38 | 15.17 |
| 36.84 | 0.39 | 2.06 | 6.95 | 29015 | 3.96 | 17.26 |
| 17.19 | 140.00 | 5.80 | 28.78 | 23543 | 5.19 | 40.21 |
| 24.14 | 44.81 | 5.10 | 12.06 | 24621 | 2.94 | 22.93 |
| 88.08 | 60.29 | 5.85 | 28.94 | 24269 | 9.12 | 32.99 |
| 47.11 | 32.59 | 2.03 | 13.75 | 23614 | 9.31 | 33.60 |
| 11.08 | 8.97 | 1.06 | 7.09 | 21205 | 15.05 | 27.24 |
| 61.98 | 11.33 | 1.61 | 10.84 | 12952 | 1.41 | 21.96 |
| 21.53 | 10.67 | 4.39 | 10.27 | 16528 | 3.61 | 25.26 |
| 37.22 | 19.88 | 2.82 | 17.02 | 15657 | 2.62 | 27.91 |
| 90.87 | 154.47 | 6.70 | 19.81 | 15632 | 4.79 | 50.00 |
| 43.46 | 124.07 | 0.70 | 9.82 | 14302 | 3.35 | 45.17 |
| 59.50 | 235.30 | 4.89 | 19.50 | 15465 | 5.05 | 44.51 |
| 38.05 | 120.94 | 9.17 | 13.24 | 14788 | 3.83 | 39.58 |
| 44.20 | 3.44 | 1.94 | 97.70 | 34724 | 33.26 | 48.95 |
| 22.54 |  | 4.28 | 5.23 | 35778 | 4.31 | 15.67 |
| 17.68 |  | 2.06 | 5.14 | 21968 | 3.97 | 12.83 |
| 15.90 | 0.19 | 1.56 | 8.58 | 16996 | 1.86 | 16.79 |
| 41.04 |  | 3.84 | 10.87 | 40393 | 6.09 | 20.19 |
| 38.40 |  | 3.46 | 11.40 | 35602 | 23.91 | 30.95 |
| 32.68 | 22.37 | 1.30 | 8.89 | 16530 | 1.08 | 21.51 |
| 10.12 | 0.09 | 0.63 | 3.23 | 20717 | 0.51 | 9.11 |
| 14.85 | 0.77 | 1.44 | 5.74 | 16430 | 1.20 | 13.60 |
| 20.11 | 3.63 | 2.05 | 12.74 | 25060 | 3.22 | 17.51 |
|  | 11.44 | 1.19 | 33.97 | 25673 | 8.06 | 28.13 |
| 4.51 | 0.42 | 0.26 | 5.45 | 29250 | 1.42 | 12.94 |
| 3.43 | 0.22 | 0.09 | 8.99 | 30980 | 2.14 | 15.20 |
| **647.80** | **515.54** | **101.62** | **191.45** | **18642** | **55.14** | **239.27** |
| 78.72 | 51.67 | 11.08 | 32.18 | 19833 | 11.39 | 38.46 |
| 166.56 | 156.02 | 17.07 | 29.62 | 20471 | 9.45 | 42.31 |
| 135.81 | 94.46 | 19.38 | 26.92 | 17060 | 6.33 | 30.80 |
| 88.15 | 109.50 | 15.72 | 34.10 | 17512 | 11.90 | 45.90 |
| 86.88 | 38.74 | 10.54 | 27.39 | 17435 | 5.90 | 31.79 |
| 91.68 | 65.14 | 27.83 | 41.25 | 17997 | 10.17 | 50.00 |

11-1(一) 续表 2

| 地 区 | 年末总人口（万人） | 地区生产总值（亿元） | 人均地区生产总值（元） | 规模以上工业企业资产总计（亿元） |
|---|---|---|---|---|
| **吉林省** | **318.40** | **918.92** | **29476** | **1103.35** |
| 双辽市 | 37.91 | 110.31 | 29092 | 114.17 |
| 前郭尔罗斯蒙古族自治县 | 56.31 | 167.22 | 29693 | 88.84 |
| 长岭县 | 62.35 | 163.87 | 26282 | 208.99 |
| 乾安县 | 26.61 | 83.12 | 31238 | 64.32 |
| 镇赉县 | 25.46 | 89.01 | 34768 | 111.11 |
| 通榆县 | 34.00 | 100.18 | 36914 | 279.51 |
| 洮南市 | 39.00 | 97.39 | 24934 | 126.32 |
| 大安市 | 36.76 | 107.82 | 29330 | 110.09 |
| **黑龙江省** | **570.29** | **1838.97** | **37020** | **1378.27** |
| 龙江县 | 56.38 | 143.96 | 34898 | 136.90 |
| 泰来县 | 29.60 | 73.17 | 24678 | 119.01 |
| 甘南县 | 36.20 | 98.94 | 35519 | 56.03 |
| 富裕县 | 27.24 | 88.94 | 32549 | 34.97 |
| 虎林市 | 26.53 | 168.22 | 64143 | 178.57 |
| 肇州县 | 40.56 | 171.56 | 57231 | 61.11 |
| 肇源县 | 41.40 | 113.33 | 44213 | 72.33 |
| 林甸县 | 24.25 | 101.03 | 53719 | 64.45 |
| 杜尔伯特蒙古族自治县 | 22.36 | 122.37 | 62354 | 178.21 |
| 同江市 | 17.29 | 114.74 | 66127 | 41.72 |
| 兰西县 | 47.37 | 80.10 | 21334 | 20.63 |
| 青冈县 | 42.40 | 89.38 | 20737 | 101.83 |
| 明水县 | 32.44 | 56.52 | 16600 | 19.17 |
| 安达市 | 42.83 | 187.56 | 54208 | 212.54 |
| 肇东市 | 83.44 | 229.15 | 27359 | 80.82 |
| **四川省** | **738.51** | **3001.10** | **44618** | **4137.99** |
| 马尔康市 | 5.26 | 46.89 | 80848 | 12.23 |
| 汶川县 | 9.04 | 85.41 | 102909 | 147.09 |
| 理县 | 4.23 | 32.15 | 86884 | 92.24 |
| 茂县 | 10.87 | 49.74 | 52361 | 86.23 |
| 松潘县 | 7.25 | 29.19 | 43570 | 18.54 |
| 九寨沟县 | 7.00 | 33.30 | 50448 | 55.35 |
| 金川县 | 6.74 | 23.27 | 40124 | 37.29 |
| 小金县 | 7.55 | 27.09 | 41682 | 4.65 |
| 黑水县 | 5.70 | 29.56 | 67173 | 0.15 |
| 壤塘县 | 4.84 | 14.48 | 32183 | 4.48 |
| 阿坝县 | 8.29 | 20.96 | 26202 | 4.42 |

| 农林牧渔业总产值（亿元） | 粮食总产量（万吨） | 肉类总产量（万吨） | 社会消费品零售总额（亿元） | 农村居民人均可支配收入（元） | 地方一般公共预算收入（亿元） | 地方一般公共预算支出（亿元） |
|---|---|---|---|---|---|---|
| **698.31** | **1102.76** | **50.08** | **206.81** | **16317** | **85.87** | **372.62** |
| 98.50 | 126.66 | 7.85 | 22.21 | 17771 | 4.36 | 44.20 |
| 145.86 | 208.00 | 11.34 | 64.01 | 17705 | 11.14 | 65.97 |
| 142.70 | 188.40 | 11.78 | 36.54 | 16947 | 9.77 | 56.26 |
| 45.61 | 122.46 | 3.93 | 15.77 | 17766 | 44.35 | 30.74 |
| 66.40 | 126.50 | 1.13 | 13.29 | 14321 | 3.35 | 35.60 |
| 61.56 | 103.30 | 7.23 | 14.22 | 14332 | 3.20 | 45.63 |
| 67.04 | 128.00 | 2.09 | 25.49 | 14885 | 3.88 | 42.37 |
| 70.62 | 99.45 | 4.73 | 15.29 | 14131 | 5.83 | 51.84 |
| **1568.24** | **2103.45** | **95.31** | **402.56** | **17782** | **61.30** | **522.83** |
| 131.45 | 229.88 | 10.65 | 35.60 | 21277 | 5.64 | 42.62 |
| 60.79 | 114.50 | 3.60 | 18.88 | 12583 | 4.17 | 31.16 |
| 90.86 | 147.53 | 6.89 | 12.92 | 12130 | 4.98 | 36.26 |
| 72.91 | 94.22 | 5.44 | 9.91 | 15712 | 3.05 | 32.59 |
| 165.18 | 305.67 | 0.57 | 27.36 | 26127 | 4.29 | 34.88 |
| 123.31 | 99.74 | 9.74 | 27.44 | 18775 | 3.01 | 29.38 |
| 113.65 | 108.78 | 6.66 | 38.68 | 18746 | 0.65 | 34.48 |
| 70.35 | 91.27 | 6.55 | 23.15 | 13536 | 2.99 | 27.26 |
| 102.80 | 86.02 | 5.17 | 10.72 | 19066 | 2.82 | 27.30 |
| 114.06 | 249.51 | 0.70 | 21.32 | 14404 | 4.22 | 34.31 |
| 60.11 | 107.64 | 9.24 | 18.40 | 14822 | 4.90 | 26.61 |
| 98.10 | 114.74 | 6.49 | 16.92 | 16612 | 2.70 | 44.65 |
| 64.48 | 71.50 | 5.77 | 12.65 | 14267 | 1.65 | 30.62 |
| 82.58 | 100.01 | 5.54 | 46.48 | 20866 | 6.22 | 31.02 |
| 217.61 | 182.45 | 12.30 | 82.13 | 21781 | 10.02 | 59.69 |
| **1099.53** | **278.60** | **71.49** | **926.17** | **17562** | **206.48** | **1105.95** |
| 8.43 | 0.96 | 0.61 | 10.25 | 18728 | 2.80 | 18.87 |
| 24.29 | 1.13 | 0.79 | 14.46 | 19562 | 4.86 | 22.68 |
| 7.65 | 0.74 | 0.31 | 6.95 | 18286 | 0.97 | 12.69 |
| 19.85 | 2.72 | 0.61 | 12.12 | 18369 | 2.28 | 17.78 |
| 11.71 | 1.35 | 0.76 | 7.00 | 18265 | 1.13 | 17.85 |
| 6.32 | 1.09 | 0.44 | 11.22 | 18420 | 1.79 | 16.01 |
| 8.60 | 2.27 | 0.53 | 7.15 | 18240 | 1.48 | 17.70 |
| 9.10 | 2.12 | 0.45 | 7.39 | 18165 | 1.12 | 16.27 |
| 8.73 | 1.77 | 0.62 | 4.98 | 17815 | 0.81 | 13.60 |
| 7.03 | 0.42 | 0.51 | 3.53 | 16315 | 0.29 | 16.04 |
| 12.39 | 1.08 | 1.29 | 6.79 | 17962 | 1.53 | 24.77 |

11-1(一)　续表 3

| 地　区 | 年末总人口（万人） | 地区生产总值（亿元） | 人均地区生产总值（元） | 规模以上工业企业资产总计（亿元） |
|---|---|---|---|---|
| 若尔盖县 | 8.09 | 31.94 | 41479 | 8.75 |
| 红原县 | 4.96 | 19.76 | 41774 | 18.99 |
| 康定市 | 12.82 | 119.56 | 93590 | 588.10 |
| 泸定县 | 8.60 | 33.04 | 39195 | 82.44 |
| 丹巴县 | 5.62 | 25.33 | 50767 | 74.35 |
| 九龙县 | 6.39 | 34.21 | 63822 | 146.73 |
| 雅江县 | 5.19 | 30.76 | 59966 | 665.59 |
| 道孚县 | 5.53 | 15.01 | 28216 | |
| 炉霍县 | 4.65 | 14.56 | 31171 | 5.33 |
| 甘孜县 | 6.55 | 20.85 | 28794 | 9.37 |
| 新龙县 | 4.47 | 14.23 | 31552 | |
| 德格县 | 8.90 | 18.46 | 20984 | 0.55 |
| 白玉县 | 5.52 | 19.81 | 35891 | 16.45 |
| 石渠县 | 10.59 | 21.99 | 21504 | |
| 色达县 | 6.44 | 17.21 | 26719 | |
| 理塘县 | 6.93 | 29.12 | 37366 | 4.02 |
| 巴塘县 | 5.13 | 19.20 | 38826 | 65.51 |
| 乡城县 | 3.04 | 16.92 | 54944 | 119.14 |
| 稻城县 | 3.13 | 14.28 | 43538 | |
| 得荣县 | 2.55 | 11.45 | 46276 | 32.32 |
| 西昌市 | 75.24 | 672.14 | 89463 | 560.87 |
| 会理市 | 39.20 | 226.90 | 57956 | 198.35 |
| 木里藏族自治县 | 13.77 | 63.07 | 45806 | 28.95 |
| 盐源县 | 38.91 | 162.88 | 47543 | 152.14 |
| 德昌县 | 22.08 | 90.03 | 40768 | 122.87 |
| 会东县 | 42.35 | 179.64 | 52069 | 109.48 |
| 宁南县 | 20.25 | 87.31 | 40879 | 64.82 |
| 普格县 | 22.35 | 37.38 | 19821 | 89.75 |
| 布拖县 | 22.26 | 41.48 | 22062 | 34.14 |
| 金阳县 | 21.84 | 51.31 | 23496 | 25.25 |
| 昭觉县 | 34.35 | 51.02 | 20017 | 49.26 |
| 喜德县 | 22.10 | 38.22 | 23916 | 33.99 |
| 冕宁县 | 40.80 | 140.13 | 38382 | 139.79 |
| 越西县 | 38.61 | 65.39 | 20029 | 44.75 |
| 甘洛县 | 24.35 | 52.26 | 25199 | 41.64 |
| 美姑县 | 29.02 | 41.59 | 17257 | 79.90 |
| 雷波县 | 29.16 | 80.60 | 33308.00 | 61.73 |

| 农林牧渔业总产值（亿元） | 粮食总产量（万吨） | 肉类总产量（万吨） | 社会消费品零售总额（亿元） | 农村居民人均可支配收入（元） | 地方一般公共预算收入（亿元） | 地方一般公共预算支出（亿元） |
|---|---|---|---|---|---|---|
| 21.56 | 0.63 | 2.49 | 8.10 | 18036 | 0.79 | 25.04 |
| 13.59 | | 1.43 | 5.00 | 18626 | 1.26 | 23.13 |
| 9.83 | 1.69 | 0.55 | 27.28 | 19261 | 7.42 | 27.35 |
| 10.43 | 1.13 | 0.46 | 8.62 | 17205 | 3.82 | 17.71 |
| 6.84 | 1.03 | 0.42 | 7.76 | 18447 | 2.37 | 16.76 |
| 7.20 | 2.05 | 0.52 | 4.49 | 19503 | 3.24 | 16.68 |
| 4.92 | 1.00 | 0.26 | 5.43 | 16121 | 1.35 | 16.11 |
| 5.08 | 1.43 | 0.36 | 3.50 | 15396 | 1.76 | 15.30 |
| 5.21 | 1.04 | 0.47 | 4.99 | 14961 | 0.60 | 17.19 |
| 7.72 | 3.55 | 0.49 | 9.79 | 14000 | 0.70 | 29.85 |
| 5.65 | 1.02 | 0.38 | 2.36 | 15406 | 0.56 | 15.30 |
| 9.15 | 1.04 | 0.79 | 3.74 | 15292 | 0.84 | 18.97 |
| 6.31 | 1.07 | 0.47 | 4.46 | 16049 | 1.46 | 16.30 |
| 7.75 | 0.72 | 0.75 | 5.46 | 15149 | 0.65 | 26.52 |
| 9.80 | 0.25 | 0.97 | 3.53 | 15247 | 0.61 | 19.54 |
| 12.99 | 1.32 | 0.67 | 9.30 | 15261 | 1.69 | 19.06 |
| 6.88 | 1.57 | 0.44 | 7.09 | 15943 | 2.22 | 14.66 |
| 4.31 | 0.97 | 0.30 | 4.06 | 15853 | 1.52 | 11.66 |
| 3.98 | 0.96 | 0.31 | 4.47 | 16743 | 0.89 | 13.25 |
| 3.14 | 1.32 | 0.23 | 1.94 | 15603 | 0.54 | 11.45 |
| 96.84 | 24.27 | 4.12 | 342.04 | 25057 | 57.38 | 77.13 |
| 125.06 | 34.66 | 8.21 | 8.75 | 24212 | 13.04 | 31.13 |
| 23.37 | 7.13 | 2.04 | 9.86 | 14584 | 7.17 | 27.49 |
| 99.47 | 23.42 | 4.45 | 33.05 | 17767 | 10.33 | 35.68 |
| 44.65 | 10.27 | 2.59 | 37.55 | 24232 | 7.17 | 19.62 |
| 104.53 | 25.58 | 6.13 | 67.82 | 23528 | 11.91 | 29.87 |
| 44.25 | 10.52 | 2.63 | 30.99 | 21926 | 6.03 | 19.56 |
| 19.38 | 7.98 | 1.17 | 12.05 | 14996 | 2.86 | 23.14 |
| 21.26 | 10.70 | 1.77 | 6.82 | 12797 | 1.46 | 26.67 |
| 24.43 | 7.14 | 1.33 | 9.65 | 12836 | 3.65 | 29.59 |
| 28.40 | 11.26 | 4.51 | 10.30 | 13433 | 1.89 | 38.50 |
| 19.10 | 8.13 | 2.50 | 10.96 | 11918 | 1.44 | 25.12 |
| 61.27 | 22.24 | 3.63 | 62.50 | 20545 | 11.43 | 30.45 |
| 32.87 | 13.65 | 2.31 | 20.44 | 14190 | 2.81 | 32.31 |
| 19.88 | 11.21 | 1.84 | 14.54 | 12701 | 3.03 | 23.90 |
| 21.10 | 10.09 | 2.32 | 8.33 | 12437 | 1.39 | 32.10 |
| 27.22 | 0.92 | 0.24 | 17.32 | 14323.00 | 10.17 | 37.58 |

11-1(一) 续表 4

| 地 区 | 年末总人口（万人） | 地区生产总值（亿元） | 人均地区生产总值（元） | 规模以上工业企业资产总计（亿元） |
|---|---|---|---|---|
| **云南省** | **40.57** | **303.36** | **78018** | **387.26** |
| 香格里拉市 | 18.70 | 184.57 | 98965 | 260.34 |
| 德钦县 | 6.10 | 47.30 | 86652 | 40.51 |
| 维西傈僳族自治县 | 15.77 | 71.49 | 48387 | 86.40 |
| **西藏自治区** | **167.41** | **662.48** | **40551** | **2728.06** |
| 林周县 | 6.56 | 19.79 | 38880 | 23.19 |
| 当雄县 | 5.56 | 24.99 | 45011 | 61.97 |
| 昂仁县 | 6.03 | 13.78 | 21896 | |
| 谢通门县 | 5.05 | 17.72 | 39143 | 17.72 |
| 康马县 | 2.38 | 7.93 | 33282 | |
| 仲巴县 | 2.84 | 13.04 | 47234 | 14.26 |
| 亚东县 | 1.45 | 10.63 | 69522 | 3.25 |
| 萨嘎县 | 1.71 | 7.43 | 41484 | |
| 岗巴县 | 1.22 | 7.05 | 57043 | |
| 卡若区 | 15.02 | 81.53 | 54282 | |
| 江达县 | 9.95 | 39.08 | 25500 | |
| 贡觉县 | 3.82 | 14.83 | 38800 | |
| 类乌齐县 | 6.22 | 17.19 | 29000 | 1.89 |
| 丁青县 | 9.59 | 21.63 | 22564 | 1179.00 |
| 察雅县 | 6.72 | 19.70 | 29473 | |
| 八宿县 | 5.01 | 17.53 | 33018 | 17.84 |
| 工布江达县 | 3.28 | 20.67 | 62997 | |
| 曲松县 | 1.50 | 11.04 | 73444 | 35.42 |
| 措美县 | 1.21 | 10.14 | 117729 | |
| 浪卡子县 | 3.53 | 11.12 | 33688 | 6.92 |
| 错那市 | 1.60 | 9.13 | 65267 | |
| 色尼区 | 11.66 | 74.05 | 65891 | |
| 嘉黎县 | 4.27 | 14.03 | 33511 | |
| 比如县 | 8.43 | 19.16 | 46336 | 0.76 |
| 聂荣县 | 4.01 | 11.24 | 58193 | 0.34 |
| 安多县 | 4.45 | 12.46 | 27978 | |
| 申扎县 | 2.30 | 7.50 | 32596 | |
| 索县 | 5.80 | 13.29 | 22890 | |

| 农林牧渔业总产值（亿元） | 粮食总产量（万吨） | 肉类总产量（万吨） | 社会消费品零售总额（亿元） | 农村居民人均可支配收入（元） | 地方一般公共预算收入（亿元） | 地方一般公共预算支出（亿元） |
|---|---|---|---|---|---|---|
| **33.61** | **16.87** | **3.72** | **74.00** | **12305** | **11.84** | **105.31** |
| 12.34 | 6.93 | 1.64 | 46.90 | 12373 | 8.43 | 43.07 |
| 4.59 | 2.26 | 0.43 | 11.48 | 12272 | 1.23 | 26.52 |
| 16.68 | 7.68 | 1.66 | 15.62 | 12265 | 2.18 | 35.72 |
| **164.58** | **31.79** | **19.85** | **141.86** | **17364** | **45.84** | **550.91** |
| 6.61 | 6.06 | 0.40 | 3.39 | 20055 | 3.86 | 19.95 |
| 9.60 | 1.96 | 2.60 | 17.04 | 25050 | 0.14 | 16.94 |
| 0.01 | 2.30 | 0.68 |  | 13658 | 0.20 | 7.92 |
| 4.65 | 1.77 | 0.54 | 1.58 | 16545 | 0.60 | 10.72 |
| 2.43 | 1.31 | 0.34 | 1.48 | 18287 | 0.18 | 10.32 |
| 3.21 | 1.37 | 0.37 | 1.15 | 18705 | 2.27 | 16.70 |
| 1.96 | 0.09 | 0.03 | 3.65 | 19630 | 0.74 | 13.42 |
| 1.76 | 0.14 | 0.05 | 2.58 | 14028 | 0.12 | 9.43 |
| 0.77 | 0.23 | 0.05 | 0.80 | 17428 | 0.20 | 8.73 |
| 6.66 | 1.92 | 0.69 | 30.49 | 16439 | 3.68 | 22.26 |
| 7.18 | 1.88 | 0.93 | 5.18 | 17575 | 1.25 | 21.47 |
| 2.05 | 1.46 | 0.44 | 3.69 | 15756 | 0.72 | 16.65 |
| 5.43 | 1.10 | 0.89 | 4.26 | 17349 | 19.38 | 9.09 |
| 7.86 | 2.86 | 0.96 | 5.56 | 17166 | 0.27 | 14.43 |
| 4.95 | 1.31 | 0.95 | 4.49 | 15936 | 1.03 | 22.80 |
| 4.18 | 1.18 | 0.44 | 6.25 | 16876 | 0.67 | 15.18 |
| 3.66 | 1.25 | 0.17 | 4.64 | 23928 | 0.75 | 14.27 |
| 1.03 | 0.80 | 0.22 | 1.88 | 19352 | 0.51 | 8.23 |
| 0.76 | 0.33 | 0.22 | 1.87 | 17729 | 0.06 | 9.25 |
| 1.30 | 0.52 | 0.23 | 2.06 | 17400 | 0.20 | 15.05 |
| 0.68 | 0.57 | 0.16 | 2.11 | 17849 | 0.52 | 13.51 |
| 43.10 |  | 1.08 | 5.72 | 17473 | 0.30 | 29.29 |
| 4.99 | 0.05 | 0.94 | 3.10 | 18900 | 0.16 | 19.26 |
| 8.87 | 0.35 | 0.41 | 4.05 | 18789 | 0.80 | 25.33 |
| 2.36 |  | 0.24 |  | 15299 | 0.23 | 9.81 |
| 2.26 |  | 1.83 |  | 15607 | 0.28 | 12.94 |
| 2.44 |  | 0.45 | 1.84 | 14529 | 0.16 | 15.24 |
| 2.31 | 0.38 | 0.28 | 0.39 | 12913 | 0.45 | 19.48 |

11-1(一) 续表 5

| 地　区 | 年末总人口（万人） | 地区生产总值（亿元） | 人均地区生产总值（元） | 规模以上工业企业资产总计（亿元） |
|---|---|---|---|---|
| 班戈县 | 3.92 | 11.28 | 28764 | |
| 巴青县 | 6.16 | 12.73 | 20647 | |
| 尼玛县 | 3.72 | 10.30 | 27688 | 0.47 |
| 普兰县 | 1.22 | 7.86 | 64245 | 213.00 |
| 札达县 | 0.84 | 7.05 | 83416 | 213.03 |
| 噶尔县 | 3.09 | 29.98 | 96597 | |
| 日土县 | 1.25 | 7.05 | 63223 | 939.00 |
| 革吉县 | 1.81 | 9.07 | 50164 | |
| 改则县 | 2.53 | 11.98 | 47253 | |
| 措勤县 | 1.70 | 7.51 | 44075 | |
| **甘肃省** | **342.19** | **1383.27** | **46669** | **2001.07** |
| 永登县 | 38.33 | 133.83 | 47372 | 115.50 |
| 永昌县 | 17.29 | 112.84 | 65001 | 192.73 |
| 靖远县 | 37.00 | 98.69 | 26869 | 134.28 |
| 民勤县 | 25.57 | 107.85 | 62126 | 198.05 |
| 天祝藏族自治县 | 19.92 | 71.11 | 48228 | 46.58 |
| 肃南裕固族自治县 | 3.94 | 38.63 | 141250 | 86.62 |
| 山丹县 | 19.62 | 80.22 | 54129 | 68.34 |
| 瓜州县 | 13.28 | 120.94 | 91039 | 651.60 |
| 肃北蒙古族自治县 | 1.26 | 25.86 | 171273 | 180.48 |
| 阿克塞哈萨克族自治县 | 0.95 | 11.75 | 107169 | 24.07 |
| 环县 | 36.42 | 151.78 | 50300 | 186.86 |
| 华池县 | 13.95 | 150.61 | 127499 | 6.23 |
| 漳县 | 21.06 | 33.27 | 20214 | 10.55 |
| 岷县 | 49.00 | 63.21 | 14941 | 13.77 |
| 合作市 | 11.21 | 69.09 | 61633 | 0.36 |
| 卓尼县 | 9.55 | 31.59 | 33111 | 27.87 |
| 迭部县 | 5.64 | 20.86 | 36989 | 29.72 |
| 玛曲县 | 5.72 | 21.96 | 25793 | 13.56 |
| 碌曲县 | 3.83 | 15.36 | 40125 | 2.90 |
| 夏河县 | 8.65 | 23.83 | 26393 | 10.98 |
| **青海省** | **209.59** | **1206.33** | **53565** | **2370.59** |
| 门源回族自治县 | 16.22 | 37.67 | 27854 | 25.05 |
| 祁连县 | 5.30 | 20.13 | 37896 | 11.74 |
| 海晏县 | 3.49 | 23.48 | 62357 | 18.92 |

| 农林牧渔业总产值（亿元） | 粮食总产量（万吨） | 肉类总产量（万吨） | 社会消费品零售总额（亿元） | 农村居民人均可支配收入（元） | 地方一般公共预算收入（亿元） | 地方一般公共预算支出（亿元） |
|---|---|---|---|---|---|---|
| 2.27 | | 0.70 | 2.81 | 15272 | 0.03 | 16.23 |
| 4.70 | | 0.47 | 2.21 | 16688 | 0.25 | 22.02 |
| 2.81 | | 0.99 | 1.67 | 16950 | 0.17 | 19.99 |
| 1.19 | 0.25 | 0.07 | 1.08 | 17573 | 0.65 | 9.04 |
| 0.90 | 0.13 | 0.06 | 1.04 | 16957 | 0.62 | 13.78 |
| 0.95 | 0.07 | 0.10 | 9.24 | 18420 | 1.06 | 1.10 |
| 1.47 | 0.15 | 0.12 | 1.16 | 18157 | 0.57 | 11.43 |
| 2.84 | | 0.21 | 1.10 | 16880 | 2.00 | 8.95 |
| 3.14 | | 0.37 | 1.17 | 16920 | 0.57 | 12.12 |
| 1.21 | | 0.17 | 1.14 | 16315 | 0.16 | 8.58 |
| **497.23** | **203.75** | **29.33** | **326.24** | **13339** | **57.76** | **557.23** |
| 23.92 | 15.39 | 1.84 | 33.94 | 14829 | 5.71 | 33.11 |
| 50.62 | 37.53 | 1.09 | 35.14 | 18303 | 3.14 | 29.76 |
| 79.47 | 21.24 | 3.49 | 24.74 | 13420 | 3.34 | 43.12 |
| 91.53 | 21.47 | 4.17 | 21.73 | 18202 | 1.91 | 34.38 |
| 33.31 | 5.40 | 1.86 | 22.83 | 10525 | 4.23 | 45.70 |
| 15.78 | 4.65 | 1.20 | 6.58 | 23277 | 2.97 | 21.40 |
| 33.79 | 22.50 | 1.80 | 29.61 | 18140 | 4.21 | 28.73 |
| 43.08 | 6.30 | 0.96 | 43.54 | 22825 | 5.32 | 23.18 |
| 3.27 | 0.41 | 0.45 | 3.82 | 33750 | 3.59 | 13.21 |
| 2.52 | 0.18 | 0.23 | 3.42 | 36420 | 0.82 | 7.70 |
| 35.97 | 40.22 | 2.52 | 20.70 | 11915 | 5.96 | 52.90 |
| 12.23 | 13.94 | 0.47 | 9.03 | 11841 | 4.00 | 25.62 |
| 11.78 | 8.53 | 0.34 | 7.29 | 9801 | 2.01 | 20.04 |
| 22.05 | 0.95 | 0.51 | 25.70 | 9824 | 2.76 | 42.45 |
| 4.43 | 1.10 | 0.83 | 19.75 | 11023 | 2.84 | 22.85 |
| 0.34 | 1.26 | 1.28 | 4.08 | 10707 | 2.87 | 37.35 |
| 5.88 | 1.14 | 0.97 | 2.82 | 10375 | 0.67 | 19.30 |
| 9.53 | | 2.23 | 3.26 | 13007 | 0.36 | 12.08 |
| 6.55 | 0.30 | 1.33 | 2.79 | 12826 | 0.40 | 19.11 |
| 11.19 | 1.24 | 1.77 | 5.46 | 10898 | 0.64 | 25.26 |
| **299.99** | **34.81** | **27.55** | **181.59** | **14697** | **53.23** | **599.13** |
| 19.24 | 5.15 | 1.55 | 12.94 | 15428 | 1.93 | 31.41 |
| 11.02 | 0.41 | 1.38 | 6.54 | 20780 | 1.13 | 21.38 |
| 4.48 | 0.55 | 0.91 | 4.70 | 20038 | 1.23 | 17.48 |

11−1(一)　续表 6

| 地　区 | 年末总人口（万人） | 地区生产总值（亿元） | 人均地区生产总值（元） | 规模以上工业企业资产总计（亿元） |
|---|---|---|---|---|
| 刚察县 | 4.49 | 19.48 | 47987 | 38.13 |
| 同仁市 | 10.30 | 41.03 | 39907 | 2.69 |
| 尖扎县 | 5.91 | 28.51 | 48169 | 28.98 |
| 泽库县 | 8.24 | 20.87 | 27222 | 0.19 |
| 河南蒙古族自治县 | 4.19 | 20.50 | 49515 | 0.21 |
| 共和县 | 13.43 | 104.83 | 78173 | 408.73 |
| 同德县 | 6.48 | 18.14 | 27989 | |
| 贵德县 | 11.29 | 29.05 | 25726 | 10.21 |
| 兴海县 | 7.64 | 26.10 | 34231 | 19.28 |
| 贵南县 | 8.20 | 21.69 | 29900 | |
| 玛沁县 | 5.90 | 22.39 | 37900 | 69.69 |
| 班玛县 | 3.25 | 5.03 | 15599 | |
| 甘德县 | 4.80 | 4.54 | 13272 | |
| 达日县 | 4.10 | 4.79 | 11764 | |
| 久治县 | 3.05 | 5.35 | 17559 | 3.00 |
| 玛多县 | 1.48 | 3.95 | 26700 | |
| 玉树市 | 14.36 | 19.61 | 13710 | |
| 杂多县 | 7.63 | 14.20 | 145427 | |
| 称多县 | 6.15 | 7.68 | 13288 | |
| 治多县 | 5.60 | 8.63 | 13669 | |
| 囊谦县 | 9.18 | 11.97 | 13723 | 1.00 |
| 曲麻莱县 | 4.70 | 9.03 | 88224 | |
| 格尔木市 | 13.98 | 446.45 | 200294 | 1329.03 |
| 德令哈市 | 7.30 | 109.03 | 34433 | 155.65 |
| 乌兰县 | 3.45 | 40.98 | 130925 | 83.32 |
| 都兰县 | 7.08 | 58.91 | 87274 | 129.02 |
| 天峻县 | 2.40 | 22.29 | 94230 | 35.73 |
| **宁夏回族自治区** | **90.10** | **430.61** | **52239** | **1039.59** |
| 盐池县 | 17.22 | 193.29 | 120579 | 563.22 |
| 同心县 | 38.93 | 138.46 | 42511 | 351.43 |
| 海原县 | 33.95 | 98.86 | 29223 | 124.94 |
| **新疆维吾尔自治区** | **483.13** | **3455.08** | **67528** | **5030.83** |
| 乌鲁木齐县 | 5.14 | 31.97 | 43262 | 75.22 |
| 伊州区 | 35.94 | 529.72 | 165362 | 1418.98 |
| 巴里坤哈萨克自治县 | 10.35 | 131.59 | 127833 | 262.20 |

| 农林牧渔业总产值（亿元） | 粮食总产量（万吨） | 肉类总产量（万吨） | 社会消费品零售总额（亿元） | 农村居民人均可支配收入（元） | 地方一般公共预算收入（亿元） | 地方一般公共预算支出（亿元） |
|---|---|---|---|---|---|---|
| 10.31 | 0.71 | 1.12 | 5.14 | 21512 | 1.28 | 18.75 |
| 9.27 | 1.37 | 0.70 | 10.43 | 12955 | 1.25 | 24.04 |
| 4.54 | 1.30 | 1.72 | 1.92 | 12921 | 2.00 | 22.60 |
| 13.54 | 0.27 | 1.45 | 1.81 | 10374 | 0.34 | 21.65 |
| 13.39 | 0.01 | 1.44 | 1.81 | 14723 | 0.20 | 13.79 |
| 18.73 | 3.63 | 1.83 | 17.96 | 16400 | 3.94 | 31.20 |
| 15.16 | 1.70 | 1.11 | 2.17 | 14966 | 0.95 | 20.33 |
| 9.07 | 3.19 | 0.71 | 6.85 | 14483 | 1.86 | 30.53 |
| 16.76 | 2.10 | 1.43 | 2.61 | 17159 | 1.45 | 18.76 |
| 17.55 | 4.11 | 1.74 | 4.72 | 21878 | 0.42 | 20.94 |
| 3.59 | 0.02 | 0.61 | 2.15 | 14964 | 1.14 | 18.92 |
| 1.79 | 0.06 | 0.42 | 0.85 | 10787 | 0.23 | 13.88 |
| 1.81 |  | 0.47 | 0.99 | 10720 | 0.14 | 13.41 |
| 1.29 |  | 0.41 | 0.98 | 10332 | 0.18 | 13.52 |
| 2.32 |  | 0.88 | 1.45 | 10419 | 0.23 | 10.37 |
| 1.11 |  | 0.26 | 0.92 | 10923 | 0.31 | 12.44 |
| 10.10 | 0.02 | 0.71 | 10.95 | 12767 | 1.08 | 28.30 |
| 12.62 |  | 0.36 | 1.94 | 11445 | 0.21 | 16.64 |
| 4.57 | 0.18 | 0.50 | 1.77 | 11112 | 0.14 | 13.11 |
| 6.44 |  | 0.41 | 1.80 | 12389 | 0.24 | 11.23 |
| 9.91 | 1.00 | 0.73 | 0.50 | 10296 | 0.56 | 23.11 |
| 7.67 |  | 0.37 | 1.64 | 11857 | 0.12 | 16.31 |
| 11.99 | 0.19 | 0.72 | 50.49 | 23566 | 24.37 | 51.41 |
| 15.51 | 2.53 | 0.63 | 15.12 | 20155 | 4.00 | 20.85 |
| 9.22 | 1.18 | 0.62 | 2.19 | 16918 | 0.94 | 8.58 |
| 29.88 | 5.12 | 1.29 | 5.21 | 16962 | 0.92 | 19.65 |
| 7.10 |  | 1.05 | 3.04 | 18036 | 0.45 | 14.54 |
| **128.32** | **68.70** | **8.59** | **83.07** | **14012** | **14.25** | **158.08** |
| 33.47 | 11.74 | 3.08 | 24.99 | 16593 | 7.83 | 40.53 |
| 57.23 | 33.73 | 3.38 | 28.62 | 13631 | 3.92 | 55.38 |
| 37.63 | 23.23 | 2.12 | 29.46 | 12745 | 2.50 | 62.17 |
| **1188.61** | **619.47** | **56.81** | **535.92** | **18976** | **272.30** | **1081.84** |
| 16.49 | 3.41 | 0.57 | 11.29 | 25374 | 3.48 | 14.06 |
| 34.12 | 2.43 | 1.12 | 100.80 | 23316 | 38.37 | 62.52 |
| 17.03 | 11.03 | 0.88 | 6.35 | 17271 | 19.37 | 36.35 |

11-1(一) 续表 7

| 地　区 | 年末总人口（万人） | 地区生产总值（亿元） | 人均地区生产总值（元） | 规模以上工业企业资产总计（亿元） |
|---|---|---|---|---|
| 伊吾县 | 4.07 | 207.68 | 562376 | 573.16 |
| 奇台县 | 23.33 | 256.56 | 109947 | 305.73 |
| 木垒哈萨克自治县 | 8.46 | 115.43 | 27625 | 303.18 |
| 博乐市 | 26.00 | 216.81 | 83385 | 109.24 |
| 精河县 | 14.50 | 113.36 | 89259 | 43.06 |
| 温泉县 | 7.33 | 36.67 | 72898 | 9.49 |
| 尉犁县 | 10.91 | 76.67 | 34625 | 26.37 |
| 且末县 | 6.42 | 36.47 | 56801 | 20.12 |
| 和静县 | 14.71 | 117.63 | 79958 | 173.50 |
| 和硕县 | 5.90 | 45.80 | 77625 | 14.73 |
| 温宿县 | 27.16 | 111.57 | 41861 | 85.19 |
| 沙雅县 | 26.18 | 93.81 | 43738 | 154.09 |
| 阿克陶县 | 23.15 | 62.10 | 26849 | 77.36 |
| 阿合奇县 | 4.56 | 18.56 | 40586 | 13.14 |
| 乌恰县 | 5.79 | 50.90 | 83581 | 125.08 |
| 塔什库尔干塔吉克自治县 | 4.18 | 19.35 | 46393 | 27.75 |
| 民丰县 | 4.22 | 17.91 | 37994 | 2.08 |
| 巩留县 | 19.15 | 74.07 | 42153 | 117.05 |
| 新源县 | 31.08 | 128.73 | 42207 | 154.62 |
| 昭苏县 | 17.30 | 53.56 | 36471 | 17.39 |
| 特克斯县 | 16.31 | 48.69 | 32697 | 42.44 |
| 尼勒克县 | 17.64 | 75.46 | 48468 | 72.76 |
| 塔城市 | 14.39 | 130.05 | 92892 | 8.16 |
| 额敏县 | 15.20 | 122.06 | 80280 | 36.21 |
| 托里县 | 9.29 | 53.44 | 57508 | 61.53 |
| 裕民县 | 5.15 | 24.22 | 47026 | 5.49 |
| 和布克赛尔蒙古自治县 | 4.96 | 54.55 | 111870 | 115.67 |
| 阿勒泰市 | 22.10 | 111.85 | 50605 | 29.14 |
| 布尔津县 | 7.20 | 39.69 | 54358 | 92.37 |
| 富蕴县 | 9.96 | 82.32 | 82688 | 131.64 |
| 福海县 | 6.50 | 51.98 | 52645 | 35.33 |
| 哈巴河县 | 8.24 | 65.06 | 78988 | 83.67 |
| 青河县 | 6.30 | 30.89 | 50176 | 33.43 |
| 吉木乃县 | 4.07 | 17.92 | 44048 | 174.29 |

| 农林牧渔业总产值（亿元） | 粮食总产量（万吨） | 肉类总产量（万吨） | 社会消费品零售总额（亿元） | 农村居民人均可支配收入（元） | 地方一般公共预算收入（亿元） | 地方一般公共预算支出（亿元） |
|---|---|---|---|---|---|---|
| 7.66 | 0.75 | 0.27 | 2.73 | 23818 | 31.63 | 22.92 |
| 54.70 | 58.63 | 1.83 | 24.80 | 22773 | 13.12 | 43.18 |
| 20.10 | 17.07 | 2.27 | 9.05 | 21145 | 5.20 | 25.52 |
| 43.03 | 23.34 | 1.87 | 33.78 | 23890 | 16.86 | 47.78 |
| 54.10 | 8.28 | 1.15 | 9.10 | 23083 | 7.68 | 41.57 |
| 26.80 | 37.82 | 1.18 | 3.46 | 17489 | 2.41 | 19.86 |
| 45.39 | 1.46 | 1.55 | 7.39 | 21981 | 2.49 | 18.77 |
| 20.15 | 4.47 | 0.61 | 2.91 | 20935 | 1.31 | 21.27 |
| 37.54 | 8.80 | 2.39 | 16.58 | 21744 | 7.19 | 30.68 |
| 32.24 | 14.15 | 1.20 | 7.04 | 19882 | 1.40 | 14.94 |
| 111.35 | 24.72 | 2.99 | 59.51 | 18768 | 7.80 | 56.59 |
| 93.04 | 13.48 | 1.66 | 17.47 | 18829 | 21.45 | 48.79 |
| 24.91 | 18.79 | 2.36 | 7.85 | 9838 | 5.06 | 53.79 |
| 4.87 | 0.75 | 0.49 | 4.50 | 10355 | 1.10 | 18.35 |
| 6.28 | 0.76 | 0.65 | 6.11 | 10979 | 5.58 | 28.17 |
| 4.12 | 1.74 | 0.33 | 0.98 | 11099 | 1.74 | 30.79 |
| 8.01 | 2.51 | 0.91 | 2.13 | 15252 | 2.02 | 16.45 |
| 51.75 | 46.03 | 3.49 | 13.69 | 18735 | 3.26 | 25.58 |
| 72.92 | 49.35 | 5.15 | 36.55 | 18363 | 7.06 | 35.60 |
| 34.89 | 17.75 | 2.06 | 12.78 | 18376 | 2.65 | 32.53 |
| 37.68 | 14.39 | 2.57 | 13.80 | 27586 | 3.24 | 24.78 |
| 45.67 | 20.27 | 3.36 | 13.61 | 18241 | 3.99 | 29.83 |
| 41.90 | 0.01 | 1.42 | 16.81 | 23299 | 4.41 | 24.81 |
| 52.20 | 88.07 | 1.56 | 15.01 | 21609 | 2.95 | 32.37 |
| 23.65 | 23.07 | 1.53 | 3.45 | 15633 | 3.25 | 18.56 |
| 9.68 | 20.64 | 1.04 | 2.70 | 18906 | 1.01 | 17.41 |
| 10.14 | 2.33 | 1.46 | 2.95 | 18649 | 14.66 | 19.02 |
| 33.97 | 10.13 | 2.21 | 30.63 | 18571 | 5.20 | 40.77 |
| 13.60 | 5.70 | 0.74 | 14.64 | 16862 | 2.64 | 20.00 |
| 22.39 | 22.14 | 0.34 | 7.03 | 14476 | 9.63 | 27.11 |
| 36.82 | 23.40 | 0.54 | 6.74 | 19321 | 2.99 | 23.49 |
| 22.26 | 6.75 | 1.78 | 7.18 | 15788 | 6.45 | 22.57 |
| 13.19 | 12.96 | 0.79 | 3.23 | 17300 | 2.48 | 20.57 |
| 3.95 | 2.08 | 0.47 | 1.29 | 14386 | 1.16 | 14.46 |

## 11-1 各牧区半牧区县主要经济社会指标(2022年)(二)

| 地 区 | 普通高中在校学生数（人） | 普通高中专任教师数（人） | 初中在校学生数（人） | 初中专任教师数（人） | 普通小学在校学生（人） |
|---|---|---|---|---|---|
| **河北省** | **40594** | **2229** | **64598** | **3809** | **96437** |
| 张北县 | 16657 | 661 | 17389 | 573 | 21389 |
| 康保县 | 2344 | 230 | 2189 | 204 | 4386 |
| 沽源县 | 1750 | 205 | 4100 | 390 | 9009 |
| 尚义县 | 1210 | 140 | 2084 | 264 | 3859 |
| 丰宁满族自治县 | 7922 | 617 | 16941 | 945 | 22545 |
| 围场满族蒙古族自治县 | 10711 | 376 | 21895 | 1433 | 35249 |
| **山西省** | **1987** | **179** | **2486** | **234** | **4865** |
| 右玉县 | 1987 | 179 | 2486 | 234 | 4865 |
| **内蒙古自治区** | **201995** | **20603** | **291603** | **32457** | **574497** |
| 达尔罕茂明安联合旗 | 429 | 72 | 884 | 146 | 2409 |
| 阿鲁科尔沁旗 | 4668 | 519 | 7395 | 658 | 12696 |
| 巴林左旗 | 9285 | 688 | 9680 | 733 | 14997 |
| 巴林右旗 | 3301 | 340 | 4735 | 473 | 9562 |
| 林西县 | 3247 | 281 | 5353 | 460 | 9361 |
| 克什克腾旗 | 2784 | 292 | 4741 | 548 | 9643 |
| 翁牛特旗 | 5881 | 883 | 9721 | 1115 | 19086 |
| 敖汉旗 | 9674 | 836 | 14592 | 1234 | 31970 |
| 科尔沁左翼中旗 | 5073 | 526 | 5073 | 990 | 19841 |
| 科尔沁左翼后旗 | 4868 | 417 | 11229 | 1039 | 18978 |
| 开鲁县 | 6835 | 704 | 10332 | 1192 | 18694 |
| 库伦旗 | 2604 | 282 | 4363 | 551 | 8762 |
| 奈曼旗 | 8426 | 676 | 12685 | 1115 | 26709 |
| 扎鲁特旗 | 4570 | 438 | 8235 | 880 | 15376 |
| 东胜区 | 5567 | 509 | 25956 | 1750 | 51101 |
| 达拉特旗 | 5061 | 460 | 11676 | 1139 | 25989 |
| 准格尔旗 | 60255 | 6176 | 17907 | 1672 | 25883 |
| 鄂托克前旗 | 1012 | 114 | 2220 | 234 | 6245 |
| 鄂托克旗 | 1262 | 176 | 4484 | 439 | 11806 |
| 杭锦旗 | 1232 | 171 | 2939 | 433 | 6781 |
| 乌审旗 | 1464 | 189 | 4396 | 605 | 12191 |
| 伊金霍洛旗 | 3084 | 324 | 7782 | 849 | 17349 |
| 阿荣旗 | 4886 | 306 | 8312 | 1016 | 7871 |
| 莫力达瓦达斡尔族自治旗 | 3709 | 251 | 10865 | 2058 | 10808 |
| 鄂温克族自治旗 | 807 | 176 | 1895 | 692 | 3745 |

| 普通小学专任教师（人） | 医疗卫生机构数（个） | 医疗卫生机构床位数（张） | 卫生技术人员（人） | 城镇居民最低生活保障人数（人） | 城镇居民最低生活保障支出（万元） | 农村居民最低生活保障人数（人） | 农村居民最低生活保障支出（万元） |
|---|---|---|---|---|---|---|---|
| **7468** | **2055** | **10464** | **7350** | **11356** | **5861** | **174131** | **63139** |
| 1461 | 418 | 2373 | 1214 | 3375 | 1808 | 37488 | 14018 |
| 705 | 328 | 1779 | 725 | 622 | 357 | 27137 | 10160 |
| 763 | 252 | 907 | 623 | 1982 | 1044 | 26761 | 10295 |
| 529 | 181 | 601 | 410 | 2856 | 1448 | 20923 | 8060 |
| 1585 | 335 | 2001 | 1623 | 1624 | 774 | 30494 | 10143 |
| 2425 | 541 | 2803 | 2755 | 897 | 430 | 31328 | 10464 |
| **466** | **190** | **618** | **692** | **1018** | **537** | **10157** | **4040** |
| 466 | 190 | 618 | 692 | 1018 | 537 | 10157 | 4040 |
| **55324** | **10899** | **57238** | **66020** | **98316** | **74470** | **689465** | **293942** |
| 277 | 91 | 649 | 537 | 290 | 253 | 2689 | 1369 |
| 1368 | 421 | 2347 | 1726 | 1222 | 1033 | 25417 | 10273 |
| 1534 | 370 | 2512 | 2362 | 1237 | 945 | 31901 | 12520 |
| 941 | 227 | 946 | 790 | 1343 | 909 | 14073 | 5895 |
| 840 | 133 | 1142 | 1296 | 2254 | 1286 | 21403 | 7722 |
| 1032 | 282 | 1517 | 1703 | 2343 | 2019 | 23578 | 8168 |
| 2517 | 266 | 2214 | 2379 | 877 | 760 | 45754 | 21621 |
| 2095 | 593 | 4179 | 2888 | 1649 | 1351 | 41374 | 14266 |
| 2115 | 584 | 2324 | 2821 | 5419 | 4032 | 37156 | 15243 |
| 1691 | 486 | 1353 | 1436 | 2053 | 1504 | 13767 | 5594 |
| 1496 | 546 | 1492 | 1559 | 1786 | 1426 | 18671 | 7584 |
| 936 | 287 | 849 | 1405 | 1447 | 1072 | 7571 | 3235 |
| 2649 | 660 | 1187 | 1703 | 2388 | 1808 | 31622 | 12864 |
| 1764 | 379 | 1420 | 1730 | 2782 | 2316 | 20371 | 8094 |
| 3215 | 525 | 4546 | 6116 | 2835 | 2073 | 707 | 357 |
| 1918 | 355 | 1859 | 2471 | 488 | 464 | 4585 | 2876 |
| 2141 | 155 | 1570 | 2735 | 708 | 626 | 7436 | 4281 |
| 573 | 113 | 751 | 798 | 340 | 272 | 1659 | 850 |
| 960 | 154 | 645 | 1158 | 198 | 163 | 448 | 275 |
| 677 | 78 | 861 | 680 | 218 | 194 | 1564 | 892 |
| 1142 | 132 | 809 | 486 | 262 | 244 | 1837 | 1247 |
| 1454 | 174 | 1196 | 1450 | 339 | 306 | 3085 | 1983 |
| 1451 | 285 | 1275 | 1670 | 5202 | 4432 | 9825 | 5314 |
| 1091 | 221 | 1165 | 1504 | 6073 | 4641 | 14444 | 6642 |
| 582 | 26 | 508 | 1083 | 5260 | 4096 | 2082 | 1539 |

11-1(二) 续表 1

| 地 区 | 普通高中在校学生数（人） | 普通高中专任教师数（人） | 初中在校学生数（人） | 初中专任教师数（人） | 普通小学在校学生（人） |
|---|---|---|---|---|---|
| 陈巴尔虎旗 | 36 | 49 | 873 | 245 | 1639 |
| 新巴尔虎左旗 | | | 777 | 153 | 1849 |
| 新巴尔虎右旗 | | | 730 | 135 | 1786 |
| 扎兰屯市 | 4431 | 444 | 8823 | 1022 | 16224 |
| 磴口县 | 842 | 96 | 1143 | 285 | 2764 |
| 乌拉特前旗 | 2922 | 271 | 5963 | 583 | 12857 |
| 乌拉特中旗 | 1083 | 159 | 1455 | 160 | 4059 |
| 乌拉特后旗 | 630 | 92 | 817 | 128 | 2314 |
| 察哈尔右翼中旗 | 936 | 206 | 1206 | 165 | 2614 |
| 察哈尔右翼后旗 | 849 | 87 | 1616 | 263 | 3624 |
| 四子王旗 | 2227 | 246 | 2986 | 398 | 5431 |
| 科尔沁右翼前旗 | 3278 | 430 | 8083 | 1141 | 17100 |
| 科尔沁右翼中旗 | 4080 | 383 | 6767 | 818 | 12618 |
| 扎赉特旗 | 4439 | 359 | 10430 | 985 | 20003 |
| 突泉县 | 3153 | 245 | 6619 | 898 | 12361 |
| 锡林浩特市 | 5144 | 511 | 9827 | 770 | 21403 |
| 阿巴嘎旗 | 436 | 85 | 629 | 130 | 1633 |
| 苏尼特左旗 | 385 | 80 | 680 | 118 | 1785 |
| 苏尼特右旗 | 463 | 102 | 1361 | 234 | 3125 |
| 东乌珠穆沁旗 | 755 | 115 | 1849 | 219 | 4246 |
| 西乌珠穆沁旗 | 1212 | 169 | 2117 | 222 | 5282 |
| 太仆寺旗 | 1819 | 171 | 2584 | 285 | 4371 |
| 镶黄旗 | 387 | 63 | 676 | 105 | 1424 |
| 正镶白旗 | 339 | 80 | 600 | 126 | 1504 |
| 正蓝旗 | 605 | 96 | 1491 | 235 | 3546 |
| 阿拉善左旗 | 1012 | 115 | 3504 | 514 | 8847 |
| 阿拉善右旗 | 247 | 41 | 82 | 29 | 810 |
| 额济纳旗 | 301 | 102 | 465 | 70 | 1425 |
| **辽宁省** | **45039** | **4200** | **65831** | **8968** | **112588** |
| 康平县 | 4777 | 428 | 7349 | 1040 | 12312 |
| 阜新蒙古族自治县 | 11303 | 987 | 14501 | 2204 | 20926 |
| 彰武县 | 5207 | 412 | 8464 | 1108 | 15045 |
| 建平县 | 8952 | 722 | 14019 | 1991 | 24273 |
| 喀喇沁左翼蒙古族自治县 | 7348 | 899 | 10921 | 1368 | 20893 |
| 北票市 | 7452 | 752 | 10577 | 1257 | 19139 |

| 普通小学专任教师（人） | 医疗卫生机构数（个） | 医疗卫生机构床位数（张） | 卫生技术人员（人） | 城镇居民最低生活保障人数（人） | 城镇居民最低生活保障支出（万元） | 农村居民最低生活保障人数（人） | 农村居民最低生活保障支出（万元） |
|---|---|---|---|---|---|---|---|
| 383 | 21 | 340 | 342 | 1571 | 1297 | 369 | 311 |
| 213 | 24 | 188 | 360 | 1081 | 966 | 1377 | 873 |
| 167 | 17 | 161 | 414 | 963 | 846 | 569 | 365 |
| 1328 | 250 | 1967 | 2890 | 6031 | 4825 | 16513 | 8685 |
| 443 | 12 | 1135 | 875 | 3049 | 2315 | 8044 | 3664 |
| 1060 | 282 | 1664 | 2033 | 1749 | 1281 | 16665 | 7533 |
| 369 | 134 | 510 | 906 | 856 | 711 | 5118 | 2457 |
| 285 | 78 | 294 | 560 | 1986 | 1514 | 2085 | 1566 |
| 620 | 204 | 431 | 77 | 1883 | 1200 | 31618 | 10041 |
| 309 | 106 | 425 | 464 | 1593 | 902 | 27739 | 11067 |
| 691 | 232 | 709 | 940 | 2525 | 1347 | 32813 | 12961 |
| 2216 | 402 | 1196 | 1663 | 1402 | 1183 | 28874 | 14632 |
| 1839 | 193 | 2007 | 1810 | 2577 | 2119 | 13822 | 6632 |
| 2349 | 345 | 1551 | 1897 | 3751 | 3161 | 38604 | 17984 |
| 1325 | 233 | 1779 | 1275 | 3926 | 2631 | 34066 | 13208 |
| 1314 | 57 | 80 | 538 | 1983 | 1529 | 529 | 395 |
| 188 | 17 | 245 | 234 | 735 | 586 | 522 | 331 |
| 158 | 17 | 160 | 329 | 508 | 338 | 966 | 538 |
| 377 | 40 | 372 | 330 | 1900 | 1221 | 4772 | 2049 |
| 390 | 60 | 360 | 306 | 1314 | 1033 | 508 | 400 |
| 426 | 121 | 324 | 456 | 1781 | 1232 | 987 | 534 |
| 483 | 162 | 386 | 522 | 2863 | 1418 | 23447 | 9351 |
| 174 | 9 | 271 | 379 | 683 | 336 | 1461 | 738 |
| 245 | 77 | 226 | 221 | 491 | 237 | 8133 | 3797 |
| 433 | 81 | 407 | 303 | 709 | 368 | 6049 | 2510 |
| 824 | 152 | 414 | 916 | 1235 | 1500 | 777 | 602 |
| 126 | 16 | 176 | 198 | 73 | 72 | | |
| 130 | 14 | 144 | 296 | 85 | 81 | 19 | 15 |
| **9167** | **2583** | **14089** | **16767** | **10328** | **9501** | **78942** | **34527** |
| 1268 | 381 | 1508 | 1862 | 1160 | 992 | 8353 | 5129 |
| 1229 | 472 | 2768 | 3154 | 1166 | 855 | 27180 | 10928 |
| 1361 | 266 | 1942 | 1731 | 769 | 697 | 11234 | 4928 |
| 1990 | 733 | 2401 | 5165 | 1280 | 865 | 10700 | 3799 |
| 1368 | 385 | 2486 | 2689 | 808 | 661 | 10901 | 4199 |
| 1951 | 346 | 2984 | 2166 | 5145 | 5431 | 10574 | 5545 |

11-1(二)　续表 2

| 地　区 | 普通高中在校学生数（人） | 普通高中专任教师数（人） | 初中在校学生数（人） | 初中专任教师数（人） | 普通小学在校学生（人） |
|---|---|---|---|---|---|
| **吉林省** | **52865** | **4045** | **72810** | **10048** | **115608** |
| 双辽市 | 5744 | 473 | 9126 | 1031 | 16813 |
| 前郭尔罗斯蒙古族自治县 | 9614 | 727 | 14623 | 1718 | 21675 |
| 长岭县 | 10323 | 581 | 16903 | 1424 | 24001 |
| 乾安县 | 4315 | 349 | 5384 | 663 | 8538 |
| 镇赉县 | 4364 | 346 | 5662 | 968 | 9724 |
| 通榆县 | 8012 | 832 | 7692 | 1905 | 11425 |
| 洮南市 | 5179 | 354 | 7515 | 1016 | 14003 |
| 大安市 | 5314 | 383 | 5905 | 1323 | 9429 |
| **黑龙江省** | **97247** | **5458** | **156078** | **17876** | **145060** |
| 龙江县 | 7461 | 480 | 12707 | 1314 | 8828 |
| 泰来县 | 3464 | 279 | 7481 | 952 | 10116 |
| 甘南县 | 5969 | 482 | 9701 | 990 | 12364 |
| 富裕县 | 3674 | 258 | 4840 | 580 | 7120 |
| 虎林市 | 4069 | 296 | 5990 | 661 | 9719 |
| 肇州县 | 6669 | 418 | 11287 | 1004 | 9731 |
| 肇源县 | 8075 | 300 | 19780 | 2310 | 19310 |
| 林甸县 | 4208 | 253 | 7188 | 752 | 5088 |
| 杜尔伯特蒙古族自治县 | 4942 | 175 | 8064 | 598 | 7225 |
| 同江市 | 1908 | 152 | 4900 | 575 | 8352 |
| 兰西县 | 5724 | 281 | 19675 | 1490 | 10212 |
| 青冈县 | 8641 | 476 | 10092 | 1097 | 9211 |
| 明水县 | 3322 | 322 | 6602 | 702 | 6643 |
| 安达市 | 5553 | 386 | 10308 | 1228 | 1276 |
| 肇东市 | 23568 | 900 | 17463 | 3623 | 19865 |
| **四川省** | **118244** | **7985** | **344956** | **21007** | **793184** |
| 马尔康市 | 3562 | 398 | 3562 | 398 | 3911 |
| 汶川县 | 2995 | 485 | 3242 | 155 | 4920 |
| 理县 | 380 | 48 | 2715 | 161 | 1903 |
| 茂县 | 1683 | 156 | 4547 | 516 | 6602 |
| 松潘县 | 578 | 77 | 1636 | 35 | 4428 |
| 九寨沟县 | 945 | 138 | 1902 | 211 | 4419 |
| 金川县 | 710 | 130 | 1377 | 221 | 3317 |
| 小金县 | 1021 | 119 | 2806 | 362 | 3702 |
| 黑水县 | 324 | 44 | 990 | 120 | 1990 |
| 壤塘县 | 29 | 6 | 2048 | 194 | 6427 |
| 阿坝县 | 636 | 95 | 2000 | 100 | 9045 |

| 普通小学专任教师（人） | 医疗卫生机构数（个） | 医疗卫生机构床位数（张） | 卫生技术人员（人） | 城镇居民最低生活保障人数（人） | 城镇居民最低生活保障支出（万元） | 农村居民最低生活保障人数（人） | 农村居民最低生活保障支出（万元） |
|---|---|---|---|---|---|---|---|
| **13165** | **2498** | **11930** | **15182** | **29710** | **20439** | **152960** | **54149** |
| 2196 | 423 | 1844 | 1460 | 2521 | 1919 | 15584 | 5040 |
| 2326 | 526 | 2362 | 3773 | 4166 | 2592 | 21787 | 8078 |
| 1865 | 251 | 1861 | 1120 | 625 | 1175 | 20762 | 6895 |
| 1066 | 338 | 779 | 1776 | 1438 | 1242 | 8838 | 4629 |
| 1414 | 147 | 814 | 1066 | 4214 | 2802 | 25502 | 10241 |
| 1330 | 194 | 1397 | 1922 | 3882 | 2291 | 22683 | 7040 |
| 1560 | 286 | 1283 | 2070 | 7497 | 5522 | 15031 | 5693 |
| 1408 | 333 | 1590 | 1995 | 5367 | 2896 | 22773 | 6534 |
| **17816** | **2520** | **21642** | **20594** | **51227** | **37599** | **208199** | **74845** |
| 1600 | 180 | 1269 | 1786 | 2552 | 1970 | 25679 | 10916 |
| 846 | 210 | 2070 | 1320 | 1910 | 1167 | 11633 | 3132 |
| 1047 | 194 | 1255 | 1401 | 5014 | 5001 | 13823 | 6011 |
| 751 | 97 | 1010 | 956 | 1731 | 1540 | 12578 | 4265 |
| 586 | 203 | 1412 | 2070 | 3248 | 2483 | 1495 | 979 |
| 1166 | 159 | 1371 | 1815 | 1594 | 862 | 9888 | 2838 |
| 2350 | 251 | 1083 | 736 | 1434 | 835 | 4110 | 1464 |
| 854 | 117 | 1163 | 807 | 980 | 650 | 13034 | 5353 |
| 752 | 93 | 1072 | 1149 | 1447 | 956 | 5926 | 2644 |
| 885 | 19 | 666 | 672 | 2781 | 2134 | 2887 | 1958 |
| 1521 | 177 | 2037 | 1274 | 5428 | 3818 | 24860 | 7627 |
| 948 | 22 | 1465 | 1261 | 6801 | 4173 | 37504 | 9626 |
| 727 | 171 | 1536 | 1524 | 3310 | 2328 | 19107 | 6310 |
| 983 | 153 | 1652 | 2154 | 6504 | 4891 | 16275 | 7086 |
| 2800 | 474 | 2581 | 1669 | 6493 | 4792 | 9400 | 4636 |
| **43829** | **8203** | **43973** | **42252** | **44061** | **21028** | **736275** | **255746** |
| 454 | 129 | 924 | 1114 | 947 | 455 | 4166 | 1383 |
| 692 | 142 | 591 | 687 | 517 | 305 | 1689 | 718 |
| 405 | 80 | 305 | 382 | 380 | 201 | 436 | 181 |
| 624 | 199 | 844 | 991 | 5434 | 2379 | 1225 | 394 |
| 468 | 141 | 591 | 476 | 1655 | 785 | 2120 | 878 |
| 449 | 104 | 466 | 652 | 340 | 202 | 1011 | 441 |
| 622 | 100 | 548 | 509 | 32 | 23 | 580 | 276 |
| 495 | 143 | 374 | 576 | 170 | 17 | 1148 | 173 |
| 385 | 283 | 200 | 67 | 214 | 83 | 4499 | 1953 |
| 309 | 67 | 508 | 298 | 367 | 165 | 15407 | 4313 |
| 689 | 102 | 587 | 382 | 424 | 184 | 22709 | 6079 |

11-1(二) 续表 3

| 地　区 | 普通高中在校学生数（人） | 普通高中专任教师数（人） | 初中在校学生数（人） | 初中专任教师数（人） | 普通小学在校学生（人） |
|---|---|---|---|---|---|
| 若尔盖县 | 1642 | 124 | 3939 | 289 | 7395 |
| 红原县 | 726 | 84 | 3257 | 51 | 5957 |
| 康定市 | 4027 | 282 | 4444 | 361 | 8918 |
| 泸定县 | 2829 | 221 | 2457 | 205 | 5782 |
| 丹巴县 | 1017 | 85 | 1632 | 214 | 2811 |
| 九龙县 | 1676 | 105 | 3007 | 212 | 5235 |
| 雅江县 | 830 | 64 | 1903 | 120 | 3923 |
| 道孚县 | 337 | 21 | 2377 | 175 | 127 |
| 炉霍县 | 653 | 60 | 2697 | 232 | 6446 |
| 甘孜县 | 547 | 44 | 2919 | 231 | 8268 |
| 新龙县 | | | 1625 | 113 | 6071 |
| 德格县 | | | 4420 | 145 | 12642 |
| 白玉县 | | | 2092 | 109 | 7025 |
| 石渠县 | | | 4173 | 179 | 15694 |
| 色达县 | | | 2622 | 106 | 9227 |
| 理塘县 | | | 3374 | 182 | 9963 |
| 巴塘县 | 2004 | 156 | 2784 | 148 | 5544 |
| 乡城县 | | | 1066 | 109 | 2214 |
| 稻城县 | | | 1197 | 123 | 2594 |
| 得荣县 | | | 675 | 93 | 1981 |
| 西昌市 | 13531 | 1056 | 41718 | 2444 | 95670 |
| 会理市 | 5921 | 388 | 13575 | 1007 | 27459 |
| 木里藏族自治县 | 1914 | 94 | 5737 | 406 | 11712 |
| 盐源县 | 6306 | 479 | 18220 | 916 | 34640 |
| 德昌县 | 4924 | 314 | 11280 | 729 | 22917 |
| 会东县 | 8432 | 438 | 17080 | 1322 | 28144 |
| 宁南县 | 3015 | 256 | 9018 | 580 | 18319 |
| 普格县 | 3230 | 235 | 12568 | 860 | 34650 |
| 布拖县 | 11580 | 103 | 13744 | 628 | 35789 |
| 金阳县 | 2068 | 117 | 11217 | 652 | 31264 |
| 昭觉县 | 5295 | 260 | 17262 | 931 | 54573 |
| 喜德县 | 4181 | 387 | 12200 | 372 | 26065 |
| 冕宁县 | 5813 | 129 | 19586 | 1007 | 43571 |
| 越西县 | 4673 | 276 | 19783 | 888 | 48432 |
| 甘洛县 | 2088 | 157 | 12076 | 628 | 26091 |
| 美姑县 | 2025 | 111 | 14494 | 820 | 41289 |
| 雷波县 | 4097 | 243 | 15913 | 947 | 34118 |

| 普通小学专任教师（人） | 医疗卫生机构数（个） | 医疗卫生机构床位数（张） | 卫生技术人员（人） | 城镇居民最低生活保障人数（人） | 城镇居民最低生活保障支出（万元） | 农村居民最低生活保障人数（人） | 农村居民最低生活保障支出（万元） |
|---|---|---|---|---|---|---|---|
| 550 | 117 | 382 | 289 | 134 | 68 | 4082 | 1458 |
| 402 | 52 | 274 | 279 | 104 | 53 | 6077 | 2001 |
| 601 | 260 | 826 | 751 | 1846 | 988 | 4842 | 2067 |
| 508 | 102 | 448 | 486 | 1160 | 669 | 1288 | 557 |
| 420 | 160 | 360 | 335 | 115 | 73 | 2372 | 996 |
| 366 | 84 | 295 | 316 | 140 | 79 | 4637 | 1506 |
| 315 | 122 | 284 | 200 | 29 | 15 | 4356 | 1913 |
| 298 | 140 | 282 | 320 | 270 | 130 | 5549 | 1942 |
| 507 | 142 | 234 | 314 | 67 | 43 | 4161 | 1546 |
| 505 | 158 | 500 | 377 | 461 | 230 | 17208 | 5834 |
| 396 | 114 | 230 | 292 | 382 | 207 | 9439 | 3688 |
| 410 | 177 | 497 | 424 | 508 | 213 | 15820 | 4124 |
| 482 | 149 | 340 | 316 | 313 | 123 | 8005 | 2431 |
| 482 | 151 | 521 | 353 | 355 | 181 | 33923 | 12008 |
| 488 | 174 | 335 | 191 | 840 | 319 | 13024 | 4519 |
| 565 | 29 | 608 | 104 | 500 | 216 | 9975 | 3355 |
| 464 | 80 | 465 | 244 | 120 | 72 | 3758 | 1646 |
| 256 | 77 | 184 | 214 | 164 | 119 | 540 | 278 |
| 252 | 106 | 232 | 268 | 251 | 125 | 3202 | 1308 |
| 261 | 102 | 360 | 218 | 225 | 115 | 4612 | 1226 |
| 4235 | 753 | 8869 | 9859 | 2526 | 1010 | 13183 | 4954 |
| 1689 | 477 | 2690 | 2315 | 1899 | 1009 | 17198 | 6545 |
| 835 | 113 | 510 | 631 | 1593 | 423 | 13404 | 5754 |
| 1863 | 295 | 2826 | 2158 | 1604 | 826 | 38742 | 13788 |
| 1096 | 198 | 1570 | 1743 | 496 | 317 | 15637 | 5689 |
| 1718 | 472 | 1849 | 1855 | 331 | 165 | 24083 | 6342 |
| 960 | 200 | 1331 | 1476 | 1235 | 647 | 19306 | 6525 |
| 1450 | 164 | 949 | 873 | 674 | 367 | 32930 | 14348 |
| 1466 | 166 | 600 | 574 | 2618 | 1288 | 44454 | 15989 |
| 1530 | 128 | 1038 | 601 | 1748 | 918 | 49377 | 16728 |
| 2608 | 209 | 1080 | 1289 | 2455 | 989 | 65383 | 19026 |
| 1367 | 123 | 479 | 907 | 2518 | 1258 | 39500 | 13554 |
| 1962 | 204 | 2287 | 2124 | 595 | 295 | 12834 | 4209 |
| 2217 | 196 | 1188 | 1740 | 1912 | 993 | 37863 | 13763 |
| 1308 | 20 | 589 | 661 | 955 | 501 | 22073 | 7763 |
| 1833 | 231 | 1532 | 653 | 1405 | 656 | 46937 | 17495 |
| 1572 | 268 | 991 | 368 | 1033 | 532 | 31511 | 12084 |

11-1(二) 续表 4

| 地 区 | 普通高中在校学生数（人） | 普通高中专任教师数（人） | 初中在校学生数（人） | 初中专任教师数（人） | 普通小学在校学生（人） |
|---|---|---|---|---|---|
| **云南省** | **895** | **69** | **11932** | **911** | **27581** |
| 香格里拉市 | | | 4955 | 384 | 12094 |
| 德钦县 | | | 1476 | 157 | 3443 |
| 维西傈僳族自治县 | 895 | 69 | 5501 | 370 | 12044 |
| **西藏自治区** | | | **69653** | **6377** | **167295** |
| 林周县 | | | 1932 | 180 | 5028 |
| 当雄县 | | | 2479 | 179 | 5637 |
| 昂仁县 | | | 2439 | 210 | 5690 |
| 谢通门县 | | | 2019 | 144 | 5425 |
| 康马县 | | | 899 | 90 | 2033 |
| 仲巴县 | | | 1313 | 106 | 3570 |
| 亚东县 | | | 409 | 59 | 1159 |
| 萨嘎县 | | | 753 | 71 | 1872 |
| 岗巴县 | | | 501 | 73 | 1111 |
| 卡若区 | | | 1539 | 183 | 9111 |
| 江达县 | | | 3543 | 646 | 9882 |
| 贡觉县 | | | 1611 | 145 | 4168 |
| 类乌齐县 | | | 2739 | 184 | 6845 |
| 丁青县 | | | 5515 | 347 | 13696 |
| 察雅县 | | | 1953 | 159 | 6130 |
| 八宿县 | | | 1751 | 155 | 4826 |
| 工布江达县 | | | 1360 | 124 | 4034 |
| 曲松县 | | | 443 | 62 | 926 |
| 措美县 | | | 287 | 40 | 287 |
| 浪卡子县 | | | 1634 | 140 | 2954 |
| 错那市 | | | 363 | 52 | 759 |
| 色尼区 | | | 5287 | 440 | 9970 |
| 嘉黎县 | | | 2361 | 140 | 5889 |
| 比如县 | | | 4950 | 320 | 12802 |
| 聂荣县 | | | 1243 | 110 | 3710 |
| 安多县 | | | 6723 | 560 | 4088 |
| 申扎县 | | | 1226 | 108 | 2313 |
| 索县 | | | 2579 | 225 | 7347 |

| 普通小学专任教师（人） | 医疗卫生机构数（个） | 医疗卫生机构床位数（张） | 卫生技术人员（人） | 城镇居民最低生活保障人数（人） | 城镇居民最低生活保障支出（万元） | 农村居民最低生活保障人数（人） | 农村居民最低生活保障支出（万元） |
|---|---|---|---|---|---|---|---|
| **2242** | **251** | **2351** | **3286** | **2412** | **1408** | **37452** | **12355** |
| 1011 | 76 | 1441 | 1995 | 363 | 225 | 6181 | 2217 |
| 358 | 63 | 268 | 279 | 1693 | 856 | 10460 | 3203 |
| 873 | 112 | 642 | 1012 | 356 | 327 | 20811 | 6936 |
| **11565** | **3368** | **5863** | **8009** | **13904** | **13004** | **81795** | **19165** |
| 326 | 48 | 75 | 326 | 744 | 610 | 822 | 197 |
| 386 | 39 | 69 | 163 | 329 | 319 | 1707 | 609 |
| 362 | 202 | 275 | 647 | 19 | 18 | 1934 | 380 |
| 320 | 97 | 188 | 218 | 51 | 45 | 1289 | 227 |
| 218 | 57 | 350 | 130 | 7 | 10 | 148 | 26 |
| 200 | 71 | 113 | 59 | 64 | 78 | 602 | 256 |
| 128 | 24 | 63 | 118 | 24 | 16 | | |
| 166 | 55 | 88 | 128 | 34 | 23 | 268 | 43 |
| 143 | 29 | 41 | 105 | 8 | 7 | 99 | 32 |
| 580 | 173 | 204 | 737 | 2674 | 1006 | 6742 | 870 |
| 278 | 216 | 186 | 321 | 527 | 724 | 6636 | 2497 |
| 345 | 120 | 158 | 157 | 565 | 449 | 6819 | 1697 |
| 492 | 95 | 150 | 234 | 324 | 271 | 4875 | 1000 |
| 794 | 84 | 714 | 277 | 218 | 2512 | 8413 | 1211 |
| 479 | 159 | 208 | 308 | 230 | 200 | 7831 | 2500 |
| 346 | 127 | 170 | 495 | 210 | 189 | 5705 | 665 |
| 320 | 87 | 97 | 117 | 31 | 23 | 360 | 131 |
| 118 | 30 | 65 | 105 | 21 | 12 | 315 | 92 |
| 40 | 17 | 55 | 56 | 40 | 11 | 132 | 35 |
| 261 | 93 | 67 | 370 | 25 | 126 | 861 | 220 |
| 101 | 41 | 107 | 161 | 17 | 13 | 92 | 36 |
| 709 | 153 | 108 | 226 | 3351 | 2715 | 7357 | 2437 |
| 345 | 137 | 180 | 224 | 231 | 1127 | 1792 | 430 |
| 621 | 182 | 423 | 190 | 265 | 0 | 1207 | 657 |
| 274 | 140 | 155 | 195 | 468 | 417 | 1639 | 483 |
| 309 | 89 | 240 | 252 | 1122 | 1129 | 1786 | 379 |
| 351 | 73 | 158 | 72 | 153 | 126 | 502 | 146 |
| 496 | 132 | 177 | 282 | 686 | 184 | 2034 | 303 |

11-1(二) 续表 5

| 地　区 | 普通高中在校学生数（人） | 普通高中专任教师数（人） | 初中在校学生数（人） | 初中专任教师数（人） | 普通小学在校学生（人） |
|---|---|---|---|---|---|
| 班戈县 | | | 1584 | 163 | 3879 |
| 巴青县 | | | 3143 | 200 | 8751 |
| 尼玛县 | | | 1255 | 125 | 3192 |
| 普兰县 | | | 258 | 46 | 1061 |
| 札达县 | | | 157 | 26 | 555 |
| 噶尔县 | | | 517 | 66 | 939 |
| 日土县 | | | 297 | 39 | 1003 |
| 革吉县 | | | 835 | 59 | 1975 |
| 改则县 | | | 1090 | 346 | 3009 |
| 措勤县 | | | 666 | 55 | 1669 |
| **甘肃省** | **62937** | **7092** | **108399** | **11180** | **229596** |
| 永登县 | 6515 | 625 | 8840 | 943 | 16221 |
| 永昌县 | 5588 | 500 | 5341 | 555 | 7846 |
| 靖远县 | 7497 | 950 | 14433 | 1548 | 29136 |
| 民勤县 | 3035 | 452 | 3771 | 588 | 6763 |
| 天祝藏族自治县 | 2910 | 328 | 4624 | 472 | 10232 |
| 肃南裕固族自治县 | 374 | 37 | 617 | 112 | 1380 |
| 山丹县 | 3138 | 259 | 5770 | 445 | 10781 |
| 瓜州县 | 2802 | 244 | 4117 | 371 | 8719 |
| 肃北蒙古族自治县 | 226 | 35 | 298 | 48 | 643 |
| 阿克塞哈萨克族自治县 | 315 | 17 | 366 | 37 | 768 |
| 环县 | 6841 | 849 | 12537 | 948 | 26874 |
| 华池县 | 2288 | 184 | 5094 | 645 | 10569 |
| 漳县 | 3679 | 337 | 6600 | 836 | 17538 |
| 岷县 | 9909 | 802 | 19459 | 1761 | 44744 |
| 合作市 | 888 | 93 | 2141 | 145 | 4020 |
| 卓尼县 | 2424 | 930 | 4823 | 930 | 9593 |
| 迭部县 | 1140 | 139 | 1563 | 224 | 4627 |
| 玛曲县 | 1028 | 86 | 3496 | 209 | 6920 |
| 碌曲县 | 999 | 91 | 1625 | 180 | 3757 |
| 夏河县 | 1341 | 134 | 2884 | 183 | 8465 |
| **青海省** | **24742** | **2070** | **89352** | **7088** | **219069** |
| 门源回族自治县 | 3781 | 298 | 5828 | 459 | 12779 |
| 祁连县 | 924 | 89 | 1843 | 129 | 4041 |
| 海晏县 | 988 | 114 | 1156 | 120 | 2448 |

| 普通小学专任教师（人） | 医疗卫生机构数（个） | 医疗卫生机构床位数（张） | 卫生技术人员（人） | 城镇居民最低生活保障人数（人） | 城镇居民最低生活保障支出（万元） | 农村居民最低生活保障人数（人） | 农村居民最低生活保障支出（万元） |
|---|---|---|---|---|---|---|---|
| 312 | 98 | 94 | 243 | 661 | 5 | 2212 | 5 |
| 501 | 169 | 112 | 195 | 145 | 21 | 2856 | 745 |
| 345 | 95 | 200 | 82 | 210 | 147 | 3439 | 604 |
| 97 | 25 | 45 | 35 | 1 | 2 | | |
| 79 | 27 | 62 | 125 | 20 | 20 | | |
| 95 | 24 | 75 | 46 | 162 | 163 | 11 | 4 |
| 91 | 23 | 62 | 138 | 31 | 30 | 9 | 4 |
| 142 | 52 | 77 | 99 | 34 | 38 | 93 | 27 |
| 340 | 57 | 152 | 257 | 166 | 184 | 547 | 136 |
| 55 | 28 | 100 | 116 | 36 | 37 | 661 | 83 |
| **20766** | **3188** | **18150** | **17819** | **33636** | **25314** | **190003** | **69823** |
| 1951 | 411 | 2386 | 1968 | 1078 | 747 | 14693 | 6079 |
| 786 | 334 | 850 | 1583 | 3288 | 2540 | 5433 | 3173 |
| 3227 | 202 | 1628 | 2104 | 3111 | 2492 | 21667 | 7079 |
| 811 | 248 | 1243 | 1364 | 3897 | 2836 | 6280 | 3151 |
| 1125 | 191 | 1230 | 1469 | 1607 | 1408 | 6826 | 3485 |
| 199 | 50 | 404 | 298 | 591 | 408 | 2415 | 1067 |
| 833 | 118 | 1641 | 1363 | 3974 | 2893 | 7348 | 2819 |
| 677 | 134 | 912 | 752 | 1462 | 1121 | 5506 | 2550 |
| 77 | 30 | 191 | 159 | 296 | 248 | 309 | 129 |
| 68 | 11 | 82 | 140 | 273 | 256 | 272 | 206 |
| 1873 | 325 | 1373 | 2117 | 1382 | 1021 | 31439 | 10997 |
| 875 | 151 | 1300 | 954 | 2003 | 1531 | 11094 | 4074 |
| 1059 | 154 | 890 | 539 | 1535 | 953 | 18201 | 5217 |
| 3118 | 384 | 1835 | 909 | 2881 | 2392 | 40338 | 14634 |
| 806 | 46 | 126 | 257 | 3360 | 2354 | 2583 | 810 |
| 806 | 118 | 634 | 366 | 205 | 141 | 5105 | 1489 |
| 571 | 131 | 340 | 325 | 505 | 417 | 2596 | 677 |
| 573 | 44 | 228 | 360 | 756 | 578 | 3004 | 641 |
| 600 | 31 | 266 | 263 | 362 | 279 | 1727 | 585 |
| 731 | 75 | 591 | 529 | 1070 | 701 | 3167 | 962 |
| **12966** | **3047** | **13070** | **11901** | **40230** | **45116** | **187498** | **102290** |
| 728 | 159 | 581 | 1030 | 2161 | 2495 | 7701 | 5108 |
| 304 | 59 | 268 | 231 | 916 | 1114 | 2416 | 1819 |
| 228 | 48 | 193 | 130 | 786 | 1001 | 1114 | 868 |

11-1(二) 续表 6

| 地　区 | 普通高中在校学生数（人） | 普通高中专任教师数（人） | 初中在校学生数（人） | 初中专任教师数（人） | 普通小学在校学生（人） |
|---|---|---|---|---|---|
| 刚察县 | | | 1742 | 206 | 4075 |
| 同仁市 | 1091 | 135 | 3795 | 155 | 10810 |
| 尖扎县 | 1441 | 107 | 2267 | 169 | 6221 |
| 泽库县 | 981 | 74 | 4129 | 363 | 9595 |
| 河南蒙古族自治县 | | | 1646 | 115 | 4170 |
| 共和县 | 400 | 33 | 6179 | 414 | 12035 |
| 同德县 | 768 | 104 | 2787 | 328 | 6733 |
| 贵德县 | 3892 | 145 | 4907 | 330 | 9416 |
| 兴海县 | 836 | 73 | 4067 | 432 | 9152 |
| 贵南县 | 1623 | 89 | 3567 | 250 | 7703 |
| 玛沁县 | | | 2273 | 246 | 6391 |
| 班玛县 | | | 1447 | 167 | 4257 |
| 甘德县 | | | 1580 | 90 | 5185 |
| 达日县 | | | 1464 | 109 | 6309 |
| 久治县 | | | 1026 | 98 | 3988 |
| 玛多县 | | | 328 | 26 | 1596 |
| 玉树市 | | | 5979 | 457 | 18139 |
| 杂多县 | | | 3875 | 305 | 11444 |
| 称多县 | | | 2441 | 164 | 7188 |
| 治多县 | | | 1290 | 156 | 4681 |
| 囊谦县 | | | 4894 | 254 | 12384 |
| 曲麻莱县 | | | 1176 | 108 | 4028 |
| 格尔木市 | 3835 | 306 | 8645 | 651 | 19030 |
| 德令哈市 | 1547 | 176 | 4269 | 364 | 6142 |
| 乌兰县 | 1194 | 194 | 1457 | 110 | 2110 |
| 都兰县 | 1146 | 96 | 2503 | 230 | 5268 |
| 天峻县 | 295 | 37 | 792 | 83 | 1751 |
| **宁夏回族自治区** | **21701** | **1613** | **43765** | **3391** | **93491** |
| 盐池县 | 2893 | 224 | 5305 | 669 | 11662 |
| 同心县 | 8373 | 647 | 18677 | 1455 | 41861 |
| 海原县 | 10435 | 742 | 19783 | 1267 | 39968 |
| **新疆维吾尔自治区** | **82023** | **11276** | **190021** | **15235** | **444133** |
| 乌鲁木齐县 | 481 | 23 | 1684 | 156 | 3680 |
| 伊州区 | 9467 | 926 | 15469 | 1207 | 33153 |
| 巴里坤哈萨克自治县 | 740 | 96 | 2179 | 249 | 5280 |

| 普通小学专任教师（人） | 医疗卫生机构数（个） | 医疗卫生机构床位数（张） | 卫生技术人员（人） | 城镇居民最低生活保障人数（人） | 城镇居民最低生活保障支出（万元） | 农村居民最低生活保障人数（人） | 农村居民最低生活保障支出（万元） |
|---|---|---|---|---|---|---|---|
| 286 | 47 | 296 | 416 | 526 | 927 | 3322 | 2525 |
| 668 | 16 | 1266 | 109 | 1766 | 883 | 13227 | 4309 |
| 476 | 138 | 382 | 484 | 621 | 560 | 10728 | 5661 |
| 863 | 91 | 427 | 238 | 2186 | 2025 | 23971 | 14429 |
| 246 | 45 | 326 | 469 | 514 | 442 | 6741 | 2635 |
| 1074 | 116 | 454 | 301 | 2770 | 1899 | 7735 | 2950 |
| 378 | 1105 | 590 | 784 | 2845 | 2491 | 3068 | 2318 |
| 525 | 148 | 985 | 800 | 2781 | 2290 | 1801 | 1775 |
| 410 | 88 | 412 | 252 | 440 | 700 | 6598 | 4497 |
| 438 | 21 | 530 | 495 | 1341 | 1051 | 5156 | 2836 |
| 468 | 47 | 192 | 162 | 2041 | 1438 | 3279 | 1817 |
| 204 | 47 | 218 | 155 | 936 | 943 | 5785 | 3043 |
| 263 | 48 | 260 | 112 | 1611 | 1565 | 3284 | 2266 |
| 345 | 48 | 231 | 151 | 665 | 698 | 7522 | 5289 |
| 265 | 30 | 120 | 282 | 300 | 323 | 3518 | 2921 |
| 70 | 37 | 70 | 72 | 811 | 662 | 4191 | 2238 |
| 835 | 16 | 400 | 322 | 4971 | 13449 | 15026 | 1611 |
| 473 | 43 | 346 | 51 | 1393 | 1614 | 8321 | 5273 |
| 374 | 6 | 320 | 214 | 791 | 1876 | 14684 | 6581 |
| 328 | 12 | 241 | 134 | 730 | 3 | 6317 | 6100 |
| 498 | 84 | 503 | 209 | 2913 | 2178 | 12917 | 7849 |
| 288 | 28 | 174 | 187 | 738 | 500 | 5097 | 3786 |
| 1062 | 162 | 1815 | 2271 | 632 | 573 | 876 | 512 |
| 357 | 101 | 932 | 1182 | 1349 | 302 | 1172 | 186 |
| 92 | 52 | 150 | 274 | 190 | 773 | 491 | 589 |
| 272 | 129 | 239 | 110 | 339 | 200 | 1213 | 380 |
| 148 | 76 | 149 | 274 | 167 | 139 | 227 | 119 |
| **5360** | **518** | **3430** | **4287** | **15399** | **10617** | **105684** | **51013** |
| 780 | 150 | 793 | 968 | 1787 | 1327 | 9646 | 4131 |
| 2225 | 151 | 1137 | 1518 | 3438 | 2418 | 45873 | 23089 |
| 2355 | 217 | 1500 | 1801 | 10174 | 6872 | 50165 | 23793 |
| **32010** | **3583** | **26228** | **33090** | **36074** | **24730** | **134821** | **69217** |
| 343 | 46 | 185 | 316 | 63 | 54 | 641 | 445 |
| 2682 | 281 | 2651 | 3565 | 1113 | 779 | 4129 | 1972 |
| 710 | 55 | 203 | 446 | 366 | 250 | 1601 | 870 |

11-1(二) 续表 7

| 地　区 | 普通高中在校学生数（人） | 普通高中专任教师数（人） | 初中在校学生数（人） | 初中专任教师数（人） | 普通小学在校学生（人） |
|---|---|---|---|---|---|
| 伊吾县 | 501 | 62 | 685 | 91 | 1856 |
| 奇台县 | 3689 | 369 | 6605 | 247 | 14273 |
| 木垒哈萨克自治县 | 1012 | 94 | 2086 | 147 | 5018 |
| 博乐市 | 3181 | 278 | 8565 | 755 | 16839 |
| 精河县 | 1334 | 115 | 3779 | 508 | 8986 |
| 温泉县 | 457 | 70 | 1412 | 177 | 3130 |
| 尉犁县 | 1581 | 84 | 3347 | 227 | 6863 |
| 且末县 | 870 | 91 | 2841 | 193 | 8451 |
| 和静县 | 2 | 2942 | 6516 | 487 | 14238 |
| 和硕县 | 906 | 85 | 1959 | 158 | 4593 |
| 温宿县 | 4171 | 361 | 11131 | 941 | 30664 |
| 沙雅县 | 6215 | 431 | 13321 | 884 | 33183 |
| 阿克陶县 | 4470 | 519 | 11967 | 1422 | 38904 |
| 阿合奇县 |  |  | 1954 | 243 | 5385 |
| 乌恰县 |  |  | 2509 | 323 | 7001 |
| 塔什库尔干塔吉克自治县 | 786 | 61 | 1821 | 120 | 4259 |
| 民丰县 | 701 | 51 | 1925 | 126 | 5428 |
| 巩留县 | 3565 | 262 | 9010 | 529 | 20344 |
| 新源县 | 6442 | 451 | 14604 | 1023 | 30157 |
| 昭苏县 | 2662 | 217 | 6423 | 552 | 16266 |
| 特克斯县 | 3478 | 243 | 8031 | 561 | 18280 |
| 尼勒克县 | 3079 | 186 | 7123 | 569 | 17319 |
| 塔城市 | 1541 | 118 | 5357 | 409 | 9497 |
| 额敏县 | 2885 | 198 | 6284 | 464 | 12318 |
| 托里县 | 1488 | 1142 | 3734 | 251 | 8338 |
| 裕民县 | 562 | 777 | 1495 | 210 | 3971 |
| 和布克赛尔蒙古自治县 | 632 | 82 | 1546 | 173 | 4158 |
| 阿勒泰市 | 3921 | 303 | 6662 | 473 | 12080 |
| 布尔津县 | 1355 | 104 | 2836 | 200 | 6480 |
| 富蕴县 | 2164 | 136 | 4473 | 320 | 10417 |
| 福海县 | 3551 | 106 | 2454 | 231 | 5819 |
| 哈巴河县 | 2098 | 129 | 3887 | 267 | 7622 |
| 青河县 | 1435 | 110 | 3070 | 263 | 7305 |
| 吉木乃县 | 601 | 54 | 1277 | 79 | 2578 |

| 普通小学专任教师（人） | 医疗卫生机构数（个） | 医疗卫生机构床位数（张） | 卫生技术人员（人） | 城镇居民最低生活保障人数（人） | 城镇居民最低生活保障支出（万元） | 农村居民最低生活保障人数（人） | 农村居民最低生活保障支出（万元） |
|---|---|---|---|---|---|---|---|
| 278 | 27 | 238 | 312 | 31 | 27 | 154 | 128 |
| 909 | 178 | 1504 | 1636 | 306 | 253 | 1907 | 1326 |
| 446 | 54 | 420 | 518 | 489 | 406 | 1759 | 1276 |
| 1113 | 232 | 1616 | 2581 | 2112 | 1430 | 4453 | 2407 |
| 717 | 100 | 582 | 764 | 1129 | 648 | 3525 | 2099 |
| 428 | 71 | 322 | 540 | 894 | 620 | 1222 | 769 |
| 470 | 85 | 356 | 453 | 874 | 659 | 1697 | 969 |
| 673 | 66 | 559 | 660 | 866 | 696 | 3528 | 2335 |
| 1047 | 127 | 766 | 1095 | 1702 | 1311 | 3742 | 2138 |
| 470 | 71 | 318 | 696 | 227 | 189 | 1453 | 1055 |
| 1634 | 139 | 836 | 1528 | 1091 | 574 | 4382 | 1708 |
| 1602 | 195 | 2390 | 1791 | 1226 | 874 | 5420 | 2993 |
| 2394 | 109 | 1461 | 1321 | 2371 | 1619 | 23443 | 11026 |
| 665 | 27 | 270 | 458 | 719 | 408 | 1475 | 577 |
| 1085 | 43 | 443 | 703 | 538 | 362 | 1896 | 855 |
| 120 | 49 | 228 | 306 | 316 | 183 | 3337 | 1373 |
| 392 | 46 | 302 | 207 | 155 | 99 | 2195 | 1052 |
| 1254 | 126 | 810 | 1238 | 1969 | 1126 | 9265 | 4541 |
| 1618 | 192 | 1643 | 1797 | 1591 | 1067 | 8129 | 3847 |
| 1194 | 71 | 678 | 1261 | 1839 | 1172 | 6258 | 3143 |
| 1213 | 91 | 736 | 80 | 2239 | 1464 | 7783 | 3704 |
| 1386 | 108 | 788 | 1145 | 1433 | 916 | 6079 | 2828 |
| 760 | 155 | 542 | 412 | 1039 | 853 | 3253 | 1963 |
| 662 | 161 | 752 | 1376 | 3057 | 2043 | 3675 | 1973 |
| 675 | 79 | 683 | 658 | 875 | 673 | 2629 | 1322 |
| 339 | 57 | 260 | 412 | 733 | 551 | 1214 | 687 |
| 547 | 34 | 568 | 453 | 976 | 686 | 1130 | 784 |
| 1071 | 107 | 552 | 793 | 840 | 625 | 2857 | 1442 |
| 596 | 99 | 546 | 695 | 498 | 392 | 2010 | 1108 |
| 632 | 90 | 520 | 716 | 754 | 594 | 2452 | 1399 |
| 539 | 22 | 483 | 682 | 525 | 424 | 1096 | 681 |
| 625 | 94 | 629 | 886 | 377 | 271 | 2393 | 1145 |
| 455 | 55 | 247 | 262 | 402 | 191 | 1832 | 809 |
| 266 | 41 | 141 | 328 | 339 | 242 | 807 | 469 |

# 民族乡

## 1-1 分地区民族乡基本情况(2022年)

| 地区 | 民族乡数(个) | 行政区划面积(平方公里) | 年末总人口(万人) | #少数民族 | 村民委员会(个) |
|---|---|---|---|---|---|
| **合计** | **958** | **256270** | **1590.09** | **870.50** | **8940** |
| 北京 | 5 | 621 | 9.24 | 2.19 | 62 |
| 天津 | 1 | 25 | 0.72 | 0.31 | 13 |
| 河北 | 38 | 3133 | 59.76 | 23.41 | 415 |
| 内蒙古 | 18 | 27188 | 24.20 | 7.20 | 183 |
| 辽宁 | 54 | 7425.94 | 86.87 | 50.33 | 515 |
| 吉林 | 28 | 6021 | 40.89 | 12.24 | 313 |
| 黑龙江 | 52 | 21311 | 62.98 | 22.51 | 406 |
| 江苏 | 1 | 54 | 2.24 | 0.69 | 8 |
| 浙江 | 14 | 649 | 10.96 | 2.79 | 101 |
| 安徽 | 9 | 432 | 20.28 | 5.63 | 67 |
| 福建 | 19 | 2151 | 40.65 | 14.03 | 322 |
| 江西 | 8 | 1080 | 11.29 | 2.98 | 72 |
| 河南 | 12 | 206 | 19.31 | 8.38 | 92 |
| 湖北 | 10 | 2251 | 24.68 | 14.37 | 123 |
| 湖南 | 83 | 11661 | 147.32 | 92.30 | 985 |
| 广东 | 7 | 1401 | 8.79 | 3.28 | 50 |
| 广西 | 59 | 15520 | 118.81 | 90.73 | 590 |
| 重庆 | 14 | 1421 | 16.18 | 6.56 | 96 |
| 四川 | 83 | 14830 | 72.36 | 33.92 | 449 |
| 贵州 | 192 | 20108 | 435.09 | 228.85 | 2100 |
| 云南 | 140 | 41252 | 285.46 | 183.10 | 1069 |
| 西藏 | 9 | 3449 | 0.98 | 0.94 | 28 |
| 甘肃 | 32 | 16303 | 32.18 | 22.12 | 295 |
| 青海 | 28 | 5701 | 25.82 | 16.82 | 340 |
| 新疆 | 42 | 52077 | 33.04 | 24.82 | 246 |

## 2-1　分地区民族乡乡镇企业情况(2022年)

| 地　区 | 乡镇企业从业人员(万人) | 乡镇企业总产值(亿元) | #工业企业总产值(亿元) | 乡镇企业年净利润总额(亿元) |
|---|---|---|---|---|
| **合　计** | **65.02** | **2588.38** | **1512.92** | **275.00** |
| 北　京 | 6.68 | 322.79 | 42.09 | 15.05 |
| 天　津 | 0.01 | 0.26 | 0.26 | 0.03 |
| 河　北 | 6.63 | 241.52 | 152.30 | 23.44 |
| 内蒙古 | 0.18 | 2.96 | 0.29 | 0.43 |
| 辽　宁 | 3.99 | 176.70 | 143.49 | 13.17 |
| 吉　林 | 2.53 | 170.48 | 54.53 | 19.96 |
| 黑龙江 | 0.71 | 28.67 | 12.55 | 2.20 |
| 江　苏 | 0.91 | 154.11 | 92.61 | 4.31 |
| 浙　江 | 0.28 | 19.01 | 15.68 | 1.61 |
| 安　徽 | 1.18 | 15.43 | 9.69 | 1.56 |
| 福　建 | 6.47 | 257.18 | 184.61 | 18.61 |
| 江　西 | 0.60 | 11.58 | 8.72 | 0.91 |
| 河　南 | 1.85 | 129.08 | 71.34 | 8.21 |
| 湖　北 | 0.93 | 31.96 | 31.63 | 5.28 |
| 湖　南 | 5.44 | 121.31 | 97.29 | 23.08 |
| 广　东 | 0.35 | 30.62 | 24.49 | 2.57 |
| 广　西 | 1.63 | 41.78 | 34.99 | 5.35 |
| 重　庆 | 0.20 | 6.25 | 2.68 | 1.96 |
| 四　川 | 1.29 | 40.75 | 21.00 | 11.91 |
| 贵　州 | 16.34 | 501.62 | 280.66 | 89.03 |
| 云　南 | 5.36 | 251.31 | 210.63 | 21.22 |
| 西　藏 | 0.00 | 0.55 | 0.00 | 0.55 |
| 甘　肃 | 0.63 | 19.99 | 18.70 | 0.87 |
| 青　海 | 0.14 | 0.14 | 0.03 | 0.10 |
| 新　疆 | 0.68 | 12.35 | 2.66 | 3.60 |

## 3-1 分地区民族乡农业基本情况(2022年)

| 地　区 | 农作物总播种面积（公顷） | #粮食播种面积 | 农林牧渔业总产值（亿元） | 粮食产量（万吨） | 肉类总产量（万吨） |
|---|---|---|---|---|---|
| **合　计** | **2925699** | **2048133** | **1889.74** | **1410.92** | **207.14** |
| 北　京 | 3188 | 1255 | 4.88 | 0.79 | 0.59 |
| 天　津 | 203 | 176 | 1.47 | 0.08 | 0.15 |
| 河　北 | 60018 | 47971 | 88.73 | 37.69 | 10.93 |
| 内蒙古 | 275948 | 220515 | 43.68 | 108.90 | 5.10 |
| 辽　宁 | 180748 | 128987 | 117.20 | 115.29 | 25.02 |
| 吉　林 | 184690 | 163044 | 76.98 | 138.05 | 3.92 |
| 黑龙江 | 311872 | 295048 | 138.43 | 232.83 | 5.19 |
| 江　苏 | 3947 | 3552 | 7.26 | 2.69 | 0.21 |
| 浙　江 | 8807 | 4052 | 14.63 | 2.89 | 0.91 |
| 安　徽 | 26822 | 20737 | 25.29 | 28.99 | 1.34 |
| 福　建 | 34968 | 17598 | 58.39 | 10.11 | 3.76 |
| 江　西 | 8282 | 5275 | 10.71 | 3.78 | 2.01 |
| 河　南 | 20366 | 14569 | 12.03 | 12.47 | 2.27 |
| 湖　北 | 43651 | 24647 | 47.04 | 11.31 | 2.91 |
| 湖　南 | 142528 | 97582 | 134.04 | 76.32 | 13.80 |
| 广　东 | 9591 | 4114 | 14.10 | 6.03 | 0.75 |
| 广　西 | 137181 | 77024 | 90.61 | 39.85 | 9.01 |
| 重　庆 | 29331 | 15707 | 19.44 | 7.93 | 2.29 |
| 四　川 | 111046 | 79900 | 108.25 | 52.01 | 18.73 |
| 贵　州 | 467848 | 309402 | 338.90 | 196.28 | 40.79 |
| 云　南 | 618018 | 365687 | 434.86 | 180.74 | 42.35 |
| 西　藏 | 800 | 590 | 0.26 | 0.37 | 0.18 |
| 甘　肃 | 64519 | 44302 | 13.53 | 20.67 | 3.84 |
| 青　海 | 41536 | 24719 | 12.81 | 11.10 | 2.98 |
| 新　疆 | 139792 | 81681 | 76.21 | 113.76 | 8.13 |

## 4–1 分地区民族乡财政收支和农村居民人均可支配收入情况(2022年)

| 地区 | 地方一般公共预算收入（万元） | 地方一般公共预算支出（万元） | 农村居民人均可支配收入（元） |
|---|---|---|---|
| **合计** | **2030439** | **2119926** | **15192** |
| 北京 | 107578 | 137346 | 47661 |
| 天津 | 1865 | 1865 | 27500 |
| 河北 | 56924 | 56717 | 15940 |
| 内蒙古 | 42435 | 47414 | 14567 |
| 辽宁 | 75482 | 85679 | 14247 |
| 吉林 | 62647 | 62664 | 14877 |
| 黑龙江 | 91582 | 81956 | 20097 |
| 江苏 | 13925 | 13925 | 27559 |
| 浙江 | 44755 | 43038 | 32960 |
| 安徽 | 34560 | 37665 | 22535 |
| 福建 | 66731 | 65175 | 22501 |
| 江西 | 24651 | 24581 | 20005 |
| 河南 | 17705 | 15160 | 14075 |
| 湖北 | 21218 | 29481 | 15731 |
| 湖南 | 128904 | 129151 | 14246 |
| 广东 | 15802 | 14089 | 19969 |
| 广西 | 112339 | 126675 | 13606 |
| 重庆 | 25137 | 25720 | 16826 |
| 四川 | 103544 | 109863 | 18463 |
| 贵州 | 445078 | 434426 | 12960 |
| 云南 | 348044 | 390255 | 14520 |
| 西藏 | 5538 | 5053 | 21993 |
| 甘肃 | 42883 | 43804 | 11586 |
| 青海 | 22925 | 25324 | 14332 |
| 新疆 | 118186 | 112901 | 20163 |

## 5-1 分地区民族乡教育情况(2022年)

| 地　区 | 普通高中 | | | 初中 | | | 小学 | | |
|---|---|---|---|---|---|---|---|---|---|
| | 学校总数（所） | 在校学生数（人） | 教师总数（人） | 学校总数（所） | 在校学生数（人） | 教师总数（人） | 学校总数（所） | 在校学生数（人） | 教师总数（人） |
| **合　计** | **22** | **25550** | **2007** | **725** | **360972** | **30659** | **3499** | **855488** | **63982** |
| 北　京 | 1 | 215 | 22 | 2 | 1276 | 151 | 9 | 5753 | 506 |
| 天　津 | | | | 1 | 296 | 31 | 2 | 308 | 24 |
| 河　北 | 2 | 5269 | 464 | 14 | 10396 | 712 | 161 | 28536 | 2313 |
| 内蒙古 | | | | 12 | 2122 | 369 | 23 | 5957 | 827 |
| 辽　宁 | | | | 52 | 14583 | 1977 | 117 | 21878 | 3029 |
| 吉　林 | | | | 31 | 5359 | 1281 | 56 | 7094 | 1687 |
| 黑龙江 | 2 | 301 | 81 | 30 | 4939 | 936 | 53 | 5636 | 1378 |
| 江　苏 | | | | 1 | 250 | 36 | 1 | 657 | 50 |
| 浙　江 | | | | 1 | 283 | 32 | 11 | 1475 | 205 |
| 安　徽 | | | | 8 | 2980 | 252 | 23 | 5321 | 486 |
| 福　建 | 1 | 3538 | 230 | 17 | 14809 | 1197 | 54 | 22495 | 1532 |
| 江　西 | | | | 8 | 2157 | 192 | 16 | 4572 | 413 |
| 河　南 | | | | 9 | 3140 | 323 | 53 | 9513 | 768 |
| 湖　北 | | | | 10 | 3529 | 343 | 33 | 7659 | 595 |
| 湖　南 | 3 | 4610 | 329 | 96 | 31601 | 3016 | 208 | 50316 | 4333 |
| 广　东 | | | | 5 | 1901 | 176 | 10 | 3232 | 270 |
| 广　西 | 1 | 2200 | 188 | 39 | 24603 | 1907 | 320 | 64053 | 4910 |
| 重　庆 | | | | 2 | 753 | 55 | 22 | 4546 | 548 |
| 四　川 | 1 | 1058 | 68 | 29 | 11774 | 937 | 122 | 33747 | 2737 |
| 贵　州 | 6 | 5450 | 360 | 192 | 124193 | 8761 | 1030 | 313468 | 17426 |
| 云　南 | 3 | 1029 | 85 | 121 | 81663 | 6232 | 846 | 199017 | 13646 |
| 西　藏 | | | | 1 | 1237 | 127 | 6 | 1155 | 170 |
| 甘　肃 | | | | 18 | 6410 | 664 | 162 | 19560 | 1870 |
| 青　海 | 2 | 1880 | 180 | 18 | 5894 | 515 | 83 | 14231 | 1608 |
| 新　疆 | | | | 8 | 4824 | 437 | 78 | 25309 | 2651 |

## 6-1 分地区民族乡文化情况(2022年)

单位：个

| 地　区 | 图书馆 | 文化站 | 村文化活动室 |
|---|---|---|---|
| **合　计** | **1107** | **1534** | **11137** |
| 北　京 | 4 | 5 | 61 |
| 天　津 | 13 | 1 | 13 |
| 河　北 | 23 | 58 | 434 |
| 内蒙古 | 25 | 13 | 171 |
| 辽　宁 | 43 | 54 | 507 |
| 吉　林 | 35 | 48 | 313 |
| 黑龙江 | 37 | 63 | 398 |
| 江　苏 | 1 | 1 | 8 |
| 浙　江 | 11 | 16 | 98 |
| 安　徽 | 15 | 9 | 63 |
| 福　建 | 12 | 25 | 322 |
| 江　西 | 13 | 8 | 71 |
| 河　南 | 16 | 16 | 92 |
| 湖　北 | 3 | 19 | 127 |
| 湖　南 | 175 | 142 | 979 |
| 广　东 | 4 | 12 | 108 |
| 广　西 | 25 | 100 | 608 |
| 重　庆 | 6 | 17 | 99 |
| 四　川 | 132 | 197 | 449 |
| 贵　州 | 276 | 338 | 2106 |
| 云　南 | 55 | 139 | 3192 |
| 西　藏 | 12 | 14 | 28 |
| 甘　肃 | 32 | 81 | 286 |
| 青　海 | 51 | 98 | 366 |
| 新　疆 | 88 | 60 | 238 |

# 7-1 分地区民族乡医疗卫生情况(2022年)

| 地 区 | 医疗卫生机构（个） | #医院 | #基层医疗卫生机构 | 其中：卫生院 | 村卫生室 | 卫生人员（人） | #乡村医生和卫生员 |
|---|---|---|---|---|---|---|---|
| **合 计** | **10325** | **126** | **10199** | **1045** | **9154** | **39166** | **13251** |
| 北 京 | 69 | 1 | 68 | 4 | 64 | 454 | 62 |
| 天 津 | 12 |  | 12 | 1 | 11 | 25 | 18 |
| 河 北 | 504 | 8 | 496 | 38 | 458 | 1486 | 681 |
| 内蒙古 | 199 | 3 | 196 | 22 | 174 | 623 | 181 |
| 辽 宁 | 661 | 10 | 651 | 54 | 597 | 1561 | 816 |
| 吉 林 | 325 | 2 | 323 | 33 | 290 | 885 | 372 |
| 黑龙江 | 442 |  | 442 | 53 | 389 | 1164 | 401 |
| 江 苏 | 8 |  | 8 | 1 | 7 | 52 | 18 |
| 浙 江 | 61 |  | 61 | 14 | 47 | 186 | 39 |
| 安 徽 | 78 | 2 | 76 | 9 | 67 | 241 | 116 |
| 福 建 | 315 | 3 | 312 | 18 | 294 | 1080 | 348 |
| 江 西 | 90 |  | 90 | 9 | 81 | 244 | 89 |
| 河 南 | 107 | 1 | 106 | 12 | 94 | 367 | 127 |
| 湖 北 | 140 | 2 | 138 | 10 | 128 | 727 | 203 |
| 湖 南 | 1129 | 5 | 1124 | 114 | 1010 | 2790 | 999 |
| 广 东 | 67 | 1 | 66 | 7 | 59 | 182 | 49 |
| 广 西 | 674 | 1 | 673 | 67 | 606 | 2820 | 828 |
| 重 庆 | 111 | 1 | 110 | 14 | 96 | 376 | 111 |
| 四 川 | 619 | 4 | 615 | 88 | 527 | 1853 | 697 |
| 贵 州 | 2523 | 67 | 2456 | 207 | 2249 | 11162 | 3291 |
| 云 南 | 1207 | 3 | 1204 | 146 | 1058 | 7769 | 2742 |
| 西 藏 | 34 |  | 34 | 9 | 25 | 130 | 48 |
| 甘 肃 | 298 | 2 | 296 | 33 | 263 | 671 | 216 |
| 青 海 | 407 | 2 | 405 | 41 | 364 | 1007 | 509 |
| 新 疆 | 245 | 8 | 237 | 41 | 196 | 1311 | 290 |

7-1 续表

| 地　区 | #卫生技术人员 | 其中：执业(助理)医师 | 医疗卫生机构床位数(张) | #医院 | #基层医疗卫生机构 | 其中：卫生院 |
|---|---|---|---|---|---|---|
| **合　计** | **23981** | **10164** | **30738** | **6119** | **24619** | **23449** |
| 北　京 | 371 | 251 | 119 | 80 | 39 | 39 |
| 天　津 | 7 | 5 | 12 | | 12 | 12 |
| 河　北 | 785 | 451 | 972 | 142 | 830 | 683 |
| 内蒙古 | 439 | 219 | 329 | 42 | 287 | 190 |
| 辽　宁 | 723 | 376 | 1616 | 320 | 1296 | 1025 |
| 吉　林 | 457 | 244 | 419 | | 419 | 348 |
| 黑龙江 | 745 | 416 | 1142 | | 1142 | 986 |
| 江　苏 | 34 | 34 | 26 | | 26 | 26 |
| 浙　江 | 138 | 71 | 35 | | 35 | 35 |
| 安　徽 | 125 | 69 | 209 | 15 | 194 | 194 |
| 福　建 | 721 | 384 | 673 | 313 | 360 | 360 |
| 江　西 | 150 | 53 | 241 | | 241 | 221 |
| 河　南 | 239 | 105 | 474 | 38 | 436 | 350 |
| 湖　北 | 451 | 173 | 596 | 60 | 536 | 517 |
| 湖　南 | 1703 | 890 | 2954 | 87 | 2867 | 2867 |
| 广　东 | 133 | 52 | 109 | | 109 | 109 |
| 广　西 | 1856 | 635 | 2387 | 139 | 2248 | 2248 |
| 重　庆 | 256 | 120 | 439 | 10 | 429 | 419 |
| 四　川 | 1063 | 438 | 1281 | 62 | 1219 | 1219 |
| 贵　州 | 7017 | 2838 | 9827 | 4359 | 5468 | 5468 |
| 云　南 | 4853 | 1622 | 4777 | 135 | 4642 | 4537 |
| 西　藏 | 69 | 32 | 49 | 3 | 46 | 46 |
| 甘　肃 | 382 | 201 | 525 | 22 | 503 | 503 |
| 青　海 | 431 | 194 | 725 | 137 | 588 | 410 |
| 新　疆 | 833 | 291 | 802 | 155 | 647 | 637 |

## 8-1 分地区民族乡农业科技情况(2022年)

| 地　　区 | 农业科技与服务单位数（个） | 中高级农业技术人员数（人） |
|---|---|---|
| **合　　计** | **1508** | **9107** |
| 北　　京 | 3 | 7 |
| 天　　津 | 2 | 5 |
| 河　　北 | 63 | 215 |
| 内 蒙 古 | 42 | 161 |
| 辽　　宁 | 133 | 1190 |
| 吉　　林 | 90 | 378 |
| 黑 龙 江 | 87 | 478 |
| 江　　苏 | 7 | 35 |
| 浙　　江 | 13 | 54 |
| 安　　徽 | 16 | 40 |
| 福　　建 | 25 | 149 |
| 江　　西 | 16 | 49 |
| 河　　南 | 39 | 145 |
| 湖　　北 | 47 | 258 |
| 湖　　南 | 94 | 667 |
| 广　　东 | 9 | 31 |
| 广　　西 | 77 | 355 |
| 重　　庆 | 15 | 103 |
| 四　　川 | 107 | 468 |
| 贵　　州 | 247 | 1730 |
| 云　　南 | 186 | 1678 |
| 西　　藏 | 6 | 69 |
| 甘　　肃 | 66 | 285 |
| 青　　海 | 49 | 49 |
| 新　　疆 | 69 | 508 |

## 9-1 各民族乡基本情况(2022年)(一)

| 名　称 | 村民委员会(个) | 年末总人口(人) | #少数民族(人) | 乡镇企业从业人员(人) | 乡镇企业总产值(万元) | #工业企业(万元) |
|---|---|---|---|---|---|---|
| **北京市** | **62** | **92442** | **21947** | **66774** | **3227869** | **420854** |
| 朝阳区常营回族乡 | | 41346 | 9285 | 45369 | 2495130 | 133315 |
| 通州区于家务回族乡 | 23 | 28951 | 4030 | 5413 | 287539 | 287539 |
| 密云区檀营满族蒙古族乡 | | 5708 | 1345 | | | |
| 怀柔区喇叭沟门满族乡 | 15 | 6710 | 2917 | | | |
| 怀柔区长哨营满族乡 | 24 | 9727 | 4370 | 15992 | 445200 | |
| **天津市** | **13** | **7161** | **3108** | **113** | **2638** | **2638** |
| 蓟州区孙各庄满族乡 | 13 | 7161 | 3108 | 113 | 2638 | 2638 |
| **河北省** | **415** | **597564** | **234085** | **66320** | **2415162** | **1523037** |
| 石家庄市新乐市彭家庄回族乡 | 8 | 22737 | 6740 | 5428 | 503200 | 31596 |
| 石家庄市藁城市九门回族乡 | 13 | 49046 | 6572 | 1178 | 171512 | 141652 |
| 石家庄市无极县高头回族乡 | 15 | 37030 | 15077 | 1623 | 47000 | 36000 |
| 唐山市遵化市汤泉满族乡 | 10 | 9742 | 8150 | 2000 | 31000 | 12010 |
| 唐山市遵化市西下营满族乡 | 14 | 11794 | 5801 | 680 | 129600 | 118900 |
| 唐山市遵化市东陵满族乡 | 27 | 23908 | 18916 | 4302 | 136566 | 58765 |
| 邯郸市邱县陈村回族乡 | 5 | 7545 | 6607 | 400 | 15000 | 15000 |
| 邯郸市大名县营镇回族乡 | 17 | 16393 | 4560 | 2004 | 10032 | 4300 |
| 保定市易县凌云册满族回族乡 | 19 | 32108 | 8620 | 683 | 24023 | 24023 |
| 定州市号头庄回族乡 | 17 | 38716 | 14223 | 80 | 6530 | 5500 |
| 张家口市沽源县大二号回族乡 | 4 | 3031 | 945 | | | |
| 张家口市怀来县王家楼回族乡 | 16 | 7924 | 1637 | 764 | 1841 | 91 |
| 廊坊市永清县管家务回族乡 | 12 | 13100 | 3459 | 1520 | 58423 | 48656 |
| 廊坊市文安县大围河回族满族乡 | 8 | 35246 | 5110 | 18761 | 415600 | 415600 |
| 承德市滦平县平坊满族乡 | 8 | 7431 | 5127 | 1043 | 6687 | 6687 |
| 承德市滦平县五道营子满族乡 | 6 | 4977 | 4093 | 289 | 70 | 50 |
| 承德市滦平县邓厂满族乡 | 3 | 2625 | 1919 | 6 | 200 | 200 |
| 承德市滦平县马营子满族乡 | 10 | 9121 | 5831 | 36 | 50 | 46 |
| 承德市滦平县付家店满族乡 | 6 | 5635 | 2270 | 282 | 13500 | 9528 |
| 承德市滦平县西沟满族乡 | 9 | 7781 | 5130 | 457 | 761 | 680 |

| 乡镇企业年净利润总额（万元） | 农林牧渔业总产值（万元） | 农作物总播种面积（亩） | #粮食播种面积（亩） | 粮食产量（吨） | 肉类总产量（吨） | 农民合作社个数（个） | 农民合作社成员数（户） |
|---|---|---|---|---|---|---|---|
| **150465** | **48750** | **47823** | **18822** | **7861** | **5900** | **86** | **1783** |
| 106643 | 1021 | 150 | 59 | 15 | | | |
| 12658 | 37362 | 35832 | 11619 | 4992 | 2945 | 20 | 1081 |
| | | | | | | | |
| | 2200 | 5505 | 2998 | 1281 | 10 | 3 | 230 |
| 31164 | 8167 | 6337 | 4146 | 1574 | 2945 | 63 | 472 |
| **275** | **14700** | **3040** | **2640** | **842** | **1456** | **27** | **1118** |
| 275 | 14700 | 3040 | 2640 | 842 | 1456 | 27 | 1118 |
| **234388** | **887325** | **900269** | **719558** | **376874** | **109275** | **911** | **10171** |
| 40587 | 44546 | 46696 | 44134 | 20580 | 3864 | 12 | 70 |
| 42566 | 35228 | 74526 | 70924 | 32159 | 4705 | 9 | 73 |
| 13500 | 48600 | 37000 | 28000 | 36500 | 3356 | 8 | 66 |
| 283 | 10529 | 10980 | 6270 | 2612 | 650 | 3 | 38 |
| 1120 | 11175 | 11800 | 5850 | 2084 | 802 | 18 | 90 |
| 38986 | 17766 | 25710 | 18855 | 8635 | 5901 | 12 | 135 |
| 1500 | 17000 | 10656 | 9680 | 4900 | 3500 | 3 | 360 |
| 2500 | 9500 | 38654 | 17765 | 12000 | 759 | 11 | 220 |
| 2280 | 42855 | 72828 | 63973 | 24788 | 7661 | 43 | 495 |
| 610 | 87448 | 50268 | 50268 | 43656 | 5570 | 67 | 134 |
| | 1742 | 4220 | 2220 | 2396 | 86 | 32 | 175 |
| 204 | 1883 | 19696 | 14940 | 7836 | 2064 | 16 | 185 |
| 5472 | 31226 | 23562 | 15520 | 6230 | 1800 | 38 | 66 |
| 21900 | 15280 | 49684 | 49684 | 21968 | 3365 | 53 | 262 |
| 1115 | 31413 | 16959 | 11865 | 3922 | 3884 | 13 | 90 |
| 40 | 15110 | 412 | 412 | 1820 | 430 | 17 | 87 |
| 10 | 9050 | 5400 | 3900 | 1458 | 1152 | 19 | 98 |
| 24 | 23812 | 11756 | 7559 | 2460 | 641 | 29 | 155 |
| 5715 | 5622 | 7136 | 6321 | 2533 | 125 | 5 | 132 |
| 231 | 34594 | 12666 | 11836 | 5582 | 2716 | 30 | 723 |

9-1(一) 续表 1

| 名称 | 村民委员会（个） | 年末总人口（人） | #少数民族（人） | 乡镇企业从业人员（人） | 乡镇企业总产值（万元） | #工业企业（万元） |
|---|---|---|---|---|---|---|
| 承德市承德县岗子满族乡 | 10 | 8487 | 3430 | 271 | 25378 | 25378 |
| 承德市承德县两家满族乡 | 1 | 10910 | 4230 | 235 | 1523 | 1523 |
| 承德市兴隆县八卦岭满族乡 | 8 | 14805 | 8120 | 151 | 10486 | 8701 |
| 承德市兴隆县南天门满族乡 | 10 | 7314 | 2290 | 432 | 18510 | 5322 |
| 承德市隆化县尹家营满族乡 | 11 | 8786 | 6023 | | | |
| 承德市隆化县庙子沟蒙古族满族乡 | 6 | 6784 | 3855 | | | |
| 承德市隆化县八达营蒙古族乡 | 12 | 13847 | 9139 | 75 | 6840 | 2174 |
| 承德市隆化县太平庄满族乡 | 11 | 11317 | 7786 | 211 | 2009 | 202 |
| 承德市隆化县旧屯满族乡 | 11 | 8041 | 6297 | | | |
| 承德市隆化县西阿超满族蒙古族乡 | 10 | 10613 | 6752 | 40 | 6467 | 2684 |
| 承德市平泉市七家岱满族乡 | 4 | 9561 | 5200 | 1502 | 49224 | 49215 |
| 承德市平泉市茅兰沟满族蒙古族乡 | 9 | 19213 | 9823 | 1518 | 30663 | 2355 |
| 沧州市黄骅市新村回族乡 | 4 | 11760 | 2279 | | | |
| 沧州市河间市果子洼回族乡 | 20 | 24379 | 7211 | 4369 | 136250 | 89236 |
| 沧州市献县本斋回族乡 | 11 | 17250 | 4270 | 2870 | 231950 | 204598 |
| 沧州市沧县大褚村回族乡 | 26 | 27498 | 4410 | 560 | 31248 | 20800 |
| 沧州市沧县捷地回族乡 | 16 | 31394 | 7001 | 8710 | 91043 | 34010 |
| 沧州市黄骅市羊三木回族乡 | 8 | 9715 | 5182 | 3840 | 201975 | 147555 |
| **内蒙古自治区** | **183** | **242008** | **71953** | **1834** | **29613** | **2902** |
| 呼伦贝尔市莫力达瓦达斡尔族自治旗巴彦鄂温克民族乡 | 17 | 35810 | 7524 | | | |
| 呼伦贝尔市莫力达瓦达斡尔族自治旗杜拉尔鄂温克民族乡 | 10 | 7662 | 1992 | | | |
| 呼伦贝尔市扎兰屯市达斡尔民族乡 | 7 | 10965 | 2730 | 65 | 200 | 200 |
| 呼伦贝尔市扎兰屯市萨马街鄂温克民族乡 | 6 | 8025 | 2673 | | | |
| 呼伦贝尔市扎兰屯市南木鄂伦春民族乡 | 8 | 14602 | 2034 | 383 | 3330 | 2620 |
| 呼伦贝尔市阿荣旗查巴奇鄂温克民族乡 | 11 | 10370 | 2488 | 297 | 183 | 82 |
| 呼伦贝尔市阿荣旗新发朝鲜族民族乡 | 7 | 11613 | 1700 | | | |
| 呼伦贝尔市阿荣旗音河达斡尔鄂温克民族乡 | 8 | 12230 | 1828 | | | |
| 呼伦贝尔市阿荣旗得力其尔鄂温克民族乡 | 9 | 14451 | 1864 | | | |
| 呼伦贝尔市根河市敖鲁古雅鄂温克民族乡 | | 1416 | 345 | | | |
| 呼伦贝尔市额尔古纳市三河回族乡 | 17 | 7799 | 4201 | | | |

| 乡镇企业年净利润总额（万元） | 农林牧渔业总产值（万元） | 农作物总播种面积（亩） | #粮食播种面积（亩） | 粮食产量（吨） | 肉类总产量（吨） | 农民合作社个数（个） | 农民合作社成员数（户） |
|---|---|---|---|---|---|---|---|
| 140 | 11655 | 10900 | 9592 | 4165 | 3452 | 16 | 513 |
| 35 | 15066 | 13125 | 8200 | 3325 | 830 | 20 | 225 |
| 789 | 36885 | 2220 | 1050 | 310 | 175 | 14 | 77 |
| 660 | 11362 | 951 | 630 | 178 | 73 | 6 | 71 |
|  | 29294 | 24540 | 15145 | 6301 | 2687 | 56 | 1301 |
|  | 18978 | 16840 | 11753 | 4623 | 1685 | 20 | 120 |
| 756 | 34853 | 20187 | 13737 | 5121 | 2114 | 6 | 53 |
| 142 | 19635 | 25832 | 16416 | 6903 | 1426 | 11 | 221 |
|  | 27155 | 17521 | 15890 | 4815 | 3067 | 41 | 252 |
| 820 | 35260 | 20317 | 7104 | 2855 | 291 | 53 | 56 |
| 3265 | 25800 | 16600 | 14947 | 7223 | 30655 | 34 | 210 |
| 1652 | 34163 | 38123 | 30114 | 5971 | 1171 | 83 | 887 |
|  | 26658 |  |  |  |  |  |  |
| 8718 | 16184 | 38065 | 24848 | 12707 | 1985 | 39 | 296 |
| 20670 | 21650 | 33546 | 23203 | 11664 |  | 27 | 1450 |
| 5500 | 266 | 8800 | 5400 | 13920 | 2321 | 13 | 305 |
| 7795 | 21010 | 28328 | 27967 | 26205 | 3114 | 8 | 350 |
| 4803 | 7072 | 53764 | 53585 | 16468 | 1198 | 26 | 130 |
| **4277** | **436839** | **4139223** | **3307718** | **1088989** | **51027** | **1027** | **5915** |
|  | 52500 | 566929 | 566929 | 221515 | 10950 | 347 | 1085 |
|  | 21 | 247351 | 247208 | 38748 |  | 24 | 25 |
| 83 | 51525 | 212776 | 211805 | 95629 | 26 | 38 | 237 |
|  | 31800 | 221502 | 221502 | 81775 | 4250 | 27 | 140 |
| 577 | 41264 | 123594 | 123591 | 26997 | 1356 | 65 | 325 |
| 17 | 13998 | 314289 | 313839 | 99863 | 1698 | 85 | 412 |
|  | 11000 | 128414 | 126769 | 489 | 914 | 67 | 625 |
|  | 32600 | 202883 | 196268 | 71664 | 1251 | 36 | 223 |
|  | 28000 | 325628 | 325628 | 87760 | 1267 | 90 | 1286 |
|  | 1016 | 29934 | 11254 | 1472 | 6 |  |  |
|  | 44475 | 644695 | 250050 | 57661 |  | 30 | 150 |

9-1(一) 续表 2

| 名 称 | 村民委员会（个） | 年末总人口（人） | #少数民族（人） | 乡镇企业从业人员（人） | 乡镇企业总产值（万元） | #工业企业（万元） |
|---|---|---|---|---|---|---|
| 呼伦贝尔市额尔古纳市室韦俄罗斯民族乡 | | 2895 | 1233 | 1089 | 25900 | |
| 兴安盟科尔沁右翼前旗满族屯满族乡 | 9 | 4480 | 4400 | | | |
| 赤峰市松山区当铺地满族乡 | 25 | 43224 | 16295 | | | |
| 赤峰市喀喇沁旗十家满族乡 | 14 | 27190 | 14577 | | | |
| 乌兰察布市凉城县曹碾满族乡 | 21 | 24184 | 1315 | | | |
| 呼伦贝尔市鄂温克族自治旗巴彦塔拉达斡尔族乡 | 7 | 2498 | 2316 | | | |
| 呼伦贝尔市陈巴尔虎旗鄂温克苏木 | 7 | 2594 | 2438 | | | |
| **辽宁省** | **515** | **868657** | **503259** | **39868** | **1767025** | **1434878** |
| 沈阳市康平县柳树屯蒙古族满族乡 | 9 | 14640 | 7612 | 54 | 2035 | 2035 |
| 沈阳市康平县沙金台蒙古族满族乡 | 11 | 17351 | 13013 | 710 | 13893 | 4410 |
| 沈阳市法库县四家子蒙古族乡 | 9 | 16409 | 7663 | 725 | 41000 | 9400 |
| 沈阳市康平县东升满族蒙古族乡 | 10 | 17471 | 9120 | 137 | 596 | 389 |
| 沈阳市康平县西关屯蒙古族满族乡 | 9 | 15215 | 6390 | 221 | 1002 | 899 |
| 大连市瓦房店市三台满族乡 | 10 | 25539 | 10187 | 3475 | 99485 | 61083 |
| 大连市瓦房店市杨家满族乡 | 11 | 21854 | 6656 | 1300 | 151000 | 132800 |
| 大连市庄河市太平岭满族乡 | 6 | 20253 | 5041 | 2983 | 62937 | 42045 |
| 大连市庄河市桂云花满族乡 | 5 | 18686 | 7620 | 8950 | 79849 | 49525 |
| 抚顺市抚顺县拉古满族乡 | 10 | 17053 | 6444 | 2140 | 510185 | 491771 |
| 抚顺市抚顺县汤图满族乡 | 9 | 7435 | 6895 | 30 | | |
| 本溪市桓仁县雅河朝鲜族乡 | 8 | 19065 | 10286 | 329 | 15442 | 14202 |
| 丹东市宽甸满族自治县下露河朝鲜族乡 | 6 | 10617 | 7638 | 70 | 530 | 50 |
| 丹东市东港市合隆满族乡 | 10 | 20018 | 12652 | 482 | 11258 | 8622 |
| 丹东市凤城市大堡蒙古族乡 | 8 | 22444 | 20185 | 420 | 8500 | 7166 |
| 锦州市义县地藏寺满族乡 | 5 | 6652 | 3167 | 468 | 67268 | 59860 |
| 锦州市义县大定堡满族乡 | 8 | 6454 | 3290 | 700 | 12000 | 12000 |
| 阜新市彰武县二道河子蒙古族乡 | 8 | 12602 | 4023 | 60 | 400 | 400 |
| 辽阳市辽阳县吉洞峪满族乡 | 12 | 19175 | 12810 | 1370 | 26980 | 24850 |
| 辽阳市辽阳县甜水满族乡 | 14 | 19956 | 16420 | 256 | 4230 | 3508 |
| 铁岭市开原市林丰满族乡 | 10 | 10326 | 9456 | 415 | 3839 | 3839 |
| 铁岭市铁岭县白旗寨满族乡 | 9 | 11798 | 6717 | 285 | 7850 | 6502 |

| 乡镇企业年净利润总额（万元） | 农林牧渔业总产值（万元） | 农作物总播种面积（亩） | #粮食播种面积（亩） | 粮食产量（吨） | 肉类总产量（吨） | 农民合作社个数（个） | 农民合作社成员数（户） |
|---|---|---|---|---|---|---|---|
| 3600 | 25900 | 195278 | 195278 | 38500 | 800 | | |
| | 45000 | 367400 | 46000 | 18400 | 9000 | 30 | 184 |
| | | 214493 | 190202 | 74794 | 3817 | 50 | 430 |
| | | 82159 | 75480 | 35959 | 13914 | 38 | 202 |
| | 51062 | 94500 | 94500 | 124171 | 54 | 11 | 67 |
| | 6678 | | | | 24 | 61 | 412 |
| | | 167400 | 111417 | 13592 | 1700 | 28 | 112 |
| **131693** | **1171980** | **2711220** | **1934803** | **1152884** | **250184** | **1512** | **19622** |
| 91 | 40382 | 84300 | 79578 | 44353 | 4970 | 31 | 319 |
| 378 | 44247 | 119200 | 108600 | 51200 | 6825 | 41 | 223 |
| 700 | 43000 | 65040 | 63405 | 39000 | 7800 | 14 | 80 |
| 18 | 37722 | 95102 | 90232 | 49865 | 7230 | 59 | 863 |
| 86 | 22963 | 77000 | 61201 | 21701 | 1284 | 58 | 216 |
| 2250 | 85850 | 56158 | 42557 | 23261 | 8025 | 23 | 644 |
| 1000 | 29783 | 84155 | 53317 | 24842 | 11833 | 15 | 254 |
| 3331 | 49246 | 63195 | 48982 | 19976 | 2500 | 6 | 30 |
| 8260 | 21759 | 46167 | 39492 | 20585 | 7874 | 21 | 579 |
| 35267 | 15216 | 34263 | 34105 | 16217 | 803 | 5 | 92 |
| | 11516 | 24309 | 20715 | 182390 | 1241 | 52 | 725 |
| 64 | 17122 | 28063 | 25903 | 13146 | 176 | 7 | 255 |
| 260 | 11800 | 15320 | 10354 | 5060 | | 12 | 256 |
| 492 | 89546 | 57120 | 47190 | 25104 | 7510 | 74 | 668 |
| 216 | 49196 | 81455 | 48196 | 16541 | 12047 | 32 | 321 |
| 3126 | 9480 | 34560 | 34560 | 11868 | 3850 | 20 | 326 |
| 4000 | 10000 | 20377 | 18000 | 9900 | 2320 | 29 | 325 |
| 150 | 21764 | 98540 | 70475 | 25785 | 9091 | 35 | 207 |
| 5091 | 11035 | 30565 | 29265 | 19125 | 915 | 49 | 1168 |
| 432 | 19860 | 39500 | 38000 | 13922 | 2086 | 55 | 1203 |
| 1015 | 15540 | 32061 | 28146 | 18140 | 870 | 5 | 436 |
| 1209 | 5032 | 35188 | 31188 | 17043 | 1271 | 9 | 57 |

9-1(一) 续表 3

| 名　　称 | 村民委员会（个） | 年末总人口（人） | #少数民族（人） | 乡镇企业从业人员（人） | 乡镇企业总产值（万元） | #工业企业（万元） |
|---|---|---|---|---|---|---|
| 铁岭市西丰县成平满族乡 | 10 | 12175 | 9479 | | | |
| 铁岭市西丰县德兴满族乡 | 7 | 9205 | 6515 | 7 | 150 | 150 |
| 铁岭市西丰县和隆满族乡 | 10 | 16871 | 12066 | | | |
| 铁岭市西丰县金星满族乡 | 9 | 14157 | 8512 | 101 | 290 | 110 |
| 铁岭市西丰县明德满族乡 | 7 | 9872 | 8190 | 42 | 384 | 384 |
| 铁岭市西丰县营厂满族乡 | 9 | 10123 | 6782 | | | |
| 铁岭市清河区聂家满族乡 | 10 | 9523 | 8272 | | | |
| 朝阳市北票市马友营蒙古族乡 | 9 | 16124 | 3661 | 678 | 5423 | 304 |
| 朝阳市北票市凉水河蒙古族乡 | 6 | 6552 | 662 | 43 | 3850 | 1500 |
| 朝阳市建平县三家蒙古族乡 | 14 | 29808 | 3596 | 527 | 15274 | 974 |
| 朝阳市凌源市三家子蒙古族乡 | 17 | 36983 | 2035 | 735 | 104500 | 103100 |
| 朝阳市朝阳县松岭门蒙古族乡 | 6 | 9345 | 2754 | 527 | 245800 | 193500 |
| 朝阳市朝阳县乌兰河硕蒙古族乡 | 7 | 9080 | 3008 | 205 | 2912 | 576 |
| 葫芦岛市绥中县西平坡满族乡 | 10 | 18050 | 16674 | 197 | 12868 | 2960 |
| 葫芦岛市绥中县范家满族乡 | 10 | 15871 | 11800 | 168 | 1912 | 1146 |
| 葫芦岛市绥中县高甸子满族乡 | 9 | 18368 | 15880 | 570 | 9200 | 7260 |
| 葫芦岛市绥中县葛家满族乡 | 10 | 14000 | 12580 | 240 | 16000 | 9800 |
| 葫芦岛市绥中县明水满族乡 | 8 | 14281 | 12820 | 460 | 12580 | 7730 |
| 葫芦岛市绥中县网户满族乡 | 14 | 21351 | 10086 | 870 | 29930 | 11307 |
| 葫芦岛市兴城市白塔满族乡 | 11 | 22592 | 15868 | 1185 | 26089 | 22987 |
| 葫芦岛市兴城市大寨满族乡 | 13 | 17741 | 15662 | 183 | 6853 | 2862 |
| 葫芦岛市兴城市碱厂满族乡 | 7 | 11396 | 7832 | 963 | 1780 | 1248 |
| 葫芦岛市兴城市旧门满族乡 | 8 | 9675 | 5849 | 615 | 22131 | 21597 |
| 葫芦岛市兴城市刘台子满族乡 | 10 | 14412 | 7421 | 103 | 4683 | 3669 |
| 葫芦岛市兴城市南大山满族乡 | 15 | 20099 | 17728 | 267 | 4239 | 3114 |
| 葫芦岛市兴城市望海满族乡 | 10 | 19500 | 15601 | 1482 | 37220 | 34311 |
| 葫芦岛市兴城市围屏满族乡 | 8 | 12834 | 11467 | 198 | 2667 | 1723 |
| 葫芦岛市兴城市羊安满族乡 | 11 | 20856 | 12805 | 1900 | 40000 | 35000 |
| 葫芦岛市兴城市药王满族乡 | 11 | 15738 | 10342 | 382 | 4320 | 3750 |
| 葫芦岛市兴城市三道沟满族乡 | 11 | 19493 | 16952 | 298 | 2965 | 1560 |
| 葫芦岛市兴城市元台子满族乡 | 9 | 17696 | 11102 | 1246 | 32300 | 26900 |
| 葫芦岛市建昌二道湾子蒙古族乡 | 12 | 23873 | 5973 | 96 | 426 | |

| 乡镇企业年净利润总额（万元） | 农林牧渔业总产值（万元） | 农作物总播种面积（亩） | #粮食播种面积（亩） | 粮食产量（吨） | 肉类总产量（吨） | 农民合作社个数（个） | 农民合作社成员数（户） |
|---|---|---|---|---|---|---|---|
| | 13311 | 35768 | 33510 | 16880 | 9662 | 18 | 890 |
| 3 | 5900 | 27501 | 23698 | 8700 | 1500 | 16 | 96 |
| | 20675 | 39187 | 35938 | 21789 | 305 | 33 | 353 |
| 24 | 8500 | 45003 | 41210 | 27280 | 3240 | 29 | 302 |
| 127 | 509 | 31601 | 30258 | 17052 | 6655 | 6 | 38 |
| | 7260 | 27960 | 23870 | 11950 | 1700 | 4 | 230 |
| | 12000 | 42540 | 42540 | 27720 | 4700 | 4 | 273 |
| 1570 | 15652 | 110564 | 67289 | 42132 | 5871 | 62 | 374 |
| 275 | 2674 | 23476 | 22280 | 11140 | 3680 | 2 | 40 |
| 1523 | 52901 | 128145 | 125198 | 94258 | 3416 | 134 | 693 |
| 36950 | 49850 | 46785 | 42280 | 25360 | 9250 | 17 | 794 |
| 781 | 15000 | 24721 | 24721 | 5100 | 4528 | 4 | 23 |
| 1132 | 27812 | 43584 | 41967 | 18607 | 2851 | 11 | 978 |
| 725 | 18700 | 26757 | 15685 | 11415 | 8575 | 38 | 235 |
| 456 | 6678 | 38690 | 16050 | 6405 | 7570 | 46 | 234 |
| 330 | 12560 | 44124 | 35640 | 21959 | 8400 | 28 | 170 |
| 800 | 12800 | 9480 | 8000 | 4192 | 3500 | 8 | 102 |
| 638 | 12540 | 14500 | 10500 | 5258 | 3790 | 8 | 121 |
| 2530 | 37540 | 59800 | 16540 | 9930 | 14330 | 84 | 588 |
| 1020 | 10315 | 33185 | 14734 | 6583 | 5475 | 26 | 220 |
| 567 | 31625 | 73283 | 39527 | 14871 | 5254 | 6 | 248 |
| 532 | 15623 | 64755 | 9420 | 2407 | 743 | 12 | 124 |
| 3305 | 10032 | 22131 | 10195 | 3385 | 5625 | 18 | 162 |
| 467 | 9819 | 33744 | 11365 | 5125 | 2253 | 29 | 149 |
| 267 | 14387 | 97438 | 13939 | 5109 | 5296 | 42 | 336 |
| 2581 | 23285 | 74736 | 19691 | 3985 | 8013 | 42 | 507 |
| 125 | 10520 | 72752 | 16410 | 6030 | 1730 | 33 | 498 |
| 3500 | 12219 | 37450 | 5200 | 1900 | 2500 | 20 | 130 |
| 540 | 9750 | 31345 | 23740 | 14387 | 1723 | 12 | 607 |
| 250 | 7400 | 35643 | 17343 | 6234 | 698 | 26 | 480 |
| 3200 | 12250 | 38700 | 20060 | 10838 | 2673 | 13 | 260 |
| 39 | 9834 | 54238 | 52545 | 15880 | 4157 | 29 | 120 |

9-1(一) 续表 4

| 名　　称 | 村民委员会（个） | 年　末总人口（人） | #少数民族（人） | 乡镇企业从业人员（人） | 乡镇企业总产值（万元） | #工业企业（万元） |
|---|---|---|---|---|---|---|
| **吉林省** | **313** | **408889** | **122402** | **25307** | **1704820** | **545258** |
| 延边朝鲜族自治州珲春市三家子满族乡 | 8 | 8045 | 4300 | | | |
| 延边朝鲜族自治州珲春市杨泡满族乡 | 7 | 3803 | 2450 | 25 | 500 | 500 |
| 吉林市昌邑区土城子满族朝鲜族乡 | 12 | 19005 | 9793 | 175 | 4750 | 3128 |
| 吉林市昌邑区两家子满族乡 | 13 | 9762 | 1997 | 9 | 1100 | |
| 吉林市永吉县金家满族乡 | 7 | 20196 | 6242 | 118 | 616 | |
| 吉林市蛟河市乌林朝鲜族乡 | 20 | 8475 | 3768 | 260 | 12654 | 12231 |
| 通化市梅河口市小杨满族朝鲜族乡 | 17 | 15582 | 3759 | 562 | 20076 | 14830 |
| 通化市集安市凉水朝鲜族乡 | 9 | 5842 | 1801 | | | |
| 通化市通化县金斗朝鲜族满族乡 | 5 | 7448 | 2308 | 46 | 4400 | 3866 |
| 通化市通化县大泉源满族朝鲜族乡 | 21 | 23434 | 6764 | 252 | 4645 | |
| 通化市辉南县楼街朝鲜族乡 | 12 | 10423 | 253 | 1395 | 51788 | 38726 |
| 通化市柳河县姜家店朝鲜族乡 | 10 | 11180 | 4011 | 208 | 15102 | 12302 |
| 辽源市东丰县三合满族朝鲜族乡 | 16 | 26262 | 3546 | 6427 | 345677 | 32412 |
| 长春市双阳区双营子回族乡 | 6 | 17270 | 5200 | 7925 | 1179160 | 387600 |
| 长春市榆树市延和朝鲜族乡 | 3 | 2086 | 1945 | 30 | 8225 | 7369 |
| 长春市九台区胡家回族乡 | 9 | 23091 | 8755 | 2349 | 19557 | 7054 |
| 长春市九台区莽卡满族乡 | 12 | 32315 | 12800 | 1520 | 9120 | 7800 |
| 白城市通榆县包拉温都蒙古族乡 | 4 | 4565 | 2328 | | | |
| 白城市通榆县向海蒙古族乡 | 16 | 23778 | 8345 | | | |
| 白城市洮南市呼和车力蒙古族乡 | 7 | 9387 | 2055 | | | |
| 白城市洮南市胡力吐蒙古族乡 | 10 | 7907 | 1781 | | | |
| 白城市镇赉县哈吐气蒙古族乡 | 5 | 3410 | 1074 | | | |
| 白城市镇赉县莫莫格蒙古族乡 | 13 | 10967 | 4988 | | | |
| 白城市大安市新艾里蒙古族乡 | 5 | 5136 | 1035 | | | |
| 白城市洮北区德顺蒙古族乡 | 19 | 21133 | 6780 | 246 | 1900 | 1800 |
| 松原市扶余市三骏满族蒙古族锡伯族乡 | 29 | 45846 | 6368 | 160 | 19942 | 15640 |
| 长春市公主岭市龙山满族乡 | 8 | 13941 | 5176 | 3600 | 5608 | |
| 四平市双辽市那木斯蒙古族乡 | 10 | 18600 | 2780 | | | |

| 乡镇企业年净利润总　额（万元） | 农林牧渔业总产值（万元） | 农作物总播种面积（亩） | #粮食播种面积（亩） | 粮食产量（吨） | 肉　类总产量（吨） | 农民合作社个数（个） | 农民合作社成员数（户） |
|---|---|---|---|---|---|---|---|
| **199583** | **769794** | **2770351** | **2445665** | **1380540** | **39208** | **1763** | **17799** |
| | 5900 | 49980 | 49035 | 28000 | 361 | | |
| 400 | 6000 | 37095 | 34860 | 15501 | 255 | 46 | 418 |
| 2620 | 18900 | 71256 | 71256 | 48398 | | 72 | 961 |
| -136 | 32000 | 74715 | 74500 | 46000 | 2850 | 50 | 330 |
| 157 | 1160 | 97758 | 97758 | 63191 | | 34 | 771 |
| 4455 | 34300 | 81311 | 78832 | 55182 | 2500 | 76 | 706 |
| 1020 | 23513 | 68494 | 58860 | 34427 | 881 | 103 | 1326 |
| | 15627 | 14041 | 5656 | 3114 | 489 | 3 | 72 |
| 1060 | 20000 | 17265 | 16429 | 6314 | 378 | 13 | 222 |
| 758 | 54742 | 86276 | 84093 | 42913 | 992 | 70 | 380 |
| 2756 | 32356 | 95895 | 90375 | 59348 | 760 | 63 | 557 |
| 3070 | 17045 | 51941 | 51941 | 38371 | 230 | 73 | 381 |
| 91223 | 25963 | 64210 | 64210 | 64894 | 1345 | 122 | 1820 |
| 81200 | 89600 | 51570 | 51570 | 35155 | 1472 | 68 | 543 |
| 1103 | 2086 | 10095 | 10095 | 4683 | 106 | 73 | 1096 |
| 1962 | 54710 | 140160 | 135725 | 97668 | 188 | 72 | 652 |
| 260 | 21658 | 122970 | 119600 | 81865 | 6900 | 149 | 850 |
| | 8140 | 99400 | 85200 | 26400 | 320 | 40 | 117 |
| | 36800 | 398800 | 274896 | 73880 | 681 | 137 | 720 |
| | 21611 | 134636 | 77825 | 58670 | 1172 | 72 | 533 |
| | 10045 | 85320 | 76368 | 55000 | 502 | 3 | 17 |
| | 13203 | 63960 | 63350 | 31481 | 403 | 33 | 310 |
| | 21700 | 136080 | 118466 | 76739 | 3225 | 4 | 20 |
| | 4610 | 70350 | 66450 | 41400 | 720 | 1 | 16 |
| 240 | 45000 | 170000 | 163000 | 7800 | 1750 | 151 | 2700 |
| 2035 | 38428 | 233934 | 232366 | 143000 | 6100 | 130 | 925 |
| 5400 | 26878 | 84840 | 82950 | 56146 | 2879 | 23 | 156 |
| | 87819 | 158000 | 110000 | 85000 | 1750 | 82 | 1200 |

9-1(一) 续表 5

| 名　称 | 村民委员会（个） | 年　末总人口（人） | #少数民族（人） | 乡镇企业从业人员（人） | 乡镇企业总产值（万元） | #工业企业（万元） |
|---|---|---|---|---|---|---|
| **黑龙江省** | **406** | **629765** | **225111** | **7126** | **286711** | **125520** |
| 哈尔滨市南岗区红旗满族乡 | 8 | 19903 | 7300 | 1500 | 81351 | 46461 |
| 哈尔滨市双城区乐群满族乡 | 9 | 15762 | 12110 | 199 | 1620 | 1389 |
| 哈尔滨市双城区同心满族乡 | 7 | 18523 | 11889 | 327 | 12513 | 4318 |
| 哈尔滨市双城区希勤满族乡 | 8 | 19652 | 11056 | 25 | 9600 | |
| 哈尔滨市双城区青岭满族乡 | 9 | 18789 | 13476 | 488 | 603 | 563 |
| 哈尔滨市五常市红旗满族乡 | 12 | 40673 | 18560 | 102 | 9350 | 540 |
| 哈尔滨市五常市营城子满族乡 | 7 | 27760 | 17800 | 59 | 5856 | 432 |
| 哈尔滨市五常市民乐朝鲜族乡 | 6 | 12080 | 6232 | 352 | 18680 | 3240 |
| 哈尔滨市尚志市河东朝鲜族乡 | 8 | 2739 | 408 | 64 | 17558 | 13575 |
| 哈尔滨市尚志市鱼池朝鲜族乡 | 7 | 3802 | 201 | | | |
| 哈尔滨市依兰县迎兰朝鲜族乡 | 15 | 22312 | 2449 | | | |
| 齐齐哈尔市梅里斯达斡尔族区莽格吐达斡尔族乡 | 3 | 5746 | 2080 | | | |
| 齐齐哈尔市泰来县宁姜蒙古族乡 | 7 | 17333 | 2613 | 153 | 11993 | 2870 |
| 齐齐哈尔市泰来县胜利蒙古族乡 | 5 | 16418 | 2783 | 114 | 2752 | 1121 |
| 齐齐哈尔市富裕县友谊达满柯族乡 | 14 | 24945 | 3819 | | | |
| 齐齐哈尔市讷河市兴旺鄂温克族乡 | 12 | 33430 | 3309 | 70 | 2139 | 2139 |
| 齐齐哈尔市富拉尔基区杜尔门沁达族乡 | 3 | 11829 | 2557 | 98 | 3151 | 2915 |
| 牡丹江市穆棱市福禄朝鲜族满族乡 | 16 | 17000 | 3329 | 126 | 3200 | 2400 |
| 牡丹江市宁安市江南朝、满族乡 | 25 | 26021 | 7021 | 133 | 26345 | 26345 |
| 牡丹江市宁安市卧龙朝鲜族乡 | 13 | 16300 | 5890 | 256 | 6890 | |
| 牡丹江市西安区海南朝鲜族乡 | 11 | 16216 | 6100 | 364 | 2594 | 2007 |
| 佳木斯市同江市街津口赫哲族乡 | 6 | 3510 | 440 | 69 | 5200 | |
| 佳木斯市同江市八岔赫哲族乡 | 4 | 3524 | 393 | 36 | 55 | |
| 佳木斯市桦川县星火朝鲜族乡 | 6 | 4673 | 4423 | 193 | 2076 | |
| 佳木斯市汤原县汤旺朝鲜族乡 | 14 | 1324 | 664 | 143 | 4300 | 4300 |
| 大庆市肇源县超等蒙古族乡 | 7 | 16266 | 5463 | | | |
| 大庆市肇源县浩德蒙古族乡 | 5 | 8781 | 1456 | 299 | 2388 | |
| 大庆市肇源县义顺蒙古族乡 | 7 | 14194 | 3859 | 47 | 690 | 495 |

| 乡镇企业年净利润总额（万元） | 农林牧渔业总产值（万元） | 农作物总播种面积（亩） | #粮食播种面积（亩） | 粮食产量（吨） | 肉类总产量（吨） | 农民合作社个数（个） | 农民合作社成员数（户） |
|---|---|---|---|---|---|---|---|
| **22008** | **1384346** | **4678076** | **4425714** | **2328298** | **51941** | **1601** | **17264** |
| 3540 | 36034 | 49867 | 41852 | 40000 | 1565 | 29 | 276 |
| 451 | 40080 | 106410 | 104738 | 138735 | 485 | 4 | 105 |
| 5024 | 26612 | 104898 | 104738 | 86142 | 328 | 117 | 718 |
| 550 | 71000 | 136400 | 136025 | 13500 | 560 | 37 | 185 |
| 15 | 110520 | 127421 | 123660 | 75783 | 5185 | 76 | 412 |
| 260 | 39520 | 15600 | 15298 | 16500 | 5400 | 77 | 391 |
| 855 | 52116 | 122900 | 122150 | 56395 | 1271 | 85 | 354 |
| 1180 | 15550 | 5600 | 5600 | 6500 | 20 | 55 | 314 |
| 42 | 20385 | 102900 | 101800 | 21934 | 276 | 31 | 205 |
|  | 54773 | 65958 | 58845 | 26370 | 592 | 46 | 423 |
|  | 32850 | 202000 | 202000 | 92754 | 480 | 156 | 756 |
|  | 22900 | 176698 | 107658 | 47716 | 272 | 4 | 100 |
| 849 | 26127 | 14851 | 14189 | 8352 | 296 | 30 | 560 |
| 331 | 36852 | 25149 | 18725 | 13123 | 458 | 83 | 915 |
|  | 142375 | 325365 | 317040 | 57627 | 1335 | 13 | 569 |
| 400 | 37200 | 36691 | 36634 | 172358 | 1534 | 36 | 349 |
| 680 | 37425 | 93382 | 93281 | 53193 | 499 | 17 | 1689 |
| 560 | 48860 | 215000 | 192794 | 60000 | 3500 | 35 | 690 |
| -290 | 10213 | 173219 | 170135 | 103813 | 2953 | 67 | 1031 |
| 745 | 42347 | 10800 | 9120 | 59340 | 3521 | 48 | 323 |
| 466 | 12000 | 57088 | 57088 | 17118 | 1056 | 6 | 702 |
| 983 | 23600 | 125400 | 119700 | 25628 | 379 | 8 | 44 |
| 15 | 22358 | 219549 | 219549 | 50469 | 154 | 13 | 370 |
| 258 | 7444 | 7283 | 7283 | 15200 | 30 | 2 | 12 |
| 132 | 17200 | 66000 | 66000 | 31200 | 450 | 14 | 38 |
|  | 38188 | 136233 | 102719 | 66667 | 2378 | 2 | 30 |
| 136 | 21105 | 69399 | 61976 | 33520 | 520 | 5 | 28 |
| 183 | 30425 | 76901 | 58358 | 9761 | 810 | 7 | 228 |

9-1(一) 续表 6

| 名　称 | 村民委员会（个） | 年末总人口（人） | #少数民族（人） | 乡镇企业从业人员（人） | 乡镇企业总产值（万元） | #工业企业（万元） |
|---|---|---|---|---|---|---|
| 黑河市逊克县新鄂鄂伦春族乡 | 5 | 1977 | 636 | | | |
| 黑河市逊克县新兴鄂伦春族乡 | 4 | 931 | 253 | | | |
| 黑河市爱辉区新生鄂伦春族乡 | 3 | 1052 | 206 | | | |
| 黑河市爱辉区四嘉子满族乡 | 6 | 4547 | 1637 | | | |
| 黑河市爱辉区坤河达斡尔族满族乡 | 6 | 2472 | 1188 | | | |
| 黑河市北安市主星朝鲜族乡 | 4 | 3741 | 1339 | | | |
| 黑河市孙吴县沿江达斡尔族满族乡 | 8 | 7105 | 2132 | | | |
| 绥化市北林区兴和朝鲜族乡 | 2 | 3057 | 3050 | 20 | 2380 | 2380 |
| 绥化市北林区红旗满族乡 | 5 | 17720 | 14264 | 95 | 1396 | 223 |
| 绥化市望奎县厢白满族乡 | 7 | 24591 | 6379 | 1205 | 600 | |
| 绥化市望奎县灵山满族乡 | 5 | 17562 | 5870 | | | |
| 伊春市铁力市年丰朝鲜族乡 | 10 | 12723 | 2430 | 102 | 6100 | 6100 |
| 鹤岗市萝北县东明朝鲜族乡 | 7 | 3151 | 3021 | 22 | 2345 | |
| 鹤岗市绥滨县福兴满族乡 | 3 | 4190 | 1935 | | | |
| 大兴安岭地区呼玛县白银纳鄂伦春族乡 | 6 | 1988 | 252 | | | |
| 大兴安岭地区塔河县十八站鄂伦春族乡 | 6 | 2528 | 298 | | | |
| 双鸭山市饶河县四排赫哲族乡 | 4 | 1756 | 260 | 28 | 512 | |
| 双鸭山市友谊县成富朝鲜族满族乡 | 3 | 4818 | 1072 | | | |
| 七台河市勃利县杏树朝鲜族乡 | 11 | 18196 | 2491 | 110 | 545 | 545 |
| 七台河市勃利县吉兴朝鲜族、满族乡 | 14 | 14965 | 2028 | | | |
| 鸡西市密山市和平朝鲜族乡 | 12 | 16049 | 4049 | 215 | 27983 | |
| 鸡西市鸡东县鸡林朝鲜族乡 | 6 | 7735 | 7248 | 11 | 11267 | 935 |
| 鸡西市鸡东县明德朝鲜族乡 | 8 | 8752 | 3158 | 25 | 2453 | |
| 鸡西市城子河区永丰朝鲜族乡 | 7 | 8654 | 2235 | 76 | 227 | 227 |
| **江苏省** | **8** | **22415** | **6892** | **9127** | **1541058** | **926056** |
| 扬州市高邮市菱塘回族乡 | 8 | 22415 | 6892 | 9127 | 1541058 | 926056 |
| **浙江省** | **101** | **109643** | **27922** | **2845** | **190067** | **156821** |
| 金华市兰溪市水亭畲族乡 | 19 | 21185 | 3264 | 1080 | 89880 | 89360 |
| 衢州市龙游县沐尘畲族乡 | 10 | 11381 | 2765 | 65 | 4000 | 4000 |
| 丽水市莲都区丽新畲族乡 | 9 | 10761 | 2280 | 295 | 26554 | 26554 |

| 乡镇企业年净利润总额 (万元) | 农林牧渔业总产值 (万元) | 农作物总播种面积 (亩) | #粮食播种面积 (亩) | 粮食产量 (吨) | 肉类总产量 (吨) | 农民合作社个数 (个) | 农民合作社成员数 (户) |
|---|---|---|---|---|---|---|---|
| | 4211 | 53076 | 53076 | 29665 | 766 | 5 | 25 |
| | 1742 | 28000 | 28000 | 13900 | 254 | 27 | 52 |
| | 1367 | 41000 | 40075 | 5780 | 45 | 9 | 62 |
| | 10250 | 77175 | 62512 | 45023 | 110 | 26 | 250 |
| | 7800 | 56220 | 56220 | 25000 | 108 | 12 | 60 |
| | 5572 | 62000 | 62000 | 25000 | 50 | | |
| | 16507 | 145320 | 143685 | 44159 | 293 | 6 | 1258 |
| 800 | 771 | 22175 | 22175 | 8500 | 105 | 2 | 180 |
| 355 | 23550 | 128250 | 117990 | 60450 | 685 | 105 | 1035 |
| 50 | 17000 | 187204 | 187000 | 98000 | 45 | 82 | 301 |
| | 32246 | 11611 | 10277 | 5487 | 309 | 11 | 55 |
| 309 | 38000 | 98845 | 96991 | 48197 | 2368 | 7 | 292 |
| 180 | 7748 | 48058 | 48058 | 25562 | 767 | 13 | 52 |
| | 8692 | 61123 | 61123 | 28464 | 309 | 1 | 25 |
| | 6124 | 80315 | 80315 | 9167 | 127 | 15 | 120 |
| | 2088 | 5774 | 3826 | 4764 | 520 | 9 | 27 |
| 176 | 6520 | 47000 | 47000 | 21225 | | 11 | 20 |
| | 15727 | 108423 | 108423 | 54311 | 96 | 3 | 65 |
| 20 | 23195 | 131296 | 119887 | 52854 | 3700 | 20 | 129 |
| | 11009 | 100200 | 99400 | 49777 | 242 | 56 | 280 |
| 1967 | 31520 | 181997 | 178179 | 193864 | 2786 | 40 | 568 |
| 457 | 17676 | 51421 | 51421 | 35050 | 91 | 5 | 31 |
| 306 | 15400 | 67300 | 67300 | 37900 | 405 | 25 | 525 |
| 24 | 3572 | 15332 | 11827 | 6500 | 1455 | 8 | 35 |
| **43081** | **72557** | **59205** | **53280** | **26850** | **2100** | **19** | **1969** |
| 43081 | 72557 | 59205 | 53280 | 26850 | 2100 | 19 | 1969 |
| **16090** | **146264** | **132110** | **60787** | **28945** | **9091** | **215** | **2380** |
| 5629 | 46743 | 38805 | 16515 | 5769 | 5245 | 19 | 57 |
| 480 | 11000 | 10095 | 1900 | 900 | 82 | 10 | 65 |
| 1215 | 18655 | 23045 | 9985 | 4255 | 795 | 22 | 620 |

9-1(一) 续表 7

| 名　　称 | 村民委员会<br>（个） | 年　末<br>总人口<br>（人） | #少数民族<br>（人） | 乡镇企业<br>从业人员<br>（人） | 乡镇企业<br>总产值<br>（万元） | #工业企业<br>（万元） |
|---|---|---|---|---|---|---|
| 丽水市龙泉市竹垟畲族乡 | 8 | 7704 | 2391 | 146 | 6120 | 5926 |
| 丽水市云和县雾溪畲族乡 | 2 | 2035 | 568 | | | |
| 丽水市云和县安溪畲族乡 | 3 | 2708 | 796 | 473 | | |
| 丽水市遂昌县三仁畲族乡 | 8 | 8461 | 2061 | 248 | 11453 | 8921 |
| 丽水市松阳县板桥畲族乡 | 5 | 4794 | 1115 | 116 | 2010 | 2010 |
| 杭州市桐庐县莪山畲族乡 | 7 | 9786 | 2859 | 400 | 50000 | 20000 |
| 温州市平阳县青街畲族乡 | 9 | 9618 | 2039 | | | |
| 温州市苍南县岱岭畲族乡 | 7 | 7152 | 2125 | | | |
| 温州市苍南县凤阳畲族乡 | 5 | 5667 | 2947 | | | |
| 温州市文成县周山畲族乡 | 6 | 5054 | 1603 | 22 | 50 | 50 |
| 温州市泰顺县竹里畲族乡 | 3 | 3337 | 1109 | | | |
| **安徽省** | **67** | **202847** | **56278** | **11772** | **154257** | **96859** |
| 淮南市谢家集区孤堆回族乡 | 8 | 17292 | 6041 | 145 | 20812 | 18379 |
| 合肥市肥东县牌坊回族满族乡 | 11 | 43727 | 6181 | 5290 | 51762 | 23146 |
| 滁州市定远县二龙回族乡 | 5 | 15972 | 12145 | 264 | 7156 | 2959 |
| 淮南市凤台县李冲回族乡 | 6 | 18584 | 7885 | 2455 | 23652 | 18869 |
| 淮南市潘集区古沟回族乡 | 12 | 32645 | 6429 | 965 | 8200 | 7500 |
| 淮南市寿县陶店回族乡 | 4 | 14796 | 4662 | 450 | 14438 | 8874 |
| 宣城市宁国市云梯畲族乡 | 4 | 5698 | 1803 | 140 | 4440 | |
| 蚌埠市五河县临北回族乡 | 11 | 27897 | 8657 | 1811 | 18119 | 17132 |
| 阜阳市颍上县赛涧回族乡 | 6 | 26236 | 2475 | 252 | 5678 | |
| **福建省** | **322** | **406454** | **140264** | **64669** | **2571810** | **1846054** |
| 福州市罗源县霍口畲族乡 | 24 | 19732 | 4001 | 12 | 798 | |
| 福州市连江县小沧畲族乡 | 5 | 4286 | 2443 | | | |
| 宁德市福安市坂中畲族乡 | 19 | 28339 | 10731 | 9821 | 281401 | 260000 |
| 宁德市福安市康厝畲族乡 | 32 | 13342 | 3643 | 2176 | 94853 | 78140 |
| 宁德市福安市穆云畲族乡 | 33 | 26395 | 10289 | 343 | 9395 | 8109 |
| 宁德市霞浦县盐田畲族乡 | 22 | 27506 | 6298 | 4818 | 163642 | 141035 |
| 宁德市霞浦县崇儒畲族乡 | 27 | 20057 | 4536 | 5421 | 78324 | 69230 |
| 宁德市霞浦县水门畲族乡 | 23 | 20646 | 4556 | 1246 | 75237 | 55688 |

| 乡镇企业年净利润总额（万元） | 农林牧渔业总产值（万元） | 农作物总播种面积（亩） | #粮食播种面积（亩） | 粮食产量（吨） | 肉类总产量（吨） | 农民合作社个数（个） | 农民合作社成员数（户） |
|---|---|---|---|---|---|---|---|
| 389 | 25966 | 13375 | 10067 | 4740 | 657 | 16 | 204 |
| | | 2390 | 1280 | 1563 | 19 | 11 | 88 |
| | | 7008 | 2718 | 674 | 515 | | |
| 2965 | 11720 | 11140 | 6550 | 2490 | 890 | 8 | 208 |
| 400 | 12537 | 8502 | 570 | 2100 | 50 | 3 | 45 |
| 5000 | 5765 | 6900 | 4650 | 1770 | 320 | 7 | 405 |
| | 4261 | 3023 | 1650 | 1406 | 162 | 20 | 125 |
| | 2450 | 723 | 237 | 1195 | 130 | 45 | 278 |
| | 3562 | 3267 | 2651 | 987 | 142 | 23 | 115 |
| 12 | 1805 | 3735 | 1944 | 460 | 40 | 16 | 95 |
| | 1800 | 102 | 70 | 636 | 44 | 15 | 75 |
| **15588** | **252949** | **402332** | **311055** | **289946** | **13371** | **285** | **7099** |
| 1406 | 13088 | 63821 | 54857 | 24331 | 595 | 10 | 383 |
| 3264 | 86469 | 134490 | 65595 | 38162 | 2732 | 42 | 3210 |
| 183 | 21733 | 69390 | 64425 | 30840 | 1056 | 21 | 860 |
| 3049 | 17544 | 2138 | 1375 | 6801 | 1376 | 34 | 754 |
| 4100 | 17300 | 33000 | 32250 | 32600 | 900 | 9 | 67 |
| 706 | 22423 | 85242 | 80803 | 88800 | | 24 | 151 |
| 1205 | 7955 | 2543 | 2331 | 1195 | 1014 | 12 | 85 |
| 994 | 34573 | 7132 | 5489 | 31847 | 4812 | 61 | 1193 |
| 681 | 31864 | 4576 | 3930 | 35370 | 886 | 72 | 396 |
| **186149** | **583874** | **524522** | **263969** | **101107** | **37642** | **742** | **12309** |
| 35 | 38687 | 24145 | 13819 | 5269 | 422 | 50 | 743 |
| | 4078 | 3728 | 2826 | 1421 | 223 | 1 | 5 |
| 8923 | 22943 | 46250 | 15472 | 4510 | 531 | 20 | 152 |
| 1822 | 43180 | 50487 | 18203 | 5978 | 1541 | 74 | 514 |
| 889 | 53384 | 52906 | 26533 | 8397 | 445 | 52 | 339 |
| 1123 | 23746 | 18730 | 10527 | 3162 | 168 | 71 | 351 |
| 418 | 23247 | 18080 | 9452 | 3853 | 944 | 67 | 1356 |
| 896 | 22627 | 19486 | 11990 | 3940 | 2176 | 51 | 465 |

9–1(一) 续表 8

| 名称 | 村民委员会（个） | 年末总人口（人） | #少数民族（人） | 乡镇企业从业人员（人） | 乡镇企业总产值（万元） | #工业企业（万元） |
|---|---|---|---|---|---|---|
| 宁德市蕉城区金涵畲族乡 | 16 | 27134 | 9100 | 8956 | 271146 | 161190 |
| 宁德市福鼎市硖门畲族乡 | 9 | 17648 | 4623 | 1539 | 109240 | 80156 |
| 宁德市福鼎市佳阳畲族乡 | 12 | 21059 | 8569 | 40 | 9382 | 9382 |
| 漳州市漳浦县赤岭畲族乡 | 9 | 15072 | 12542 | 590 | 13100 | 10030 |
| 漳州市漳浦县湖西畲族乡 | 10 | 27702 | 8948 | 1169 | 6582 | 5255 |
| 漳州市龙海区隆教畲族乡 | 10 | 26137 | 8372 | 1832 | 108652 | 83255 |
| 三明市永安市青水畲族乡 | 21 | 18989 | 6167 | 200 | 5700 | 5700 |
| 三明市宁化县治平畲族乡 | 13 | 14740 | 4719 | 2106 | 38278 | 34482 |
| 龙岩市上杭县官庄畲族乡 | 18 | 33820 | 11719 | 385 | 47950 | 36246 |
| 龙岩市上杭县庐丰畲族乡 | 14 | 25813 | 8067 | 6151 | 58129 | 8156 |
| 泉州市惠安县百崎回族乡 | 5 | 18037 | 10941 | 17864 | 1200000 | 800000 |
| **江西省** | **72** | **112937** | **29813** | **5993** | **115761** | **87234** |
| 鹰潭市贵溪樟坪畲族乡 | 5 | 4082 | 1162 | 105 | 1446 | 1252 |
| 上饶市铅山县太源畲族乡 | 4 | 2237 | 845 | 12 | 90 | 90 |
| 上饶市铅山县篁碧畲族乡 | 4 | 4233 | 1422 | 210 | 2200 | 1350 |
| 吉安市永丰县龙冈畲族乡 | 11 | 15656 | 4719 | 562 | 30345 | 30196 |
| 赣州市南康赤土畲族乡 | 18 | 51634 | 11195 | 2718 | 35042 | 23251 |
| 吉安市青原区东固畲族乡 | 15 | 19732 | 5309 | 1558 | 32550 | 24010 |
| 抚州市乐安县金竹畲族乡 | 10 | 12063 | 4065 | 169 | 1161 | |
| 吉安市峡江县金坪民族乡 | 5 | 3300 | 1096 | 659 | 12927 | 7085 |
| **河南省** | **92** | **193123** | **83816** | **18514** | **1290788** | **713418** |
| 郑州市荥阳市金寨回族乡 | 2 | 7938 | 5772 | 2656 | 171775 | 161067 |
| 商丘市民权县伯党回族乡 | 9 | 22971 | 10194 | 2112 | 9156 | 7813 |
| 商丘市民权县胡集回族乡 | 13 | 20608 | 9907 | 2092 | 18550 | 14416 |
| 平顶山市叶县马庄回族乡 | 8 | 12786 | 6763 | 900 | 34605 | 19197 |
| 平顶山市郏县姚庄回族乡 | 6 | 8672 | 4938 | 997 | 20403 | 18441 |
| 新乡市封丘县荆乡回族乡 | 5 | 7236 | 7115 | 213 | 11801 | 7386 |
| 许昌市许昌县艾庄回族乡 | 9 | 14864 | 1802 | 1150 | 26340 | 25856 |
| 许昌市禹州市山货回族乡 | 6 | 13415 | 5774 | 1506 | 148762 | 121567 |
| 南阳市镇平县郭庄回族乡 | 9 | 13935 | 4575 | 1560 | 6312 | 6312 |

| 乡镇企业年净利润总额（万元） | 农林牧渔业总产值（万元） | 农作物总播种面积（亩） | #粮食播种面积（亩） | 粮食产量（吨） | 肉类总产量（吨） | 农民合作社个数（个） | 农民合作社成员数（户） |
|---|---|---|---|---|---|---|---|
| 13197 | 10318 | 9017 | 3901 | 1149 | 69 | 34 | 180 |
| 1215 | 28393 | 12683 | 9626 | 3989 | 232 | 20 | 102 |
| 375 | 47364 | 23357 | 12244 | 4770 | 848 | 49 | 254 |
| 553 | 27264 | 22703 | 8095 | 4106 | 10264 | 30 | 259 |
| 877 | 37142 | 30757 | 14507 | 6742 | 2988 | 26 | 762 |
| 5593 | 70261 | 19731 | 7106 | 3304 | 5730 | 33 | 325 |
| 6500 | 51300 | 46597 | 23081 | 9525 | 2818 | 98 | 782 |
| 2933 | 10487 | 27603 | 17969 | 6861 | 958 | 21 | 1120 |
| 1930 | 22176 | 41230 | 26443 | 9375 | 4059 | 12 | 98 |
| 395 | 42315 | 55540 | 31502 | 14543 | 2953 | 28 | 485 |
| 138474 | 4962 | 1492 | 673 | 213 | 273 | 5 | 4017 |
| **9108** | **107078** | **124230** | **79122** | **37815** | **20056** | **211** | **5997** |
| 294 | 341 | 2745 | 2580 | 1270 | 7 | 12 | 61 |
| 5 | 2480 | 1772 | 1550 | 495 | 130 | 17 | 325 |
| 360 | 2845 | 3594 | 3015 | 1480 | 89 | 16 | 90 |
| 2501 | 17381 | 35156 | 24626 | 9652 | 284 | 25 | 1367 |
| 4436 | 53952 | 25586 | 12159 | 10258 | 16816 | 28 | 2113 |
| 275 | 21682 | 41290 | 26389 | 10517 | 402 | 30 | 637 |
| 241 | 5750 | 8216 | 5440 | 2720 | 2312 | 68 | 1302 |
| 996 | 2647 | 5871 | 3363 | 1424 | 16 | 15 | 102 |
| **82119** | **120338** | **305486** | **218542** | **124744** | **22658** | **156** | **1687** |
| -42681 | 2257 | 4900 | 4800 | 2210 | 133 | 2 | |
| 910 | 18942 | 57005 | 34130 | 17554 | 5760 | 11 | 77 |
| 657 | 26902 | 53870 | 40175 | 26383 | 1475 | 13 | 280 |
| 2920 | 7330 | 9200 | 8600 | 7052 | 490 | 8 | 166 |
| 1728 | 4055 | 18660 | 12642 | 4911 | 1325 | 7 | 42 |
| 821 | 2031 | 13680 | 12300 | 6694 | 1832 | 12 | 86 |
| 752 | 5985 | 29490 | 24580 | 12350 | 950 | 10 | 160 |
| 15421 | 11285 | 19683 | 19530 | 8485 | 209 | 6 | 11 |
| 394 | 7946 | 12540 | 12540 | 11924 | 6260 | 19 | 95 |

9-1(一) 续表 9

| 名称 | 村民委员会（个） | 年末总人口（人） | #少数民族（人） | 乡镇企业从业人员（人） | 乡镇企业总产值（万元） | #工业企业（万元） |
|---|---|---|---|---|---|---|
| 南阳市方城县袁店回族乡 | 9 | 20136 | 7356 | 1521 | 12307 | 6978 |
| 驻马店市西平县蔡寨回族乡 | 6 | 17552 | 4250 | 1521 | 37197 | 18713 |
| 洛阳市瀍河回族区瀍河回族乡 | 10 | 33010 | 15370 | 2286 | 793580 | 305672 |
| **湖北省** | **123** | **246773** | **143701** | **9303** | **319610** | **316322** |
| 荆门市钟祥市九里回族乡 | 8 | 14430 | 3030 | 3689 | 46500 | 46500 |
| 荆州市洪湖市老湾回族乡 | 6 | 14961 | 2678 | 63 | 4470 | 4470 |
| 荆州市松滋市卸甲坪土家族乡 | 9 | 14392 | 9085 | 145 | 6779 | 6779 |
| 宜昌市宜都市潘家湾土家族乡 | 9 | 14616 | 6233 | | | |
| 十堰市郧西县湖北口回族乡 | 17 | 22963 | 5284 | 531 | 2300 | 2100 |
| 恩施土家族苗族自治州恩施市芭蕉侗族乡 | 18 | 66017 | 42135 | 3566 | 220374 | 220374 |
| 恩施土家族苗族自治州宣恩县长潭河侗族乡 | 17 | 36788 | 23737 | 466 | 4222 | 3791 |
| 恩施土家族苗族自治州宣恩县晓关侗族乡 | 22 | 42077 | 33637 | 483 | 4235 | 3843 |
| 神农架林区下谷坪土家族乡 | 6 | 5802 | 4746 | 60 | 2165 | 2165 |
| 恩施土家族苗族自治州鹤峰县铁炉白族乡 | 11 | 14727 | 13136 | 300 | 28565 | 26300 |
| **湖南省** | **985** | **1473244** | **923016** | **54432** | **1213087** | **972906** |
| 怀化市辰溪县罗子山瑶族乡 | 8 | 7739 | 6396 | 73 | 1432 | |
| 怀化市辰溪县苏木溪瑶族乡 | 10 | 10020 | 7512 | 200 | 600 | 24 |
| 怀化市辰溪县上蒲溪瑶族乡 | 8 | 9765 | 5376 | 50 | 410 | 410 |
| 怀化市辰溪县后塘瑶族乡 | 12 | 19114 | 12986 | 20 | 150 | |
| 怀化市辰溪县仙人湾瑶族乡 | 15 | 24988 | 11140 | 1200 | 790 | |
| 怀化市洪江市深渡苗族乡 | 9 | 10328 | 6610 | 20 | 6251 | 795 |
| 怀化市洪江市龙船塘瑶族乡 | 7 | 8447 | 7273 | 50 | 500 | 310 |
| 怀化市会同县炮团侗族苗族乡 | 8 | 12880 | 11592 | | | |
| 怀化市会同县宝田侗族苗族乡 | 6 | 9505 | 7357 | 150 | 12105 | 1364 |
| 怀化市会同县蒲稳侗族苗族乡 | 6 | 10289 | 9569 | 580 | 203 | |
| 怀化市会同县金子岩侗族苗族乡 | 26 | 33075 | 24103 | 312 | 1046 | 1046 |
| 怀化市会同县漠滨侗族苗族乡 | 7 | 13486 | 9440 | | | |
| 怀化市会同县青朗侗族苗族乡 | 13 | 23352 | 17358 | 200 | 200 | 5 |
| 怀化市沅陵县二酉苗族乡 | 30 | 42143 | 38771 | 105 | 204 | |
| 怀化市沅陵县火场土家族乡 | 6 | 7332 | 6802 | | | |

| 乡镇企业年净利润总　额（万元） | 农林牧渔业总产值（万元） | 农作物总播种面积（亩） | #粮食播种面积（亩） | 粮食产量（吨） | 肉　类总产量（吨） | 农民合作社个数（个） | 农民合作社成员数（户） |
|---|---|---|---|---|---|---|---|
| 1909 | 16987 | 41091 | 17903 | 10095 | 2217 | 35 | 598 |
| 782 | 16618 | 43770 | 30075 | 16654 | 1996 | 33 | 172 |
| 98506 |  | 1597 | 1267 | 432 | 11 |  |  |
| **52782** | **470377** | **654758** | **369698** | **113076** | **29103** | **656** | **12250** |
| 3942 | 38102 | 89132 | 66048 | 29474 | 2028 | 36 | 248 |
| -188 | 28206 | 42845 | 25525 | 11053 | 175 | 10 | 102 |
| 1200 | 7952 | 17159 | 13124 | 4798 | 652 | 28 | 963 |
|  | 7865 | 45300 | 28540 | 7061 | 6898 | 48 | 1500 |
| 200 | 25115 | 56911 | 30810 | 7168 | 1867 | 56 | 1919 |
| 38263 | 189732 | 101856 | 46021 | 13318 | 4880 | 118 | 1141 |
| 3156 | 79560 | 141509 | 66423 | 15673 | 4266 | 123 | 4876 |
| 3161 | 79610 | 119100 | 71100 | 18200 | 6600 | 160 | 677 |
| 632 | 5054 | 15796 | 7896 | 1864 | 388 | 15 | 104 |
| 2415 | 9182 | 25150 | 14210 | 4467 | 1350 | 62 | 720 |
| **230793** | **1340409** | **2137926** | **1463727** | **763210** | **138034** | **3290** | **69772** |
|  | 1342 | 8500 | 7000 | 3500 | 1582 | 31 | 314 |
| 80 | 4230 | 11116 | 9800 | 4900 | 1623 | 22 | 420 |
| 70 | 3720 | 9150 | 7085 | 5040 | 1130 | 10 | 740 |
| 10 | 16887 | 12141 | 8993 | 4200 | 1540 | 42 | 245 |
| 119 | 7500 | 28000 | 13500 | 7425 | 2100 | 41 | 873 |
| 80 | 5456 | 18700 | 16900 | 7025 | 500 | 9 | 35 |
| 120 | 310 | 16000 | 12000 | 700 | 100 | 11 | 60 |
|  | 9869 | 8200 | 2600 | 2828 | 300 | 13 | 3467 |
| 698 | 8998 | 7100 | 5900 | 6500 | 1000 | 14 | 1256 |
|  | 720 | 13715 | 3759 | 1923 | 200 | 6 | 534 |
| 213 | 20062 | 32730 | 30025 | 11263 | 1630 | 27 | 437 |
|  | 8078 | 7131 | 5044 | 350 | 30 | 16 | 474 |
| 170 | 350 | 2500 | 2450 | 5000 | 900 | 13 | 132 |
|  | 14330 | 40119 | 38960 | 18120 |  | 57 | 671 |
|  | 4726 | 6780 | 4500 | 1045 |  | 10 | 125 |

9-1(一) 续表 10

| 名　称 | 村民委员会（个） | 年末总人口（人） | #少数民族（人） | 乡镇企业从业人员（人） | 乡镇企业总产值（万元） | #工业企业（万元） |
|---|---|---|---|---|---|---|
| 怀化市中方县蒿吉坪瑶族乡 | 6 | 7018 | 3290 | | | |
| 怀化市通道侗族自治县大高坪苗族乡 | 4 | 4013 | 3832 | | | |
| 怀化市新晃侗族自治县步头降苗族乡 | 7 | 10270 | 9735 | | | |
| 怀化市新晃侗族自治县米贝苗族乡 | 8 | 15592 | 15538 | 1143 | 5691 | 5691 |
| 邵阳市绥宁县河口苗族乡 | 10 | 15026 | 10735 | 103 | 7546 | 7546 |
| 邵阳市绥宁县麻塘苗族乡 | 13 | 16231 | 10885 | 121 | 6487 | 6351 |
| 邵阳市绥宁县东山侗族乡 | 12 | 18143 | 16938 | 23 | 4740 | 2138 |
| 邵阳市绥宁县鹅公岭侗族苗族乡 | 11 | 12545 | 12252 | 42 | 1250 | 670 |
| 邵阳市绥宁县寨市苗族侗族乡 | 29 | 31099 | 27830 | 182 | 8673 | 8673 |
| 邵阳市绥宁县乐安铺苗族侗族乡 | 8 | 10589 | 10368 | 918 | 62599 | 57689 |
| 邵阳市绥宁县关峡苗族乡 | 9 | 24952 | 24178 | 621 | 92460 | 91560 |
| 邵阳市绥宁县长铺子苗族乡 | 29 | 38507 | 33117 | 4800 | 142454 | 112454 |
| 邵阳市隆回县山界回族乡 | 16 | 27360 | 10162 | 684 | 32039 | 20536 |
| 邵阳市隆回县虎形山瑶族乡 | 12 | 17508 | 7275 | 650 | 8800 | 8800 |
| 邵阳市洞口县那溪瑶族乡 | 12 | 11682 | 7651 | 1821 | 24526 | 21569 |
| 邵阳市洞口县大屋瑶族乡 | 7 | 5231 | 3249 | 1000 | 300 | 212 |
| 邵阳市洞口县长塘瑶族乡 | 6 | 5262 | 2462 | 568 | 4761 | 4060 |
| 邵阳市新宁县黄金瑶族乡 | 11 | 8771 | 5480 | 303 | 21542 | 15635 |
| 邵阳市新宁县麻林瑶族乡 | 11 | 13724 | 10096 | 2745 | 20873 | 20589 |
| 永州市蓝山县荆竹瑶族乡 | 6 | 4452 | 4237 | 75 | 6522 | 120 |
| 永州市蓝山县湘江源瑶族乡 | 5 | 3309 | 2978 | 26 | 3711 | 3015 |
| 永州市蓝山县浆洞瑶族乡 | 6 | 5595 | 2800 | 1522 | 9220 | 2058 |
| 永州市蓝山县汇源瑶族乡 | 5 | 3157 | 1659 | 412 | 1390 | 826 |
| 永州市蓝山县犁头瑶族乡 | 4 | 3108 | 1295 | 931 | 335 | 94 |
| 永州市蓝山县大桥瑶族乡 | 7 | 9624 | 4218 | 320 | 3420 | 1800 |
| 永州市江永县松柏瑶族乡 | 14 | 29534 | 27313 | 67 | 4783 | 4327 |
| 永州市江永县千家洞瑶族乡 | 12 | 23036 | 20902 | 428 | 8250 | 7452 |
| 永州市江永县兰溪瑶族乡 | 6 | 10026 | 9524 | 198 | 54 | 32 |
| 永州市江永县源口瑶族乡 | 12 | 25348 | 20174 | 500 | 2155 | 2055 |
| 永州市宁远县九疑瑶族乡 | 21 | 35000 | 8700 | 522 | 1420 | 765 |

| 乡镇企业年净利润总额（万元） | 农林牧渔业总产值（万元） | 农作物总播种面积（亩） | #粮食播种面积（亩） | 粮食产量（吨） | 肉类总产量（吨） | 农民合作社个数（个） | 农民合作社成员数（户） |
|---|---|---|---|---|---|---|---|
| | 141 | 7647 | 4221 | 1393 | 90 | 33 | 961 |
| | 1084 | 5000 | 3080 | 900 | 50 | 14 | 380 |
| | 4145 | 15702 | 15702 | 5298 | 303 | 7 | 9917 |
| 1826 | 13651 | 16459 | 16459 | 5500 | 2665 | 4 | 214 |
| 964 | 9781 | 28950 | 15493 | 8153 | 2631 | 117 | 585 |
| 1624 | 15058 | 26812 | 18578 | 8899 | 2510 | 100 | 800 |
| 1875 | 60000 | 16642 | 7775 | 5493 | 64 | 153 | 1220 |
| 124 | 17509 | 11814 | 9863 | 3241 | 312 | 53 | 630 |
| 1056 | 16524 | 41230 | 32993 | 13205 | 5850 | 331 | 1655 |
| 2013 | 9187 | 9256 | 8787 | 4625 | 2578 | 34 | 245 |
| 15439 | 24564 | 38928 | 26643 | 12432 | 2975 | 43 | 118 |
| 95300 | 5756 | 73735 | 33993 | 15925 | 260 | 280 | 5460 |
| 19630 | 21967 | 31600 | 26600 | 12300 | 2400 | 28 | 358 |
| 2860 | 22000 | 20826 | 17436 | 8950 | 1576 | 35 | 735 |
| 2151 | 11025 | 28914 | 17592 | 6705 | 725 | 35 | 2602 |
| 45 | 8500 | 3830 | 3600 | 1440 | 620 | 20 | 300 |
| 1550 | 3045 | 4225 | 3020 | 1758 | 306 | 15 | 568 |
| 12036 | 4058 | 16835 | 8761 | 3993 | 3564 | 22 | 569 |
| 6280 | 30722 | 22143 | 12816 | 6418 | 1128 | 23 | 415 |
| 687 | 5255 | 2764 | 2428 | 1113 | 326 | 11 | 217 |
| 330 | 4656 | 4410 | 2420 | 795 | 530 | 16 | 66 |
| 726 | 9815 | 4560 | 4200 | 1515 | 95 | 14 | 95 |
| 124 | 5280 | 1134 | 863 | 10 | 5 | 6 | 85 |
| 47 | 4596 | 6701 | 1592 | 529 | 126 | 4 | 114 |
| 600 | 15986 | 9499 | 7000 | 3850 | 423 | 14 | 140 |
| 2577 | 7721 | 59107 | 41375 | 21124 | 1855 | 46 | 2271 |
| 625 | 19000 | 35000 | 26000 | 10400 | 3840 | 51 | 1200 |
| 14 | 11897 | 27962 | 13768 | 4820 | 2684 | 23 | 2026 |
| 1590 | 38413 | 22297 | 10737 | 10453 | 5657 | 24 | 96 |
| 617 | 11173 | 16037 | 15072 | 10292 | 6372 | 40 | 605 |

9-1(一) 续表 11

| 名　　称 | 村民委员会（个） | 年末总人口（人） | #少数民族（人） | 乡镇企业从业人员（人） | 乡镇企业总产值（万元） | #工业企业（万元） |
|---|---|---|---|---|---|---|
| 永州市宁远县棉花坪瑶族乡 | 5 | 7451 | 4853 | | | |
| 永州市宁远县桐木漯瑶族乡 | 6 | 7432 | 3344 | 380 | 2213 | 1102 |
| 永州市宁远县五龙山瑶族乡 | 11 | 11674 | 4295 | 68 | 950 | 100 |
| 永州市道县横岭瑶族乡 | 8 | 10136 | 5786 | | | |
| 永州市道县洪塘营瑶族乡 | 10 | 15300 | 6602 | 3 | 62 | 50 |
| 永州市道县审章塘瑶族乡 | 14 | 29100 | 13700 | 9 | 230 | |
| 永州市祁阳市晒北滩瑶族乡 | 9 | 7113 | 3615 | | | |
| 永州市新田县门楼下瑶族乡 | 13 | 9804 | 5811 | 66 | 1340 | 303 |
| 永州市双牌县上梧江瑶族乡 | 13 | 14173 | 4500 | 600 | 900 | |
| 永州市江华瑶族自治县小圩壮族乡 | 21 | 27917 | 15100 | 7560 | 480 | 298 |
| 张家界市桑植县刘家坪白族乡 | 6 | 12158 | 11568 | 40 | 1500 | |
| 张家界市桑植县马合口白族乡 | 9 | 15375 | 13523 | 54 | 276 | |
| 张家界市桑植县走马坪白族乡 | 15 | 19907 | 18063 | 523 | 3163 | |
| 张家界市桑植县芙蓉桥白族乡 | 13 | 18298 | 17244 | 30 | 56 | |
| 张家界市桑植县洪家关白族乡 | 23 | 33729 | 30743 | 76 | 500 | |
| 张家界市慈利县三官寺土家族乡 | 17 | 26184 | 24905 | 600 | 900 | 550 |
| 张家界市慈利县高峰土家族乡 | 16 | 16490 | 12167 | 34 | 573 | |
| 张家界市慈利县金岩土家族乡 | 12 | 17953 | 13060 | 238 | 380 | 260 |
| 张家界市慈利县许家坊土家族乡 | 10 | 19443 | 16542 | | | |
| 张家界市慈利县阳和土家族乡 | 10 | 20586 | 17539 | | | |
| 张家界市慈利县甘堰土家族乡 | 20 | 33752 | 30090 | 40 | 1356 | 802 |
| 张家界市慈利县赵家岗土家族乡 | 12 | 15683 | 14601 | 190 | 2568 | 1776 |
| 郴州市桂阳县白水瑶族乡 | 16 | 25300 | 4698 | | | |
| 郴州市北湖区保和瑶族乡 | 12 | 21964 | 2348 | 208 | 84800 | 84800 |
| 郴州市北湖区仰天湖瑶族乡 | 15 | 24815 | 3667 | 415 | 31000 | 26600 |
| 郴州市宜章县莽山瑶族乡 | 6 | 9752 | 6103 | 1207 | 14085 | 7482 |
| 郴州市汝城县文明瑶族乡 | 36 | 54386 | 26012 | 3260 | 14631 | 9867 |
| 郴州市汝城县延寿瑶族乡 | 17 | 29762 | 23879 | 783 | 26687 | 23803 |
| 郴州市临武县西山瑶族乡 | 13 | 13440 | 2640 | 78 | 6560 | 4310 |
| 郴州市资兴市回龙山瑶族乡 | 11 | 18810 | 965 | 282 | 20860 | 8171 |

| 乡镇企业年净利润总额（万元） | 农林牧渔业总产值（万元） | 农作物总播种面积（亩） | #粮食播种面积（亩） | 粮食产量（吨） | 肉类总产量（吨） | 农民合作社个数（个） | 农民合作社成员数（户） |
|---|---|---|---|---|---|---|---|
| | 5411 | 2778 | 2100 | 1390 | 602 | 7 | 10 |
| 800 | 2600 | 1200 | 800 | 400 | 200 | 6 | 326 |
| 100 | 1080 | 7100 | 7100 | 2900 | 825 | 13 | 1 |
| | 8852 | 9402 | 8866 | 4700 | 120 | 19 | 196 |
| 11 | 5100 | 9150 | 7800 | 1360 | 600 | 21 | 750 |
| 140 | 14000 | 12400 | 12400 | 17000 | 300 | 23 | 260 |
| | 5870 | 899 | 353 | 315 | 320 | 26 | 378 |
| 266 | 6675 | 14986 | 9521 | 2152 | 1516 | 34 | 357 |
| 200 | 19200 | 8100 | 4200 | 2100 | 230 | 84 | 590 |
| 163 | 13700 | 53934 | 35200 | 14100 | 12453 | 40 | 400 |
| 253 | 1200 | 19200 | 6000 | 8692 | 540 | 33 | 657 |
| 47 | 1343 | 3200 | 1410 | 4620 | 375 | 16 | 29 |
| 215 | 3538 | 11572 | 9978 | 2650 | 263 | 15 | 1510 |
| 19 | 1102 | 23613 | 15106 | 63197 | 14859 | 34 | 214 |
| 87 | 4718 | 29188 | 27420 | 8527 | 1037 | 24 | 3980 |
| 380 | 6476 | 38351 | 21748 | 9460 | 1344 | 25 | 272 |
| 135 | 13083 | 40531 | 25931 | 10384 | 2797 | 32 | 1080 |
| 240 | 48369 | 38215 | 25041 | 9931 | 223 | 51 | 280 |
| | 1258 | 38530 | 27915 | 10228 | 550 | 20 | 345 |
| | 6060 | 42490 | 27215 | 15064 | 900 | 20 | 156 |
| 133 | 17903 | 69754 | 59874 | 32232 | 1952 | 41 | 215 |
| 1031 | 8806 | 28758 | 21621 | 7708 | 558 | 35 | 102 |
| | 9816 | 15984 | 14000 | 12000 | 961 | 33 | 334 |
| 719 | 136872 | 20000 | 18300 | 8864 | 1523 | 36 | 161 |
| 2675 | 11508 | 12140 | 10721 | 8320 | 131 | 95 | 266 |
| 583 | 2485 | 3750 | 3100 | 5722 | 153 | 15 | 101 |
| 1076 | 74525 | 113368 | 34923 | 21862 | 2135 | 79 | 1932 |
| 8975 | 6921 | 31286 | 16388 | 8096 | 184 | 35 | 202 |
| 2982 | 40159 | 25689 | 15012 | 5799 | 589 | 44 | 653 |
| 3908 | 14574 | 57648 | 42547 | 14808 | 5625 | 49 | 926 |

9-1(一) 续表 12

| 名　称 | 村民委员会（个） | 年末总人口（人） | #少数民族（人） | 乡镇企业从业人员（人） | 乡镇企业总产值（万元） | #工业企业（万元） |
|---|---|---|---|---|---|---|
| 郴州市资兴市八面山瑶族乡 | 15 | 15060 | 706 | 435 | 57230 | 35030 |
| 常德市鼎城区许家桥回族维吾尔族乡 | 16 | 37796 | 9350 | 1189 | 70300 | 27950 |
| 常德市汉寿县毛家滩回族维吾尔族乡 | 8 | 26489 | 7956 | 2008 | 30519 | 21326 |
| 常德市桃源县枫树维吾尔族回族乡 | 12 | 32370 | 3395 | 1502 | 60253 | 49010 |
| 常德市桃源县青林回族维吾尔族乡 | 13 | 39887 | 12165 | 260 | 2900 | 2100 |
| 株洲市炎陵县中村瑶族乡 | 12 | 13072 | 4003 | 81 | 9790 | 3291 |
| 衡阳市常宁市塔山瑶族乡 | 11 | 11198 | 6420 | 1028 | 3133 | 253 |
| 益阳市桃江县鲊埠回族乡 | 9 | 21310 | 9900 | 7500 | 253000 | 253000 |
| **广东省** | **50** | **87887** | **32782** | **3531** | **306238** | **244864** |
| 惠州市龙门县蓝田瑶族乡 | 7 | 11094 | 8962 | 1147 | 212442 | 152419 |
| 清远市连州市三水瑶族乡 | 4 | 4381 | 1524 | 164 | 5161 | 5161 |
| 清远市连州市瑶安瑶族乡 | 10 | 13397 | 4073 | 270 | 3020 | 3020 |
| 清远市阳山县秤架瑶族乡 | 10 | 18832 | 4257 | 886 | 8233 | 8233 |
| 肇庆市怀集县下帅壮族瑶族乡 | 5 | 11649 | 8112 | 280 | 67 | |
| 韶关市始兴县深渡水瑶族乡 | 4 | 7901 | 2139 | 102 | 1504 | 1420 |
| 河源市东源县漳溪畲族乡 | 10 | 20633 | 3715 | 682 | 75811 | 74611 |
| **广西壮族自治区** | **590** | **1188053** | **907337** | **16258** | **417772** | **349941** |
| 梧州市蒙山县长坪瑶族乡 | 5 | 3006 | 2653 | 122 | 366 | |
| 梧州市蒙山县夏宜瑶族乡 | 6 | 6814 | 5837 | | | |
| 贺州市八步区黄洞瑶族乡 | 4 | 7494 | 5702 | 385 | 14658 | 12200 |
| 贺州市平桂管理区大平瑶族乡 | 6 | 14991 | 3927 | 64 | 210 | |
| 贺州市昭平县仙回瑶族乡 | 6 | 15105 | 8806 | 371 | 4289 | 520 |
| 贺州市钟山县两安瑶族乡 | 6 | 18014 | 17032 | 102 | 6978 | 6978 |
| 贺州市钟山县花山瑶族乡 | 6 | 8218 | 7137 | 905 | 98325 | 97365 |
| 贵港市平南县马练瑶族乡 | 12 | 47989 | 40153 | 185 | 2300 | 1650 |
| 贵港市平南县国安瑶族乡 | 10 | 23758 | 19007 | 130 | 3000 | |
| 防城港市上思县南屏瑶族乡 | 9 | 14534 | 14484 | 16 | 78 | |
| 防城港市防城区十万山瑶族乡 | 5 | 12110 | 8558 | | | |
| 南宁市马山县古寨瑶族乡 | 8 | 20753 | 20409 | | | |
| 南宁市马山县里当瑶族乡 | 9 | 20867 | 20612 | | | |

| 乡镇企业年净利润总　额（万元） | 农林牧渔业总产值（万元） | 农作物总播种面积（亩） | #粮食播种面积（亩） | 粮食产量（吨） | 肉　类总产量（吨） | 农民合作社个数（个） | 农民合作社成员数（户） |
|---|---|---|---|---|---|---|---|
| 3600 | 19865 | 34058 | 22718 | 7906 | 1050 | 38 | 460 |
| 7200 | 58300 | 161946 | 111032 | 36460 | 5179 | 28 | 1926 |
| 4578 | 23787 | 56902 | 53843 | 58689 | 81 | 45 | 2379 |
| 6210 | 180102 | 103511 | 73668 | 30635 | 3770 | 59 | 1002 |
| 900 | 6600 | 137240 | 87500 | 35525 | 4350 | 59 | 310 |
| 4901 | 6712 | 4551 | 663 | 975 | 180 | 94 | 966 |
| 1396 | 2153 | 602 | 331 | 91 | 53 | 30 | 1392 |
| 2600 | 30600 | 24000 | 24000 | 7000 | 4350 | 14 | 224 |
| **25728** | **141034** | **143859** | **61709** | **60280** | **7457** | **154** | **972** |
|  | 33276 | 24306 | 13065 | 4711 | 259 | 16 | 80 |
| 903 | 9784 | 6261 | 1940 | 864 | 54 |  |  |
| 750 | 11817 | 14000 | 5900 | 2100 | 160 | 17 | 90 |
| 4102 | 27960 | 41694 | 9311 | 38518 | 761 | 41 | 402 |
| 67 | 21218 | 25388 | 11826 | 4350 | 1714 | 12 | 60 |
| 956 | 17375 | 11349 | 4817 | 2046 | 433 | 5 | 25 |
| 18950 | 19604 | 20861 | 14850 | 7691 | 4077 | 63 | 315 |
| **53465** | **906131** | **2057712** | **1155367** | **398460** | **90087** | **1198** | **24392** |
| 120 | 712 | 3104 | 1626 | 908 | 386 | 5 | 41 |
|  | 26780 | 497 | 339 | 1615 | 272 | 11 | 146 |
| 3046 | 17495 | 15907 | 4329 | 1334 | 321 | 6 | 47 |
| 28 | 13900 | 16072 | 12113 | 3497 | 151 | 6 | 30 |
| 1071 | 1184 | 21547 | 12555 | 4357 | 836 | 9 | 65 |
| 284 | 16270 | 29801 | 16620 | 5863 | 1585 | 15 | 180 |
| 3484 | 15012 | 12564 | 7032 | 2059 | 1409 | 10 | 69 |
| 300 |  | 56465 | 25354 | 8134 | 1472 | 34 | 334 |
| 880 | 26780 | 20675 | 11897 | 4167 | 1232 | 17 | 1210 |
| 40 | 4883 | 3824 | 772 | 415 | 754 | 18 | 117 |
|  | 5921 | 2706 | 483 | 1835 | 702 | 7 | 88 |
|  | 21455 | 86450 | 34954 | 10600 | 1830 | 38 | 615 |
|  | 13562 | 36112 | 25563 | 7301 | 2109 | 33 | 611 |

9-1(一) 续表 13

| 名称 | 村民委员会 | 年末总人口 | #少数民族 | 乡镇企业从业人员 | 乡镇企业总产值 | #工业企业 |
|---|---|---|---|---|---|---|
| | (个) | (人) | (人) | (人) | (万元) | (万元) |
| 南宁市上林县镇圩瑶族乡 | 11 | 25420 | 25043 | | | |
| 柳州市三江侗族自治县同乐苗族乡 | 19 | 48000 | 46100 | 68 | 1700 | |
| 柳州市三江侗族自治县福禄苗族乡 | 15 | 36376 | 35940 | | | |
| 柳州市三江侗族自治县高基瑶族乡 | 8 | 7181 | 5807 | 171 | 1200 | 200 |
| 柳州市融水苗族自治县滚贝侗族乡 | 11 | 19843 | 16283 | | | |
| 柳州市融水苗族自治县同练瑶族乡 | 6 | 11280 | 10793 | | | |
| 柳州市柳城县古砦仫佬族乡 | 13 | 36051 | 17426 | 138 | 717 | 232 |
| 桂林市临桂区宛田瑶族乡 | 15 | 23011 | 12301 | 194 | 1052 | 343 |
| 桂林市临桂区黄沙瑶族乡 | 5 | 5597 | 2549 | 60 | 500 | 250 |
| 桂林市灵川县大境瑶族乡 | 8 | 12461 | 5359 | 15 | 200 | |
| 桂林市灵川县兰田瑶族乡 | 3 | 6189 | 2069 | 126 | 2500 | 2500 |
| 桂林市全州县蕉江瑶族乡 | 8 | 21133 | 5395 | 450 | 1520 | 380 |
| 桂林市全州县东山瑶族乡 | 16 | 34722 | 29860 | 24 | 6300 | 6300 |
| 桂林市兴安县华江瑶族乡 | 9 | 18128 | 6078 | 4876 | 26525 | 24395 |
| 桂林市灌阳县洞井瑶族乡 | 9 | 9427 | 3677 | 595 | 17087 | 14135 |
| 桂林市灌阳县西山瑶族乡 | 10 | 13160 | 5397 | 1219 | 15366 | 13829 |
| 桂林市资源县车田苗族乡 | 12 | 25126 | 17544 | 121 | 9500 | 7560 |
| 桂林市资源县两水苗族乡 | 6 | 10167 | 8236 | | | |
| 桂林市资源县河口瑶族乡 | 5 | 4897 | 2854 | | | |
| 桂林市平乐县大发瑶族乡 | 10 | 18055 | 13253 | 649 | 15034 | 5128 |
| 桂林市荔浦市蒲芦瑶族乡 | 9 | 10177 | 7124 | 1380 | 33000 | 31849 |
| 桂林市雁山区草坪回族乡 | 4 | 5878 | 2221 | 318 | 401 | 107 |
| 百色市右江区汪甸瑶族乡 | 13 | 29811 | 28679 | | | |
| 百色市田东县作登瑶族乡 | 21 | 40520 | 40333 | 115 | 523 | 523 |
| 百色市田林县潞城瑶族乡 | 19 | 28306 | 23655 | | | |
| 百色市田林县利周瑶族乡 | 9 | 17425 | 14731 | | | |
| 百色市田林县八桂瑶族乡 | 12 | 15281 | 14718 | | | |
| 百色市田林县八渡瑶族乡 | 17 | 22928 | 20039 | | | |
| 百色市凌云县伶站瑶族乡 | 9 | 20075 | 16552 | 980 | 58000 | 50000 |
| 百色市凌云县朝里瑶族乡 | 6 | 9649 | 9355 | | | |

| 乡镇企业年净利润总额（万元） | 农林牧渔业总产值（万元） | 农作物总播种面积（亩） | #粮食播种面积（亩） | 粮食产量（吨） | 肉类总产量（吨） | 农民合作社个数（个） | 农民合作社成员数（户） |
|---|---|---|---|---|---|---|---|
| | 33527 | 37994 | 22730 | 7061 | 1730 | 50 | 271 |
| 300 | 38324 | 32670 | 17260 | 8230 | 2355 | 82 | 882 |
| | 13876 | 25669 | 15165 | 5780 | 508 | 19 | 635 |
| 579 | 10600 | 12752 | 5600 | 2050 | 690 | 5 | 30 |
| | 1620 | 25929 | 12930 | 4050 | 546 | 10 | 51 |
| | 1678 | 11641 | 8546 | 4200 | 397 | 10 | 60 |
| 71 | 15495 | 120408 | 73892 | 26473 | 3683 | 9 | 613 |
| 348 | 165 | 47761 | 19500 | 6200 | 4477 | 15 | 102 |
| 180 | 58 | 13535 | 6124 | 1322 | 373 | 5 | 3756 |
| 40 | 3834 | 32862 | 14670 | 4231 | 965 | 24 | 480 |
| 820 | 273 | 18900 | 7185 | 2382 | 450 | 12 | 52 |
| 690 | 31727 | 21378 | 17000 | 3800 | 2000 | 10 | 180 |
| 1250 | 16879 | 42900 | 42900 | 17300 | 2932 | 43 | 344 |
| 2130 | 16425 | 25568 | 14882 | 6824 | 1072 | 21 | 145 |
| 3353 | 8819 | 41331 | 27757 | 26484 | 2868 | 21 | 259 |
| 4558 | 16126 | 12131 | 10133 | 2786 | 894 | 17 | 106 |
| 1460 | 2768 | 65362 | 24613 | 15229 | 1638 | 47 | 628 |
| | 2503 | 24393 | 7040 | 525 | 724 | 8 | 289 |
| | 14265 | 17526 | 7192 | 4215 | 466 | 5 | 146 |
| 387 | 40018 | 45255 | 1571 | 7228 | 503 | 30 | 510 |
| 6600 | | 34347 | 9208 | 3244 | 1018 | 7 | 41 |
| 511 | 2657 | 8775 | 1770 | 512 | 765 | 3 | 48 |
| | 25100 | 91905 | 37853 | 12059 | 6248 | 11 | 172 |
| 210 | 40227 | 57573 | 32800 | 9400 | 2400 | 56 | 1306 |
| | | 34463 | 24012 | 11676 | 2263 | 30 | 337 |
| | | 20109 | 17530 | 5527 | 1528 | 13 | 209 |
| | | 21818 | 12394 | 3812 | 1615 | 11 | 259 |
| | | 34770 | 17647 | 6654 | 2362 | 25 | 1343 |
| 14000 | 13300 | 24400 | 13621 | 5529 | 2005 | 18 | 90 |
| | 220 | 7908 | 6803 | 2608 | 572 | 6 | 39 |

9-1(一) 续表 14

| 名　　称 | 村民委员会（个） | 年末总人口（人） | #少数民族（人） | 乡镇企业从业人员（人） | 乡镇企业总产值（万元） | #工业企业（万元） |
|---|---|---|---|---|---|---|
| 百色市凌云县沙里瑶族乡 | 12 | 21320 | 15211 | | | |
| 百色市凌云县玉洪瑶族乡 | 18 | 24240 | 15318 | | 3600 | |
| 百色市西林县足别瑶族苗族乡 | 6 | 9505 | 9294 | 35 | 500 | 40 |
| 百色市西林县普合苗族乡 | 7 | 12308 | 11474 | 106 | 6000 | 15 |
| 百色市西林县那佐苗族乡 | 18 | 27953 | 25569 | 50 | 954 | 30 |
| 河池市南丹县八圩瑶族乡 | 15 | 32480 | 27074 | | | |
| 河池市南丹县里湖瑶族乡 | 12 | 30187 | 28484 | | | |
| 河池市南丹县中堡苗族乡 | 5 | 9081 | 7105 | 32 | 2853 | 2853 |
| 河池市天峨县八腊瑶族乡 | 9 | 22324 | 6231 | | | |
| 河池市凤山县平乐瑶族乡 | 10 | 23193 | 14608 | 36 | 22235 | 22235 |
| 河池市凤山县江洲瑶族乡 | 7 | 13150 | 9264 | 190 | 3248 | 2165 |
| 河池市凤山县金牙瑶族乡 | 12 | 27199 | 9743 | 538 | 8211 | 5820 |
| 河池市东兰县三弄瑶族乡 | 5 | 5768 | 4908 | | | |
| 河池市环江毛南族自治县驯乐苗族乡 | 10 | 28253 | 27450 | 1220 | 47000 | 39000 |
| 河池市宜州区北牙瑶族乡 | 19 | 61826 | 42357 | 127 | 506 | 3 |
| 河池市宜州区福龙瑶族乡 | 15 | 39339 | 29559 | 145 | 1336 | 1336 |
| **重庆市** | **96** | **161750** | **65606** | **1972** | **62461** | **26820** |
| 奉节县云雾土家族乡 | 3 | 4526 | 3194 | 56 | 1600 | 5 |
| 奉节县长安土家族乡 | 8 | 16280 | 5462 | 50 | 2800 | 50 |
| 奉节县龙桥土家族乡 | 5 | 11412 | 1924 | 260 | 15000 | 11900 |
| 奉节县太和土家族乡 | 8 | 13068 | 3321 | 100 | 5200 | 100 |
| 万州区恒合土家族乡 | 13 | 26886 | 15440 | 412 | 5912 | 2428 |
| 万州区地宝土家族乡 | 3 | 7735 | 4535 | 348 | 9100 | 560 |
| 云阳县清水土家族乡 | 14 | 19109 | 4413 | 325 | 2854 | 1910 |
| 巫山县红椿土家族乡 | 5 | 6425 | 3800 | | | |
| 巫山县邓家土家族乡 | 5 | 3833 | 1240 | 46 | 142 | |
| 忠县磨子土家族乡 | 8 | 18197 | 8144 | 102 | 16821 | 8157 |
| 武隆区石桥苗族土家族乡 | 6 | 11089 | 4299 | 50 | 1500 | 1500 |
| 武隆区文复苗族土家族乡 | 6 | 9451 | 3931 | 27 | 270 | 210 |
| 武隆区后坪苗族土家族乡 | 6 | 7466 | 2298 | 120 | 350 | |
| 武隆区浩口苗族仡佬族乡 | 6 | 6273 | 3605 | 76 | 912 | |

| 乡镇企业年净利润总额（万元） | 农林牧渔业总产值（万元） | 农作物总播种面积（亩） | #粮食播种面积（亩） | 粮食产量（吨） | 肉类总产量（吨） | 农民合作社个数（个） | 农民合作社成员数（户） |
|---|---|---|---|---|---|---|---|
| | 18003 | 27601 | 21898 | 7262 | 1177 | 23 | 269 |
| | 59868 | 29050 | 20350 | 7884 | 2125 | 43 | 1460 |
| 40 | 23580 | 30455 | 18986 | 4904 | 1011 | 24 | 526 |
| 1021 | 25650 | 35309 | 19076 | 5001 | 1486 | 14 | 952 |
| 237 | 45690 | 62563 | 37156 | 11895 | 1280 | 32 | 446 |
| | | 58604 | 29895 | 6885 | 2100 | 14 | 76 |
| | | 31399 | 31399 | 6784 | 7169 | 21 | 165 |
| 985 | | 19552 | 9150 | 2076 | 790 | 10 | 50 |
| | | 62472 | 36580 | 9307 | 1499 | 14 | 373 |
| 763 | 14027 | 51316 | 26278 | 6483 | 1387 | 22 | 500 |
| 320 | 5497 | 25113 | 15334 | 3110 | 1517 | 8 | 46 |
| 722 | 8700 | 40851 | 27693 | 5901 | 1359 | 12 | 1008 |
| | 6578 | 4772 | 4772 | 1126 | 309 | 9 | 50 |
| 2150 | 35488 | 61000 | 33000 | 12570 | 1200 | 31 | 530 |
| 238 | 90571 | 93001 | 63209 | 18810 | 1493 | 70 | 817 |
| 250 | 58043 | 106899 | 76627 | 18988 | 1080 | 19 | 188 |
| **19603** | **194359** | **439962** | **235608** | **79275** | **22925** | **384** | **9528** |
| 800 | 6750 | 14600 | 2100 | 2650 | 850 | 23 | 135 |
| 10 | 38236 | 37886 | 13721 | 3890 | 1980 | 45 | 57 |
| 3000 | 12738 | 29750 | 19425 | 6412 | 211 | 32 | 2560 |
| 2400 | 18204 | 43500 | 6630 | 6000 | 880 | 81 | 360 |
| 2508 | 20140 | 67533 | 35104 | 11763 | 1638 | 40 | 216 |
| 3820 | 9365 | 16327 | 8235 | 2610 | 857 | 6 | 73 |
| 855 | 2730 | 31450 | 23750 | 7500 | 567 | 21 | 1679 |
| | 18000 | 15029 | 14874 | 3476 | 853 | 21 | 113 |
| 51 | 1456 | 6756 | 4356 | 6223 | 287 | 3 | 25 |
| 4761 | 14618 | 30810 | 23121 | 7558 | 675 | 16 | 84 |
| 750 | 13701 | 39779 | 23067 | 5770 | 800 | 21 | 1240 |
| 112 | 16279 | 38839 | 20314 | 5245 | 11428 | 18 | 2131 |
| 100 | 12653 | 33451 | 17256 | 4449 | 901 | 46 | 405 |
| 436 | 9489 | 34252 | 23655 | 5729 | 999 | 11 | 450 |

9-1(一) 续表 15

| 名　称 | 村民委员会<br>（个） | 年　末<br>总人口<br>（人） | #少数民族<br>（人） | 乡镇企业<br>从业人员<br>（人） | 乡镇企业<br>总产值<br>（万元） | #工业企业<br>（万元） |
|---|---|---|---|---|---|---|
| **四川省** | **449** | **723616** | **339230** | **12892** | **407538** | **210015** |
| 甘孜藏族自治州九龙县子耳彝族乡 | 5 | 3951 | 2889 | | | |
| 甘孜藏族自治州九龙县小金彝族乡 | 3 | 2670 | 2426 | | | |
| 甘孜藏族自治州九龙县朵落彝族乡 | 2 | 1439 | 1179 | | | |
| 阿坝藏族羌族自治州松潘县十里回族乡 | 7 | 4056 | 2637 | | | |
| 攀枝花市仁和区大龙潭彝族乡 | 6 | 15626 | 10470 | | | |
| 攀枝花市仁和区啊喇彝族乡 | 5 | 9374 | 5132 | 25 | 6117 | 1674 |
| 攀枝花市米易县麻陇彝族乡 | 6 | 9944 | 8910 | 16 | 2500 | 520 |
| 攀枝花市米易县白坡彝族乡 | 7 | 9819 | 3415 | | | |
| 攀枝花市米易县湾丘彝族乡 | 5 | 15359 | 5506 | | | |
| 攀枝花市米易县新山傈僳族乡 | 4 | 7383 | 2120 | 145 | 1982 | 626 |
| 攀枝花市盐边县红果彝族乡 | 6 | 13297 | 5866 | 352 | 8576 | 6580 |
| 攀枝花市盐边县温泉彝族乡 | 5 | 8143 | 6749 | | | |
| 攀枝花市盐边县格萨拉彝族乡 | 6 | 12830 | 12525 | 99 | 2881 | 2331 |
| 攀枝花市盐边县红宝苗族彝族乡 | 5 | 5380 | 4481 | | | |
| 泸州市叙永县白蜡苗族乡 | 7 | 20572 | 5210 | 26 | 1000 | 1000 |
| 泸州市叙永县合乐苗族乡 | 6 | 12121 | 4967 | 67 | 10629 | 9312 |
| 泸州市叙永县枧槽苗族乡 | 6 | 12889 | 5231 | 231 | 3000 | 1100 |
| 泸州市叙永县石厢子彝族乡 | 5 | 9670 | 3344 | 24 | 525 | 525 |
| 泸州市叙永县水潦彝族乡 | 10 | 23842 | 11680 | 101 | 4200 | 2800 |
| 泸州市古蔺县箭竹苗族乡 | 8 | 15813 | 3776 | 538 | 13011 | 7951 |
| 泸州市古蔺县大寨苗族乡 | 3 | 7372 | 1998 | 108 | 29000 | 21800 |
| 泸州市古蔺县马嘶苗族乡 | 5 | 13314 | 2800 | 375 | 23665 | |
| 广元市青川县蒿溪回族乡 | 4 | 4019 | 1078 | 120 | 3500 | |
| 广元市青川县大院回族乡 | 5 | 5622 | 1485 | 375 | 3500 | |
| 乐山市金口河区和平彝族乡 | 5 | 6671 | 2257 | | | |
| 乐山市金口河区共安彝族乡 | 4 | 6718 | 3363 | | | |
| 南充市阆中市博树回族乡 | 5 | 7366 | 3637 | 511 | 1104 | |
| 宜宾市筠连县高坪苗族乡 | 5 | 8225 | 2632 | 31 | 670 | 60 |

| 乡镇企业年净利润总额（万元） | 农林牧渔业总产值（万元） | 农作物总播种面积（亩） | #粮食播种面积（亩） | 粮食产量（吨） | 肉类总产量（吨） | 农民合作社个数（个） | 农民合作社成员数（户） |
|---|---|---|---|---|---|---|---|
| **119136** | **1082548** | **1665695** | **1198506** | **520074** | **187315** | **1669** | **58883** |
| | 2915 | 6511 | 5160 | 1391 | 47 | 29 | 672 |
| | 1456 | 4720 | 2072 | 500 | 24 | 12 | 520 |
| | 1156 | 699 | 675 | 143 | 27 | 13 | 200 |
| | 9875 | 4844 | 2690 | 496 | 618 | 21 | 168 |
| | 64800 | 48463 | 24194 | 8708 | 2745 | 56 | 2835 |
| 125 | 34456 | 19398 | 10434 | 3925 | 836 | 40 | 456 |
| 500 | 22013 | 26757 | 15483 | 5393 | 1451 | 18 | 1700 |
| | 30150 | 72930 | 23490 | 8570 | 1391 | 30 | 1957 |
| | 32000 | 31500 | 22560 | 36533 | 15100 | 19 | 1970 |
| 685 | 19450 | 27650 | 13295 | 5061 | 1604 | 17 | 1056 |
| 429 | 38011 | 29807 | 23085 | 7952 | 2316 | 33 | 3502 |
| | 4633 | 26318 | 22646 | 6247 | 1602 | 12 | 1765 |
| 1728 | 20538 | 41216 | 34004 | 9738 | 1865 | 26 | 1100 |
| | 12268 | 10817 | 7949 | 2462 | 932 | 19 | 355 |
| 600 | 9940 | 26320 | 23810 | 11620 | 3060 | 17 | 68 |
| 1512 | 7306 | 37936 | 27453 | 8310 | 1974 | 17 | 759 |
| 1000 | 5800 | 29600 | 27350 | 2741 | 1400 | 14 | 132 |
| 115 | 10344 | 15086 | 12138 | 887 | 1084 | 21 | 551 |
| 2100 | 4685 | 46762 | 33281 | 29326 | 3750 | 9 | 1093 |
| 4536 | 11043 | 13135 | 7822 | 8311 | 413 | 25 | 188 |
| 3612 | 7597 | 25816 | 13005 | 3918 | 1110 | 16 | 217 |
| 11833 | 15059 | 30438 | 26840 | 6905 | 81 | 49 | 445 |
| 1800 | 2560 | 6751 | 6208 | 53 | 670 | 15 | 260 |
| 1800 | 22616 | 22150 | 19122 | 5041 | 712 | 20 | 520 |
| | 4626 | 14357 | 13723 | 3833 | 737 | 45 | 455 |
| | 4649 | 11790 | 8188 | 2135 | 556 | 15 | 75 |
| 216 | 11562 | 23976 | 15472 | 5232 | 1108 | 5 | 2444 |
| 374 | 14950 | 19900 | 19900 | 6644 | 1335 | 9 | 275 |

9-1(一) 续表 16

| 名　　称 | 村民委员会（个） | 年末总人口（人） | #少数民族（人） | 乡镇企业从业人员（人） | 乡镇企业总产值（万元） | #工业企业（万元） |
|---|---|---|---|---|---|---|
| 宜宾市筠连县联合苗族乡 | 5 | 9973 | 3712 | 11 | 3000 | 500 |
| 宜宾市筠连县团林苗族乡 | 6 | 7050 | 2965 | 105 | 1547 | 685 |
| 宜宾市屏山县屏边彝族乡 | 5 | 12098 | 7271 | 85 | 720 | 720 |
| 宜宾市屏山县清平彝族乡 | 7 | 9185 | 2811 | 276 | 4846 | 170 |
| 宜宾市兴文县大坝苗族乡 | 12 | 31371 | 7737 | 3950 | 52648 | 4368 |
| 宜宾市兴文县大河苗族乡 | 15 | 43373 | 7796 | 1112 | 46530 | 40238 |
| 宜宾市兴文县麒麟苗族乡 | 16 | 32163 | 8077 | 560 | 15000 | 4899 |
| 宜宾市兴文县仙峰苗族乡 | 8 | 12380 | 4947 | 250 | 21009 | 6750 |
| 宜宾市珙县罗渡苗族乡 | 6 | 14373 | 2863 | 233 | 13221 | 12358 |
| 宜宾市珙县玉和苗族乡 | 4 | 6646 | 2058 | | | |
| 宜宾市珙县观斗苗族乡 | 4 | 6201 | 1400 | 264 | 6612 | 6612 |
| 雅安市汉源县小堡藏族彝族乡 | 2 | 2217 | 867 | 55 | 300 | 300 |
| 雅安市汉源县坭美彝族乡 | 2 | 2364 | 1465 | | | |
| 雅安市汉源县永利彝族乡 | 3 | 3063 | 631 | | | |
| 雅安市汉源县顺河彝族乡 | 3 | 4847 | 1097 | 46 | 916 | 916 |
| 雅安市汉源县片马彝族乡 | 4 | 4992 | 1784 | 24 | 365 | 235 |
| 雅安市石棉县蟹螺藏族乡 | 4 | 3680 | 2167 | 23 | 29643 | 27588 |
| 雅安市石棉县栗子坪彝族乡 | 4 | 5947 | 5917 | 20 | 200 | |
| 雅安市石棉县新民藏族彝族乡 | 5 | 6605 | 2306 | 40 | 8000 | 8000 |
| 雅安市石棉县草科藏族乡 | 3 | 2411 | 1159 | 366 | 1355 | 1263 |
| 雅安市石棉县王岗坪彝族藏族乡 | 5 | 6424 | 3091 | 42 | 6000 | 6000 |
| 雅安市宝兴县跷碛藏族乡 | 4 | 5287 | 5022 | 180 | 9200 | 2800 |
| 雅安市荥经县宝峰彝族民族乡 | 3 | 3258 | 556 | 15 | 1238 | |
| 雅安市荥经县民建彝族民族乡 | 4 | 5282 | 1375 | | | |
| 凉山彝族自治州西昌市高草回族乡 | 4 | 14223 | 3001 | | | |
| 凉山彝族自治州西昌市裕隆回族乡 | 5 | 20571 | 5527 | 112 | 6342 | 1241 |
| 凉山彝族自治州木里藏族自治县屋脚蒙古族乡 | 2 | 2483 | 2483 | | | |
| 凉山彝族自治州木里藏族自治县俄亚纳西族乡 | 6 | 6031 | 5430 | | | |
| 凉山彝族自治州木里藏族自治县白碉苗族乡 | 4 | 6069 | 4059 | | | |
| 凉山彝族自治州木里藏族自治县项脚蒙古族乡 | 3 | 3058 | 2015 | | | |

| 乡镇企业年净利润总额（万元） | 农林牧渔业总产值（万元） | 农作物总播种面积（亩） | #粮食播种面积（亩） | 粮食产量（吨） | 肉类总产量（吨） | 农民合作社个数（个） | 农民合作社成员数（户） |
|---|---|---|---|---|---|---|---|
| 450 | 23864 | 17770 | 13852 | 6045 | 2239 | 17 | 318 |
| 432 | 261 | 8803 | 8105 | 5960 | 1959 | 12 | 158 |
|  | 17200 | 12358 | 9951 | 3900 | 295 | 31 | 1142 |
| 727 | 8207 | 13130 | 10685 | 4812 | 30000 | 15 | 268 |
| 15000 | 60000 | 68250 | 50000 | 44800 | 3865 | 30 | 150 |
| 4500 | 72857 | 76915 | 75813 | 30530 | 9927 | 63 | 813 |
| 7331 | 58345 | 61000 | 54000 | 21535 | 6353 | 54 | 463 |
| 15000 | 46000 | 12907 | 12791 | 4253 | 3865 | 31 | 625 |
| 822 | 8436 | 39253 | 23448 | 7586 | 4980 | 39 | 594 |
|  | 9560 | 16265 | 15650 | 4508 | 102 | 8 | 205 |
| 1211 | 2230 | 8821 | 3300 | 700 | 700 | 11 | 687 |
| 145 | 1408 | 5283 | 4213 | 1302 | 2407 | 9 | 56 |
|  | 4820 | 10440 | 5800 | 15690 | 539 | 17 | 110 |
|  | 6140 | 9200 | 5600 | 1968 | 575 | 29 | 115 |
| 84 | 9200 | 6261 | 4866 | 1403 | 476 | 12 | 60 |
| 69 | 9505 | 11624 | 11624 | 2551 | 707 | 29 | 276 |
| 17461 | 6000 | 7800 | 4834 | 1444 | 768 | 25 | 125 |
| 104 | 42 | 5314 | 3095 | 936 | 60 | 7 | 151 |
| 1500 | 9300 | 14000 | 3500 | 2800 | 383 | 13 | 1100 |
| 789 | 397 | 9522 | 4500 | 1297 | 26000 | 14 | 590 |
| 3000 | 8352 | 14359 | 5767 | 1688 | 86 | 14 | 455 |
| 1300 | 5200 | 6200 | 6000 | 9800 | 1600 | 61 | 305 |
| 600 | 2200 | 6200 | 180 | 41 | 300 | 6 | 12 |
|  | 2500 | 13000 | 1000 | 14 | 8 | 8 | 130 |
|  | 26816 | 37736 | 30895 | 12375 | 4947 | 39 | 235 |
|  | 20104 | 17223 | 16350 | 4087 | 4427 | 55 | 630 |
|  | 20416 | 6520 | 6520 | 3515 | 2539 | 2 | 25 |
|  | 3078 | 14661 | 13171 | 3901 | 904 | 22 | 1347 |
|  | 10483 | 2315 | 2315 | 34408 | 5913 | 4 | 396 |
|  | 3213 | 7439 | 6629 | 1944 | 557 | 8 | 2950 |

9-1(一)　续表 17

| 名　　称 | 村民委员会（个） | 年末总人口（人） | #少数民族（人） | 乡镇企业从业人员（人） | 乡镇企业总产值（万元） | #工业企业（万元） |
|---|---|---|---|---|---|---|
| 凉山彝族自治州木里藏族自治县固增苗族乡 | 4 | 3729 | 2317 | 5 | | |
| 凉山彝族自治州盐源县大坡蒙古族乡 | 3 | 3224 | 2149 | | | |
| 凉山彝族自治州德昌县金沙傈僳族乡 | 3 | 3434 | 3283 | | | |
| 凉山彝族自治州德昌县南山傈僳族乡 | 3 | 2145 | 2145 | | | |
| 凉山彝族自治州会理市新安傣族乡 | 6 | 9295 | 6097 | 5 | 3000 | 3000 |
| 凉山彝族自治州冕宁县和爱藏族乡 | 5 | 3269 | 1230 | | | |
| 凉山彝族自治州越西县保安藏族乡 | 3 | 5968 | 4679 | | | |
| 绵阳市平武县木皮藏族乡 | 3 | 1061 | 937 | | | |
| 绵阳市平武县木座藏族乡 | 3 | 1670 | 1384 | | | |
| 绵阳市平武县白马藏族乡 | 4 | 1619 | 1537 | | | |
| 绵阳市平武县黄羊关藏族乡 | 4 | 1525 | 542 | | | |
| 绵阳市平武县虎牙藏族乡 | 5 | 2578 | 689 | 30 | 7837 | 7837 |
| 绵阳市平武县泗耳藏族乡 | 3 | 798 | 285 | 60 | 6966 | 6966 |
| 绵阳市平武县锁江羌族乡 | 12 | 12510 | 12091 | 120 | 920 | |
| 绵阳市平武县旧堡羌族乡 | 4 | 3483 | 1977 | 15 | 90 | |
| 绵阳市平武县阔达藏族乡 | 5 | 4915 | 2472 | 32 | 6948 | |
| 绵阳市平武县土城藏族乡 | 6 | 5213 | 3792 | 54 | 3200 | 480 |
| 绵阳市平武县平通羌族乡 | 12 | 11570 | 10992 | 80 | 600 | 300 |
| 绵阳市平武县豆叩羌族乡 | 12 | 10450 | 9040 | 55 | 5000 | |
| 绵阳市盐亭县大兴回族乡 | 7 | 11988 | 3837 | 27 | 300 | 300 |
| 绵阳市北川羌族自治县桃龙藏族乡 | 5 | 3130 | 2500 | 4 | 195 | 195 |
| 达州市宣汉渡口土家族乡 | 6 | 7684 | 7376 | | | |
| 达州市宣汉龙泉土家族乡 | 10 | 11161 | 9928 | | | |
| 达州市宣汉三墩土家族乡 | 5 | 14877 | 12032 | 322 | 11479 | 8506 |
| 达州市宣汉漆树土家族乡 | 8 | 19210 | 6567 | 1170 | 16452 | 510 |
| **贵州省** | **2100** | **4350906** | **2288461** | **163418** | **5016169** | **2806602** |
| 贵阳市南明区小碧布依族苗族乡 | 12 | 21049 | 8649 | | | |
| 贵阳市花溪区高坡苗族乡 | 19 | 27864 | 23582 | 15 | 3993 | 3353 |
| 贵阳市花溪区孟关苗族布依族乡 | 8 | 50000 | 16388 | 5800 | 570000 | 38000 |
| 贵阳市花溪区马铃布依族苗族乡 | 3 | 9674 | 5347 | 121 | 2000 | |

| 乡镇企业年净利润总额（万元） | 农林牧渔业总产值（万元） | 农作物总播种面积（亩） | #粮食播种面积（亩） | 粮食产量（吨） | 肉类总产量（吨） | 农民合作社个数（个） | 农民合作社成员数（户） |
|---|---|---|---|---|---|---|---|
| | 7400 | 1500 | 1200 | 700 | 1000 | 4 | 310 |
| | 1400 | 10920 | 7589 | 4052 | 78 | 14 | 74 |
| | 306 | 5691 | 3747 | 4038 | 15 | 3 | 3434 |
| | 7716 | 8564 | 4746 | 1680 | 206 | 2 | 81 |
| 1200 | 29200 | 44637 | 31700 | 11006 | 3835 | 6 | 320 |
| | 2120 | 12130 | 11260 | 365 | 599 | 15 | 156 |
| | 680 | 7125 | 6800 | 2468 | 557 | 11 | 235 |
| | 482 | 273 | 97 | 43 | 444 | 6 | 60 |
| | 3380 | 300 | 167 | 3 | 45 | 3 | 591 |
| | 800 | 438 | 120 | 48 | 104 | 20 | 138 |
| | 1025 | 3650 | 1523 | 443 | 15 | 6 | 430 |
| -1209 | 1124 | 4300 | 2946 | 790 | 142 | 2 | 115 |
| -2792 | 1734 | 489 | 370 | 138 | 25 | 8 | 42 |
| 282 | 17720 | 72911 | 52708 | 3685 | 3510 | 39 | 1284 |
| 60 | 2258 | 12699 | 9068 | 2539 | 723 | 13 | 1102 |
| 2920 | 2261 | 16429 | 10520 | 2850 | 223 | 4 | 29 |
| 740 | 1070 | 15849 | 15849 | 1920 | 157 | 23 | 720 |
| 30 | 19000 | 25000 | 21500 | 4544 | 1580 | 39 | 500 |
| 2000 | 7000 | 55715 | 39635 | 7250 | 400 | 42 | 1000 |
| 113 | 18960 | 38176 | 23894 | 9247 | 2160 | 21 | 1447 |
| 30 | 27302 | 18563 | 11080 | 3185 | 1500 | 8 | 200 |
| | 4700 | 13641 | 6975 | 2581 | 509 | 6 | 1735 |
| | 6636 | 22016 | 15326 | 1583 | 964 | 35 | 628 |
| 2243 | 13011 | 25461 | 17795 | 7003 | 890 | 11 | 2118 |
| 10030 | 22671 | 33001 | 25387 | 20045 | 1608 | 21 | 1905 |
| **890299** | **3389042** | **7017727** | **4641026** | **1962836** | **407895** | **5331** | **242859** |
| | | | | | | | |
| 560 | 28889 | 45709 | 16775 | 7865 | 876 | 39 | 276 |
| 12000 | 22755 | 13200 | 3157 | 1151 | 150 | 1 | 15 |
| 280 | 18916 | 22550 | 7200 | 3372 | 620 | 18 | 985 |

9-1(一) 续表 18

| 名　称 | 村民委员会 (个) | 年末总人口 (人) | #少数民族 (人) | 乡镇企业从业人员 (人) | 乡镇企业总产值 (万元) | #工业企业 (万元) |
|---|---|---|---|---|---|---|
| 贵阳市花溪区黔陶布依族苗族乡 | 7 | 10946 | 4994 | 280 | 11000 | 10800 |
| 贵阳市乌当区偏坡布依族乡 | 2 | 2055 | 1824 | | | |
| 贵阳市乌当区新堡布依族乡 | 7 | 6187 | 3681 | | | |
| 贵阳市白云区牛场布依族乡 | 13 | 14947 | 5204 | 296 | 1117 | 350 |
| 贵阳市白云区都拉布依族乡 | 7 | 14474 | 5407 | 743 | 5547 | 5547 |
| 贵阳市清镇市麦格苗族布依族乡 | 15 | 26346 | 10019 | 380 | 125096 | 47660 |
| 贵阳市清镇市王庄布依族苗族乡 | 10 | 24793 | 8589 | 539 | 163066 | 163066 |
| 贵阳市清镇市流长苗族乡 | 26 | 66752 | 28367 | 300 | 2200 | 1600 |
| 贵阳市开阳县高寨苗族布依族乡 | 8 | 26559 | 9102 | 755 | 36000 | 36000 |
| 贵阳市开阳县南江布依族苗族乡 | 6 | 21770 | 6517 | 917 | 3212 | 653 |
| 贵阳市开阳县禾丰布依族苗族乡 | 7 | 17314 | 6226 | 30 | 2122 | 2122 |
| 贵阳市修文县大石布依族乡 | 7 | 13986 | 4154 | | | |
| 贵阳市息烽县青山苗族乡 | 5 | 7445 | 2162 | 80 | 1000 | 400 |
| 六盘水市水城县坪寨彝族乡 | 4 | 11886 | 2339 | 236 | 763 | 763 |
| 六盘水市水城县南开苗族彝族乡 | 12 | 54083 | 27419 | 1080 | 1970 | 486 |
| 六盘水市水城县青林苗族彝族乡 | 4 | 21117 | 10818 | 113 | 1985 | 660 |
| 六盘水市水城县金盆苗族彝族乡 | 6 | 32569 | 19667 | 326 | 3289 | 2327 |
| 六盘水市水城县新街彝族苗族布依族乡 | 3 | 14107 | 8990 | 32 | 275 | 275 |
| 六盘水市水城县杨梅彝族苗族回族乡 | 6 | 28191 | 15109 | 103 | 6252 | 6252 |
| 六盘水市水城县野钟苗族彝族布依族乡 | 5 | 21412 | 11134 | 42 | 2134 | 2134 |
| 六盘水市水城县果布嘎彝族苗族布依族乡 | 5 | 17576 | 10994 | 80 | 4000 | 680 |
| 六盘水市水城县龙场苗族白族彝族乡 | 8 | 26510 | 19580 | 135 | 2576 | 2550 |
| 六盘水市水城县营盘苗族彝族白族乡 | 6 | 18946 | 10890 | 228 | 2573 | 769 |
| 六盘水市水城县顺场苗族彝族布依族乡 | 7 | 26682 | 22084 | 516 | 33800 | 33800 |
| 六盘水市水城县花戛苗族布依族彝族乡 | 5 | 17320 | 14232 | 45 | 13840 | 13840 |
| 六盘水市水城县猴场苗族布依族乡 | 6 | 21857 | 19329 | 514 | 4928 | 3094 |
| 六盘水市盘州市普田回族乡 | 6 | 15482 | 4258 | 191 | 1013 | 182 |
| 六盘水市盘州市旧营白族彝族苗族乡 | 11 | 33242 | 14080 | 168 | 613 | 416 |
| 六盘水市盘州市羊场布依族白族苗族乡 | 16 | 33189 | 13780 | 14500 | 876747 | 439867 |
| 六盘水市盘州市保基苗族彝族乡 | 7 | 16802 | 14903 | 1260 | 8613 | 2563 |

| 乡镇企业年净利润总额 | 农林牧渔业总产值 | 农作物总播种面积 | #粮食播种面积 | 粮食产量 | 肉类总产量 | 农民合作社个数 | 农民合作社成员数 |
|---|---|---|---|---|---|---|---|
| (万元) | (万元) | (亩) | (亩) | (吨) | (吨) | (个) | (户) |
| 4000 | 29232 | 18270 | 450 | 600 | 98 | 47 | 457 |
| | 11116 | 6860 | 3150 | 1521 | 57 | | |
| | 15460 | 19956 | 5955 | 3752 | 341 | 18 | 143 |
| 63 | 48191 | 13370 | 6548 | 1571 | 733 | 49 | 343 |
| | 16240 | 4905 | 98 | 48 | 83 | 11 | 2366 |
| 31068 | 47435 | 36800 | 23800 | 7533 | 2279 | 46 | 128 |
| 59296 | 35489 | 32000 | 26300 | 8123 | 1838 | 12 | 36 |
| 200 | 36480 | 55000 | 49720 | 14735 | 10591 | 88 | 511 |
| 29000 | 50245 | 48000 | 31937 | 8716 | 392 | 35 | 125 |
| 491 | 63000 | 65047 | 23244 | 5348 | 2951 | 18 | 107 |
| 404 | 29200 | 21500 | 17200 | 6600 | 1530 | 17 | 85 |
| | 28525 | 17881 | 15650 | 5574 | 1887 | 1 | 6 |
| 700 | 23244 | 18508 | 18508 | 6878 | 800 | 19 | 50 |
| 414 | 17042 | 39948 | 19500 | 3967 | 1366 | 8 | 42 |
| 1269 | 38625 | 65182 | 39410 | 2955 | 1855 | 55 | 331 |
| 580 | 22894 | 29588 | 22007 | 12198 | 2790 | 10 | 1120 |
| 1664 | 27676 | 53299 | 35922 | 6825 | 1169 | 6 | 30 |
| 80 | 20300 | 30065 | 7355 | 2041 | 1222 | 16 | 98 |
| 962 | 2757 | 49350 | 45350 | 13605 | 1026 | 16 | 1813 |
| 1074 | 1100 | 42411 | 27000 | 6890 | 289 | 5 | 25 |
| 700 | 20500 | 30150 | 21760 | 3150 | 600 | 6 | 48 |
| 455 | 27222 | 38579 | 29100 | 9511 | 1500 | 28 | 155 |
| 425 | 15913 | 38216 | 13950 | 7636 | 1043 | 20 | 392 |
| 6000 | 23800 | 39311 | 18039 | 5457 | 699 | 13 | 166 |
| 2018 | 13604 | 31987 | 28503 | 13000 | 615 | 20 | 100 |
| 452 | 26572 | 17800 | 12470 | 5000 | 570 | 41 | 1360 |
| 156 | 7366 | 12740 | 5700 | 7218 | 734 | 6 | 30 |
| 98 | 27897 | 76031 | 53001 | 24548 | 2006 | 17 | 9070 |
| 112855 | 23104 | 43802 | 23555 | 14000 | 2406 | 16 | 9350 |
| 1980 | 28720 | 32150 | 17193 | 10673 | 1454 | 7 | 1587 |

9-1(一) 续表 19

| 名　称 | 村民委员会（个） | 年末总人口（人） | #少数民族（人） | 乡镇企业从业人员（人） | 乡镇企业总产值（万元） | #工业企业（万元） |
|---|---|---|---|---|---|---|
| 六盘水市盘州市淤泥彝族乡 | 18 | 31933 | 23630 | 11260 | 337913 | 271601 |
| 六盘水市盘州市普古彝族苗族乡 | 18 | 28077 | 19186 | 1021 | 42561 | 30124 |
| 六盘水市盘州市坪地彝族乡 | 15 | 39141 | 14756 | 1853 | 51000 | 31824 |
| 六盘水市六枝特区梭戛苗族彝族乡 | 7 | 23965 | 9600 | 1034 | 22627 | 12107 |
| 六盘水市六枝特区落别布依族彝族乡 | 13 | 45855 | 27253 | 6710 | 64705 | 8410 |
| 六盘水市六枝特区中寨苗族彝族布依族乡 | 17 | 40624 | 38800 | 9500 | 11000 | 5600 |
| 六盘水市六枝特区牛场苗族彝族乡 | 9 | 27597 | 10989 | 1288 | 26550 | 5132 |
| 六盘水市六枝特区月亮河彝族苗族乡 | 17 | 35592 | 24153 | 1364 | 12390 | 1821 |
| 遵义市仁怀市后山苗族布依族乡 | 4 | 11123 | 4338 | | | |
| 遵义市播州区平正仡佬族乡 | 7 | 23731 | 3322 | 870 | 9020 | 9020 |
| 遵义市播州区洪关苗族乡 | 3 | 11602 | 1179 | 212 | 9196 | 7857 |
| 遵义市桐梓县马鬃苗族乡 | 10 | 8010 | 1714 | | | |
| 遵义市正安县谢坝仡佬族苗族乡 | 6 | 14623 | 11242 | 390 | 22850 | 10300 |
| 遵义市正安县市坪苗族仡佬族乡 | 4 | 22743 | 19672 | 2364 | 5621 | 2618 |
| 遵义市余庆县花山苗族乡 | 4 | 15372 | 8378 | 30 | 4408 | 4408 |
| 遵义市道真仡佬族苗族自治县上坝土家族乡 | 6 | 30988 | 18365 | 6352 | 550 | 280 |
| 安顺市西秀区鸡场布依族苗族乡 | 5 | 19489 | 7600 | 2450 | 4215 | 620 |
| 安顺市西秀区杨武布依族苗族乡 | 12 | 30560 | 16987 | 176 | 12995 | 12995 |
| 安顺市西秀区岩腊苗族布依族乡 | 8 | 21797 | 10818 | 9200 | 1102 | 426 |
| 安顺市西秀区新场布依族苗族乡 | 8 | 17460 | 7221 | 75 | 5589 | 4680 |
| 安顺市西秀区黄腊布依族苗族乡 | 7 | 17757 | 15707 | 1156 | 15000 | 4500 |
| 安顺市平坝区十字回族乡 | 11 | 37420 | 10143 | 1071 | 23712 | 13444 |
| 安顺市平坝区羊昌布依族苗族乡 | 7 | 25687 | 15711 | 1007 | 121850 | 73770 |
| 安顺市普定县补郎苗族乡 | 11 | 31837 | 11062 | 1745 | 13000 | 8600 |
| 安顺市普定县猴场苗族仡佬族乡 | 10 | 25898 | 8924 | 214 | 838 | 396 |
| 安顺市普定县猫洞苗族仡佬族乡 | 15 | 32849 | 11399 | 806 | 3320 | 2286 |
| 毕节市七星关区大屯彝族乡 | 8 | 22510 | 8262 | 134 | 8230 | 6503 |
| 毕节市七星关区田坎彝族乡 | 7 | 15180 | 4162 | 150 | 552 | |
| 毕节市七星关区阿市苗族彝族乡 | 13 | 27650 | 11460 | 74 | 4780 | 3001 |
| 毕节市七星关区团结彝族苗族乡 | 13 | 24585 | 6227 | 197 | 380 | 200 |

| 乡镇企业年净利润总额（万元） | 农林牧渔业总产值（万元） | 农作物总播种面积（亩） | #粮食播种面积（亩） | 粮食产量（吨） | 肉类总产量（吨） | 农民合作社个数（个） | 农民合作社成员数（户） |
|---|---|---|---|---|---|---|---|
| 193616 | 5910 | 56950 | 50310 | 18376 | 2195 | 51 | 597 |
| 8015 | 46953 | 108033 | 52092 | 36160 | 1716 | 20 | 8292 |
| 9660 | 18500 | 87867 | 47500 | 17659 | 1931 | 21 | 9338 |
| 1731 | 17514 | 30242 | 14825 | 7518 | 370 | 9 | 53 |
| 17205 | 38366 | 41265 | 26890 | 15135 | 1211 | 32 | 138 |
| 1650 | 29100 | 23653 | 16000 | 7100 | 525 | 25 | 125 |
| 7285 | 39855 | 47698 | 19489 | 1410 | 1402 | 13 | 42 |
| 1379 | 67501 | 65379 | 31529 | 13651 | 2199 | 54 | 520 |
|  | 5960 | 22540 | 21020 | 5230 | 952 | 12 | 45 |
| 6200 | 42413 | 72470 | 37300 | 9604 | 2648 | 30 | 230 |
| 4877 | 25730 | 32015 | 25692 | 7632 | 1827 | 5 | 23 |
|  | 31816 | 26923 | 8885 | 2711 | 1802 | 8 | 2027 |
| 700 | 29555 | 61364 | 29488 | 20443 | 585 | 34 | 157 |
| 2234 | 23000 | 30768 | 1062 | 3784 | 468 | 6 | 88 |
| 114 | 12239 | 51632 | 30141 | 18697 | 2023 | 30 | 410 |
| 220 | 46530 | 40560 | 20200 | 19230 | 8125 | 16 | 135 |
| 1226 | 17025 | 24969 | 24969 | 8726 | 3262 | 28 | 762 |
| 370 | 13000 | 90000 | 42500 | 25635 | 2100 | 11 | 259 |
| 210 | 1748 | 55316 | 13235 | 4102 | 4665 | 26 | 1084 |
| 672 | 1943 | 35155 | 17115 | 6097 | 1563 | 27 | 135 |
| 1800 | 16700 | 27531 | 24101 | 11953 | 3169 | 26 | 130 |
| 4220 | 45925 | 44989 | 22833 | 10807 | 2695 | 12 | 86 |
| 4510 | 1855 | 54005 | 30015 | 13199 | 1702 | 45 | 225 |
| 4000 | 14300 | 22000 | 17800 | 6790 | 420 | 43 | 185 |
| 368 | 11254 | 21134 | 10895 | 11586 | 588 | 24 | 142 |
| 1764 | 573 | 28537 | 18984 | 1214 | 1835 | 63 | 358 |
| 6304 | 5020 | 13115 | 6288 | 4350 | 1986 | 8 | 80 |
| 251 | 26500 | 40561 | 27500 | 7000 | 990 | 14 | 102 |
| 890 | 7544 | 89000 | 76100 | 8400 | 1205 | 15 | 85 |
| 168 | 4450 | 47000 | 40000 | 6240 | 756 | 17 | 294 |

9-1(一) 续表 20

| 名　称 | 村民委员会（个） | 年末总人口（人） | #少数民族（人） | 乡镇企业从业人员（人） | 乡镇企业总产值（万元） | #工业企业（万元） |
|---|---|---|---|---|---|---|
| 毕节市七星关区阴底彝族苗族白族乡 | 12 | 47089 | 12794 | 560 | 8120 | 1150 |
| 毕节市七星关区千溪彝族苗族白族乡 | 5 | 23257 | 8074 | 110 | 3000 | 1300 |
| 毕节市黔西市永燊彝族苗族乡 | 13 | 32000 | 8701 | | | |
| 毕节市黔西市新仁苗族乡 | 9 | 26565 | 5638 | 348 | 426 | 310 |
| 毕节市黔西市花溪彝族苗族乡 | 10 | 21783 | 15502 | 543 | 24283 | 24283 |
| 毕节市黔西市中建苗族彝族乡 | 6 | 12490 | 3436 | | | |
| 毕节市黔西市定新彝族苗族乡 | 13 | 20350 | 5980 | | | |
| 毕节市黔西市太来彝族苗族乡 | 13 | 32184 | 10955 | 305 | 20000 | 11000 |
| 毕节市黔西市绿化白族彝族乡 | 7 | 19581 | 6815 | 596 | 12169 | 11952 |
| 毕节市黔西市红林彝族苗族乡 | 11 | 24950 | 14980 | 430 | 911 | 620 |
| 毕节市黔西市五里布依族苗族乡 | 10 | 23626 | 9771 | | | |
| 毕节市黔西市铁石苗族彝族乡 | 11 | 21481 | 12865 | 20 | 7285 | 5986 |
| 毕节市大方县竹园彝族苗族乡 | 9 | 29956 | 15576 | 856 | 43711 | 41936 |
| 毕节市大方县响水白族彝族仡佬族乡 | 16 | 47675 | 15632 | 762 | 40100 | 32430 |
| 毕节市大方县鼎新彝族苗族乡 | 12 | 46723 | 35042 | 219 | 4326 | 2869 |
| 毕节市大方县牛场苗族彝族乡 | 10 | 45479 | 13165 | 1009 | 2152 | 614 |
| 毕节市大方县理化苗族彝族乡 | 10 | 52697 | 21340 | 87 | 613 | 613 |
| 毕节市大方县安乐彝族仡佬族乡 | 8 | 16891 | 11993 | 1056 | 6246 | 1250 |
| 毕节市大方县凤山彝族蒙古族乡 | 8 | 16640 | 7280 | 1800 | 90000 | 85000 |
| 毕节市大方县百纳彝族乡 | 6 | 21480 | 8482 | 453 | 6850 | 2053 |
| 毕节市大方县三元彝族苗族白族乡 | 8 | 20889 | 11684 | | | |
| 毕节市大方县沙厂彝族乡 | 6 | 13082 | 3326 | 140 | 2300 | 200 |
| 毕节市大方县黄泥彝族苗族满族乡 | 6 | 12824 | 4952 | 27 | | |
| 毕节市大方县核桃彝族白族乡 | 9 | 36374 | 11924 | | | |
| 毕节市大方县八堡彝族苗族乡 | 9 | 46660 | 12517 | 15 | 830 | 830 |
| 毕节市大方县兴隆苗族乡 | 8 | 31018 | 9658 | 9658 | 1015 | |
| 毕节市大方县大山苗族彝族乡 | 11 | 19454 | 5701 | | | |
| 毕节市大方县星宿苗族彝族仡佬族乡 | 10 | 14508 | 5503 | 260 | 1477 | 1477 |
| 毕节市织金县自强苗族乡 | 11 | 17572 | 13138 | 716 | 4969 | 1980 |
| 毕节市织金县官寨苗族乡 | 16 | 33728 | 17798 | 412 | 1630 | 1105 |

| 乡镇企业年净利润总额（万元） | 农林牧渔业总产值（万元） | 农作物总播种面积（亩） | #粮食播种面积（亩） | 粮食产量（吨） | 肉类总产量（吨） | 农民合作社个数（个） | 农民合作社成员数（户） |
|---|---|---|---|---|---|---|---|
| 769 | 31210 | 58630 | 29002 | 9810 | 2900 | 21 | 1768 |
| 700 | 1100 | 16000 | 16000 | 5200 | 1700 | 33 | 165 |
|  | 7865 | 38657 | 17149 | 13000 | 8000 | 17 | 481 |
| 72 | 68 | 28125 | 22995 | 3310 | 1120 | 11 | 81 |
| 543 | 1259 | 8555 | 1610 | 210 | 544 | 20 | 920 |
|  | 1081 | 26334 | 21000 | 34898 | 1551 | 23 | 115 |
|  | 12200 | 32000 | 26000 | 13300 | 1657 | 8 | 160 |
| 6520 | 6520 | 50441 | 29697 | 7525 | 370 | 32 | 1426 |
| 2596 | 76 | 24050 | 24050 | 7239 | 968 | 14 | 150 |
| 292 | 2488 | 18000 | 13000 | 5200 | 445 | 23 | 910 |
|  | 4300 | 43838 | 32000 | 3200 | 1300 | 19 | 917 |
| 2008 | 29342 | 15865 | 10646 | 7200 | 2110 | 32 | 1251 |
| 1775 | 3156 | 14750 | 7140 | 5400 | 2000 | 26 | 1110 |
| 827 | 4641 | 28550 | 19300 | 6657 | 1332 | 79 | 396 |
| 430 | 117630 | 66458 | 42185 | 26530 | 398 | 43 | 14116 |
| 834 | 22120 | 89300 | 54300 | 21720 | 1700 | 54 | 324 |
| 150 | 9782 | 73680 | 58000 | 21012 | 4470 | 43 | 1225 |
| 1100 | 5688 | 19976 | 11866 | 3559 | 60000 | 59 | 1173 |
| 10200 | 5800 | 19000 | 14000 | 5600 | 600 | 42 | 1200 |
| 2310 | 19840 | 26140 | 21430 | 8300 | 8200 | 13 | 1772 |
|  | 4800 | 35761 | 28000 | 6800 | 600 | 42 | 210 |
| 260 | 8000 | 22098 | 13631 | 4345 | 611 | 18 | 3666 |
|  | 6037 | 22075 | 15625 | 6854 | 1078 | 14 | 1274 |
|  |  | 41364 | 33140 | 9010 | 91 | 51 | 1320 |
| 350 | 1181 | 51250 | 44603 | 7821 | 1668 | 24 | 50 |
| 512 | 56 | 18785 | 12785 | 7058 | 1861 | 95 | 1833 |
|  | 10800 | 13000 | 10000 | 8000 | 2097 | 14 | 4774 |
| 337 | 1900 | 20000 | 18000 | 8000 | 400 | 12 | 135 |
| 988 | 11058 | 29601 | 19980 | 53429 | 2735 | 36 | 230 |
| 171 | 8080 | 34950 | 28500 | 2480 | 210 | 20 | 471 |

9-1(一) 续表 21

| 名　　称 | 村民委员会<br>(个) | 年　末<br>总人口<br>(人) | #少数民族<br>(人) | 乡镇企业<br>从业人员<br>(人) | 乡镇企业<br>总产值<br>(万元) | #工业企业<br>(万元) |
|---|---|---|---|---|---|---|
| 毕节市织金县后寨苗族乡 | 13 | 11413 | 11321 | 1109 | 26122 | 26014 |
| 毕节市织金县大平苗族彝族乡 | 13 | 23410 | 13103 | 150 | 12000 | 12000 |
| 毕节市织金县茶店布依族苗族彝族乡 | 21 | 37651 | 19605 | | | |
| 毕节市织金县金龙苗族彝族布依族乡 | 20 | 54127 | 32811 | 483 | 9250 | |
| 毕节市织金县鸡场苗族彝族布依族乡 | 24 | 55304 | 29880 | 400 | 4300 | 2400 |
| 毕节市金沙县太平彝族苗族乡 | 5 | 13880 | 3788 | 40 | 2500 | |
| 毕节市金沙县石场苗族彝族乡 | 11 | 31400 | 9355 | 210 | 2250 | 1480 |
| 毕节市金沙县马路彝族苗族乡 | 7 | 13828 | 5241 | | | |
| 毕节市金沙县安洛苗族彝族满族乡 | 8 | 21268 | 8964 | 1650 | 8420 | 5150 |
| 毕节市金沙县新化苗族彝族满族乡 | 8 | 24491 | 8349 | 3987 | 98131 | 98131 |
| 毕节市金沙县大田彝族苗族布依族乡 | 7 | 10104 | 5092 | 3200 | 800 | 500 |
| 毕节市赫章县兴发苗族彝族回族乡 | 16 | 29130 | 13331 | 405 | 50000 | 38000 |
| 毕节市赫章县松林坡白族彝族苗族乡 | 18 | 29699 | 8666 | 282 | 38400 | 38400 |
| 毕节市赫章县雉街彝族苗族乡 | 10 | 17590 | 7834 | 611 | 712 | 681 |
| 毕节市赫章县珠市彝族乡 | 18 | 23514 | 13497 | 2010 | 300000 | 280000 |
| 毕节市赫章县双坪彝族苗族乡 | 26 | 43279 | 9495 | 856 | 11560 | 8260 |
| 毕节市赫章县辅处彝族苗族乡 | 9 | 16890 | 6176 | 220 | 14000 | 2000 |
| 毕节市赫章县铁匠苗族乡 | 11 | 20735 | 5047 | 372 | 594 | 371 |
| 毕节市赫章县可乐彝族苗族乡 | 19 | 45694 | 15303 | 288 | 1990 | 990 |
| 毕节市赫章县河镇彝族苗族乡 | 21 | 40556 | 13796 | 3827 | 25480 | 10220 |
| 毕节市赫章县结构彝族苗族乡 | 8 | 19459 | 5157 | 977 | 36975 | 35130 |
| 毕节市赫章县水塘堡彝族苗族乡 | 14 | 20262 | 3987 | 412 | 80439 | 70324 |
| 毕节市赫章县古达苗族彝族乡 | 25 | 28252 | 7586 | 182 | 4256 | 4256 |
| 毕节市纳雍县厍东关彝族苗族白族乡 | 10 | 24479 | 10633 | 524 | 3076 | 2451 |
| 毕节市纳雍县董地苗族彝族乡 | 12 | 31246 | 9512 | 156 | 2600 | 1100 |
| 毕节市纳雍县左鸠戛彝族苗族乡 | 6 | 12866 | 5760 | 7 | 4160 | |
| 毕节市纳雍县锅圈岩苗族彝族乡 | 17 | 31135 | 10719 | 326 | 624 | 573 |
| 毕节市纳雍县新房彝族苗族乡 | 25 | 44796 | 19025 | 464 | 1020 | 820 |
| 毕节市纳雍县化作苗族彝族乡 | 20 | 42879 | 24653 | 468 | 2135 | 472 |
| 毕节市纳雍县姑开苗族彝族乡 | 14 | 36634 | 12967 | 580 | 6860 | 3440 |

| 乡镇企业年净利润总额（万元） | 农林牧渔业总产值（万元） | 农作物总播种面积（亩） | #粮食播种面积（亩） | 粮食产量（吨） | 肉类总产量（吨） | 农民合作社个数（个） | 农民合作社成员数（户） |
|---|---|---|---|---|---|---|---|
| 16000 | | 40841 | 40335 | 2835 | 814 | 42 | 210 |
| 5500 | 20450 | 60010 | 37100 | 10460 | 1070 | 11 | 2270 |
| | 19720 | 32630 | 18060 | 42000 | 1400 | 17 | 432 |
| 561 | 24200 | 7347 | 6174 | 3151 | 14310 | 42 | 219 |
| 710 | 7015 | 70000 | 11750 | 6500 | 1600 | 60 | 152 |
| 850 | 1720 | 5200 | 3500 | 430 | 702 | 12 | 65 |
| 920 | 17209 | 35800 | 18200 | 8960 | 2105 | 30 | 36 |
| | 22000 | 15400 | 10600 | 8720 | 6320 | 13 | 130 |
| 2030 | 53200 | 30020 | 18700 | 7400 | 5000 | 9 | 900 |
| 31010 | 17421 | 2881 | 2604 | 8713 | 1219 | 20 | 100 |
| 300 | 300 | 29070 | 9070 | 800 | 200 | 7 | 66 |
| 3500 | 15015 | 45100 | 35185 | 32601 | 2339 | 48 | 1097 |
| 3900 | 9600 | 37521 | 32263 | 5624 | 1956 | 21 | 3295 |
| 253 | 71523 | 43583 | 40341 | 45013 | 716 | 15 | 1169 |
| 76000 | 21000 | 62800 | 62800 | 9800 | 1200 | 18 | 1624 |
| 2820 | 49580 | 128343 | 104800 | 19055 | 3052 | 85 | 3174 |
| 520 | 8728 | 37800 | 37800 | 19530 | 944 | 7 | 1791 |
| 280 | 23514 | 36000 | 32500 | 31900 | 1190 | 36 | 361 |
| 1360 | 46550 | 81550 | 81550 | 2360 | 23100 | 21 | 198 |
| 16480 | 115 | 80073 | 62780 | 25112 | 2875 | 73 | 2053 |
| 8319 | 22370 | 52165 | 26986 | 5150 | 287 | 17 | 4209 |
| 3200 | 10623 | 43974 | 40316 | 14440 | 407 | 25 | 1536 |
| 1272 | 5534 | 46524 | 36353 | 12567 | 1860 | 92 | 2100 |
| 256 | 38285 | 52310 | 32774 | 8010 | 1432 | 28 | 1430 |
| 1325 | 24648 | 44000 | 36000 | 9825 | 3963 | 30 | 2532 |
| 500 | 2846 | 20728 | 15502 | 6201 | 239 | 6 | 50 |
| 395 | 3600 | 76000 | 70400 | 9840 | 2320 | 17 | 2334 |
| 280 | 52368 | 92000 | 82000 | 12000 | 2110 | 26 | 2711 |
| 297 | 8132 | 81368 | 51670 | 11230 | 1303 | 71 | 386 |
| 5223 | 8554 | 42000 | 38000 | 19200 | 104 | 44 | 3852 |

9-1(一) 续表 22

| 名称 | 村民委员会（个） | 年末总人口（人） | #少数民族（人） | 乡镇企业从业人员（人） | 乡镇企业总产值（万元） | #工业企业（万元） |
|---|---|---|---|---|---|---|
| 毕节市纳雍县羊场苗族彝族乡 | 16 | 32576 | 9627 | 206 | 798 | 210 |
| 毕节市纳雍县昆寨苗族彝族白族乡 | 17 | 28316 | 11388 | 431 | 1880 | 1821 |
| 毕节市纳雍县猪场苗族彝族乡 | 11 | 21255 | 15620 | 156 | 1000 | 1000 |
| 毕节市威宁彝族回族苗族自治县新发布依族乡 | 31 | 49542 | 14965 | | | |
| 毕节市大方县大水彝族苗族布依族乡 | 8 | 14452 | 9567 | 1200 | 18000 | 11000 |
| 毕节市黔西市金坡苗族彝族满族乡 | 10 | 21564 | 14439 | 3865 | 8975 | 8198 |
| 毕节市大方县普底彝族苗族白族乡 | 10 | 14871 | 12890 | 900 | 38422 | 38422 |
| 毕节市黔西市仁和彝族苗族乡 | 9 | 26211 | 12895 | 391 | 3110 | 3010 |
| 铜仁市碧江区桐木坪侗族乡 | 3 | 9712 | 6913 | 15 | 300 | 300 |
| 铜仁市碧江区瓦屋侗族乡 | 6 | 11333 | 10189 | 90 | 100 | |
| 铜仁市碧江区和平土家族侗族乡 | 9 | 21345 | 15312 | 142 | 6210 | 2100 |
| 铜仁市碧江区滑石侗族苗族土家族乡 | 5 | 12767 | 12511 | 512 | 7630 | 6952 |
| 铜仁市碧江区六龙山侗族土家族乡 | 4 | 4376 | 3870 | | | |
| 铜仁市万山区高楼坪侗族乡 | 14 | 17002 | 12071 | 2085 | 15264 | 11252 |
| 铜仁市万山区黄道侗族乡 | 10 | 14210 | 13356 | | | |
| 铜仁市万山区敖寨侗族乡 | 7 | 8979 | 7184 | 300 | 1500 | |
| 铜仁市万山区下溪侗族乡 | 9 | 7918 | 7246 | 462 | 2951 | 2451 |
| 铜仁市万山区鱼塘侗族土家族苗族乡 | 12 | 26020 | 25005 | 1700 | 4000 | |
| 铜仁市万山区大坪侗族土家族苗族乡 | 12 | 24688 | 22928 | 298 | 3654 | 1211 |
| 铜仁市德江县楠杆土家族乡 | 13 | 15671 | 15671 | 33 | 320 | 320 |
| 铜仁市德江县沙溪土家族乡 | 15 | 11988 | 9352 | 68 | 612 | 308 |
| 铜仁市德江县桶井土家族乡 | 23 | 19811 | 19340 | 15 | 50 | |
| 铜仁市德江县堰塘土家族乡 | 14 | 15840 | 15200 | 98 | 391 | |
| 铜仁市德江县荆角土家族乡 | 16 | 15905 | 15712 | 103 | 3000 | 2000 |
| 铜仁市德江县长丰土家族乡 | 14 | 17585 | 16892 | 15 | 346 | |
| 铜仁市德江县龙泉土家族乡 | 13 | 13338 | 11762 | 55 | 763 | |
| 铜仁市德江县钱家土家族乡 | 14 | 14329 | 14195 | 175 | 455 | 340 |
| 铜仁市江口县德旺土家族苗族乡 | 10 | 17197 | 11536 | 273 | 9652 | 7206 |
| 铜仁市江口县官和侗族土家族苗族乡 | 4 | 9205 | 6333 | | | |
| 铜仁市石阡县聚凤仡佬族侗族乡 | 18 | 20925 | 19623 | 355 | 3221 | 1188 |

| 乡镇企业年净利润总额<br>（万元） | 农林牧渔业总产值<br>（万元） | 农作物总播种面积<br>（亩） | #粮食播种面积<br>（亩） | 粮食产量<br>（吨） | 肉类总产量<br>（吨） | 农民合作社个数<br>（个） | 农民合作社成员数<br>（户） |
|---|---|---|---|---|---|---|---|
| 256 | 3000 | 53997 | 53117 | 26559 | 1043 | 16 | 2038 |
| 263 | 8530 | 73210 | 73210 | 48300 | 1500 | 17 | 11432 |
|  | 1820 | 65000 | 52000 | 46800 | 1848 | 14 | 3866 |
|  | 18130 | 82000 | 72000 | 78100 | 4513 | 80 | 400 |
| 7000 | 2883 | 26838 | 19163 | 7079 | 572 | 25 | 13498 |
| 1890 | 5100 | 33000 | 20500 | 1435 | 680 | 33 | 2000 |
| 14010 | 5462 | 19279 | 13164 | 6582 | 745 | 28 | 2890 |
| 680 | 11056 | 35471 | 27867 | 8360 | 667 | 15 | 1485 |
| 20 | 8550 | 9128 | 8610 | 3691 | 3793 | 40 | 577 |
| 20 | 10193 | 35317 | 13354 | 9882 | 566 | 11 | 2262 |
| 560 | 33237 | 40666 | 18745 | 14600 | 5359 | 68 | 483 |
| 930 | 46000 | 49948 | 27725 | 17540 | 2699 | 50 | 1350 |
|  | 3700 | 4980 | 4560 | 2973 | 309 | 12 | 340 |
| 65741 | 3521 | 15000 | 12000 | 15800 | 3000 | 45 | 102 |
|  | 42050 | 16826 | 13106 | 7258 | 1643 | 27 | 147 |
| 1000 | 21786 | 15200 | 5917 | 4249 | 1273 | 9 | 71 |
| 971 | 11201 | 1530 | 530 | 2050 | 1286 | 26 | 206 |
| 2800 | 136000 | 51475 | 39984 | 13412 | 11000 | 93 | 384 |
| 244 | 24500 | 50983 | 50983 | 17532 | 2070 | 32 | 1867 |
| 60 | 6853 | 27943 | 19756 | 8010 | 690 | 37 | 497 |
| 96 | 24800 | 41202 | 28760 | 28651 | 3025 | 46 | 6532 |
| 5 | 778 | 28200 | 23200 | 5078 | 847 | 80 | 590 |
| 315 | 34000 | 72000 | 41000 | 11000 | 1490 | 32 | 353 |
| 983 | 15126 | 32998 | 11815 | 5422 | 1218 | 43 | 3131 |
| 84 | 19560 | 29780 | 27450 | 7172 | 2056 | 104 | 680 |
| 260 | 4600 | 62327 | 25125 | 14658 | 1922 | 55 | 600 |
| 65 | 18345 | 27780 | 27780 | 7435 | 1490 | 59 | 734 |
| 1734 | 5746 | 22573 | 10103 | 14664 | 2611 | 10 | 60 |
|  | 4345 | 11650 | 6718 | 5166 | 1032 | 41 | 215 |
| 1511 | 8988 | 29950 | 27212 | 5845 | 2556 | 44 | 711 |

9-1(一) 续表 23

| 名　　称 | 村民委员会（个） | 年末总人口（人） | #少数民族（人） | 乡镇企业从业人员（人） | 乡镇企业总产值（万元） | #工业企业（万元） |
|---|---|---|---|---|---|---|
| 铜仁市石阡县大沙坝仡佬族侗族乡 | 15 | 22000 | 20000 | | | |
| 铜仁市石阡县枫香仡佬族侗族乡 | 12 | 10088 | 7868 | 580 | 1480 | 1150 |
| 铜仁市石阡县青阳苗族仡佬族侗族乡 | 14 | 11316 | 10234 | 75 | 248 | |
| 铜仁市石阡县龙井侗族仡佬族乡 | 23 | 28062 | 24389 | 10 | 461 | |
| 铜仁市石阡县石固仡佬族侗族乡 | 14 | 14411 | 6922 | 1100 | 54405 | 4428 |
| 铜仁市石阡县坪地仡佬族侗族乡 | 18 | 19234 | 17623 | 100 | 1000 | |
| 铜仁市石阡县甘溪仡佬族侗族乡 | 9 | 14013 | 11108 | | | |
| 铜仁市石阡县坪山仡佬族侗族乡 | 8 | 7833 | 7120 | 211 | 29200 | 27400 |
| 铜仁市思南县思林土家族苗族乡 | 14 | 12830 | 6630 | 39 | 651 | |
| 铜仁市思南县枫柸土家族苗族乡 | 16 | 16251 | 5198 | 83 | 1512 | 922 |
| 铜仁市思南县杨家坳苗族土家族乡 | 19 | 21068 | 10498 | 323 | 621 | |
| 铜仁市思南县胡家湾苗族土家族乡 | 15 | 15381 | 12463 | 158 | 382 | 199 |
| 铜仁市思南县宽坪土家族苗族乡 | 15 | 14700 | 8512 | 184 | 273 | |
| 铜仁市思南县三道水土家族苗族乡 | 18 | 20235 | 11487 | 133 | 1398 | |
| 铜仁市思南县天桥土家族苗族乡 | 13 | 16024 | 8631 | 152 | 568 | |
| 铜仁市思南县兴隆土家族苗族乡 | 14 | 15242 | 8520 | 299 | 607 | |
| 黔西南布依族苗族自治州兴仁市鲁础营回族乡 | 8 | 19570 | 7902 | 447 | 2635 | 865 |
| 黔西南布依族苗族自治州望谟县油迈瑶族乡 | 8 | 13372 | 13339 | | | |
| 黔东南苗族侗族自治州从江县秀塘壮族乡 | 6 | 6818 | 6220 | 23 | 172 | |
| 黔东南苗族侗族自治州从江县刚边壮族乡 | 11 | 11131 | 11105 | 720 | 2230 | |
| 黔东南苗族侗族自治州从江县翠里瑶族壮族乡 | 11 | 14597 | 13867 | 9 | 550 | 550 |
| 黔东南苗族侗族自治州镇远县尚寨土家族乡 | 4 | 7500 | 6750 | 33 | 48 | 48 |
| 黔东南苗族侗族自治州麻江县坝芒布依族乡 | 7 | 16660 | 9538 | | | |
| 黔东南苗族侗族自治州榕江县水尾水族乡 | 5 | 3518 | 3518 | | | |
| 黔东南苗族侗族自治州榕江县三江水族乡 | 13 | 14383 | 10011 | 23 | 28 | |
| 黔东南苗族侗族自治州榕江县仁里水族乡 | 8 | 11896 | 9618 | 64 | 1158 | |
| 黔东南苗族侗族自治州榕江县定威水族乡 | 7 | 5834 | 2968 | 157 | | |
| 黔东南苗族侗族自治州榕江县兴华水族乡 | 9 | 15337 | 15126 | | | |
| 黔东南苗族侗族自治州榕江县塔石瑶族水族乡 | 9 | 10083 | 9267 | | | |
| 黔东南苗族侗族自治州雷山县达地水族乡 | 10 | 10490 | 8822 | | | |

| 乡镇企业年净利润总额（万元） | 农林牧渔业总产值（万元） | 农作物总播种面积（亩） | #粮食播种面积（亩） | 粮食产量（吨） | 肉类总产量（吨） | 农民合作社个数（个） | 农民合作社成员数（户） |
|---|---|---|---|---|---|---|---|
| | 5000 | 33106 | 24206 | 6575 | 650 | 15 | 90 |
| 688 | 1355 | 17220 | 14220 | 4224 | 1288 | 12 | 639 |
| 95 | 7785 | 15789 | 5788 | 6075 | 3988 | 26 | 1680 |
| 105 | 1258 | 2029 | 1371 | 17868 | 1230 | 50 | 1811 |
| 11558 | 22200 | 12008 | 10005 | 9210 | 1919 | 16 | 1050 |
| 120 | 1250 | 2356 | 2356 | 1600 | 2022 | 18 | 700 |
| | 9624 | 21310 | 16562 | 7758 | 1216 | 9 | 1398 |
| 2430 | 24380 | 22360 | 16430 | 6020 | 1840 | 28 | 7833 |
| 141 | 12313 | 33004 | 19070 | 4219 | 1216 | 41 | 260 |
| 153 | 18255 | 27640 | 19794 | 4776 | 604 | 41 | 362 |
| 51 | 16652 | 43412 | 31400 | 21409 | 2887 | 27 | 177 |
| 57 | 15755 | 36100 | 29120 | 6384 | 1096 | 18 | 4268 |
| 63 | 15612 | 32042 | 29212 | 4886 | 1893 | 20 | 3415 |
| 525 | 14560 | 35674 | 23486 | 7325 | 844 | 31 | 241 |
| 371 | 13007 | 29685 | 19718 | 4967 | 1593 | 22 | 102 |
| 196 | 18689 | 31720 | 25500 | 7667 | 1170 | 22 | 1382 |
| 955 | 5904 | 47000 | 36100 | 10960 | 1245 | 17 | 155 |
| | 735 | 82620 | 11250 | 2890 | 198 | 17 | 725 |
| 57 | 7659 | 17920 | 10084 | 5650 | 462 | 34 | 170 |
| 160 | 4572 | 5670 | 4506 | 6204 | 522 | 47 | 1173 |
| 277 | 13543 | 22885 | 14087 | 7717 | 453 | 16 | 510 |
| 20 | 9033 | 41225 | 14050 | 4460 | 1168 | 6 | 28 |
| | 18457 | 66017 | 16102 | 5581 | 1205 | 27 | 1259 |
| | 1539 | 8585 | 5585 | 2198 | 978 | 14 | 822 |
| | 966 | 20390 | 15390 | 4959 | 1033 | 13 | 60 |
| 126 | 10816 | 26148 | 7973 | 3277 | 330 | 2 | 12 |
| | 451 | 15000 | 7795 | 2931 | 600 | 13 | 1020 |
| | 1967 | 12085 | 10942 | 3957 | 176 | 13 | 65 |
| | 1887 | 20030 | 10020 | 3105 | 120 | 32 | 160 |
| | 11141 | 43700 | 18000 | 5158 | 336 | 10 | 1802 |

9-1(一) 续表 24

| 名　称 | 村民委员会（个） | 年末总人口（人） | #少数民族（人） | 乡镇企业从业人员（人） | 乡镇企业总产值（万元） | #工业企业（万元） |
|---|---|---|---|---|---|---|
| 黔东南苗族侗族自治州黎平县顺化瑶族乡 | 4 | 5027 | 5027 | | | |
| 黔东南苗族侗族自治州黎平县雷洞瑶族水族乡 | 13 | 13307 | 13251 | | | |
| 黔东南苗族侗族自治州岑巩县羊桥土家族乡 | 15 | 28368 | 21976 | | | |
| 黔南布依族苗族自治州都匀市归兰水族乡 | 12 | 34083 | 32781 | 36 | 495 | |
| 黔南布依族苗族自治州荔波县瑶山瑶族乡 | 6 | 11003 | 10720 | 937 | 2000 | 1500 |
| 黔南布依族苗族自治州荔波县黎明关水族乡 | 14 | 21355 | 13133 | 490 | 2600 | 2600 |
| 黔南布依族苗族自治州平塘县卡蒲毛南族 | 6 | 12998 | 12781 | 369 | 5900 | 3500 |
| 贵阳市花溪区湖潮布依族苗族乡 | 19 | 46193 | 16993 | 5614 | 1014200 | 439300 |
| **云南省** | **1069** | **2854592** | **1830968** | **53590** | **2513106** | **2106339** |
| 昆明市晋宁区夕阳彝族乡 | 10 | 9534 | 7709 | 464 | 2121 | |
| 昆明市晋宁区双河彝族乡 | 6 | 9469 | 7734 | 62 | 1980 | |
| 昆明市宜良县九乡彝族回族乡 | 8 | 19435 | 6004 | | | |
| 昆明市宜良县耿家营彝族苗族乡 | 9 | 19310 | 6869 | | | |
| 昭通市昭阳区守望回族乡 | 7 | 52779 | 38390 | 700 | 19884 | 18000 |
| 昭通市昭阳区小龙洞回族彝族乡 | 6 | 40890 | 33531 | 2108 | 11025 | |
| 昭通市布嘎回族乡 | 5 | 36736 | 24380 | 348 | 905 | |
| 昭通市青岗岭回族彝族乡 | 7 | 31698 | 10482 | 145 | 2860 | 1078 |
| 昭通市鲁甸县桃源回族乡 | 7 | 45330 | 42983 | 1862 | 103630 | 92740 |
| 昭通市鲁甸县茨院回族乡 | 6 | 32285 | 9205 | 3723 | 239082 | 188563 |
| 昭通市大关县上高桥回族彝族苗族乡 | 7 | 22856 | 7190 | 503 | 678 | 540 |
| 昭通市永善县马楠苗族彝族乡 | 6 | 16654 | 5798 | 27 | 330 | 100 |
| 昭通市永善县伍寨彝族苗族乡 | 5 | 15887 | 4996 | 150 | 2000 | |
| 昭通市镇雄县果珠彝族乡 | 5 | 48073 | 10539 | 2314 | 13912 | 9377 |
| 昭通市镇雄县林口彝族苗族乡 | 8 | 52831 | 15198 | 2001 | 14012 | 1002 |
| 昭通市彝良县龙街苗族彝族乡 | 12 | 49885 | 11209 | | | |
| 昭通市彝良县奎香苗族彝族乡 | 11 | 56057 | 11469 | | | |
| 昭通市彝良县树林彝族苗族乡 | 6 | 28394 | 7791 | | | |
| 昭通市彝良县柳溪苗族乡 | 5 | 23360 | 5916 | | | |
| 昭通市彝良县洛旺苗族乡 | 9 | 32530 | 7939 | | | |
| 昭通市威信县双河苗族彝族乡 | 8 | 35410 | 9808 | | | |

| 乡镇企业年净利润总额（万元） | 农林牧渔业总产值（万元） | 农作物总播种面积（亩） | #粮食播种面积（亩） | 粮食产量（吨） | 肉类总产量（吨） | 农民合作社个数（个） | 农民合作社成员数（户） |
|---|---|---|---|---|---|---|---|
| | 2069 | 6627 | 3432 | 1150 | 58 | 6 | 231 |
| | 8478 | 10240 | 8600 | 3440 | 364 | 17 | 3572 |
| | 24613 | 60423 | 27024 | 9418 | 1203 | 46 | 371 |
| 195 | 28900 | 58408 | 32061 | 13771 | 2162 | 22 | 495 |
| 500 | 15213 | 11242 | 8600 | 2780 | 872 | 13 | 65 |
| 650 | 28170 | 21560 | 21560 | 6569 | 344 | 20 | 260 |
| 621 | 13148 | 16141 | 14160 | 5681 | 1616 | 6 | 2986 |
| | 42 | 19000 | 14000 | 127 | 1147 | 37 | 407 |
| **212187** | **4348596** | **9270276** | **5485298** | **1807351** | **423454** | **4728** | **196750** |
| 466 | 22495 | 21481 | 14646 | 3063 | 434 | 11 | 76 |
| 230 | 35990 | 31601 | 7846 | 2659 | 2123 | 20 | 789 |
| | | 94783 | 41955 | 18215 | 1210 | 16 | 1560 |
| | | 77910 | 58600 | 14500 | 6850 | 9 | 974 |
| 4900 | 66560 | 62382 | 29611 | 21114 | 1500 | 14 | 80 |
| 948 | 32800 | 64787 | 39480 | 23688 | 948 | 29 | 1872 |
| 73 | 36600 | 75800 | 33000 | 7326 | 450 | 38 | 2330 |
| 1450 | 16273 | 45968 | 38170 | 15662 | 2859 | 48 | 290 |
| 19810 | 48300 | 69501 | 36412 | 10890 | 2423 | 72 | 3391 |
| 50864 | 20475 | 37965 | 24583 | 8905 | 1678 | 45 | 1673 |
| 493 | 21036 | 46410 | 37980 | 5215 | 2100 | 21 | 1402 |
| 172 | 13760 | 32100 | 23500 | 6950 | 1724 | 29 | 1661 |
| 1000 | 7210 | 49095 | 39800 | 5300 | 399 | 14 | 1377 |
| 2922 | 47881 | 62630 | 57800 | 13191 | 4632 | 59 | 5975 |
| 3002 | 70870 | 96000 | 79100 | 21511 | 4523 | 32 | 5820 |
| | 15430 | 106000 | 75000 | 45131 | 3200 | 50 | 3479 |
| | 36127 | 66500 | 43200 | 25820 | 3608 | 38 | 3867 |
| | 5610 | 51008 | 41000 | 10400 | 1150 | 8 | 2737 |
| | 21583 | 28910 | 25732 | 9927 | 1311 | 22 | 548 |
| | 14328 | 66826 | 42617 | 23532 | 2563 | 22 | 248 |
| | 20158 | 68300 | 67200 | 20151 | 2752 | 26 | 711 |

9-1(一) 续表 25

| 名 称 | 村民委员会（个） | 年末总人口（人） | #少数民族（人） | 乡镇企业从业人员（人） | 乡镇企业总产值（万元） | #工业企业（万元） |
|---|---|---|---|---|---|---|
| 曲靖市师宗县龙庆彝族壮族乡 | 14 | 43614 | 20312 | 572 | 1341 | 286 |
| 曲靖市师宗县五龙壮族乡 | 13 | 37731 | 14338 | 960 | 4100 | 1368 |
| 曲靖市师宗县高良壮族苗族瑶族乡 | 11 | 29124 | 28420 | 1045 | 11729 | 1205 |
| 曲靖市罗平县长底布依族乡 | 6 | 19123 | 7157 | 576 | 3210 | 513 |
| 曲靖市罗平县旧屋基彝族乡 | 7 | 11589 | 4118 | 154 | 1050 | 300 |
| 曲靖市罗平县鲁布革布依族苗族乡 | 9 | 21104 | 18239 | 175 | 1661 | 85 |
| 曲靖市富源县古敢水族乡 | 3 | 16870 | 6700 | 406 | 3235 | 1744 |
| 曲靖市会泽县新街回族乡 | 16 | 44093 | 18971 | 110 | 1196 | 378 |
| 楚雄彝族自治州南华县雨露白族乡 | 7 | 14109 | 12216 | | | |
| 楚雄彝族自治州大姚县湾碧傈僳傣族乡 | 12 | 17420 | 10078 | | | |
| 楚雄彝族自治州永仁县永兴傣族乡 | 12 | 11543 | 7652 | | | |
| 楚雄彝族自治州武定县东坡傣族乡 | 8 | 13057 | 10911 | 190 | 13220 | 12460 |
| 玉溪市红塔区小石桥彝族乡 | 3 | 6546 | 3056 | 552 | 43804 | 42989 |
| 玉溪市红塔区洛河彝族乡 | 5 | 10118 | 9330 | 631 | 48165 | 23666 |
| 玉溪市江川区安化彝族乡 | 5 | 9734 | 9296 | | | |
| 玉溪市通海县高大傣族彝族乡 | 6 | 11668 | 7501 | 280 | 8071 | 7829 |
| 玉溪市通海县里山彝族乡 | 6 | 8958 | 4642 | 3639 | 1078713 | 1071313 |
| 玉溪市通海县兴蒙蒙古族乡 | 3 | 5886 | 5667 | 1200 | 83555 | 73555 |
| 玉溪市华宁县通红甸彝族苗族乡 | 6 | 10592 | 4769 | 79 | 4231 | 3942 |
| 玉溪市易门县十街彝族乡 | 8 | 12165 | 6951 | | | |
| 玉溪市易门县浦贝彝族乡 | 7 | 17267 | 9437 | 592 | 32632 | 9277 |
| 玉溪市易门县铜厂彝族乡 | 9 | 21470 | 14198 | 10 | 5354 | 5354 |
| 红河哈尼族彝族自治州河口瑶族自治县桥头苗族壮族乡 | 8 | 19995 | 15336 | | | |
| 红河哈尼族彝族自治州金平苗族瑶族傣族自治县者米拉祜族乡 | 4 | 25295 | 24288 | | | |
| 红河哈尼族彝族自治州蒙自市期路白苗族乡 | 6 | 19253 | 14961 | | | |
| 红河哈尼族彝族自治州蒙自市老寨苗族乡 | 4 | 13149 | 8205 | 5126 | 2142 | 2142 |
| 红河哈尼族彝族自治州开远市大庄回族乡 | 5 | 18975 | 15782 | 81 | 12050 | 12050 |
| 文山壮族苗族自治州文山市东山彝族乡 | 4 | 11054 | 10015 | | | |
| 文山壮族苗族自治州文山市红甸回族乡 | 4 | 15164 | 12799 | | | |
| 文山壮族苗族自治州文山市秉烈彝族乡 | 10 | 26190 | 25229 | | | |

| 乡镇企业年净利润总额（万元） | 农林牧渔业总产值（万元） | 农作物总播种面积（亩） | #粮食播种面积（亩） | 粮食产量（吨） | 肉类总产量（吨） | 农民合作社个数（个） | 农民合作社成员数（户） |
|---|---|---|---|---|---|---|---|
| 561 | 83614 | 167120 | 87314 | 29935 | 16952 | 14 | 1992 |
| 2108 | 53120 | 197815 | 42795 | 26509 | 9664 | 17 | 140 |
| 2050 | 15630 | 76625 | 47790 | 21325 | 5979 | 43 | 1144 |
| 596 | 43007 | 79862 | 26002 | 14263 | 1920 | 7 | 139 |
| 540 | 41232 | 55405 | 21100 | 9170 | 2603 | 7 | 623 |
| 855 | 26101 | 42400 | 15788 | 6195 | 2411 | 32 | 688 |
| 296 | 35221 | 48120 | 24225 | 8482 | 4834 | 23 | 384 |
| 191 | 31628 | 59916 | 46325 | 21129 | 13675 | 22 | 2175 |
|  | 51027 | 42496 | 24226 | 8047 | 2394 | 40 | 269 |
|  | 34100 | 36700 | 29900 | 9246 | 3600 | 30 | 475 |
|  | 26545 | 43358 | 26679 | 8745 | 2789 | 37 | 2450 |
| 950 | 8600 | 28130 | 15600 | 5320 | 5340 | 56 | 3721 |
| -955 | 26415 | 42933 | 8345 | 2837 | 1159 | 4 | 636 |
| 489 | 41371 | 30970 | 11353 | 5148 | 6775 | 5 | 251 |
|  | 49444 | 58655 | 13380 | 6532 | 418 | 31 | 178 |
| 408 | 32474 | 32307 | 8887 | 3554 | 1423 | 6 | 738 |
| 35671 | 42606 | 45919 | 10767 | 4001 | 2618 | 26 | 1095 |
| 4700 | 13833 | 9948 | 1212 | 540 | 199 | 13 | 1380 |
| 361 | 34450 | 40376 | 14704 | 4516 | 929 | 27 | 286 |
|  | 35366 | 63041 | 24800 | 9887 | 4784 | 20 | 820 |
| -1496 | 39732 | 57799 | 27837 | 9281 | 10200 | 22 | 1040 |
| 803 | 64000 | 87041 | 38980 | 16839 | 5047 | 27 | 1876 |
|  | 17320 | 52735 | 20681 | 6646 | 1380 | 13 | 116 |
|  | 32649 | 48356 | 31725 | 7680 | 867 | 21 | 355 |
|  | 10870 | 48300 | 37500 | 9438 | 1074 | 4 | 108 |
| 270 | 19235 | 69505 | 33700 | 7678 | 1410 | 13 | 320 |
| 594 | 28541 | 68162 | 46612 | 23247 | 2706 | 20 | 260 |
|  | 17209 | 55143 | 26229 | 9874 | 709 | 15 | 620 |
|  | 26112 | 80599 | 40978 | 12181 | 1421 | 23 | 134 |
|  | 15549 | 104288 | 60182 | 21830 | 3215 | 16 | 71 |

9-1(一) 续表 26

| 名　称 | 村民委员会（个） | 年末总人口（人） | #少数民族（人） | 乡镇企业从业人员（人） | 乡镇企业总产值（万元） | #工业企业（万元） |
|---|---|---|---|---|---|---|
| 文山壮族苗族自治州文山市柳井彝族乡 | 7 | 15683 | 9583 | | | |
| 文山壮族苗族自治州文山市坝心彝族乡 | 5 | 8551 | 5087 | | | |
| 文山壮族苗族自治州砚山县阿舍彝族乡 | 7 | 27160 | 22586 | | | |
| 文山壮族苗族自治州砚山县维末彝族乡 | 10 | 62270 | 41996 | | | |
| 文山壮族苗族自治州砚山县盘龙彝族乡 | 6 | 35841 | 23607 | | | |
| 文山壮族苗族自治州砚山县干河彝族乡 | 4 | 24977 | 20233 | | | |
| 文山壮族苗族自治州丘北县舍得彝族乡 | 7 | 24452 | 21109 | 30 | 1960 | |
| 文山壮族苗族自治州丘北县新店彝族乡 | 6 | 23988 | 22247 | 8 | 124 | 1 |
| 文山壮族苗族自治州丘北县树皮彝族乡 | 9 | 51470 | 32350 | 165 | 242 | 152 |
| 文山壮族苗族自治州丘北县八道哨彝族乡 | 5 | 38365 | 28921 | 677 | 61390 | 46726 |
| 文山壮族苗族自治州丘北县腻脚彝族乡 | 7 | 35432 | 25561 | 51 | 42600 | 42600 |
| 文山壮族苗族自治州麻栗坡县猛硐瑶族乡 | 5 | 15064 | 14506 | 302 | 3410 | 1926 |
| 文山壮族苗族自治州富宁县洞波瑶族乡 | 12 | 39473 | 35051 | | | |
| 普洱市澜沧拉祜族自治县酒井哈尼族乡 | 4 | 14097 | 13444 | | | |
| 普洱市澜沧拉祜族自治县发展河哈尼族乡 | 4 | 16176 | 12324 | | | |
| 普洱市澜沧拉祜族自治县谦六彝族乡 | 15 | 49349 | 39287 | | | |
| 普洱市澜沧拉祜族自治县文东佤族乡 | 6 | 14812 | 10641 | | | |
| 普洱市澜沧拉祜族自治县安康佤族乡 | 5 | 12505 | 12303 | | | |
| 普洱市澜沧拉祜族自治县雪林佤族乡 | 7 | 14228 | 13711 | | | |
| 普洱市思茅区云仙彝族乡 | 12 | 17421 | 8103 | | | |
| 普洱市思茅区龙潭彝族傣族乡 | 6 | 11674 | 5253 | 27 | 251 | |
| 普洱市墨江哈尼族自治县孟弄彝族乡 | 7 | 12855 | 10645 | 12 | 400 | 400 |
| 普洱市西盟佤族自治县力所拉祜族乡 | 5 | 12298 | 11842 | | | |
| 大理白族自治州大理市太邑彝族乡 | 5 | 9265 | 8985 | | | |
| 大理白族自治州鹤庆县六合彝族乡 | 13 | 15626 | 15372 | 442 | 1805 | 801 |
| 大理白族自治州宾川县钟英傈僳族彝族乡 | 6 | 8660 | 5356 | 40 | 310 | 115 |
| 大理白族自治州宾川县拉乌彝族乡 | 7 | 10428 | 4772 | 171 | 3582 | 2461 |
| 大理白族自治州祥云县东山彝族乡 | 8 | 9971 | 9621 | | | |
| 大理白族自治州弥渡县牛街彝族乡 | 11 | 19527 | 7438 | 284 | 3246 | 3015 |
| 大理白族自治州永平县北斗彝族乡 | 9 | 13231 | 11084 | 30 | 1000 | 800 |

| 乡镇企业年净利润总额（万元） | 农林牧渔业总产值（万元） | 农作物总播种面积（亩） | #粮食播种面积（亩） | 粮食产量（吨） | 肉类总产量（吨） | 农民合作社个数（个） | 农民合作社成员数（户） |
|---|---|---|---|---|---|---|---|
| | 19146 | 64884 | 35065 | 10304 | 359 | 11 | 55 |
| | 8997 | 48901 | 24703 | 6901 | 927 | 9 | 54 |
| | 28755 | 95633 | 52919 | 16000 | 1542 | 3 | 157 |
| | 71951 | 272172 | 125663 | 41723 | 5462 | 69 | 2021 |
| | 40031 | 134306 | 57849 | 19357 | 1567 | 34 | 1931 |
| | 37665 | 135414 | 57845 | 7498 | 1532 | 4 | 238 |
| 180 | 31064 | 113707 | 69248 | 17325 | 5208 | 8 | 83 |
| 16 | 28922 | 123563 | 71428 | 18074 | 5721 | 17 | 211 |
| 125 | 65553 | 331557 | 83197 | 22654 | 4526 | 65 | 3285 |
| 3156 | 56686 | 158724 | 72761 | 19465 | 8803 | 60 | 1593 |
| 17040 | 56200 | 202330 | 88369 | 19988 | 8356 | 32 | 1453 |
| 264 | 18763 | 40384 | 19221 | 5532 | 1514 | 19 | 1899 |
| | 56169 | 94066 | 47337 | 13789 | 1307 | 147 | 147 |
| | 28650 | 49660 | 31585 | 10680 | 1175 | 18 | 262 |
| | 31238 | 62370 | 39258 | 16822 | 1568 | 22 | 746 |
| | 40688 | 185956 | 144863 | 32592 | 5138 | 15 | 1125 |
| | 17989 | 79910 | 69573 | 14003 | 1293 | 28 | 1460 |
| | 8387 | 50367 | 35566 | 12330 | 572 | 5 | 525 |
| | 18938 | 36756 | 29844 | 7755 | 698 | 10 | 556 |
| | 38006 | 116341 | 71748 | 17982 | 1221 | 18 | 436 |
| 33 | 21317 | 37649 | 26384 | 6334 | 1481 | 18 | 731 |
| 42 | 12315 | 74351 | 63582 | 13410 | 1725 | 8 | 983 |
| | 15444 | 40987 | 27598 | 6601 | 915 | 40 | 2999 |
| | 9295 | 19341 | 16729 | 7419 | 1755 | 24 | 175 |
| 517 | 22100 | 37131 | 28103 | 8393 | 4211 | 20 | 100 |
| 70 | 14351 | 43184 | 28954 | 9110 | 2566 | 32 | 1500 |
| 480 | 21060 | 27866 | 17650 | 7310 | 2655 | 33 | 1850 |
| | 51408 | 31831 | 20793 | 8964 | 3521 | 42 | 298 |
| 501 | 20147 | 60290 | 53660 | 20703 | 12050 | 46 | 1242 |
| 600 | 38586 | 57513 | 43757 | 11287 | 4064 | 82 | 2314 |

9-1(一) 续表 27

| 名称 | 村民委员会（个） | 年末总人口（人） | #少数民族（人） | 乡镇企业从业人员（人） | 乡镇企业总产值（万元） | #工业企业（万元） |
|---|---|---|---|---|---|---|
| 大理白族自治州永平县厂街彝族乡 | 11 | 19576 | 11190 | 1002 | 51260 | 14615 |
| 大理白族自治州永平县水泄彝族乡 | 9 | 16656 | 13137 | 110 | 114600 | 114000 |
| 大理白族自治州云龙县苗尾傈僳族乡 | 8 | 17992 | 15360 | | | |
| 大理白族自治州云龙县团结彝族乡 | 5 | 11288 | 10858 | 140 | 5500 | 4993 |
| 丽江市华坪县永兴傈僳族乡 | 7 | 13444 | 5542 | 140 | 1800 | 1800 |
| 丽江市华坪县通达傈僳族乡 | 5 | 8358 | 6350 | 34 | 1066 | 736 |
| 丽江市华坪县新庄傈僳族傣族乡 | 7 | 17411 | 8938 | 162 | 2274 | 559 |
| 丽江市华坪县船房傈僳族傣族乡 | 4 | 9835 | 3630 | 200 | 2360 | 1650 |
| 丽江市永胜县羊坪彝族乡 | 5 | 8457 | 8390 | | | |
| 丽江市永胜县东山傈僳族彝族乡 | 5 | 8248 | 8134 | | | |
| 丽江市永胜县六德傈僳族彝族乡 | 8 | 14048 | 11202 | 138 | 11005 | 1692 |
| 丽江市永胜县大安彝族纳西族乡 | 8 | 15512 | 11573 | | | |
| 丽江市永胜县光华傈僳族彝族乡 | 8 | 14915 | 8054 | | | |
| 丽江市永胜县松坪傈僳族彝族乡 | 8 | 7846 | 7136 | | | |
| 丽江市宁蒗彝族自治县翠玉傈僳族普米族乡 | 6 | 15241 | 11615 | 1101 | 6178 | 421 |
| 丽江市古城区金江白族乡 | 5 | 3446 | 2855 | | | |
| 丽江市玉龙纳西族自治县九河白族乡 | 11 | 30029 | 28629 | 720 | 8000 | 2000 |
| 丽江市玉龙纳西族自治县石头白族乡 | 5 | 9468 | 8864 | | | |
| 丽江市玉龙纳西族自治县黎明傈僳族乡 | 7 | 15212 | 12971 | | | |
| 保山市隆阳区瓦马彝族白族乡 | 21 | 25324 | 13197 | 158 | 14023 | 14023 |
| 保山市隆阳区瓦房彝族苗族乡 | 19 | 33081 | 13526 | 2491 | 29640 | 21114 |
| 保山市隆阳区杨柳白族彝族乡 | 18 | 39116 | 27123 | 2423 | 53420 | 8257 |
| 保山市隆阳区芒宽彝族傣族乡 | 15 | 48554 | 33523 | 5008 | 113300 | 112500 |
| 保山市施甸县摆榔彝族布朗族乡 | 4 | 7431 | 5253 | | | |
| 保山市施甸县木老元布朗族彝族乡 | 4 | 5954 | 2907 | | | |
| 保山市龙陵县木城彝族傈僳族乡 | 5 | 9437 | 4023 | | | |
| 保山市昌宁县珠街彝族乡 | 10 | 14087 | 13104 | 208 | 3778 | 2057 |
| 保山市昌宁县苟街彝族苗族乡 | 11 | 23446 | 6218 | 236 | 3557 | 3557 |
| 保山市昌宁县湾甸傣族乡 | 5 | 18766 | 5858 | 723 | 13022 | 5006 |
| 德宏傣族景颇族自治州陇川县户撒阿昌族乡 | 11 | 26673 | 18401 | 2671 | 24579 | |

| 乡镇企业年净利润总额（万元） | 农林牧渔业总产值（万元） | 农作物总播种面积（亩） | #粮食播种面积（亩） | 粮食产量（吨） | 肉类总产量（吨） | 农民合作社个数（个） | 农民合作社成员数（户） |
|---|---|---|---|---|---|---|---|
| 2485 | 75280 | 62265 | 59890 | 22408 | 6554 | 74 | 3484 |
| 4000 | 52247 | 66086 | 55726 | 15196 | 4856 | 21 | 1856 |
| | 27854 | 57259 | 42834 | 14527 | 3637 | 4 | 40 |
| 1650 | 28666 | 50445 | 32684 | 9913 | 3272 | 25 | 415 |
| 1200 | 22900 | 34900 | 18500 | 4100 | 950 | 41 | 1250 |
| 225 | 1195 | 28314 | 11577 | 2434 | 1649 | 16 | 1705 |
| 915 | 44258 | 47309 | 30438 | 9869 | 1537 | 34 | 3904 |
| 216 | 13823 | 24260 | 16443 | 4780 | 1625 | 94 | 2780 |
| | 4836 | 23098 | 21440 | 5552 | 695 | 16 | 283 |
| | 12121 | 28805 | 26400 | 5413 | 643 | 31 | 194 |
| 585 | 9789 | 32005 | 26214 | 6906 | 2003 | 47 | 503 |
| | 13687 | 55420 | 24615 | 7046 | 1808 | 51 | 365 |
| | 18182 | 37452 | 28495 | 8595 | 2290 | 24 | 436 |
| | 6631 | 35830 | 19142 | 4656 | 1300 | 25 | 430 |
| 1040 | 15072 | 54160 | 21702 | 4172 | 985 | 33 | 390 |
| | 3837 | 9621 | 7421 | 1725 | 375 | 2 | 27 |
| 3000 | 26234 | 69320 | 49600 | 45880 | 4200 | 110 | 2381 |
| | 6779 | 24757 | 16388 | 3291 | 1346 | 21 | 1235 |
| | 18330 | 65229 | 64530 | 10999 | 3068 | 34 | 2452 |
| 740 | 53889 | 87955 | 64329 | 28171 | 6841 | 32 | 2763 |
| 5821 | 56300 | 113054 | 80442 | 38561 | 9015 | 54 | 4631 |
| 3661 | 86827 | 177842 | 125230 | 62398 | 7624 | 71 | 7276 |
| 4260 | 126400 | 118871 | 69791 | 40834 | 8489 | 84 | 7139 |
| | 18203 | 34360 | 22696 | 6450 | 2058 | 19 | 1775 |
| | 10011 | 20495 | 14544 | 4312 | 1376 | 9 | 1135 |
| | 28802 | 41869 | 26187 | 7633 | 1652 | 20 | 1100 |
| 180 | 38291 | 73849 | 41881 | 13068 | 4159 | 33 | 3533 |
| 137 | 56047 | 74613 | 42500 | 13018 | 9078 | 50 | 3076 |
| 1309 | 62290 | 141663 | 64525 | 23355 | 15618 | 42 | 2395 |
| 7001 | 40677 | 114401 | 60967 | 21439 | 1649 | 27 | 1067 |

9−1(一) 续表 28

| 名　称 | 村民委员会（个） | 年末总人口（人） | #少数民族（人） | 乡镇企业从业人员（人） | 乡镇企业总产值（万元） | #工业企业（万元） |
|---|---|---|---|---|---|---|
| 德宏傣族景颇族自治州芒市三台山德昂族乡 | 4 | 7797 | 5954 | | | |
| 德宏傣族景颇族自治州梁河县曩宋阿昌族乡 | 9 | 26751 | 8125 | | | |
| 德宏傣族景颇族自治州梁河县九保阿昌族乡 | 6 | 15910 | 7811 | | | |
| 德宏傣族景颇族自治州盈江县苏典傈僳族乡 | 4 | 8667 | 6648 | 340 | 9600 | 9600 |
| 怒江傈僳族自治州福贡县匹河怒族乡 | 9 | 12448 | 12097 | | | |
| 怒江傈僳族自治州泸水市洛本卓白族乡 | 8 | 8638 | 8638 | | | |
| 迪庆藏族自治州香格里拉市三坝纳西族乡 | 7 | 18762 | 17208 | 71 | 9010 | 6477 |
| 迪庆藏族自治州德钦县霞若傈僳族乡 | 7 | 8280 | 8008 | | | |
| 迪庆藏族自治州德钦县拖顶傈僳族乡 | 8 | 9483 | 8535 | | | |
| 临沧市凤庆县新华彝族苗族乡 | 11 | 24741 | 19118 | 505 | 995 | |
| 临沧市凤庆县腰街彝族乡 | 6 | 9115 | 7874 | | | |
| 临沧市凤庆县郭大寨彝族白族乡 | 11 | 21946 | 8703 | 34 | 1550 | |
| 临沧市云县栗树彝族傣族乡 | 16 | 21723 | 17257 | | | |
| 临沧市云县忙怀彝族布朗族乡 | 11 | 20115 | 15915 | | | |
| 临沧市云县后箐彝族乡 | 11 | 21140 | 15552 | | | |
| 临沧市永德县大雪山彝族拉祜族傣族乡 | 8 | 21632 | 8420 | 122 | 54178 | 51420 |
| 临沧市永德县乌木龙彝族乡 | 10 | 28164 | 20499 | 1197 | 43120 | 17818 |
| 临沧市临翔区平村彝族傣族乡 | 5 | 9076 | 5262 | 2 | 89 | |
| 临沧市临翔区南美拉祜乡 | 4 | 4912 | 4051 | 45 | 5769 | 5769 |
| 临沧市耿马傣族佤族自治县芒洪拉祜族布朗族乡 | 5 | 8575 | 6020 | | | |
| 临沧市沧源佤族自治县勐角傣族彝族拉祜族乡 | 9 | 14697 | 12931 | 77 | 4997 | 4959 |
| 临沧市镇康县军赛佤族拉祜族傈僳族德昂族乡 | 6 | 14449 | 5273 | 120 | 9000 | 4500 |
| 西双版纳傣族自治州景洪市基诺山基诺族乡 | 7 | 14540 | 13861 | | | |
| 西双版纳傣族自治州景洪市景哈哈尼族乡 | 6 | 17237 | 16373 | 233 | 10439 | 7047 |
| 西双版纳傣族自治州勐腊县瑶区瑶族乡 | 4 | 9351 | 8693 | | | |
| 西双版纳傣族自治州勐腊县象明彝族乡 | 5 | 12660 | 12193 | | | |
| 西双版纳傣族自治州勐海县格朗和哈尼族乡 | 5 | 17451 | 16830 | 155 | 12800 | 8915 |
| 西双版纳傣族自治州勐海县布朗山布朗族乡 | 7 | 24131 | 22878 | | | |
| 西双版纳傣族自治州勐海县西定哈尼族乡 | 11 | 26242 | 23948 | | | |

| 乡镇企业年净利润总额（万元） | 农林牧渔业总产值（万元） | 农作物总播种面积（亩） | #粮食播种面积（亩） | 粮食产量（吨） | 肉类总产量（吨） | 农民合作社个数（个） | 农民合作社成员数（户） |
|---|---|---|---|---|---|---|---|
| | 32300 | 43625 | 26937 | 8424 | 417 | 28 | 349 |
| | 9567 | 49127 | 27152 | 10452 | 2510 | 60 | 2532 |
| | 15074 | 39243 | 22157 | 7517 | 1810 | 52 | 1004 |
| 2500 | 6676 | 30905 | 21942 | 6048 | 760 | 8 | 1944 |
| | 7851 | 37359 | 12999 | 3080 | 672 | 38 | 2843 |
| | 6853 | 36602 | 26602 | 2453 | 843 | 8 | 2130 |
| 577 | | 48401 | 42795 | 12750 | 1681 | 246 | 1230 |
| | 22512 | 16223 | 8365 | 2510 | 495 | 24 | 1985 |
| | | 15401 | 7218 | 984 | 2194 | 52 | 288 |
| 480 | 50560 | 88860 | 76000 | 16000 | 5100 | 38 | 3510 |
| | 28800 | 37200 | 24900 | 4300 | 1700 | 22 | 2153 |
| 34 | 31801 | 56004 | 37899 | 7760 | 4081 | 49 | 2532 |
| | 30980 | 67615 | 49540 | 16100 | 3810 | 33 | 2000 |
| | 31655 | 50210 | 46780 | 14039 | 4180 | 11 | 111 |
| | 35450 | 78602 | 67250 | 15450 | 3341 | 11 | 120 |
| 469 | 43183 | 84929 | 52578 | 24692 | 4833 | 8 | 1887 |
| 6502 | 34789 | 48661 | 44899 | 13223 | 1831 | 10 | 2860 |
| 4 | 24261 | 50125 | 22068 | 7164 | 975 | 16 | 1868 |
| 275 | 17482 | 60154 | 32155 | 2411 | 795 | 22 | 1230 |
| | 21405 | 41778 | 17957 | 5204 | 749 | 10 | 1402 |
| 390 | 14389 | 62406 | 46308 | 12860 | 1019 | 34 | 1137 |
| 2250 | 27784 | 65805 | 49586 | 13974 | 1273 | 19 | 633 |
| | 58157 | 61942 | 29900 | 8062 | 545 | 48 | 1375 |
| -72 | 38025 | 22185 | 11227 | 3733 | 641 | 10 | 160 |
| | 66893 | 36140 | 21666 | 6535 | 1122 | 27 | 135 |
| | 71200 | 52054 | 31481 | 8912 | 356 | 76 | 421 |
| 2010 | 47467 | 53889 | 37979 | 14647 | 451 | 106 | 1022 |
| | 66283 | 49160 | 46356 | 9608 | 3841 | 243 | 1701 |
| | 47431 | 123038 | 77373 | 28230 | 715 | 79 | 395 |

9-1(一) 续表 29

| 名　　称 | 村民委员会<br>（个） | 年末总人口<br>（人） | #少数民族<br>（人） | 乡镇企业从业人员<br>（人） | 乡镇企业总产值<br>（万元） | #工业企业<br>（万元） |
|---|---|---|---|---|---|---|
| **西藏自治区** | **28** | **9825** | **9418** | **41** | **5492** | **30** |
| 山南市错那县麻麻门巴族乡 | 1 | 315 | 315 | 2 | 30 | 30 |
| 山南市错那县贡日门巴族乡 | 2 | 175 | 175 | | | |
| 山南市错那县基巴门巴族乡 | 2 | 190 | 163 | | | |
| 山南市错那县勒布区勒门巴族乡 | 2 | 150 | 92 | 5 | 1 | |
| 林芝市巴宜区更章门巴族乡 | 6 | 1485 | 1480 | | | |
| 林芝市米林县南伊珞巴乡 | 3 | 595 | 592 | | | |
| 林芝市墨脱县达木珞巴族乡 | 4 | 1118 | 1104 | | | |
| 昌都市芒康县下盐井纳西族乡 | 5 | 5180 | 4880 | 34 | 5461 | |
| 山南市隆子县斗玉洛巴乡 | 3 | 617 | 617 | | | |
| **甘肃省** | **295** | **321759** | **221244** | **6282** | **199900** | **187018** |
| 临夏回族自治州广河县阿里麻土东乡族乡 | 6 | 16086 | 16086 | | | |
| 甘南藏族自治州临潭县长川回族乡 | 10 | 11015 | 3940 | 1222 | | |
| 甘南藏族自治州临潭县卓洛回族乡 | 3 | 2913 | 2776 | 36 | | |
| 甘南藏族自治州卓尼县勺哇土族乡 | 2 | 1777 | 1070 | | | |
| 陇南市文县铁楼藏族乡 | 16 | 10808 | 2517 | 75 | 1680 | 970 |
| 陇南市武都区坪垭藏族乡 | 9 | 6369 | 6369 | | | |
| 陇南市武都区磨坝藏族乡 | 8 | 5156 | 1656 | 18 | 82 | |
| 陇南市宕昌县新城子藏族乡 | 10 | 7488 | 2047 | 221 | 280 | 146 |
| 酒泉市肃州区黄泥堡裕固族乡 | 3 | 1677 | 1076 | | | |
| 酒泉市玉门市小金湾东乡族乡 | 5 | 7022 | 7016 | | | |
| 白银市会宁县新添堡回族乡 | 13 | 19898 | 15594 | 156 | 5646 | 3850 |
| 庆阳市正宁县五倾源回族乡 | 5 | 6583 | 2507 | | | |
| 平凉市崆峒区峡门回族乡 | 24 | 20543 | 19105 | 2189 | 174500 | 174500 |
| 平凉市华亭市神峪回族乡 | 11 | 11589 | 3950 | 1070 | 5239 | 4222 |
| 平凉市华亭市山寨回族乡 | 8 | 13728 | 4004 | 350 | 1500 | 350 |
| 平凉市崆峒区白庙回族乡 | 9 | 13923 | 6667 | | | |
| 平凉市崆峒区大秦回族乡 | 12 | 13380 | 11923 | 33 | 132 | |
| 平凉市崆峒区寨河回族乡 | 12 | 15761 | 11820 | | | |

| 乡镇企业年净利润总额（万元） | 农林牧渔业总产值（万元） | 农作物总播种面积（亩） | #粮食播种面积（亩） | 粮食产量（吨） | 肉类总产量（吨） | 农民合作社个数（个） | 农民合作社成员数（户） |
|---|---|---|---|---|---|---|---|
| **5491** | **2569** | **11993** | **8848** | **3702** | **1787** | **66** | **1634** |
| 30 | 137 | 76 | 57 | 7 | 30 | 1 | 66 |
|  | 87 | 144 | 10 | 13 | 33 | 1 | 38 |
|  | 166 | 455 | 30 | 69 | 34 | 5 | 48 |
|  | 46 | 39 | 0 | 1 | 24 | 3 | 55 |
|  |  | 2992 | 1645 | 858 | 98 | 1 | 343 |
|  | 1238 | 1417 | 944 | 251 | 25 | 12 | 8 |
|  | 584 | 2833 | 2257 | 692 | 45 | 24 | 169 |
| 5461 | 1 | 3553 | 3553 | 1671 | 1454 | 4 | 861 |
|  | 310 | 484 | 352 | 139 | 43 | 15 | 46 |
| **8691** | **135327** | **967790** | **664525** | **206684** | **38423** | **844** | **12550** |
|  | 780 | 12110 | 11468 | 5498 | 6358 | 19 | 1750 |
|  | 248 | 37730 | 20673 | 3089 |  | 63 | 315 |
|  |  | 6713 | 4464 | 538 |  | 10 | 50 |
|  | 1355 | 4860 | 3820 | 26500 | 3020 | 9 | 54 |
| 675 | 151 | 17680 | 11224 | 2236 | 1574 | 35 | 416 |
|  | 35 | 13764 | 9858 | 3252 | 1917 | 9 | 615 |
| 56 | 990 | 17250 | 7566 | 2720 | 256 | 18 | 90 |
| 62 | 1158 | 6890 | 5122 | 1239 | 38 | 25 | 155 |
|  | 7324 | 7653 | 3073 | 1534 | 685 | 18 | 116 |
|  | 9612 | 24654 | 7768 | 4108 | 554 | 14 | 268 |
| 2320 | 960 | 113805 | 105293 | 16811 | 2917 | 64 | 618 |
|  |  | 14947 | 12436 | 5761 |  | 12 | 657 |
| 3758 | 253 | 54695 | 43606 | 12676 | 2797 | 50 | 1534 |
| 977 | 10144 | 43091 | 34383 | 8638 | 901 | 14 | 268 |
| 200 | 9866 | 43237 | 25030 | 6520 | 1521 | 18 | 97 |
|  | 600 | 34104 | 27000 | 7367 | 1743 | 50 | 440 |
| 53 | 9778 | 42019 | 35975 | 11016 | 1222 | 48 | 458 |
|  | 238 | 51092 | 46780 | 14500 | 573 | 16 | 222 |

9-1(一) 续表 30

| 名称 | 村民委员会（个） | 年末总人口（人） | #少数民族（人） | 乡镇企业从业人员（人） | 乡镇企业总产值（万元） | #工业企业（万元） |
|---|---|---|---|---|---|---|
| 平凉市崆峒区大寨回族乡 | 24 | 25924 | 18199 | 98 | 5790 | 389 |
| 平凉市崆峒区西阳回族乡 | 13 | 14980 | 14980 | | | |
| 平凉市崆峒区上杨回族乡 | 7 | 8117 | 7688 | 104 | 2463 | 2123 |
| 张掖市肃南裕固族自治县祁丰藏族乡 | 13 | 3268 | 2753 | | | |
| 张掖市肃南裕固族自治县马蹄藏族乡 | 23 | 4716 | 2535 | | | |
| 张掖市肃南裕固族自治县白银蒙古族乡 | 3 | 697 | 297 | | | |
| 张掖市甘州区平山湖蒙古族乡 | 3 | 881 | 159 | | | |
| 临夏回族自治州临夏县井沟东乡族乡 | 13 | 20988 | 13729 | | | |
| 临夏回族自治州和政县梁家寺东乡族乡 | 8 | 18575 | 17536 | 67 | 420 | 420 |
| 临夏回族自治州临夏县安家坡东乡族乡 | 4 | 12241 | 7879 | 643 | 2168 | 48 |
| 酒泉市瓜州县七墩回族东乡族乡 | 3 | 3987 | 2456 | | | |
| 酒泉市瓜州县广至藏族乡 | 6 | 9193 | 3218 | | | |
| 酒泉市瓜州县沙河回族乡 | 5 | 5446 | 2677 | | | |
| 酒泉市玉门市独山子东乡族乡 | 4 | 7030 | 7015 | | | |
| **青海省** | **340** | **258191** | **168189** | **1436** | **1352** | **268** |
| 西宁市大通回族土族自治县朔北藏族乡 | 18 | 19780 | 7877 | 50 | 96 | 8 |
| 西宁市大通回族土族自治县向化藏族乡 | 9 | 8121 | 4417 | | | |
| 西宁市湟中区群加藏族乡 | 5 | 2259 | 1399 | | | |
| 西宁市湟中区大才回族乡 | 16 | 25275 | 19096 | | | |
| 西宁市湟中区汉东回族乡 | 4 | 6365 | 6365 | | | |
| 西宁市湟源县日月藏族乡 | 22 | 13331 | 6193 | | | |
| 海东市民和回族土族自治县杏儿藏族乡 | 7 | 4606 | 4359 | | | |
| 海东市乐都区下营藏族乡 | 10 | 4663 | 1436 | | | |
| 海东市乐都区中坝藏族乡 | 14 | 7416 | 2881 | | | |
| 海东市乐都区达拉土族乡 | 21 | 8930 | 4010 | | | |
| 海东市互助土族自治县松多藏族乡 | 8 | 7002 | 5347 | | | |
| 海东市化隆回族自治县雄先藏族乡 | 24 | 9296 | 5985 | | | |
| 海东市化隆回族自治县查甫藏族乡 | 12 | 6110 | 4081 | | | |
| 海东市化隆回族自治县金源藏族乡 | 14 | 7105 | 7105 | | | |

| 乡镇企业年净利润总额（万元） | 农林牧渔业总产值（万元） | 农作物总播种面积（亩） | #粮食播种面积（亩） | 粮食产量（吨） | 肉类总产量（吨） | 农民合作社个数（个） | 农民合作社成员数（户） |
|---|---|---|---|---|---|---|---|
| 267 | 310 | 89990 | 75131 | 20466 | 1420 | 86 | 436 |
| | 213 | 65986 | 60390 | 19408 | 1163 | 40 | 1370 |
| 52 | 10126 | 22828 | 16804 | 5304 | 530 | 23 | 274 |
| | 10054 | 7536 | 7536 | 1280 | 861 | 17 | 135 |
| | 342 | 20072 | 14237 | 3622 | 4833 | 38 | 215 |
| | 92 | 1084 | 970 | 520 | 261 | 10 | 50 |
| | 441 | 221 | 221 | 122 | 600 | 5 | 31 |
| | 908 | 53200 | 32408 | 2985 | 455 | 36 | 394 |
| 180 | | 16590 | 10952 | 4498 | 122 | 17 | 41 |
| 91 | 11731 | 14602 | 10310 | 5436 | 346 | 22 | 186 |
| | 7703 | 22492 | 7063 | 3417 | 218 | 8 | 652 |
| | 17454 | 38103 | 789 | 408 | 770 | 28 | 204 |
| | 13049 | 34095 | 5065 | 2304 | 166 | 12 | 236 |
| | 9412 | 34697 | 7111 | 2912 | 604 | 10 | 203 |
| **967** | **128137** | **623033** | **370786** | **110990** | **29764** | **712** | **8470** |
| 32 | 9 | 45437 | 16923 | 4010 | 7 | 4 | 24 |
| | | 31212 | 8912 | 2 | 1 | 28 | 218 |
| | | 5431 | 4297 | 1264 | 10 | 5 | 1012 |
| | 8272 | 33192 | 20845 | 4475 | 3309 | 60 | 139 |
| | 5061 | 7344 | 4008 | 1058 | 37 | 4 | 25 |
| | | 44739 | 19005 | 2915 | 4420 | 43 | |
| | 3453 | 10733 | 10733 | 2840 | 165 | 7 | 32 |
| | 8500 | 11700 | 9655 | 1881 | 472 | 26 | 171 |
| | 2654 | 22598 | 19022 | 3705 | 824 | 14 | 92 |
| | 400 | 32748 | 25951 | 5055 | 582 | 61 | 280 |
| | 5300 | 24026 | 17593 | 5959 | 335 | 33 | 85 |
| | | 22789 | 20751 | 3210 | | 56 | 280 |
| | 8290 | 30278 | 23134 | 4627 | 643 | 11 | 101 |
| | | 22155 | 12781 | 2586 | | 1 | 5 |

9-1(一) 续表 31

| 名 称 | 村民委员会（个） | 年末总人口（人） | #少数民族（人） | 乡镇企业从业人员（人） | 乡镇企业总产值（万元） | #工业企业（万元） |
|---|---|---|---|---|---|---|
| 海东市化隆回族自治县塔加藏族乡 | 9 | 4434 | 4434 | | | |
| 海东市循化撒拉族自治县道帏藏族乡 | 27 | 13635 | 12500 | | | |
| 海东市循化撒拉族自治县尕楞藏族乡 | 11 | 4830 | 4830 | 75 | 128 | |
| 海东市循化撒拉族自治县岗察藏族乡 | 3 | 1780 | 1780 | | | |
| 海东市循化撒拉族自治县文都藏族乡 | 16 | 8558 | 7891 | | | |
| 海东市平安区沙沟回族乡 | 10 | 11650 | 8127 | | | |
| 海东市平安区巴藏沟回族乡 | 13 | 4892 | 3140 | | | |
| 海东市平安区石灰窑回族乡 | 14 | 9372 | 6326 | | | |
| 海东市平安区洪水泉回族乡 | 15 | 8399 | 3998 | | | |
| 海东市平安区古城回族乡 | 14 | 11816 | 6683 | | | |
| 海东市互助土族自治县巴扎藏族乡 | 8 | 5279 | 3583 | | | |
| 海北藏族自治州门源回族自治县皇城蒙古族乡 | 4 | 1993 | 1487 | | | |
| 海北藏族自治州海晏县哈勒景蒙古乡 | 3 | 34912 | 17778 | | | |
| 海南藏族自治州贵德县新街回族乡 | 9 | 6382 | 5081 | 1311 | 1128 | 260 |
| **新疆维吾尔自治区** | **246** | **330381** | **248156** | **6774** | **123500** | **26551** |
| 吐鲁番市鄯善县东巴扎回族乡 | 4 | 4215 | 4103 | | | |
| 和田地区皮山县瑙阿巴提塔吉克族乡 | 3 | 1113 | 1113 | | | |
| 和田地区皮山县康克尔柯尔克孜族乡 | 2 | 1771 | 1771 | | | |
| 巴音郭楞蒙古自治州和硕县乌什塔拉回族乡 | 7 | 10487 | 6373 | | | |
| 昌吉回族自治州奇台县大泉塔塔尔族乡 | 2 | 4551 | 3616 | 28 | 450 | |
| 昌吉回族自治州奇台县五马场哈萨克族乡 | 4 | 9033 | 8447 | 26 | 234 | |
| 昌吉回族自治州奇台县乔仁哈萨克族乡 | 2 | 3863 | 3239 | | 13000 | |
| 昌吉回族自治州木垒哈萨克自治县大南沟乌孜别克族乡 | 3 | 3582 | 3541 | | | |
| 昌吉回族自治州玛纳斯县旱卡子滩哈萨克族乡 | 4 | 4717 | 3123 | 462 | | |
| 昌吉回族自治州玛纳斯县塔西河哈萨克族乡 | 5 | 4316 | 4010 | | | |
| 昌吉回族自治州玛纳斯县清水河哈萨克族乡 | 6 | 6558 | 5690 | | | |
| 昌吉回族自治州阜康市三工河哈萨克族乡 | 3 | 4606 | 3775 | 50 | 8304 | 4780 |
| 昌吉回族自治州阜康市上户沟哈萨克族乡 | 8 | 11347 | 7414 | 624 | 17800 | 13 |
| 昌吉回族自治州昌吉市阿什里哈萨克族乡 | 6 | 7708 | 7445 | 92 | 24760 | |

| 乡镇企业年净利润总额（万元） | 农林牧渔业总产值（万元） | 农作物总播种面积（亩） | #粮食播种面积（亩） | 粮食产量（吨） | 肉类总产量（吨） | 农民合作社个数（个） | 农民合作社成员数（户） |
|---|---|---|---|---|---|---|---|
| | | 11154 | 8619 | 3016 | | 8 | 8 |
| | 150 | 20107 | 13120 | 3608 | 134 | 8 | 4 |
| 59 | 113 | 20280 | 14503 | 10805 | 80 | 10 | 43 |
| | 161 | 2319 | 1769 | 1123 | 105 | 5 | 4 |
| | 149 | 32900 | 20110 | 5205 | 541 | 30 | 120 |
| | 1211 | 17502 | 8421 | 1210 | 540 | 26 | 397 |
| | 920 | 8295 | 2500 | 1000 | 120 | 12 | 360 |
| | 2020 | 31728 | 11312 | 7264 | 3011 | 49 | 304 |
| | 14001 | 41620 | 17142 | 5570 | 2369 | 46 | 230 |
| | 9243 | 39200 | 24946 | 8606 | 1004 | 85 | 425 |
| | 3645 | 9381 | 5191 | 381 | 257 | 7 | 10 |
| | 3720 | 12165 | 7341 | 1644 | 417 | 9 | 140 |
| | 44766 | 4800 | 2700 | 5518 | 9146 | 35 | 3450 |
| 876 | 6099 | 27200 | 19503 | 12454 | 1237 | 29 | 511 |
| **36028** | **762080** | **2096875** | **1225221** | **1137593** | **81294** | **639** | **6083** |
| | 13495 | 4797 | 179 | 64 | 636 | 4 | 20 |
| | 241 | 3699 | 1021 | 214 | 287 | | |
| | 316 | 2111 | 1857 | 400 | 29 | 1 | 5 |
| | 53730 | 206606 | 123147 | 136625 | 5710 | 94 | 470 |
| 60 | 28000 | 40500 | 24066 | 11551 | 1680 | 5 | 270 |
| 30 | 51043 | 10942 | 7399 | 44239 | 1750 | 13 | 71 |
| 850 | 21316 | 25853 | 18633 | 8118 | 591 | 5 | 60 |
| | 7562 | 8023 | 6121 | 1036 | 925 | 10 | 56 |
| | 23810 | 27966 | 19785 | 10801 | 905 | 3 | 32 |
| | 8263 | 18014 | 9906 | 1565 | 1050 | 8 | 90 |
| | 17 | 18000 | 6985 | 413 | 1224 | 7 | 50 |
| 3910 | 8534 | 46883 | 18067 | 6323 | 2825 | 15 | 326 |
| 6720 | 50770 | 219000 | 49800 | 37290 | 9928 | 17 | 340 |
| 15414 | 59790 | 43157 | 9340 | 9166 | 7800 | 11 | 166 |

9-1(一) 续表 32

| 名 称 | 村民委员会 (个) | 年 末 总人口 (人) | #少数民族 (人) | 乡镇企业从业人员 (人) | 乡镇企业总产值 (万元) | #工业企业 (万元) |
|---|---|---|---|---|---|---|
| 昌吉回族自治州呼图壁县石梯子哈萨克族乡 | 6 | 7380 | 6072 | | | |
| 乌鲁木齐市米东区柏杨河哈萨克族乡 | 6 | 5464 | 3825 | 1053 | 29414 | 1837 |
| 克孜勒苏柯尔克孜自治州阿克陶县塔尔塔吉克族乡 | 7 | 4043 | 4039 | | | |
| 喀什地区塔什库尔干塔吉克自治县科克亚尔柯尔克孜族乡 | 2 | 1097 | 1085 | | | |
| 喀什地区泽普县布依鲁克塔吉克族乡 | 4 | 3717 | 1523 | 62 | 120 | |
| 喀什地区莎车县孜热普夏提塔吉克族乡 | 13 | 10622 | 2535 | 125 | 2200 | 2200 |
| 伊犁哈萨克自治州察布查尔锡伯自治县米粮泉回族乡 | 3 | 5297 | 4776 | | | |
| 伊犁哈萨克自治州特克斯县科克铁热克柯尔克孜族乡 | 7 | 18632 | 16587 | | | |
| 伊犁哈萨克自治州特克斯县呼吉尔特蒙古族乡 | 5 | 7571 | 4521 | 18 | 27 | 11 |
| 伊犁哈萨克自治州伊宁县愉群翁回族乡 | 16 | 51120 | 48782 | 2872 | | |
| 伊犁哈萨克自治州尼勒克县科克浩特浩尔蒙古族乡 | 10 | 17069 | 12296 | | | |
| 伊犁哈萨克自治州霍城县伊车嘎善锡伯族乡 | 5 | 13263 | 6106 | | | |
| 伊犁哈萨克自治州霍城县三宫回族乡 | 5 | 16074 | 1726 | 13 | 2000 | 1200 |
| 伊犁哈萨克自治州昭苏县胡松图喀尔逊蒙古族乡 | 8 | 8844 | 6567 | 30 | 545 | |
| 伊犁哈萨克自治州昭苏县察汗乌苏蒙古族乡 | 7 | 9916 | 8726 | 59 | 1700 | |
| 伊犁哈萨克自治州昭苏县夏特柯尔克孜族乡 | 8 | 14552 | 12198 | 854 | 5139 | |
| 塔城地区塔城市阿西尔达斡尔族乡 | 18 | 9914 | 4653 | | | |
| 塔城地区乌苏市塔布勒合特蒙古族乡 | 4 | 2513 | 2308 | | | |
| 塔城地区乌苏市吉尔格勒特郭楞蒙古族乡 | 8 | 5461 | 2328 | | | |
| 塔城地区额敏县额玛勒郭楞蒙古族乡 | 5 | 4543 | 1882 | | | |
| 塔城地区额敏县霍吉尔特蒙古族乡 | 10 | 7159 | 5109 | 150 | 1000 | |
| 阿克苏地区乌什县雅曼苏柯尔克孜族乡 | 6 | 9878 | 9812 | 45 | 15209 | 15209 |
| 阿克苏地区温宿县博孜东柯尔克孜族乡 | 8 | 6598 | 6040 | 21 | 297 | |
| 哈密市伊吾县前山哈萨克族乡 | 3 | 2827 | 2754 | | | |
| 哈密市德外都如克哈萨克族乡 | 2 | 1703 | 1607 | | | |
| 哈密市乌拉台哈萨克族乡 | 3 | 4474 | 3876 | | | |
| 阿勒泰地区布尔津县禾木哈纳斯蒙古族乡 | 2 | 2783 | 2763 | | | |
| 阿勒泰地区阿勒泰市汗德尕特蒙古族乡 | 6 | | | 190 | 1300 | 1300 |

| 乡镇企业年净利润总额（万元） | 农林牧渔业总产值（万元） | 农作物总播种面积（亩） | #粮食播种面积（亩） | 粮食产量（吨） | 肉类总产量（吨） | 农民合作社个数（个） | 农民合作社成员数（户） |
|---|---|---|---|---|---|---|---|
| | 34695 | 96011 | 61909 | 48868 | 136 | 18 | 112 |
| 1946 | 5057 | 6430 | 871 | 329 | 2516 | 28 | 222 |
| | 4114 | 8440 | 5558 | 1476 | 37 | 17 | 133 |
| | 1710 | 2109 | 1515 | 333 | 113 | 4 | 60 |
| 40 | 11845 | 12100 | 10600 | 4765 | 127 | 4 | 85 |
| 1200 | 12899 | 37512 | 32605 | 9781 | 1377 | 17 | 87 |
| | 12757 | 21568 | 20630 | 19458 | 125 | 4 | 140 |
| | 388 | 85920 | 43480 | 12995 | 2810 | 23 | 125 |
| 425 | 29654 | 40389 | 3156 | 1231 | 1281 | 26 | 130 |
| | 75901 | 119237 | 82807 | 70569 | 9136 | 33 | 214 |
| | 15000 | 75046 | 57808 | 49000 | 12007 | 15 | 90 |
| | 17600 | 71000 | 47100 | 36113 | 1118 | 45 | 560 |
| 18 | 2498 | 45741 | 25714 | 20571 | 138 | 23 | 115 |
| 164 | 24000 | 65370 | 40411 | 19397 | 5995 | 7 | 35 |
| 532 | 9000 | 77505 | 40020 | 17209 | 210 | 12 | 34 |
| 2813 | 28569 | 92484 | 63137 | 31570 | 1859 | 14 | 165 |
| | 53404 | 220800 | 186200 | 330056 | | 73 | 365 |
| | 2366 | 37121 | 29326 | 22839 | 113 | 2 | 5 |
| | 6093 | 54000 | 18541 | 13953 | 480 | 5 | 25 |
| | 15020 | 53554 | 48992 | 49002 | 24 | 12 | 58 |
| 300 | 21425 | 78481 | 67620 | 58683 | 322 | 10 | 46 |
| 1575 | 23458 | 37147 | 28217 | 16489 | 94 | 14 | 164 |
| 32 | 19933 | 28855 | 10663 | 34444 | 4200 | 13 | 699 |
| | 5809 | | | | 730 | 1 | 10 |
| | 1013 | 17901 | 200 | 6 | 131 | 1 | 10 |
| | 852 | 20603 | 1267 | 574 | 549 | 1 | 5 |
| | 75 | | | | 16 | 7 | 382 |
| | 60 | 16000 | 570 | 79 | 310 | 17 | 51 |

## 9-1 各民族乡基本情况(2022年)(二)

| 名 称 | 农业技术服务机构个数(个) | 农业技术服务机构从业人员数(人) | 公共财政收入(万元) | 公共财政支出(万元) | 农村居民人均可支配收入(元) |
|---|---|---|---|---|---|
| **北京市** | **3** | **7** | **107578** | **137346** | **47661** |
| 朝阳区常营回族乡 | | | 38719 | 39540 | 66814 |
| 通州区于家务回族乡 | | | 57055 | 57055 | 33051 |
| 密云区檀营满族蒙古族乡 | | | 3545 | 3545 | |
| 怀柔区喇叭沟门满族乡 | 2 | 2 | 5314 | 13729 | 26576 |
| 怀柔区长哨营满族乡 | 1 | 5 | 2945 | 23477 | 24275 |
| **天津市** | **2** | **5** | **1865** | **1865** | **27500** |
| 蓟州区孙各庄满族乡 | 2 | 5 | 1865 | 1865 | 27500 |
| **河北省** | **63** | **215** | **56924** | **56717** | **15940** |
| 石家庄市新乐市彭家庄回族乡 | 1 | 2 | 1562 | 1562 | 22816 |
| 石家庄市藁城市九门回族乡 | 2 | 10 | 2683 | 2683 | 24500 |
| 石家庄市无极县高头回族乡 | 3 | 14 | 1073 | 1073 | 16530 |
| 唐山市遵化市汤泉满族乡 | 1 | 4 | 1040 | 1040 | 22500 |
| 唐山市遵化市西下营满族乡 | 1 | 1 | 1151 | 1151 | 22126 |
| 唐山市遵化市东陵满族乡 | 2 | 8 | 877 | 877 | 22267 |
| 邯郸市邱县陈村回族乡 | | | 588 | 359 | 13500 |
| 邯郸市大名县营镇回族乡 | 5 | 24 | 405 | 287 | 18001 |
| 保定市易县凌云册满族回族乡 | 2 | 10 | 1366 | 1366 | 10000 |
| 定州市号头庄回族乡 | 1 | 5 | 1206 | 1206 | 9450 |
| 张家口市沽源县大二号回族乡 | 1 | 10 | 726 | 747 | 12250 |
| 张家口市怀来县王家楼回族乡 | 2 | 4 | 1557 | 1535 | 12694 |
| 廊坊市永清县管家务回族乡 | 1 | 18 | 1412 | 1412 | 9300 |
| 廊坊市文安县大围河回族满族乡 | 1 | 4 | 2415 | 2415 | 12500 |
| 承德市滦平县平坊满族乡 | 1 | 5 | 1125 | 1125 | 12500 |
| 承德市滦平县五道营子满族乡 | | | 730 | 660 | |
| 承德市滦平县邓厂满族乡 | 1 | 3 | 673 | 638 | 9500 |
| 承德市滦平县马营子满族乡 | | | 1598 | 1101 | 11550 |
| 承德市滦平县付家店满族乡 | 1 | 5 | 521 | 507 | 6850 |
| 承德市滦平县西沟满族乡 | 1 | 2 | 1108 | 1108 | 15066 |

| 普通高中和初中 | | | 小学 | | | 图书馆 | 文化站 | 村文化活动室 |
| --- | --- | --- | --- | --- | --- | --- | --- | --- |
| 学校数<br>（个） | 在校学生数<br>（人） | 教师数<br>（人） | 学校数<br>（个） | 在校学生数<br>（人） | 教师数<br>（人） | （个） | （个） | （个） |
| **3** | **1491** | **173** | **9** | **5753** | **506** | **4** | **5** | **61** |
| 2 | 1093 | 109 | 3 | 2996 | 248 | 1 | 1 | |
| 1 | 398 | 64 | 3 | 1385 | 114 | 1 | 1 | 23 |
| | | | 1 | 1170 | 77 | | 1 | |
| | | | 1 | 78 | 28 | 1 | 1 | 15 |
| | | | 1 | 124 | 39 | 1 | 1 | 23 |
| **1** | **296** | **31** | **2** | **308** | **24** | **13** | **1** | **13** |
| 1 | 296 | 31 | 2 | 308 | 24 | 13 | 1 | 13 |
| **16** | **15665** | **1176** | **161** | **28536** | **2313** | **23** | **58** | **434** |
| 1 | 610 | 41 | 4 | 1203 | 70 | 1 | 1 | 8 |
| 1 | 1450 | 80 | 11 | 2407 | 153 | 1 | 1 | 13 |
| 1 | 560 | 28 | 6 | 1572 | 118 | 1 | 1 | 15 |
| 1 | 249 | 20 | 3 | 474 | 34 | | 1 | 10 |
| 1 | 249 | 20 | 3 | 584 | 45 | | 1 | 14 |
| 1 | 672 | 46 | 6 | 1412 | 76 | | 1 | 27 |
| | | | 2 | 473 | 28 | 1 | 1 | 5 |
| 1 | 362 | 24 | 6 | 1106 | 81 | | 1 | 17 |
| | | | 3 | 990 | 105 | | 1 | 19 |
| 1 | 559 | 50 | 10 | 1869 | 134 | | 1 | 17 |
| | | | 1 | 75 | 15 | 1 | 1 | 4 |
| | | | 1 | 188 | 35 | 1 | 14 | 14 |
| 1 | 323 | 27 | 3 | 760 | 50 | 1 | 1 | 12 |
| 1 | 2530 | 230 | 7 | 1978 | 126 | 1 | 1 | 24 |
| | | | 1 | 27 | 82 | | 1 | 8 |
| | | | 1 | 91 | 24 | 7 | 7 | 6 |
| | | | 1 | 58 | 15 | 1 | 3 | 3 |
| | | | 1 | 166 | 26 | 1 | 1 | 10 |
| | | | 1 | 350 | 34 | | 1 | 6 |
| | | | 1 | 114 | 27 | | 1 | 9 |

9-1(二) 续表 1

| 名　称 | 农业技术服务机构个数（个） | 农业技术服务机构从业人员数（人） | 公共财政收入（万元） | 公共财政支出（万元） | 农村居民人均可支配收入（元） |
|---|---|---|---|---|---|
| 承德市承德县岗子满族乡 | 6 | 18 | 794 | 718 | 15214 |
| 承德市承德县两家满族乡 | 3 | 6 | 1441 | 928 | 15214 |
| 承德市兴隆县八卦岭满族乡 | 1 | 3 | 772 | 772 | 18439 |
| 承德市兴隆县南天门满族乡 | 1 | 2 | 658 | 658 | 18439 |
| 承德市隆化县尹家营满族乡 | 1 | 3 | 993 | 993 | 12876 |
| 承德市隆化县庙子沟蒙古族满族乡 | 1 | 4 | 948 | 948 | 15233 |
| 承德市隆化县八达营蒙古族乡 | 1 | 3 | 1037 | 1037 | 12487 |
| 承德市隆化县太平庄满族乡 | 1 | 2 | 737 | 737 | 10121 |
| 承德市隆化县旧屯满族乡 | 1 | 3 | 1134 | 1134 | 11700 |
| 承德市隆化县西阿超满族蒙古族乡 | 1 | 3 | 830 | 830 | 12890 |
| 承德市平泉市七家岱满族乡 | 5 | 9 | 701 | 701 | 12500 |
| 承德市平泉市茅兰沟满族蒙古族乡 | 9 | 10 | 784 | 772 | 18751 |
| 沧州市黄骅市新村回族乡 | | | 9943 | 9943 | 38670 |
| 沧州市河间市果子洼回族乡 | | | 2007 | 2007 | 12980 |
| 沧州市献县本斋回族乡 | 1 | 2 | 1227 | 1607 | 18659 |
| 沧州市沧县大褚村回族乡 | 1 | 5 | 2500 | 2500 | 10850 |
| 沧州市沧县捷地回族乡 | 2 | 8 | 2216 | 3197 | 13857 |
| 沧州市黄骅市羊三木回族乡 | 1 | 5 | 4384 | 4384 | 19980 |
| **内蒙古自治区** | **42** | **161** | **42435** | **47414** | **14567** |
| 呼伦贝尔市莫力达瓦达斡尔族自治旗巴彦鄂温克民族乡 | 8 | 26 | 1314 | 1314 | 10924 |
| 呼伦贝尔市莫力达瓦达斡尔族自治旗杜拉尔鄂温克民族乡 | 20 | 21 | 1557 | 1557 | 6233 |
| 呼伦贝尔市扎兰屯市达斡尔民族乡 | 1 | 8 | 1380 | 1430 | 23500 |
| 呼伦贝尔市扎兰屯市萨马街鄂温克民族乡 | 1 | 3 | 887 | 887 | 23543 |
| 呼伦贝尔市扎兰屯市南木鄂伦春民族乡 | 1 | 4 | 1804 | 1804 | 17311 |
| 呼伦贝尔市阿荣旗查巴奇鄂温克民族乡 | 1 | 8 | 2199 | 2191 | 19056 |
| 呼伦贝尔市阿荣旗新发朝鲜族民族乡 | 1 | 10 | 1221 | 1221 | 23000 |
| 呼伦贝尔市阿荣旗音河达斡尔鄂温克民族乡 | 1 | 10 | 4132 | 4155 | 21000 |
| 呼伦贝尔市阿荣旗得力其尔鄂温克民族乡 | 1 | 3 | 2152 | 2164 | 22000 |
| 呼伦贝尔市根河市敖鲁古雅鄂温克民族乡 | | | 5924 | 6045 | 13000 |
| 呼伦贝尔市额尔古纳市三河回族乡 | | | 3292 | 3250 | 16500 |

| 普通高中和初中 | | | 小学 | | | 图书馆 | 文化站 | 村文化活动室 |
|---|---|---|---|---|---|---|---|---|
| 学校数（个） | 在校学生数（人） | 教师数（人） | 学校数（个） | 在校学生数（人） | 教师数（人） | （个） | （个） | （个） |
| | | | 2 | 252 | 22 | | 1 | 10 |
| | | | 1 | 272 | 24 | | 1 | 10 |
| | | | 3 | 673 | 93 | | 1 | 8 |
| | | | 2 | 189 | 34 | | 1 | 10 |
| | | | 7 | 401 | 42 | 1 | 1 | 11 |
| | | | 6 | 174 | 37 | | 1 | 6 |
| | | | 8 | 372 | 43 | 1 | 1 | 12 |
| | | | 11 | 218 | 39 | | 1 | 11 |
| | | | 7 | 255 | 41 | | 1 | 11 |
| | | | 7 | 309 | 42 | | 1 | 10 |
| | | | 1 | 312 | 35 | | 1 | 4 |
| | | | 10 | 902 | 53 | 1 | 1 | 9 |
| | | | | | | | | |
| | | | 3 | 1368 | 84 | 1 | 1 | 20 |
| 1 | 405 | 32 | 3 | 1248 | 75 | | 1 | 11 |
| 2 | 2118 | 156 | 10 | 2564 | 118 | 1 | 1 | 26 |
| 3 | 5578 | 422 | 6 | 2753 | 189 | 1 | 1 | 16 |
| | | | 2 | 377 | 64 | | 1 | 8 |
| **12** | **2122** | **369** | **23** | **5957** | **827** | **25** | **13** | **171** |
| 2 | 556 | 96 | 3 | 1502 | 174 | | 1 | 17 |
| 1 | 25 | 12 | 1 | 64 | 28 | | | 10 |
| 1 | 154 | 27 | 1 | 274 | 37 | 7 | 1 | 7 |
| 1 | 190 | 17 | 1 | 329 | 20 | | 1 | 6 |
| 1 | 101 | 29 | 2 | 334 | 57 | | 1 | 10 |
| 1 | 174 | 37 | 1 | 425 | 30 | 12 | 1 | 11 |
| | | | | | | | | 7 |
| 1 | 145 | 28 | 1 | 314 | 51 | | | 8 |
| 1 | 125 | 28 | 1 | 320 | 22 | 1 | 1 | 9 |
| | | | | | | | | |
| 1 | 72 | 25 | 2 | 180 | 90 | 1 | | 3 |

9-1(二) 续表 2

| 名 称 | 农业技术服务机构个数（个） | 农业技术服务机构从业人员数（人） | 公共财政收入（万元） | 公共财政支出（万元） | 农村居民人均可支配收入（元） |
|---|---|---|---|---|---|
| 呼伦贝尔市额尔古纳市室韦俄罗斯民族乡 | 1 | 1 | 2849 | 2849 | 22000 |
| 兴安盟科尔沁右翼前旗满族屯满族乡 | 1 | 10 | | 4825 | |
| 赤峰市松山区当铺地满族乡 | 1 | 5 | 3623 | 3623 | 18780 |
| 赤峰市喀喇沁旗十家满族乡 | 1 | 2 | 1637 | 1637 | |
| 乌兰察布市凉城县曹碾满族乡 | 1 | 7 | 3602 | 3602 | 12000 |
| 呼伦贝尔市鄂温克族自治旗巴彦塔拉达斡尔族乡 | 1 | 21 | 1469 | 1469 | 31051 |
| 呼伦贝尔市陈巴尔虎旗鄂温克苏木 | 1 | 22 | 3393 | 3393 | 20140 |
| **辽宁省** | **133** | **1190** | **75482** | **85679** | **14247** |
| 沈阳市康平县柳树屯蒙古族满族乡 | 1 | 2 | 3065 | 3065 | 18800 |
| 沈阳市康平县沙金台蒙古族满族乡 | 1 | 2 | 3175 | 3175 | 16000 |
| 沈阳市法库县四家子蒙古族乡 | 5 | 15 | 1981 | 1981 | 28412 |
| 沈阳市康平县东升满族蒙古族乡 | 1 | 10 | 2484 | 2484 | 15493 |
| 沈阳市康平县西关屯蒙古族满族乡 | 2 | 16 | 1864 | 1864 | 11252 |
| 大连市瓦房店市三台满族乡 | 1 | 15 | 2225 | 2225 | 23963 |
| 大连市瓦房店市杨家满族乡 | 1 | 14 | 2472 | 2472 | 23963 |
| 大连市庄河市太平岭满族乡 | 1 | 9 | 5957 | 6537 | 19000 |
| 大连市庄河市桂云花满族乡 | 1 | 9 | 4956 | 4956 | 18860 |
| 抚顺市抚顺县拉古满族乡 | | | 2912 | 2912 | 14510 |
| 抚顺市抚顺县汤图满族乡 | 1 | 729 | 537 | 470 | 17600 |
| 本溪市桓仁县雅河朝鲜族乡 | 1 | 7 | 754 | 839 | 15000 |
| 丹东市宽甸满族自治县下露河朝鲜族乡 | 1 | 2 | 47 | 90 | 17000 |
| 丹东市东港市合隆满族乡 | 1 | 10 | 323 | 2047 | 22922 |
| 丹东市凤城市大堡蒙古族乡 | 1 | 6 | 174 | 764 | 18316 |
| 锦州市义县地藏寺满族乡 | 1 | 5 | 672 | 672 | 9519 |
| 锦州市义县大定堡满族乡 | 1 | 15 | 1725 | 1725 | 11200 |
| 阜新市彰武县二道河子蒙古族乡 | 1 | 12 | 176 | 176 | 16410 |
| 辽阳市辽阳县吉洞峪满族乡 | 11 | 20 | 1325 | 1325 | 16500 |
| 辽阳市辽阳县甜水满族乡 | 1 | 6 | 1592 | 1592 | 15300 |
| 铁岭市开原市林丰满族乡 | 6 | 24 | 1032 | 1920 | 8750 |
| 铁岭市铁岭县白旗寨满族乡 | 1 | 2 | 1056 | 1019 | 15000 |

| 普通高中和初中 | | | 小学 | | | 图书馆 | 文化站 | 村文化活动室 |
|---|---|---|---|---|---|---|---|---|
| 学校数（个） | 在校学生数（人） | 教师数（人） | 学校数（个） | 在校学生数（人） | 教师数（人） | （个） | （个） | （个） |
| | | | 1 | 154 | 8 | | 1 | 1 |
| 1 | 78 | 15 | 1 | 122 | 33 | 1 | 1 | 8 |
| 1 | 502 | 55 | 3 | 1410 | 165 | 1 | 1 | 25 |
| | | | 3 | 519 | 94 | | 1 | 14 |
| | | | 1 | 5 | 12 | 1 | 1 | 21 |
| | | | 1 | 5 | 6 | 1 | 1 | 7 |
| | | | | | | | 1 | 7 |
| **52** | **14583** | **1977** | **117** | **21878** | **3029** | **43** | **54** | **507** |
| 1 | 269 | 54 | 1 | 418 | 43 | 1 | 1 | 9 |
| 1 | 357 | 49 | 1 | 676 | 58 | | 1 | 11 |
| | | | 1 | 260 | 72 | | 1 | 9 |
| 1 | 411 | 47 | 1 | 652 | 60 | 1 | 1 | 10 |
| 1 | 358 | 51 | 1 | 492 | 59 | 1 | 1 | 9 |
| 1 | 282 | 44 | 1 | 684 | 65 | | 1 | 10 |
| 1 | 253 | 43 | 1 | 380 | 65 | 1 | 1 | 11 |
| 1 | 242 | 48 | 1 | 367 | 60 | | 1 | 6 |
| 2 | 157 | 41 | 2 | 210 | 32 | | 1 | 5 |
| 1 | 150 | 39 | 1 | 252 | 60 | | 1 | 10 |
| 1 | 163 | 22 | 1 | 205 | 27 | 1 | 1 | 9 |
| | | | 1 | 146 | 37 | 1 | 1 | 8 |
| 1 | 124 | 32 | 1 | 220 | 56 | 1 | 1 | 6 |
| 1 | 232 | 45 | 4 | 540 | 55 | 1 | 1 | 10 |
| 1 | 353 | 58 | 5 | 314 | 75 | | 1 | 8 |
| 1 | 56 | 17 | 1 | 49 | 21 | | 1 | 5 |
| 1 | 27 | 11 | 1 | 26 | 23 | 1 | 1 | 8 |
| 1 | 181 | 36 | 1 | 260 | 38 | | 1 | 8 |
| 2 | 496 | 45 | 7 | 611 | 66 | 1 | 1 | 13 |
| 2 | 343 | 49 | 3 | 493 | 80 | | 1 | 14 |
| 1 | 85 | 12 | 1 | 150 | 27 | 12 | 1 | 10 |
| 1 | 220 | 27 | 1 | 239 | 58 | 8 | 1 | 9 |

9-1(二)　续表 3

| 名　称 | 农业技术服务机构个数（个） | 农业技术服务机构从业人员数（人） | 公共财政收入（万元） | 公共财政支出（万元） | 农村居民人均可支配收入（元） |
|---|---|---|---|---|---|
| 铁岭市西丰县成平满族乡 | 1 | 3 | 86 | 633 | 16550 |
| 铁岭市西丰县德兴满族乡 | 2 | 4 | 1097 | 1097 | 16510 |
| 铁岭市西丰县和隆满族乡 | | | 681 | 681 | 15718 |
| 铁岭市西丰县金星满族乡 | 5 | 17 | 608 | 608 | 17660 |
| 铁岭市西丰县明德满族乡 | 1 | 2 | 614 | 614 | 13400 |
| 铁岭市西丰县营厂满族乡 | 1 | 3 | 513 | 513 | 10220 |
| 铁岭市清河区聂家满族乡 | 1 | 2 | 845 | 845 | 12100 |
| 朝阳市北票市马友营蒙古族乡 | 1 | 4 | 2826 | 2826 | 14240 |
| 朝阳市北票市凉水河蒙古族乡 | 1 | 4 | 1281 | 1281 | 11000 |
| 朝阳市建平县三家蒙古族乡 | 3 | 12 | 1281 | 1281 | 16113 |
| 朝阳市凌源市三家子蒙古族乡 | 1 | 6 | 7724 | 13130 | 8900 |
| 朝阳市朝阳县松岭门蒙古族乡 | | 9 | 1157 | 1157 | 11500 |
| 朝阳市朝阳县乌兰河硕蒙古族乡 | 5 | 8 | 2113 | 2113 | 8432 |
| 葫芦岛市绥中县西平坡满族乡 | 4 | 7 | 843 | 783 | 10689 |
| 葫芦岛市绥中县范家满族乡 | 4 | 14 | 1050 | 1050 | 9080 |
| 葫芦岛市绥中县高甸子满族乡 | 3 | 9 | 1180 | 1180 | 8950 |
| 葫芦岛市绥中县葛家满族乡 | 1 | 4 | 806 | 806 | 7300 |
| 葫芦岛市绥中县明水满族乡 | 1 | 4 | 554 | 554 | 6658 |
| 葫芦岛市绥中县网户满族乡 | 1 | 34 | 755 | 755 | 11100 |
| 葫芦岛市兴城市白塔满族乡 | 2 | 5 | 887 | 1209 | 11508 |
| 葫芦岛市兴城市大寨满族乡 | 5 | 7 | 1003 | 949 | 13200 |
| 葫芦岛市兴城市碱厂满族乡 | 8 | 12 | 828 | 828 | 7800 |
| 葫芦岛市兴城市旧门满族乡 | 9 | 36 | 206 | 717 | 12060 |
| 葫芦岛市兴城市刘台子满族乡 | 1 | 3 | 767 | 767 | 10500 |
| 葫芦岛市兴城市南大山满族乡 | 3 | 4 | 557 | 557 | 11675 |
| 葫芦岛市兴城市望海满族乡 | 7 | 20 | 655 | 652 | 14355 |
| 葫芦岛市兴城市围屏满族乡 | 8 | 11 | 692 | 680 | 11239 |
| 葫芦岛市兴城市羊安满族乡 | 1 | 1 | 991 | 859 | 14600 |
| 葫芦岛市兴城市药王满族乡 | 5 | 5 | 642 | 642 | 15300 |
| 葫芦岛市兴城市三道沟满族乡 | 1 | 3 | 611 | 611 | 7680 |
| 葫芦岛市兴城市元台子满族乡 | 5 | 5 | 192 | 192 | 11300 |
| 葫芦岛市建昌二道湾子蒙古族乡 | 1 | 2 | 933 | 800 | 10060 |

| 普通高中和初中 | | | 小学 | | | 图书馆 | 文化站 | 村文化活动室 |
|---|---|---|---|---|---|---|---|---|
| 学校数（个） | 在校学生数（人） | 教师数（人） | 学校数（个） | 在校学生数（人） | 教师数（人） | （个） | （个） | （个） |
| 1 | 92 | 23 | 2 | 86 | 43 | | 1 | 10 |
| | | | 1 | 80 | 25 | | 1 | 7 |
| 1 | 296 | 42 | 3 | 383 | 58 | 1 | 1 | 10 |
| | | | 2 | 154 | 49 | | 1 | 9 |
| | | | 1 | 90 | 30 | | 1 | 7 |
| 1 | 127 | 17 | 2 | 152 | 37 | | 1 | 9 |
| 1 | 98 | 31 | 1 | 114 | 36 | 1 | 1 | 10 |
| 1 | 346 | 86 | 1 | 570 | 44 | | 1 | 9 |
| | | | 2 | 70 | 47 | | 1 | 6 |
| 1 | 872 | 106 | 7 | 1142 | 129 | 1 | 1 | 14 |
| 1 | 1156 | 82 | 10 | 1313 | 82 | | 1 | 17 |
| 1 | 132 | 26 | 1 | 302 | 36 | 1 | 1 | 6 |
| 1 | 186 | 25 | 3 | 268 | 55 | | 1 | 7 |
| 1 | 432 | 40 | 1 | 696 | 50 | | 1 | 10 |
| 1 | 285 | 27 | 1 | 406 | 31 | 1 | 1 | 10 |
| 1 | 374 | 30 | 1 | 566 | 54 | 1 | 1 | 9 |
| 1 | 320 | 23 | 1 | 490 | 34 | 1 | 1 | 10 |
| 1 | 210 | 25 | 1 | 328 | 31 | 1 | 1 | 8 |
| 1 | 398 | 42 | 2 | 767 | 50 | 1 | 1 | 14 |
| 2 | 342 | 67 | 4 | 491 | 115 | | 1 | 11 |
| 1 | 592 | 59 | 7 | 816 | 96 | | 1 | 4 |
| 1 | 273 | 37 | 1 | 432 | 58 | | 1 | 7 |
| 1 | 208 | 34 | 2 | 307 | 45 | | 1 | 8 |
| 1 | 235 | 34 | 2 | 282 | 50 | | 1 | 10 |
| 1 | 327 | 37 | 1 | 494 | 59 | 1 | 1 | 15 |
| 1 | 361 | 48 | 3 | 712 | 80 | | 1 | 10 |
| 1 | 259 | 26 | 3 | 338 | 47 | | 1 | 8 |
| 1 | 246 | 47 | 1 | 320 | 97 | 1 | 1 | 11 |
| 1 | 326 | 32 | 5 | 430 | 80 | | 1 | 11 |
| 1 | 245 | 39 | 2 | 468 | 65 | | 1 | 11 |
| 1 | 257 | 53 | 2 | 311 | 71 | 1 | 1 | 9 |
| 1 | 829 | 69 | 3 | 856 | 108 | 1 | 1 | 12 |

9-1(二) 续表 4

| 名　　称 | 农业技术服务机构个　数（个） | 农业技术服务机构从业人员数（人） | 公共财政收　入（万元） | 公共财政支　出（万元） | 农村居民人均可支配收入（元） |
|---|---|---|---|---|---|
| **吉林省** | **90** | **378** | **62647** | **62664** | **14877** |
| 延边朝鲜族自治州珲春市三家子满族乡 | 1 | 2 | 2607 | 2603 | 10000 |
| 延边朝鲜族自治州珲春市杨泡满族乡 | 1 | 3 | 654 | 341 | 19000 |
| 吉林市昌邑区土城子满族朝鲜族乡 | 1 | 12 | 1600 | 1600 | 13985 |
| 吉林市昌邑区两家子满族乡 | 1 | 1 | 1126 | 1126 | 16500 |
| 吉林市永吉县金家满族乡 | 1 | 3 | 2655 | 2655 | 18671 |
| 吉林市蛟河市乌林朝鲜族乡 | 1 | 4 | 3867 | 3867 | 17900 |
| 通化市梅河口市小杨满族朝鲜族乡 | 1 | 14 | 1596 | 1510 | 18000 |
| 通化市集安市凉水朝鲜族乡 | 2 | 4 | 43 | 1577 | 21596 |
| 通化市通化县金斗朝鲜族满族乡 | 1 | 13 | 1186 | 1186 | 20000 |
| 通化市通化县大泉源满族朝鲜族乡 | 2 | 35 | 2071 | 880 | 15000 |
| 通化市辉南县楼街朝鲜族乡 | 5 | 16 | 1896 | 1896 | 18168 |
| 通化市柳河县姜家店朝鲜族乡 | 1 | 5 | 638 | 638 | 22216 |
| 辽源市东丰县三合满族朝鲜族乡 | 10 | 71 | 2267 | 2235 | 18983 |
| 长春市双阳区双营子回族乡 | 1 | 6 | 3267 | 3204 | 11800 |
| 长春市榆树市延和朝鲜族乡 | 3 | 6 | 788 | 788 | 19374 |
| 长春市九台区胡家回族乡 | 1 | 7 | 3998 | 3995 | 10099 |
| 长春市九台区莽卡满族乡 | 1 | 8 | 4824 | 4779 | 10500 |
| 白城市通榆县包拉温都蒙古族乡 | 1 | 3 | 721 | 721 | 14530 |
| 白城市通榆县向海蒙古族乡 | 1 | 9 | 7320 | 7346 | 11850 |
| 白城市洮南市呼和车力蒙古族乡 | 1 | 5 | 1436 | 1436 | 14285 |
| 白城市洮南市胡力吐蒙古族乡 | 1 | 10 | 1615 | 1615 | 19000 |
| 白城市镇赉县哈吐气蒙古族乡 | 1 | 2 | 430 | 402 | 13800 |
| 白城市镇赉县莫莫格蒙古族乡 | 1 | 6 | 1964 | 2026 | 13664 |
| 白城市大安市新艾里蒙古族乡 | 1 | 3 | 2116 | 2116 | 13000 |
| 白城市洮北区德顺蒙古族乡 | 3 | 15 | 450 | 450 | 19300 |
| 松原市扶余市三骏满族蒙古族锡伯族乡 | 5 | 28 | 7906 | 7906 | 13321 |
| 长春市公主岭市龙山满族乡 | 1 | 2 | 860 | 860 | 10681 |
| 四平市双辽市那木斯蒙古族乡 | 40 | 85 | 2747 | 2907 | 13500 |

| 普通高中和初中 | | | 小学 | | | 图书馆 | 文化站 | 村文化活动室 |
|---|---|---|---|---|---|---|---|---|
| 学校数（个） | 在校学生数（人） | 教师数（人） | 学校数（个） | 在校学生数（人） | 教师数（人） | （个） | （个） | （个） |
| **31** | **5359** | **1281** | **56** | **7094** | **1687** | **35** | **48** | **313** |
| 1 | 22 | 18 | 1 | 20 | 58 | | | 8 |
| | | | 1 | 29 | 23 | 1 | 1 | 7 |
| 1 | 230 | 36 | 1 | 283 | 45 | | 1 | 12 |
| 1 | 308 | 37 | 1 | 308 | 37 | 13 | 13 | 13 |
| 1 | 152 | 25 | 1 | 140 | 15 | | 1 | 7 |
| 2 | 188 | 68 | 2 | 248 | 110 | | 1 | 20 |
| 1 | 99 | 30 | 2 | 166 | 85 | | 1 | 17 |
| 1 | 56 | 20 | 1 | 74 | 27 | 1 | 1 | 9 |
| | | | 1 | 46 | 23 | | 1 | 5 |
| 2 | 266 | 70 | 3 | 399 | 102 | 1 | 1 | 21 |
| 2 | 322 | 68 | 2 | 455 | 72 | 2 | 1 | 12 |
| 1 | 87 | 27 | 1 | 112 | 15 | | 1 | 10 |
| 2 | 328 | 70 | 8 | 472 | 159 | | 1 | 16 |
| 1 | 213 | 50 | 1 | 320 | 58 | 1 | 1 | 6 |
| | | | | | | 1 | 1 | 3 |
| 1 | 498 | 53 | 1 | 828 | 104 | | 1 | 9 |
| 1 | 468 | 61 | 1 | 632 | 133 | 13 | 1 | 12 |
| 1 | 47 | 26 | 1 | 72 | 44 | | 1 | 4 |
| 2 | 168 | 79 | 1 | 46 | 42 | | 1 | 16 |
| 1 | 128 | 43 | 5 | 228 | 60 | | 1 | 7 |
| 1 | 150 | 40 | 1 | 270 | 46 | | 1 | 10 |
| 1 | 212 | 73 | | | | | 1 | 5 |
| 1 | 399 | 134 | | | | | 1 | 13 |
| 1 | 187 | 74 | | | | | 1 | 5 |
| 1 | 96 | 37 | 2 | 238 | 95 | 1 | 1 | 19 |
| 2 | 195 | 75 | 6 | 855 | 142 | | 1 | 29 |
| 1 | 452 | 27 | 3 | 484 | 62 | 1 | 1 | 8 |
| 1 | 88 | 40 | 9 | 369 | 130 | | 10 | 10 |

9-1(二) 续表 5

| 名　称 | 农业技术服务机构个　数（个） | 农业技术服务机构从业人员数（人） | 公共财政收　入（万元） | 公共财政支　出（万元） | 农村居民人均可支配收入（元） |
|---|---|---|---|---|---|
| **黑龙江省** | **87** | **478** | **91582** | **81956** | **20097** |
| 哈尔滨市南岗区红旗满族乡 | 1 | 10 | 13296 | 4486 | 25767 |
| 哈尔滨市双城区乐群满族乡 | 1 | 10 | 912 | 912 | 16100 |
| 哈尔滨市双城区同心满族乡 | 19 | 126 | 104 | 87 | 18361 |
| 哈尔滨市双城区希勤满族乡 | 1 | 2 | 1109 | 1109 | 20800 |
| 哈尔滨市双城区青岭满族乡 | 6 | 27 | 900 | 900 | 19970 |
| 哈尔滨市五常市红旗满族乡 | 1 | 5 | 736 | 736 | 19810 |
| 哈尔滨市五常市营城子满族乡 | 1 | 7 | 767 | 767 | 19000 |
| 哈尔滨市五常市民乐朝鲜族乡 | 1 | 2 | 850 | 850 | 26000 |
| 哈尔滨市尚志市河东朝鲜族乡 | 1 | 6 | 626 | 571 | 22229 |
| 哈尔滨市尚志市鱼池朝鲜族乡 | 1 | 9 | 494 | 494 | 24750 |
| 哈尔滨市依兰县迎兰朝鲜族乡 | 1 | 5 | 3045 | 3045 | 19974 |
| 齐齐哈尔市梅里斯达斡尔族区莽格吐达斡尔族乡 | 1 | 7 | 3327 | 3327 | 20972 |
| 齐齐哈尔市泰来县宁姜蒙古族乡 | 1 | 17 | 2787 | 2787 | 16394 |
| 齐齐哈尔市泰来县胜利蒙古族乡 | 2 | 13 | 1235 | 863 | 16147 |
| 齐齐哈尔市富裕县友谊达满柯族乡 | 1 | 15 | 4342 | 4342 | 14600 |
| 齐齐哈尔市讷河市兴旺鄂温克族乡 | 1 | 12 | 754 | 554 | 22723 |
| 齐齐哈尔市富拉尔基区杜尔门沁达族乡 | 1 | 4 | 2190 | 2234 | 25300 |
| 牡丹江市穆棱市福禄朝鲜族满族乡 | 1 | 3 | 122 | 122 | 23550 |
| 牡丹江市宁安市江南朝、满族乡 | 1 | 13 | 757 | 757 | 22130 |
| 牡丹江市宁安市卧龙朝鲜族乡 | 3 | 8 | 1379 | 1379 | 23450 |
| 牡丹江市西安区海南朝鲜族乡 | 1 | 8 | 130 | 130 | 24835 |
| 佳木斯市同江市街津口赫哲族乡 | 1 | 5 | 5533 | 5572 | 24384 |
| 佳木斯市同江市八岔赫哲族乡 | 1 | 1 | 2673 | 2677 | 21700 |
| 佳木斯市桦川县星火朝鲜族乡 | | | 100 | 100 | 17800 |
| 佳木斯市汤原县汤旺朝鲜族乡 | 1 | 6 | 1934 | 1934 | 19954 |
| 大庆市肇源县超等蒙古族乡 | 1 | 3 | 1182 | 1182 | 19424 |
| 大庆市肇源县浩德蒙古族乡 | 1 | 6 | 683 | 683 | 16800 |
| 大庆市肇源县义顺蒙古族乡 | 1 | 3 | 1232 | 1232 | 16500 |

| 普通高中和初中 | | | 小学 | | | 图书馆 | 文化站 | 村文化活动室 |
|---|---|---|---|---|---|---|---|---|
| 学校数（个） | 在校学生数（人） | 教师数（人） | 学校数（个） | 在校学生数（人） | 教师数（人） | （个） | （个） | （个） |
| **32** | **5240** | **1017** | **53** | **5636** | **1378** | **37** | **63** | **398** |
| 1 | 239 | 48 | 1 | 190 | 31 | 1 | 1 | 8 |
| 1 | 291 | 24 | 1 | 221 | 22 | 1 | 1 | 9 |
| 1 | 153 | 13 | 1 | 167 | 17 | 1 | 1 | 7 |
| 1 | 129 | 27 | 1 | 312 | 51 | 1 | 1 | 8 |
| 1 | 113 | 29 | 1 | 206 | 58 | 1 | 1 | 6 |
| 1 | 236 | 36 | 1 | 312 | 42 | 1 | 1 | 12 |
| 1 | 305 | 39 | 1 | 363 | 46 |  | 1 | 7 |
|  |  |  |  |  |  |  | 6 | 6 |
|  |  |  | 1 | 34 | 18 |  | 1 | 8 |
|  |  |  | 1 | 117 | 39 | 1 | 1 | 7 |
| 1 | 95 | 31 | 1 | 143 | 25 | 1 | 1 | 15 |
| 1 | 20 | 14 | 1 | 52 | 32 | 1 | 1 | 3 |
| 1 | 444 | 60 | 2 | 459 | 51 | 1 | 1 | 1 |
| 1 | 356 | 36 | 4 | 428 | 65 | 1 | 1 | 5 |
|  |  |  | 1 | 35 | 10 | 1 | 1 | 14 |
| 1 | 578 | 55 | 2 | 417 | 60 |  | 1 | 12 |
| 3 | 201 | 44 | 3 | 274 | 59 | 3 | 3 | 4 |
|  |  |  | 1 | 11 | 22 | 1 | 1 | 16 |
|  |  |  | 4 | 411 | 87 | 1 | 1 | 25 |
| 1 | 108 | 28 | 1 | 141 | 24 | 1 | 1 | 13 |
| 1 | 52 | 24 | 1 | 71 | 39 |  | 1 | 11 |
|  |  |  | 1 | 14 | 4 |  |  | 6 |
|  |  |  | 1 | 13 | 3 | 1 | 1 | 4 |
|  |  |  | 1 | 1 | 11 |  | 6 | 6 |
|  |  |  |  |  |  |  | 1 | 14 |
| 1 | 501 | 74 | 1 | 249 | 63 |  | 1 | 7 |
| 1 | 144 | 24 | 1 | 142 | 42 | 1 | 1 | 5 |
| 1 | 301 | 40 | 1 | 219 | 50 | 1 | 1 | 7 |

9–1(二) 续表 6

| 名　称 | 农业技术服务机构个数（个） | 农业技术服务机构从业人员数（人） | 公共财政收入（万元） | 公共财政支出（万元） | 农村居民人均可支配收入（元） |
|---|---|---|---|---|---|
| 黑河市逊克县新鄂鄂伦春族乡 | 1 | 2 | 730 | 730 | 18200 |
| 黑河市逊克县新兴鄂伦春族乡 | 1 | 13 | 1233 | 1233 | 15300 |
| 黑河市爱辉区新生鄂伦春族乡 | 1 | 2 | 2271 | 2271 | 19870 |
| 黑河市爱辉区四嘉子满族乡 | 1 | 7 | 3966 | 3966 | 18500 |
| 黑河市爱辉区坤河达斡尔族满族乡 | 1 | 5 | 1600 | 1600 | 23000 |
| 黑河市北安市主星朝鲜族乡 | 1 | 1 | 381 | 381 | 19500 |
| 黑河市孙吴县沿江达斡尔族满族乡 | 2 | 4 | 64 | 44 | 26120 |
| 绥化市北林区兴和朝鲜族乡 | 1 | 5 | 616 | 616 | 26797 |
| 绥化市北林区红旗满族乡 | 1 | 11 | 2691 | 2691 | 21926 |
| 绥化市望奎县厢白满族乡 | 1 | 2 | 721 | 721 | 17871 |
| 绥化市望奎县灵山满族乡 | 1 | 7 | 540 | 540 | 15405 |
| 伊春市铁力市年丰朝鲜族乡 | 1 | 5 | 3793 | 3448 | 19260 |
| 鹤岗市萝北县东明朝鲜族乡 | 1 | 10 | 2028 | 2028 | 27792 |
| 鹤岗市绥滨县福兴满族乡 | 1 | 2 | 1084 | 1084 | 16100 |
| 大兴安岭地区呼玛县白银纳鄂伦春族乡 | 1 | 1 | 2538 | 2538 | 16092 |
| 大兴安岭地区塔河县十八站鄂伦春族乡 | 9 | 25 | 1594 | 1594 | 16108 |
| 双鸭山市饶河县四排赫哲族乡 | | | 460 | 475 | 15867 |
| 双鸭山市友谊县成富朝鲜族满族乡 | 1 | 3 | 750 | 750 | 25915 |
| 七台河市勃利县杏树朝鲜族乡 | 3 | 16 | 3657 | 3657 | 18560 |
| 七台河市勃利县吉兴朝鲜族、满族乡 | 1 | 2 | 3835 | 3835 | 14371 |
| 鸡西市密山市和平朝鲜族乡 | 1 | 5 | 1289 | 1431 | 19858 |
| 鸡西市鸡东县鸡林朝鲜族乡 | 1 | 10 | 663 | 663 | 23173 |
| 鸡西市鸡东县明德朝鲜族乡 | 1 | 4 | 1000 | 950 | 18481 |
| 鸡西市城子河区永丰朝鲜族乡 | 1 | 3 | 880 | 880 | 23707 |
| **江苏省** | **7** | **35** | **13925** | **13925** | **27559** |
| 扬州市高邮市菱塘回族乡 | 7 | 35 | 13925 | 13925 | 27559 |
| **浙江省** | **13** | **54** | **44755** | **43038** | **32960** |
| 金华市兰溪市水亭畲族乡 | 1 | 4 | 3779 | 3779 | 39753 |
| 衢州市龙游县沐尘畲族乡 | 1 | 4 | 2707 | 2707 | 32297 |
| 丽水市莲都区丽新畲族乡 | 1 | 6 | 5910 | 1567 | 38654 |

| 普通高中和初中 | | | 小学 | | | 图书馆 | 文化站 | 村文化活动室 |
|---|---|---|---|---|---|---|---|---|
| 学校数（个） | 在校学生数（人） | 教师数（人） | 学校数（个） | 在校学生数（人） | 教师数（人） | （个） | （个） | （个） |
| | | | | | | 1 | 1 | 5 |
| | | | | | | | 1 | 4 |
| | | | 1 | 19 | 5 | | 1 | 3 |
| 1 | 32 | 31 | 1 | 24 | 18 | | 1 | 6 |
| | | | | | | | 1 | 6 |
| | | | | | | | 1 | 4 |
| | | | 1 | 5 | 11 | 1 | 1 | 8 |
| | | | | | | | 1 | 2 |
| 1 | 202 | 67 | 1 | 115 | 23 | 1 | 1 | 5 |
| 1 | 36 | 41 | 1 | 39 | 55 | 8 | 1 | 7 |
| 1 | 117 | 45 | 1 | 79 | 62 | 1 | 1 | 5 |
| | | | 1 | 40 | 47 | | 1 | 10 |
| 2 | 127 | 33 | 1 | 21 | 18 | 1 | 1 | 7 |
| | | | 1 | 4 | 11 | 1 | 1 | 3 |
| 1 | 5 | 9 | 1 | 19 | 10 | | 1 | 6 |
| 1 | 29 | 18 | 1 | 36 | 19 | 1 | 1 | 6 |
| | | | 1 | 9 | 11 | | 1 | 4 |
| | | | | | | | 1 | 3 |
| 1 | 93 | 29 | 2 | 60 | 40 | | 1 | 11 |
| 1 | 213 | 49 | 1 | 107 | 45 | | 1 | 14 |
| 1 | 93 | 34 | 1 | 34 | 22 | 1 | 1 | 12 |
| | | | | | | | 1 | 6 |
| 1 | 27 | 15 | 1 | 23 | 10 | | 1 | 8 |
| | | | | | | | 1 | 7 |
| **1** | **250** | **36** | **1** | **657** | **50** | **1** | **1** | **8** |
| 1 | 250 | 36 | 1 | 657 | 50 | 1 | 1 | 8 |
| **1** | **283** | **32** | **11** | **1475** | **205** | **11** | **16** | **98** |
| 1 | 283 | 32 | 2 | 503 | 39 | 1 | 1 | 19 |
| | | | 1 | 88 | 20 | | 1 | 9 |
| | | | 1 | 242 | 25 | 1 | 1 | 9 |

9-1(二) 续表 7

| 名　　称 | 农业技术服务机构个　　数 (个) | 农业技术服务机构从业人员数 (人) | 公共财政收　　入 (万元) | 公共财政支　　出 (万元) | 农村居民人均可支配收入 (元) |
|---|---|---|---|---|---|
| 丽水市龙泉市竹垟畲族乡 | 1 | 3 | 4034 | 4230 | 30525 |
| 丽水市云和县雾溪畲族乡 | 1 | 2 | 2282 | 2282 | 24859 |
| 丽水市云和县安溪畲族乡 | | | 5865 | 6537 | 19270 |
| 丽水市遂昌县三仁畲族乡 | 1 | 9 | 3950 | 3868 | 25558 |
| 丽水市松阳县板桥畲族乡 | | | 1962 | 2352 | 25180 |
| 杭州市桐庐县莪山畲族乡 | 2 | 5 | 914 | 2529 | 42113 |
| 温州市平阳县青街畲族乡 | 1 | 6 | 2436 | 2262 | 32816 |
| 温州市苍南县岱岭畲族乡 | 1 | 3 | 2365 | 2374 | 28761 |
| 温州市苍南县凤阳畲族乡 | 1 | 2 | 2520 | 2520 | 28462 |
| 温州市文成县周山畲族乡 | 1 | 5 | 3116 | 3116 | 25709 |
| 温州市泰顺县竹里畲族乡 | 1 | 5 | 2915 | 2915 | 26555 |
| **安徽省** | **16** | **40** | **34560** | **37665** | **22535** |
| 淮南市谢家集区孤堆回族乡 | 1 | 5 | 2461 | 2098 | 21795 |
| 合肥市肥东县牌坊回族满族乡 | 1 | 2 | 17998 | 18295 | 30260 |
| 滁州市定远县二龙回族乡 | 4 | 6 | 1007 | 1007 | 20525 |
| 淮南市凤台县李冲回族乡 | 1 | 6 | 370 | 2138 | 19819 |
| 淮南市潘集区古沟回族乡 | 1 | 4 | 721 | 576 | 20754 |
| 淮南市寿县陶店回族乡 | 1 | 3 | 2860 | 2860 | 16100 |
| 宣城市宁国市云梯畲族乡 | 2 | 5 | 1244 | 1244 | 26020 |
| 蚌埠市五河县临北回族乡 | 4 | 5 | 7721 | 7721 | 20854 |
| 阜阳市颍上县赛涧回族乡 | 1 | 4 | 178 | 1728 | 20169 |
| **福建省** | **25** | **149** | **66731** | **65175** | **22501** |
| 福州市罗源县霍口畲族乡 | 1 | 2 | 2130 | 2130 | 17922 |
| 福州市连江县小沧畲族乡 | 1 | | 996 | 996 | 18012 |
| 宁德市福安市坂中畲族乡 | 1 | 8 | 9177 | 9177 | 25600 |
| 宁德市福安市康厝畲族乡 | 3 | 10 | 3258 | 2867 | 24835 |
| 宁德市福安市穆云畲族乡 | 1 | 14 | 4227 | 4227 | 25754 |
| 宁德市霞浦县盐田畲族乡 | 1 | 4 | 5814 | 5814 | 22051 |
| 宁德市霞浦县崇儒畲族乡 | 1 | 3 | 4635 | 4635 | 22692 |
| 宁德市霞浦县水门畲族乡 | 2 | 8 | 3004 | 3004 | 21430 |

| 普通高中和初中 | | | 小学 | | | 图书馆 | 文化站 | 村文化活动室 |
|---|---|---|---|---|---|---|---|---|
| 学校数（个） | 在校学生数（人） | 教师数（人） | 学校数（个） | 在校学生数（人） | 教师数（人） | （个） | （个） | （个） |
| | | | 1 | 37 | 10 | | 1 | 8 |
| | | | | | | 1 | 1 | 2 |
| | | | | | | 1 | 3 | 3 |
| | | | 1 | 121 | 23 | 1 | 1 | 8 |
| | | | 1 | 105 | 17 | 1 | 1 | 5 |
| | | | 1 | 175 | 20 | 1 | 1 | 7 |
| | | | 1 | 80 | 19 | 1 | 1 | 9 |
| | | | 1 | 86 | 21 | 1 | 1 | 7 |
| | | | 1 | 38 | 11 | | 1 | 5 |
| | | | | | | 1 | 1 | 6 |
| | | | | | | 1 | 1 | 1 |
| **8** | **2980** | **252** | **23** | **5321** | **486** | **15** | **9** | **63** |
| 1 | 705 | 45 | 3 | 641 | 63 | | 1 | 8 |
| | | | 2 | 303 | 42 | | 1 | 11 |
| 1 | 2 | 9 | 1 | 74 | 21 | 2 | 1 | 5 |
| 1 | 355 | 33 | 2 | 725 | 46 | 7 | 1 | 6 |
| 1 | 410 | 35 | 4 | 800 | 56 | 1 | 1 | 12 |
| 2 | 620 | 65 | 1 | 620 | 65 | 5 | 1 | |
| | | | 1 | 80 | 17 | | 1 | 4 |
| 1 | 338 | 25 | 6 | 1258 | 109 | | 1 | 11 |
| 1 | 550 | 40 | 3 | 820 | 67 | | 1 | 6 |
| **18** | **18347** | **1427** | **54** | **22495** | **1532** | **12** | **25** | **322** |
| 1 | 71 | 16 | 2 | 225 | 35 | | 1 | 22 |
| | | | | | | | 1 | 5 |
| 2 | 4485 | 433 | 3 | 3500 | 154 | 1 | 1 | 19 |
| 1 | 1696 | 72 | 1 | 980 | 64 | 2 | 2 | 32 |
| | | | 1 | 391 | 29 | | 1 | 33 |
| 1 | 419 | 37 | 6 | 820 | 70 | | 1 | 22 |
| 1 | 131 | 26 | 1 | 243 | 41 | | 1 | 27 |
| 1 | 191 | 36 | 1 | 416 | 59 | 1 | 1 | 23 |

9-1(二)　续表 8

| 名　　称 | 农业技术服务机构个　数（个） | 农业技术服务机构从业人员数（人） | 公共财政收　入（万元） | 公共财政支　出（万元） | 农村居民人均可支配收入（元） |
|---|---|---|---|---|---|
| 宁德市蕉城区金涵畲族乡 | 1 | 15 | 3007 | 3080 | 23128 |
| 宁德市福鼎市硤门畲族乡 | 1 | 4 | 4086 | 3399 | 22059 |
| 宁德市福鼎市佳阳畲族乡 | 1 | 4 | 3724 | 3724 | 22059 |
| 漳州市漳浦县赤岭畲族乡 | 1 | 8 | 1137 | 1130 | 23253 |
| 漳州市漳浦县湖西畲族乡 | 1 | 7 | 1516 | 1508 | 19885 |
| 漳州市龙海区隆教畲族乡 | 1 | 3 | 8413 | 8413 | 23790 |
| 三明市永安市青水畲族乡 | 1 | 24 | 724 | 724 | 25840 |
| 三明市宁化县治平畲族乡 | 1 | 6 | 2572 | 2582 | 21501 |
| 龙岩市上杭县官庄畲族乡 | 4 | 11 | 3054 | 2519 | 22257 |
| 龙岩市上杭县庐丰畲族乡 | 1 | 12 | 2231 | 2219 | 20858 |
| 泉州市惠安县百崎回族乡 | 1 | 6 | 3026 | 3026 | 20560 |
| **江西省** | **16** | **49** | **24651** | **24581** | **20005** |
| 鹰潭市贵溪樟坪畲族乡 | 4 | 2 | 892 | 892 | 22666 |
| 上饶市铅山县太源畲族乡 | 1 | 3 | 2191 | 2191 | 19260 |
| 上饶市铅山县篁碧畲族乡 |  |  | 1318 | 1318 | 18605 |
| 吉安市永丰县龙冈畲族乡 | 6 | 24 | 3068 | 3045 | 23128 |
| 赣州市南康赤土畲族乡 | 2 | 11 | 8875 | 8875 | 19998 |
| 吉安市青原区东固畲族乡 | 1 | 5 | 3050 | 3050 | 18392 |
| 抚州市乐安县金竹畲族乡 | 1 | 3 | 1624 | 1577 | 18572 |
| 吉安市峡江县金坪民族乡 | 1 | 1 | 3633 | 3633 | 19201 |
| **河南省** | **39** | **145** | **17705** | **15160** | **14075** |
| 郑州市荥阳市金寨回族乡 | 1 | 4 | 7996 | 1496 | 23262 |
| 商丘市民权县伯党回族乡 | 6 | 37 | 647 | 661 | 9826 |
| 商丘市民权县胡集回族乡 | 7 | 40 | 577 | 577 | 10200 |
| 平顶山市叶县马庄回族乡 | 1 | 4 | 830 | 940 | 8830 |
| 平顶山市郏县姚庄回族乡 | 2 | 9 | 1120 | 1117 | 10356 |
| 新乡市封丘县荆乡回族乡 | 1 | 3 | 209 | 781 | 15735 |
| 许昌市许昌县艾庄回族乡 | 9 | 15 | 1021 | 1019 | 10257 |
| 许昌市禹州市山货回族乡 | 1 | 2 | 259 | 827 | 19258 |
| 南阳市镇平县郭庄回族乡 | 9 | 18 | 376 | 910 | 12156 |

| 普通高中和初中 | | | 小学 | | | 图书馆 | 文化站 | 村文化活动室 |
|---|---|---|---|---|---|---|---|---|
| 学校数（个） | 在校学生数（人） | 教师数（人） | 学校数（个） | 在校学生数（人） | 教师数（人） | （个） | （个） | （个） |
| 2 | 7495 | 417 | 2 | 6515 | 350 | | 1 | 16 |
| 1 | 314 | 28 | 2 | 824 | 76 | | 1 | 10 |
| | | | 1 | 289 | 36 | | 2 | 12 |
| 1 | 464 | 37 | 2 | 768 | 45 | | 1 | 10 |
| 1 | 845 | 59 | 6 | 1658 | 86 | 1 | 1 | 10 |
| 1 | 556 | 43 | 10 | 1376 | 102 | | 1 | 10 |
| 1 | 351 | 37 | 3 | 499 | 55 | 1 | 1 | 21 |
| 1 | 181 | 20 | 2 | 417 | 30 | 1 | 1 | 13 |
| 1 | 565 | 55 | 3 | 1421 | 96 | | 1 | 18 |
| 1 | 243 | 67 | 5 | 478 | 95 | 1 | 1 | 14 |
| 1 | 340 | 44 | 3 | 1675 | 109 | 4 | 5 | 5 |
| **8** | **2157** | **192** | **16** | **4572** | **413** | **13** | **8** | **71** |
| 1 | 10 | 8 | 3 | 29 | 22 | | 1 | 5 |
| 1 | 38 | 14 | 1 | 38 | 13 | | 1 | 4 |
| 1 | 65 | 12 | 1 | 147 | 13 | | 1 | 4 |
| 1 | 581 | 36 | 1 | 1232 | 81 | | 1 | 10 |
| 1 | 873 | 67 | 6 | 1498 | 125 | 2 | 1 | 18 |
| 1 | 420 | 32 | 1 | 1098 | 92 | | 1 | 15 |
| 2 | 170 | 23 | 2 | 310 | 50 | 10 | 1 | 10 |
| | | | 1 | 220 | 17 | 1 | 1 | 5 |
| **9** | **3140** | **323** | **53** | **9513** | **768** | **16** | **16** | **92** |
| | | | 1 | 380 | 28 | 1 | 1 | 2 |
| 1 | 487 | 30 | 6 | 1461 | 115 | | 1 | 9 |
| 1 | 480 | 35 | 6 | 1341 | 78 | 1 | 1 | 13 |
| 1 | 342 | 60 | 6 | 860 | 111 | 1 | 1 | 8 |
| 1 | 282 | 17 | 4 | 517 | 25 | 1 | 1 | 6 |
| 1 | 154 | 38 | 2 | 326 | 31 | 5 | 5 | 5 |
| | | | 3 | 420 | 49 | 1 | 1 | 9 |
| 1 | 151 | 21 | 2 | 515 | 43 | 6 | 1 | 6 |
| 1 | 222 | 29 | 7 | 1152 | 83 | | 1 | 9 |

9−1(二) 续表 9

| 名　　称 | 农业技术服务机构个数（个） | 农业技术服务机构从业人员数（人） | 公共财政收入（万元） | 公共财政支出（万元） | 农村居民人均可支配收入（元） |
|---|---|---|---|---|---|
| 南阳市方城县袁店回族乡 | 1 | 7 | 685 | 1860 | 18425 |
| 驻马店市西平县蔡寨回族乡 | 1 | 6 | 1768 | 2755 | 15026 |
| 洛阳市瀍河回族区瀍河回族乡 |  |  | 2217 | 2217 | 17149 |
| **湖北省** | **47** | **258** | **21218** | **29481** | **15731** |
| 荆门市钟祥市九里回族乡 | 4 | 12 | 491 | 491 | 24611 |
| 荆州市洪湖市老湾回族乡 | 4 | 4 | 663 | 663 | 18529 |
| 荆州市松滋市卸甲坪土家族乡 | 2 | 6 | 2674 | 2438 | 19000 |
| 宜昌市宜都市潘家湾土家族乡 | 1 | 13 | 1755 | 3155 | 21967 |
| 十堰市郧西县湖北口回族乡 | 1 | 6 | 1500 | 1500 | 13772 |
| 恩施土家族苗族自治州恩施市芭蕉侗族乡 | 4 | 37 | 5637 | 5637 | 15502 |
| 恩施土家族苗族自治州宣恩县长潭河侗族乡 | 4 | 20 | 379 | 6286 | 13081 |
| 恩施土家族苗族自治州宣恩县晓关侗族乡 | 24 | 150 | 5084 | 5979 | 13876 |
| 神农架林区下谷坪土家族乡 | 1 | 1 | 935 | 1232 | 11241 |
| 恩施土家族苗族自治州鹤峰县铁炉白族乡 | 2 | 9 | 2101 | 2101 | 12580 |
| **湖南省** | **94** | **667** | **128904** | **129151** | **14246** |
| 怀化市辰溪县罗子山瑶族乡 | 1 | 3 | 577 | 577 | 13000 |
| 怀化市辰溪县苏木溪瑶族乡 | 1 | 3 | 785 | 785 | 13015 |
| 怀化市辰溪县上蒲溪瑶族乡 | 1 | 1 | 471 | 471 | 10200 |
| 怀化市辰溪县后塘瑶族乡 | 1 | 2 | 493 | 493 | 14024 |
| 怀化市辰溪县仙人湾瑶族乡 | 1 | 5 | 1643 | 1570 | 10237 |
| 怀化市洪江市深渡苗族乡 | 1 | 151 | 1281 | 1281 | 11580 |
| 怀化市洪江市龙船塘瑶族乡 | 1 | 3 | 957 | 952 | 11525 |
| 怀化市会同县炮团侗族苗族乡 | 1 | 5 | 1102 | 1102 | 11250 |
| 怀化市会同县宝田侗族苗族乡 | 1 | 5 | 668 | 619 | 13520 |
| 怀化市会同县蒲稳侗族苗族乡 | 1 | 2 | 898 | 898 | 6600 |
| 怀化市会同县金子岩侗族苗族乡 | 1 | 17 | 1620 | 1758 | 7730 |
| 怀化市会同县漠滨侗族苗族乡 | 1 | 6 | 1146 | 1146 | 11257 |
| 怀化市会同县青朗侗族苗族乡 | 1 | 2 | 1598 | 1698 | 6098 |
| 怀化市沅陵县二酉苗族乡 | 1 | 4 | 3565 | 3565 | 10365 |
| 怀化市沅陵县火场土家族乡 | 4 | 8 | 1434 | 1434 | 10826 |

| 普通高中和初中 | | | 小学 | | | 图书馆 | 文化站 | 村文化活动室 |
|---|---|---|---|---|---|---|---|---|
| 学校数（个） | 在校学生数（人） | 教师数（人） | 学校数（个） | 在校学生数（人） | 教师数（人） | （个） | （个） | （个） |
| 1 | 831 | 62 | 8 | 1291 | 90 | | 1 | 9 |
| 1 | 191 | 31 | 6 | 798 | 81 | | 1 | 6 |
| | | | 2 | 452 | 34 | | 1 | 10 |
| **10** | **3529** | **343** | **33** | **7659** | **595** | **3** | **19** | **127** |
| 1 | 181 | 36 | 1 | 300 | 29 | | 1 | 8 |
| 1 | 326 | 30 | 1 | 617 | 34 | | 1 | 6 |
| 1 | 330 | 33 | 3 | 539 | 56 | 1 | 1 | 10 |
| 1 | 126 | 24 | 1 | 151 | 19 | | 10 | 10 |
| 1 | 737 | 51 | 7 | 1407 | 81 | | 1 | 17 |
| 2 | 1006 | 81 | 12 | 2026 | 166 | | 1 | 19 |
| | | | 3 | 770 | 60 | 1 | 1 | 17 |
| 1 | 303 | 28 | 1 | 1059 | 84 | | 1 | 22 |
| 1 | 73 | 15 | 2 | 110 | 17 | 1 | 1 | 6 |
| 1 | 447 | 45 | 2 | 680 | 49 | | 1 | 12 |
| **99** | **36211** | **3345** | **208** | **50316** | **4333** | **175** | **142** | **979** |
| 1 | 54 | 12 | 1 | 117 | 16 | 9 | 1 | 8 |
| 1 | 183 | 10 | 4 | 330 | 33 | 10 | 1 | 10 |
| 1 | 92 | 14 | 1 | 185 | 16 | 9 | 1 | 8 |
| 1 | 225 | 18 | 3 | 835 | 52 | 13 | 1 | 12 |
| 1 | 452 | 32 | 1 | 852 | 52 | 17 | 1 | 16 |
| 1 | 84 | 18 | 1 | 122 | 22 | | 1 | 9 |
| 1 | 60 | 17 | 1 | 160 | 19 | 1 | 1 | 7 |
| 1 | 245 | 18 | 1 | 340 | 26 | | 1 | 8 |
| 1 | 233 | 16 | 1 | 271 | 24 | 7 | 1 | 6 |
| 1 | 383 | 31 | 1 | 188 | 22 | 7 | 1 | 6 |
| 3 | 682 | 80 | 3 | 1121 | 99 | | 1 | 26 |
| 1 | 418 | 29 | 1 | 657 | 41 | | 1 | 7 |
| 2 | 2586 | 256 | 3 | 2135 | 236 | 13 | 13 | 13 |
| 5 | 583 | 84 | 3 | 700 | 130 | | 1 | 30 |
| 1 | 118 | 23 | 1 | 200 | 22 | | 1 | 6 |

9-1(二) 续表 10

| 名 称 | 农业技术服务机构个数（个） | 农业技术服务机构从业人员数（人） | 公共财政收入（万元） | 公共财政支出（万元） | 农村居民人均可支配收入（元） |
|---|---|---|---|---|---|
| 怀化市中方县蒿吉坪瑶族乡 | 1 | 4 | 675 | 677 | 13500 |
| 怀化市通道侗族自治县大高坪苗族乡 | 1 | 1 | 1533 | 1533 | 18000 |
| 怀化市新晃侗族自治县步头降苗族乡 | 1 | 6 | 824 | 824 | 11443 |
| 怀化市新晃侗族自治县米贝苗族乡 | 1 | 9 | 1045 | 1119 | 17035 |
| 邵阳市绥宁县河口苗族乡 | 1 | 4 | 2763 | 2763 | 10000 |
| 邵阳市绥宁县麻塘苗族乡 | 1 | 11 | 2684 | 2698 | 12840 |
| 邵阳市绥宁县东山侗族乡 | 1 | 11 | 2608 | 2609 | 16872 |
| 邵阳市绥宁县鹅公岭侗族苗族乡 | 1 | 8 | 1977 | 1981 | 12400 |
| 邵阳市绥宁县寨市苗族侗族乡 | 2 | 16 | 5054 | 5054 | 17230 |
| 邵阳市绥宁县乐安铺苗族侗族乡 | 1 | 2 | 2044 | 2166 | 11000 |
| 邵阳市绥宁县关峡苗族乡 | 1 | 12 | 3348 | 3516 | 13027 |
| 邵阳市绥宁县长铺子苗族乡 | 1 | 13 | 5219 | 5243 | 18076 |
| 邵阳市隆回县山界回族乡 | 1 | 17 | 2009 | 2009 | 16429 |
| 邵阳市隆回县虎形山瑶族乡 | 1 | 9 | 1467 | 1467 | 12384 |
| 邵阳市洞口县那溪瑶族乡 | 1 | 2 | 933 | 933 | 17519 |
| 邵阳市洞口县大屋瑶族乡 | 1 | 5 | 666 | 666 | 13580 |
| 邵阳市洞口县长塘瑶族乡 | 1 | 12 | 851 | 851 | 13300 |
| 邵阳市新宁县黄金瑶族乡 | 1 | 11 | 1119 | 1119 | 13210 |
| 邵阳市新宁县麻林瑶族乡 | 1 | 13 | 1161 | 1161 | 7800 |
| 永州市蓝山县荆竹瑶族乡 | 1 | 3 | 496 | 496 | 15220 |
| 永州市蓝山县湘江源瑶族乡 | 1 | 2 | 461 | 380 | 10100 |
| 永州市蓝山县浆洞瑶族乡 | 1 | 2 | 472 | 472 | 12960 |
| 永州市蓝山县汇源瑶族乡 | 1 | 3 | 505 | 505 | 10626 |
| 永州市蓝山县犁头瑶族乡 | 1 | 1 | 441 | 452 | 14123 |
| 永州市蓝山县大桥瑶族乡 | 1 | 2 | 526 | 525 | 17456 |
| 永州市江永县松柏瑶族乡 | 1 | 8 | 846 | 846 | 7617 |
| 永州市江永县千家洞瑶族乡 | 1 | 6 | 460 | 460 | 9075 |
| 永州市江永县兰溪瑶族乡 | 1 | 4 | 1740 | 1740 | 8620 |
| 永州市江永县源口瑶族乡 | 2 | 9 | 629 | 629 | 9670 |
| 永州市宁远县九疑瑶族乡 | 1 | 2 | 1302 | 1302 | 5423 |

| 普通高中和初中 | | | 小学 | | | 图书馆（个） | 文化站（个） | 村文化活动室（个） |
|---|---|---|---|---|---|---|---|---|
| 学校数（个） | 在校学生数（人） | 教师数（人） | 学校数（个） | 在校学生数（人） | 教师数（人） | | | |
| 1 | 68 | 17 | 1 | 86 | 20 | 1 | 1 | 6 |
| | | | 2 | 172 | 25 | | 1 | 4 |
| 1 | 165 | 19 | 2 | 302 | 25 | | 1 | 7 |
| 1 | 262 | 23 | 1 | 360 | 27 | | 2 | 8 |
| 1 | 240 | 27 | 2 | 318 | 63 | 1 | 1 | 10 |
| | | | 4 | 299 | 47 | | 1 | 13 |
| 1 | 192 | 23 | 1 | 360 | 38 | | 1 | 12 |
| 1 | 187 | 21 | 1 | 315 | 30 | 1 | 1 | 11 |
| 2 | 276 | 56 | 3 | 683 | 105 | 1 | 1 | 29 |
| | | | 2 | 286 | 38 | 8 | 1 | 8 |
| 1 | 332 | 26 | 1 | 525 | 46 | | | 9 |
| 1 | 1150 | 148 | 4 | 3707 | 169 | | 1 | 29 |
| 2 | 1799 | 113 | 4 | 139 | 21 | 1 | 1 | 16 |
| 1 | 1234 | 58 | 8 | 694 | 62 | 1 | 1 | 12 |
| 1 | 293 | 29 | 1 | 471 | 32 | 1 | 1 | 12 |
| 1 | 77 | 9 | 1 | 98 | 11 | 1 | 1 | 7 |
| 1 | 106 | 24 | 1 | 158 | 8 | | 6 | 6 |
| 1 | 412 | 31 | 1 | 518 | 28 | | 1 | 1 |
| 1 | 326 | 28 | 2 | 447 | 26 | | 1 | 11 |
| | | | 1 | 74 | 15 | 1 | 1 | 6 |
| | | | 3 | 97 | 16 | | 6 | 5 |
| | | | 1 | 77 | 16 | 1 | 1 | 6 |
| | | | 2 | 89 | 16 | 1 | 1 | 5 |
| | | | 1 | 40 | 10 | 1 | 1 | 4 |
| 1 | 239 | 18 | 1 | 365 | 33 | | 8 | 7 |
| 2 | 772 | 78 | 2 | 1464 | 127 | 4 | 1 | 14 |
| 1 | 183 | 20 | 1 | 225 | 28 | 1 | 1 | 12 |
| 1 | 146 | 10 | 1 | 308 | 30 | | 1 | 6 |
| 1 | 65 | 9 | 3 | 768 | 27 | | 1 | 12 |
| 2 | 475 | 28 | 3 | 1144 | 119 | 31 | 1 | 21 |

9-1(二) 续表 11

| 名　称 | 农业技术服务机构个　数（个） | 农业技术服务机构从业人员数（人） | 公共财政收　入（万元） | 公共财政支　出（万元） | 农村居民人均可支配收入（元） |
|---|---|---|---|---|---|
| 永州市宁远县棉花坪瑶族乡 | 1 | 2 | 578 | 578 | 16830 |
| 永州市宁远县桐木漯瑶族乡 | 2 | 10 | 344 | 344 | 18100 |
| 永州市宁远县五龙山瑶族乡 | 1 | 2 | 929 | 929 | 16340 |
| 永州市道县横岭瑶族乡 | 1 | 1 | 515 | 515 | 12223 |
| 永州市道县洪塘营瑶族乡 | 3 | 8 | 936 | 937 | 15000 |
| 永州市道县审章塘瑶族乡 | 1 | 15 | 1227 | 1111 | 14568 |
| 永州市祁阳市晒北滩瑶族乡 | 1 | 1 | 307 | 360 | 14618 |
| 永州市新田县门楼下瑶族乡 | 1 | 5 | 607 | 607 | 12660 |
| 永州市双牌县上梧江瑶族乡 | 1 | 3 | 646 | 646 | 12000 |
| 永州市江华瑶族自治县小圩壮族乡 | 1 | 2 | 1507 | 1507 | 16523 |
| 张家界市桑植县刘家坪白族乡 | 1 | 6 | 1428 | 1428 | 12520 |
| 张家界市桑植县马合口白族乡 | 1 | 3 | 2270 | 2270 | 7500 |
| 张家界市桑植县走马坪白族乡 | 1 | 7 | 987 | 987 | 12670 |
| 张家界市桑植县芙蓉桥白族乡 | 1 | 6 | 2168 | 2168 | 9583 |
| 张家界市桑植县洪家关白族乡 | 1 | 2 | 3971 | 3971 | 13900 |
| 张家界市慈利县三官寺土家族乡 | 1 | 8 | 2562 | 2562 | 16131 |
| 张家界市慈利县高峰土家族乡 | 1 | 8 | 676 | 676 | 13200 |
| 张家界市慈利县金岩土家族乡 | 1 | 8 | 497 | 1292 | 10453 |
| 张家界市慈利县许家坊土家族乡 | 1 | 9 | 931 | 931 | |
| 张家界市慈利县阳和土家族乡 | 1 | 2 | 134 | 1693 | |
| 张家界市慈利县甘堰土家族乡 | 1 | 5 | 1511 | 1511 | 8982 |
| 张家界市慈利县赵家岗土家族乡 | 1 | 6 | 1439 | 1439 | 7988 |
| 郴州市桂阳县白水瑶族乡 | 1 | 3 | 1788 | 1788 | 14623 |
| 郴州市北湖区保和瑶族乡 | 1 | 1 | 952 | 952 | 23226 |
| 郴州市北湖区仰天湖瑶族乡 | | | 2034 | 1962 | 30282 |
| 郴州市宜章县莽山瑶族乡 | 1 | 5 | 1669 | 1669 | 13254 |
| 郴州市汝城县文明瑶族乡 | 2 | 7 | 6768 | 5619 | 14777 |
| 郴州市汝城县延寿瑶族乡 | 1 | 2 | 2950 | 2898 | 13941 |
| 郴州市临武县西山瑶族乡 | 1 | 6 | 1030 | 939 | 11219 |
| 郴州市资兴市回龙山瑶族乡 | 1 | 8 | 2358 | 1408 | 27340 |

| 普通高中和初中 | | | 小学 | | | 图书馆 | 文化站 | 村文化活动室 |
|---|---|---|---|---|---|---|---|---|
| 学校数（个） | 在校学生数（人） | 教师数（人） | 学校数（个） | 在校学生数（人） | 教师数（人） | （个） | （个） | （个） |
| | | | 1 | 164 | 24 | 1 | 1 | 5 |
| 1 | 270 | 21 | 1 | 270 | 21 | | 6 | 6 |
| 1 | 89 | 11 | 2 | 276 | 45 | | 1 | 11 |
| 1 | 132 | 16 | 2 | 249 | 19 | | 1 | 8 |
| 1 | 198 | 26 | 1 | 450 | 46 | 1 | 11 | 10 |
| 2 | 493 | 36 | 2 | 1036 | 75 | | 1 | 14 |
| | | | 1 | 72 | 13 | 1 | 1 | 9 |
| 1 | 86 | 15 | | 68 | 13 | 1 | 1 | 13 |
| 1 | 35 | 13 | 1 | 31 | 33 | | 1 | 13 |
| 1 | 1066 | 59 | 3 | 1914 | 130 | | 1 | 21 |
| 1 | 141 | 15 | 1 | 272 | 19 | 1 | 1 | 6 |
| 1 | 253 | 53 | 2 | 441 | 53 | 2 | 1 | 9 |
| 1 | 297 | 23 | 6 | 735 | 62 | 1 | 1 | 15 |
| 1 | 277 | 24 | 2 | 531 | 53 | 1 | 1 | 13 |
| 2 | 2858 | 216 | 4 | 739 | 78 | 1 | 1 | 23 |
| 1 | 794 | 63 | 11 | 1264 | 114 | 18 | 1 | 17 |
| 1 | 430 | 78 | 1 | 641 | 33 | | 1 | 16 |
| 1 | 450 | 38 | 1 | 754 | 40 | | 1 | 12 |
| 1 | 462 | 50 | 3 | 828 | 52 | | 1 | 10 |
| 1 | 485 | 45 | 4 | 777 | 72 | | 1 | 11 |
| 2 | 763 | 70 | 9 | 1074 | 73 | | 1 | 20 |
| 1 | 389 | 38 | 8 | 644 | 52 | | 1 | 12 |
| 2 | 283 | 35 | 3 | 350 | 44 | | 1 | 16 |
| 4 | 1726 | 130 | 3 | 482 | 46 | | 1 | 12 |
| 3 | 564 | 56 | 3 | 635 | 60 | | 16 | 16 |
| 1 | 159 | 12 | 1 | 245 | 21 | | 1 | 6 |
| 3 | 2236 | 176 | 18 | 4364 | 334 | | 1 | 37 |
| 1 | 859 | 64 | 2 | 1443 | 108 | | 1 | 17 |
| | | | 1 | 296 | 35 | | 1 | 13 |
| 1 | 172 | 20 | 1 | 189 | 18 | 1 | 1 | 11 |

9-1(二) 续表 12

| 名 称 | 农业技术服务机构个数（个） | 农业技术服务机构从业人员数（人） | 公共财政收入（万元） | 公共财政支出（万元） | 农村居民人均可支配收入（元） |
|---|---|---|---|---|---|
| 郴州市资兴市八面山瑶族乡 | 1 | 9 | 1255 | 1255 | 27340 |
| 常德市鼎城区许家桥回族维吾尔族乡 | 1 | 10 | 2593 | 2603 | 22200 |
| 常德市汉寿县毛家滩回族维吾尔族乡 | 1 | 6 | 4173 | 4173 | 19264 |
| 常德市桃源县枫树维吾尔族回族乡 | 1 | 16 | 2616 | 2616 | 20158 |
| 常德市桃源县青林回族维吾尔族乡 | 1 | 17 | 3921 | 3731 | 14300 |
| 株洲市炎陵县中村瑶族乡 | 1 | 4 | 1547 | 1547 | 10600 |
| 衡阳市常宁市塔山瑶族乡 | 4 | 21 | 1195 | 1195 | 23630 |
| 益阳市桃江县鲊埠回族乡 | 1 | 8 | 1788 | 1788 | 35000 |
| **广东省** | **9** | **31** | **15802** | **14089** | **19969** |
| 惠州市龙门县蓝田瑶族乡 | 2 | 4 | 3513 | 3513 | 23964 |
| 清远市连州市三水瑶族乡 | 2 | 2 | 914 | 912 | 14891 |
| 清远市连州市瑶安瑶族乡 | 2 | 2 | 3647 | 3614 | 12200 |
| 清远市阳山县秤架瑶族乡 | 1 | 15 | 1900 | 1900 | 22086 |
| 肇庆市怀集县下帅壮族瑶族乡 | 1 | 6 | 1079 | 1079 | 23995 |
| 韶关市始兴县深渡水瑶族乡 | 1 | 2 | 1588 | 1588 | 18300 |
| 河源市东源县漳溪畲族乡 | | | 3161 | 1483 | 20377 |
| **广西壮族自治区** | **77** | **355** | **112339** | **126675** | **13606** |
| 梧州市蒙山县长坪瑶族乡 | 1 | 5 | 1243 | 1243 | 14331 |
| 梧州市蒙山县夏宜瑶族乡 | 1 | 5 | 1550 | 1552 | 10750 |
| 贺州市八步区黄洞瑶族乡 | 1 | 6 | 260 | 912 | 15765 |
| 贺州市平桂管理区大平瑶族乡 | 1 | 7 | 1658 | 1658 | 14836 |
| 贺州市昭平县仙回瑶族乡 | 1 | 7 | 459 | 459 | 15483 |
| 贺州市钟山县两安瑶族乡 | 1 | 6 | 1555 | 1555 | 15653 |
| 贺州市钟山县花山瑶族乡 | 1 | 11 | 1318 | 1317 | 15892 |
| 贵港市平南县马练瑶族乡 | 1 | 4 | 288 | 3846 | |
| 贵港市平南县国安瑶族乡 | 1 | 6 | 50 | 2422 | 12420 |
| 防城港市上思县南屏瑶族乡 | 1 | 7 | 5445 | 5445 | 16808 |
| 防城港市防城区十万山瑶族乡 | 1 | 1 | 1760 | 1760 | 12168 |
| 南宁市马山县古寨瑶族乡 | 1 | 10 | 6619 | 6619 | 15200 |
| 南宁市马山县里当瑶族乡 | 1 | 8 | 3679 | 3679 | 15222 |

| 普通高中和初中 | | | 小学 | | | 图书馆 | 文化站 | 村文化活动室 |
|---|---|---|---|---|---|---|---|---|
| 学校数（个） | 在校学生数（人） | 教师数（人） | 学校数（个） | 在校学生数（人） | 教师数（人） | （个） | （个） | （个） |
| 1 | 133 | 15 | 1 | 288 | 31 | 1 | 1 | 15 |
| 2 | 617 | 65 | 2 | 1013 | 84 | 1 | 1 | 16 |
| 1 | 423 | 40 | 2 | 802 | 52 | | 1 | 8 |
| 1 | 860 | 68 | 3 | 1417 | 80 | 1 | 1 | 12 |
| 2 | 653 | 61 | 4 | 1210 | 93 | 1 | 1 | 13 |
| 3 | 410 | 78 | 3 | 487 | 50 | | 1 | 12 |
| 1 | 245 | 25 | 4 | 303 | 44 | | 1 | 11 |
| 2 | 1506 | 117 | 3 | 760 | 45 | | 1 | 9 |
| **5** | **1901** | **176** | **10** | **3232** | **270** | **4** | **12** | **108** |
| 1 | 270 | 35 | 1 | 468 | 41 | 1 | 1 | 7 |
| | | | 1 | 161 | 18 | | 1 | 4 |
| 1 | 787 | 61 | 1 | 787 | 61 | | 1 | 10 |
| 1 | 259 | 18 | 1 | 753 | 43 | | 1 | 66 |
| 1 | 345 | 25 | 1 | 603 | 32 | 1 | 6 | 5 |
| | | | 1 | 76 | 20 | 1 | 1 | 6 |
| 1 | 240 | 37 | 4 | 384 | 55 | 1 | 1 | 10 |
| **40** | **26803** | **2095** | **320** | **64053** | **4910** | **25** | **100** | **608** |
| | | | 1 | 51 | 9 | 1 | 1 | 5 |
| | | | 1 | 285 | 43 | | 1 | 6 |
| | | | 1 | 399 | 36 | | 1 | 4 |
| 1 | 151 | 16 | 5 | 819 | 53 | | 1 | 6 |
| | | | 1 | 840 | 40 | | 1 | 6 |
| 1 | 679 | 42 | 1 | 1462 | 88 | 1 | 1 | 6 |
| 1 | 532 | 32 | 1 | 469 | 33 | | 1 | 6 |
| 1 | 810 | 59 | 3 | 1998 | 136 | | 1 | 12 |
| 1 | 371 | 24 | 8 | 1010 | 76 | | 1 | 10 |
| | | | 4 | 860 | 87 | | 1 | 9 |
| | | | 5 | 1087 | 66 | | 1 | 5 |
| 1 | 689 | 46 | 8 | 1150 | 76 | | 1 | 9 |
| 1 | 534 | 39 | 8 | 993 | 72 | 1 | 1 | 9 |

9-1(二) 续表 13

| 名　　称 | 农业技术服务机构个　数（个） | 农业技术服务机构从业人员数（人） | 公共财政收　入（万元） | 公共财政支　出（万元） | 农村居民人均可支配收入（元） |
|---|---|---|---|---|---|
| 南宁市上林县镇圩瑶族乡 | 1 | 9 | | 2896 | |
| 柳州市三江侗族自治县同乐苗族乡 | 1 | 6 | 3103 | 3103 | 9485 |
| 柳州市三江侗族自治县福禄苗族乡 | 1 | 7 | 1873 | 1873 | 12800 |
| 柳州市三江侗族自治县高基瑶族乡 | 1 | 2 | 1238 | 1238 | 15200 |
| 柳州市融水苗族自治县滚贝侗族乡 | 1 | 13 | 1447 | 1528 | 15893 |
| 柳州市融水苗族自治县同练瑶族乡 | 1 | 5 | 1050 | 1050 | 12874 |
| 柳州市柳城县古砦仫佬族乡 | 1 | 7 | 3618 | 3618 | 17602 |
| 桂林市临桂区宛田瑶族乡 | 1 | 16 | 4071 | 4071 | 22365 |
| 桂林市临桂区黄沙瑶族乡 | 1 | 10 | 2257 | 2257 | 18400 |
| 桂林市灵川县大境瑶族乡 | 1 | 5 | 1943 | 1943 | 16100 |
| 桂林市灵川县兰田瑶族乡 | 2 | 5 | 1732 | 1732 | 17140 |
| 桂林市全州县蕉江瑶族乡 | 2 | 5 | 1147 | 1147 | 18913 |
| 桂林市全州县东山瑶族乡 | 1 | 3 | 1651 | 1651 | 11450 |
| 桂林市兴安县华江瑶族乡 | 1 | 5 | 1098 | 1098 | 21911 |
| 桂林市灌阳县洞井瑶族乡 | 1 | 3 | 376 | 365 | 9790 |
| 桂林市灌阳县西山瑶族乡 | 1 | 2 | 1393 | 1393 | 9008 |
| 桂林市资源县车田苗族乡 | 1 | 6 | 1414 | 4865 | 10000 |
| 桂林市资源县两水苗族乡 | 1 | 6 | 619 | 619 | 14800 |
| 桂林市资源县河口瑶族乡 | 1 | 6 | 122 | 122 | 11230 |
| 桂林市平乐县大发瑶族乡 | 1 | 7 | 1295 | 1295 | 19899 |
| 桂林市荔浦市蒲芦瑶族乡 | 1 | 7 | 852 | 850 | 16268 |
| 桂林市雁山区草坪回族乡 | 1 | 5 | 897 | 897 | 12748 |
| 百色市右江区汪甸瑶族乡 | 1 | 7 | 3230 | 2897 | 16000 |
| 百色市田东县作登瑶族乡 | 1 | 6 | 4223 | 4223 | 10067 |
| 百色市田林县潞城瑶族乡 | 2 | 8 | 5038 | 796 | 16070 |
| 百色市田林县利周瑶族乡 | 2 | 6 | 7816 | 7816 | 16070 |
| 百色市田林县八桂瑶族乡 | 2 | 5 | 1267 | 1267 | 16070 |
| 百色市田林县八渡瑶族乡 | 2 | 7 | 1695 | 1695 | 16070 |
| 百色市凌云县伶站瑶族乡 | 4 | 7 | 710 | 710 | 12553 |
| 百色市凌云县朝里瑶族乡 | 1 | 2 | 1547 | 1547 | 11524 |

| 普通高中和初中 | | | 小学 | | | 图书馆 | 文化站 | 村文化活动室 |
|---|---|---|---|---|---|---|---|---|
| 学校数（个） | 在校学生数（人） | 教师数（人） | 学校数（个） | 在校学生数（人） | 教师数（人） | （个） | （个） | （个） |
| 1 | 803 | 53 | 4 | 1701 | 107 | 1 | 1 | 11 |
| | | | 27 | 3713 | 255 | | 1 | 19 |
| 1 | 1597 | 103 | 25 | 4393 | 244 | | | 15 |
| | | | 1 | 266 | 21 | | 1 | 8 |
| | | | 4 | 450 | 51 | | 1 | 11 |
| | | | 3 | 498 | 32 | | 1 | 6 |
| | | | 6 | 1195 | 94 | | 1 | 13 |
| 1 | 522 | 44 | 2 | 1043 | 71 | | 1 | 15 |
| | | | 2 | 104 | 19 | | 1 | 5 |
| 1 | 198 | 27 | 4 | 452 | 42 | 1 | 1 | 10 |
| 1 | 94 | 15 | 1 | 192 | 22 | 1 | 1 | 3 |
| 1 | 258 | 26 | 8 | 622 | 69 | | 1 | 8 |
| 1 | 980 | 67 | 5 | 1220 | 117 | | 1 | 16 |
| 1 | 67 | 11 | 1 | 190 | 20 | | 1 | 9 |
| 1 | 342 | 27 | 1 | 558 | 66 | 1 | 1 | 9 |
| 1 | 369 | 27 | 16 | 536 | 69 | | 1 | 10 |
| 1 | 1523 | 141 | 12 | 1523 | 141 | | 1 | 13 |
| | | | 7 | 281 | 38 | | 1 | 6 |
| | | | 3 | 165 | 24 | | 1 | 6 |
| 1 | 220 | 27 | 9 | 668 | 62 | | 1 | 10 |
| | | | 2 | 255 | 35 | | 1 | 9 |
| | | | 2 | 324 | 46 | | 1 | 4 |
| 1 | 566 | 50 | 2 | 1468 | 150 | | 1 | 13 |
| | | | 6 | 1212 | 147 | 1 | 21 | 21 |
| 1 | 755 | 87 | 2 | 995 | 92 | | 1 | 19 |
| 1 | 344 | 32 | 1 | 513 | 56 | | 1 | 9 |
| 1 | 532 | 49 | 2 | 468 | 61 | | 1 | 12 |
| 1 | 462 | 62 | 2 | 358 | 56 | | 1 | 17 |
| 2 | 2757 | 240 | 9 | 1669 | 133 | | 1 | 9 |
| 1 | 268 | 17 | 3 | 568 | 49 | 1 | 1 | 6 |

9-1(二) 续表 14

| 名　称 | 农业技术服务机构个数（个） | 农业技术服务机构从业人员数（人） | 公共财政收入（万元） | 公共财政支出（万元） | 农村居民人均可支配收入（元） |
|---|---|---|---|---|---|
| 百色市凌云县沙里瑶族乡 | 1 | 2 | 1113 | 1113 | 10623 |
| 百色市凌云县玉洪瑶族乡 | 1 | 3 | 6100 | 6100 | 13000 |
| 百色市西林县足别瑶族苗族乡 | 1 | 8 | 1759 | 1759 | 13590 |
| 百色市西林县普合苗族乡 | 3 | 5 | 2340 | 2340 | 13580 |
| 百色市西林县那佐苗族乡 | 1 | 8 | 3709 | 3709 | 13570 |
| 河池市南丹县八圩瑶族乡 | 2 | 4 | 175 | 1683 | |
| 河池市南丹县里湖瑶族乡 | 2 | 4 | 1238 | 1238 | 12155 |
| 河池市南丹县中堡苗族乡 | 2 | 4 | 161 | 690 | 10160 |
| 河池市天峨县八腊瑶族乡 | 1 | 7 | 1838 | 1838 | 12757 |
| 河池市凤山县平乐瑶族乡 | 1 | 5 | 1044 | 1044 | 11488 |
| 河池市凤山县江洲瑶族乡 | 1 | 4 | 1013 | 1013 | 11488 |
| 河池市凤山县金牙瑶族乡 | 1 | 5 | 2467 | 2467 | 11488 |
| 河池市东兰县三弄瑶族乡 | 3 | 9 | 1085 | 1085 | 15987 |
| 河池市环江毛南族自治县驯乐苗族乡 | 1 | 3 | 3280 | 4000 | 11500 |
| 河池市宜州区北牙瑶族乡 | 2 | 7 | 388 | 1812 | 11294 |
| 河池市宜州区福龙瑶族乡 | 2 | 6 | 26 | 1757 | 9810 |
| **重庆市** | **15** | **103** | **25137** | **25720** | **16826** |
| 奉节县云雾土家族乡 | 1 | 3 | 855 | 855 | 18000 |
| 奉节县长安土家族乡 | 1 | 9 | 1207 | 1207 | 14620 |
| 奉节县龙桥土家族乡 | 1 | 6 | 1995 | 1995 | 17031 |
| 奉节县太和土家族乡 | 1 | 10 | 1208 | 1208 | 13500 |
| 万州区恒合土家族乡 | 1 | 7 | 631 | 666 | 16736 |
| 万州区地宝土家族乡 | 1 | 8 | 141 | 229 | 16772 |
| 云阳县清水土家族乡 | 1 | 3 | 5583 | 5583 | 17188 |
| 巫山县红椿土家族乡 | 1 | 5 | 2929 | 2929 | 15510 |
| 巫山县邓家土家族乡 | | | 1783 | 1783 | 14049 |
| 忠县磨子土家族乡 | 1 | 14 | 2218 | 2218 | 17840 |
| 武隆区石桥苗族土家族乡 | 2 | 17 | 1985 | 2151 | 19644 |
| 武隆区文复苗族土家族乡 | 1 | 7 | 1426 | 1395 | 18630 |
| 武隆区后坪苗族土家族乡 | 1 | 4 | 1851 | 2002 | 18218 |
| 武隆区浩口苗族仡佬族乡 | 2 | 10 | 1326 | 1499 | 18369 |

| 普通高中和初中 | | | 小学 | | | 图书馆 | 文化站 | 村文化活动室 |
|---|---|---|---|---|---|---|---|---|
| 学校数（个） | 在校学生数（人） | 教师数（人） | 学校数（个） | 在校学生数（人） | 教师数（人） | （个） | （个） | （个） |
| 1 | 612 | 36 | 6 | 1565 | 71 | | 1 | 12 |
| 1 | 451 | 37 | 4 | 2022 | 68 | | 1 | 18 |
| | | | 1 | 383 | 34 | | 1 | 6 |
| | | | 1 | 504 | 44 | 1 | 1 | 7 |
| 1 | 350 | 35 | 3 | 1215 | 111 | | 18 | 18 |
| 1 | 1437 | 92 | 15 | 4422 | 235 | 1 | 1 | 17 |
| 1 | 2059 | 138 | 13 | 4204 | 321 | 1 | 1 | 14 |
| | | | 3 | 523 | 30 | 6 | 1 | 6 |
| | | | 5 | 548 | 98 | | 1 | 10 |
| 1 | 623 | 45 | 7 | 1412 | 97 | | 1 | 10 |
| 1 | 529 | 37 | 6 | 1292 | 93 | | 1 | 7 |
| 2 | 612 | 64 | 11 | 1437 | 143 | | 1 | 12 |
| | | | 1 | 224 | 18 | 6 | 6 | 10 |
| 1 | 463 | 39 | 4 | 878 | 82 | 1 | 1 | 12 |
| 2 | 2071 | 125 | 14 | 2992 | 156 | | 1 | 19 |
| 1 | 1173 | 84 | 7 | 1409 | 105 | | 1 | 15 |
| **2** | **753** | **55** | **22** | **4546** | **548** | **6** | **17** | **99** |
| | | | 1 | 183 | 22 | | 1 | 3 |
| 1 | 31 | 12 | 3 | 479 | 70 | | 1 | 8 |
| | | | 1 | 381 | 39 | | 1 | 6 |
| | | | 2 | 443 | 49 | | 1 | 8 |
| 1 | 722 | 43 | 2 | 831 | 70 | 1 | 1 | 13 |
| | | | 1 | 302 | 27 | | 4 | 4 |
| | | | 2 | 941 | 81 | | 1 | 14 |
| | | | 1 | 134 | 16 | 1 | 1 | 5 |
| | | | 2 | 103 | 17 | 1 | 1 | 5 |
| | | | 1 | 130 | 37 | 2 | 1 | 8 |
| | | | 2 | 179 | 40 | | 1 | 7 |
| | | | 1 | 124 | 24 | | 1 | 6 |
| | | | 2 | 138 | 32 | 1 | 1 | 6 |
| | | | 1 | 178 | 24 | | 1 | 6 |

9-1(二) 续表 15

| 名称 | 农业技术服务机构个数(个) | 农业技术服务机构从业人员数(人) | 公共财政收入(万元) | 公共财政支出(万元) | 农村居民人均可支配收入(元) |
|---|---|---|---|---|---|
| **四川省** | **107** | **468** | **103544** | **109863** | **18463** |
| 甘孜藏族自治州九龙县子耳彝族乡 | 2 | 4 | 633 | 633 | 11237 |
| 甘孜藏族自治州九龙县小金彝族乡 | 2 | 4 | 683 | 683 | 14142 |
| 甘孜藏族自治州九龙县朵落彝族乡 | 2 | 3 | 520 | 520 | 10834 |
| 阿坝藏族羌族自治州松潘县十里回族乡 | 1 | 7 | 869 | 1299 | 20134 |
| 攀枝花市仁和区大龙潭彝族乡 | 1 | 1 | 1484 | 1515 | 25280 |
| 攀枝花市仁和区啊喇彝族乡 | 1 | 3 | 1163 | 1164 | 23544 |
| 攀枝花市米易县麻陇彝族乡 | 2 | 2 | 958 | 721 | 21650 |
| 攀枝花市米易县白坡彝族乡 | 2 | 4 | 1880 | 1880 | 23000 |
| 攀枝花市米易县湾丘彝族乡 | 1 | 6 | 2207 | 2207 | 28200 |
| 攀枝花市米易县新山傈僳族乡 | 1 | 4 | 1243 | 1243 | 23166 |
| 攀枝花市盐边县红果彝族乡 | 1 | 3 | 1793 | 1793 | 20087 |
| 攀枝花市盐边县温泉彝族乡 | 2 | 4 | 1309 | 1304 | 21041 |
| 攀枝花市盐边县格萨拉彝族乡 | 1 | 4 | 1509 | 1509 | 20144 |
| 攀枝花市盐边县红宝苗族彝族乡 | | | 1127 | 1122 | 18705 |
| 泸州市叙永县白蜡苗族乡 | 1 | 4 | 525 | 525 | 12457 |
| 泸州市叙永县合乐苗族乡 | 1 | 1 | 1568 | 1662 | 16175 |
| 泸州市叙永县枧槽苗族乡 | 1 | 4 | 1672 | 1672 | 14923 |
| 泸州市叙永县石厢子彝族乡 | 1 | 8 | 2208 | 2276 | 14790 |
| 泸州市叙永县水潦彝族乡 | 1 | 6 | 1644 | 1782 | 13745 |
| 泸州市古蔺县箭竹苗族乡 | 1 | 7 | 2089 | 2089 | 19833 |
| 泸州市古蔺县大寨苗族乡 | 1 | 5 | 1643 | 1643 | 21792 |
| 泸州市古蔺县马嘶苗族乡 | 1 | 7 | 1533 | 1533 | 18431 |
| 广元市青川县蒿溪回族乡 | 1 | 2 | 565 | 565 | 20200 |
| 广元市青川县大院回族乡 | 1 | 5 | 981 | 1013 | 16000 |
| 乐山市金口河区和平彝族乡 | 1 | 2 | 900 | 922 | 17233 |
| 乐山市金口河区共安彝族乡 | 1 | 3 | 998 | 1218 | 16638 |
| 南充市阆中市博树回族乡 | 2 | 6 | 645 | 645 | 19070 |
| 宜宾市筠连县高坪苗族乡 | 1 | 5 | 940 | 940 | 21110 |

| 普通高中和初中 | | | 小学 | | | 图书馆 | 文化站 | 村文化活动室 |
|---|---|---|---|---|---|---|---|---|
| 学校数（个） | 在校学生数（人） | 教师数（人） | 学校数（个） | 在校学生数（人） | 教师数（人） | （个） | （个） | （个） |
| **30** | **12832** | **1005** | **122** | **33747** | **2737** | **132** | **197** | **449** |
| | | | | | | 1 | 1 | 5 |
| | | | | | | 1 | 1 | 3 |
| | | | | | | 1 | 1 | 2 |
| | | | 1 | 255 | 61 | | 7 | 7 |
| | | | 1 | 538 | 54 | 1 | 1 | 6 |
| | | | 1 | 333 | 49 | 6 | 1 | |
| | | | 1 | 216 | 22 | | 7 | 8 |
| | | | 1 | 217 | 20 | 8 | 1 | 7 |
| 1 | 1058 | 68 | 1 | 892 | 60 | 7 | 1 | 6 |
| | | | 1 | 259 | 16 | 1 | 1 | 4 |
| | | | 1 | 291 | 46 | | 7 | 7 |
| | | | 1 | 299 | 24 | | 5 | 5 |
| | | | 1 | 108 | 24 | 11 | 11 | 11 |
| | | | | | | | | 5 |
| 3 | 689 | 60 | 7 | 1191 | 73 | 8 | 1 | 7 |
| 2 | 510 | 33 | 2 | 602 | 39 | | 1 | 6 |
| 1 | 502 | 37 | 5 | 835 | 52 | 1 | 1 | 6 |
| 1 | 780 | 56 | 3 | 718 | 60 | 3 | 1 | 5 |
| 2 | 750 | 42 | 2 | 1778 | 100 | | 1 | 10 |
| 1 | 511 | 31 | 4 | 849 | 56 | 9 | 9 | 9 |
| 1 | 202 | 19 | 2 | 444 | 25 | 3 | 3 | 3 |
| 2 | 409 | 36 | 1 | 886 | 45 | | 1 | 5 |
| | | | 1 | 119 | 25 | 4 | 4 | 4 |
| | | | 1 | 27 | 25 | 4 | 7 | 6 |
| | | | 2 | 270 | 36 | | 5 | 5 |
| | | | 2 | 413 | 67 | | 1 | 4 |
| 1 | 67 | 6 | 1 | 69 | 6 | | 1 | 5 |
| 1 | 289 | 21 | 2 | 709 | 29 | | 1 | 5 |

9-1(二) 续表 16

| 名　称 | 农业技术服务机构个　数（个） | 农业技术服务机构从业人员数（人） | 公共财政收　入（万元） | 公共财政支　出（万元） | 农村居民人均可支配收入（元） |
|---|---|---|---|---|---|
| 宜宾市筠连县联合苗族乡 | 1 | 5 | 944 | 944 | 20000 |
| 宜宾市筠连县团林苗族乡 | 1 | 3 | 820 | 820 | 22606 |
| 宜宾市屏山县屏边彝族乡 | 1 | 6 | 1840 | 1840 | 13501 |
| 宜宾市屏山县清平彝族乡 | 1 | 8 | 1628 | 1628 | 18446 |
| 宜宾市兴文县大坝苗族乡 | 20 | 60 | 3000 | 2205 | 23060 |
| 宜宾市兴文县大河苗族乡 | 1 | 8 | 3542 | 2542 | 20153 |
| 宜宾市兴文县麒麟苗族乡 | 1 | 14 | 2940 | 2940 | 18950 |
| 宜宾市兴文县仙峰苗族乡 | 1 | 12 | 2855 | 1890 | 20500 |
| 宜宾市珙县罗渡苗族乡 | 1 | 4 | 1852 | 1852 | 17218 |
| 宜宾市珙县玉和苗族乡 | 1 | 4 | 1092 | 1092 | 21237 |
| 宜宾市珙县观斗苗族乡 | 1 | 3 | 512 | 512 | 20000 |
| 雅安市汉源县小堡藏族彝族乡 | 1 | 3 | 775 | 775 | 10000 |
| 雅安市汉源县坭美彝族乡 | 1 | 6 | 828 | 828 | 25040 |
| 雅安市汉源县永利彝族乡 | 1 | 1 | 364 | 364 | 17519 |
| 雅安市汉源县顺河彝族乡 | 1 | 4 | 470 | 470 | 14174 |
| 雅安市汉源县片马彝族乡 | 1 | 6 | 419 | 419 | 19041 |
| 雅安市石棉县蟹螺藏族乡 | 1 | 6 | 814 | 814 | 16641 |
| 雅安市石棉县栗子坪彝族乡 | 1 | 2 | 1174 | 1174 | 11000 |
| 雅安市石棉县新民藏族彝族乡 | 1 | 5 | 1316 | 1316 | 13000 |
| 雅安市石棉县草科藏族乡 | 1 | 4 | 803 | 803 | 16000 |
| 雅安市石棉县王岗坪彝族藏族乡 | 1 | 8 | 2362 | 2362 | 18127 |
| 雅安市宝兴县跷碛藏族乡 | 1 | 3 | 2512 | 2512 | 18500 |
| 雅安市荥经县宝峰彝族民族乡 | 1 | 5 | 450 | 400 | 11800 |
| 雅安市荥经县民建彝族民族乡 | 1 | 3 | 1319 | 1319 | 15000 |
| 凉山彝族自治州西昌市高草回族乡 | 1 | 2 | 1225 | 1225 | 24360 |
| 凉山彝族自治州西昌市裕隆回族乡 | 3 | 3 | 3587 | 3547 | 16732 |
| 凉山彝族自治州木里藏族自治县屋脚蒙古族乡 | | | 271 | 272 | 7500 |
| 凉山彝族自治州木里藏族自治县俄亚纳西族乡 | | | 1925 | 2330 | 13000 |
| 凉山彝族自治州木里藏族自治县白碉苗族乡 | | | 1814 | 1814 | 7500 |
| 凉山彝族自治州木里藏族自治县项脚蒙古族乡 | 1 | 4 | 999 | 1471 | 11000 |

| 普通高中和初中 | | | 小学 | | | 图书馆 | 文化站 | 村文化活动室 |
|---|---|---|---|---|---|---|---|---|
| 学校数（个） | 在校学生数（人） | 教师数（人） | 学校数（个） | 在校学生数（人） | 教师数（人） | （个） | （个） | （个） |
| 1 | 415 | 29 | 5 | 842 | 29 | | 1 | 5 |
| 1 | 146 | 18 | 2 | 476 | 27 | | 1 | 6 |
| 1 | 380 | 32 | 1 | 1014 | 53 | | | 5 |
| 1 | 214 | 13 | 3 | 555 | 55 | 1 | 1 | 6 |
| 1 | 1435 | 86 | 2 | 2131 | 141 | 2 | 1 | 12 |
| 1 | 1250 | 91 | 8 | 1967 | 152 | | 1 | 15 |
| 1 | 352 | 35 | 3 | 1399 | 135 | | 1 | 16 |
| 1 | 102 | 18 | 2 | 330 | 35 | 2 | 1 | 9 |
| | | | 6 | 1028 | 59 | 6 | 1 | 6 |
| | | | 2 | 601 | 32 | | 1 | 4 |
| | | | 2 | 382 | 25 | | 1 | 4 |
| | | | 1 | 179 | 14 | 1 | 1 | 2 |
| | | | 1 | 129 | 11 | 3 | 3 | 3 |
| | | | | | | | 1 | 3 |
| | | | | | | | 1 | 4 |
| | | | 1 | 89 | 14 | | 1 | 4 |
| | | | 1 | 13 | 5 | | 1 | 3 |
| | | | 1 | 361 | 29 | | 1 | 4 |
| | | | 1 | 378 | 31 | | 1 | 5 |
| | | | 1 | 112 | 27 | | 1 | 3 |
| | | | 1 | 338 | 37 | | 1 | 5 |
| 1 | 74 | 16 | 1 | 126 | 24 | 4 | 4 | 4 |
| | | | 1 | 180 | 17 | 5 | 4 | 3 |
| | | | 1 | 283 | 29 | | | 4 |
| | | | 2 | 780 | 41 | | | 4 |
| 1 | 1100 | 69 | 2 | 1558 | 75 | 2 | 1 | |
| | | | 1 | 115 | 12 | | 1 | 2 |
| | | | 1 | 484 | 22 | 7 | 6 | 6 |
| | | | 1 | 358 | 35 | | | |
| | | | 1 | 143 | 30 | 4 | 3 | 3 |

9-1(二) 续表 17

| 名　称 | 农业技术服务机构个数（个） | 农业技术服务机构从业人员数（人） | 公共财政收入（万元） | 公共财政支出（万元） | 农村居民人均可支配收入（元） |
|---|---|---|---|---|---|
| 凉山彝族自治州木里藏族自治县固增苗族乡 | | 13 | 1146 | 1146 | |
| 凉山彝族自治州盐源县大坡蒙古族乡 | 1 | 5 | 1095 | 1095 | 7500 |
| 凉山彝族自治州德昌县金沙傈僳族乡 | 1 | 1 | 1127 | 1127 | 19926 |
| 凉山彝族自治州德昌县南山傈僳族乡 | 1 | 52 | 1097 | 984 | 14000 |
| 凉山彝族自治州会理市新安傣族乡 | 1 | 4 | 1065 | 1065 | 19600 |
| 凉山彝族自治州冕宁县和爱藏族乡 | 1 | 5 | 968 | 1027 | 12800 |
| 凉山彝族自治州越西县保安藏族乡 | | | 311 | 311 | 9756 |
| 绵阳市平武县木皮藏族乡 | 2 | 3 | 360 | 383 | 14234 |
| 绵阳市平武县木座藏族乡 | 1 | 3 | 452 | 499 | 13598 |
| 绵阳市平武县白马藏族乡 | 1 | 3 | 1599 | 1599 | 12736 |
| 绵阳市平武县黄羊关藏族乡 | 1 | 3 | 585 | 585 | 13525 |
| 绵阳市平武县虎牙藏族乡 | | | 650 | 1238 | 11000 |
| 绵阳市平武县泗耳藏族乡 | | | 521 | 519 | 13694 |
| 绵阳市平武县锁江羌族乡 | 1 | 2 | 1919 | 1919 | 17850 |
| 绵阳市平武县旧堡羌族乡 | 2 | 6 | 436 | 585 | 18053 |
| 绵阳市平武县阔达藏族乡 | 1 | 3 | 312 | 322 | 15000 |
| 绵阳市平武县土城藏族乡 | 1 | 1 | 588 | 618 | 14437 |
| 绵阳市平武县平通羌族乡 | 1 | 2 | 1656 | 1656 | 19517 |
| 绵阳市平武县豆叩羌族乡 | 2 | 7 | 1189 | 7898 | 17842 |
| 绵阳市盐亭县大兴回族乡 | 2 | 13 | 1191 | 1191 | 17831 |
| 绵阳市北川羌族自治县桃龙藏族乡 | 1 | 2 | 441 | 441 | 25244 |
| 达州市宣汉渡口土家族乡 | 1 | 7 | 1126 | 1126 | 23878 |
| 达州市宣汉龙泉土家族乡 | 1 | 8 | 1274 | 1274 | 18323 |
| 达州市宣汉三墩土家族乡 | 1 | 7 | 1274 | 1274 | 18985 |
| 达州市宣汉漆树土家族乡 | 1 | 12 | 1420 | 1420 | 18694 |
| **贵州省** | **247** | **1730** | **445078** | **434426** | **12960** |
| 贵阳市南明区小碧布依族苗族乡 | 1 | 2 | 4243 | 4243 | |
| 贵阳市花溪区高坡苗族乡 | 1 | 11 | 244 | 4930 | 19400 |
| 贵阳市花溪区孟关苗族布依族乡 | 1 | 6 | 24180 | 2198 | 12542 |
| 贵阳市花溪区马铃布依族苗族乡 | 1 | 5 | 41 | 790 | 13844 |

| 普通高中和初中 | | | 小学 | | | 图书馆（个） | 文化站（个） | 村文化活动室（个） |
|---|---|---|---|---|---|---|---|---|
| 学校数（个） | 在校学生数（人） | 教师数（人） | 学校数（个） | 在校学生数（人） | 教师数（人） | | | |
| | | | 1 | 320 | 20 | 5 | 5 | 4 |
| | | | 1 | 60 | 9 | 1 | 1 | 5 |
| | | | 1 | 555 | 30 | 4 | 4 | 3 |
| | | | 1 | 222 | 14 | | 1 | 3 |
| | | | 2 | 364 | 21 | | 1 | 6 |
| | | | 1 | 130 | 10 | | 5 | 5 |
| | | | 1 | 231 | 15 | 3 | 4 | 3 |
| | | | | | | | 1 | 3 |
| | | | | | | 4 | 3 | 3 |
| | | | | | | | 4 | 4 |
| | | | | | | 1 | 1 | 4 |
| | | | | | | | 5 | 5 |
| | | | 1 | | | | 1 | |
| | | | 1 | 122 | 30 | | 2 | 12 |
| | | | 1 | 22 | 10 | 1 | 1 | 4 |
| | | | 1 | 67 | 15 | | 5 | 5 |
| | | | 1 | 33 | 11 | 6 | | 6 |
| 1 | 654 | 81 | 1 | 269 | 39 | | 2 | 12 |
| | | | 1 | 174 | 26 | | 2 | 12 |
| | | | 2 | 155 | 48 | | 2 | 7 |
| | | | | | | | 6 | 6 |
| | | | 1 | 390 | 41 | 1 | 1 | 6 |
| 1 | 212 | 42 | 1 | 245 | 41 | | 1 | 10 |
| 1 | 510 | 41 | 1 | 852 | 75 | | 7 | 7 |
| 1 | 221 | 25 | 2 | 867 | 72 | | 9 | 8 |
| **198** | **129643** | **9121** | **1030** | **313468** | **17426** | **276** | **338** | **2106** |
| 1 | 809 | 60 | 4 | 1554 | 125 | | 12 | |
| 1 | 1021 | 73 | 12 | 4700 | 270 | 8 | 1 | 19 |
| 1 | 1196 | 60 | 7 | 2169 | 159 | 1 | 1 | 8 |
| | | | 4 | 520 | 64 | 1 | 1 | 3 |

9-1(二) 续表 18

| 名　称 | 农业技术服务机构个　数（个） | 农业技术服务机构从业人员数（人） | 公共财政收　入（万元） | 公共财政支　出（万元） | 农村居民人均可支配收入（元） |
|---|---|---|---|---|---|
| 贵阳市花溪区黔陶布依族苗族乡 | 1 | 6 | 564 | 2142 | 24654 |
| 贵阳市乌当区偏坡布依族乡 | | | 1886 | 1906 | 23756 |
| 贵阳市乌当区新堡布依族乡 | 1 | 7 | 2286 | 1157 | 24557 |
| 贵阳市白云区牛场布依族乡 | 1 | 6 | 3315 | 3315 | 25031 |
| 贵阳市白云区都拉布依族乡 | | | 1392 | 1630 | 24075 |
| 贵阳市清镇市麦格苗族布依族乡 | 1 | 5 | 2488 | 2724 | 21307 |
| 贵阳市清镇市王庄布依族苗族乡 | 1 | 12 | 35 | 2593 | 18603 |
| 贵阳市清镇市流长苗族乡 | 1 | 18 | 625 | 4679 | 18162 |
| 贵阳市开阳县高寨苗族布依族乡 | 1 | 18 | 508 | 508 | 19822 |
| 贵阳市开阳县南江布依族苗族乡 | 1 | 14 | 4120 | 4120 | 19822 |
| 贵阳市开阳县禾丰布依族苗族乡 | 1 | 6 | 3300 | 3314 | 17686 |
| 贵阳市修文县大石布依族乡 | 1 | 6 | 1628 | 1628 | 13550 |
| 贵阳市息烽县青山苗族乡 | 1 | 19 | 403 | 1817 | 20197 |
| 六盘水市水城县坪寨彝族乡 | 1 | 4 | 964 | 964 | 11609 |
| 六盘水市水城县南开苗族彝族乡 | 3 | 7 | 1950 | 1950 | 12952 |
| 六盘水市水城县青林苗族彝族乡 | 1 | 10 | 1195 | 1195 | 13667 |
| 六盘水市水城县金盆苗族彝族乡 | 1 | 11 | 1363 | 1363 | 12198 |
| 六盘水市水城县新街彝族苗族布依族乡 | 1 | 3 | 888 | 888 | 11900 |
| 六盘水市水城县杨梅彝族苗族回族乡 | 1 | 16 | 1190 | 1190 | 12175 |
| 六盘水市水城县野钟苗族彝族布依族乡 | 1 | 6 | 931 | 931 | 12512 |
| 六盘水市水城县果布嘎彝族苗族布依族乡 | 1 | 5 | 118 | 1172 | 13200 |
| 六盘水市水城县龙场苗族白族彝族乡 | 1 | 7 | 1185 | 1185 | 13425 |
| 六盘水市水城县营盘苗族彝族白族乡 | 1 | 16 | 1080 | 1080 | 14241 |
| 六盘水市水城县顺场苗族彝族布依族乡 | 1 | 4 | 1312 | 1018 | 12512 |
| 六盘水市水城县花戛苗族布依族彝族乡 | 1 | 4 | 904 | 904 | 9280 |
| 六盘水市水城县猴场苗族布依族乡 | 1 | 7 | 1135 | 1135 | 10200 |
| 六盘水市盘州市普田回族乡 | 1 | 7 | 2403 | 2394 | 13739 |
| 六盘水市盘州市旧营白族彝族苗族乡 | 1 | 23 | 412 | 412 | 14079 |
| 六盘水市盘州市羊场布依族白族苗族乡 | | 17 | 3192 | 3192 | 10542 |
| 六盘水市盘州市保基苗族彝族乡 | 1 | 13 | 2866 | 2060 | 13170 |

| 普通高中和初中 | | | 小学 | | | 图书馆 | 文化站 | 村文化活动室 |
|---|---|---|---|---|---|---|---|---|
| 学校数 | 在校学生数 | 教师数 | 学校数 | 在校学生数 | 教师数 | | | |
| （个） | （人） | （人） | （个） | （人） | （人） | （个） | （个） | （个） |
| | | | 9 | 880 | 153 | 1 | 1 | 8 |
| | | | 1 | 97 | 14 | | 1 | |
| | | | 1 | 340 | 28 | | 1 | 7 |
| 1 | 579 | 45 | 3 | 1149 | 64 | 1 | 1 | 13 |
| | | | 2 | 988 | 56 | 1 | 1 | 7 |
| 1 | 754 | 50 | 7 | 1898 | 118 | 1 | 1 | 15 |
| 1 | 798 | 68 | 5 | 2027 | 84 | 1 | 1 | 10 |
| 1 | 1507 | 91 | 12 | 4170 | 188 | 1 | 1 | 26 |
| 1 | 303 | 12 | 4 | 1312 | 69 | 1 | 1 | 8 |
| 1 | 439 | 33 | 5 | 526 | 27 | | 1 | 9 |
| 1 | 394 | 45 | 2 | 520 | 11 | | 1 | 7 |
| 1 | 322 | 19 | 1 | 598 | 40 | | 8 | 7 |
| 1 | 522 | 27 | 1 | 437 | 28 | 6 | 5 | 5 |
| 1 | 262 | 21 | 4 | 652 | 36 | | 1 | 4 |
| 2 | 1386 | 95 | 8 | 3341 | 206 | | 12 | 12 |
| 2 | 808 | 57 | 6 | 1693 | 97 | | 1 | 4 |
| 1 | 1099 | 66 | 6 | 3230 | 158 | | 1 | 6 |
| 1 | 260 | 17 | 1 | 682 | 30 | | 1 | 3 |
| 1 | 469 | 30 | 5 | 1390 | 99 | | 1 | 6 |
| 1 | 664 | 39 | 4 | 1479 | 70 | | 1 | 5 |
| 1 | 513 | 28 | 3 | 1288 | 58 | | 1 | 5 |
| 1 | 1433 | 83 | 4 | 2228 | 112 | | 1 | 8 |
| 1 | 479 | 29 | 2 | 1784 | 77 | | 1 | 6 |
| | | | 4 | 1566 | 75 | | 1 | 7 |
| 1 | 415 | 30 | 4 | 1465 | 71 | | 1 | 5 |
| 1 | 652 | 42 | 5 | 1452 | 64 | | 1 | 6 |
| 1 | 181 | 26 | 5 | 691 | 40 | 1 | 1 | 6 |
| 1 | 481 | 43 | 4 | 1429 | 97 | | 1 | 11 |
| 1 | 929 | 70 | 4 | 2876 | 188 | | 1 | 16 |
| 1 | 530 | 27 | 2 | 1434 | 38 | | 1 | 7 |

9–1(二) 续表 19

| 名　　称 | 农业技术服务机构个　数<br>(个) | 农业技术服务机构从业人员数<br>(人) | 公共财政收　入<br>(万元) | 公共财政支　出<br>(万元) | 农村居民人均可支配收入<br>(元) |
|---|---|---|---|---|---|
| 六盘水市盘州市淤泥彝族乡 | 1 | 21 | 2833 | 2771 | 15467 |
| 六盘水市盘州市普古彝族苗族乡 | 2 | 20 | 3832 | 3832 | 14966 |
| 六盘水市盘州市坪地彝族乡 | 1 | 27 | 2667 | 2667 | 13960 |
| 六盘水市六枝特区梭戛苗族彝族乡 | 3 | 14 | 370 | 1730 | 13800 |
| 六盘水市六枝特区落别布依族彝族乡 | 1 | 27 | 1168 | 1746 | 13000 |
| 六盘水市六枝特区中寨苗族彝族布依族乡 | 1 | 19 | 1300 | 1300 | 9910 |
| 六盘水市六枝特区牛场苗族彝族乡 | 2 | 5 | 109 | 974 | 12304 |
| 六盘水市六枝特区月亮河彝族苗族乡 | 1 | 15 | 1972 | 628 | 11197 |
| 遵义市仁怀市后山苗族布依族乡 | 4 | 16 | 1250 | 1250 | 14077 |
| 遵义市播州区平正仡佬族乡 | 1 | 25 | 2456 | 2292 | 22717 |
| 遵义市播州区洪关苗族乡 | 1 | 18 | 1383 | 1383 | 14477 |
| 遵义市桐梓县马鬃苗族乡 | 1 | 5 | 943 | 943 | 16790 |
| 遵义市正安县谢坝仡佬族苗族乡 | 1 | 7 | 1228 | 1200 | 12398 |
| 遵义市正安县市坪苗族仡佬族乡 | 1 | 7 | 761 | 760 | 14539 |
| 遵义市余庆县花山苗族乡 | 3 | 12 | 1226 | 1226 | 16313 |
| 遵义市道真仡佬族苗族自治县上坝土家族乡 | 6 | 18 | 2619 | 2407 | 13423 |
| 安顺市西秀区鸡场布依族苗族乡 | 1 | 8 | 1477 | 1477 | 14655 |
| 安顺市西秀区杨武布依族苗族乡 | 1 | 18 | 1369 | 1369 | 15260 |
| 安顺市西秀区岩腊苗族布依族乡 | 1 | 9 | 1234 | 1234 | 13584 |
| 安顺市西秀区新场布依族苗族乡 | 1 | 6 | 1199 | 1199 | 10942 |
| 安顺市西秀区黄腊布依族苗族乡 | 1 | 7 | 1215 | 1215 | 16000 |
| 安顺市平坝区十字回族乡 | 1 | 21 | 2514 | 2514 | 14141 |
| 安顺市平坝区羊昌布依族苗族乡 | 1 | 10 | 1573 | 1573 | 18873 |
| 安顺市普定县补郎苗族乡 | 1 | 8 | 972 | 972 | 11300 |
| 安顺市普定县猴场苗族仡佬族乡 | 1 | 6 | 579 | 579 | 10857 |
| 安顺市普定县猫洞苗族仡佬族乡 | 1 | 6 | 1217 | 1217 | 10960 |
| 毕节市七星关区大屯彝族乡 | 1 | 2 | 1315 | 1315 | 12045 |
| 毕节市七星关区田坎彝族乡 | 1 | 4 | 1500 | 1500 | 10700 |
| 毕节市七星关区阿市苗族彝族乡 | 1 | 8 | 2086 | 2086 | 11102 |
| 毕节市七星关区团结彝族苗族乡 | 1 | 5 | 1684 | 1684 | 12000 |

| 普通高中和初中 |  |  | 小学 |  |  | 图书馆 | 文化站 | 村文化活动室 |
|---|---|---|---|---|---|---|---|---|
| 学校数（个） | 在校学生数（人） | 教师数（人） | 学校数（个） | 在校学生数（人） | 教师数（人） | （个） | （个） | （个） |
| 1 | 774 | 56 | 7 | 2820 | 152 |  | 1 | 20 |
| 1 | 786 | 44 | 4 | 1868 | 93 | 22 |  | 21 |
| 1 | 603 | 45 | 4 | 2517 | 127 | 1 | 1 | 15 |
| 1 | 1098 | 66 | 7 | 2710 | 118 |  | 1 | 7 |
| 2 | 821 | 33 | 8 | 2820 | 200 |  | 1 | 14 |
| 3 | 995 | 51 | 8 | 2279 | 157 |  | 1 | 17 |
| 1 | 662 | 44 | 5 | 1727 | 96 |  | 1 | 9 |
| 2 | 649 | 52 | 5 | 1188 | 80 |  | 1 | 17 |
| 1 | 443 | 46 | 1 | 1013 | 85 |  | 1 | 4 |
| 1 | 528 | 35 | 5 | 1194 | 77 | 7 | 1 | 7 |
| 1 | 225 | 25 | 4 | 626 | 47 |  | 1 | 3 |
| 1 | 99 | 13 | 5 | 318 | 29 | 10 | 1 | 10 |
| 1 | 278 | 41 | 3 | 525 | 37 |  | 1 | 7 |
| 1 | 681 | 41 | 2 | 1319 | 76 | 4 | 1 | 4 |
| 1 | 304 | 28 | 4 | 548 | 48 | 1 | 1 | 4 |
| 1 | 1536 | 119 | 2 | 1388 | 100 |  | 1 | 6 |
| 1 | 1196 | 81 | 2 | 2050 | 93 |  | 1 | 5 |
| 1 | 707 | 53 | 7 | 1482 | 102 |  | 1 | 12 |
| 1 | 532 | 45 | 5 | 1695 | 76 |  | 1 | 8 |
| 1 | 361 | 34 | 3 | 622 | 61 |  | 1 | 8 |
| 1 | 143 | 22 | 2 | 460 | 47 |  | 1 | 7 |
| 2 | 1381 | 97 | 11 | 2650 | 163 | 1 | 1 | 11 |
| 2 | 945 | 79 | 6 | 1351 | 83 | 7 | 7 | 7 |
| 1 | 683 | 48 | 6 | 2043 | 226 | 1 | 1 | 11 |
| 1 | 787 | 62 | 9 | 1632 | 129 | 1 | 10 | 10 |
| 1 | 1071 | 54 | 7 | 542 | 67 | 16 | 1 | 15 |
| 1 | 701 | 42 | 6 | 1256 | 82 | 1 | 1 | 8 |
| 1 | 215 | 25 | 4 | 824 | 61 |  | 1 | 7 |
| 1 | 482 | 43 | 5 | 1501 | 130 |  | 1 | 13 |
| 1 | 578 | 47 | 12 | 2226 | 122 | 1 | 1 | 13 |

9-1(二) 续表 20

| 名　　称 | 农业技术服务机构个　　数（个） | 农业技术服务机构从业人员数（人） | 公共财政收　　入（万元） | 公共财政支　　出（万元） | 农村居民人均可支配收入（元） |
| --- | --- | --- | --- | --- | --- |
| 毕节市七星关区阴底彝族苗族白族乡 | 1 | 2 | 3860 | 3860 | 9710 |
| 毕节市七星关区干溪彝族苗族白族乡 | 1 | 10 | 1403 | 1403 | 13000 |
| 毕节市黔西市永燊彝族苗族乡 | 1 | 6 | 1865 | 1865 | 8997 |
| 毕节市黔西市新仁苗族乡 | 1 | 7 | 1385 | 1385 | 11600 |
| 毕节市黔西市花溪彝族苗族乡 | 1 | 4 | 1469 | 1502 | 9543 |
| 毕节市黔西市中建苗族彝族乡 | 1 | 5 | 1185 | 1185 | 11055 |
| 毕节市黔西市定新彝族苗族乡 | 1 | 4 | 1730 | 1730 | 12400 |
| 毕节市黔西市太来彝族苗族乡 | 1 | 6 | 1600 | 1580 | 10301 |
| 毕节市黔西市绿化白族彝族乡 | 1 | 7 | 2198 | 2198 | 12068 |
| 毕节市黔西市红林彝族苗族乡 | 1 | 6 | 1768 | 1621 | 10180 |
| 毕节市黔西市五里布依族苗族乡 | 2 | 10 | 658 | 721 | 11500 |
| 毕节市黔西市铁石苗族彝族乡 | 1 | 8 | 1509 | 1524 | 10252 |
| 毕节市大方县竹园彝族苗族乡 | 1 | 10 | 1481 | 1481 | 11100 |
| 毕节市大方县响水白族彝族仡佬族乡 | 1 | 19 | 2397 | 2718 | 12975 |
| 毕节市大方县鼎新彝族苗族乡 | 1 | 9 | 6213 | 6210 | 14530 |
| 毕节市大方县牛场苗族彝族乡 | 2 | 8 | 2494 | 3010 | 10498 |
| 毕节市大方县理化苗族彝族乡 | 1 | 11 | 2169 | 2169 | 12385 |
| 毕节市大方县安乐彝族仡佬族乡 | 1 | 4 | 16515 | 13095 | 14560 |
| 毕节市大方县凤山彝族蒙古族乡 | 1 | 2 | 2132 | 1143 | 10135 |
| 毕节市大方县百纳彝族乡 | 1 | 3 | 1651 | 1651 | 13557 |
| 毕节市大方县三元彝族苗族白族乡 | 2 | 12 | 1505 | 1505 | 13400 |
| 毕节市大方县沙厂彝族乡 | 1 | 2 | 1221 | 1549 | 12032 |
| 毕节市大方县黄泥彝族苗族满族乡 | 1 | 6 | 1724 | 1724 | 13557 |
| 毕节市大方县核桃彝族白族乡 | 1 | 3 | 4082 | 2607 | 9864 |
| 毕节市大方县八堡彝族苗族乡 | 1 | 6 | 2078 | 2078 | 11943 |
| 毕节市大方县兴隆苗族乡 | 1 | 8 | 1885 | 1886 | 11000 |
| 毕节市大方县大山苗族彝族乡 | 1 | 9 | 1716 | 2151 | 12000 |
| 毕节市大方县星宿苗族彝族仡佬族乡 | 1 | 3 | 1881 | 2212 | 13400 |
| 毕节市织金县自强苗族乡 | 1 | 5 | 527 | 497 | 11326 |
| 毕节市织金县官寨苗族乡 | 1 | 1 | 471 | 429 |  |

| 普通高中和初中 | | | 小学 | | | 图书馆 | 文化站 | 村文化活动室 |
|---|---|---|---|---|---|---|---|---|
| 学校数 | 在校学生数 | 教师数 | 学校数 | 在校学生数 | 教师数 | | | |
| （个） | （人） | （人） | （个） | （人） | （人） | （个） | （个） | （个） |
| 1 | 1204 | 90 | 14 | 3118 | 213 | 1 | 1 | 12 |
| 1 | 694 | 74 | 5 | 1420 | 146 | | 1 | 5 |
| 1 | 453 | 31 | 5 | 1100 | 65 | | 1 | 13 |
| 1 | 589 | 62 | 7 | 1754 | 93 | | 1 | 9 |
| 1 | 412 | 26 | 9 | 968 | 60 | | 1 | 10 |
| 1 | 299 | 21 | 5 | 670 | 36 | | 1 | 5 |
| 1 | 398 | 36 | 13 | 1106 | 94 | 1 | 1 | 13 |
| 1 | 732 | 49 | 10 | 2530 | 140 | 14 | 1 | 13 |
| 1 | 573 | 39 | 3 | 1052 | 87 | | 1 | 7 |
| 1 | 413 | 30 | 7 | 1506 | 79 | | 1 | 11 |
| 1 | 696 | 53 | 7 | 1769 | 97 | | 1 | 10 |
| 1 | 482 | 38 | 5 | 1203 | 72 | | 1 | 11 |
| 1 | 762 | 65 | 8 | 2174 | 112 | | 1 | 9 |
| 2 | 1336 | 98 | 5 | 1620 | 119 | | 1 | 16 |
| 2 | 2633 | 167 | 13 | 4068 | 180 | | 1 | 12 |
| 1 | 2370 | 112 | 11 | 3640 | 185 | 1 | 1 | 10 |
| 1 | 1836 | 108 | 11 | 3724 | 174 | | | 10 |
| 1 | 507 | 29 | 5 | 1054 | 48 | | 1 | 8 |
| 1 | 852 | 47 | 2 | 1582 | 89 | | 1 | 8 |
| 2 | 1545 | 113 | 5 | 1977 | 126 | | 1 | 7 |
| 1 | 425 | 28 | 5 | 1372 | 95 | | 1 | 2 |
| 1 | 497 | 38 | 4 | 1128 | 66 | | 1 | 6 |
| 1 | 189 | 15 | 4 | 569 | 54 | | 1 | 6 |
| 1 | 1031 | 69 | 9 | 2670 | 167 | | 1 | 9 |
| 1 | 901 | 67 | 8 | 2336 | 167 | | 1 | 9 |
| 2 | 1197 | 74 | 10 | 1927 | 119 | 1 | 1 | 8 |
| 1 | 1714 | 91 | 8 | 1612 | 92 | 12 | 1 | 12 |
| 1 | 543 | 32 | 6 | 1304 | 87 | | 1 | 10 |
| 1 | 318 | 17 | 4 | 895 | 62 | | 1 | 11 |
| 1 | 947 | 57 | 10 | 2005 | 104 | | 1 | 16 |

9-1(二) 续表 21

| 名　　称 | 农业技术服务机构个　　数（个） | 农业技术服务机构从业人员数（人） | 公共财政收　　入（万元） | 公共财政支　　出（万元） | 农村居民人均可支配收入（元） |
|---|---|---|---|---|---|
| 毕节市织金县后寨苗族乡 | 1 | 3 | 4342 | 3361 | 10200 |
| 毕节市织金县大平苗族彝族乡 | 1 | 4 | 1100 | 1400 | 10600 |
| 毕节市织金县茶店布依族苗族彝族乡 | 1 | 6 | 1957 | 2486 | 9300 |
| 毕节市织金县金龙苗族彝族布依族乡 | 1 | 10 | 1824 | 2312 | 12126 |
| 毕节市织金县鸡场苗族彝族布依族乡 | 1 | 22 | 1700 | 1600 | 8900 |
| 毕节市金沙县太平彝族苗族乡 | 1 | 4 | 1073 | 1073 | 9055 |
| 毕节市金沙县石场苗族彝族乡 | 1 | 6 | 1471 | 1539 | 9250 |
| 毕节市金沙县马路彝族苗族乡 | 1 | 5 | 1468 | 1473 | 8500 |
| 毕节市金沙县安洛苗族彝族满族乡 | 1 | 9 | 1489 | 1489 | 13210 |
| 毕节市金沙县新化苗族彝族满族乡 | 1 | 5 | 8100 | 8194 | 11650 |
| 毕节市金沙县大田彝族苗族布依族乡 | 1 | 10 | 1300 | 1300 | 9500 |
| 毕节市赫章县兴发苗族彝族回族乡 | | | 2477 | 2476 | 11200 |
| 毕节市赫章县松林坡白族彝族苗族乡 | 1 | 9 | 3861 | 3861 | 9680 |
| 毕节市赫章县雉街彝族苗族乡 | 1 | 6 | 2702 | 2702 | 10443 |
| 毕节市赫章县珠市彝族乡 | 1 | 1 | 3966 | 1216 | 10100 |
| 毕节市赫章县双坪彝族苗族乡 | 1 | 8 | 8885 | 8885 | 13256 |
| 毕节市赫章县辅处彝族苗族乡 | 1 | 3 | 1953 | 1953 | 12930 |
| 毕节市赫章县铁匠苗族乡 | 1 | 9 | 3328 | 3328 | 9400 |
| 毕节市赫章县可乐彝族苗族乡 | 2 | 8 | 6983 | 6983 | 11600 |
| 毕节市赫章县河镇彝族苗族乡 | 21 | 30 | 2225 | 2225 | 16543 |
| 毕节市赫章县结构彝族苗族乡 | 1 | 6 | 2767 | 2767 | 12305 |
| 毕节市赫章县水塘堡彝族苗族乡 | 1 | 9 | 4440 | 4440 | 12408 |
| 毕节市赫章县古达苗族彝族乡 | 1 | 9 | 3045 | 3059 | 15138 |
| 毕节市纳雍县库东关彝族苗族白族乡 | 1 | 9 | 3049 | 3049 | 13450 |
| 毕节市纳雍县董地苗族彝族乡 | 1 | 12 | 31209 | 31209 | 13500 |
| 毕节市纳雍县左鸠戛彝族苗族乡 | 1 | 6 | 1124 | 1124 | 12300 |
| 毕节市纳雍县锅圈岩苗族彝族乡 | 1 | 15 | 1600 | 1600 | 10960 |
| 毕节市纳雍县新房彝族苗族乡 | 1 | 11 | 3049 | 3049 | 9850 |
| 毕节市纳雍县化作苗族彝族乡 | 1 | 6 | 1728 | 1728 | 9913 |
| 毕节市纳雍县姑开苗族彝族乡 | 1 | 4 | 1200 | 1200 | 12500 |

| 普通高中和初中 | | | 小学 | | | 图书馆 | 文化站 | 村文化活动室 |
|---|---|---|---|---|---|---|---|---|
| 学校数（个） | 在校学生数（人） | 教师数（人） | 学校数（个） | 在校学生数（人） | 教师数（人） | （个） | （个） | （个） |
| 1 | 1158 | 55 | 6 | 2612 | 118 | 1 | 13 | 13 |
| 1 | 641 | 29 | 8 | 2110 | 70 | 14 | 1 | 13 |
| 1 | 836 | 64 | 6 | 2500 | 116 | | | 21 |
| 1 | 5149 | 125 | 9 | 34196 | 174 | | 1 | 20 |
| 1 | 1440 | 89 | 18 | 4600 | 179 | 1 | 1 | 24 |
| 1 | 603 | 46 | 5 | 999 | 77 | 1 | 1 | 5 |
| 1 | 826 | 64 | 3 | 1676 | 119 | | 1 | 11 |
| 1 | 317 | 25 | 5 | 725 | 60 | 1 | 1 | 7 |
| 1 | 698 | 49 | 7 | 1707 | 116 | 1 | 1 | 8 |
| 1 | 611 | 54 | 4 | 1591 | 117 | | 1 | 10 |
| 1 | 478 | 44 | 3 | 692 | 53 | 1 | 1 | 5 |
| 1 | 940 | 69 | 6 | 2751 | 140 | | 1 | 16 |
| 2 | 1063 | 71 | 4 | 2579 | 130 | | 1 | 18 |
| 1 | 4560 | 34 | 5 | 1483 | 92 | 10 | 10 | 10 |
| 2 | 1713 | 106 | 9 | 2717 | 152 | | 1 | 18 |
| 3 | 1748 | 117 | 10 | 4093 | 254 | | 1 | 26 |
| 1 | 442 | 40 | 4 | 1126 | 68 | | 1 | 9 |
| 1 | 734 | 56 | 6 | 1052 | 103 | | 1 | 11 |
| 1 | 1231 | 115 | 5 | 3869 | 193 | 20 | 1 | 19 |
| 1 | 1402 | 86 | 7 | 3409 | 158 | | 1 | 21 |
| 1 | 391 | 30 | 2 | 1395 | 82 | | 1 | 8 |
| 2 | 1669 | 115 | 2 | 2315 | 118 | 15 | 1 | 12 |
| 1 | 1154 | 66 | 8 | 2540 | 139 | | 1 | 25 |
| 1 | 697 | 53 | 16 | 3012 | 178 | | 1 | 10 |
| 1 | 1190 | 80 | 10 | 2502 | 145 | 1 | 1 | 12 |
| 1 | 450 | 40 | 6 | 1096 | 63 | 6 | 6 | 6 |
| 2 | 1674 | 98 | 7 | 3197 | 172 | 1 | 1 | 17 |
| 2 | 1288 | 94 | 7 | 3634 | 178 | | 1 | 26 |
| 1 | 1430 | 105 | 10 | 3202 | 157 | 1 | 1 | 20 |
| 1 | 1005 | 63 | 8 | 3290 | 154 | 1 | 1 | 14 |

9-1(二) 续表 22

| 名　称 | 农业技术服务机构个　数（个） | 农业技术服务机构从业人员数（人） | 公共财政收　入（万元） | 公共财政支　出（万元） | 农村居民人均可支配收入（元） |
|---|---|---|---|---|---|
| 毕节市纳雍县羊场苗族彝族乡 | 1 | 13 | 1879 | 1879 | 16780 |
| 毕节市纳雍县昆寨苗族彝族白族乡 | 1 | 12 | 3188 | 3188 | 11678 |
| 毕节市纳雍县猪场苗族彝族乡 | 1 | 6 | 1320 | 1320 | 12560 |
| 毕节市威宁彝族回族苗族自治县新发布依族乡 | | | 2312 | 2312 | 13560 |
| 毕节市大方县大水彝族苗族布依族乡 | 1 | 2 | 3211 | 3255 | 12955 |
| 毕节市黔西市金坡苗族彝族满族乡 | 1 | 2 | 2000 | 1800 | 9680 |
| 毕节市大方县普底彝族苗族白族乡 | 1 | 4 | 1625 | 1894 | 15004 |
| 毕节市黔西市仁和彝族苗族乡 | 1 | 7 | 2289 | 2245 | 13557 |
| 铜仁市碧江区桐木坪侗族乡 | 1 | 6 | 1100 | 1100 | 10040 |
| 铜仁市碧江区瓦屋侗族乡 | 1 | 5 | 868 | 868 | 15101 |
| 铜仁市碧江区和平土家族侗族乡 | 1 | 10 | 1152 | 1152 | 17716 |
| 铜仁市碧江区滑石侗族苗族土家族乡 | 5 | 18 | 1842 | 1842 | 18300 |
| 铜仁市碧江区六龙山侗族土家族乡 | 1 | 8 | 1069 | 1069 | 8605 |
| 铜仁市万山区高楼坪侗族乡 | 1 | 10 | 3159 | 3159 | 12000 |
| 铜仁市万山区黄道侗族乡 | 1 | 3 | 2214 | 2214 | 13242 |
| 铜仁市万山区敖寨侗族乡 | 1 | 6 | 1063 | 1063 | 14370 |
| 铜仁市万山区下溪侗族乡 | 1 | 6 | 2529 | 2529 | 8700 |
| 铜仁市万山区鱼塘侗族土家族苗族乡 | 1 | 5 | 3937 | 3937 | 13508 |
| 铜仁市万山区大坪侗族土家族苗族乡 | 1 | 12 | 4131 | 4131 | 12932 |
| 铜仁市德江县楠杆土家族乡 | 3 | 12 | 1882 | 1882 | 16568 |
| 铜仁市德江县沙溪土家族乡 | 1 | 5 | 2625 | 2625 | 16200 |
| 铜仁市德江县桶井土家族乡 | 4 | 20 | 3050 | 3050 | 12000 |
| 铜仁市德江县堰塘土家族乡 | 3 | 16 | 2435 | 2435 | 8500 |
| 铜仁市德江县荆角土家族乡 | 3 | 19 | 2422 | 2422 | 12702 |
| 铜仁市德江县长丰土家族乡 | 1 | 11 | 2051 | 2051 | 13000 |
| 铜仁市德江县龙泉土家族乡 | 1 | 22 | 2154 | 2154 | 14620 |
| 铜仁市德江县钱家土家族乡 | 5 | 17 | 1870 | 1870 | 12053 |
| 铜仁市江口县德旺土家族苗族乡 | 1 | 4 | 2598 | 2598 | 15340 |
| 铜仁市江口县官和侗族土家族苗族乡 | 1 | 6 | 2550 | 2550 | 11870 |
| 铜仁市石阡县聚凤仡佬族侗族乡 | 1 | 17 | 2351 | 2351 | 15011 |

| 普通高中和初中 | | | 小学 | | | 图书馆 | 文化站 | 村文化活动室 |
|---|---|---|---|---|---|---|---|---|
| 学校数（个） | 在校学生数（人） | 教师数（人） | 学校数（个） | 在校学生数（人） | 教师数（人） | （个） | （个） | （个） |
| 3 | 1452 | 108 | 11 | 3028 | 162 | 1 | 1 | 17 |
| 2 | 779 | 61 | 6 | 2201 | 128 | 1 | 17 | 17 |
| 1 | 820 | 66 | 8 | 1852 | 100 | | 1 | 11 |
| 2 | 1451 | 101 | 12 | 3242 | 199 | 1 | 1 | 31 |
| 1 | 147 | 15 | 4 | 804 | 55 | | 1 | 8 |
| 1 | 246 | 18 | 8 | 1500 | 117 | | 1 | 10 |
| 1 | 587 | 43 | 3 | 1685 | 88 | | 1 | 10 |
| 1 | 808 | 51 | 8 | 1249 | 85 | | 1 | 9 |
| 1 | 164 | 35 | 2 | 274 | 44 | | | 3 |
| 1 | 231 | 25 | 1 | 561 | 28 | | 1 | 6 |
| 1 | 379 | 33 | 9 | 767 | 72 | | 1 | 9 |
| 1 | 196 | 30 | 6 | 528 | 54 | 1 | 5 | 5 |
| | | | 2 | 41 | 19 | 1 | 1 | 4 |
| 1 | 465 | 48 | 3 | 849 | 53 | | 1 | 14 |
| 1 | 506 | 35 | 5 | 846 | 57 | | 1 | 10 |
| 1 | 113 | 22 | 5 | 235 | 42 | 7 | 1 | 5 |
| 1 | 90 | 20 | 5 | 310 | 32 | | 1 | 9 |
| 1 | 772 | 68 | 10 | 1287 | 114 | | 1 | 10 |
| 1 | 771 | 71 | 10 | 1127 | 88 | | 1 | 12 |
| 1 | 290 | 46 | 4 | 561 | 57 | | 14 | 14 |
| 1 | 212 | 41 | 1 | 334 | 52 | 4 | 1 | 15 |
| 1 | 456 | 63 | 6 | 746 | 93 | | 1 | 23 |
| 1 | 310 | 23 | 5 | 712 | 91 | | 1 | 14 |
| 1 | 275 | 32 | 3 | 553 | 46 | | 1 | 16 |
| 1 | 461 | 49 | 5 | 753 | 63 | 2 | 1 | 15 |
| 1 | 194 | 49 | 3 | 405 | 53 | | 1 | 12 |
| 1 | 274 | 48 | 5 | 500 | 60 | 1 | 1 | 14 |
| | | | 2 | 373 | 39 | | 1 | 10 |
| | | | 1 | 213 | 16 | | 1 | 4 |
| 1 | 499 | 56 | 6 | 1493 | 81 | | 1 | 18 |

9-1(二) 续表 23

| 名　称 | 农业技术服务机构个数（个） | 农业技术服务机构从业人员数（人） | 公共财政收入（万元） | 公共财政支出（万元） | 农村居民人均可支配收入（元） |
|---|---|---|---|---|---|
| 铜仁市石阡县大沙坝仡佬族侗族乡 | 1 | 8 | 2521 | 2521 | 13000 |
| 铜仁市石阡县枫香仡佬族侗族乡 | 1 | 8 | 1515 | 1515 | 15580 |
| 铜仁市石阡县青阳苗族仡佬族侗族乡 | 1 | 5 | 2472 | 2472 | 11380 |
| 铜仁市石阡县龙井侗族仡佬族乡 | 1 | 13 | 2515 | 2670 | 12800 |
| 铜仁市石阡县石固仡佬族侗族乡 | 1 | 15 | 478 | 1288 | 12259 |
| 铜仁市石阡县坪地仡佬族侗族乡 | 1 | 8 | 2680 | 2680 | 10088 |
| 铜仁市石阡县甘溪仡佬族侗族乡 | 1 | 6 | 1971 | 1842 | 15862 |
| 铜仁市石阡县坪山仡佬族侗族乡 | 1 | 8 | 1048 | 670 | 15800 |
| 铜仁市思南县思林土家族苗族乡 | 1 | 16 | 1143 | 1406 | 12356 |
| 铜仁市思南县枫芸土家族苗族乡 | 1 | 16 | 1452 | 1452 | 13375 |
| 铜仁市思南县杨家坳苗族土家族乡 | 1 | 13 | 1668 | 1768 | 9632 |
| 铜仁市思南县胡家湾苗族土家族乡 | 3 | 13 | 1466 | 1466 | 9820 |
| 铜仁市思南县宽坪土家族苗族乡 | 1 | 11 | 1578 | 1714 | 13952 |
| 铜仁市思南县三道水土家族苗族乡 | 1 | 14 | 1580 | 1626 | 12356 |
| 铜仁市思南县天桥土家族苗族乡 | 1 | 15 | 1865 | 1865 | 11020 |
| 铜仁市思南县兴隆土家族苗族乡 | 1 | 14 | 1608 | 1708 | 11304 |
| 黔西南布依族苗族自治州兴仁市鲁础营回族乡 | 1 | 10 | 2156 | 2156 | 10279 |
| 黔西南布依族苗族自治州望谟县油迈瑶族乡 | 1 | 13 | 1463 | 1463 | 13933 |
| 黔东南苗族侗族自治州从江县秀塘壮族乡 | 1 | 4 | 1135 | 1135 | 13976 |
| 黔东南苗族侗族自治州从江县刚边壮族乡 | 1 | 4 | 2591 | 2569 | 12950 |
| 黔东南苗族侗族自治州从江县翠里瑶族壮族乡 | 1 | 3 | 676 | 676 | 12422 |
| 黔东南苗族侗族自治州镇远县尚寨土家族乡 | 1 | 1 | 862 | 862 | 11359 |
| 黔东南苗族侗族自治州麻江县坝芒布依族乡 | 1 | 4 | 1352 | 1352 | 13879 |
| 黔东南苗族侗族自治州榕江县水尾水族乡 | 1 | 3 | 871 | 877 | 11620 |
| 黔东南苗族侗族自治州榕江县三江水族乡 | 1 | 5 | 1703 | 1703 | 11753 |
| 黔东南苗族侗族自治州榕江县仁里水族乡 | 1 | 6 | 1591 | 1687 | 12045 |
| 黔东南苗族侗族自治州榕江县定威水族乡 | 1 | 4 | 1778 | 1741 | 12607 |
| 黔东南苗族侗族自治州榕江县兴华水族乡 | 1 | 4 | 1793 | 1793 | 12064 |
| 黔东南苗族侗族自治州榕江县塔石瑶族水族乡 | 1 | 3 | 2215 | 2307 | 12567 |
| 黔东南苗族侗族自治州雷山县达地水族乡 | 1 | 5 | 1283 | 1462 | 11332 |

| 普通高中和初中 | | | 小学 | | | 图书馆 | 文化站 | 村文化活动室 |
|---|---|---|---|---|---|---|---|---|
| 学校数（个） | 在校学生数（人） | 教师数（人） | 学校数（个） | 在校学生数（人） | 教师数（人） | （个） | （个） | （个） |
| 2 | 310 | 56 | 4 | 563 | 75 | 4 | 15 | 15 |
| 1 | 188 | 23 | 4 | 310 | 31 | 1 | 1 | 12 |
| 1 | 175 | 25 | 1 | 450 | 11 | | 1 | 14 |
| 2 | 615 | 72 | 3 | 1270 | 92 | | 1 | 23 |
| 1 | 233 | 48 | 4 | 548 | 66 | 1 | 1 | 14 |
| 1 | 298 | 53 | 3 | 768 | 61 | 21 | 18 | 18 |
| 1 | 272 | 45 | 7 | 610 | 47 | | | 9 |
| 1 | 133 | 18 | 2 | 325 | 30 | 1 | 1 | 8 |
| 1 | 377 | 38 | 6 | 554 | 64 | | 1 | 14 |
| 1 | 387 | 43 | 4 | 580 | 41 | | 1 | 16 |
| 1 | 583 | 45 | 5 | 1156 | 91 | 1 | 1 | 19 |
| 1 | 426 | 53 | 3 | 757 | 47 | | 15 | 15 |
| 1 | 471 | 56 | 3 | 785 | 70 | 1 | 1 | 15 |
| 1 | 558 | 60 | 4 | 1018 | 78 | | | 17 |
| 1 | 302 | 35 | 5 | 671 | 58 | | 1 | 12 |
| 1 | 376 | 51 | 5 | 688 | 77 | 1 | 1 | 14 |
| 1 | 501 | 35 | 5 | 948 | 53 | | 1 | 8 |
| | | | 2 | 386 | 33 | | 1 | 8 |
| 1 | 179 | 18 | 1 | 386 | 22 | | 1 | 13 |
| 1 | 329 | 28 | 4 | 949 | 46 | 1 | 1 | 11 |
| 1 | 376 | 40 | 2 | 728 | 40 | | 1 | 20 |
| | | | 1 | 278 | 21 | | 1 | 4 |
| 1 | 370 | 43 | 2 | 821 | 58 | | 1 | 7 |
| | | | 1 | 363 | 26 | | 1 | 5 |
| | | | 2 | 1176 | 73 | | 1 | 13 |
| | | | 1 | 382 | 26 | | 1 | 8 |
| | | | 1 | 428 | 33 | | 1 | 7 |
| | | | 3 | 1081 | 57 | | 1 | 9 |
| | | | 2 | 560 | 35 | | 1 | 9 |
| | | | 3 | 547 | 68 | 1 | 1 | 10 |

9-1(二) 续表 24

| 名 称 | 农业技术服务机构个数（个） | 农业技术服务机构从业人员数（人） | 公共财政收入（万元） | 公共财政支出（万元） | 农村居民人均可支配收入（元） |
|---|---|---|---|---|---|
| 黔东南苗族侗族自治州黎平县顺化瑶族乡 | 1 | 1 | 668 | 668 | 11610 |
| 黔东南苗族侗族自治州黎平县雷洞瑶族水族乡 | 1 | 2 | 1581 | 1581 | 12533 |
| 黔东南苗族侗族自治州岑巩县羊桥土家族乡 | 1 | 2 | 1904 | 863 | 10264 |
| 黔南布依族苗族自治州都匀市归兰水族乡 | 1 | 20 | 3585 | 3285 | 17000 |
| 黔南布依族苗族自治州荔波县瑶山瑶族乡 | 2 | 9 | 1507 | 3359 | 14324 |
| 黔南布依族苗族自治州荔波县黎明关水族乡 | 1 | 25 | 3344 | 3433 | 14349 |
| 黔南布依族苗族自治州平塘县卡蒲毛南族 | 1 | 9 | 2552 | 2552 | 14891 |
| 贵阳市花溪区湖潮布依族苗族乡 | 1 | 10 | 5448 | 5757 | 15847 |
| **云南省** | **186** | **1678** | **348044** | **390255** | **14520** |
| 昆明市晋宁区夕阳彝族乡 | 1 | 16 | 804 | 2126 | 14577 |
| 昆明市晋宁区双河彝族乡 | 1 | 11 | 792 | 1902 | 15883 |
| 昆明市宜良县九乡彝族回族乡 | 2 | 15 | 1644 | 1644 | 18930 |
| 昆明市宜良县耿家营彝族苗族乡 | 1 | 5 | 1300 | 1800 | 9643 |
| 昭通市昭阳区守望回族乡 | 1 | 29 | 1890 | 1890 | 15861 |
| 昭通市昭阳区小龙洞回族彝族乡 | 1 | 6 | 1545 | 4723 | 11745 |
| 昭通市布嘎回族乡 | 1 | 36 | 3998 | 3998 | 12230 |
| 昭通市青岗岭回族彝族乡 | 1 | 32 | 2306 | 2306 | 12899 |
| 昭通市鲁甸县桃源回族乡 | 1 | 7 | 2357 | 2357 | 15160 |
| 昭通市鲁甸县茨院回族乡 | 1 | 10 | 2002 | 2002 | 11425 |
| 昭通市大关县上高桥回族彝族苗族乡 | 1 | 14 | 2832 | 2832 | 13665 |
| 昭通市永善县马楠苗族彝族乡 | 3 | 6 | 2287 | 2287 | 14105 |
| 昭通市永善县伍寨彝族苗族乡 | 1 | 2 | 1280 | 1280 | 13480 |
| 昭通市镇雄县果珠彝族乡 | 2 | 8 | 2844 | 2844 | 13142 |
| 昭通市镇雄县林口彝族苗族乡 | 1 | 2 | 2900 | 2900 | 12150 |
| 昭通市彝良县龙街苗族彝族乡 | 1 | 4 | 5680 | 5680 | 14926 |
| 昭通市彝良县奎香苗族彝族乡 | 6 | 26 | 3193 | 3193 | 10180 |
| 昭通市彝良县树林彝族苗族乡 | 1 | 2 | 2096 | 2096 | 11000 |
| 昭通市彝良县柳溪苗族乡 | 1 | 5 | 1962 | 1962 | 8620 |
| 昭通市彝良县洛旺苗族乡 | 1 | 2 | 2184 | 3249 | 8923 |
| 昭通市威信县双河苗族彝族乡 | 1 | 7 | 2858 | 2858 | 10215 |

| 普通高中和初中 | | | 小学 | | | 图书馆 | 文化站 | 村文化活动室 |
|---|---|---|---|---|---|---|---|---|
| 学校数（个） | 在校学生数（人） | 教师数（人） | 学校数（个） | 在校学生数（人） | 教师数（人） | （个） | （个） | （个） |
| | | | 3 | 271 | 20 | | 1 | 4 |
| | | | 11 | 931 | 62 | | 1 | 16 |
| 1 | 879 | 65 | 7 | 1641 | 107 | | 1 | 15 |
| | | | 3 | 1127 | 71 | 13 | 1 | 13 |
| | | | 3 | 760 | 49 | 2 | 1 | 6 |
| | | | 5 | 810 | 41 | 5 | 1 | 14 |
| | | | 3 | 426 | 51 | 1 | 1 | 6 |
| 6 | 4802 | 299 | 9 | 4105 | 226 | 1 | 1 | 18 |
| **124** | **82692** | **6317** | **846** | **199017** | **13646** | **55** | **139** | **3192** |
| 1 | 121 | 20 | 1 | 182 | 15 | | 1 | 10 |
| 1 | 176 | 22 | 1 | 386 | 28 | | 1 | 6 |
| 1 | 374 | 43 | 3 | 654 | 62 | 2 | 1 | 8 |
| 1 | 457 | 42 | 3 | 793 | 70 | | 1 | 9 |
| 1 | 1242 | 80 | 6 | 3292 | 186 | 1 | 1 | 7 |
| 1 | 1287 | 82 | 9 | 3035 | 165 | 1 | 1 | 6 |
| 1 | 950 | 82 | 5 | 2452 | 137 | | 1 | 5 |
| 1 | 932 | 79 | 8 | 1711 | 134 | | 1 | 7 |
| 1 | 913 | 87 | 9 | 2831 | 249 | | 1 | 7 |
| 1 | 656 | 100 | 3 | 2727 | 167 | 1 | 1 | 6 |
| 1 | 456 | 46 | 6 | 1410 | 89 | 1 | 1 | 7 |
| 1 | 326 | 27 | 1 | 683 | 50 | | 1 | 6 |
| 1 | 608 | 45 | 1 | 1256 | 58 | | 1 | 5 |
| 1 | 3210 | 135 | 11 | 3942 | 198 | | 1 | 5 |
| 1 | 1654 | 137 | 16 | 3872 | 201 | | 1 | 8 |
| 1 | 1664 | 112 | 13 | 3875 | 191 | | 1 | 43 |
| 2 | 2441 | 167 | 11 | 4473 | 209 | | 1 | 10 |
| 1 | 942 | 66 | 7 | 2327 | 105 | | 1 | 6 |
| 1 | 1056 | 64 | 5 | 2178 | 101 | | 1 | 5 |
| 1 | 1343 | 78 | 9 | 2484 | 133 | | 1 | 9 |
| 1 | 826 | 63 | 11 | 2346 | 155 | | 1 | 21 |

9-1(二) 续表 25

| 名　称 | 农业技术服务机构个数（个） | 农业技术服务机构从业人员数（人） | 公共财政收入（万元） | 公共财政支出（万元） | 农村居民人均可支配收入（元） |
|---|---|---|---|---|---|
| 曲靖市师宗县龙庆彝族壮族乡 | 1 | 8 | 2000 | 2000 | 10335 |
| 曲靖市师宗县五龙壮族乡 | 1 | 18 | 4212 | 4212 | 7117 |
| 曲靖市师宗县高良壮族苗族瑶族乡 | 1 | 16 | 3432 | 3432 | 9010 |
| 曲靖市罗平县长底布依族乡 | 4 | 30 | 2107 | 2107 | 14630 |
| 曲靖市罗平县旧屋基彝族乡 | 1 | 3 | 1685 | 1685 | 11700 |
| 曲靖市罗平县鲁布革布依族苗族乡 | 1 | 29 | 2012 | 2012 | 16355 |
| 曲靖市富源县古敢水族乡 | 1 | 14 | 2844 | 2844 | 17515 |
| 曲靖市会泽县新街回族乡 | 1 | 10 | 1813 | 1813 | 15985 |
| 楚雄彝族自治州南华县雨露白族乡 | 1 | 6 | 750 | 1918 | 19801 |
| 楚雄彝族自治州大姚县湾碧傈僳傣族乡 | 1 | 9 | 2890 | 2647 | 11416 |
| 楚雄彝族自治州永仁县永兴傣族乡 | 1 | 12 | 2729 | 3181 | 12681 |
| 楚雄彝族自治州武定县东坡傣族乡 | 5 | 15 | 4033 | 4070 | 19285 |
| 玉溪市红塔区小石桥彝族乡 | 4 | 8 | 4418 | 2528 | 21746 |
| 玉溪市红塔区洛河彝族乡 | 1 | 17 | 1459 | 2653 | 20810 |
| 玉溪市江川区安化彝族乡 | 1 | 20 | 3065 | 3065 | 18526 |
| 玉溪市通海县高大傣族彝族乡 | 1 | 12 | 427 | 1555 | 18650 |
| 玉溪市通海县里山彝族乡 | 1 | 3 | 1039 | 1039 | 17562 |
| 玉溪市通海县兴蒙蒙古族乡 | 1 | 1 | 108 | 851 | 19980 |
| 玉溪市华宁县通红甸彝族苗族乡 | 3 | 18 | 1988 | 1988 | 14875 |
| 玉溪市易门县十街彝族乡 | 1 | 7 | 854 | 2157 | 18225 |
| 玉溪市易门县浦贝彝族乡 | 1 | 3 | 884 | 2421 | 17553 |
| 玉溪市易门县铜厂彝族乡 | 2 | 7 | 1500 | 3914 | 18053 |
| 红河哈尼族彝族自治州河口瑶族自治县桥头苗族壮族乡 | 1 | 13 | 11448 | 1620 | 10220 |
| 红河哈尼族彝族自治州金平苗族瑶族傣族自治县者米拉祜族乡 | 1 | 19 | 4026 | 4555 | 11680 |
| 红河哈尼族彝族自治州蒙自市期路白苗族乡 | 1 | 10 | 1095 | 1095 | 16000 |
| 红河哈尼族彝族自治州蒙自市老寨苗族乡 | 1 | 9 | 1943 | 1943 | 11733 |
| 红河哈尼族彝族自治州开远市大庄回族乡 | 1 | 12 | 114 | 2158 | 16560 |
| 文山壮族苗族自治州文山市东山彝族乡 | 1 | 14 | 2041 | 2000 | 19699 |
| 文山壮族苗族自治州文山市红甸回族乡 | 1 | 8 | 1924 | 1924 | 9813 |
| 文山壮族苗族自治州文山市秉烈彝族乡 | 1 | 12 | 2134 | 2134 | 13125 |

| 普通高中和初中 | | | 小学 | | | 图书馆 | 文化站 | 村文化活动室 |
|---|---|---|---|---|---|---|---|---|
| 学校数（个） | 在校学生数（人） | 教师数（人） | 学校数（个） | 在校学生数（人） | 教师数（人） | （个） | （个） | （个） |
| 1 | 1715 | 87 | 14 | 4715 | 265 | | 1 | 14 |
| 1 | 1012 | 62 | 13 | 2684 | 200 | 1 | 1 | 13 |
| 1 | 1350 | 61 | 11 | 2536 | 163 | | 1 | 11 |
| 1 | 730 | 53 | 4 | 1236 | 89 | 1 | 1 | 6 |
| 1 | 342 | 33 | 5 | 744 | 61 | | 1 | 53 |
| 1 | 569 | 45 | 6 | 1762 | 110 | 1 | 1 | 29 |
| 1 | 577 | 38 | 3 | 1162 | 82 | | 1 | 7 |
| 1 | 392 | 59 | 11 | 975 | 144 | 2 | 1 | 17 |
| 1 | 206 | 18 | 5 | 783 | 80 | 1 | 1 | 39 |
| 1 | 557 | 41 | 5 | 954 | 69 | | 1 | 123 |
| | | | 4 | 352 | 50 | 1 | 1 | 68 |
| 1 | 368 | 25 | 7 | 666 | 70 | 1 | 1 | 42 |
| | | | 1 | 310 | 45 | 1 | 1 | 3 |
| 1 | 193 | 36 | 3 | 371 | 68 | 1 | 1 | 5 |
| | | | 3 | 430 | 58 | 6 | 1 | 5 |
| | | | 3 | 539 | 58 | 1 | 1 | 6 |
| | | | 1 | 594 | 56 | | 1 | 6 |
| | | | 1 | 301 | 42 | | 1 | 3 |
| 1 | 352 | 32 | 5 | 636 | 70 | | 1 | 6 |
| 1 | 173 | 31 | 3 | 268 | 57 | 1 | 1 | 8 |
| 1 | 212 | 39 | 5 | 391 | 95 | 1 | 1 | 7 |
| 1 | 275 | 47 | 8 | 694 | 139 | | 1 | 9 |
| 1 | 607 | 57 | 7 | 1420 | 135 | | 1 | 8 |
| 1 | 1216 | 57 | 6 | 2650 | 121 | | 1 | 4 |
| 1 | 372 | 37 | 4 | 1181 | 86 | 1 | 1 | 65 |
| 1 | 483 | 31 | 4 | 1034 | 76 | 1 | 1 | 41 |
| 1 | 530 | 43 | 5 | 1182 | 94 | | 1 | 34 |
| 1 | 517 | 49 | 1 | 970 | 56 | | 1 | 4 |
| 1 | 398 | 41 | 3 | 782 | 53 | | 1 | 29 |
| 1 | 1129 | 86 | 9 | 1936 | 147 | | 1 | 65 |

9-1(二) 续表 26

| 名　　称 | 农业技术服务机构个　　数<br>（个） | 农业技术服务机构从业人员数<br>（人） | 公共财政收　　入<br>（万元） | 公共财政支　　出<br>（万元） | 农村居民人均可支配收入<br>（元） |
|---|---|---|---|---|---|
| 文山壮族苗族自治州文山市柳井彝族乡 | 1 | 9 | 1902 | 1909 | 19056 |
| 文山壮族苗族自治州文山市坝心彝族乡 | 1 | 8 | 1275 | 1275 | 16200 |
| 文山壮族苗族自治州砚山县阿舍彝族乡 | 1 | 4 | 432 | 2991 | 18447 |
| 文山壮族苗族自治州砚山县维末彝族乡 | 1 | 8 | 690 | 4347 | 15029 |
| 文山壮族苗族自治州砚山县盘龙彝族乡 | 1 | 6 | 636 | 2982 | 19572 |
| 文山壮族苗族自治州砚山县干河彝族乡 | 1 | 3 | 2308 | 2308 | 11233 |
| 文山壮族苗族自治州丘北县舍得彝族乡 | 1 | 2 | 1951 | 1951 | 15811 |
| 文山壮族苗族自治州丘北县新店彝族乡 | 1 | 8 | 1831 | 1853 | 18637 |
| 文山壮族苗族自治州丘北县树皮彝族乡 | 1 | 23 | 2845 | 2845 | 13526 |
| 文山壮族苗族自治州丘北县八道哨彝族乡 | 1 | 23 | 3151 | 3151 | 25620 |
| 文山壮族苗族自治州丘北县腻脚彝族乡 | 1 | 13 | 3960 | 3960 | 19938 |
| 文山壮族苗族自治州麻栗坡县猛硐瑶族乡 | 1 | 13 | 9052 | 9052 | 15246 |
| 文山壮族苗族自治州富宁县洞波瑶族乡 | 1 | 3 | 4320 | 1904 | 18588 |
| 普洱市澜沧拉祜族自治县酒井哈尼族乡 | 1 | 10 | 3891 | 3891 | 12273 |
| 普洱市澜沧拉祜族自治县发展河哈尼族乡 | 1 | 12 | 2214 | 2214 | 12893 |
| 普洱市澜沧拉祜族自治县谦六彝族乡 | 1 | 22 | 6135 | 6135 | 12490 |
| 普洱市澜沧拉祜族自治县文东佤族乡 | 1 | 10 | 2447 | 2447 | 10893 |
| 普洱市澜沧拉祜族自治县安康佤族乡 | 1 | 9 | 924 | 924 | 12169 |
| 普洱市澜沧拉祜族自治县雪林佤族乡 | 1 | 12 | 8858 | 8858 | 10451 |
| 普洱市思茅区云仙彝族乡 | 1 | 17 | 2730 | 2571 | 18749 |
| 普洱市思茅区龙潭彝族傣族乡 | 2 | 17 | 2141 | 1497 | 12578 |
| 普洱市墨江哈尼族自治县孟弄彝族乡 | 5 | 22 | 4642 | 4818 | 15120 |
| 普洱市西盟佤族自治县力所拉祜族乡 | 1 | 9 | 5785 | 4522 | 14300 |
| 大理白族自治州大理市太邑彝族乡 | 6 | 14 | 542 | 3223 | 13738 |
| 大理白族自治州鹤庆县六合彝族乡 | 1 | 14 | 1485 | 1485 | 13722 |
| 大理白族自治州宾川县钟英傈僳族彝族乡 | 1 | 12 | 1884 | 1876 | 17675 |
| 大理白族自治州宾川县拉乌彝族乡 | 1 | 7 | 738 | 738 | 18316 |
| 大理白族自治州祥云县东山彝族乡 | 2 | 15 | 1712 | 1712 | 16496 |
| 大理白族自治州弥渡县牛街彝族乡 | 1 | 10 | 872 | 2531 | 12916 |
| 大理白族自治州永平县北斗彝族乡 | 1 | 9 | 443 | 3596 | 14496 |

| 普通高中和初中 | | | 小学 | | | 图书馆 | 文化站 | 村文化活动室 |
|---|---|---|---|---|---|---|---|---|
| 学校数（个） | 在校学生数（人） | 教师数（人） | 学校数（个） | 在校学生数（人） | 教师数（人） | （个） | （个） | （个） |
| 1 | 389 | 35 | 5 | 965 | 84 | | 1 | 7 |
| 1 | 224 | 20 | 1 | 385 | 30 | 1 | 1 | 38 |
| 1 | 1340 | 82 | 8 | 3421 | 191 | | 1 | 103 |
| 2 | 2372 | 175 | 11 | 4666 | 284 | | 1 | 105 |
| 1 | 1069 | 82 | 8 | 3112 | 182 | | 1 | 59 |
| 1 | 2401 | 79 | 6 | 2405 | 154 | 1 | 1 | 52 |
| 1 | 824 | 59 | 6 | 1787 | 34 | | 1 | 59 |
| 1 | 1343 | 89 | 5 | 2050 | 152 | | 1 | 6 |
| 1 | 2383 | 141 | 12 | 4608 | 244 | | 1 | 9 |
| 1 | 1360 | 98 | 11 | 3675 | 198 | | | |
| 1 | 1507 | 114 | 10 | 4070 | 183 | | 1 | 7 |
| 1 | 744 | 59 | 8 | 1398 | 99 | 1 | 1 | 75 |
| 1 | 1094 | 89 | 14 | 2278 | 199 | 1 | 1 | 136 |
| 1 | 302 | 26 | 3 | 970 | 53 | | 1 | 4 |
| 1 | 282 | 27 | 4 | 972 | 54 | | 1 | 4 |
| 2 | 942 | 86 | 7 | 3404 | 171 | | 1 | 15 |
| 1 | 333 | 26 | 4 | 1114 | 60 | | 1 | 6 |
| 1 | 459 | 89 | 6 | 928 | 56 | | 1 | 5 |
| 1 | 518 | 52 | 6 | 1384 | 69 | 1 | 1 | 7 |
| 1 | 307 | 30 | 4 | 781 | 50 | | 1 | 12 |
| 1 | 316 | 39 | 3 | 837 | 95 | | 1 | 6 |
| 1 | 280 | 25 | 3 | 659 | 44 | | 1 | 7 |
| 1 | 271 | 25 | 3 | 831 | 67 | 1 | 1 | 5 |
| 1 | 165 | 31 | 3 | 394 | 54 | 1 | 1 | 5 |
| 1 | 354 | 34 | 14 | 724 | 62 | | 1 | 13 |
| 1 | 212 | 23 | 5 | 658 | 65 | | 1 | 48 |
| 1 | 219 | 23 | 2 | 831 | 46 | | 1 | 55 |
| 1 | 209 | 23 | 6 | 496 | 45 | | 1 | 8 |
| 1 | 486 | 56 | 10 | 1003 | 87 | | 1 | 122 |
| 1 | 404 | 34 | 4 | 982 | 90 | 1 | 1 | 9 |

9-1(二) 续表 27

| 名称 | 农业技术服务机构个数（个） | 农业技术服务机构从业人员数（人） | 公共财政收入（万元） | 公共财政支出（万元） | 农村居民人均可支配收入（元） |
|---|---|---|---|---|---|
| 大理白族自治州永平县厂街彝族乡 | 1 | 26 | 901 | 3942 | 16214 |
| 大理白族自治州永平县水泄彝族乡 | 1 | 11 | 3599 | 3599 | 16315 |
| 大理白族自治州云龙县苗尾傈僳族乡 | 1 | 16 | 1272 | 1272 | 13728 |
| 大理白族自治州云龙县团结彝族乡 | 1 | 14 | 945 | 2733 | 12000 |
| 丽江市华坪县永兴傈僳族乡 | 1 | 12 | 1900 | 1900 | 13155 |
| 丽江市华坪县通达傈僳族乡 | 1 | 11 | 1631 | 1631 | 13938 |
| 丽江市华坪县新庄傈僳族傣族乡 | 1 | 17 | 2025 | 2025 | 17044 |
| 丽江市华坪县船房傈僳族傣族乡 | 1 | 16 | 1302 | 1302 | 10925 |
| 丽江市永胜县羊坪彝族乡 | 1 | 5 | 1453 | 1775 | 13606 |
| 丽江市永胜县东山傈僳族彝族乡 | 1 | 17 | 1429 | 1438 | 15080 |
| 丽江市永胜县六德傈僳族彝族乡 | 1 | 8 | 2220 | 2260 | 12316 |
| 丽江市永胜县大安彝族纳西族乡 | 1 | 6 | 2339 | 2339 | 13206 |
| 丽江市永胜县光华傈僳族彝族乡 | 1 | 18 | 1830 | 1951 | 14900 |
| 丽江市永胜县松坪傈僳族彝族乡 | 1 | 5 | 2779 | 2974 | 10020 |
| 丽江市宁蒗彝族自治县翠玉傈僳族普米族乡 | 2 | 13 | 1165 | 1165 | 12241 |
| 丽江市古城区金江白族乡 | 1 | 2 | 1844 | 1793 | 20907 |
| 丽江市玉龙纳西族自治县九河白族乡 | 1 | 2 | 2379 | 2379 | 13102 |
| 丽江市玉龙纳西族自治县石头白族乡 | 3 | 12 | 1663 | 1608 | 17140 |
| 丽江市玉龙纳西族自治县黎明傈僳族乡 | 1 | 4 | 1764 | 1764 | 15511 |
| 保山市隆阳区瓦马彝族白族乡 | 2 | 8 | 597 | 4490 | 15178 |
| 保山市隆阳区瓦房彝族苗族乡 | 1 | 14 | 332 | 2588 | 14642 |
| 保山市隆阳区杨柳白族彝族乡 | 1 | 16 | 3726 | 3726 | 14606 |
| 保山市隆阳区芒宽彝族傣族乡 | 2 | 17 | 226 | 3350 | 23260 |
| 保山市施甸县摆榔彝族布朗族乡 | 7 | 10 | 394 | 1065 | 15784 |
| 保山市施甸县木老元布朗族彝族乡 | 1 | 16 | 296 | 962 | 11600 |
| 保山市龙陵县木城彝族傈僳族乡 | 1 | 9 | 7596 | 7596 | 15050 |
| 保山市昌宁县朱街彝族乡 | 1 | 13 | 1481 | 2698 | 13300 |
| 保山市昌宁县苟街彝族苗族乡 | 1 | 14 | 2124 | 3117 | 14560 |
| 保山市昌宁县湾甸傣族乡 | 1 | 15 | 250 | 2911 | 21468 |
| 德宏傣族景颇族自治州陇川县户撒阿昌族乡 | 1 | 13 | 4992 | 4992 | 13325 |

| 普通高中和初中 | | | 小学 | | | 图书馆 | 文化站 | 村文化活动室 |
|---|---|---|---|---|---|---|---|---|
| 学校数（个） | 在校学生数（人） | 教师数（人） | 学校数（个） | 在校学生数（人） | 教师数（人） | （个） | （个） | （个） |
| 1 | 503 | 46 | 11 | 1306 | 113 | 1 | 1 | 11 |
| 1 | 352 | 32 | 9 | 1147 | 111 | | 1 | 9 |
| 1 | 403 | 27 | 8 | 1134 | 84 | | 1 | 8 |
| 1 | 334 | 33 | 5 | 784 | 79 | 1 | 1 | 5 |
| | | | 9 | 853 | 85 | | 1 | 7 |
| | | | 3 | 492 | 34 | | 1 | 5 |
| | | | 5 | 1029 | 101 | | 1 | 47 |
| | | | 5 | 391 | 60 | | 1 | 13 |
| | | | 4 | 315 | 50 | | 1 | 5 |
| | | | 5 | 381 | 64 | 1 | 1 | 28 |
| 1 | 503 | 38 | 6 | 1492 | 93 | | 1 | 8 |
| 2 | 332 | 36 | 7 | 646 | 88 | | 1 | 40 |
| | | | 8 | 681 | 96 | | 1 | 8 |
| | | | 8 | 504 | 64 | | 1 | 8 |
| 1 | 357 | 28 | 5 | 1115 | 58 | 1 | 1 | 6 |
| | | | 3 | 119 | 30 | | 1 | 30 |
| 1 | 526 | 72 | 11 | 924 | 133 | | 1 | 11 |
| | | | 5 | 432 | 70 | | 1 | 5 |
| | | | 6 | 1093 | 89 | | 1 | 41 |
| 2 | 1237 | 85 | 7 | 1687 | 128 | | 1 | 31 |
| 2 | 983 | 141 | 15 | 3005 | 147 | | 1 | 78 |
| 1 | 446 | 35 | 14 | 2525 | 159 | | 1 | 63 |
| 2 | 1411 | 95 | 10 | 3534 | 185 | 1 | 1 | 15 |
| 1 | 196 | 17 | 6 | 556 | 53 | 1 | 1 | 18 |
| 1 | 198 | 16 | 1 | 375 | 22 | | 1 | 14 |
| 1 | 350 | 24 | 5 | 707 | 57 | | 1 | 5 |
| 1 | 339 | 32 | 7 | 657 | 63 | | 1 | 57 |
| 1 | 583 | 46 | 8 | 1135 | 81 | 1 | 1 | 64 |
| 1 | 529 | 38 | 4 | 1277 | 79 | 1 | 1 | 5 |
| 1 | 977 | 57 | 11 | 2560 | 143 | 1 | 1 | 128 |

9-1(二) 续表 28

| 名称 | 农业技术服务机构个数（个） | 农业技术服务机构从业人员数（人） | 公共财政收入（万元） | 公共财政支出（万元） | 农村居民人均可支配收入（元） |
|---|---|---|---|---|---|
| 德宏傣族景颇族自治州芒市三台山德昂族乡 | 1 | 16 | 2409 | 2409 | 12905 |
| 德宏傣族景颇族自治州梁河县曩宋阿昌族乡 | 1 | 18 | 2510 | 2814 | 10258 |
| 德宏傣族景颇族自治州梁河县九保阿昌族乡 | 1 | 12 | 2812 | 2858 | 11536 |
| 德宏傣族景颇族自治州盈江县苏典傈僳族乡 | 1 | 7 | 5019 | 5019 | 9058 |
| 怒江傈僳族自治州福贡县匹河怒族乡 | 1 | 25 | 8865 | 8865 | 12439 |
| 怒江傈僳族自治州泸水市洛本卓白族乡 | 1 | 16 | 6649 | 6659 | 11320 |
| 迪庆藏族自治州香格里拉市三坝纳西族乡 | 1 | 14 | 6077 | 6077 | 13085 |
| 迪庆藏族自治州德钦县霞若傈僳族乡 | 1 | 5 | 7140 | 7140 | 12180 |
| 迪庆藏族自治州德钦县拖顶傈僳族乡 | 1 | 5 | 6878 | 6878 | 16980 |
| 临沧市凤庆县新华彝族苗族乡 | 2 | 12 | 1640 | 1640 | 15350 |
| 临沧市凤庆县腰街彝族乡 | 1 | 10 | 634 | 634 | 16117 |
| 临沧市凤庆县郭大寨彝族白族乡 | 1 | 9 | 1469 | 1469 | 15449 |
| 临沧市云县栗树彝族傣族乡 | 1 | 8 | 1252 | 1313 | 14580 |
| 临沧市云县忙怀彝族布朗族乡 | 1 | 10 | 1131 | 1296 | 14550 |
| 临沧市云县后箐彝族乡 | 1 | 9 | 1204 | 1746 | 15497 |
| 临沧市永德县大雪山彝族拉祜族傣族乡 | 1 | 12 | 1320 | 1320 | 18643 |
| 临沧市永德县乌木龙彝族乡 | 1 | 14 | 1651 | 1890 | 16882 |
| 临沧市临翔区平村彝族傣族乡 | 1 | 6 | 1632 | 1634 | 16639 |
| 临沧市临翔区南美拉祜乡 | 1 | 5 | 1329 | 1329 | 15892 |
| 临沧市耿马傣族佤族自治县芒洪拉祜族布朗族乡 | 1 | 4 | 1409 | 1502 | 14103 |
| 临沧市沧源佤族自治县勐角傣族彝族拉祜族乡 | 2 | 37 | 3613 | 3613 | 14137 |
| 临沧市镇康县军赛佤族拉祜族傈僳族德昂族乡 | 1 | 12 | 1571 | 1571 | 16596 |
| 西双版纳傣族自治州景洪市基诺山基诺族乡 | 1 | 18 | 2421 | 2421 | |
| 西双版纳傣族自治州景洪市景哈哈尼族乡 | 1 | 19 | 7626 | 7990 | |
| 西双版纳傣族自治州勐腊县瑶区瑶族乡 | 1 | 10 | 1877 | 1877 | 15724 |
| 西双版纳傣族自治州勐腊县象明彝族乡 | 1 | 13 | 1645 | 1645 | 17034 |
| 西双版纳傣族自治州勐海县格朗和哈尼族乡 | 1 | 11 | 1556 | 1556 | 23000 |
| 西双版纳傣族自治州勐海县布朗山布朗族乡 | 1 | 11 | 5050 | 5050 | 12169 |
| 西双版纳傣族自治州勐海县西定哈尼族乡 | 1 | 18 | 1684 | 1684 | 11518 |

| 普通高中和初中 | | | 小学 | | | 图书馆 | 文化站 | 村文化活动室 |
| --- | --- | --- | --- | --- | --- | --- | --- | --- |
| 学校数（个） | 在校学生数（人） | 教师数（人） | 学校数（个） | 在校学生数（人） | 教师数（人） | （个） | （个） | （个） |
| 1 | 242 | 21 | 2 | 569 | 33 | 1 | 1 | 4 |
| 1 | 524 | 50 | 11 | 1318 | 123 | 1 | 1 | 66 |
| 1 | 412 | 51 | 8 | 1168 | 103 | | 1 | 67 |
| 1 | 508 | 40 | 8 | 902 | 43 | 1 | 1 | 4 |
| 1 | 525 | 46 | 1 | 1198 | 50 | | 1 | 10 |
| | | | 8 | 1169 | 99 | 1 | 1 | 8 |
| | | | 2 | 731 | 85 | | 1 | 7 |
| | | | 1 | 981 | 112 | | 1 | 8 |
| | | | | | | | 1 | 8 |
| 1 | 665 | 56 | 8 | 1702 | 135 | | 1 | 52 |
| 1 | 429 | 31 | 7 | 712 | 43 | 1 | 1 | 6 |
| 1 | 846 | 53 | 13 | 1818 | 115 | 1 | 1 | 26 |
| 1 | 770 | 39 | 11 | 1542 | 105 | | 1 | 16 |
| 1 | 574 | 43 | 10 | 1519 | 120 | | 1 | 11 |
| 1 | 608 | 39 | 9 | 1278 | 123 | | 1 | 11 |
| 1 | 890 | 61 | 6 | 2155 | 109 | | 1 | 8 |
| 1 | 1247 | 71 | 10 | 2231 | 128 | 1 | 1 | 10 |
| 1 | 332 | 28 | 3 | 697 | 60 | | 1 | 42 |
| 1 | 162 | 16 | 1 | 441 | 30 | | 1 | 4 |
| 1 | 226 | 25 | 3 | 613 | 46 | | 1 | 5 |
| 1 | 402 | 37 | 4 | 978 | 85 | | 1 | 9 |
| 1 | 769 | 62 | 6 | 1315 | 92 | | 1 | 39 |
| | | | 1 | 593 | 35 | 1 | 1 | 46 |
| 1 | 963 | 65 | 2 | 1637 | 114 | 1 | 1 | 6 |
| 1 | 365 | 27 | 2 | 647 | 37 | | 1 | 4 |
| 1 | 608 | 38 | 2 | 1138 | 59 | 1 | 1 | 5 |
| 1 | 224 | 19 | 1 | 582 | 29 | | 1 | 6 |
| 1 | 824 | 45 | 1 | 1935 | 102 | | 1 | 7 |
| | | | 3 | 1637 | 68 | 1 | 1 | 11 |

9-1(二) 续表 29

| 名　　称 | 农业技术服务机构个　数（个） | 农业技术服务机构从业人员数（人） | 公共财政收　入（万元） | 公共财政支　出（万元） | 农村居民人均可支配收入（元） |
|---|---|---|---|---|---|
| **西藏自治区** | **6** | **69** | **5538** | **5053** | **21993** |
| 山南市错那县麻麻门巴族乡 | 1 | 5 | 1620 | 1473 | 24590 |
| 山南市错那县贡日门巴族乡 | | 9 | 582 | 582 | 20196 |
| 山南市错那县基巴门巴族乡 | 1 | 6 | 1532 | 1318 | 24585 |
| 山南市错那县勒布区勒门巴族乡 | | | | | 27236 |
| 林芝市巴宜区更章门巴族乡 | 1 | 14 | | | 28500 |
| 林芝市米林县南伊珞巴乡 | | | 53 | 30 | 32500 |
| 林芝市墨脱县达木珞巴族乡 | 1 | 7 | 138 | 105 | 18843 |
| 昌都市芒康县下盐井纳西族乡 | 1 | 10 | 1484 | 1451 | 18709 |
| 山南市隆子县斗玉洛巴乡 | 1 | 18 | 130 | 95 | 26583 |
| **甘肃省** | **66** | **285** | **42883** | **43804** | **11586** |
| 临夏回族自治州广河县阿里麻土东乡族乡 | 6 | 8 | 1023 | 993 | 8450 |
| 甘南藏族自治州临潭县长川回族乡 | 2 | 7 | 1065 | 1065 | 16500 |
| 甘南藏族自治州临潭县卓洛回族乡 | | | 1244 | 1245 | 11500 |
| 甘南藏族自治州卓尼县勺哇土族乡 | | | | | 10096 |
| 陇南市文县铁楼藏族乡 | 1 | 5 | 985 | 985 | 9646 |
| 陇南市武都区坪垭藏族乡 | | | 1055 | 1055 | 10020 |
| 陇南市武都区磨坝藏族乡 | 2 | 4 | 666 | 666 | 7500 |
| 陇南市宕昌县新城子藏族乡 | 1 | 8 | 3449 | 3203 | 10811 |
| 酒泉市肃州区黄泥堡裕固族乡 | 5 | 5 | 1771 | 1765 | 23087 |
| 酒泉市玉门市小金湾东乡族乡 | 1 | 5 | 1214 | 1214 | 21005 |
| 白银市会宁县新添堡回族乡 | 1 | 6 | 1305 | 1278 | 10576 |
| 庆阳市正宁县五倾源回族乡 | 1 | 19 | 791 | 791 | |
| 平凉市崆峒区峡门回族乡 | 3 | 15 | 1541 | 1541 | 14346 |
| 平凉市华亭市神峪回族乡 | 7 | 17 | 4162 | 4162 | 12000 |
| 平凉市华亭市山寨回族乡 | 1 | 10 | 1190 | 1190 | 9620 |
| 平凉市崆峒区白庙回族乡 | 5 | 5 | 1276 | 1276 | 14346 |
| 平凉市崆峒区大秦回族乡 | 4 | 24 | 1248 | 1248 | 10813 |
| 平凉市崆峒区寨河回族乡 | 2 | 3 | 1023 | 1023 | 14346 |

| 普通高中和初中 | | | 小学 | | | 图书馆 | 文化站 | 村文化活动室 |
|---|---|---|---|---|---|---|---|---|
| 学校数（个） | 在校学生数（人） | 教师数（人） | 学校数（个） | 在校学生数（人） | 教师数（人） | （个） | （个） | （个） |
| **1** | **1237** | **127** | **6** | **1155** | **170** | **12** | **14** | **28** |
| | | | 1 | 53 | 16 | | 1 | 1 |
| | | | | | | 1 | 1 | 2 |
| | | | | | | 3 | 1 | 2 |
| | | | | | | | 1 | 2 |
| | | | 1 | 142 | 24 | 1 | 1 | 6 |
| | | | 1 | 186 | 27 | 1 | 1 | 3 |
| | | | 1 | 167 | 30 | | 1 | 4 |
| 1 | 1237 | 127 | 1 | 578 | 68 | 6 | 6 | 5 |
| | | | 1 | 29 | 5 | | 1 | 3 |
| **20** | **6410** | **664** | **162** | **19560** | **1870** | **32** | **81** | **286** |
| | | | 8 | 1758 | 97 | 1 | 1 | 6 |
| 1 | 254 | 27 | 10 | 575 | 55 | 1 | 1 | 10 |
| | | | 2 | 191 | 31 | | 1 | 3 |
| | | | 1 | 184 | 31 | | 1 | 2 |
| 1 | 69 | 15 | 4 | 91 | 35 | 1 | 1 | 16 |
| | | | 1 | 331 | 36 | 1 | 1 | 4 |
| | | | 4 | 128 | 22 | | 1 | 8 |
| 1 | 117 | 46 | 3 | 228 | 24 | 11 | 11 | 10 |
| | | | | | | | 1 | 3 |
| 1 | 457 | 34 | 1 | 1286 | 68 | | 1 | 5 |
| 1 | 390 | 49 | 6 | 944 | 143 | | | 13 |
| 1 | 563 | 46 | | | | | 1 | 5 |
| 1 | 291 | 27 | 11 | 919 | 97 | | 1 | 24 |
| 1 | 414 | 48 | 11 | 1056 | 106 | | 1 | 11 |
| 1 | 326 | 43 | 8 | 407 | 108 | 1 | 1 | 8 |
| 1 | 336 | 35 | 9 | 673 | 106 | | 10 | 9 |
| 1 | 345 | 32 | 6 | 780 | 72 | | 1 | 12 |
| 1 | 376 | 30 | 11 | 753 | 75 | | 1 | 12 |

9-1(二) 续表 30

| 名　　称 | 农业技术服务机构个数（个） | 农业技术服务机构从业人员数（人） | 公共财政收入（万元） | 公共财政支出（万元） | 农村居民人均可支配收入（元） |
|---|---|---|---|---|---|
| 平凉市崆峒区大寨回族乡 | 4 | 38 | 1528 | 1528 | 7824 |
| 平凉市崆峒区西阳回族乡 | 3 | 3 | 1048 | 1048 | 8235 |
| 平凉市崆峒区上杨回族乡 | 1 | 6 | 1071 | 1071 | 12000 |
| 张掖市肃南裕固族自治县祁丰藏族乡 | 1 | 10 | 3597 | 3594 | 22990 |
| 张掖市肃南裕固族自治县马蹄藏族乡 | 2 | 15 | 1951 | 3340 | 23426 |
| 张掖市肃南裕固族自治县白银蒙古族乡 | 2 | 6 | 863 | 863 | |
| 张掖市甘州区平山湖蒙古族乡 | 1 | 13 | 868 | 868 | 19852 |
| 临夏回族自治州临夏县井沟东乡族乡 | 5 | 26 | 801 | 804 | 9500 |
| 临夏回族自治州和政县梁家寺东乡族乡 | | | 616 | 616 | 7862 |
| 临夏回族自治州临夏县安家坡东乡族乡 | 1 | 6 | 611 | 611 | 11412 |
| 酒泉市瓜州县七墩回族东乡族乡 | 1 | 4 | 844 | 844 | 14266 |
| 酒泉市瓜州县广至藏族乡 | 1 | 7 | 1124 | 1124 | 14500 |
| 酒泉市瓜州县沙河回族乡 | 1 | 5 | 1121 | 959 | 12494 |
| 酒泉市玉门市独山子东乡族乡 | 1 | 5 | 1834 | 1834 | 11896 |
| **青海省** | **49** | **49** | **22925** | **25324** | **14332** |
| 西宁市大通回族土族自治县朔北藏族乡 | 1 | 1 | 1476 | 1476 | |
| 西宁市大通回族土族自治县向化藏族乡 | 1 | 2 | 1043 | 1043 | 17500 |
| 西宁市湟中区群加藏族乡 | 1 | 1 | 476 | 440 | 10630 |
| 西宁市湟中区大才回族乡 | 1 | 1 | 988 | 948 | 11778 |
| 西宁市湟中区汉东回族乡 | | | 619 | 619 | 16498 |
| 西宁市湟源县日月藏族乡 | | | 1199 | 1199 | 15544 |
| 海东市民和回族土族自治县杏儿藏族乡 | 1 | 3 | 50 | 50 | 13229 |
| 海东市乐都区下营藏族乡 | 1 | 1 | 987 | 1091 | 14341 |
| 海东市乐都区中坝藏族乡 | 1 | 2 | 833 | 987 | 13010 |
| 海东市乐都区达拉土族乡 | 1 | 2 | 1171 | 1276 | 13000 |
| 海东市互助土族自治县松多藏族乡 | 1 | 3 | 736 | 736 | 10899 |
| 海东市化隆回族自治县雄先藏族乡 | | | | | 13799 |
| 海东市化隆回族自治县查甫藏族乡 | 2 | 6 | 1194 | 1194 | 14000 |
| 海东市化隆回族自治县金源藏族乡 | 1 | 5 | 1230 | 1230 | 12900 |

| 普通高中和初中 | | | 小学 | | | 图书馆 | 文化站 | 村文化活动室 |
|---|---|---|---|---|---|---|---|---|
| 学校数（个） | 在　校学生数（人） | 教师数（人） | 学校数（个） | 在　校学生数（人） | 教师数（人） | （个） | （个） | （个） |
| 1 | 410 | 42 | 15 | 839 | 95 | | 27 | 22 |
| 1 | 426 | 45 | 11 | 665 | 96 | | 1 | 13 |
| 1 | 147 | 20 | 7 | 335 | 56 | | 1 | 7 |
| | | | 1 | 48 | 20 | | 1 | 13 |
| 1 | 26 | 18 | 2 | 39 | 31 | 1 | 1 | 23 |
| | | | | | | | 1 | 3 |
| | | | | | | 1 | 1 | 1 |
| 1 | 422 | 33 | 14 | 1416 | 124 | 1 | 1 | 13 |
| 1 | 290 | 21 | 8 | 2485 | 105 | | 1 | 8 |
| 1 | 277 | 21 | 4 | 895 | 57 | 12 | 1 | 4 |
| | | | 1 | 413 | 26 | 1 | 1 | 3 |
| | | | 1 | 558 | 56 | | 6 | 6 |
| | | | 1 | 426 | 34 | | 1 | 5 |
| 1 | 474 | 32 | 1 | 1137 | 64 | | 1 | 4 |
| **20** | **7774** | **695** | **83** | **14231** | **1608** | **51** | **98** | **366** |
| 1 | 718 | 28 | 2 | 611 | 62 | 20 | 1 | 18 |
| 1 | 156 | 18 | 1 | 270 | 15 | 1 | 1 | 9 |
| 1 | 79 | 11 | 1 | 119 | 11 | | 1 | 5 |
| 2 | 850 | 50 | 3 | 1929 | 96 | | 13 | 16 |
| | | | 3 | 412 | 32 | | 1 | 4 |
| 2 | 232 | 36 | 2 | 522 | 40 | | | 22 |
| 1 | 226 | 32 | 5 | 524 | 10 | 1 | 1 | 7 |
| | | | 1 | 143 | 12 | 1 | 10 | 10 |
| | | | 1 | 24 | 9 | | | 14 |
| | | | 1 | 165 | 16 | | 1 | 21 |
| | | | 5 | 248 | 17 | | 1 | 8 |
| 1 | 334 | 21 | 11 | 792 | 38 | | 1 | 24 |
| 1 | 172 | 13 | 13 | 408 | 24 | | 1 | 12 |
| 1 | 225 | 31 | 1 | 355 | 43 | | 1 | 14 |

9-1(二) 续表 31

| 名 称 | 农业技术服务机构个数（个） | 农业技术服务机构从业人员数（人） | 公共财政收入（万元） | 公共财政支出（万元） | 农村居民人均可支配收入（元） |
|---|---|---|---|---|---|
| 海东市化隆回族自治县塔加藏族乡 | 1 | 2 | | | 8300 |
| 海东市循化撒拉族自治县道帏藏族乡 | | | 100 | 150 | |
| 海东市循化撒拉族自治县尕楞藏族乡 | 1 | 1 | 784 | 784 | 10053 |
| 海东市循化撒拉族自治县岗察藏族乡 | 27 | | 453 | 453 | 13164 |
| 海东市循化撒拉族自治县文都藏族乡 | 1 | 5 | 840 | 840 | 12752 |
| 海东市平安区沙沟回族乡 | 1 | 3 | 233 | 245 | 14861 |
| 海东市平安区巴藏沟回族乡 | 1 | 1 | 93 | 95 | 12000 |
| 海东市平安区石灰窑回族乡 | 1 | 1 | 951 | 951 | 12262 |
| 海东市平安区洪水泉回族乡 | 1 | 3 | 1390 | 1390 | 12207 |
| 海东市平安区古城回族乡 | 1 | 1 | 1330 | 2856 | 12676 |
| 海东市互助土族自治县巴扎藏族乡 | 1 | 3 | 1151 | 1164 | 12784 |
| 海北藏族自治州门源回族自治县皇城蒙古族乡 | | | 533 | 533 | 23517 |
| 海北藏族自治州海晏县哈勒景蒙古乡 | | | 585 | 597 | 20038 |
| 海南藏族自治州贵德县新街回族乡 | 1 | 2 | 2481 | 2979 | 14483 |
| **新疆维吾尔自治区** | **69** | **508** | **118186** | **112901** | **20163** |
| 吐鲁番市鄯善县东巴扎回族乡 | 1 | 2 | 1848 | 1848 | 21339 |
| 和田地区皮山县瑙阿巴提塔吉克族乡 | | | 342 | 120 | 12985 |
| 和田地区皮山县康克尔柯尔克孜族乡 | | | 1671 | 1448 | 13704 |
| 巴音郭楞蒙古自治州和硕县乌什塔拉回族乡 | 3 | 9 | 3093 | 3093 | 22088 |
| 昌吉回族自治州奇台县大泉塔塔尔族乡 | 1 | 2 | 1238 | 1238 | 21369 |
| 昌吉回族自治州奇台县五马场哈萨克族乡 | 2 | 4 | 1835 | 1835 | 21908 |
| 昌吉回族自治州奇台县乔仁哈萨克族乡 | 1 | 5 | 766 | 766 | 22018 |
| 昌吉回族自治州木垒哈萨克自治县大南沟乌孜别克族乡 | 1 | 10 | 3372 | 3372 | 17240 |
| 昌吉回族自治州玛纳斯县旱卡子滩哈萨克族乡 | 1 | 9 | 1393 | 1393 | 23216 |
| 昌吉回族自治州玛纳斯县塔西河哈萨克族乡 | 1 | 8 | 2984 | 2984 | 22842 |
| 昌吉回族自治州玛纳斯县清水河哈萨克族乡 | 1 | 16 | 2800 | 2800 | 24194 |
| 昌吉回族自治州阜康市三工河哈萨克族乡 | 1 | 2 | 3983 | 3983 | 26000 |
| 昌吉回族自治州阜康市上户沟哈萨克族乡 | 1 | 18 | 4594 | 4594 | 24933 |
| 昌吉回族自治州昌吉市阿什里哈萨克族乡 | 1 | 6 | 2185 | 2185 | 18597 |

| 普通高中和初中 | | | 小学 | | | 图书馆 | 文化站 | 村文化活动室 |
|---|---|---|---|---|---|---|---|---|
| 学校数（个） | 在校学生数（人） | 教师数（人） | 学校数（个） | 在校学生数（人） | 教师数（人） | （个） | （个） | （个） |
| | | | 1 | 186 | 13 | | | 9 |
| 1 | 320 | 21 | 6 | 1820 | 79 | | 27 | 27 |
| 1 | 225 | 22 | 2 | 539 | 34 | | | 11 |
| | | | 1 | 196 | 12 | | | 3 |
| 2 | 1419 | 106 | 1 | 800 | 42 | | 1 | 16 |
| 1 | 142 | 22 | 4 | 515 | 44 | 1 | 1 | 10 |
| | | | 2 | 130 | 21 | 15 | 15 | 15 |
| | | | 3 | 319 | 37 | 1 | 1 | 14 |
| | | | 3 | 205 | 26 | | 15 | 15 |
| 1 | 532 | 50 | 4 | 32 | 613 | 1 | 1 | 14 |
| | | | 2 | 211 | 18 | 9 | 1 | 8 |
| | | | | | | | 1 | 2 |
| 3 | 2144 | 234 | 3 | 2448 | 228 | 1 | 1 | 29 |
| | | | 1 | 308 | 16 | | 1 | 9 |
| **8** | **4824** | **437** | **78** | **25309** | **2651** | **88** | **60** | **238** |
| | | | 1 | 599 | 57 | 1 | 1 | 5 |
| | | | 1 | 149 | 10 | 1 | 3 | 3 |
| | | | 1 | 282 | 17 | 3 | 1 | 2 |
| | | | 3 | 819 | 109 | | 1 | 7 |
| | | | 1 | 330 | 66 | | 1 | 2 |
| | | | 2 | 661 | 108 | | 1 | 4 |
| | | | 1 | 207 | 24 | 1 | 1 | 2 |
| | | | 1 | 284 | 47 | | 1 | 3 |
| | | | 1 | 230 | 35 | 1 | 1 | 4 |
| | | | 1 | 365 | 65 | 1 | 1 | 5 |
| | | | 2 | 384 | 81 | 7 | 1 | 6 |
| | | | | | | | 1 | 3 |
| | | | 2 | 493 | 68 | 8 | 1 | 8 |
| | | | 1 | 709 | 96 | 1 | 1 | 6 |

9-1(二) 续表 32

| 名　称 | 农业技术服务机构个数（个） | 农业技术服务机构从业人员数（人） | 公共财政收入（万元） | 公共财政支出（万元） | 农村居民人均可支配收入（元） |
|---|---|---|---|---|---|
| 昌吉回族自治州呼图壁县石梯子哈萨克族乡 | 5 | 16 | 1084 | 1084 | 19369 |
| 乌鲁木齐市米东区柏杨河哈萨克族乡 | 2 | 2 | 2484 | 2484 | 24500 |
| 克孜勒苏柯尔克孜自治州阿克陶县塔尔塔吉克族乡 | 1 | 11 | 4749 | 4749 | 9428 |
| 喀什地区塔什库尔干塔吉克自治县科克亚尔柯尔克孜族乡 | 1 | 3 | 1663 | 1663 | 11099 |
| 喀什地区泽普县布依鲁克塔吉克族乡 | 5 | 5 | 1151 | 1151 | 13144 |
| 喀什地区莎车县孜热普夏提塔吉克族乡 | 4 | 32 | 1550 | 1550 | 16050 |
| 伊犁哈萨克自治州察布查尔锡伯自治县米粮泉回族乡 | 1 | 2 | | | 19511 |
| 伊犁哈萨克自治州特克斯县科克铁热克柯尔克孜族乡 | 5 | 55 | 8643 | 8643 | 17809 |
| 伊犁哈萨克自治州特克斯县呼吉尔特蒙古族乡 | 2 | 55 | 2906 | 2589 | 18700 |
| 伊犁哈萨克自治州伊宁县愉群翁回族乡 | 1 | 2 | 7485 | 7485 | 19734 |
| 伊犁哈萨克自治州尼勒克县科克浩特浩尔蒙古族乡 | 2 | 2 | 4837 | 4837 | 23400 |
| 伊犁哈萨克自治州霍城县伊车嘎善锡伯族乡 | 6 | 45 | 3586 | 5650 | 26514 |
| 伊犁哈萨克自治州霍城县三宫回族乡 | 1 | 12 | 1768 | 1768 | 17206 |
| 伊犁哈萨克自治州昭苏县胡松图喀尔逊蒙古族乡 | 1 | 2 | 1493 | 1493 | 9901 |
| 伊犁哈萨克自治州昭苏县察汗乌苏蒙古族乡 | 1 | 34 | 208 | 208 | 18500 |
| 伊犁哈萨克自治州昭苏县夏特柯尔克孜族乡 | 6 | 41 | 1928 | 1928 | 21815 |
| 塔城地区塔城市阿西尔达斡尔族乡 | 1 | 3 | 4056 | 4056 | 23701 |
| 塔城地区乌苏市塔布勒合特蒙古族乡 | 1 | 1 | 963 | 963 | 15000 |
| 塔城地区乌苏市吉尔格勒特郭楞蒙古族乡 | | | 1016 | 1016 | 18500 |
| 塔城地区额敏县额玛勒郭楞蒙古族乡 | 1 | 4 | 3512 | 3512 | 26000 |
| 塔城地区额敏县霍吉尔特蒙古族乡 | 1 | 10 | 3610 | 667 | 20000 |
| 阿克苏地区乌什县雅曼苏柯尔克孜族乡 | 1 | 1 | 6690 | 6690 | 15767 |
| 阿克苏地区温宿县博孜东柯尔克孜族乡 | 1 | 18 | 6388 | 6388 | 18768 |
| 哈密市伊吾县前山哈萨克族乡 | 1 | 16 | 4910 | 1959 | 15000 |
| 哈密市德外都如克哈萨克族乡 | 1 | 6 | 1464 | 1460 | 20032 |
| 哈密市乌拉台哈萨克族乡 | 1 | 14 | 2767 | 2076 | 22093 |
| 阿勒泰地区布尔津县禾木哈纳斯蒙古族乡 | | | 2371 | 2371 | 39000 |
| 阿勒泰地区阿勒泰市汗德尕特蒙古族乡 | 1 | 25 | 2798 | 2798 | 21315 |

| 普通高中和初中 | | | 小学 | | | 图书馆 | 文化站 | 村文化活动室 |
|---|---|---|---|---|---|---|---|---|
| 学校数 (个) | 在校学生数 (人) | 教师数 (人) | 学校数 (个) | 在校学生数 (人) | 教师数 (人) | (个) | (个) | (个) |
| | | | 1 | 614 | 61 | | 1 | 6 |
| 1 | 227 | 15 | 1 | 440 | 29 | | 1 | 6 |
| | | | 3 | 385 | 84 | | 7 | 7 |
| | | | 1 | 104 | 18 | 2 | 1 | 2 |
| | | | 1 | 491 | 28 | 5 | 1 | 4 |
| | | | 5 | 1675 | 96 | | 1 | 13 |
| 1 | 443 | 42 | 1 | 452 | 43 | | 1 | 3 |
| 1 | 716 | 71 | 5 | 403 | 28 | 1 | 1 | 1 |
| | | | 1 | 417 | 39 | 6 | 1 | 5 |
| 2 | 2045 | 154 | 12 | 5236 | 290 | 16 | 1 | 16 |
| 1 | 599 | 100 | 3 | 1024 | 104 | 11 | 1 | 10 |
| | | | 3 | 685 | 52 | 6 | 1 | 5 |
| | | | 4 | 1194 | 142 | | 1 | 5 |
| 1 | 316 | 32 | 1 | 797 | 54 | | 1 | 9 |
| 1 | 478 | 23 | 1 | 788 | 65 | | 1 | 7 |
| | | | 1 | 1457 | 111 | 8 | 1 | 8 |
| | | | 1 | 162 | 51 | | 1 | 18 |
| | | | | | | 1 | 1 | 4 |
| | | | 1 | 196 | 40 | | 1 | 8 |
| | | | 1 | 125 | 60 | | 1 | 1 |
| | | | 2 | 402 | 38 | | 9 | 10 |
| | | | 1 | 1168 | 69 | | 1 | 6 |
| | | | 1 | 596 | 99 | | 1 | 9 |
| | | | 1 | 208 | 54 | 3 | 3 | 3 |
| | | | 1 | 115 | 31 | 1 | 1 | 1 |
| | | | 3 | 423 | 79 | | 1 | 3 |
| | | | 2 | 78 | 31 | 3 | 1 | 2 |
| | | | 2 | 162 | 72 | 1 | 1 | 6 |

## 9-1 各民族乡基本情况(2022年)(三)

| 名　　称 | 医疗卫生机构(个) | #医院(个) | #基层医疗卫生机构(个) | 其中：卫生院(个) | 村卫生室(个) |
|---|---|---|---|---|---|
| **北京市** | **69** | **1** | **68** | **4** | **64** |
| 朝阳区常营回族乡 | 5 | | 5 | 1 | 4 |
| 通州区于家务回族乡 | 23 | | 23 | 1 | 22 |
| 密云区檀营满族蒙古族乡 | 1 | 1 | | | |
| 怀柔区喇叭沟门满族乡 | 16 | | 16 | 1 | 15 |
| 怀柔区长哨营满族乡 | 24 | | 24 | 1 | 23 |
| **天津市** | **12** | | **12** | **1** | **11** |
| 蓟州区孙各庄满族乡 | 12 | | 12 | 1 | 11 |
| **河北省** | **504** | **8** | **496** | **38** | **458** |
| 石家庄市新乐市彭家庄回族乡 | 9 | | 9 | 1 | 8 |
| 石家庄市藁城市九门回族乡 | 14 | | 14 | 1 | 13 |
| 石家庄市无极县高头回族乡 | 16 | | 16 | 1 | 15 |
| 唐山市遵化市汤泉满族乡 | 11 | | 11 | 1 | 10 |
| 唐山市遵化市西下营满族乡 | 15 | | 15 | 1 | 14 |
| 唐山市遵化市东陵满族乡 | 29 | | 29 | 2 | 27 |
| 邯郸市邱县陈村回族乡 | 6 | | 6 | 1 | 5 |
| 邯郸市大名县营镇回族乡 | 18 | | 18 | 1 | 17 |
| 保定市易县凌云册满族回族乡 | 20 | | 20 | 1 | 19 |
| 定州市号头庄回族乡 | 19 | 1 | 18 | 1 | 17 |
| 张家口市沽源县大二号回族乡 | 5 | | 5 | 1 | 4 |
| 张家口市怀来县王家楼回族乡 | 17 | 2 | 15 | 1 | 14 |
| 廊坊市永清县管家务回族乡 | 13 | | 13 | 1 | 12 |
| 廊坊市文安县大围河回族满族乡 | 25 | | 25 | 1 | 24 |
| 承德市滦平县平坊满族乡 | 9 | | 9 | 1 | 8 |
| 承德市滦平县五道营子满族乡 | 8 | 1 | 7 | 1 | 6 |
| 承德市滦平县邓厂满族乡 | 3 | | 3 | 1 | 2 |
| 承德市滦平县马营子满族乡 | 11 | | 11 | 1 | 10 |
| 承德市滦平县付家店满族乡 | 7 | | 7 | 1 | 6 |
| 承德市滦平县西沟满族乡 | 10 | | 10 | 1 | 9 |

| 卫生人员<br>（人） | #乡村医生和卫生员<br>（人） | #卫生技术人员<br>（人） | 其中：执业(助理)医师<br>（人） | 医疗卫生机构床位数<br>（张） | #医院<br>（张） | #基层医疗卫生机构<br>（张） | 其中：卫生院<br>（张） |
|---|---|---|---|---|---|---|---|
| **454** | **62** | **371** | **251** | **119** | **80** | **39** | **39** |
| 128 | | 107 | 164 | | | | |
| 122 | 28 | 94 | 5 | 20 | | 20 | 20 |
| 94 | | 94 | 43 | 80 | 80 | | |
| 53 | 14 | 39 | 18 | 10 | | 10 | 10 |
| 57 | 20 | 37 | 21 | 9 | | 9 | 9 |
| **25** | **18** | **7** | **5** | **12** | | **12** | **12** |
| 25 | 18 | 7 | 5 | 12 | | 12 | 12 |
| **1486** | **681** | **785** | **451** | **972** | **142** | **830** | **683** |
| 43 | 7 | 36 | 19 | 25 | | 25 | 19 |
| 132 | 78 | 54 | 29 | 62 | | 62 | 62 |
| 45 | 15 | 30 | 20 | 53 | | 53 | 38 |
| 22 | 10 | 12 | 8 | 26 | | 26 | 8 |
| 29 | 17 | 12 | 12 | 17 | | 17 | 17 |
| 54 | 42 | 12 | 9 | 40 | | 40 | 18 |
| 14 | 1 | 13 | 13 | 13 | | 13 | 13 |
| 34 | 22 | 12 | 11 | 22 | | 22 | 20 |
| 38 | 19 | 19 | 11 | 21 | | 21 | 1 |
| 85 | 10 | 75 | 62 | 88 | 50 | 38 | 19 |
| 17 | 12 | 5 | 5 | 5 | | 5 | 1 |
| 44 | 14 | 30 | 20 | 30 | 20 | 10 | 10 |
| 82 | 36 | 46 | 20 | 36 | | 36 | 36 |
| 45 | 22 | 23 | 13 | 25 | | 25 | 25 |
| 54 | 20 | 27 | 7 | 19 | | 19 | 19 |
| 24 | 11 | 11 | 2 | 6 | | 6 | 6 |
| 9 | 2 | 6 | 1 | 7 | | 7 | 7 |
| 30 | 10 | 20 | 3 | 25 | | 25 | 15 |
| 7 | 6 | 1 | | 12 | | 12 | 12 |
| 36 | 9 | 20 | 7 | 19 | | 19 | 7 |

9-1(三) 续表 1

| 名　称 | 医疗卫生机构（个） | #医院（个） | #基层医疗卫生机构（个） | 其中：卫生院（个） | 村卫生室（个） |
|---|---|---|---|---|---|
| 承德市承德县岗子满族乡 | 11 | | 11 | 1 | 10 |
| 承德市承德县两家满族乡 | 15 | 1 | 14 | 1 | 13 |
| 承德市兴隆县八卦岭满族乡 | 8 | | 8 | 1 | 7 |
| 承德市兴隆县南天门满族乡 | 12 | | 12 | 1 | 11 |
| 承德市隆化县尹家营满族乡 | 12 | | 12 | 1 | 11 |
| 承德市隆化县庙子沟蒙古族满族乡 | 7 | | 7 | 1 | 6 |
| 承德市隆化县八达营蒙古族乡 | 13 | | 13 | 1 | 12 |
| 承德市隆化县太平庄满族乡 | 11 | | 11 | 1 | 10 |
| 承德市隆化县旧屯满族乡 | 12 | | 12 | 1 | 11 |
| 承德市隆化县西阿超满族蒙古族乡 | 10 | | 10 | 1 | 9 |
| 承德市平泉市七家岱满族乡 | 5 | | 5 | 1 | 4 |
| 承德市平泉市茅兰沟满族蒙古族乡 | 16 | | 16 | 1 | 15 |
| 沧州市黄骅市新村回族乡 | | | | | |
| 沧州市河间市果子洼回族乡 | 21 | | 21 | 1 | 20 |
| 沧州市献县本斋回族乡 | 12 | | 12 | 1 | 11 |
| 沧州市沧县大褚村回族乡 | 40 | 1 | 39 | 1 | 38 |
| 沧州市沧县捷地回族乡 | 24 | 1 | 23 | 1 | 22 |
| 沧州市黄骅市羊三木回族乡 | 10 | 1 | 9 | 1 | 8 |
| **内蒙古自治区** | **199** | **3** | **196** | **22** | **174** |
| 呼伦贝尔市莫力达瓦达斡尔族自治旗巴彦鄂温克民族乡 | 19 | | 19 | 3 | 16 |
| 呼伦贝尔市莫力达瓦达斡尔族自治旗杜拉尔鄂温克民族乡 | 9 | | 9 | 1 | 8 |
| 呼伦贝尔市扎兰屯市达斡尔民族乡 | 7 | | 7 | 1 | 6 |
| 呼伦贝尔市扎兰屯市萨马街鄂温克民族乡 | 7 | | 7 | 1 | 6 |
| 呼伦贝尔市扎兰屯市南木鄂伦春民族乡 | 7 | | 7 | 2 | 5 |
| 呼伦贝尔市阿荣旗查巴奇鄂温克民族乡 | 15 | | 15 | 1 | 14 |
| 呼伦贝尔市阿荣旗新发朝鲜族民族乡 | 22 | | 22 | 1 | 21 |
| 呼伦贝尔市阿荣旗音河达斡尔鄂温克民族乡 | 10 | | 10 | 1 | 9 |
| 呼伦贝尔市阿荣旗得力其尔鄂温克民族乡 | 16 | | 16 | 1 | 15 |
| 呼伦贝尔市根河市敖鲁古雅鄂温克民族乡 | 1 | | 1 | 1 | |
| 呼伦贝尔市额尔古纳市三河回族乡 | 2 | | 2 | 2 | |

| 卫生人员<br>（人） | #乡村医生和卫生员<br>（人） | #卫生技术人员<br>（人） | 其中：执业（助理）医师<br>（人） | 医疗卫生机构床位数<br>（张） | #医院<br>（张） | #基层医疗卫生机构<br>（张） | 其中：卫生院<br>（张） |
|---|---|---|---|---|---|---|---|
| 34 | 14 | 20 | 6 | 12 | | 12 | 12 |
| 36 | 15 | 19 | 2 | 25 | | 25 | 25 |
| 16 | 7 | 9 | 9 | 22 | | 22 | 22 |
| 22 | 12 | 10 | 10 | 28 | | 28 | 28 |
| 27 | 11 | 16 | 8 | 18 | | 18 | 18 |
| 13 | 6 | 7 | 7 | 18 | | 18 | 18 |
| 25 | 12 | 12 | 4 | 24 | 12 | 12 | 12 |
| 31 | 15 | 16 | 5 | 30 | | 30 | 30 |
| 20 | 11 | 9 | 8 | 30 | | 30 | 19 |
| 38 | 23 | 15 | 5 | 25 | | 25 | 25 |
| 44 | 16 | 28 | 9 | 20 | | 20 | 20 |
| 39 | 21 | 18 | 10 | 40 | | 40 | 25 |
| | | | | | | | |
| 40 | 20 | 20 | 20 | 20 | | 20 | 20 |
| 34 | 17 | 17 | 17 | 15 | | 15 | 15 |
| 90 | 38 | 52 | 41 | 66 | 22 | 44 | 20 |
| 116 | 72 | 44 | 10 | 112 | 32 | 80 | 15 |
| 17 | 8 | 9 | 8 | 14 | 6 | 8 | 6 |
| **623** | **181** | **439** | **219** | **329** | **42** | **287** | **190** |
| 73 | 16 | 57 | 20 | 56 | | 56 | 40 |
| 12 | 8 | 4 | 4 | 6 | | 6 | 6 |
| 41 | 26 | 15 | 10 | 8 | | 8 | 8 |
| 20 | 9 | 11 | 4 | 20 | | 20 | 20 |
| 44 | 5 | 39 | 20 | 26 | | 26 | 26 |
| 29 | 13 | 16 | 8 | 8 | | 8 | 8 |
| 49 | 24 | 25 | 18 | 8 | | 8 | 8 |
| 25 | 11 | 14 | 14 | 16 | | 16 | 16 |
| 16 | 15 | 1 | 1 | 8 | | 8 | 8 |
| | | | 3 | 2 | | 2 | 2 |
| 30 | | 30 | 26 | 29 | | 29 | |

9-1(三) 续表 2

| 名 称 | 医疗卫生机构（个） | #医院（个） | #基层医疗卫生机构（个） | 其中：卫生院（个） | 村卫生室（个） |
|---|---|---|---|---|---|
| 呼伦贝尔市额尔古纳市室韦俄罗斯民族乡 | 1 | 1 | | | |
| 兴安盟科尔沁右翼前旗满族屯满族乡 | 8 | | 8 | 1 | 7 |
| 赤峰市松山区当铺地满族乡 | 30 | | 30 | 3 | 27 |
| 赤峰市喀喇沁旗十家满族乡 | 20 | 2 | 18 | | 18 |
| 乌兰察布市凉城县曹碾满族乡 | 21 | | 21 | 1 | 20 |
| 呼伦贝尔市鄂温克族自治旗巴彦塔拉达斡尔族乡 | 2 | | 2 | 1 | 1 |
| 呼伦贝尔市陈巴尔虎旗鄂温克苏木 | 2 | | 2 | 1 | 1 |
| **辽宁省** | **661** | **10** | **651** | **54** | **597** |
| 沈阳市康平县柳树屯蒙古族满族乡 | 10 | | 10 | 1 | 9 |
| 沈阳市康平县沙金台蒙古族满族乡 | 17 | | 17 | 1 | 16 |
| 沈阳市法库县四家子蒙古族乡 | 15 | | 15 | 1 | 14 |
| 沈阳市康平县东升满族蒙古族乡 | 11 | | 11 | 1 | 10 |
| 沈阳市康平县西关屯蒙古族满族乡 | 10 | | 10 | 1 | 9 |
| 大连市瓦房店市三台满族乡 | 9 | | 9 | 1 | 8 |
| 大连市瓦房店市杨家满族乡 | 12 | | 12 | 1 | 11 |
| 大连市庄河市太平岭满族乡 | 7 | | 7 | 1 | 6 |
| 大连市庄河市桂云花满族乡 | 7 | | 7 | 2 | 5 |
| 抚顺市抚顺县拉古满族乡 | 10 | | 10 | 1 | 9 |
| 抚顺市抚顺县汤图满族乡 | 8 | | 8 | 1 | 7 |
| 本溪市桓仁县雅河朝鲜族乡 | 10 | | 10 | 1 | 9 |
| 丹东市宽甸满族自治县下露河朝鲜族乡 | 9 | | 9 | 1 | 8 |
| 丹东市东港市合隆满族乡 | 17 | | 17 | 1 | 16 |
| 丹东市凤城市大堡蒙古族乡 | 12 | | 12 | 1 | 11 |
| 锦州市义县地藏寺满族乡 | 6 | | 6 | 1 | 5 |
| 锦州市义县大定堡满族乡 | 9 | | 9 | 1 | 8 |
| 阜新市彰武县二道河子蒙古族乡 | 9 | | 9 | 1 | 8 |
| 辽阳市辽阳县吉洞峪满族乡 | 15 | 1 | 14 | 1 | 13 |
| 辽阳市辽阳县甜水满族乡 | 16 | | 16 | 2 | 14 |
| 铁岭市开原市林丰满族乡 | 10 | | 10 | 1 | 9 |
| 铁岭市铁岭县白旗寨满族乡 | 10 | | 10 | 1 | 9 |

| 卫生人员（人） | #乡村医生和卫生员（人） | #卫生技术人员（人） | 其中：执业（助理）医师（人） | 医疗卫生机构床位数（张） | #医院（张） | #基层医疗卫生机构（张） | 其中：卫生院（张） |
|---|---|---|---|---|---|---|---|
| 26 | 5 | 21 | 18 | 12 | 2 | 10 | |
| 12 | 2 | 8 | 2 | 12 | | 12 | 12 |
| 122 | 27 | 95 | 41 | 50 | | 50 | 13 |
| 64 | | 64 | 16 | 40 | 40 | | |
| 29 | 18 | 10 | 2 | 20 | | 20 | 5 |
| 12 | 1 | 11 | 2 | 8 | | 8 | 8 |
| 19 | 1 | 18 | 10 | 10 | | 10 | 10 |
| **1561** | **816** | **723** | **376** | **1616** | **320** | **1296** | **1025** |
| 33 | 17 | 16 | 15 | 24 | | 24 | 24 |
| 36 | 17 | 19 | 19 | 19 | | 19 | 19 |
| 32 | 15 | 17 | 11 | 48 | | 48 | 20 |
| 23 | 12 | 11 | 11 | 35 | | 35 | 23 |
| 24 | 11 | 13 | 5 | 19 | | 19 | 19 |
| 25 | 9 | 16 | 10 | 30 | | 30 | 30 |
| 26 | 11 | 15 | 11 | 26 | | 26 | 26 |
| 45 | 19 | 26 | 11 | 32 | | 32 | 32 |
| 26 | 10 | 11 | 7 | 40 | | 40 | 40 |
| 33 | 11 | 22 | 9 | 12 | | 12 | 12 |
| 23 | 8 | 15 | 4 | 12 | | 12 | 12 |
| 36 | 19 | 11 | 6 | 35 | | 35 | 8 |
| 25 | 10 | 15 | 10 | 24 | | 24 | 24 |
| 43 | 19 | 17 | 9 | 30 | | 30 | 30 |
| 33 | 11 | 22 | 22 | 20 | | 20 | 20 |
| 7 | 5 | 2 | 1 | 12 | | 12 | 12 |
| 15 | 10 | 5 | 5 | 15 | | 15 | 15 |
| 18 | 8 | 10 | 7 | 10 | | 10 | 10 |
| 25 | 17 | 8 | 7 | 79 | 59 | 20 | 20 |
| 40 | 13 | 24 | 8 | 50 | | 50 | 50 |
| 23 | 17 | 6 | 5 | 20 | | 20 | 20 |
| 18 | 8 | 10 | 10 | 15 | | 15 | 15 |

9-1(三) 续表 3

| 名 称 | 医疗卫生机构（个） | #医院（个） | #基层医疗卫生机构（个） | 其中：卫生院（个） | 村卫生室（个） |
|---|---|---|---|---|---|
| 铁岭市西丰县成平满族乡 | 13 | | 13 | 1 | 12 |
| 铁岭市西丰县德兴满族乡 | 8 | | 8 | 1 | 7 |
| 铁岭市西丰县和隆满族乡 | 11 | | 11 | 1 | 10 |
| 铁岭市西丰县金星满族乡 | 10 | | 10 | 1 | 9 |
| 铁岭市西丰县明德满族乡 | 10 | | 10 | 1 | 9 |
| 铁岭市西丰县营厂满族乡 | 11 | 1 | 10 | 1 | 9 |
| 铁岭市清河区聂家满族乡 | 13 | | 13 | 1 | 12 |
| 朝阳市北票市马友营蒙古族乡 | 10 | 1 | 9 | | 9 |
| 朝阳市北票市凉水河蒙古族乡 | 7 | | 7 | 1 | 6 |
| 朝阳市建平县三家蒙古族乡 | 18 | | 18 | 1 | 17 |
| 朝阳市凌源市三家子蒙古族乡 | 45 | 1 | 44 | 1 | 43 |
| 朝阳市朝阳县松岭门蒙古族乡 | 7 | | 7 | 1 | 6 |
| 朝阳市朝阳县乌兰河硕蒙古族乡 | 15 | | 15 | 1 | 14 |
| 葫芦岛市绥中县西平坡满族乡 | 12 | 1 | 11 | | 11 |
| 葫芦岛市绥中县范家满族乡 | 12 | 1 | 11 | 1 | 10 |
| 葫芦岛市绥中县高甸子满族乡 | 25 | 1 | 24 | | 24 |
| 葫芦岛市绥中县葛家满族乡 | 6 | 1 | 5 | 1 | 4 |
| 葫芦岛市绥中县明水满族乡 | 12 | 1 | 11 | 1 | 10 |
| 葫芦岛市绥中县网户满族乡 | 16 | 1 | 15 | 1 | 14 |
| 葫芦岛市兴城市白塔满族乡 | 15 | | 15 | 2 | 13 |
| 葫芦岛市兴城市大寨满族乡 | 14 | | 14 | 1 | 13 |
| 葫芦岛市兴城市碱厂满族乡 | 8 | | 8 | 1 | 7 |
| 葫芦岛市兴城市旧门满族乡 | 11 | | 11 | 1 | 10 |
| 葫芦岛市兴城市刘台子满族乡 | 11 | | 11 | 1 | 10 |
| 葫芦岛市兴城市南大山满族乡 | 16 | | 16 | 1 | 15 |
| 葫芦岛市兴城市望海满族乡 | 10 | | 10 | 1 | 9 |
| 葫芦岛市兴城市围屏满族乡 | 11 | | 11 | 1 | 10 |
| 葫芦岛市兴城市羊安满族乡 | 13 | | 13 | 1 | 12 |
| 葫芦岛市兴城市药王满族乡 | 11 | | 11 | 1 | 10 |
| 葫芦岛市兴城市三道沟满族乡 | 9 | | 9 | 1 | 8 |
| 葫芦岛市兴城市元台子满族乡 | 19 | | 19 | 1 | 18 |
| 葫芦岛市建昌二道湾子蒙古族乡 | 13 | | 13 | 1 | 12 |

| 卫生人员<br>（人） | #乡村医生和卫生员<br>（人） | #卫生技术人员<br>（人） | 其中：执业（助理）医师<br>（人） | 医疗卫生机构床位数<br>（张） | #医院<br>（张） | #基层医疗卫生机构<br>（张） | 其中：卫生院<br>（张） |
|---|---|---|---|---|---|---|---|
| 35 | 20 | 15 | 1 | 12 | | 12 | 12 |
| 10 | 7 | 3 | 2 | | | | |
| 62 | 32 | 30 | 10 | 19 | | 19 | 19 |
| 22 | 17 | 5 | 3 | 20 | | 20 | 20 |
| 18 | 10 | 8 | 5 | 20 | | 20 | 20 |
| 14 | 9 | 5 | 3 | 20 | | 20 | 20 |
| 22 | 12 | 10 | 7 | 12 | | 12 | 12 |
| 43 | 24 | 19 | 9 | 84 | 30 | 54 | 46 |
| 16 | 7 | 9 | 2 | 29 | | 29 | 19 |
| 38 | 24 | 13 | 8 | 20 | | 20 | 20 |
| 130 | 88 | 42 | 6 | 64 | 26 | 38 | 21 |
| 19 | 10 | 9 | | 10 | | 10 | 5 |
| 26 | 19 | 7 | 6 | 15 | | 15 | 10 |
| 70 | 65 | 5 | 3 | 100 | 80 | 20 | |
| 39 | 14 | 25 | 4 | 60 | 20 | 40 | |
| 24 | 9 | 15 | 6 | 52 | 50 | 2 | |
| 7 | 1 | 6 | 1 | 16 | 10 | 6 | 2 |
| 20 | 10 | 10 | 2 | 30 | 20 | 10 | 10 |
| 31 | 14 | 17 | 2 | 41 | 25 | 16 | 1 |
| 30 | 13 | 17 | 7 | 30 | | 30 | 30 |
| 30 | 13 | 17 | 10 | 35 | | 35 | 35 |
| 22 | 7 | 15 | 4 | 35 | | 35 | 7 |
| 26 | 10 | 16 | 16 | 30 | | 30 | 10 |
| 29 | 11 | 18 | 15 | 36 | | 36 | 18 |
| 30 | 15 | 15 | 3 | 46 | | 46 | 45 |
| 15 | 9 | 6 | 6 | 50 | | 50 | 37 |
| 18 | 11 | 7 | 5 | 20 | | 20 | 20 |
| 18 | 11 | 7 | 5 | 15 | | 15 | 15 |
| 24 | 9 | 15 | 7 | 20 | | 20 | 20 |
| 19 | 8 | 11 | 7 | 20 | | 20 | 20 |
| 22 | 18 | 4 | 4 | 56 | | 56 | 20 |
| 23 | 12 | 11 | 4 | 42 | | 42 | 30 |

9-1(三) 续表 4

| 名　称 | 医疗卫生机构（个） | #医院（个） | #基层医疗卫生机构（个） | 其中：卫生院（个） | 村卫生室（个） |
|---|---|---|---|---|---|
| **吉林省** | **325** | **2** | **323** | **33** | **290** |
| 延边朝鲜族自治州珲春市三家子满族乡 | 7 | | 7 | 1 | 6 |
| 延边朝鲜族自治州珲春市杨泡满族乡 | 9 | 1 | 8 | 1 | 7 |
| 吉林市昌邑区土城子满族朝鲜族乡 | 12 | | 12 | 1 | 11 |
| 吉林市昌邑区两家子满族乡 | 13 | | 13 | 1 | 12 |
| 吉林市永吉县金家满族乡 | 8 | | 8 | 1 | 7 |
| 吉林市蛟河市乌林朝鲜族乡 | 17 | | 17 | 1 | 16 |
| 通化市梅河口市小杨满族朝鲜族乡 | 16 | | 16 | 2 | 14 |
| 通化市集安市凉水朝鲜族乡 | 9 | | 9 | 1 | 8 |
| 通化市通化县金斗朝鲜族满族乡 | 5 | | 5 | 1 | 4 |
| 通化市通化县大泉源满族朝鲜族乡 | 18 | | 18 | 2 | 16 |
| 通化市辉南县楼街朝鲜族乡 | 17 | | 17 | 2 | 15 |
| 通化市柳河县姜家店朝鲜族乡 | 11 | | 11 | 1 | 10 |
| 辽源市东丰县三合满族朝鲜族乡 | 19 | 1 | 18 | 2 | 16 |
| 长春市双阳区双营子回族乡 | 6 | | 6 | 1 | 5 |
| 长春市榆树市延和朝鲜族乡 | 1 | | 1 | 1 | |
| 长春市九台区胡家回族乡 | 9 | | 9 | 1 | 8 |
| 长春市九台区莽卡满族乡 | 13 | | 13 | 1 | 12 |
| 白城市通榆县包拉温都蒙古族乡 | 4 | | 4 | 1 | 3 |
| 白城市通榆县向海蒙古族乡 | 18 | | 18 | 2 | 16 |
| 白城市洮南市呼和车力蒙古族乡 | 7 | | 7 | 1 | 6 |
| 白城市洮南市胡力吐蒙古族乡 | 11 | | 11 | 1 | 10 |
| 白城市镇赉县哈吐气蒙古族乡 | 6 | | 6 | 1 | 5 |
| 白城市镇赉县莫莫格蒙古族乡 | 14 | | 14 | 1 | 13 |
| 白城市大安市新艾里蒙古族乡 | 5 | | 5 | 1 | 4 |
| 白城市洮北区德顺蒙古族乡 | 21 | | 21 | 1 | 20 |
| 松原市扶余市三骏满族蒙古族锡伯族乡 | 29 | | 29 | 1 | 28 |
| 长春市公主岭市龙山满族乡 | 9 | | 9 | 1 | 8 |
| 四平市双辽市那木斯蒙古族乡 | 11 | | 11 | 1 | 10 |

| 卫生人员（人） | #乡村医生和卫生员（人） | #卫生技术人员（人） | 其中：执业（助理）医师（人） | 医疗卫生机构床位数（张） | #医院（张） | #基层医疗卫生机构（张） | 其中：卫生院（张） |
|---|---|---|---|---|---|---|---|
| **885** | **372** | **457** | **244** | **419** | | **419** | **348** |
| 19 | 7 | 12 | 7 | 15 | | 15 | 15 |
| 16 | 4 | 12 | 6 | | | | |
| 38 | 18 | 20 | 8 | 5 | | 5 | 5 |
| 40 | 24 | 16 | 11 | 5 | | 5 | 5 |
| 70 | 17 | 23 | 4 | 5 | | 5 | 5 |
| 35 | 17 | 18 | 18 | 9 | | 9 | 9 |
| 34 | 14 | 20 | 10 | 38 | | 38 | 18 |
| 22 | 5 | 17 | 5 | 10 | | 10 | 10 |
| 12 | 4 | 6 | 12 | 18 | | 18 | 18 |
| 74 | 20 | 54 | 34 | 38 | | 38 | 38 |
| 30 | 12 | 10 | 5 | 17 | | 17 | 2 |
| 17 | 9 | 8 | 8 | 15 | | 15 | 15 |
| 16 | 16 | | | | | | |
| 28 | 14 | 14 | 6 | 12 | | 12 | 12 |
| 7 | 2 | 5 | 3 | 8 | | 8 | 8 |
| 30 | 21 | 9 | 4 | 36 | | 36 | 20 |
| 39 | 19 | 20 | 7 | 25 | | 25 | 25 |
| 10 | 3 | 7 | 1 | 5 | | 5 | 5 |
| 60 | 16 | 34 | 17 | 20 | | 20 | 20 |
| 24 | 6 | 18 | 9 | 12 | | 12 | 6 |
| 27 | 9 | 18 | 5 | 22 | | 22 | 12 |
| 12 | 5 | 7 | 4 | 13 | | 13 | |
| 36 | 13 | 23 | 23 | 20 | | 20 | 20 |
| 12 | 4 | 8 | 5 | 14 | | 14 | 14 |
| 51 | 23 | 28 | 13 | 21 | | 21 | 21 |
| 47 | 29 | 18 | 10 | 28 | | 28 | 20 |
| 36 | 25 | 11 | 4 | 15 | | 15 | 15 |
| 43 | 16 | 21 | 5 | 13 | | 13 | 10 |

9-1(三) 续表 5

| 名　称 | 医疗卫生机构（个） | #医院（个） | #基层医疗卫生机构（个） | 其中：卫生院（个） | 村卫生室（个） |
|---|---|---|---|---|---|
| **黑龙江省** | **442** | | **442** | **53** | **389** |
| 哈尔滨市南岗区红旗满族乡 | 12 | | 12 | 1 | 11 |
| 哈尔滨市双城区乐群满族乡 | 10 | | 10 | 1 | 9 |
| 哈尔滨市双城区同心满族乡 | 12 | | 12 | 1 | 11 |
| 哈尔滨市双城区希勤满族乡 | 9 | | 9 | 1 | 8 |
| 哈尔滨市双城区青岭满族乡 | 14 | | 14 | 1 | 13 |
| 哈尔滨市五常市红旗满族乡 | 13 | | 13 | 1 | 12 |
| 哈尔滨市五常市营城子满族乡 | 8 | | 8 | 1 | 7 |
| 哈尔滨市五常市民乐朝鲜族乡 | 7 | | 7 | 1 | 6 |
| 哈尔滨市尚志市河东朝鲜族乡 | 4 | | 4 | 1 | 3 |
| 哈尔滨市尚志市鱼池朝鲜族乡 | 8 | | 8 | 1 | 7 |
| 哈尔滨市依兰县迎兰朝鲜族乡 | 16 | | 16 | 1 | 15 |
| 齐齐哈尔市梅里斯达斡尔族区莽格吐达斡尔族乡 | 4 | | 4 | 1 | 3 |
| 齐齐哈尔市泰来县宁姜蒙古族乡 | 8 | | 8 | 1 | 7 |
| 齐齐哈尔市泰来县胜利蒙古族乡 | 6 | | 6 | 1 | 5 |
| 齐齐哈尔市富裕县友谊达满柯族乡 | 15 | | 15 | 1 | 14 |
| 齐齐哈尔市讷河市兴旺鄂温克族乡 | 14 | | 14 | 2 | 12 |
| 齐齐哈尔市富拉尔基区杜尔门沁达族乡 | 4 | | 4 | 1 | 3 |
| 牡丹江市穆棱市福禄朝鲜族满族乡 | 16 | | 16 | 1 | 15 |
| 牡丹江市宁安市江南朝、满族乡 | 26 | | 26 | 1 | 25 |
| 牡丹江市宁安市卧龙朝鲜族乡 | 15 | | 15 | 1 | 14 |
| 牡丹江市西安区海南朝鲜族乡 | 11 | | 11 | 1 | 10 |
| 佳木斯市同江市街津口赫哲族乡 | 5 | | 5 | 1 | 4 |
| 佳木斯市同江市八岔赫哲族乡 | 5 | | 5 | 1 | 4 |
| 佳木斯市桦川县星火朝鲜族乡 | 4 | | 4 | 1 | 3 |
| 佳木斯市汤原县汤旺朝鲜族乡 | 10 | | 10 | 1 | 9 |
| 大庆市肇源县超等蒙古族乡 | 8 | | 8 | 1 | 7 |
| 大庆市肇源县浩德蒙古族乡 | 6 | | 6 | 1 | 5 |
| 大庆市肇源县义顺蒙古族乡 | 8 | | 8 | 1 | 7 |

| 卫生人员（人） | #乡村医生和卫生员（人） | #卫生技术人员（人） | 其中：执业(助理)医师（人） | 医疗卫生机构床位数（张） | #医院（张） | #基层医疗卫生机构（张） | 其中：卫生院（张） |
|---|---|---|---|---|---|---|---|
| **1164** | **401** | **745** | **416** | **1142** | | **1142** | **986** |
| 49 | 11 | 38 | 18 | 80 | | 80 | 70 |
| 21 | 3 | 18 | 9 | 21 | | 21 | 19 |
| 25 | 4 | 21 | 14 | 19 | | 19 | 19 |
| 21 | 3 | 18 | 9 | 23 | | 23 | 20 |
| 49 | 13 | 18 | 18 | 40 | | 40 | 25 |
| 30 | 12 | 18 | 10 | 20 | | 20 | 20 |
| 23 | 12 | 11 | 8 | 22 | | 22 | 22 |
| 22 | 6 | 16 | 11 | 12 | | 12 | 12 |
| 19 | 8 | 11 | 11 | 20 | | 20 | 20 |
| 19 | 7 | 12 | 9 | 20 | | 20 | 20 |
| 51 | 21 | 30 | 14 | 21 | | 21 | 21 |
| 13 | 5 | 8 | 6 | 14 | | 14 | 14 |
| 18 | 9 | 9 | 7 | 17 | | 17 | 17 |
| 21 | 7 | 14 | 11 | 12 | | 12 | 12 |
| 26 | 2 | 24 | 14 | 38 | | 38 | 38 |
| 29 | 12 | 17 | 17 | 25 | | 25 | 25 |
| 19 | 4 | 15 | 8 | 43 | | 43 | 40 |
| 30 | 16 | 14 | 6 | 20 | | 20 | 17 |
| 60 | 52 | 8 | 8 | 50 | | 50 | 26 |
| 30 | 15 | 15 | 7 | 44 | | 44 | 18 |
| 13 | 5 | 8 | 8 | 40 | | 40 | 20 |
| 18 | 4 | 14 | 5 | 14 | | 14 | 6 |
| 15 | 3 | 12 | 3 | 10 | | 10 | 6 |
| 13 | 1 | 12 | 1 | 30 | | 30 | 30 |
| 20 | 6 | 14 | 6 | 12 | | 12 | 12 |
| 21 | 7 | 14 | 9 | 15 | | 15 | 15 |
| 20 | 7 | 13 | 6 | 26 | | 26 | 23 |
| 27 | 11 | 16 | 8 | 31 | | 31 | 26 |

9-1(三) 续表 6

| 名　　称 | 医疗卫生机构（个） | #医院（个） | #基层医疗卫生机构（个） | 其中：卫生院（个） | 村卫生室（个） |
|---|---|---|---|---|---|
| 黑河市逊克县新鄂鄂伦春族乡 | 6 | | 6 | 1 | 5 |
| 黑河市逊克县新兴鄂伦春族乡 | 5 | | 5 | 1 | 4 |
| 黑河市爱辉区新生鄂伦春族乡 | 4 | | 4 | 1 | 3 |
| 黑河市爱辉区四嘉子满族乡 | 7 | | 7 | 1 | 6 |
| 黑河市爱辉区坤河达斡尔族满族乡 | 7 | | 7 | 1 | 6 |
| 黑河市北安市主星朝鲜族乡 | 5 | | 5 | 1 | 4 |
| 黑河市孙吴县沿江达斡尔族满族乡 | 9 | | 9 | 1 | 8 |
| 绥化市北林区兴和朝鲜族乡 | 3 | | 3 | 1 | 2 |
| 绥化市北林区红旗满族乡 | 6 | | 6 | 1 | 5 |
| 绥化市望奎县厢白满族乡 | 8 | | 8 | 1 | 7 |
| 绥化市望奎县灵山满族乡 | 6 | | 6 | 1 | 5 |
| 伊春市铁力市年丰朝鲜族乡 | 11 | | 11 | 1 | 10 |
| 鹤岗市萝北县东明朝鲜族乡 | 5 | | 5 | 1 | 4 |
| 鹤岗市绥滨县福兴满族乡 | 4 | | 4 | 1 | 3 |
| 大兴安岭地区呼玛县白银纳鄂伦春族乡 | 7 | | 7 | 1 | 6 |
| 大兴安岭地区塔河县十八站鄂伦春族乡 | 4 | | 4 | 1 | 3 |
| 双鸭山市饶河县四排赫哲族乡 | 5 | | 5 | 1 | 4 |
| 双鸭山市友谊县成富朝鲜族满族乡 | 3 | | 3 | 1 | 2 |
| 七台河市勃利县杏树朝鲜族乡 | 10 | | 10 | 1 | 9 |
| 七台河市勃利县吉兴朝鲜族、满族乡 | 15 | | 15 | 1 | 14 |
| 鸡西市密山市和平朝鲜族乡 | 10 | | 10 | 1 | 9 |
| 鸡西市鸡东县鸡林朝鲜族乡 | 7 | | 7 | 1 | 6 |
| 鸡西市鸡东县明德朝鲜族乡 | 9 | | 9 | 1 | 8 |
| 鸡西市城子河区永丰朝鲜族乡 | 8 | | 8 | 1 | 7 |
| **江苏省** | **8** | | **8** | **1** | **7** |
| 扬州市高邮市菱塘回族乡 | 8 | | 8 | 1 | 7 |
| **浙江省** | **61** | | **61** | **14** | **47** |
| 金华市兰溪市水亭畲族乡 | 20 | | 20 | 1 | 19 |
| 衢州市龙游县沐尘畲族乡 | 7 | | 7 | 1 | 6 |
| 丽水市莲都区丽新畲族乡 | 5 | | 5 | 1 | 4 |

| 卫生人员<br>（人） | #乡村医生和卫生员<br>（人） | #卫生技术人员<br>（人） | 其中：执业（助理）医师<br>（人） | 医疗卫生机构床位数<br>（张） | #医院<br>（张） | #基层医疗卫生机构<br>（张） | 其中：卫生院<br>（张） |
|---|---|---|---|---|---|---|---|
| 13 | 4 | 9 | 5 | 6 | | 6 | 6 |
| 11 | 2 | 9 | 3 | 6 | | 6 | 6 |
| 7 | 3 | 4 | 4 | 6 | | 6 | 6 |
| 15 | 5 | 10 | 7 | 8 | | 8 | 6 |
| 8 | 2 | 6 | 3 | 6 | | 6 | 6 |
| 8 | 4 | 4 | 3 | 18 | | 18 | 15 |
| 19 | 9 | 10 | 4 | 8 | | 8 | 8 |
| 11 | | 11 | 5 | 20 | | 20 | 20 |
| 36 | 11 | 25 | 16 | 25 | | 25 | 19 |
| 11 | 8 | 3 | 3 | 15 | | 15 | 15 |
| 40 | 11 | 29 | 19 | 42 | | 42 | 34 |
| 35 | 14 | 21 | 10 | 20 | | 20 | 20 |
| 12 | 1 | 11 | 5 | 12 | | 12 | 12 |
| 12 | 3 | 9 | 5 | 11 | | 11 | 9 |
| 10 | 1 | 9 | 2 | 10 | | 10 | 10 |
| 40 | 2 | 38 | 16 | 40 | | 40 | 40 |
| 6 | 4 | 2 | 2 | 10 | | 10 | 10 |
| 8 | 5 | 3 | 3 | 10 | | 10 | 10 |
| 33 | 15 | 18 | 12 | 25 | | 25 | 22 |
| 37 | 14 | 23 | 5 | 24 | | 24 | 16 |
| 23 | 4 | 19 | 9 | 30 | | 30 | 30 |
| 8 | | 8 | 3 | 16 | | 16 | 16 |
| 12 | 6 | 6 | 2 | 20 | | 20 | 20 |
| 27 | 7 | 20 | 9 | 25 | | 25 | 17 |
| **52** | **18** | **34** | **34** | **26** | | **26** | **26** |
| 52 | 18 | 34 | 34 | 26 | | 26 | 26 |
| **186** | **39** | **138** | **71** | **35** | | **35** | **35** |
| 45 | 19 | 26 | 12 | 8 | | 8 | 8 |
| 14 | 6 | 8 | 8 | | | | |
| 14 | 4 | 8 | 2 | | | | |

9-1(三) 续表 7

| 名　称 | 医疗卫生机构（个） | #医院（个） | #基层医疗卫生机构（个） | 其中：卫生院（个） | 村卫生室（个） |
|---|---|---|---|---|---|
| 丽水市龙泉市竹垟畲族乡 | 3 | | 3 | 1 | 2 |
| 丽水市云和县雾溪畲族乡 | 1 | | 1 | 1 | |
| 丽水市云和县安溪畲族乡 | 1 | | 1 | 1 | |
| 丽水市遂昌县三仁畲族乡 | 6 | | 6 | 1 | 5 |
| 丽水市松阳县板桥畲族乡 | 2 | | 2 | 1 | 1 |
| 杭州市桐庐县莪山畲族乡 | 8 | | 8 | 1 | 7 |
| 温州市平阳县青街畲族乡 | 3 | | 3 | 1 | 2 |
| 温州市苍南县岱岭畲族乡 | 1 | | 1 | 1 | |
| 温州市苍南县凤阳畲族乡 | 2 | | 2 | 1 | 1 |
| 温州市文成县周山畲族乡 | 1 | | 1 | 1 | |
| 温州市泰顺县竹里畲族乡 | 1 | | 1 | 1 | |
| **安徽省** | **78** | **2** | **76** | **9** | **67** |
| 淮南市谢家集区孤堆回族乡 | 9 | | 9 | 1 | 8 |
| 合肥市肥东县牌坊回族满族乡 | 12 | | 12 | 1 | 11 |
| 滁州市定远县二龙回族乡 | 6 | | 6 | 1 | 5 |
| 淮南市凤台县李冲回族乡 | 7 | | 7 | 1 | 6 |
| 淮南市潘集区古沟回族乡 | 13 | | 13 | 1 | 12 |
| 淮南市寿县陶店回族乡 | 7 | 1 | 6 | 1 | 5 |
| 宣城市宁国市云梯畲族乡 | 5 | | 5 | 1 | 4 |
| 蚌埠市五河县临北回族乡 | 12 | 1 | 11 | 1 | 10 |
| 阜阳市颍上县赛涧回族乡 | 7 | | 7 | 1 | 6 |
| **福建省** | **315** | **3** | **312** | **18** | **294** |
| 福州市罗源县霍口畲族乡 | 11 | | 11 | 1 | 10 |
| 福州市连江县小沧畲族乡 | 4 | | 4 | 1 | 3 |
| 宁德市福安市坂中畲族乡 | 25 | 1 | 24 | 1 | 23 |
| 宁德市福安市康厝畲族乡 | 21 | | 21 | 1 | 20 |
| 宁德市福安市穆云畲族乡 | 20 | 1 | 19 | | 19 |
| 宁德市霞浦县盐田畲族乡 | 17 | | 17 | 1 | 16 |
| 宁德市霞浦县崇儒畲族乡 | 15 | | 15 | 1 | 14 |
| 宁德市霞浦县水门畲族乡 | 12 | | 12 | 1 | 11 |

| 卫生人员<br>（人） | #乡村医生和卫生员<br>（人） | #卫生技术人员<br>（人） | 其中：执业（助理）医师<br>（人） | 医疗卫生机构床位数<br>（张） | #医院<br>（张） | #基层医疗卫生机构<br>（张） | 其中：卫生院<br>（张） |
|---|---|---|---|---|---|---|---|
| 9 | 2 | 7 | 4 | 4 | | 4 | 2 |
| 5 | | 3 | 3 | 3 | | 3 | 3 |
| 5 | | 5 | 3 | | | | |
| 17 | 5 | 12 | 8 | 5 | | 5 | 5 |
| 7 | 1 | 6 | 6 | | | | |
| 28 | 1 | 27 | 9 | 2 | | 2 | 2 |
| 15 | | 15 | 7 | 2 | | 2 | 2 |
| 8 | | 8 | | | | | |
| 9 | 1 | 3 | 5 | | | | |
| 6 | | 6 | 3 | 10 | | 10 | 10 |
| 4 | | 4 | 1 | 3 | | 3 | 3 |
| **241** | **116** | **125** | **69** | **209** | **15** | **194** | **194** |
| 20 | 14 | 6 | 6 | 20 | | 20 | 20 |
| 49 | 19 | 30 | 8 | 37 | | 37 | 37 |
| 26 | 13 | 13 | 6 | 20 | | 20 | 20 |
| 16 | 6 | 10 | 3 | 20 | | 20 | 20 |
| 34 | 14 | 20 | 18 | 36 | | 36 | 36 |
| 26 | 8 | 18 | 2 | 20 | | 20 | 20 |
| 9 | 4 | 5 | 3 | 6 | | 6 | 6 |
| 38 | 20 | 18 | 18 | 30 | 15 | 15 | 15 |
| 23 | 18 | 5 | 5 | 20 | | 20 | 20 |
| **1080** | **348** | **721** | **384** | **673** | **313** | **360** | **360** |
| 30 | 10 | 20 | 3 | 15 | | 15 | 15 |
| 18 | 2 | 16 | 5 | 10 | | 10 | 10 |
| 232 | 25 | 207 | 207 | 210 | 165 | 45 | 45 |
| 43 | 23 | 16 | 4 | 4 | | 4 | 4 |
| 55 | 34 | 21 | 8 | 80 | 80 | | |
| 46 | 13 | 33 | 7 | 10 | | 10 | 10 |
| 40 | 10 | 30 | 9 | 8 | | 8 | 8 |
| 37 | 11 | 26 | 6 | 20 | | 20 | 20 |

9-1(三) 续表 8

| 名 称 | 医疗卫生机构（个） | #医院（个） | #基层医疗卫生机构（个） | 其中：卫生院（个） | 村卫生室（个） |
|---|---|---|---|---|---|
| 宁德市蕉城区金涵畲族乡 | 27 | 1 | 26 | 1 | 25 |
| 宁德市福鼎市硖门畲族乡 | 14 | | 14 | 1 | 13 |
| 宁德市福鼎市佳阳畲族乡 | 12 | | 12 | 1 | 11 |
| 漳州市漳浦县赤岭畲族乡 | 11 | | 11 | 1 | 10 |
| 漳州市漳浦县湖西畲族乡 | 18 | | 18 | 1 | 17 |
| 漳州市龙海区隆教畲族乡 | 23 | | 23 | 1 | 22 |
| 三明市永安市青水畲族乡 | 19 | | 19 | 1 | 18 |
| 三明市宁化县治平畲族乡 | 13 | | 13 | 1 | 12 |
| 龙岩市上杭县官庄畲族乡 | 21 | | 21 | 1 | 20 |
| 龙岩市上杭县庐丰畲族乡 | 26 | | 26 | 1 | 25 |
| 泉州市惠安县百崎回族乡 | 6 | | 6 | 1 | 5 |
| **江西省** | **90** | | **90** | **9** | **81** |
| 鹰潭市贵溪樟坪畲族乡 | 5 | | 5 | 1 | 4 |
| 上饶市铅山县太源畲族乡 | 4 | | 4 | 1 | 3 |
| 上饶市铅山县篁碧畲族乡 | 5 | | 5 | 1 | 4 |
| 吉安市永丰县龙冈畲族乡 | 15 | | 15 | 1 | 14 |
| 赣州市南康赤土畲族乡 | 28 | | 28 | 1 | 27 |
| 吉安市青原区东固畲族乡 | 20 | | 20 | 1 | 19 |
| 抚州市乐安县金竹畲族乡 | 12 | | 12 | 2 | 10 |
| 吉安市峡江县金坪民族乡 | 1 | | 1 | 1 | |
| **河南省** | **107** | **1** | **106** | **12** | **94** |
| 郑州市荥阳市金寨回族乡 | 3 | | 3 | 1 | 2 |
| 商丘市民权县伯党回族乡 | 10 | | 10 | 1 | 9 |
| 商丘市民权县胡集回族乡 | 14 | | 14 | 1 | 13 |
| 平顶山市叶县马庄回族乡 | 10 | 1 | 9 | 1 | 8 |
| 平顶山市郏县姚庄回族乡 | 7 | | 7 | 1 | 6 |
| 新乡市封丘县荆乡回族乡 | 6 | | 6 | 1 | 5 |
| 许昌市许昌县艾庄回族乡 | 13 | | 13 | 1 | 12 |
| 许昌市禹州市山货回族乡 | 7 | | 7 | 1 | 6 |
| 南阳市镇平县郭庄回族乡 | 9 | | 9 | 1 | 8 |

| 卫生人员<br>（人） | #乡村医生和卫生员<br>（人） | #卫生技术人员<br>（人） | 其中：执业（助理）医师<br>（人） | 医疗卫生机构床位数<br>（张） | #医院<br>（张） | #基层医疗卫生机构<br>（张） | 其中：卫生院<br>（张） |
|---|---|---|---|---|---|---|---|
| 105 | 36 | 69 | 24 | 68 | 68 | | |
| 44 | 19 | 18 | 6 | 10 | | 10 | 10 |
| 41 | 17 | 24 | 6 | 15 | | 15 | 15 |
| 43 | 7 | 36 | 11 | 18 | | 18 | 18 |
| 42 | 18 | 24 | 6 | 30 | | 30 | 30 |
| 56 | 22 | 34 | 11 | 20 | | 20 | 20 |
| 30 | 18 | 12 | 12 | 20 | | 20 | 20 |
| 30 | 11 | 19 | 5 | 30 | | 30 | 30 |
| 70 | 30 | 40 | 28 | 30 | | 30 | 30 |
| 63 | 26 | 37 | 15 | 35 | | 35 | 35 |
| 55 | 16 | 39 | 11 | 40 | | 40 | 40 |
| **244** | **89** | **150** | **53** | **241** | | **241** | **221** |
| 9 | 5 | 4 | 3 | 10 | | 10 | 10 |
| 8 | 3 | 5 | 5 | 12 | | 12 | 12 |
| 10 | 2 | 8 | 3 | 10 | | 10 | 10 |
| 39 | 22 | 17 | 8 | 32 | | 32 | 32 |
| 80 | 27 | 53 | 14 | 70 | | 70 | 70 |
| 54 | 19 | 35 | 9 | 58 | | 58 | 58 |
| 32 | 11 | 16 | 6 | 37 | | 37 | 17 |
| 12 | | 12 | 5 | 12 | | 12 | 12 |
| **367** | **127** | **239** | **105** | **474** | **38** | **436** | **350** |
| 19 | 2 | 17 | 2 | 15 | | 15 | 15 |
| 27 | 10 | 17 | 13 | 32 | | 32 | 32 |
| 46 | 7 | 39 | 18 | 78 | | 78 | 40 |
| 32 | 10 | 22 | 5 | 54 | 38 | 16 | |
| 19 | 6 | 13 | 2 | 26 | | 26 | 26 |
| 24 | 4 | 19 | 9 | 35 | | 35 | 30 |
| 40 | 21 | 19 | 10 | 25 | | 25 | 25 |
| 25 | 6 | 19 | 8 | 20 | | 20 | 20 |
| 33 | 8 | 25 | 8 | 67 | | 67 | 40 |

9-1(三) 续表 9

| 名　称 | 医疗卫生机构（个） | #医院（个） | #基层医疗卫生机构（个） | 其中：卫生院（个） | 村卫生室（个） |
|---|---|---|---|---|---|
| 南阳市方城县袁店回族乡 | 10 | | 10 | 1 | 9 |
| 驻马店市西平县蔡寨回族乡 | 7 | | 7 | 1 | 6 |
| 洛阳市瀍河回族区廛河回族乡 | 11 | | 11 | 1 | 10 |
| **湖北省** | **140** | **2** | **138** | **10** | **128** |
| 荆门市钟祥市九里回族乡 | 10 | | 10 | 1 | 9 |
| 荆州市洪湖市老湾回族乡 | 8 | | 8 | 1 | 7 |
| 荆州市松滋市卸甲坪土家族乡 | 9 | | 9 | 1 | 8 |
| 宜昌市宜都市潘家湾土家族乡 | 10 | | 10 | 1 | 9 |
| 十堰市郧西县湖北口回族乡 | 19 | 1 | 18 | 1 | 17 |
| 恩施土家族苗族自治州恩施市芭蕉侗族乡 | 21 | | 21 | 1 | 20 |
| 恩施土家族苗族自治州宣恩县长潭河侗族乡 | 21 | | 21 | 1 | 20 |
| 恩施土家族苗族自治州宣恩县晓关侗族乡 | 26 | 1 | 25 | 1 | 24 |
| 神农架林区下谷坪土家族乡 | 5 | | 5 | 1 | 4 |
| 恩施土家族苗族自治州鹤峰县铁炉白族乡 | 11 | | 11 | 1 | 10 |
| **湖南省** | **1129** | **5** | **1124** | **114** | **1010** |
| 怀化市辰溪县罗子山瑶族乡 | 9 | | 9 | 1 | 8 |
| 怀化市辰溪县苏木溪瑶族乡 | 11 | | 11 | 1 | 10 |
| 怀化市辰溪县上蒲溪瑶族乡 | 9 | | 9 | 1 | 8 |
| 怀化市辰溪县后塘瑶族乡 | 15 | | 15 | 1 | 14 |
| 怀化市辰溪县仙人湾瑶族乡 | 17 | | 17 | 1 | 16 |
| 怀化市洪江市深渡苗族乡 | 10 | | 10 | 1 | 9 |
| 怀化市洪江市龙船塘瑶族乡 | 8 | | 8 | 1 | 7 |
| 怀化市会同县炮团侗族苗族乡 | 9 | | 9 | 1 | 8 |
| 怀化市会同县宝田侗族苗族乡 | 7 | | 7 | 1 | 6 |
| 怀化市会同县蒲稳侗族苗族乡 | 7 | | 7 | 1 | 6 |
| 怀化市会同县金子岩侗族苗族乡 | 29 | | 29 | 3 | 26 |
| 怀化市会同县漠滨侗族苗族乡 | 8 | | 8 | 1 | 7 |
| 怀化市会同县青朗侗族苗族乡 | 15 | | 15 | 2 | 13 |
| 怀化市沅陵县二酉苗族乡 | 33 | | 33 | 3 | 30 |
| 怀化市沅陵县火场土家族乡 | 7 | | 7 | 1 | 6 |

| 卫生人员<br>（人） | #乡村医生和卫生员<br>（人） | #卫生技术人员<br>（人） | 其中：执业（助理）医师<br>（人） | 医疗卫生机构床位数<br>（张） | #医院<br>（张） | #基层医疗卫生机构<br>（张） | 其中：卫生院<br>（张） |
|---|---|---|---|---|---|---|---|
| 43 | 27 | 16 | 9 | 32 | | 32 | 32 |
| 49 | 16 | 33 | 21 | 70 | | 70 | 70 |
| 10 | 10 | | | 20 | | 20 | 20 |
| **727** | **203** | **451** | **173** | **596** | **60** | **536** | **517** |
| 32 | 11 | 21 | 21 | 49 | | 49 | 30 |
| 40 | 10 | 30 | 6 | 25 | | 25 | 25 |
| 21 | 14 | 7 | 2 | 20 | | 20 | 20 |
| 46 | 14 | 26 | 11 | 32 | | 32 | 32 |
| 56 | 17 | 39 | 28 | 120 | 60 | 60 | 60 |
| 146 | 55 | 91 | 45 | 110 | | 110 | 110 |
| 199 | 34 | 101 | 18 | 90 | | 90 | 90 |
| 126 | 34 | 89 | 26 | 95 | | 95 | 95 |
| 16 | 3 | 13 | 4 | 20 | | 20 | 20 |
| 45 | 11 | 34 | 12 | 35 | | 35 | 35 |
| **2790** | **999** | **1703** | **890** | **2954** | **87** | **2867** | **2867** |
| 20 | 8 | 12 | 3 | 16 | | 16 | 16 |
| 17 | 8 | 9 | 6 | 15 | | 15 | 15 |
| 17 | 8 | 9 | 3 | 20 | | 20 | 20 |
| 39 | 14 | 25 | 11 | 40 | | 40 | 40 |
| 39 | 16 | 23 | 4 | 25 | | 25 | 25 |
| 26 | 9 | 17 | 15 | 35 | | 35 | 35 |
| 21 | 7 | 12 | 2 | 7 | | 7 | 26 |
| 25 | 9 | 16 | 7 | 20 | | 20 | 20 |
| 28 | 11 | 17 | 8 | 20 | | 20 | 20 |
| 11 | 6 | 5 | 3 | 20 | | 20 | 20 |
| 93 | 26 | 65 | 30 | 94 | | 94 | 94 |
| 16 | 7 | 9 | 9 | 42 | | 42 | 42 |
| 28 | 13 | 15 | 6 | 210 | | 210 | 210 |
| 68 | 30 | 38 | 38 | 131 | | 131 | 131 |
| 15 | 6 | 9 | 9 | 14 | | 14 | 14 |

9-1(三)　续表 10

| 名　称 | 医疗卫生机构（个） | #医院（个） | #基层医疗卫生机构（个） | 其中：卫生院（个） | 村卫生室（个） |
|---|---|---|---|---|---|
| 怀化市中方县蒿吉坪瑶族乡 | 7 | | 7 | 1 | 6 |
| 怀化市通道侗族自治县大高坪苗族乡 | 4 | | 4 | 1 | 3 |
| 怀化市新晃侗族自治县步头降苗族乡 | 7 | | 7 | 1 | 6 |
| 怀化市新晃侗族自治县米贝苗族乡 | 9 | | 9 | 1 | 8 |
| 邵阳市绥宁县河口苗族乡 | 12 | | 12 | 2 | 10 |
| 邵阳市绥宁县麻塘苗族乡 | 15 | | 15 | 2 | 13 |
| 邵阳市绥宁县东山侗族乡 | 13 | | 13 | 1 | 12 |
| 邵阳市绥宁县鹅公岭侗族苗族乡 | 11 | | 11 | 1 | 10 |
| 邵阳市绥宁县寨市苗族侗族乡 | 32 | | 32 | 3 | 29 |
| 邵阳市绥宁县乐安铺苗族侗族乡 | 9 | | 9 | 1 | 8 |
| 邵阳市绥宁县关峡苗族乡 | 14 | | 14 | 1 | 13 |
| 邵阳市绥宁县长铺子苗族乡 | 35 | 3 | 32 | 3 | 29 |
| 邵阳市隆回县山界回族乡 | 16 | | 16 | 1 | 15 |
| 邵阳市隆回县虎形山瑶族乡 | 13 | | 13 | 1 | 12 |
| 邵阳市洞口县那溪瑶族乡 | 13 | | 13 | 1 | 12 |
| 邵阳市洞口县大屋瑶族乡 | 8 | | 8 | 1 | 7 |
| 邵阳市洞口县长塘瑶族乡 | 7 | | 7 | 1 | 6 |
| 邵阳市新宁县黄金瑶族乡 | 12 | | 12 | 1 | 11 |
| 邵阳市新宁县麻林瑶族乡 | 12 | | 12 | 1 | 11 |
| 永州市蓝山县荆竹瑶族乡 | 6 | | 6 | 1 | 5 |
| 永州市蓝山县湘江源瑶族乡 | 6 | | 6 | 1 | 5 |
| 永州市蓝山县浆洞瑶族乡 | 7 | | 7 | 1 | 6 |
| 永州市蓝山县汇源瑶族乡 | 4 | | 4 | 1 | 3 |
| 永州市蓝山县犁头瑶族乡 | 3 | | 3 | 1 | 2 |
| 永州市蓝山县大桥瑶族乡 | 10 | | 10 | 1 | 9 |
| 永州市江永县松柏瑶族乡 | 16 | | 16 | 2 | 14 |
| 永州市江永县千家洞瑶族乡 | 15 | | 15 | 1 | 14 |
| 永州市江永县兰溪瑶族乡 | 7 | | 7 | 1 | 6 |
| 永州市江永县源口瑶族乡 | 18 | | 18 | 1 | 17 |
| 永州市宁远县九疑瑶族乡 | 23 | | 23 | 2 | 21 |

| 卫生人员<br>（人） | #乡村医生和卫生员<br>（人） | #卫生技术人员<br>（人） | 其中：执业（助理）医师<br>（人） | 医疗卫生机构床位数<br>（张） | #医院<br>（张） | #基层医疗卫生机构<br>（张） | 其中：卫生院<br>（张） |
|---|---|---|---|---|---|---|---|
| 12 | 6 | 6 | 6 | 12 | | 12 | 12 |
| 11 | 2 | 5 | 2 | 4 | | 4 | 4 |
| 22 | 4 | 18 | 3 | 15 | | 15 | 15 |
| 21 | 5 | 16 | 8 | 31 | | 31 | 31 |
| 30 | 11 | 19 | 7 | 38 | | 38 | 28 |
| 29 | 13 | 16 | 8 | 14 | | 14 | 14 |
| 41 | 12 | 29 | 20 | 30 | | 30 | 30 |
| 27 | 13 | 14 | 5 | 19 | | 19 | 8 |
| 77 | 12 | 46 | 19 | 70 | | 70 | 41 |
| 29 | 12 | 17 | 6 | 41 | | 41 | 25 |
| 40 | 13 | 27 | 23 | 14 | | 14 | 14 |
| 103 | 47 | 56 | 53 | 38 | 18 | 20 | 18 |
| 43 | 19 | 24 | 5 | 25 | | 25 | 25 |
| 27 | 15 | 12 | 7 | 20 | | 20 | 20 |
| 45 | 24 | 21 | 11 | 15 | | 15 | 15 |
| 17 | 8 | 9 | 6 | 4 | | 4 | 4 |
| 20 | 4 | 16 | 11 | 9 | | 9 | 9 |
| 29 | 11 | 18 | 7 | 10 | | 10 | 10 |
| 34 | 11 | 23 | 10 | 18 | | 18 | 18 |
| 11 | 3 | 8 | 3 | 10 | | 10 | 10 |
| 9 | 3 | 6 | 3 | 3 | | 3 | 1 |
| 14 | 5 | 8 | 5 | 8 | | 8 | 8 |
| 6 | 4 | 2 | 2 | 6 | | 6 | 6 |
| 8 | 2 | 6 | 2 | 6 | | 6 | 6 |
| 25 | 9 | 16 | 7 | 16 | | 16 | 16 |
| 68 | 19 | 43 | 15 | 60 | | 60 | 46 |
| 27 | 13 | 14 | 6 | 20 | | 20 | 20 |
| 21 | 8 | 13 | 6 | 22 | | 22 | 22 |
| 27 | 18 | 9 | 3 | 15 | | 15 | 15 |
| 68 | 21 | 47 | 5 | 23 | | 23 | 23 |

9-1(三) 续表 11

| 名 称 | 医疗卫生机构（个） | #医院（个） | #基层医疗卫生机构（个） | 其中：卫生院（个） | 村卫生室（个） |
|---|---|---|---|---|---|
| 永州市宁远县棉花坪瑶族乡 | 6 | | 6 | 1 | 5 |
| 永州市宁远县桐木漯瑶族乡 | 7 | | 7 | 1 | 6 |
| 永州市宁远县五龙山瑶族乡 | 14 | | 14 | 1 | 13 |
| 永州市道县横岭瑶族乡 | 9 | | 9 | 1 | 8 |
| 永州市道县洪塘营瑶族乡 | 11 | | 11 | 1 | 10 |
| 永州市道县审章塘瑶族乡 | 22 | | 22 | 2 | 20 |
| 永州市祁阳市晒北滩瑶族乡 | 10 | | 10 | 1 | 9 |
| 永州市新田县门楼下瑶族乡 | 12 | | 12 | 1 | 11 |
| 永州市双牌县上梧江瑶族乡 | 13 | | 13 | 2 | 11 |
| 永州市江华瑶族自治县小圩壮族乡 | 24 | | 24 | 1 | 23 |
| 张家界市桑植县刘家坪白族乡 | 7 | | 7 | 1 | 6 |
| 张家界市桑植县马合口白族乡 | 12 | | 12 | 3 | 9 |
| 张家界市桑植县走马坪白族乡 | 17 | | 17 | 2 | 15 |
| 张家界市桑植县芙蓉桥白族乡 | 11 | | 11 | 2 | 9 |
| 张家界市桑植县洪家关白族乡 | 23 | | 23 | 1 | 22 |
| 张家界市慈利县三官寺土家族乡 | 17 | | 17 | 1 | 16 |
| 张家界市慈利县高峰土家族乡 | 17 | | 17 | 1 | 16 |
| 张家界市慈利县金岩土家族乡 | 13 | | 13 | 1 | 12 |
| 张家界市慈利县许家坊土家族乡 | 13 | 1 | 12 | 1 | 11 |
| 张家界市慈利县阳和土家族乡 | 11 | | 11 | 1 | 10 |
| 张家界市慈利县甘堰土家族乡 | 22 | | 22 | 2 | 20 |
| 张家界市慈利县赵家岗土家族乡 | 12 | | 12 | 1 | 11 |
| 郴州市桂阳县白水瑶族乡 | 16 | | 16 | 3 | 13 |
| 郴州市北湖区保和瑶族乡 | 13 | | 13 | 2 | 11 |
| 郴州市北湖区仰天湖瑶族乡 | 14 | | 14 | 3 | 11 |
| 郴州市宜章县莽山瑶族乡 | 7 | | 7 | 1 | 6 |
| 郴州市汝城县文明瑶族乡 | 47 | | 47 | 3 | 44 |
| 郴州市汝城县延寿瑶族乡 | 19 | | 19 | 2 | 17 |
| 郴州市临武县西山瑶族乡 | 14 | | 14 | 1 | 13 |
| 郴州市资兴市回龙山瑶族乡 | 13 | | 13 | 1 | 12 |

| 卫生人员（人） | #乡村医生和卫生员（人） | #卫生技术人员（人） | 其中：执业（助理）医师（人） | 医疗卫生机构床位数（张） | #医院（张） | #基层医疗卫生机构（张） | 其中：卫生院（张） |
|---|---|---|---|---|---|---|---|
| 10 | 2 | 7 | 2 | 10 |  | 10 | 10 |
| 40 | 12 | 12 | 12 | 12 |  | 12 | 12 |
| 23 |  | 6 | 6 | 20 |  | 20 | 20 |
| 19 |  | 18 | 4 | 24 |  | 24 | 24 |
| 53 | 38 | 15 | 3 | 32 |  | 32 | 32 |
| 53 | 20 | 33 | 6 | 80 |  | 80 | 80 |
| 11 | 5 | 6 | 4 | 15 |  | 15 | 15 |
| 24 | 13 | 11 | 11 | 10 |  | 10 |  |
| 19 | 4 | 15 | 6 | 26 |  | 26 | 26 |
| 40 | 25 | 15 | 15 | 10 |  | 10 | 10 |
| 20 | 5 | 15 | 8 | 19 |  | 19 | 19 |
| 24 | 9 | 15 | 9 | 32 |  | 32 | 32 |
| 22 | 13 | 9 | 6 | 28 |  | 28 | 28 |
| 37 | 9 | 28 | 9 | 19 |  | 19 | 19 |
| 44 | 15 | 29 | 17 | 44 |  | 44 | 44 |
| 22 | 13 | 9 | 9 | 38 |  | 38 | 38 |
| 22 | 9 | 13 | 8 | 18 |  | 18 | 18 |
| 27 | 12 | 15 | 13 | 40 |  | 40 | 40 |
| 22 | 10 | 12 | 12 | 31 | 1 | 30 | 30 |
| 33 | 7 | 26 | 8 | 25 |  | 25 | 25 |
| 55 | 20 | 35 | 19 | 38 |  | 38 | 38 |
| 24 | 9 | 15 | 6 | 12 |  | 12 | 1 |
| 38 | 13 | 25 | 7 | 7 |  | 7 | 7 |
| 43 | 11 | 32 | 16 | 35 |  | 35 | 35 |
| 11 | 5 | 6 | 6 | 30 |  | 30 | 30 |
| 20 | 3 | 13 | 7 | 15 |  | 15 | 15 |
| 128 | 39 | 82 | 52 | 127 |  | 127 | 91 |
| 56 | 14 | 34 | 8 | 41 |  | 41 | 41 |
| 22 | 9 | 13 | 8 | 34 | 18 | 16 | 6 |
| 24 | 12 | 12 | 6 | 15 |  | 15 | 15 |

9-1(三) 续表 12

| 名　　称 | 医疗卫生机构（个） | #医院（个） | #基层医疗卫生机构（个） | 其中：卫生院（个） | 村卫生室（个） |
|---|---|---|---|---|---|
| 郴州市资兴市八面山瑶族乡 | 16 | | 16 | 1 | 15 |
| 常德市鼎城区许家桥回族维吾尔族乡 | 19 | 1 | 18 | 2 | 16 |
| 常德市汉寿县毛家滩回族维吾尔族乡 | 17 | | 17 | 1 | 16 |
| 常德市桃源县枫树维吾尔族回族乡 | 14 | | 14 | 1 | 13 |
| 常德市桃源县青林回族维吾尔族乡 | 24 | | 24 | 1 | 23 |
| 株洲市炎陵县中村瑶族乡 | 16 | | 16 | 3 | 13 |
| 衡阳市常宁市塔山瑶族乡 | 9 | | 9 | 1 | 8 |
| 益阳市桃江县鲊埠回族乡 | 10 | | 10 | 1 | 9 |
| **广东省** | **67** | **1** | **66** | **7** | **59** |
| 惠州市龙门县蓝田瑶族乡 | 9 | 1 | 8 | 1 | 7 |
| 清远市连州市三水瑶族乡 | 5 | | 5 | 1 | 4 |
| 清远市连州市瑶安瑶族乡 | 11 | | 11 | 1 | 10 |
| 清远市阳山县秤架瑶族乡 | 14 | | 14 | 1 | 13 |
| 肇庆市怀集县下帅壮族瑶族乡 | 11 | | 11 | 1 | 10 |
| 韶关市始兴县深渡水瑶族乡 | 5 | | 5 | 1 | 4 |
| 河源市东源县漳溪畲族乡 | 12 | | 12 | 1 | 11 |
| **广西壮族自治区** | **674** | **1** | **673** | **67** | **606** |
| 梧州市蒙山县长坪瑶族乡 | 5 | | 5 | 1 | 4 |
| 梧州市蒙山县夏宜瑶族乡 | 7 | | 7 | 1 | 6 |
| 贺州市八步区黄洞瑶族乡 | 5 | | 5 | 1 | 4 |
| 贺州市平桂管理区大平瑶族乡 | 7 | | 7 | 1 | 6 |
| 贺州市昭平县仙回瑶族乡 | 7 | | 7 | 1 | 6 |
| 贺州市钟山县两安瑶族乡 | 8 | | 8 | 1 | 7 |
| 贺州市钟山县花山瑶族乡 | 7 | | 7 | 1 | 6 |
| 贵港市平南县马练瑶族乡 | 13 | | 13 | 1 | 12 |
| 贵港市平南县国安瑶族乡 | 11 | | 11 | 1 | 10 |
| 防城港市上思县南屏瑶族乡 | 10 | | 10 | 1 | 9 |
| 防城港市防城区十万山瑶族乡 | 6 | | 6 | 1 | 5 |
| 南宁市马山县古寨瑶族乡 | 10 | | 10 | 1 | 9 |
| 南宁市马山县里当瑶族乡 | 10 | | 10 | 1 | 9 |

| 卫生人员<br>（人） | #乡村医生和卫生员<br>（人） | #卫生技术人员<br>（人） | 其中：执业（助理）医师<br>（人） | 医疗卫生机构床位数<br>（张） | #医院<br>（张） | #基层医疗卫生机构<br>（张） | 其中：卫生院<br>（张） |
|---|---|---|---|---|---|---|---|
| 20 | 15 | 5 | 5 | 14 | | 14 | 14 |
| 83 | 22 | 61 | 37 | 150 | 50 | 100 | 100 |
| 35 | 16 | 19 | 11 | 101 | | 101 | 52 |
| 40 | 12 | 28 | 28 | 60 | | 60 | 60 |
| 134 | 25 | 109 | 47 | 510 | | 510 | 500 |
| 31 | 11 | 20 | 4 | 24 | | 24 | 24 |
| 17 | 8 | 9 | 5 | 35 | | 35 | 35 |
| 40 | 9 | 31 | 22 | 39 | | 39 | 39 |
| **182** | **49** | **133** | **52** | **109** | | **109** | **109** |
| 39 | 7 | 32 | 12 | 20 | | 20 | 20 |
| 14 | 3 | 11 | 4 | 8 | | 8 | 8 |
| 45 | 17 | 28 | 6 | 12 | | 12 | 12 |
| 24 | 7 | 17 | 12 | 19 | | 19 | 19 |
| 6 | | 6 | 6 | 11 | | 11 | 11 |
| 16 | 4 | 12 | 4 | 9 | | 9 | 9 |
| 38 | 11 | 27 | 8 | 30 | | 30 | 30 |
| **2820** | **828** | **1856** | **635** | **2387** | **139** | **2248** | **2248** |
| 17 | 6 | 11 | 4 | 5 | | 5 | 5 |
| 12 | 7 | 5 | 3 | 13 | | 13 | 13 |
| 42 | 6 | 29 | 8 | 37 | | 37 | 37 |
| 40 | 11 | 29 | 8 | 32 | | 32 | 32 |
| 40 | 12 | 28 | 6 | 20 | | 20 | 20 |
| 32 | 6 | 26 | 10 | 30 | | 30 | 30 |
| 22 | 5 | 17 | 3 | 10 | | 10 | 10 |
| 102 | 20 | 82 | 38 | 157 | | 157 | 157 |
| 53 | 11 | 42 | 10 | 88 | | 88 | 88 |
| 35 | 9 | 22 | 4 | 16 | | 16 | 16 |
| 17 | 5 | 12 | 1 | 10 | | 10 | 10 |
| 51 | 11 | 40 | 14 | 99 | | 99 | 99 |
| 52 | 14 | 38 | 8 | 60 | | 60 | 60 |

9-1(三) 续表 13

| 名称 | 医疗卫生机构（个） | #医院（个） | #基层医疗卫生机构（个） | 其中：卫生院（个） | 村卫生室（个） |
|---|---|---|---|---|---|
| 南宁市上林县镇圩瑶族乡 | 11 | | 11 | 1 | 10 |
| 柳州市三江侗族自治县同乐苗族乡 | 20 | | 20 | 1 | 19 |
| 柳州市三江侗族自治县福禄苗族乡 | 14 | | 14 | 1 | 13 |
| 柳州市三江侗族自治县高基瑶族乡 | 9 | | 9 | 1 | 8 |
| 柳州市融水苗族自治县滚贝侗族乡 | 12 | | 12 | 1 | 11 |
| 柳州市融水苗族自治县同练瑶族乡 | 7 | | 7 | 1 | 6 |
| 柳州市柳城县古砦仫佬族乡 | 13 | | 13 | 1 | 12 |
| 桂林市临桂区宛田瑶族乡 | 16 | | 16 | 1 | 15 |
| 桂林市临桂区黄沙瑶族乡 | 5 | | 5 | 1 | 4 |
| 桂林市灵川县大境瑶族乡 | 16 | | 16 | 1 | 15 |
| 桂林市灵川县兰田瑶族乡 | 4 | | 4 | 1 | 3 |
| 桂林市全州县蕉江瑶族乡 | 9 | | 9 | 1 | 8 |
| 桂林市全州县东山瑶族乡 | 17 | | 17 | 1 | 16 |
| 桂林市兴安县华江瑶族乡 | 18 | | 18 | 1 | 17 |
| 桂林市灌阳县洞井瑶族乡 | 10 | | 10 | 1 | 9 |
| 桂林市灌阳县西山瑶族乡 | 11 | | 11 | 1 | 10 |
| 桂林市资源县车田苗族乡 | 22 | | 22 | 1 | 21 |
| 桂林市资源县两水苗族乡 | 7 | | 7 | 1 | 6 |
| 桂林市资源县河口瑶族乡 | 5 | | 5 | 1 | 4 |
| 桂林市平乐县大发瑶族乡 | 11 | | 11 | 1 | 10 |
| 桂林市荔浦市蒲芦瑶族乡 | 10 | | 10 | 1 | 9 |
| 桂林市雁山区草坪回族乡 | 4 | | 4 | 1 | 3 |
| 百色市右江区汪甸瑶族乡 | 15 | | 15 | 2 | 13 |
| 百色市田东县作登瑶族乡 | 23 | | 23 | 1 | 22 |
| 百色市田林县潞城瑶族乡 | 21 | | 21 | 2 | 19 |
| 百色市田林县利周瑶族乡 | 10 | | 10 | 1 | 9 |
| 百色市田林县八桂瑶族乡 | 14 | | 14 | 2 | 12 |
| 百色市田林县八渡瑶族乡 | 19 | | 19 | 2 | 17 |
| 百色市凌云县伶站瑶族乡 | 10 | | 10 | 1 | 9 |
| 百色市凌云县朝里瑶族乡 | 7 | | 7 | 1 | 6 |

| 卫生人员（人） | #乡村医生和卫生员（人） | #卫生技术人员（人） | 其中：执业（助理）医师（人） | 医疗卫生机构床位数（张） | #医院（张） | #基层医疗卫生机构（张） | 其中：卫生院（张） |
|---|---|---|---|---|---|---|---|
| 79 | 17 | 62 | 13 | 88 | | 88 | 88 |
| 89 | 32 | 40 | 17 | 172 | 86 | 86 | 86 |
| 52 | 28 | 15 | 9 | 50 | | 50 | 50 |
| 20 | 7 | 13 | 7 | 10 | | 10 | 10 |
| 33 | 11 | 22 | 6 | 30 | | 30 | 30 |
| 32 | 8 | 24 | 2 | 30 | | 30 | 30 |
| 71 | 8 | 63 | 18 | 61 | | 61 | 61 |
| 56 | 22 | 34 | 15 | 28 | | 28 | 28 |
| 15 | 5 | 10 | 5 | 4 | | 4 | 4 |
| 49 | 19 | 30 | 14 | 20 | | 20 | 20 |
| 20 | 4 | 16 | 5 | 16 | | 16 | 16 |
| 21 | 9 | 12 | 4 | 20 | | 20 | 20 |
| 66 | 17 | 45 | 9 | 40 | | 40 | 40 |
| 24 | 19 | 5 | 5 | 25 | | 25 | 25 |
| 24 | 9 | 15 | 2 | 21 | 8 | 13 | 8 |
| 40 | 18 | 22 | 6 | 26 | 5 | 21 | 14 |
| 48 | 11 | 37 | 36 | 48 | | 48 | 48 |
| 20 | 10 | 10 | 10 | 13 | | 13 | 13 |
| 25 | 5 | 20 | 20 | 8 | | 8 | 8 |
| 41 | 7 | 26 | 10 | 80 | 40 | 40 | 40 |
| 28 | 10 | 18 | 10 | 16 | | 16 | 16 |
| 26 | 6 | 18 | 3 | 13 | | 13 | 10 |
| 24 | 16 | 8 | 8 | 84 | | 84 | 84 |
| 84 | 25 | 59 | 12 | 58 | | 58 | 58 |
| 86 | 19 | 67 | 11 | 57 | | 57 | 57 |
| 48 | 9 | 39 | 15 | 50 | | 50 | 50 |
| 46 | 12 | 31 | 12 | 39 | | 39 | 39 |
| 62 | 17 | 45 | 15 | 50 | | 50 | 50 |
| 52 | 9 | 42 | 9 | 23 | | 23 | 23 |
| 51 | 7 | 38 | 3 | 15 | | 15 | 15 |

9-1(三) 续表 14

| 名　称 | 医疗卫生机构（个） | #医院（个） | #基层医疗卫生机构（个） | 其中：卫生院（个） | 村卫生室（个） |
|---|---|---|---|---|---|
| 百色市凌云县沙里瑶族乡 | 12 | | 12 | 1 | 11 |
| 百色市凌云县玉洪瑶族乡 | 20 | | 20 | 2 | 18 |
| 百色市西林县足别瑶族苗族乡 | 6 | | 6 | 1 | 5 |
| 百色市西林县普合苗族乡 | 7 | | 7 | 1 | 6 |
| 百色市西林县那佐苗族乡 | 18 | | 18 | 2 | 16 |
| 河池市南丹县八圩瑶族乡 | 17 | | 17 | 1 | 16 |
| 河池市南丹县里湖瑶族乡 | 13 | | 13 | 1 | 12 |
| 河池市南丹县中堡苗族乡 | 7 | | 7 | 1 | 6 |
| 河池市天峨县八腊瑶族乡 | 9 | | 9 | 1 | 8 |
| 河池市凤山县平乐瑶族乡 | 11 | | 11 | 1 | 10 |
| 河池市凤山县江洲瑶族乡 | 8 | | 8 | 1 | 7 |
| 河池市凤山县金牙瑶族乡 | 14 | | 14 | 2 | 12 |
| 河池市东兰县三弄瑶族乡 | 7 | 1 | 6 | 1 | 5 |
| 河池市环江毛南族自治县驯乐苗族乡 | 13 | | 13 | 1 | 12 |
| 河池市宜州区北牙瑶族乡 | 20 | | 20 | 2 | 18 |
| 河池市宜州区福龙瑶族乡 | 16 | | 16 | 1 | 15 |
| **重庆市** | **111** | **1** | **110** | **14** | **96** |
| 奉节县云雾土家族乡 | 3 | 1 | 2 | | 2 |
| 奉节县长安土家族乡 | 9 | | 9 | 1 | 8 |
| 奉节县龙桥土家族乡 | 6 | | 6 | 1 | 5 |
| 奉节县太和土家族乡 | 8 | | 8 | 2 | 6 |
| 万州区恒合土家族乡 | 15 | | 15 | 1 | 14 |
| 万州区地宝土家族乡 | 5 | | 5 | 1 | 4 |
| 云阳县清水土家族乡 | 15 | | 15 | 1 | 14 |
| 巫山县红椿土家族乡 | 5 | | 5 | 1 | 4 |
| 巫山县邓家土家族乡 | 7 | | 7 | 1 | 6 |
| 忠县磨子土家族乡 | 10 | | 10 | 1 | 9 |
| 武隆区石桥苗族土家族乡 | 8 | | 8 | 1 | 7 |
| 武隆区文复苗族土家族乡 | 7 | | 7 | 1 | 6 |
| 武隆区后坪苗族土家族乡 | 6 | | 6 | 1 | 5 |
| 武隆区浩口苗族仡佬族乡 | 7 | | 7 | 1 | 6 |

| 卫生人员<br>（人） | #乡村医生和卫生员<br>（人） | #卫生技术人员<br>（人） | 其中：执业（助理）医师<br>（人） | 医疗卫生机构床位数<br>（张） | #医院<br>（张） | #基层医疗卫生机构<br>（张） | 其中：卫生院<br>（张） |
|---|---|---|---|---|---|---|---|
| 58 | 10 | 42 | 12 | 12 | | 12 | 1 |
| 113 | 14 | 83 | 8 | 18 | | 18 | 2 |
| 26 | 5 | 21 | 3 | 25 | | 25 | 25 |
| 38 | 7 | 31 | 5 | 27 | | 27 | 27 |
| 65 | 15 | 50 | 10 | 60 | | 60 | 60 |
| 83 | 16 | 57 | 23 | 54 | | 54 | 54 |
| 40 | 12 | 19 | 7 | 45 | | 45 | 45 |
| 21 | 6 | 12 | 7 | 16 | | 16 | 10 |
| 76 | 30 | 25 | 16 | 77 | | 77 | 77 |
| 95 | 55 | 40 | 31 | 60 | | 60 | 50 |
| 59 | 23 | 26 | 10 | 34 | | 34 | 27 |
| 78 | 55 | 23 | 11 | 53 | | 53 | 41 |
| 22 | 5 | 17 | 2 | 15 | | 15 | 15 |
| 67 | 12 | 55 | 11 | 22 | | 22 | 22 |
| 67 | 27 | 40 | 35 | 129 | | 129 | 129 |
| 65 | 17 | 48 | 16 | 45 | | 45 | 45 |
| **376** | **111** | **256** | **120** | **439** | **10** | **429** | **419** |
| 9 | 2 | 4 | 1 | 20 | 10 | 10 | 10 |
| 25 | 7 | 18 | 7 | 20 | | 20 | 20 |
| 19 | 6 | 13 | 1 | 30 | | 30 | 30 |
| 29 | 7 | 22 | 5 | 44 | | 44 | 44 |
| 74 | 25 | 49 | 37 | 70 | | 70 | 40 |
| 27 | 4 | 17 | 6 | 20 | | 20 | 20 |
| 60 | 14 | 46 | 18 | 115 | | 115 | 115 |
| 19 | 5 | 14 | 5 | 19 | | 19 | 19 |
| 13 | 11 | 2 | 1 | 8 | | 8 | 8 |
| 43 | 9 | 34 | 13 | 70 | | 70 | 70 |
| 18 | 6 | 12 | 12 | 15 | | 15 | 15 |
| 15 | 6 | 9 | 2 | 10 | | 10 | 10 |
| 12 | 5 | 7 | 7 | 8 | | 8 | 8 |
| 13 | 4 | 9 | 5 | 10 | | 10 | 10 |

9-1(三) 续表 15

| 名　　称 | 医疗卫生机构（个） | #医院（个） | #基层医疗卫生机构（个） | 其中：卫生院（个） | 村卫生室（个） |
|---|---|---|---|---|---|
| **四川省** | **619** | **4** | **615** | **88** | **527** |
| 甘孜藏族自治州九龙县子耳彝族乡 | 3 | | 3 | 1 | 2 |
| 甘孜藏族自治州九龙县小金彝族乡 | 3 | | 3 | 1 | 2 |
| 甘孜藏族自治州九龙县朵落彝族乡 | 3 | | 3 | 1 | 2 |
| 阿坝藏族羌族自治州松潘县十里回族乡 | 8 | | 8 | 1 | 7 |
| 攀枝花市仁和区大龙潭彝族乡 | 10 | | 10 | 1 | 9 |
| 攀枝花市仁和区啊喇彝族乡 | 6 | | 6 | 1 | 5 |
| 攀枝花市米易县麻陇彝族乡 | 8 | | 8 | 1 | 7 |
| 攀枝花市米易县白坡彝族乡 | 13 | | 13 | 1 | 12 |
| 攀枝花市米易县湾丘彝族乡 | 7 | 1 | 6 | 1 | 5 |
| 攀枝花市米易县新山傈僳族乡 | 6 | | 6 | 1 | 5 |
| 攀枝花市盐边县红果彝族乡 | 8 | | 8 | 1 | 7 |
| 攀枝花市盐边县温泉彝族乡 | 8 | | 8 | 1 | 7 |
| 攀枝花市盐边县格萨拉彝族乡 | 12 | | 12 | 1 | 11 |
| 攀枝花市盐边县红宝苗族彝族乡 | 6 | | 6 | 1 | 5 |
| 泸州市叙永县白蜡苗族乡 | 9 | | 9 | 1 | 8 |
| 泸州市叙永县合乐苗族乡 | 6 | | 6 | 1 | 5 |
| 泸州市叙永县枧槽苗族乡 | 7 | | 7 | 1 | 6 |
| 泸州市叙永县石厢子彝族乡 | 6 | 1 | 5 | 1 | 4 |
| 泸州市叙永县水潦彝族乡 | 13 | | 13 | 2 | 11 |
| 泸州市古蔺县箭竹苗族乡 | 10 | | 10 | 1 | 9 |
| 泸州市古蔺县大寨苗族乡 | 7 | | 7 | 1 | 6 |
| 泸州市古蔺县马嘶苗族乡 | 11 | | 11 | 1 | 10 |
| 广元市青川县蒿溪回族乡 | 5 | | 5 | 1 | 4 |
| 广元市青川县大院回族乡 | 6 | | 6 | 1 | 5 |
| 乐山市金口河区和平彝族乡 | 6 | | 6 | 1 | 5 |
| 乐山市金口河区共安彝族乡 | 5 | | 5 | 1 | 4 |
| 南充市阆中市博树回族乡 | 6 | | 6 | 1 | 5 |
| 宜宾市筠连县高坪苗族乡 | 5 | | 5 | 1 | 4 |

| 卫生人员（人） | #乡村医生和卫生员（人） | #卫生技术人员（人） | 其中：执业（助理）医师（人） | 医疗卫生机构床位数（张） | #医院（张） | #基层医疗卫生机构（张） | 其中：卫生院（张） |
|---|---|---|---|---|---|---|---|
| **1853** | **697** | **1063** | **438** | **1281** | **62** | **1219** | **1219** |
| 12 | 6 | 5 | 1 | 5 |  | 5 |  |
| 8 | 3 | 3 | 2 | 5 |  | 5 |  |
| 7 | 3 | 4 |  | 5 |  | 5 |  |
| 22 | 14 | 8 | 4 | 2 |  | 2 | 2 |
| 21 | 5 | 16 | 16 | 30 |  | 30 | 30 |
| 13 | 4 | 9 | 9 | 23 |  | 23 | 23 |
| 10 | 8 |  | 10 | 8 |  | 8 | 8 |
| 22 | 14 |  | 8 | 10 |  | 10 | 10 |
| 44 | 16 | 28 | 7 | 50 | 25 | 25 | 25 |
| 28 | 7 | 21 | 8 | 11 |  | 11 | 11 |
| 24 | 11 | 13 | 13 | 17 |  | 17 | 17 |
| 16 | 10 | 6 | 4 | 7 |  | 7 | 7 |
| 24 | 11 | 13 | 5 | 19 |  | 19 |  |
| 16 | 5 | 11 | 5 | 6 |  | 6 | 6 |
| 47 | 15 | 24 | 8 | 50 |  | 50 | 50 |
| 29 | 9 | 20 | 9 | 30 |  | 30 | 30 |
| 41 | 18 | 23 | 8 | 41 |  | 41 | 5 |
| 25 | 8 | 16 | 6 | 54 | 27 | 27 | 27 |
| 68 | 47 | 10 | 11 | 23 |  | 23 | 23 |
| 38 | 10 | 28 | 11 | 30 |  | 30 | 30 |
| 21 | 13 | 8 | 8 | 25 |  | 25 | 25 |
| 28 | 13 | 15 | 3 | 19 |  | 19 | 19 |
| 15 | 5 | 9 | 4 | 5 |  | 5 | 5 |
| 18 | 6 | 12 | 3 | 6 |  | 6 | 6 |
| 5 |  | 5 | 3 | 5 |  | 5 | 5 |
| 16 | 5 | 10 | 1 | 5 |  | 5 | 5 |
| 15 | 5 | 8 | 4 | 10 |  | 10 | 10 |
| 19 | 5 | 12 | 2 | 7 |  | 7 | 7 |

9-1(三) 续表 16

| 名　称 | 医疗卫生机构（个） | #医院（个） | #基层医疗卫生机构（个） | 其中：卫生院（个） | 村卫生室（个） |
|---|---|---|---|---|---|
| 宜宾市筠连县联合苗族乡 | 7 | | 7 | 1 | 6 |
| 宜宾市筠连县团林苗族乡 | 5 | | 5 | 1 | 4 |
| 宜宾市屏山县屏边彝族乡 | 6 | | 6 | 1 | 5 |
| 宜宾市屏山县清平彝族乡 | 7 | | 7 | 1 | 6 |
| 宜宾市兴文县大坝苗族乡 | 23 | | 23 | 1 | 22 |
| 宜宾市兴文县大河苗族乡 | 42 | | 42 | 1 | 41 |
| 宜宾市兴文县麒麟苗族乡 | 40 | | 40 | 1 | 39 |
| 宜宾市兴文县仙峰苗族乡 | 12 | | 12 | 1 | 11 |
| 宜宾市珙县罗渡苗族乡 | 9 | | 9 | 1 | 8 |
| 宜宾市珙县玉和苗族乡 | 6 | | 6 | 1 | 5 |
| 宜宾市珙县观斗苗族乡 | 5 | | 5 | 1 | 4 |
| 雅安市汉源县小堡藏族彝族乡 | 3 | | 3 | 1 | 2 |
| 雅安市汉源县坭美彝族乡 | 3 | | 3 | 1 | 2 |
| 雅安市汉源县永利彝族乡 | 4 | | 4 | 1 | 3 |
| 雅安市汉源县顺河彝族乡 | 3 | | 3 | 1 | 2 |
| 雅安市汉源县片马彝族乡 | 5 | | 5 | 1 | 4 |
| 雅安市石棉县蟹螺藏族乡 | 4 | | 4 | 1 | 3 |
| 雅安市石棉县栗子坪彝族乡 | 5 | | 5 | 1 | 4 |
| 雅安市石棉县新民藏族彝族乡 | 5 | | 5 | 1 | 4 |
| 雅安市石棉县草科藏族乡 | 4 | | 4 | 1 | 3 |
| 雅安市石棉县王岗坪彝族藏族乡 | 6 | | 6 | 1 | 5 |
| 雅安市宝兴县跷碛藏族乡 | 4 | | 4 | 1 | 3 |
| 雅安市荥经县宝峰彝族民族乡 | 2 | | 2 | 1 | 1 |
| 雅安市荥经县民建彝族民族乡 | 5 | | 5 | 1 | 4 |
| 凉山彝族自治州西昌市高草回族乡 | 10 | | 10 | 1 | 9 |
| 凉山彝族自治州西昌市裕隆回族乡 | 11 | | 11 | 1 | 10 |
| 凉山彝族自治州木里藏族自治县屋脚蒙古族乡 | 3 | | 3 | 1 | 2 |
| 凉山彝族自治州木里藏族自治县俄亚纳西族乡 | 7 | | 7 | 1 | 6 |
| 凉山彝族自治州木里藏族自治县白碉苗族乡 | 6 | 1 | 5 | 1 | 4 |
| 凉山彝族自治州木里藏族自治县项脚蒙古族乡 | 3 | | 3 | 1 | 2 |

| 卫生人员（人） | #乡村医生和卫生员（人） | #卫生技术人员（人） | 其中：执业(助理)医师（人） | 医疗卫生机构床位数（张） | #医院（张） | #基层医疗卫生机构（张） | 其中：卫生院（张） |
|---|---|---|---|---|---|---|---|
| 16 | 6 | 10 | 2 | 8 | | 8 | 8 |
| 14 | 10 | 4 | 4 | 6 | | 6 | 6 |
| 24 | 6 | 12 | 6 | 34 | | 34 | 34 |
| 20 | 4 | 16 | 3 | 12 | | 12 | 12 |
| 122 | 29 | 93 | 27 | 100 | | 100 | 100 |
| 92 | 52 | 40 | 12 | 28 | | 28 | 28 |
| 91 | 50 | 41 | 9 | 35 | | 35 | 35 |
| 33 | 11 | 22 | 4 | 18 | | 18 | 18 |
| 28 | 13 | 10 | 8 | 17 | | 17 | 17 |
| 14 | 3 | 8 | 3 | 7 | | 7 | 7 |
| 12 | 5 | 7 | 2 | 10 | | 10 | 10 |
| 8 | 1 | 6 | 1 | 3 | | 3 | 3 |
| 8 | 6 | 2 | 2 | 3 | | 3 | 3 |
| 11 | 3 | 8 | 2 | 3 | | 3 | 3 |
| 13 | 2 | 11 | 6 | 4 | | 4 | 4 |
| 13 | 3 | 10 | 6 | 8 | | 8 | 8 |
| 11 | 1 | 10 | 3 | 5 | | 5 | 5 |
| 15 | 3 | 12 | 5 | 9 | | 9 | 9 |
| 19 | 8 | 11 | 5 | 18 | | 18 | 18 |
| 15 | 1 | 10 | 3 | 10 | | 10 | 10 |
| 14 | 2 | 10 | 2 | 10 | | 10 | 10 |
| 17 | | 14 | 3 | 10 | | 10 | 10 |
| 15 | 2 | 5 | 3 | 10 | | 10 | 10 |
| 12 | 3 | 9 | 4 | 2 | | 2 | 2 |
| 23 | 5 | 18 | 16 | 15 | | 15 | 15 |
| 29 | 10 | 19 | 6 | 10 | | 10 | 10 |
| 6 | | 5 | 1 | 3 | | 3 | 3 |
| 10 | 6 | 4 | 1 | 11 | | 11 | 11 |
| 12 | 4 | 8 | 1 | 17 | 8 | 9 | 9 |
| 8 | 3 | 5 | 1 | 10 | | 10 | 10 |

9-1(三) 续表 17

| 名　称 | 医疗卫生机构（个） | #医院（个） | #基层医疗卫生机构（个） | 其中：卫生院（个） | 村卫生室（个） |
|---|---|---|---|---|---|
| 凉山彝族自治州木里藏族自治县固增苗族乡 | 5 | | 5 | 1 | 4 |
| 凉山彝族自治州盐源县大坡蒙古族乡 | 6 | | 6 | 1 | 5 |
| 凉山彝族自治州德昌县金沙傈僳族乡 | 5 | 1 | 4 | 1 | 3 |
| 凉山彝族自治州德昌县南山傈僳族乡 | 4 | | 4 | 1 | 3 |
| 凉山彝族自治州会理市新安傣族乡 | 7 | | 7 | 1 | 6 |
| 凉山彝族自治州冕宁县和爱藏族乡 | 6 | | 6 | 1 | 5 |
| 凉山彝族自治州越西县保安藏族乡 | 3 | | 3 | 1 | 2 |
| 绵阳市平武县木皮藏族乡 | 2 | | 2 | 1 | 1 |
| 绵阳市平武县木座藏族乡 | 3 | | 3 | 1 | 2 |
| 绵阳市平武县白马藏族乡 | 3 | | 3 | 3 | |
| 绵阳市平武县黄羊关藏族乡 | 2 | | 2 | 1 | 1 |
| 绵阳市平武县虎牙藏族乡 | 5 | | 5 | 1 | 4 |
| 绵阳市平武县泗耳藏族乡 | 1 | | 1 | 1 | |
| 绵阳市平武县锁江羌族乡 | 12 | | 12 | 2 | 10 |
| 绵阳市平武县旧堡羌族乡 | 5 | | 5 | 1 | 4 |
| 绵阳市平武县阔达藏族乡 | 5 | | 5 | 1 | 4 |
| 绵阳市平武县土城藏族乡 | 7 | | 7 | 1 | 6 |
| 绵阳市平武县平通羌族乡 | 11 | | 11 | 1 | 10 |
| 绵阳市平武县豆叩羌族乡 | 13 | | 13 | 1 | 12 |
| 绵阳市盐亭县大兴回族乡 | 9 | | 9 | 1 | 8 |
| 绵阳市北川羌族自治县桃龙藏族乡 | 4 | | 4 | 1 | 3 |
| 达州市宣汉渡口土家族乡 | 8 | | 8 | 1 | 7 |
| 达州市宣汉龙泉土家族乡 | 15 | | 15 | 1 | 14 |
| 达州市宣汉三墩土家族乡 | 5 | | 5 | 1 | 4 |
| 达州市宣汉漆树土家族乡 | 15 | | 15 | 2 | 13 |
| **贵州省** | **2523** | **67** | **2456** | **207** | **2249** |
| 贵阳市南明区小碧布依族苗族乡 | 8 | 1 | 7 | 1 | 6 |
| 贵阳市花溪区高坡苗族乡 | 20 | | 20 | 1 | 19 |
| 贵阳市花溪区孟关苗族布依族乡 | 9 | | 9 | 1 | 8 |
| 贵阳市花溪区马铃布依族苗族乡 | 4 | | 4 | 1 | 3 |

| 卫生人员<br>（人） | #乡村医生和卫生员<br>（人） | #卫生技术人员<br>（人） | 其中：执业（助理）医师<br>（人） | 医疗卫生机构床位数<br>（张） | #医院<br>（张） | #基层医疗卫生机构<br>（张） | 其中：卫生院<br>（张） |
|---|---|---|---|---|---|---|---|
| 12 | 8 | 3 | 1 | 10 | | 10 | 10 |
| 14 | 5 | 9 | 4 | 5 | | 5 | 4 |
| 10 | 3 | 7 | 4 | 4 | 2 | 2 | 2 |
| 9 | 3 | 6 | 2 | 2 | | 2 | 2 |
| 15 | 4 | 11 | 5 | 19 | | 19 | 19 |
| 10 | 5 | 5 | 5 | 3 | | 3 | 3 |
| 12 | 2 | 10 | 4 | 6 | | 6 | 6 |
| 5 | 1 | 4 | 1 | 3 | | 3 | 3 |
| 4 | 1 | 3 | 2 | 3 | | 3 | 3 |
| 4 | 1 | 3 | 2 | 6 | | 6 | 6 |
| 2 | 1 | 1 | 1 | 4 | | 4 | 4 |
| 5 | 1 | 4 | 4 | 3 | | 3 | 3 |
| 3 | 1 | 2 | | 3 | | 3 | 3 |
| 52 | 10 | 30 | 12 | 16 | | 16 | 16 |
| 6 | 2 | 4 | 1 | 5 | | 5 | 5 |
| 12 | 2 | 10 | 3 | 11 | | 11 | 7 |
| 11 | 3 | 8 | 1 | 5 | | 5 | 5 |
| 72 | 11 | 61 | 20 | 108 | | 108 | 108 |
| 20 | 12 | 8 | | 24 | | 24 | 24 |
| 28 | 8 | 20 | 8 | 35 | | 35 | 35 |
| 5 | 2 | 3 | 3 | 7 | | 7 | 7 |
| 23 | 8 | 15 | 6 | 10 | | 10 | 10 |
| 33 | 18 | 15 | 5 | 30 | | 30 | 30 |
| 44 | 18 | 18 | 8 | 50 | | 50 | 50 |
| 65 | 39 | 26 | 12 | 40 | | 40 | 40 |
| **11162** | **3291** | **7017** | **2838** | **9827** | **4359** | **5468** | **5468** |
| 683 | 46 | 637 | 637 | 1858 | 1849 | 9 | 9 |
| 19 | 19 | | | 11 | | 11 | 11 |
| 46 | 8 | | 38 | 84 | | 84 | |
| 11 | 3 | | 8 | 6 | | 6 | 6 |

9-1(三) 续表 18

| 名　称 | 医疗卫生机构（个） | #医院（个） | #基层医疗卫生机构（个） | 其中：卫生院（个） | 村卫生室（个） |
|---|---|---|---|---|---|
| 贵阳市花溪区黔陶布依族苗族乡 | 8 | | 8 | 2 | 6 |
| 贵阳市乌当区偏坡布依族乡 | 2 | | 2 | 1 | 1 |
| 贵阳市乌当区新堡布依族乡 | 7 | | 7 | 1 | 6 |
| 贵阳市白云区牛场布依族乡 | 13 | | 13 | 1 | 12 |
| 贵阳市白云区都拉布依族乡 | 8 | | 8 | 1 | 7 |
| 贵阳市清镇市麦格苗族布依族乡 | 16 | | 16 | 1 | 15 |
| 贵阳市清镇市王庄布依族苗族乡 | 14 | | 14 | 1 | 13 |
| 贵阳市清镇市流长苗族乡 | 30 | | 30 | 1 | 29 |
| 贵阳市开阳县高寨苗族布依族乡 | 19 | | 19 | 1 | 18 |
| 贵阳市开阳县南江布依族苗族乡 | 7 | | 7 | 1 | 6 |
| 贵阳市开阳县禾丰布依族苗族乡 | 7 | | 7 | 1 | 6 |
| 贵阳市修文县大石布依族乡 | 7 | | 7 | 1 | 6 |
| 贵阳市息烽县青山苗族乡 | 6 | | 6 | 1 | 5 |
| 六盘水市水城县坪寨彝族乡 | 5 | | 5 | 1 | 4 |
| 六盘水市水城县南开苗族彝族乡 | 16 | 1 | 15 | 1 | 14 |
| 六盘水市水城县青林苗族彝族乡 | 8 | | 8 | 1 | 7 |
| 六盘水市水城县金盆苗族彝族乡 | 7 | | 7 | 1 | 6 |
| 六盘水市水城县新街彝族苗族布依族乡 | 5 | | 5 | 1 | 4 |
| 六盘水市水城县杨梅彝族苗族回族乡 | 8 | | 8 | 1 | 7 |
| 六盘水市水城县野钟苗族彝族布依族乡 | 5 | | 5 | 1 | 4 |
| 六盘水市水城县果布嘎彝族苗族布依族乡 | 6 | | 6 | 1 | 5 |
| 六盘水市水城县龙场苗族白族彝族乡 | 8 | 1 | 7 | 1 | 6 |
| 六盘水市水城县营盘苗族彝族白族乡 | 8 | 1 | 7 | 1 | 6 |
| 六盘水市水城县顺场苗族彝族布依族乡 | 7 | | 7 | 1 | 6 |
| 六盘水市水城县花戛苗族布依族彝族乡 | 6 | | 6 | 1 | 5 |
| 六盘水市水城县猴场苗族布依族乡 | 7 | | 7 | 1 | 6 |
| 六盘水市盘州市普田回族乡 | 7 | | 7 | 1 | 6 |
| 六盘水市盘州市旧营白族彝族苗族乡 | 13 | | 13 | 1 | 12 |
| 六盘水市盘州市羊场布依族白族苗族乡 | 17 | | 17 | 1 | 16 |
| 六盘水市盘州市保基苗族彝族乡 | 8 | | 8 | 1 | 7 |

| 卫生人员<br>（人） | #乡村医生和卫生员<br>（人） | #卫生技术人员<br>（人） | 其中：执业（助理）医师<br>（人） | 医疗卫生机构床位数<br>（张） | #医院<br>（张） | #基层医疗卫生机构<br>（张） | 其中：卫生院<br>（张） |
|---|---|---|---|---|---|---|---|
| 21 | 6 | | 15 | 60 | | 60 | 60 |
| 14 | 6 | 8 | 5 | 4 | | 4 | 4 |
| 12 | 7 | 5 | 5 | 8 | | 8 | 8 |
| 46 | 11 | 35 | 18 | 15 | | 15 | 15 |
| 25 | 7 | 18 | 18 | 22 | | 22 | 22 |
| 58 | 16 | 35 | 5 | 20 | | 20 | 20 |
| 63 | 15 | 48 | 20 | 30 | | 30 | 30 |
| 109 | 31 | 78 | 29 | 75 | | 75 | 75 |
| 45 | 18 | 23 | 4 | 10 | | 10 | 10 |
| 60 | 17 | 43 | 13 | 17 | | 17 | 17 |
| 40 | 12 | 26 | 12 | 10 | | 10 | 10 |
| 35 | 7 | 20 | 8 | 8 | | 8 | 8 |
| 33 | 5 | 22 | 5 | 20 | | 20 | 20 |
| 49 | 9 | 40 | 8 | 45 | | 45 | 45 |
| 109 | 35 | 74 | 16 | 218 | 30 | 188 | 93 |
| 51 | 13 | 38 | 8 | 70 | | 70 | 56 |
| 51 | 14 | 37 | 14 | 88 | | 88 | 70 |
| 37 | 11 | 26 | 10 | 24 | | 24 | 24 |
| 64 | 20 | 44 | 21 | 45 | | 45 | 45 |
| 62 | 13 | 49 | 12 | 45 | | 45 | 45 |
| 58 | 9 | 49 | 7 | 36 | | 36 | 36 |
| 111 | 21 | 90 | 21 | 209 | 80 | 129 | 129 |
| 90 | 12 | 78 | 27 | 163 | 99 | 64 | 64 |
| 51 | 15 | 36 | 12 | 45 | | 45 | 45 |
| 62 | 15 | 47 | 11 | 45 | | 45 | 45 |
| 48 | 12 | 36 | 12 | 23 | | 23 | 23 |
| 28 | 8 | 20 | 4 | 20 | | 20 | 20 |
| 63 | 22 | 41 | 9 | 50 | | 50 | 50 |
| 86 | 28 | 58 | 20 | 97 | | 97 | 97 |
| 23 | 13 | 10 | 5 | 40 | | 40 | 40 |

9-1(三) 续表 19

| 名　称 | 医疗卫生机构（个） | #医院（个） | #基层医疗卫生机构（个） | 其中：卫生院（个） | 村卫生室（个） |
|---|---|---|---|---|---|
| 六盘水市盘州市淤泥彝族乡 | 22 | 1 | 21 | 1 | 20 |
| 六盘水市盘州市普古彝族苗族乡 | 23 | 1 | 22 | 1 | 21 |
| 六盘水市盘州市坪地彝族乡 | 18 | 2 | 16 | 1 | 15 |
| 六盘水市六枝特区梭戛苗族彝族乡 | 9 |  | 9 | 1 | 8 |
| 六盘水市六枝特区落别布依族彝族乡 | 14 |  | 14 | 1 | 13 |
| 六盘水市六枝特区中寨苗族彝族布依族乡 | 18 |  | 18 | 1 | 17 |
| 六盘水市六枝特区牛场苗族彝族乡 | 10 |  | 10 | 1 | 9 |
| 六盘水市六枝特区月亮河彝族苗族乡 | 19 |  | 19 | 2 | 17 |
| 遵义市仁怀市后山苗族布依族乡 | 5 |  | 5 | 1 | 4 |
| 遵义市播州区平正仡佬族乡 | 13 |  | 13 | 1 | 12 |
| 遵义市播州区洪关苗族乡 | 10 |  | 10 | 1 | 9 |
| 遵义市桐梓县马鬃苗族乡 | 6 |  | 6 | 1 | 5 |
| 遵义市正安县谢坝仡佬族苗族乡 | 7 |  | 7 | 1 | 6 |
| 遵义市正安县市坪苗族仡佬族乡 | 5 |  | 5 | 1 | 4 |
| 遵义市余庆县花山苗族乡 | 6 | 1 | 5 | 1 | 4 |
| 遵义市道真仡佬族苗族自治县上坝土家族乡 | 5 |  | 5 | 1 | 4 |
| 安顺市西秀区鸡场布依族苗族乡 | 11 |  | 11 | 1 | 10 |
| 安顺市西秀区杨武布依族苗族乡 | 13 |  | 13 | 1 | 12 |
| 安顺市西秀区岩腊苗族布依族乡 | 9 |  | 9 | 1 | 8 |
| 安顺市西秀区新场布依族苗族乡 | 8 |  | 8 | 1 | 7 |
| 安顺市西秀区黄腊布依族苗族乡 | 12 |  | 12 | 1 | 11 |
| 安顺市平坝区十字回族乡 | 24 |  | 24 | 1 | 23 |
| 安顺市平坝区羊昌布依族苗族乡 | 16 |  | 16 | 1 | 15 |
| 安顺市普定县补郎苗族乡 | 16 |  | 16 | 1 | 15 |
| 安顺市普定县猴场苗族仡佬族乡 | 12 |  | 12 | 1 | 11 |
| 安顺市普定县猫洞苗族仡佬族乡 | 16 |  | 16 | 1 | 15 |
| 毕节市七星关区大屯彝族乡 | 9 |  | 9 | 1 | 8 |
| 毕节市七星关区田坎彝族乡 | 10 |  | 10 | 1 | 9 |
| 毕节市七星关区阿市苗族彝族乡 | 15 | 1 | 14 | 1 | 13 |
| 毕节市七星关区团结彝族苗族乡 | 14 |  | 14 | 1 | 13 |

| 卫生人员<br>（人） | #乡村医生和卫生员<br>（人） | #卫生技术人员<br>（人） | 其中：执业（助理）医师<br>（人） | 医疗卫生机构床位数<br>（张） | #医院<br>（张） | #基层医疗卫生机构<br>（张） | 其中：卫生院<br>（张） |
|---|---|---|---|---|---|---|---|
| 119 | 29 | 90 | 21 | 181 | 31 | 150 | 150 |
| 64 | 27 | 37 | 24 | 116 | 70 | 46 | 46 |
| 93 | 30 | 63 | 20 | 103 | 33 | 70 | 70 |
| 31 | 8 | 23 | 9 | 33 | | 33 | 33 |
| 67 | 24 | 43 | 13 | 48 | | 48 | 20 |
| 60 | 21 | 39 | 17 | 50 | | 50 | 50 |
| 36 | 10 | 26 | 10 | 24 | | 24 | 9 |
| 56 | 18 | 38 | 18 | 53 | | 53 | 30 |
| 85 | 5 | 19 | 9 | 42 | | 42 | 38 |
| 43 | 17 | 26 | 13 | 20 | | 20 | 20 |
| 28 | 9 | 19 | 5 | 6 | | 6 | 6 |
| 25 | 5 | 12 | 8 | 6 | | 6 | 6 |
| 46 | 17 | 29 | 4 | 15 | | 15 | 15 |
| 32 | 8 | 24 | 9 | 15 | | 15 | 15 |
| 41 | 14 | 27 | 18 | 30 | 15 | 15 | 15 |
| 50 | 12 | 20 | 15 | 20 | | 20 | 20 |
| 43 | 13 | 30 | 11 | 40 | | 40 | 40 |
| 56 | 12 | 8 | 8 | 60 | | 60 | 60 |
| 56 | 35 | 18 | 3 | 20 | | 20 | 20 |
| 37 | 7 | 30 | 8 | 30 | | 30 | 30 |
| 60 | 11 | 49 | 14 | 20 | | 20 | 20 |
| 75 | 33 | 42 | 2 | 78 | | 78 | 30 |
| 58 | 18 | 27 | 14 | 40 | | 40 | 40 |
| 45 | 13 | 32 | 8 | 23 | | 23 | 23 |
| 39 | 11 | 28 | 13 | 29 | | 29 | 29 |
| 52 | 16 | 36 | 13 | 20 | | 20 | 20 |
| 37 | 33 | | 4 | 25 | | 25 | 25 |
| 38 | 15 | 16 | 6 | 26 | | 26 | 26 |
| 30 | 15 | 15 | 2 | 35 | | 35 | 35 |
| 48 | 17 | 31 | 12 | 37 | | 37 | 37 |

9-1(三) 续表 20

| 名 称 | 医疗卫生机构（个） | #医院（个） | #基层医疗卫生机构（个） | 其中：卫生院（个） | 村卫生室（个） |
|---|---|---|---|---|---|
| 毕节市七星关区阴底彝族苗族白族乡 | 14 | 1 | 13 | 1 | 12 |
| 毕节市七星关区干溪彝族苗族白族乡 | 16 | 3 | 13 | 1 | 12 |
| 毕节市黔西市永燊彝族苗族乡 | 14 | | 14 | 1 | 13 |
| 毕节市黔西市新仁苗族乡 | 14 | | 14 | 1 | 13 |
| 毕节市黔西市花溪彝族苗族乡 | 14 | | 14 | 1 | 13 |
| 毕节市黔西市中建苗族彝族乡 | 7 | | 7 | 1 | 6 |
| 毕节市黔西市定新彝族苗族乡 | 13 | | 13 | 1 | 12 |
| 毕节市黔西市太来彝族苗族乡 | 14 | | 14 | 1 | 13 |
| 毕节市黔西市绿化白族彝族乡 | 7 | | 7 | | 7 |
| 毕节市黔西市红林彝族苗族乡 | 15 | | 15 | 1 | 14 |
| 毕节市黔西市五里布依族苗族乡 | 17 | | 17 | 1 | 16 |
| 毕节市黔西市铁石苗族彝族乡 | 11 | | 11 | 1 | 10 |
| 毕节市大方县竹园彝族苗族乡 | 14 | 1 | 13 | 1 | 12 |
| 毕节市大方县响水白族彝族仡佬族乡 | 18 | 1 | 17 | 1 | 16 |
| 毕节市大方县鼎新彝族苗族乡 | 20 | 1 | 19 | 1 | 18 |
| 毕节市大方县牛场苗族彝族乡 | 18 | 2 | 16 | 1 | 15 |
| 毕节市大方县理化苗族彝族乡 | 17 | 1 | 16 | 1 | 15 |
| 毕节市大方县安乐彝族仡佬族乡 | 9 | | 9 | 1 | 8 |
| 毕节市大方县风山彝族蒙古族乡 | 13 | 2 | 11 | 1 | 10 |
| 毕节市大方县百纳彝族乡 | 14 | 2 | 12 | 1 | 11 |
| 毕节市大方县三元彝族苗族白族乡 | 11 | | 11 | 1 | 10 |
| 毕节市大方县沙厂彝族乡 | 9 | 1 | 8 | 1 | 7 |
| 毕节市大方县黄泥彝族苗族满族乡 | 7 | | 7 | 1 | 6 |
| 毕节市大方县核桃彝族白族乡 | 17 | | 17 | 1 | 16 |
| 毕节市大方县八堡彝族苗族乡 | 16 | 1 | 15 | 1 | 14 |
| 毕节市大方县兴隆苗族乡 | 15 | 1 | 14 | 1 | 13 |
| 毕节市大方县大山苗族彝族乡 | 12 | | 12 | 1 | 11 |
| 毕节市大方县星宿苗族彝族仡佬族乡 | 15 | 2 | 13 | 1 | 12 |
| 毕节市织金县自强苗族乡 | 12 | | 12 | 1 | 11 |
| 毕节市织金县官寨苗族乡 | 17 | | 17 | 1 | 16 |

| 卫生人员（人） | #乡村医生和卫生员（人） | #卫生技术人员（人） | 其中：执业（助理）医师（人） | 医疗卫生机构床位数（张） | #医院（张） | #基层医疗卫生机构（张） | 其中：卫生院（张） |
|---|---|---|---|---|---|---|---|
| 54 | 25 | 29 | 13 | 120 | 60 | 60 | 60 |
| 58 | 14 | 44 | 14 | 70 | 35 | 35 | 35 |
| 56 | 20 | 20 | 4 | 30 | | 30 | 30 |
| 85 | 50 | 35 | 6 | 25 | | 25 | 25 |
| 40 | 14 | 26 | 4 | 30 | | 30 | 30 |
| 34 | 11 | 23 | 9 | 30 | | 30 | 30 |
| 58 | 26 | 22 | 10 | 1 | | 1 | 1 |
| 54 | 16 | 38 | 9 | 50 | | 50 | 50 |
| 34 | 15 | 15 | 4 | 20 | | 20 | 20 |
| 72 | 22 | 36 | 14 | 45 | | 45 | 45 |
| 46 | 26 | 6 | 4 | 33 | | 33 | 33 |
| 47 | 10 | 37 | 11 | 1 | | 1 | 1 |
| 39 | 15 | 24 | 15 | 73 | 26 | 47 | 47 |
| 84 | 27 | 53 | 5 | 70 | 35 | 35 | 35 |
| 100 | 25 | 62 | 13 | 93 | 50 | 43 | 43 |
| 71 | 18 | 41 | 12 | 70 | 30 | 40 | 30 |
| 88 | 19 | 47 | 22 | 120 | 30 | 90 | 90 |
| 36 | 16 | 20 | 11 | 20 | | 20 | 20 |
| 84 | 15 | 69 | 18 | 129 | 60 | 69 | 69 |
| 69 | 20 | 49 | 31 | 140 | 100 | 40 | 29 |
| 45 | 16 | 29 | 12 | 30 | | 30 | 30 |
| 59 | 8 | 51 | 15 | 75 | 40 | 35 | 35 |
| 18 | 8 | 10 | 3 | 30 | | 30 | 30 |
| 97 | 21 | 72 | 4 | 58 | 20 | 38 | 38 |
| 76 | 20 | 56 | 16 | 103 | 9 | 94 | 9 |
| 56 | 18 | 38 | 15 | 80 | 54 | 26 | 26 |
| 86 | 18 | 68 | 11 | 31 | | 31 | 31 |
| 65 | 12 | 52 | 19 | 71 | 49 | 22 | 22 |
| 71 | 44 | 23 | 3 | 11 | | 11 | 10 |
| 76 | 32 | 32 | 12 | 20 | | 20 | 20 |

9-1(三) 续表 21

| 名 称 | 医疗卫生机构（个） | #医院（个） | #基层医疗卫生机构（个） | 其中：卫生院（个） | 村卫生室（个） |
|---|---|---|---|---|---|
| 毕节市织金县后寨苗族乡 | 13 | | 13 | 1 | 12 |
| 毕节市织金县大平苗族彝族乡 | 14 | | 14 | 1 | 13 |
| 毕节市织金县茶店布依族苗族彝族乡 | 20 | 1 | 19 | 1 | 18 |
| 毕节市织金县金龙苗族彝族布依族乡 | 22 | 1 | 21 | 1 | 20 |
| 毕节市织金县鸡场苗族彝族布依族乡 | 27 | 2 | 25 | 1 | 24 |
| 毕节市金沙县太平彝族苗族乡 | 12 | | 12 | 1 | 11 |
| 毕节市金沙县石场苗族彝族乡 | 12 | 1 | 11 | 1 | 10 |
| 毕节市金沙县马路彝族苗族乡 | 9 | | 9 | 1 | 8 |
| 毕节市金沙县安洛苗族彝族满族乡 | 17 | 1 | 16 | 1 | 15 |
| 毕节市金沙县新化苗族彝族满族乡 | 31 | 2 | 29 | 1 | 28 |
| 毕节市金沙县大田彝族苗族布依族乡 | 8 | | 8 | 1 | 7 |
| 毕节市赫章县兴发苗族彝族回族乡 | 18 | 1 | 17 | 1 | 16 |
| 毕节市赫章县松林坡白族彝族苗族乡 | 17 | | 17 | 1 | 16 |
| 毕节市赫章县雉街彝族苗族乡 | 11 | | 11 | 1 | 10 |
| 毕节市赫章县珠市彝族乡 | 20 | 1 | 19 | 1 | 18 |
| 毕节市赫章县双坪彝族苗族乡 | 28 | 1 | 27 | 1 | 26 |
| 毕节市赫章县辅处彝族苗族乡 | 10 | | 10 | 1 | 9 |
| 毕节市赫章县铁匠苗族乡 | 13 | 1 | 12 | 1 | 11 |
| 毕节市赫章县可乐彝族苗族乡 | 23 | 3 | 20 | 1 | 19 |
| 毕节市赫章县河镇彝族苗族乡 | 23 | 1 | 22 | 1 | 21 |
| 毕节市赫章县结构彝族苗族乡 | 8 | | 8 | 1 | 7 |
| 毕节市赫章县水塘堡彝族苗族乡 | 16 | 1 | 15 | 1 | 14 |
| 毕节市赫章县古达苗族彝族乡 | 27 | 1 | 26 | 1 | 25 |
| 毕节市纳雍县厍东关彝族苗族白族乡 | 11 | 1 | 10 | 1 | 9 |
| 毕节市纳雍县董地苗族彝族乡 | 13 | | 13 | 1 | 12 |
| 毕节市纳雍县左鸠戛彝族苗族乡 | 7 | | 7 | 1 | 6 |
| 毕节市纳雍县锅圈岩苗族彝族乡 | 18 | 1 | 17 | 1 | 16 |
| 毕节市纳雍县新房彝族苗族乡 | 27 | | 27 | 2 | 25 |
| 毕节市纳雍县化作苗族彝族乡 | 22 | 1 | 21 | 1 | 20 |
| 毕节市纳雍县姑开苗族彝族乡 | 14 | 1 | 13 | 1 | 12 |

| 卫生人员（人） | #乡村医生和卫生员（人） | #卫生技术人员（人） | 其中：执业（助理）医师（人） | 医疗卫生机构床位数（张） | #医院（张） | #基层医疗卫生机构（张） | 其中：卫生院（张） |
|---|---|---|---|---|---|---|---|
| 64 | 11 | 51 | 9 | 25 | | 25 | 25 |
| 69 | 26 | 23 | 20 | 44 | | 44 | 44 |
| 89 | 39 | 34 | 16 | 50 | 20 | 30 | 30 |
| 85 | 35 | 27 | 23 | 62 | 33 | 29 | 29 |
| 138 | 48 | 90 | 1 | 50 | 30 | 20 | 20 |
| 34 | 9 | 25 | 5 | 25 | | 25 | 25 |
| 110 | 20 | 60 | 30 | 61 | 45 | 16 | 16 |
| 31 | 12 | 19 | 3 | 22 | | 22 | 22 |
| 67 | 4 | 63 | 9 | 100 | 50 | 50 | 50 |
| 140 | 20 | 80 | 40 | 117 | 88 | 29 | 29 |
| 26 | 7 | 6 | 5 | 40 | 20 | 20 | 20 |
| 101 | 16 | 68 | 46 | 139 | 99 | 40 | 40 |
| 53 | 10 | 43 | 10 | 29 | | 29 | 29 |
| 37 | 10 | 27 | 12 | 21 | | 21 | 21 |
| 59 | 18 | 4 | 5 | 20 | 1 | 19 | 1 |
| 86 | 26 | 48 | 22 | 95 | 40 | 55 | 55 |
| 36 | 11 | 22 | 3 | 20 | | 20 | 20 |
| 25 | 11 | 12 | 2 | 32 | 12 | 20 | 20 |
| 236 | 155 | 35 | 20 | 150 | 105 | 45 | 45 |
| 129 | 38 | 74 | 17 | 141 | 21 | 120 | 120 |
| 34 | 8 | 26 | 8 | 20 | | 20 | 20 |
| 30 | 14 | 14 | 14 | 45 | | 45 | 45 |
| 81 | 25 | 56 | 22 | 71 | 40 | 31 | 31 |
| 63 | 19 | 44 | 16 | 60 | 40 | 20 | 20 |
| 48 | 18 | 30 | 10 | 45 | | 45 | 45 |
| 15 | 9 | 6 | 1 | 30 | | 30 | 1 |
| 57 | 21 | 36 | 16 | 30 | | 30 | 30 |
| 67 | 28 | 39 | 13 | 45 | | 45 | 45 |
| 61 | 34 | 27 | 27 | 40 | 20 | 20 | 20 |
| 96 | 18 | 78 | 19 | 50 | 30 | 20 | 20 |

9-1(三) 续表 22

| 名　　称 | 医疗卫生机构（个） | #医院（个） | #基层医疗卫生机构（个） | 其中：卫生院（个） | 村卫生室（个） |
|---|---|---|---|---|---|
| 毕节市纳雍县羊场苗族彝族乡 | 17 | 1 | 16 | 1 | 15 |
| 毕节市纳雍县昆寨苗族彝族白族乡 | 18 | | 18 | 1 | 17 |
| 毕节市纳雍县猪场苗族彝族乡 | 14 | 2 | 12 | 1 | 11 |
| 毕节市威宁彝族回族苗族自治县新发布依族乡 | 30 | 1 | 29 | 1 | 28 |
| 毕节市大方县大水彝族苗族布依族乡 | 17 | | 17 | 1 | 16 |
| 毕节市黔西市金坡苗族彝族满族乡 | 11 | | 11 | 1 | 10 |
| 毕节市大方县普底彝族苗族白族乡 | 16 | 2 | 14 | 1 | 13 |
| 毕节市黔西市仁和彝族苗族乡 | 16 | | 16 | 1 | 15 |
| 铜仁市碧江区桐木坪侗族乡 | 5 | | 5 | 1 | 4 |
| 铜仁市碧江区瓦屋侗族乡 | 8 | | 8 | 1 | 7 |
| 铜仁市碧江区和平土家族侗族乡 | 14 | | 14 | 1 | 13 |
| 铜仁市碧江区滑石侗族苗族土家族乡 | 8 | | 8 | 1 | 7 |
| 铜仁市碧江区六龙山侗族土家族乡 | 4 | | 4 | 1 | 3 |
| 铜仁市万山区高楼坪侗族乡 | 15 | | 15 | 1 | 14 |
| 铜仁市万山区黄道侗族乡 | 13 | | 13 | 1 | 12 |
| 铜仁市万山区熬寨侗族乡 | 8 | | 8 | 1 | 7 |
| 铜仁市万山区下溪侗族乡 | 10 | | 10 | 1 | 9 |
| 铜仁市万山区鱼塘侗族土家族苗族乡 | 13 | | 13 | 1 | 12 |
| 铜仁市万山区大坪侗族土家族苗族乡 | 13 | | 13 | 1 | 12 |
| 铜仁市德江县楠杆土家族乡 | 14 | | 14 | 1 | 13 |
| 铜仁市德江县沙溪土家族乡 | 16 | | 16 | 1 | 15 |
| 铜仁市德江县桶井土家族乡 | 23 | | 23 | 1 | 22 |
| 铜仁市德江县堰塘土家族乡 | 14 | | 14 | 1 | 13 |
| 铜仁市德江县荆角土家族乡 | 16 | | 16 | 1 | 15 |
| 铜仁市德江县长丰土家族乡 | 15 | | 15 | 1 | 14 |
| 铜仁市德江县龙泉土家族乡 | 13 | | 13 | 1 | 12 |
| 铜仁市德江县钱家土家族乡 | 15 | | 15 | 1 | 14 |
| 铜仁市江口县德旺土家族苗族乡 | 11 | | 11 | 1 | 10 |
| 铜仁市江口县官和侗族土家族苗族乡 | 5 | | 5 | 1 | 4 |
| 铜仁市石阡县聚凤仡佬族侗族乡 | 18 | | 18 | 1 | 17 |

| 卫生人员（人） | #乡村医生和卫生员（人） | #卫生技术人员（人） | 其中：执业（助理）医师（人） | 医疗卫生机构床位数（张） | #医院（张） | #基层医疗卫生机构（张） | 其中：卫生院（张） |
|---|---|---|---|---|---|---|---|
| 65 | 16 | 49 | 10 | 80 | 40 | 40 | 40 |
| 72 | 30 | 42 | 16 | 60 | | 60 | 60 |
| 91 | 16 | 75 | 30 | 141 | 110 | 31 | 31 |
| 89 | 58 | 31 | 7 | 40 | 12 | 28 | 12 |
| 48 | 22 | 26 | 15 | 25 | | 25 | 25 |
| 31 | 10 | 21 | 7 | 30 | | 30 | 30 |
| 278 | 18 | 211 | 49 | 436 | 362 | 74 | 43 |
| 40 | 17 | 14 | 9 | 35 | | 35 | 35 |
| 14 | 4 | 9 | 5 | 10 | | 10 | 10 |
| 26 | 10 | 16 | 11 | 10 | | 10 | 10 |
| 49 | 21 | 28 | 18 | 10 | | 10 | 10 |
| 41 | 7 | 34 | 19 | 7 | | 7 | 5 |
| 16 | 4 | 12 | 4 | 4 | | 4 | 4 |
| 32 | 16 | 16 | 6 | 10 | | 10 | 5 |
| 30 | 13 | 17 | 6 | 20 | | 20 | 10 |
| 26 | 8 | 18 | 2 | 8 | | 8 | 8 |
| 36 | 8 | 28 | 5 | 20 | | 20 | 20 |
| 71 | 22 | 49 | 22 | 50 | | 50 | 50 |
| 56 | 18 | 30 | 8 | 24 | | 24 | 24 |
| 58 | 14 | 44 | 5 | 47 | | 47 | 34 |
| 56 | 15 | 41 | 2 | 15 | | 15 | 15 |
| 56 | 26 | 30 | 4 | | | | 19 |
| 27 | 23 | 4 | 4 | 13 | | 13 | 7 |
| 33 | 16 | 17 | 4 | 20 | | 20 | 20 |
| 37 | 17 | 20 | 7 | 15 | | 15 | 15 |
| 39 | 4 | 35 | 3 | 45 | | 45 | 25 |
| 34 | 14 | 20 | 7 | 15 | | 15 | 15 |
| 42 | 10 | 32 | 7 | 25 | | 25 | 25 |
| 32 | 5 | 26 | 2 | 20 | | 20 | 20 |
| 45 | 20 | 25 | 20 | 45 | | 45 | 45 |

9-1(三) 续表 23

| 名 称 | 医疗卫生机构（个） | #医院（个） | #基层医疗卫生机构（个） | 其中：卫生院（个） | 村卫生室（个） |
|---|---|---|---|---|---|
| 铜仁市石阡县大沙坝仡佬族侗族乡 | 15 | | 15 | 1 | 14 |
| 铜仁市石阡县枫香仡佬族侗族乡 | 13 | 1 | 12 | 1 | 11 |
| 铜仁市石阡县青阳苗族仡佬族侗族乡 | 16 | 1 | 15 | 1 | 14 |
| 铜仁市石阡县龙井侗族仡佬族乡 | 25 | 1 | 24 | 1 | 23 |
| 铜仁市石阡县石固仡佬族侗族乡 | 18 | 1 | 17 | 1 | 16 |
| 铜仁市石阡县坪地仡佬族侗族乡 | 19 | | 19 | 1 | 18 |
| 铜仁市石阡县甘溪仡佬族侗族乡 | 8 | | 8 | 1 | 7 |
| 铜仁市石阡县坪山仡佬族侗族乡 | 9 | | 9 | 1 | 8 |
| 铜仁市思南县思林土家族苗族乡 | 13 | | 13 | 1 | 12 |
| 铜仁市思南县枫柽土家族苗族乡 | 17 | | 17 | 1 | 16 |
| 铜仁市思南县杨家坳苗族土家族乡 | 19 | | 19 | 1 | 18 |
| 铜仁市思南县胡家湾苗族土家族乡 | 15 | | 15 | 1 | 14 |
| 铜仁市思南县宽坪土家族苗族乡 | 15 | | 15 | 1 | 14 |
| 铜仁市思南县三道水土家族苗族乡 | 19 | 1 | 18 | 1 | 17 |
| 铜仁市思南县天桥土家族苗族乡 | 13 | | 13 | 1 | 12 |
| 铜仁市思南县兴隆土家族苗族乡 | 14 | | 14 | 1 | 13 |
| 黔西南布依族苗族自治州兴仁市鲁础营回族乡 | 8 | | 8 | 1 | 7 |
| 黔西南布依族苗族自治州望谟县油迈瑶族乡 | 8 | | 8 | 1 | 7 |
| 黔东南苗族侗族自治州从江县秀塘壮族乡 | 13 | | 13 | 1 | 12 |
| 黔东南苗族侗族自治州从江县刚边壮族乡 | 10 | | 10 | 1 | 9 |
| 黔东南苗族侗族自治州从江县翠里瑶族壮族乡 | 21 | | 21 | 1 | 20 |
| 黔东南苗族侗族自治州镇远县尚寨土家族乡 | 4 | | 4 | 1 | 3 |
| 黔东南苗族侗族自治州麻江县坝芒布依族乡 | 10 | | 10 | 1 | 9 |
| 黔东南苗族侗族自治州榕江县水尾水族乡 | 5 | | 5 | 1 | 4 |
| 黔东南苗族侗族自治州榕江县三江水族乡 | 12 | | 12 | 1 | 11 |
| 黔东南苗族侗族自治州榕江县仁里水族乡 | 8 | | 8 | 1 | 7 |
| 黔东南苗族侗族自治州榕江县定威水族乡 | 7 | | 7 | 1 | 6 |
| 黔东南苗族侗族自治州榕江县兴华水族乡 | 10 | | 10 | 1 | 9 |
| 黔东南苗族侗族自治州榕江县塔石瑶族水族乡 | 9 | | 9 | 1 | 8 |
| 黔东南苗族侗族自治州雷山县达地水族乡 | 19 | 1 | 18 | 9 | 9 |

| 卫生人员<br>（人） | #乡村医生和卫生员<br>（人） | #卫生技术人员<br>（人） | 其中：执业（助理）医师<br>（人） | 医疗卫生机构床位数<br>（张） | #医院<br>（张） | #基层医疗卫生机构<br>（张） | 其中：卫生院<br>（张） |
|---|---|---|---|---|---|---|---|
| 48 | 21 | 21 | 6 | 22 |  | 22 | 20 |
| 53 | 15 | 28 | 11 | 2 | 1 | 1 | 1 |
| 26 | 13 | 13 | 9 | 41 | 25 | 16 | 16 |
| 53 | 28 | 25 | 5 | 30 |  | 30 | 30 |
| 55 | 16 | 36 | 3 | 60 | 30 | 30 | 30 |
| 49 | 22 | 27 | 3 | 58 | 38 | 20 | 18 |
| 34 | 9 | 25 |  | 20 |  | 20 | 20 |
| 21 | 9 | 11 | 1 | 25 |  | 25 | 25 |
| 21 | 12 | 9 | 7 | 14 |  | 14 | 11 |
| 41 | 11 | 20 | 10 | 15 |  | 15 | 10 |
| 44 | 18 | 26 | 3 | 12 |  | 12 | 12 |
| 42 | 15 | 20 | 9 | 18 |  | 18 | 18 |
| 36 | 12 | 20 | 7 | 20 |  | 20 | 20 |
| 57 | 17 | 38 | 14 | 60 | 40 | 20 | 20 |
| 34 | 14 | 20 | 6 | 10 |  | 10 | 10 |
| 34 | 13 | 20 | 8 | 23 |  | 23 | 23 |
| 40 | 13 | 18 | 12 | 11 |  | 11 | 11 |
| 28 | 13 | 15 | 2 | 10 |  | 10 | 10 |
| 26 | 11 | 15 | 4 | 13 |  | 13 | 13 |
| 40 | 16 | 24 | 15 | 24 |  | 24 | 24 |
| 64 | 20 | 44 | 7 | 40 |  | 40 | 40 |
| 27 | 3 | 24 | 7 | 18 |  | 18 | 15 |
| 36 | 10 | 26 | 8 |  |  |  | 12 |
| 12 | 5 | 7 | 3 | 10 |  | 10 | 10 |
| 34 | 12 | 22 | 6 | 12 |  | 12 | 12 |
| 32 | 8 | 24 | 7 | 10 |  | 10 | 10 |
| 15 |  | 14 | 1 | 18 |  | 18 | 18 |
| 23 | 6 | 17 | 9 | 20 |  | 20 | 20 |
| 33 | 8 | 25 | 6 | 11 |  | 11 | 11 |
| 18 | 9 | 9 | 6 | 32 | 14 | 18 | 14 |

9-1(三) 续表 24

| 名 称 | 医疗卫生机构（个） | #医院（个） | #基层医疗卫生机构（个） | 其中：卫生院（个） | 村卫生室（个） |
|---|---|---|---|---|---|
| 黔东南苗族侗族自治州黎平县顺化瑶族乡 | 5 | | 5 | 1 | 4 |
| 黔东南苗族侗族自治州黎平县雷洞瑶族水族乡 | 17 | | 17 | 1 | 16 |
| 黔东南苗族侗族自治州岑巩县羊桥土家族乡 | 15 | | 15 | 1 | 14 |
| 黔南布依族苗族自治州都匀市归兰水族乡 | 12 | | 12 | 3 | 9 |
| 黔南布依族苗族自治州荔波县瑶山瑶族乡 | 5 | | 5 | 2 | 3 |
| 黔南布依族苗族自治州荔波县黎明关水族乡 | 14 | | 14 | 3 | 11 |
| 黔南布依族苗族自治州平塘县卡蒲毛南族 | 7 | 1 | 6 | 1 | 5 |
| 贵阳市花溪区湖潮布依族苗族乡 | 24 | 3 | 21 | 1 | 20 |
| **云南省** | **1207** | **3** | **1204** | **146** | **1058** |
| 昆明市晋宁区夕阳彝族乡 | 11 | | 11 | 1 | 10 |
| 昆明市晋宁区双河彝族乡 | 7 | | 7 | 1 | 6 |
| 昆明市宜良县九乡彝族回族乡 | 9 | | 9 | 1 | 8 |
| 昆明市宜良县耿家营彝族苗族乡 | 10 | | 10 | 1 | 9 |
| 昭通市昭阳区守望回族乡 | 7 | | 7 | 1 | 6 |
| 昭通市昭阳区小龙洞回族彝族乡 | 7 | | 7 | 1 | 6 |
| 昭通市布嘎回族乡 | 6 | | 6 | 1 | 5 |
| 昭通市青岗岭回族彝族乡 | 7 | | 7 | 1 | 6 |
| 昭通市鲁甸县桃源回族乡 | 8 | | 8 | 1 | 7 |
| 昭通市鲁甸县茨院回族乡 | 7 | | 7 | 1 | 6 |
| 昭通市大关县上高桥回族彝族苗族乡 | 7 | | 7 | 1 | 6 |
| 昭通市永善县马楠苗族彝族乡 | 6 | | 6 | 1 | 5 |
| 昭通市永善县伍寨彝族苗族乡 | 6 | | 6 | 1 | 5 |
| 昭通市镇雄县果珠彝族乡 | 6 | | 6 | 1 | 5 |
| 昭通市镇雄县林口彝族苗族乡 | 9 | | 9 | 1 | 8 |
| 昭通市彝良县龙街苗族彝族乡 | 13 | | 13 | 1 | 12 |
| 昭通市彝良县奎香苗族彝族乡 | 10 | | 10 | 1 | 9 |
| 昭通市彝良县树林彝族苗族乡 | 5 | | 5 | 1 | 4 |
| 昭通市彝良县柳溪苗族乡 | 6 | | 6 | 1 | 5 |
| 昭通市彝良县洛旺苗族乡 | 10 | | 10 | 1 | 9 |
| 昭通市威信县双河苗族彝族乡 | 9 | | 9 | 1 | 8 |

| 卫生人员（人） | #乡村医生和卫生员（人） | #卫生技术人员（人） | 其中：执业(助理)医师（人） | 医疗卫生机构床位数（张） | #医院（张） | #基层医疗卫生机构（张） | 其中：卫生院（张） |
|---|---|---|---|---|---|---|---|
| 20 | 5 | 15 | 2 | 7 | | 7 | 7 |
| 49 | 13 | 36 | 6 | 26 | | 26 | 15 |
| 64 | 16 | 45 | 12 | 77 | | 77 | 45 |
| 77 | 15 | 62 | 15 | 24 | | 24 | 24 |
| 48 | 7 | 41 | 9 | 9 | | 9 | 9 |
| 80 | 18 | 62 | 23 | 29 | | 29 | 29 |
| 29 | 8 | 16 | 5 | 20 | 10 | 10 | 10 |
| 211 | 20 | 115 | 86 | 189 | 178 | 11 | 11 |
| **7769** | **2742** | **4853** | **1622** | **4777** | **135** | **4642** | **4537** |
| 36 | 17 | 19 | 8 | 15 | | 15 | 15 |
| 19 | 6 | 13 | 5 | 10 | | 10 | 10 |
| 51 | 15 | 30 | 15 | 30 | | 30 | 30 |
| 51 | 17 | 30 | 15 | 50 | | 50 | 50 |
| 75 | 30 | 45 | 21 | 62 | | 62 | 62 |
| 93 | 24 | 54 | 15 | 69 | | 69 | 69 |
| 49 | 22 | 27 | 17 | 75 | | 75 | 75 |
| 67 | 21 | 45 | 17 | 60 | | 60 | 60 |
| 92 | 45 | 47 | 20 | 65 | | 65 | 65 |
| 85 | 40 | 45 | 26 | 99 | | 99 | 99 |
| 50 | 12 | 38 | 12 | 30 | | 30 | 30 |
| 35 | 7 | 18 | 4 | 30 | | 30 | 30 |
| 38 | 9 | 29 | 8 | 15 | | 15 | 15 |
| 65 | 27 | 38 | 24 | 60 | | 60 | 60 |
| 100 | 32 | 45 | 23 | 32 | | 32 | 32 |
| 69 | 35 | 34 | 15 | 50 | | 50 | 50 |
| 160 | 46 | 114 | 33 | 116 | | 116 | 116 |
| 37 | 12 | 25 | 17 | 50 | | 50 | 50 |
| 44 | 14 | 30 | 10 | 18 | | 18 | 18 |
| 76 | 25 | 51 | 17 | 50 | | 50 | 50 |
| 57 | 26 | 31 | 9 | 25 | | 25 | 25 |

9-1(三) 续表 25

| 名　　称 | 医疗卫生机构（个） | #医院（个） | #基层医疗卫生机构（个） | 其中：卫生院（个） | 村卫生室（个） |
|---|---|---|---|---|---|
| 曲靖市师宗县龙庆彝族壮族乡 | 15 | | 15 | 1 | 14 |
| 曲靖市师宗县五龙壮族乡 | 14 | | 14 | 1 | 13 |
| 曲靖市师宗县高良壮族苗族瑶族乡 | 12 | | 12 | 1 | 11 |
| 曲靖市罗平县长底布依族乡 | 7 | | 7 | 1 | 6 |
| 曲靖市罗平县旧屋基彝族乡 | 8 | | 8 | 1 | 7 |
| 曲靖市罗平县鲁布革布依族苗族乡 | 12 | | 12 | 2 | 10 |
| 曲靖市富源县古敢水族乡 | 4 | | 4 | 1 | 3 |
| 曲靖市会泽县新街回族乡 | 17 | | 17 | 1 | 16 |
| 楚雄彝族自治州南华县雨露白族乡 | 7 | | 7 | 1 | 6 |
| 楚雄彝族自治州大姚县湾碧傈僳傣族乡 | 14 | | 14 | 1 | 13 |
| 楚雄彝族自治州永仁县永兴傣族乡 | 13 | | 13 | 1 | 12 |
| 楚雄彝族自治州武定县东坡傣族乡 | 7 | | 7 | 1 | 6 |
| 玉溪市红塔区小石桥彝族乡 | 4 | | 4 | 1 | 3 |
| 玉溪市红塔区洛河彝族乡 | 6 | | 6 | 1 | 5 |
| 玉溪市江川区安化彝族乡 | 6 | | 6 | 1 | 5 |
| 玉溪市通海县高大傣族彝族乡 | 7 | | 7 | 1 | 6 |
| 玉溪市通海县里山彝族乡 | 7 | | 7 | 1 | 6 |
| 玉溪市通海县兴蒙蒙古族乡 | 2 | | 2 | 1 | 1 |
| 玉溪市华宁县通红甸彝族苗族乡 | 7 | | 7 | 1 | 6 |
| 玉溪市易门县十街彝族乡 | 9 | | 9 | 1 | 8 |
| 玉溪市易门县浦贝彝族乡 | 7 | | 7 | 1 | 6 |
| 玉溪市易门县铜厂彝族乡 | 10 | | 10 | 1 | 9 |
| 红河哈尼族彝族自治州河口瑶族自治县桥头苗族壮族乡 | 9 | | 9 | 1 | 8 |
| 红河哈尼族彝族自治州金平苗族瑶族傣族自治县者米拉祜族乡 | 11 | 1 | 10 | 1 | 9 |
| 红河哈尼族彝族自治州蒙自市期路白苗族乡 | 5 | | 5 | 1 | 4 |
| 红河哈尼族彝族自治州蒙自市老寨苗族乡 | 5 | | 5 | 1 | 4 |
| 红河哈尼族彝族自治州开远市大庄回族乡 | 6 | | 6 | 1 | 5 |
| 文山壮族苗族自治州文山市东山彝族乡 | 4 | | 4 | 1 | 3 |
| 文山壮族苗族自治州文山市红甸回族乡 | 4 | | 4 | 1 | 3 |
| 文山壮族苗族自治州文山市秉烈彝族乡 | 10 | | 10 | 1 | 9 |

| 卫生人员<br>（人） | #乡村医生和卫生员<br>（人） | #卫生技术人员<br>（人） | 其中：执业（助理）医师<br>（人） | 医疗卫生机构床位数<br>（张） | #医院<br>（张） | #基层医疗卫生机构<br>（张） | 其中：卫生院<br>（张） |
|---|---|---|---|---|---|---|---|
| 73 | 48 | 25 | 14 | 62 | | 62 | 62 |
| 71 | 29 | 42 | 9 | 56 | | 56 | 56 |
| 55 | 11 | 44 | 6 | 25 | | 25 | 25 |
| 27 | 8 | 18 | 8 | 12 | | 12 | 12 |
| 21 | 10 | 10 | 2 | 8 | | 8 | 8 |
| 49 | 16 | 25 | 11 | 27 | | 27 | 27 |
| 41 | 14 | 27 | 7 | 10 | | 10 | 10 |
| 51 | 33 | 18 | 5 | 15 | | 15 | 15 |
| 43 | 16 | 27 | 8 | 25 | | 25 | 25 |
| 47 | 20 | 27 | 10 | 21 | | 21 | 21 |
| 35 | 12 | 23 | 7 | 39 | | 39 | 39 |
| 57 | 15 | 42 | 10 | 65 | | 65 | 65 |
| 38 | 10 | 28 | 15 | 30 | | 30 | 30 |
| 19 | 6 | 13 | 10 | 17 | | 17 | 17 |
| 39 | 11 | 28 | 7 | 12 | | 12 | 12 |
| 31 | 17 | 14 | 10 | 15 | | 15 | 15 |
| 26 | 11 | 15 | 9 | 8 | | 8 | 8 |
| 14 | 4 | 10 | 6 | 25 | | 25 | 25 |
| 64 | 37 | 27 | 6 | 12 | | 12 | 12 |
| 26 | 5 | 21 | 10 | 20 | | 20 | 20 |
| 40 | 18 | 22 | 14 | 12 | | 12 | 12 |
| 55 | 22 | 23 | 18 | 10 | | 10 | 10 |
| 48 | 22 | 26 | 10 | 30 | | 30 | 30 |
| 54 | 20 | 34 | 14 | 136 | 96 | 40 | 38 |
| 48 | 17 | 31 | 7 | 12 | | 12 | 12 |
| 35 | 16 | 19 | 9 | 16 | | 16 | 16 |
| 69 | 21 | 48 | 18 | 33 | | 33 | 33 |
| 35 | 11 | 24 | 6 | 16 | | 16 | 16 |
| 48 | 14 | 30 | 14 | 50 | | 50 | 50 |
| 77 | 34 | 43 | 9 | 30 | | 30 | 30 |

9-1(三) 续表 26

| 名称 | 医疗卫生机构(个) | #医院(个) | #基层医疗卫生机构(个) | 其中：卫生院(个) | 村卫生室(个) |
|---|---|---|---|---|---|
| 文山壮族苗族自治州文山市柳井彝族乡 | 7 | | 7 | 1 | 6 |
| 文山壮族苗族自治州文山市坝心彝族乡 | 5 | | 5 | 1 | 4 |
| 文山壮族苗族自治州砚山县阿舍彝族乡 | 8 | | 8 | 1 | 7 |
| 文山壮族苗族自治州砚山县维末彝族乡 | 12 | | 12 | 2 | 10 |
| 文山壮族苗族自治州砚山县盘龙彝族乡 | 10 | | 10 | 1 | 9 |
| 文山壮族苗族自治州砚山县干河彝族乡 | 5 | | 5 | 1 | 4 |
| 文山壮族苗族自治州丘北县舍得彝族乡 | 8 | | 8 | 1 | 7 |
| 文山壮族苗族自治州丘北县新店彝族乡 | 6 | | 6 | 1 | 5 |
| 文山壮族苗族自治州丘北县树皮彝族乡 | 10 | 1 | 9 | 1 | 8 |
| 文山壮族苗族自治州丘北县八道哨彝族乡 | 9 | | 9 | 1 | 8 |
| 文山壮族苗族自治州丘北县腻脚彝族乡 | 8 | | 8 | 1 | 7 |
| 文山壮族苗族自治州麻栗坡县猛硐瑶族乡 | 6 | | 6 | 1 | 5 |
| 文山壮族苗族自治州富宁县洞波瑶族乡 | 13 | | 13 | 1 | 12 |
| 普洱市澜沧拉祜族自治县酒井哈尼族乡 | 5 | | 5 | 1 | 4 |
| 普洱市澜沧拉祜族自治县发展河哈尼族乡 | 4 | | 4 | 1 | 3 |
| 普洱市澜沧拉祜族自治县谦六彝族乡 | 16 | | 16 | 1 | 15 |
| 普洱市澜沧拉祜族自治县文东佤族乡 | 10 | | 10 | 1 | 9 |
| 普洱市澜沧拉祜族自治县安康佤族乡 | 6 | | 6 | 1 | 5 |
| 普洱市澜沧拉祜族自治县雪林佤族乡 | 8 | | 8 | 1 | 7 |
| 普洱市思茅区云仙彝族乡 | 12 | | 12 | 2 | 10 |
| 普洱市思茅区龙潭彝族傣族乡 | 6 | | 6 | 1 | 5 |
| 普洱市墨江哈尼族自治县孟弄彝族乡 | 8 | | 8 | 1 | 7 |
| 普洱市西盟佤族自治县力所拉祜族乡 | 7 | | 7 | 1 | 6 |
| 大理白族自治州大理市太邑彝族乡 | 6 | | 6 | 1 | 5 |
| 大理白族自治州鹤庆县六合彝族乡 | 14 | | 14 | 1 | 13 |
| 大理白族自治州宾川县钟英傈僳族彝族乡 | 7 | | 7 | 1 | 6 |
| 大理白族自治州宾川县拉乌彝族乡 | 8 | | 8 | 1 | 7 |
| 大理白族自治州祥云县东山彝族乡 | 9 | | 9 | 1 | 8 |
| 大理白族自治州弥渡县牛街彝族乡 | 12 | | 12 | 1 | 11 |
| 大理白族自治州永平县北斗彝族乡 | 10 | | 10 | 1 | 9 |

| 卫生人员（人） | #乡村医生和卫生员（人） | #卫生技术人员（人） | 其中：执业（助理）医师（人） | 医疗卫生机构床位数（张） | #医院（张） | #基层医疗卫生机构（张） | 其中：卫生院（张） |
|---|---|---|---|---|---|---|---|
| 66 | 16 | 50 | 8 | 25 | | 25 | 25 |
| 35 | 10 | 25 | 6 | 10 | | 10 | 10 |
| 97 | 27 | 70 | 13 | 30 | | 30 | 30 |
| 156 | 34 | 122 | 27 | 102 | | 102 | 102 |
| 97 | 36 | 61 | 22 | 77 | | 77 | 77 |
| 42 | 19 | 23 | 6 | 52 | | 52 | 52 |
| 69 | 21 | 48 | 6 | 23 | | 23 | 23 |
| 71 | 23 | 48 | 14 | 24 | | 24 | 24 |
| 112 | 43 | 69 | 12 | 95 | 15 | 80 | 54 |
| 112 | 33 | 72 | 7 | 40 | | 40 | 40 |
| 63 | 29 | 34 | 14 | 32 | | 32 | 32 |
| 41 | 8 | 24 | 9 | 24 | | 24 | 24 |
| 127 | 33 | 89 | 12 | 99 | | 99 | 99 |
| 28 | 8 | 20 | 8 | 15 | | 15 | 15 |
| 57 | 14 | 43 | 13 | 20 | | 20 | 20 |
| 108 | 60 | 48 | 22 | 84 | | 84 | 84 |
| 30 | 20 | 10 | 6 | 23 | | 23 | 23 |
| 26 | 13 | 13 | 8 | 15 | | 15 | 15 |
| 42 | 13 | 29 | 6 | 16 | | 16 | 16 |
| 57 | 22 | 35 | 8 | 27 | | 27 | 27 |
| 46 | 12 | 34 | 11 | 30 | | 30 | 30 |
| 47 | 11 | 36 | 5 | 18 | | 18 | 18 |
| 50 | 10 | 34 | 16 | 16 | | 16 | 16 |
| 36 | 16 | 20 | 9 | 18 | | 18 | 18 |
| 92 | 46 | 46 | 12 | 15 | | 15 | 15 |
| 58 | 15 | 43 | 10 | 12 | | 12 | 12 |
| 55 | 21 | 34 | 12 | 10 | | 10 | 10 |
| 32 | 13 | 19 | 1 | 10 | | 10 | 10 |
| 74 | 29 | 45 | 14 | 20 | | 20 | 20 |
| 54 | 21 | 33 | 14 | 38 | | 38 | 38 |

9-1(三) 续表 27

| 名　称 | 医疗卫生机构（个） | #医院（个） | #基层医疗卫生机构（个） | 其中：卫生院（个） | 村卫生室（个） |
|---|---|---|---|---|---|
| 大理白族自治州永平县厂街彝族乡 | 12 | | 12 | 1 | 11 |
| 大理白族自治州永平县水泄彝族乡 | 10 | | 10 | 1 | 9 |
| 大理白族自治州云龙县苗尾傈僳族乡 | 9 | | 9 | 1 | 8 |
| 大理白族自治州云龙县团结彝族乡 | 6 | | 6 | 1 | 5 |
| 丽江市华坪县永兴傈僳族乡 | 8 | | 8 | 1 | 7 |
| 丽江市华坪县通达傈僳族乡 | 6 | | 6 | 1 | 5 |
| 丽江市华坪县新庄傈僳族傣族乡 | 8 | | 8 | 1 | 7 |
| 丽江市华坪县船房傈僳族傣族乡 | 5 | | 5 | 1 | 4 |
| 丽江市永胜县羊坪彝族乡 | 6 | | 6 | 1 | 5 |
| 丽江市永胜县东山傈僳族彝族乡 | 6 | | 6 | 1 | 5 |
| 丽江市永胜县六德傈僳族彝族乡 | 9 | | 9 | 1 | 8 |
| 丽江市永胜县大安彝族纳西族乡 | 9 | | 9 | 1 | 8 |
| 丽江市永胜县光华傈僳族彝族乡 | 9 | | 9 | 1 | 8 |
| 丽江市永胜县松坪傈僳族彝族乡 | 9 | | 9 | 1 | 8 |
| 丽江市宁蒗彝族自治县翠玉傈僳族普米族乡 | 7 | | 7 | 1 | 6 |
| 丽江市古城区金江白族乡 | 5 | | 5 | 1 | 4 |
| 丽江市玉龙纳西族自治县九河白族乡 | 13 | | 13 | 2 | 11 |
| 丽江市玉龙纳西族自治县石头白族乡 | 5 | | 5 | 1 | 4 |
| 丽江市玉龙纳西族自治县黎明傈僳族乡 | 8 | | 8 | 1 | 7 |
| 保山市隆阳区瓦马彝族白族乡 | 23 | | 23 | 2 | 21 |
| 保山市隆阳区瓦房彝族苗族乡 | 20 | | 20 | 1 | 19 |
| 保山市隆阳区杨柳白族彝族乡 | 20 | | 20 | 2 | 18 |
| 保山市隆阳区芒宽彝族傣族乡 | 15 | | 15 | 1 | 14 |
| 保山市施甸县摆榔彝族布朗族乡 | 5 | | 5 | 1 | 4 |
| 保山市施甸县木老元布朗族彝族乡 | 5 | | 5 | 1 | 4 |
| 保山市龙陵县木城彝族傈僳族乡 | 6 | | 6 | 1 | 5 |
| 保山市昌宁县朱街彝族乡 | 11 | | 11 | 1 | 10 |
| 保山市昌宁县苟街彝族苗族乡 | 12 | | 12 | 1 | 11 |
| 保山市昌宁县湾甸傣族乡 | 6 | | 6 | 1 | 5 |
| 德宏傣族景颇族自治州陇川县户撒阿昌族乡 | 11 | | 11 | 1 | 10 |

| 卫生人员<br>（人） | #乡村医生和卫生员<br>（人） | #卫生技术人员<br>（人） | 其中：执业（助理）医师<br>（人） | 医疗卫生机构床位数<br>（张） | #医院<br>（张） | #基层医疗卫生机构<br>（张） | 其中：卫生院<br>（张） |
|---|---|---|---|---|---|---|---|
| 57 | 24 | 33 | 17 | 24 | | 24 | 10 |
| 66 | 20 | 46 | 8 | 17 | | 17 | 17 |
| 58 | 20 | 32 | 10 | 16 | | 16 | 16 |
| 34 | 13 | 20 | 9 | 20 | | 20 | 20 |
| 49 | 11 | 38 | 27 | 42 | | 42 | 42 |
| 26 | 5 | 21 | 13 | 13 | | 13 | 13 |
| 53 | 14 | 39 | 17 | 39 | | 39 | 39 |
| 28 | 5 | 23 | 6 | 28 | | 28 | 28 |
| 25 | 13 | 12 | 8 | 10 | | 10 | 10 |
| 27 | 11 | 16 | 7 | 10 | | 10 | 10 |
| 43 | 24 | 16 | 9 | 17 | | 17 | 17 |
| 45 | 22 | 14 | 9 | 12 | | 12 | 12 |
| 44 | 22 | 22 | 10 | 10 | | 10 | 10 |
| 37 | 22 | 15 | 7 | 8 | | 8 | 8 |
| 41 | 27 | 14 | 5 | 15 | | 15 | 15 |
| 15 | 3 | 12 | 5 | 10 | | 10 | 10 |
| 46 | 20 | 26 | 15 | 20 | | 20 | 20 |
| 19 | 4 | 15 | | 4 | | 4 | 4 |
| 39 | 14 | 25 | 12 | 18 | | 18 | 18 |
| 109 | 21 | 88 | 15 | 80 | | 80 | 80 |
| 145 | 55 | 90 | 21 | 91 | | 91 | 91 |
| 76 | 45 | 31 | 14 | 79 | | 79 | 79 |
| 132 | 49 | 83 | 23 | 124 | | 124 | 124 |
| 39 | 16 | 23 | 11 | 30 | | 30 | 30 |
| 25 | 9 | 16 | 5 | 10 | | 10 | 10 |
| 33 | 8 | 25 | 11 | 20 | | 20 | 20 |
| 75 | 21 | 54 | 7 | 51 | | 51 | 51 |
| 105 | 29 | 76 | 24 | 72 | | 72 | 72 |
| 75 | 21 | 54 | 9 | 50 | | 50 | 50 |
| 55 | 29 | 22 | 12 | 36 | | 36 | 36 |

9-1(三) 续表 28

| 名　称 | 医疗卫生机构<br>(个) | #医院<br>(个) | #基层医疗卫生机构<br>(个) | 其中：卫生院<br>(个) | 村卫生室<br>(个) |
|---|---|---|---|---|---|
| 德宏傣族景颇族自治州芒市三台山德昂族乡 | 5 | | 5 | 1 | 4 |
| 德宏傣族景颇族自治州梁河县囊宋阿昌族乡 | 10 | | 10 | 1 | 9 |
| 德宏傣族景颇族自治州梁河县九保阿昌族乡 | 8 | | 8 | 1 | 7 |
| 德宏傣族景颇族自治州盈江县苏典傈僳族乡 | 5 | | 5 | 1 | 4 |
| 怒江傈僳族自治州福贡县匹河怒族乡 | 10 | | 10 | 1 | 9 |
| 怒江傈僳族自治州泸水市洛本卓白族乡 | 9 | | 9 | 1 | 8 |
| 迪庆藏族自治州香格里拉市三坝纳西族乡 | 8 | | 8 | 1 | 7 |
| 迪庆藏族自治州德钦县霞若傈僳族乡 | 8 | | 8 | 1 | 7 |
| 迪庆藏族自治州德钦县拖顶傈僳族乡 | 8 | | 8 | 1 | 7 |
| 临沧市凤庆县新华彝族苗族乡 | 12 | | 12 | 1 | 11 |
| 临沧市凤庆县腰街彝族乡 | 7 | | 7 | 1 | 6 |
| 临沧市凤庆县郭大寨彝族白族乡 | 12 | | 12 | 1 | 11 |
| 临沧市云县栗树彝族傣族乡 | 17 | | 17 | 1 | 16 |
| 临沧市云县忙怀彝族布朗族乡 | 12 | | 12 | 1 | 11 |
| 临沧市云县后箐彝族乡 | 12 | | 12 | 1 | 11 |
| 临沧市永德县大雪山彝族拉祜族傣族乡 | 9 | | 9 | 1 | 8 |
| 临沧市永德县乌木龙彝族乡 | 11 | | 11 | 1 | 10 |
| 临沧市临翔区平村彝族傣族乡 | 6 | | 6 | 1 | 5 |
| 临沧市临翔区南美拉祜乡 | 5 | | 5 | 1 | 4 |
| 临沧市耿马傣族佤族自治县芒洪拉祜族布朗族乡 | 6 | | 6 | 1 | 5 |
| 临沧市沧源佤族自治县勐角傣族彝族拉祜族乡 | 10 | | 10 | 1 | 9 |
| 临沧市镇康县军赛佤族拉祜族傈僳族德昂族乡 | 7 | | 7 | 1 | 6 |
| 西双版纳傣族自治州景洪市基诺山基诺族乡 | 7 | | 7 | 1 | 6 |
| 西双版纳傣族自治州景洪市景哈哈尼族乡 | 9 | | 9 | 1 | 8 |
| 西双版纳傣族自治州勐腊县瑶区瑶族乡 | 5 | | 5 | 1 | 4 |
| 西双版纳傣族自治州勐腊县象明彝族乡 | 7 | | 7 | 1 | 6 |
| 西双版纳傣族自治州勐海县格朗和哈尼族乡 | 7 | | 7 | 1 | 6 |
| 西双版纳傣族自治州勐海县布朗山布朗族乡 | 9 | 1 | 8 | 1 | 7 |
| 西双版纳傣族自治州勐海县西定哈尼族乡 | 12 | | 12 | 1 | 11 |

| 卫生人员（人） | #乡村医生和卫生员（人） | #卫生技术人员（人） | 其中：执业（助理）医师（人） | 医疗卫生机构床位数（张） | #医院（张） | #基层医疗卫生机构（张） | 其中：卫生院（张） |
|---|---|---|---|---|---|---|---|
| 31 | 7 | 24 | 11 | 10 | | 10 | 10 |
| 69 | 25 | 43 | 19 | 30 | | 30 | 30 |
| 60 | 18 | 42 | 10 | 37 | | 37 | 37 |
| 28 | 8 | 20 | 8 | 11 | | 11 | 11 |
| 46 | 26 | 20 | 10 | 20 | | 20 | 20 |
| 52 | 17 | 32 | 4 | 23 | | 23 | 23 |
| 72 | 22 | 35 | 13 | 46 | | 46 | 46 |
| 46 | 10 | 36 | 14 | 25 | | 25 | 25 |
| 31 | 9 | 22 | 13 | 36 | | 36 | 36 |
| 38 | 12 | 26 | 12 | 18 | | 18 | 18 |
| 36 | 7 | 18 | 11 | 11 | | 11 | 11 |
| 56 | 14 | 42 | 8 | 27 | | 27 | 27 |
| 50 | 16 | 34 | 16 | 40 | | 40 | 40 |
| 45 | 16 | 29 | 7 | 46 | | 46 | 46 |
| 44 | 11 | 33 | 17 | 40 | | 40 | 40 |
| 67 | 18 | 49 | 16 | 45 | | 45 | 45 |
| 81 | 19 | 62 | 9 | 60 | | 60 | 60 |
| 24 | 11 | 13 | 7 | 11 | | 11 | 11 |
| 28 | 8 | 20 | 9 | 10 | | 10 | 10 |
| 27 | 6 | 21 | 9 | 18 | | 18 | 18 |
| 51 | 21 | 30 | 13 | 20 | | 20 | 20 |
| 45 | 15 | 30 | 9 | 40 | | 40 | 40 |
| 80 | 16 | 64 | 10 | 50 | | 50 | 50 |
| 93 | 21 | 72 | 25 | 84 | | 84 | 50 |
| 56 | 12 | 44 | 9 | 20 | | 20 | 20 |
| 59 | 26 | 33 | 3 | 18 | | 18 | 18 |
| 31 | 12 | 19 | 11 | 25 | | 25 | 25 |
| 78 | 22 | 45 | 11 | 77 | 24 | 53 | 24 |
| 59 | 34 | 25 | 11 | 23 | | 23 | 23 |

9-1(三) 续表 29

| 名　称 | 医疗卫生机构（个） | #医院（个） | #基层医疗卫生机构（个） | 其中：卫生院（个） | 村卫生室（个） |
|---|---|---|---|---|---|
| **西藏自治区** | **34** | | **34** | **9** | **25** |
| 山南市错那县麻麻门巴族乡 | 2 | | 2 | 1 | 1 |
| 山南市错那县贡日门巴族乡 | 3 | | 3 | 1 | 2 |
| 山南市错那县基巴门巴族乡 | 2 | | 2 | 1 | 1 |
| 山南市错那县勒布区勒门巴族乡 | 2 | | 2 | 1 | 1 |
| 林芝市巴宜区更章门巴族乡 | 7 | | 7 | 1 | 6 |
| 林芝市米林县南伊珞巴乡 | 4 | | 4 | 1 | 3 |
| 林芝市墨脱县达木珞巴族乡 | 5 | | 5 | 1 | 4 |
| 昌都市芒康县下盐井纳西族乡 | 5 | | 5 | 1 | 4 |
| 山南市隆子县斗玉洛巴乡 | 4 | | 4 | 1 | 3 |
| **甘肃省** | **298** | **2** | **296** | **33** | **263** |
| 临夏回族自治州广河县阿里麻土东乡族乡 | 7 | | 7 | 1 | 6 |
| 甘南藏族自治州临潭县长川回族乡 | 11 | | 11 | 1 | 10 |
| 甘南藏族自治州临潭县卓洛回族乡 | 4 | | 4 | 1 | 3 |
| 甘南藏族自治州卓尼县勺哇土族乡 | 3 | | 3 | 1 | 2 |
| 陇南市文县铁楼藏族乡 | 16 | | 16 | 1 | 15 |
| 陇南市武都区坪垭藏族乡 | 9 | | 9 | | 9 |
| 陇南市武都区磨坝藏族乡 | 9 | | 9 | 1 | 8 |
| 陇南市宕昌县新城子藏族乡 | 11 | | 11 | 1 | 10 |
| 酒泉市肃州区黄泥堡裕固族乡 | 2 | | 2 | 1 | 1 |
| 酒泉市玉门市小金湾东乡族乡 | 5 | | 5 | 1 | 4 |
| 白银市会宁县新添堡回族乡 | 14 | | 14 | 1 | 13 |
| 庆阳市正宁县五倾源回族乡 | 6 | | 6 | 1 | 5 |
| 平凉市崆峒区峡门回族乡 | 24 | | 24 | 1 | 23 |
| 平凉市华亭市神峪回族乡 | 14 | | 14 | 1 | 13 |
| 平凉市华亭市山寨回族乡 | 10 | | 10 | 1 | 9 |
| 平凉市崆峒区白庙回族乡 | 10 | | 10 | 1 | 9 |
| 平凉市崆峒区大秦回族乡 | 13 | | 13 | 1 | 12 |
| 平凉市崆峒区寨河回族乡 | 13 | | 13 | 1 | 12 |

| 卫生人员（人） | #乡村医生和卫生员（人） | #卫生技术人员（人） | 其中：执业（助理）医师（人） | 医疗卫生机构床位数（张） | #医院（张） | #基层医疗卫生机构（张） | 其中：卫生院（张） |
|---|---|---|---|---|---|---|---|
| **130** | **48** | **69** | **32** | **49** | **3** | **46** | **46** |
| 14 | 3 | 7 | 4 | 6 |  | 6 | 6 |
| 9 | 4 | 5 |  | 4 | 3 | 1 | 1 |
| 10 | 4 |  | 6 | 8 |  | 8 | 8 |
| 10 | 4 | 3 | 3 | 3 |  | 3 | 3 |
| 17 | 12 | 5 | 5 | 5 |  | 5 | 5 |
| 17 | 7 | 10 | 4 | 4 |  | 4 | 4 |
| 18 | 8 | 10 | 3 | 6 |  | 6 | 6 |
| 22 |  | 22 | 6 | 10 |  | 10 | 10 |
| 13 | 6 | 7 | 1 | 6 |  | 6 | 3 |
| **671** | **216** | **382** | **201** | **525** | **22** | **503** | **503** |
| 16 | 6 | 8 | 3 | 15 |  | 15 | 15 |
| 24 | 2 | 2 |  | 6 |  | 6 | 6 |
| 8 | 7 |  | 1 | 4 |  | 4 | 4 |
| 7 | 2 | 5 | 1 |  |  |  |  |
| 34 | 16 | 11 | 7 | 42 |  | 42 | 42 |
| 9 | 9 |  |  | 11 | 11 |  |  |
| 22 | 8 | 14 | 14 | 10 |  | 10 | 10 |
| 26 | 10 | 14 | 12 | 12 |  | 12 | 12 |
| 9 |  | 9 | 9 | 10 |  | 10 | 10 |
| 14 | 9 | 5 | 5 | 30 |  | 30 | 30 |
| 38 | 8 | 25 | 9 | 15 |  | 15 | 15 |
| 10 | 4 | 6 | 6 | 17 |  | 17 | 17 |
| 24 | 10 | 14 | 14 | 14 |  | 14 | 14 |
| 53 | 12 | 37 | 13 | 41 |  | 41 | 30 |
| 42 | 9 | 33 | 9 | 20 |  | 20 | 20 |
| 35 | 9 | 26 | 7 | 26 |  | 26 | 26 |
| 30 | 12 | 18 | 10 | 10 |  | 10 | 10 |
| 25 | 12 | 13 | 6 | 38 |  | 38 | 38 |

9-1(三) 续表 30

| 名　称 | 医疗卫生机构（个） | #医院（个） | #基层医疗卫生机构（个） | 其中：卫生院（个） | 村卫生室（个） |
|---|---|---|---|---|---|
| 平凉市崆峒区大寨回族乡 | 23 | | 23 | 1 | 22 |
| 平凉市崆峒区西阳回族乡 | 14 | | 14 | 1 | 13 |
| 平凉市崆峒区上杨回族乡 | 9 | 1 | 8 | 1 | 7 |
| 张掖市肃南裕固族自治县祁丰藏族乡 | 7 | | 7 | 1 | 6 |
| 张掖市肃南裕固族自治县马蹄藏族乡 | 9 | | 9 | 3 | 6 |
| 张掖市肃南裕固族自治县白银蒙古族乡 | 3 | | 3 | 1 | 2 |
| 张掖市甘州区平山湖蒙古族乡 | 4 | | 4 | 1 | 3 |
| 临夏回族自治州临夏县井沟东乡族乡 | 14 | | 14 | 1 | 13 |
| 临夏回族自治州和政县梁家寺东乡族乡 | 10 | 1 | 9 | 1 | 8 |
| 临夏回族自治州临夏县安家坡东乡族乡 | 5 | | 5 | 1 | 4 |
| 酒泉市瓜州县七墩回族东乡族乡 | 3 | | 3 | 1 | 2 |
| 酒泉市瓜州县广至藏族乡 | 7 | | 7 | 1 | 6 |
| 酒泉市瓜州县沙河回族乡 | 5 | | 5 | 1 | 4 |
| 酒泉市玉门市独山子东乡族乡 | 4 | | 4 | 1 | 3 |
| **青海省** | **407** | **2** | **405** | **41** | **364** |
| 西宁市大通回族土族自治县朔北藏族乡 | 20 | | 20 | 2 | 18 |
| 西宁市大通回族土族自治县向化藏族乡 | 10 | | 10 | 1 | 9 |
| 西宁市湟中区群加藏族乡 | 6 | | 6 | 1 | 5 |
| 西宁市湟中区大才回族乡 | 17 | | 17 | 1 | 16 |
| 西宁市湟中区汉东回族乡 | 4 | | 4 | | 4 |
| 西宁市湟源县日月藏族乡 | 20 | | 20 | 1 | 19 |
| 海东市民和回族土族自治县杏儿藏族乡 | 8 | | 8 | 1 | 7 |
| 海东市乐都区下营藏族乡 | 10 | | 10 | | 10 |
| 海东市乐都区中坝藏族乡 | 15 | | 15 | 1 | 14 |
| 海东市乐都区达拉土族乡 | 22 | | 22 | 1 | 21 |
| 海东市互助土族自治县松多藏族乡 | 9 | | 9 | 1 | 8 |
| 海东市化隆回族自治县雄先藏族乡 | 26 | | 26 | 2 | 24 |
| 海东市化隆回族自治县查甫藏族乡 | 13 | | 13 | 1 | 12 |
| 海东市化隆回族自治县金源藏族乡 | 15 | | 15 | 1 | 14 |

| 卫生人员<br>（人） | #乡村医生和卫生员<br>（人） | #卫生技术人员<br>（人） | 其中：执业（助理）医师<br>（人） | 医疗卫生机构床位数<br>（张） | #医院<br>（张） | #基层医疗卫生机构<br>（张） | 其中：卫生院<br>（张） |
|---|---|---|---|---|---|---|---|
| 50 | 2 | 28 | 16 | 23 | 1 | 22 | 1 |
| 9 | 7 | 2 | 2 | 15 | | 15 | 15 |
| 25 | 6 | 19 | 11 | 12 | | 12 | 12 |
| 16 | 5 | 5 | 6 | 30 | | 30 | 30 |
| 31 | 6 | 21 | 4 | 30 | | 30 | 30 |
| 4 | 2 | | 2 | | | | |
| 6 | | 6 | 2 | 7 | | 7 | 7 |
| 20 | 13 | 7 | 7 | 22 | | 22 | 22 |
| 28 | 8 | 20 | 3 | 29 | 10 | 19 | 19 |
| 11 | 4 | 7 | 3 | 30 | | 30 | 30 |
| 10 | 5 | 5 | 5 | 9 | | 9 | 9 |
| 12 | 6 | 6 | 6 | 12 | | 12 | 12 |
| 13 | 2 | 11 | 3 | 10 | | 10 | 10 |
| 10 | 5 | 5 | 5 | 7 | | 7 | 7 |
| **1007** | **509** | **431** | **194** | **725** | **137** | **588** | **410** |
| 87 | 38 | 31 | 18 | 56 | | 56 | 23 |
| 38 | 18 | 15 | 5 | 8 | | 8 | 8 |
| 10 | 3 | 7 | | 6 | 5 | 1 | 1 |
| 20 | 16 | 4 | 4 | 45 | | 45 | 8 |
| 6 | 2 | 4 | 4 | 16 | | 16 | |
| 60 | 45 | 15 | 7 | 11 | | 11 | 11 |
| 11 | 6 | 5 | 1 | 8 | | 8 | 8 |
| 22 | 13 | 9 | 9 | 20 | | 20 | 4 |
| 32 | 23 | 6 | 3 | 24 | | 24 | 4 |
| 24 | 21 | 3 | 3 | 10 | | 10 | 10 |
| 17 | 7 | 10 | 10 | 10 | | 10 | 10 |
| 26 | 24 | 2 | | 27 | | 27 | 27 |
| 28 | 12 | 9 | 7 | 6 | | 6 | 6 |
| 20 | 20 | | | 14 | | 14 | 14 |

9-1(三) 续表 31

| 名称 | 医疗卫生机构（个） | #医院（个） | #基层医疗卫生机构（个） | 其中：卫生院（个） | 村卫生室（个） |
|---|---|---|---|---|---|
| 海东市化隆回族自治县塔加藏族乡 | 10 | | 10 | 1 | 9 |
| 海东市循化撒拉族自治县道帏藏族乡 | 29 | 1 | 28 | 1 | 27 |
| 海东市循化撒拉族自治县尕楞藏族乡 | 12 | | 12 | 1 | 11 |
| 海东市循化撒拉族自治县岗察藏族乡 | 3 | | 3 | | 3 |
| 海东市循化撒拉族自治县文都藏族乡 | 17 | | 17 | 1 | 16 |
| 海东市平安区沙沟回族乡 | 20 | | 20 | 10 | 10 |
| 海东市平安区巴藏沟回族乡 | 14 | | 14 | 1 | 13 |
| 海东市平安区石灰窑回族乡 | 14 | | 14 | 1 | 13 |
| 海东市平安区洪水泉回族乡 | 16 | | 16 | 1 | 15 |
| 海东市平安区古城回族乡 | 15 | | 15 | 1 | 14 |
| 海东市互助土族自治县巴扎藏族乡 | 9 | | 9 | 1 | 8 |
| 海北藏族自治州门源回族自治县皇城蒙古族乡 | 5 | | 5 | 1 | 4 |
| 海北藏族自治州海晏县哈勒景蒙古乡 | 38 | 1 | 37 | 6 | 31 |
| 海南藏族自治州贵德县新街回族乡 | 10 | | 10 | 1 | 9 |
| **新疆维吾尔自治区** | **245** | **8** | **237** | **41** | **196** |
| 吐鲁番市鄯善县东巴扎回族乡 | 1 | | 1 | | 1 |
| 和田地区皮山县瑙阿巴提塔吉克族乡 | 3 | | 3 | 1 | 2 |
| 和田地区皮山县康克尔柯尔克孜族乡 | 2 | | 2 | 1 | 1 |
| 巴音郭楞蒙古自治州和硕县乌什塔拉回族乡 | 6 | | 6 | 1 | 5 |
| 昌吉回族自治州奇台县大泉塔塔尔族乡 | 6 | | 6 | 1 | 5 |
| 昌吉回族自治州奇台县五马场哈萨克族乡 | 5 | | 5 | 1 | 4 |
| 昌吉回族自治州奇台县乔仁哈萨克族乡 | 3 | 1 | 2 | 1 | 1 |
| 昌吉回族自治州木垒哈萨克自治县大南沟乌孜别克族乡 | 3 | | 3 | 1 | 2 |
| 昌吉回族自治州玛纳斯县旱卡子滩哈萨克族乡 | 4 | | 4 | 1 | 3 |
| 昌吉回族自治州玛纳斯县塔西河哈萨克族乡 | 6 | | 6 | 1 | 5 |
| 昌吉回族自治州玛纳斯县清水河哈萨克族乡 | 8 | 1 | 7 | 1 | 6 |
| 昌吉回族自治州阜康市三工河哈萨克族乡 | 3 | | 3 | 1 | 2 |
| 昌吉回族自治州阜康市上户沟哈萨克族乡 | 9 | 1 | 8 | 1 | 7 |
| 昌吉回族自治州昌吉市阿什里哈萨克族乡 | 8 | 1 | 7 | 1 | 6 |

| 卫生人员<br>（人） | #乡村医生和卫生员<br>（人） | #卫生技术人员<br>（人） | 其中：执业（助理）医师<br>（人） | 医疗卫生机构床位数<br>（张） | #医院<br>（张） | #基层医疗卫生机构<br>（张） | 其中：卫生院<br>（张） |
|---:|---:|---:|---:|---:|---:|---:|---:|
| 17 | 9 | 5 | 5 | 3 |  | 3 | 3 |
| 108 | 54 | 54 |  | 147 | 12 | 135 | 135 |
| 11 | 11 |  | 1 | 19 |  | 19 | 19 |
| 13 | 11 |  | 1 | 7 |  | 7 | 7 |
| 39 | 30 | 9 |  | 12 |  | 12 | 12 |
| 32 | 17 | 15 | 24 | 10 |  | 10 | 10 |
| 28 | 16 | 12 | 5 | 26 |  | 26 | 4 |
| 26 | 14 | 12 | 11 | 13 |  | 13 | 8 |
| 35 | 15 | 20 | 20 | 22 |  | 22 | 22 |
| 40 | 23 | 17 | 8 | 14 |  | 14 | 8 |
| 22 | 8 | 14 | 11 | 13 |  | 13 | 13 |
| 21 | 13 | 7 | 2 | 2 |  | 2 | 2 |
| 189 | 31 | 130 | 28 | 160 | 120 | 40 | 33 |
| 25 | 9 | 16 | 7 | 16 |  | 16 |  |
| **1311** | **290** | **833** | **291** | **802** | **155** | **647** | **637** |
| 31 | 8 | 23 | 19 | 4 |  | 4 | 4 |
| 6 | 4 | 2 | 1 | 60 |  | 60 | 50 |
| 6 | 4 | 2 | 2 | 20 |  | 20 | 20 |
| 79 | 10 | 52 | 17 | 1 |  | 1 | 1 |
| 19 | 6 | 13 | 6 | 8 |  | 8 | 8 |
| 13 | 10 | 3 |  | 10 |  | 10 | 10 |
| 15 | 7 | 8 | 4 | 10 |  | 10 | 10 |
| 17 | 5 | 4 | 4 | 4 |  | 4 | 4 |
| 28 | 9 | 15 | 9 |  |  |  |  |
| 19 | 2 | 17 | 10 | 10 |  | 10 | 10 |
| 30 | 8 | 5 | 2 | 1 |  | 1 | 1 |
| 17 | 3 | 14 | 3 | 10 |  | 10 | 10 |
| 35 | 2 | 26 | 7 | 20 | 20 |  |  |
| 29 | 6 | 23 | 6 | 25 | 25 |  |  |

9-1(三) 续表 32

| 名　称 | 医疗卫生机构（个） | #医院（个） | #基层医疗卫生机构（个） | 其中：卫生院（个） | 村卫生室（个） |
|---|---|---|---|---|---|
| 昌吉回族自治州呼图壁县石梯子哈萨克族乡 | 7 | | 7 | 1 | 6 |
| 乌鲁木齐市米东区柏杨河哈萨克族乡 | 7 | | 7 | 1 | 6 |
| 克孜勒苏柯尔克孜自治州阿克陶县塔尔塔吉克族乡 | 9 | | 9 | 2 | 7 |
| 喀什地区塔什库尔干塔吉克自治县科克亚尔柯尔克孜族乡 | 2 | 1 | 1 | | 1 |
| 喀什地区泽普县布依鲁克塔吉克族乡 | 5 | | 5 | 1 | 4 |
| 喀什地区莎车县孜热普夏提塔吉克族乡 | 14 | | 14 | 1 | 13 |
| 伊犁哈萨克自治州察布查尔锡伯自治县米粮泉回族乡 | 3 | | 3 | 1 | 2 |
| 伊犁哈萨克自治州特克斯县科克铁热克柯尔克孜族乡 | 7 | | 7 | 1 | 6 |
| 伊犁哈萨克自治州特克斯县呼吉尔特蒙古族乡 | 5 | | 5 | 1 | 4 |
| 伊犁哈萨克自治州伊宁县愉群翁回族乡 | 16 | 1 | 15 | 1 | 14 |
| 伊犁哈萨克自治州尼勒克县科克浩特浩尔蒙古族乡 | 8 | | 8 | 1 | 7 |
| 伊犁哈萨克自治州霍城县伊车嘎善锡伯族乡 | 6 | | 6 | 1 | 5 |
| 伊犁哈萨克自治州霍城县三宫回族乡 | 6 | | 6 | 1 | 5 |
| 伊犁哈萨克自治州昭苏县胡松图喀尔逊蒙古族乡 | 3 | | 3 | 1 | 2 |
| 伊犁哈萨克自治州昭苏县察汗乌苏蒙古族乡 | 3 | | 3 | 1 | 2 |
| 伊犁哈萨克自治州昭苏县夏特柯尔克孜族乡 | 4 | | 4 | 1 | 3 |
| 塔城地区塔城市阿西尔达斡尔族乡 | 14 | | 14 | 1 | 13 |
| 塔城地区乌苏市塔布勒合特蒙古族乡 | 5 | | 5 | 1 | 4 |
| 塔城地区乌苏市吉尔格勒特郭楞蒙古族乡 | 10 | 1 | 9 | 1 | 8 |
| 塔城地区额敏县额玛勒郭楞蒙古族乡 | 5 | | 5 | 1 | 4 |
| 塔城地区额敏县霍吉尔特蒙古族乡 | 7 | | 7 | 1 | 6 |
| 阿克苏地区乌什县雅曼苏柯尔克孜族乡 | 7 | | 7 | 1 | 6 |
| 阿克苏地区温宿县博孜东柯尔克孜族乡 | 10 | | 10 | 2 | 8 |
| 哈密市伊吾县前山哈萨克族乡 | 4 | 1 | 3 | | 3 |
| 哈密市德外都如克哈萨克族乡 | 2 | | 2 | 1 | 1 |
| 哈密市乌拉台哈萨克族乡 | 4 | | 4 | 1 | 3 |
| 阿勒泰地区布尔津县禾木哈纳斯蒙古族乡 | 2 | | 2 | 1 | 1 |
| 阿勒泰地区阿勒泰市汗德尕特蒙古族乡 | 3 | | 3 | 1 | 2 |

| 卫生人员<br>（人） | #乡村医生和卫生员<br>（人） | #卫生技术人员<br>（人） | 其中：执业（助理）医师<br>（人） | 医疗卫生机构床位数<br>（张） | #医院<br>（张） | #基层医疗卫生机构<br>（张） | 其中：卫生院<br>（张） |
|---|---|---|---|---|---|---|---|
| 21 | 4 | 11 | 7 | 15 | | 15 | 15 |
| 26 | 8 | 18 | 10 | 8 | | 8 | 8 |
| 32 | 13 | 19 | 7 | 20 | | 20 | 20 |
| 9 | 9 | | | | | | |
| 16 | 4 | 12 | 4 | 16 | | 16 | 16 |
| 61 | 21 | 40 | 8 | 45 | | 45 | 45 |
| 35 | 2 | 33 | 33 | 20 | | 20 | 20 |
| 23 | 6 | 2 | 1 | 1 | | 1 | 1 |
| 46 | 5 | 34 | 7 | 18 | | 18 | 18 |
| 181 | 14 | 145 | 17 | 200 | 100 | 100 | 100 |
| 47 | 7 | 28 | 7 | 20 | | 20 | 20 |
| 50 | 7 | 31 | 12 | 15 | | 15 | 15 |
| 67 | 8 | 47 | 9 | 35 | | 35 | 35 |
| 40 | 4 | 14 | 2 | 25 | | 25 | 25 |
| 14 | 7 | 7 | 5 | 35 | | 35 | 35 |
| 33 | 8 | 23 | 6 | 28 | | 28 | 28 |
| 33 | 13 | 20 | 8 | 9 | | 9 | 9 |
| 7 | 5 | 2 | 2 | 4 | | 4 | 4 |
| 20 | 8 | 12 | 8 | 16 | | 16 | 16 |
| 10 | | 10 | 4 | | | | |
| 18 | | 11 | 7 | 15 | | 15 | 15 |
| 38 | 8 | 30 | 4 | | | | |
| 24 | 13 | 11 | 4 | 27 | | 27 | 27 |
| 21 | 3 | 18 | 8 | 10 | 10 | | |
| 24 | 7 | 17 | 6 | 10 | | 10 | 10 |
| 23 | 5 | 18 | 5 | 8 | | 8 | 8 |
| 21 | 4 | 10 | 7 | 10 | | 10 | 10 |
| 27 | 13 | 3 | 3 | 9 | | 9 | 9 |

# 全国少数民族发展情况

# 一、人　口

## 1-1　历次人口普查全国分民族人口

单位：人

| 民　族 | 历次普查人口数 | | | | | | |
|---|---|---|---|---|---|---|---|
| | 1953年 | 1964年 | 1982年 | 1990年 | 2000年 | 2010年 | 2020年 |
| **全国总计** | **577856141** | **691220104** | **1003913927** | **1130510638** | **1242612226** | **1332810869** | **1409778724** |
| 汉族 | 542824056 | 651296368 | 936674944 | 1039187548 | 1137386112 | 1220844520 | 1284446389 |
| 蒙古族 | 1451035 | 1965766 | 3411367 | 4802407 | 5813947 | 5981840 | 6290204 |
| 回族 | 3530498 | 4473147 | 7228398 | 8612001 | 9816805 | 10586087 | 11377914 |
| 藏族 | 2753081 | 2501174 | 3847875 | 4593072 | 5416021 | 6282187 | 7060731 |
| 维吾尔族 | 3610462 | 3996311 | 5963491 | 7207024 | 8399393 | 10069346 | 11774538 |
| 苗族 | 2490874 | 2782088 | 5021175 | 7383622 | 8940116 | 9426007 | 11067929 |
| 彝族 | 3227750 | 3380960 | 5453564 | 6578524 | 7762272 | 8714393 | 9830327 |
| 壮族 | 6864585 | 8386140 | 13383086 | 15555820 | 16178811 | 16926381 | 19568546 |
| 布依族 | 1237714 | 1348055 | 2119345 | 2548294 | 2971460 | 2870034 | 3576752 |
| 朝鲜族 | 1111275 | 1339569 | 1765204 | 1923361 | 1923842 | 1830929 | 1702479 |
| 满族 | 2399228 | 2695675 | 4304981 | 9846776 | 10682262 | 10387958 | 10423303 |
| 侗族 | 712802 | 836123 | 1426400 | 2508624 | 2960293 | 2879974 | 3495993 |
| 瑶族 | 665933 | 857265 | 1411967 | 2137033 | 2637421 | 2796003 | 3309341 |
| 白族 | 567119 | 706623 | 1132224 | 1598052 | 1858063 | 1933510 | 2091543 |
| 土家族 | | 524755 | 2836814 | 5725049 | 8028133 | 8353912 | 9587732 |
| 哈尼族 | 481220 | 628727 | 1058806 | 1254800 | 1439673 | 1660932 | 1733166 |
| 哈萨克族 | 509375 | 491637 | 907546 | 1110758 | 1250458 | 1462588 | 1562518 |
| 傣族 | 478966 | 535389 | 839496 | 1025402 | 1158989 | 1261311 | 1329985 |
| 黎族 | 360950 | 438813 | 887107 | 1112498 | 1247814 | 1463064 | 1602104 |
| 傈僳族 | 317465 | 270628 | 481884 | 574589 | 634912 | 702839 | 762996 |
| 佤族 | 286158 | 200272 | 298611 | 351980 | 396610 | 429709 | 430977 |
| 畲族 | | 234167 | 371965 | 634700 | 709592 | 708651 | 746385 |
| 高山族 | 329 | 366 | 1650 | 2877 | 4461 | 4009 | 3479 |
| 拉祜族 | 139060 | 191241 | 304256 | 411545 | 453705 | 485966 | 499167 |
| 水族 | 133566 | 156099 | 286908 | 347116 | 406902 | 411847 | 495928 |
| 东乡族 | 155761 | 147443 | 279523 | 373669 | 513805 | 621500 | 774947 |
| 纳西族 | 143453 | 156796 | 251592 | 277750 | 308839 | 326295 | 323767 |
| 景颇族 | 101852 | 57762 | 92976 | 119276 | 132143 | 147828 | 160471 |

注：1. 各年度人口均为中国大陆人口普查数，不包括现役军人。
2. 少数民族人口合计数中不包括其他未识别的民族人口和外国人加入中国籍人口数。
3. 1982年人口数未包括西藏间接调查的28601人，据有关资料计算，如包括间接调查人口数，1982年门巴族约为6248人，珞巴族约为2065人。

1-1 续表

单位：人

| 民族 | 历次普查人口数 | | | | | | |
|---|---|---|---|---|---|---|---|
| | 1953年 | 1964年 | 1982年 | 1990年 | 2000年 | 2010年 | 2020年 |
| 柯尔克孜族 | 70944 | 70151 | 113386 | 143537 | 160823 | 186708 | 204402 |
| 土族 | 53277 | 77349 | 159632 | 192568 | 241198 | 289565 | 281928 |
| 达斡尔族 | | 63394 | 94126 | 121463 | 132394 | 131992 | 132299 |
| 仫佬族 | | 52819 | 90357 | 160648 | 207352 | 216257 | 277233 |
| 羌族 | 35660 | 49105 | 102815 | 198303 | 306072 | 309576 | 312981 |
| 布朗族 | | 39411 | 58473 | 82398 | 91882 | 119639 | 127345 |
| 撒拉族 | 30658 | 34664 | 69135 | 87546 | 104503 | 130607 | 165159 |
| 毛南族 | | 22382 | 38159 | 72370 | 107166 | 101192 | 124092 |
| 仡佬族 | | 26852 | 54164 | 438192 | 579357 | 550746 | 677521 |
| 锡伯族 | 19022 | 33438 | 83683 | 172932 | 188824 | 190481 | 191911 |
| 阿昌族 | | 12032 | 20433 | 27718 | 33936 | 39555 | 43775 |
| 普米族 | | 14298 | 24238 | 29721 | 33600 | 42862 | 45012 |
| 塔吉克族 | 14462 | 16236 | 26600 | 33223 | 41028 | 51069 | 50896 |
| 怒族 | | 15047 | 22896 | 27190 | 28759 | 37524 | 36575 |
| 乌孜别克族 | 13626 | 7717 | 12213 | 14763 | 12370 | 10569 | 12742 |
| 俄罗斯族 | 22656 | 1326 | 2917 | 13500 | 15609 | 15393 | 16136 |
| 鄂温克族 | 4957 | 9681 | 19398 | 26379 | 30505 | 30875 | 34617 |
| 德昂族 | | 7261 | 12297 | 15461 | 17935 | 20556 | 22354 |
| 保安族 | 4957 | 5125 | 9017 | 11683 | 16505 | 20074 | 24434 |
| 裕固族 | 3861 | 5717 | 10568 | 12293 | 13719 | 14378 | 14706 |
| 京族 | | 4293 | 13108 | 18749 | 22517 | 28199 | 33112 |
| 塔塔尔族 | 6929 | 2294 | 4122 | 5064 | 4890 | 3556 | 3544 |
| 独龙族 | | 3090 | 4633 | 5825 | 7426 | 6930 | 7310 |
| 鄂伦春族 | 2262 | 2709 | 4103 | 7004 | 8196 | 8659 | 9168 |
| 赫哲族 | | 718 | 1489 | 4254 | 4640 | 5354 | 5373 |
| 门巴族 | | 3809 | 1140 | 7498 | 8923 | 10561 | 11143 |
| 珞巴族 | | | 1066 | 2322 | 2965 | 3682 | 4237 |
| 基诺族 | | | 11962 | 18022 | 20899 | 23143 | 26025 |
| 其他未识别民族 | 1017299 | 32411 | 799705 | 752347 | 734438 | 640101 | 836488 |
| 外国人加入中国籍 | 1004 | 7416 | 4937 | 3498 | 941 | 1448 | 16595 |

## 1-2 历次人口普查少数民族人口的分布情况(一)

| 地 区 | 1953年 | | | 1964年 | | |
|---|---|---|---|---|---|---|
| | 绝对数(人) | 占该地区总人口的比重(%) | 占全国少数民族人口的比重(%) | 绝对数(人) | 占该地区总人口的比重(%) | 占全国少数民族人口的比重(%) |
| **全 国** | **34013782** | **5.89** | **100.00** | **39883909** | **5.77** | **100.00** |
| 北 京 | 168404 | 6.08 | 0.50 | 283524 | 3.75 | 0.71 |
| 天 津 | 79857 | 2.96 | 0.23 | 115613 | 2.70 | 0.29 |
| 河 北 | 715752 | 1.75 | 2.10 | 621926 | 1.50 | 1.56 |
| 山 西 | 20316 | 0.14 | 0.06 | 40100 | 0.22 | 0.10 |
| 内蒙古 | 959336 | 15.73 | 2.82 | 1604756 | 13.00 | 4.02 |
| 辽 宁 | 1482619 | 8.07 | 4.36 | 1858900 | 6.90 | 4.66 |
| 吉 林 | 1193237 | 10.67 | 3.51 | 1342170 | 8.57 | 3.37 |
| 黑龙江 | 944328 | 7.98 | 2.78 | 1087045 | 5.40 | 2.73 |
| 上 海 | 31461 | 0.51 | 0.90 | 43591 | 0.40 | 0.11 |
| 江 苏 | 66362 | 0.16 | 0.20 | 83002 | 9.19 | 0.21 |
| 浙 江 | 30854 | 0.14 | 0.09 | 106411 | 0.38 | 0.27 |
| 安 徽 | 133801 | 0.45 | 0.39 | 155256 | 0.50 | 0.39 |
| 福 建 | 19979 | 0.15 | 0.06 | 147017 | 0.88 | 0.37 |
| 江 西 | 2001 | 0.01 | 0.01 | 9300 | 0.04 | 0.02 |
| 山 东 | 252506 | 0.52 | 0.74 | 294643 | 0.53 | 0.74 |
| 河 南 | 405715 | 0.93 | 1.19 | 517195 | 1.03 | 1.30 |
| 湖 北 | 35434 | 0.13 | 0.10 | 183035 | 0.54 | 0.46 |
| 湖 南 | 586737 | 1.78 | 1.72 | 1275719 | 3.43 | 3.20 |
| 广 东 | 430279 | 1.25 | 1.27 | 747181 | 1.75 | 1.87 |
| 广 西 | 7337944 | 37.51 | 21.57 | 8553300 | 41.03 | 21.45 |
| 海 南 | | | | | | |
| 四 川 | 2022315 | 3.11 | 5.95 | 1728955 | 2.54 | 4.33 |
| 贵 州 | 3562493 | 23.69 | 10.47 | 4009683 | 23.39 | 10.05 |
| 云 南 | 5411883 | 31.59 | 15.91 | 6384114 | 31.13 | 16.01 |
| 西 藏 | 1273969 | 100.00 | 3.75 | 1213796 | 97.01 | 3.04 |
| 陕 西 | 56272 | 0.36 | 0.17 | 93978 | 0.45 | 0.24 |
| 甘 肃 | 1486775 | 11.71 | 4.37 | 955396 | 7.56 | 2.40 |
| 青 海 | 854136 | 50.95 | 20.51 | 829318 | 38.65 | 2.18 |
| 宁 夏 | | | | 650366 | 30.86 | 1.63 |
| 新 疆 | 4449017 | 93.01 | 13.08 | 4948619 | 68.07 | 12.41 |

## 1-2 历次人口普查少数民族人口的分布情况(二)

| 地 区 | 1982年 | | | 1990年 | | |
|---|---|---|---|---|---|---|
| | 绝对数（人） | 占该地区总人口的比重(%) | 占全国少数民族人口的比重(%) | 绝对数（人） | 占该地区总人口的比重(%) | 占全国少数民族人口的比重(%) |
| **全 国** | **66434341** | **6.62** | **100.00** | **90567245** | **8.01** | **100.00** |
| 北 京 | 322320 | 3.49 | 0.49 | 413937 | 3.83 | 0.46 |
| 天 津 | 164241 | 2.12 | 0.25 | 202642 | 2.31 | 0.22 |
| 河 北 | 853275 | 1.61 | 1.28 | 2408876 | 3.94 | 2.66 |
| 山 西 | 63760 | 0.25 | 0.10 | 82061 | 0.29 | 0.09 |
| 内 蒙 古 | 2996477 | 15.55 | 4.51 | 4166260 | 19.42 | 4.60 |
| 辽 宁 | 2909615 | 8.15 | 4.38 | 6165508 | 15.62 | 6.81 |
| 吉 林 | 1829555 | 8.11 | 2.75 | 2525212 | 10.24 | 2.79 |
| 黑 龙 江 | 1613043 | 4.94 | 2.43 | 1997934 | 5.67 | 2.21 |
| 上 海 | 49748 | 0.42 | 0.07 | 62171 | 0.47 | 0.07 |
| 江 苏 | 110559 | 0.18 | 0.17 | 153060 | 0.23 | 0.07 |
| 浙 江 | 161546 | 0.42 | 0.24 | 212582 | 0.51 | 0.23 |
| 安 徽 | 261760 | 0.53 | 0.39 | 324227 | 0.58 | 0.36 |
| 福 建 | 250449 | 0.97 | 0.38 | 465995 | 1.55 | 0.51 |
| 江 西 | 22052 | 0.07 | 0.03 | 101144 | 0.27 | 0.11 |
| 山 东 | 407849 | 0.55 | 0.61 | 505694 | 0.60 | 0.56 |
| 河 南 | 799338 | 1.07 | 1.20 | 1008972 | 1.18 | 1.11 |
| 湖 北 | 1778494 | 3.72 | 2.68 | 2140188 | 3.97 | 2.36 |
| 湖 南 | 2201087 | 4.08 | 3.31 | 4823649 | 7.95 | 5.33 |
| 广 东 | 1057527 | 1.78 | 1.59 | 354625 | 0.56 | 0.39 |
| 广 西 | 13933250 | 38.26 | 20.97 | 16577113 | 39.24 | 18.30 |
| 海 南 | | | | 1114803 | 17.00 | 1.23 |
| 四 川 | 3660402 | 3.67 | 5.51 | 4889295 | 4.56 | 5.40 |
| 贵 州 | 6675360 | 23.38 | 10.05 | 10504828 | 32.43 | 11.60 |
| 云 南 | 10277069 | 31.57 | 15.47 | 12351834 | 33.41 | 13.64 |
| 西 藏 | 1769935 | 94.97 | 2.66 | 2112168 | 96.18 | 2.33 |
| 陕 西 | 133098 | 0.46 | 2.20 | 156403 | 0.48 | 0.17 |
| 甘 肃 | 1555186 | 7.95 | 2.34 | 1857467 | 8.30 | 2.05 |
| 青 海 | 1535774 | 39.42 | 2.31 | 1878028 | 42.14 | 2.07 |
| 宁 夏 | 1244238 | 31.94 | 1.87 | 1549067 | 33.27 | 1.71 |
| 新 疆 | 7797344 | 59.61 | 11.74 | 9961202 | 62.42 | 10.45 |

## 1–2 历次人口普查少数民族人口的分布情况(三)

单位：万人

| 地区 | 2000年 | | | 2010年 | | | 2020年 | | |
|---|---|---|---|---|---|---|---|---|---|
| | 总人口 | 少数民族人口 | 占总人口比例(%) | 总人口 | 少数民族人口 | 占总人口比例(%) | 总人口 | 少数民族人口 | 占总人口比例(%) |
| **全国** | **124261** | **10449** | **8.41** | **133281** | **11132** | **8.35** | **140978** | **12448** | **8.83** |
| 北京 | 1357 | 59 | 4.31 | 1961 | 80 | 4.08 | 2189 | 105 | 4.78 |
| 天津 | 985 | 27 | 2.71 | 1294 | 33 | 2.56 | 1387 | 44 | 3.17 |
| 河北 | 6668 | 290 | 4.35 | 7185 | 299 | 4.17 | 7461 | 322 | 4.31 |
| 山西 | 3247 | 10 | 0.32 | 3571 | 9 | 0.26 | 3492 | 12 | 0.35 |
| 内蒙古 | 2332 | 486 | 20.83 | 2471 | 506 | 20.46 | 2405 | 511 | 21.26 |
| 辽宁 | 4182 | 672 | 16.06 | 4375 | 664 | 15.19 | 4259 | 642 | 15.07 |
| 吉林 | 2680 | 245 | 9.15 | 2745 | 219 | 7.96 | 2407 | 209 | 8.67 |
| 黑龙江 | 3624 | 177 | 4.89 | 3831 | 137 | 3.59 | 3185 | 112 | 3.52 |
| 上海 | 1641 | 10 | 0.63 | 2302 | 28 | 1.20 | 2487 | 40 | 1.60 |
| 江苏 | 7304 | 26 | 0.35 | 7866 | 38 | 0.49 | 8475 | 61 | 0.72 |
| 浙江 | 4593 | 39 | 0.85 | 5443 | 121 | 2.21 | 6457 | 217 | 3.37 |
| 安徽 | 5900 | 40 | 0.67 | 5950 | 40 | 0.66 | 6103 | 43 | 0.71 |
| 福建 | 3410 | 58 | 1.71 | 3689 | 79 | 2.15 | 4154 | 111 | 2.68 |
| 江西 | 4040 | 13 | 0.31 | 4457 | 15 | 0.34 | 4519 | 21 | 0.47 |
| 山东 | 8997 | 63 | 0.70 | 9579 | 73 | 0.76 | 10153 | 90 | 0.89 |
| 河南 | 9124 | 114 | 1.25 | 9403 | 112 | 1.19 | 9937 | 115 | 1.16 |
| 湖北 | 5951 | 260 | 4.36 | 5724 | 247 | 4.31 | 5775 | 277 | 4.79 |
| 湖南 | 6327 | 641 | 10.13 | 6570 | 655 | 9.97 | 6644 | 668 | 10.06 |
| 广东 | 8523 | 127 | 1.49 | 10432 | 206 | 1.98 | 12601 | 474 | 3.76 |
| 广西 | 4385 | 1683 | 38.37 | 4602 | 1711 | 37.17 | 5013 | 1880 | 37.51 |
| 海南 | 756 | 131 | 17.38 | 867 | 143 | 16.44 | 1008 | 158 | 15.68 |
| 重庆 | 3051 | 197 | 6.47 | 2885 | 194 | 6.71 | 3205 | 217 | 6.76 |
| 四川 | 8235 | 412 | 5.00 | 8042 | 491 | 6.10 | 8367 | 569 | 6.80 |
| 贵州 | 3525 | 1263 | 35.82 | 3475 | 1179 | 33.93 | 3856 | 1335 | 34.61 |
| 云南 | 4236 | 1415 | 33.41 | 4597 | 1535 | 33.38 | 4721 | 1561 | 33.07 |
| 西藏 | 262 | 245 | 93.79 | 300 | 275 | 91.75 | 365 | 320 | 87.73 |
| 陕西 | 3537 | 18 | 0.50 | 3733 | 19 | 0.51 | 3953 | 22 | 0.56 |
| 甘肃 | 2512 | 220 | 8.75 | 2558 | 241 | 9.42 | 2502 | 266 | 10.62 |
| 青海 | 482 | 222 | 45.97 | 563 | 264 | 46.98 | 592 | 293 | 49.47 |
| 宁夏 | 549 | 190 | 34.56 | 630 | 221 | 35.15 | 720 | 259 | 35.95 |
| 新疆 | 1846 | 1097 | 59.42 | 2182 | 1299 | 59.52 | 2585 | 1493 | 57.76 |

## 1-3 2020年全国人口普查各民族分城市、镇、乡村的人口

单位：人

| 民　　族 | 总人口 | 城市人口 | 镇人口 | 乡村人口 |
|---|---|---|---|---|
| **全国总计** | **1409778724** | **575170855** | **324820307** | **509787562** |
| 汉族 | 1284446389 | 542511128 | 295833738 | 446101523 |
| 少数民族合计 | 124479252 | 32474485 | 28709658 | 63295109 |
| 少数民族占全国比重(%) | 8.83 | 5.65 | 8.84 | 12.42 |
| 蒙古族 | 6290204 | 2006108 | 1829941 | 2454155 |
| 回族 | 11377914 | 4539546 | 2718526 | 4119842 |
| 藏族 | 7060731 | 1065697 | 1400971 | 4594063 |
| 维吾尔族 | 11774538 | 2002249 | 2199107 | 7573182 |
| 苗族 | 11067929 | 2281738 | 2723800 | 6062391 |
| 彝族 | 9830327 | 1577772 | 2010663 | 6241892 |
| 壮族 | 19568546 | 6428285 | 4026442 | 9113819 |
| 布依族 | 3576752 | 901109 | 913640 | 1762003 |
| 朝鲜族 | 1702479 | 989339 | 213410 | 499730 |
| 满族 | 10423303 | 3908758 | 2378244 | 4136301 |
| 侗族 | 3495993 | 725451 | 1078204 | 1692338 |
| 瑶族 | 3309341 | 655692 | 719731 | 1933918 |
| 白族 | 2091543 | 584188 | 466233 | 1041122 |
| 土家族 | 9587732 | 2393993 | 2899874 | 4293865 |
| 哈尼族 | 1733166 | 248503 | 375766 | 1108897 |
| 哈萨克族 | 1562518 | 213328 | 405927 | 943263 |
| 傣族 | 1329985 | 230156 | 328892 | 770937 |
| 黎族 | 1602104 | 265033 | 300160 | 1036911 |
| 傈僳族 | 762996 | 79049 | 188898 | 495049 |
| 佤族 | 430977 | 39243 | 98696 | 293038 |
| 畲族 | 746385 | 198660 | 175159 | 372566 |
| 高山族 | 3479 | 2020 | 826 | 633 |
| 拉祜族 | 499167 | 44720 | 83249 | 371198 |
| 水族 | 495928 | 90884 | 145284 | 259760 |
| 东乡族 | 774947 | 119774 | 138013 | 517160 |
| 纳西族 | 323767 | 112114 | 59473 | 152180 |
| 景颇族 | 160471 | 27456 | 28389 | 104626 |
| 柯尔克孜族 | 204402 | 20691 | 39596 | 144115 |

1-3 续表

单位：人

| 民族 | 总人口 | 城市人口 | 镇人口 | 乡村人口 |
|---|---|---|---|---|
| 土族 | 281928 | 62859 | 83033 | 136036 |
| 达斡尔族 | 132299 | 50745 | 40716 | 40838 |
| 仫佬族 | 277233 | 100474 | 83726 | 93033 |
| 羌族 | 312981 | 63769 | 95071 | 154141 |
| 布朗族 | 127345 | 12368 | 25118 | 89859 |
| 撒拉族 | 165159 | 35618 | 45814 | 83727 |
| 毛南族 | 124092 | 35157 | 34443 | 54492 |
| 仡佬族 | 677521 | 172210 | 232941 | 272370 |
| 锡伯族 | 191911 | 101472 | 29780 | 60659 |
| 阿昌族 | 43775 | 6969 | 8223 | 28583 |
| 普米族 | 45012 | 6707 | 13716 | 24589 |
| 塔吉克族 | 50896 | 2135 | 10184 | 38577 |
| 怒族 | 36575 | 3545 | 7816 | 25214 |
| 乌孜别克族 | 12742 | 6201 | 4152 | 2389 |
| 俄罗斯族 | 16136 | 12400 | 2217 | 1519 |
| 鄂温克族 | 34617 | 9263 | 13650 | 11704 |
| 德昂族 | 22354 | 3357 | 4025 | 14972 |
| 保安族 | 24434 | 3546 | 5064 | 15824 |
| 裕固族 | 14706 | 4570 | 3887 | 6249 |
| 京族 | 33112 | 13985 | 6346 | 12781 |
| 塔塔尔族 | 3544 | 1701 | 751 | 1092 |
| 独龙族 | 7310 | 686 | 2411 | 4213 |
| 鄂伦春族 | 9168 | 3145 | 3800 | 2223 |
| 赫哲族 | 5373 | 3205 | 927 | 1241 |
| 门巴族 | 11143 | 1302 | 1860 | 7981 |
| 珞巴族 | 4237 | 430 | 554 | 3253 |
| 基诺族 | 26025 | 5110 | 2319 | 18596 |
| 其他未识别的民族 | 836488 | 179597 | 273430 | 383461 |
| 外国人加入中国籍 | 16595 | 5645 | 3481 | 7469 |

# 1-4 2020年全国人口普查各民族3岁及以上人口的受教育状况(一)

单位：人

| 民族 | 合计 | 未上过学 | 学前教育 | 小学 | 初中 |
|---|---|---|---|---|---|
| **全国总计** | **1368140098** | **48595937** | **53355845** | **349658733** | **487095010** |
| 汉族 | 1247564630 | 41214914 | 47214747 | 310225809 | 447493408 |
| 少数民族合计 | 119773256 | 7296925 | 6098840 | 39158900 | 39355499 |
| 少数民族占全国比重(%) | 8.75 | 15.02 | 11.43 | 11.20 | 8.08 |
| 蒙古族 | 6061485 | 167703 | 265851 | 1482660 | 1900875 |
| 回族 | 10921051 | 751600 | 529002 | 3407936 | 3280868 |
| 藏族 | 6735027 | 1554466 | 338601 | 2633530 | 962699 |
| 维吾尔族 | 11539014 | 309675 | 901738 | 4252498 | 3816240 |
| 苗族 | 10575558 | 802793 | 523221 | 3799786 | 3528907 |
| 彝族 | 9382692 | 881172 | 519229 | 3993174 | 2475854 |
| 壮族 | 18854018 | 647992 | 945393 | 5499047 | 7510157 |
| 布依族 | 3414048 | 272440 | 177261 | 1174992 | 1165678 |
| 朝鲜族 | 1671001 | 18509 | 41143 | 225441 | 666448 |
| 满族 | 10095800 | 178046 | 377155 | 2401071 | 4021325 |
| 侗族 | 3351259 | 175329 | 161670 | 1044036 | 1212208 |
| 瑶族 | 3166665 | 172240 | 174320 | 1111716 | 1075008 |
| 白族 | 2007596 | 86266 | 86846 | 615933 | 675541 |
| 土家族 | 9243956 | 322507 | 406359 | 2780353 | 3212464 |
| 哈尼族 | 1660698 | 160389 | 71852 | 733246 | 447530 |
| 哈萨克族 | 1513168 | 25782 | 85803 | 486640 | 494909 |
| 傣族 | 1277919 | 121003 | 55976 | 533706 | 362297 |
| 黎族 | 1541070 | 62879 | 70284 | 399822 | 706932 |
| 傈僳族 | 728268 | 92115 | 34873 | 338630 | 177350 |
| 佤族 | 410857 | 41895 | 17189 | 190167 | 111988 |
| 畲族 | 716602 | 35148 | 39533 | 251367 | 217476 |
| 高山族 | 3325 | 70 | 199 | 597 | 842 |
| 拉祜族 | 476376 | 61142 | 20263 | 242003 | 106022 |
| 水族 | 473453 | 35866 | 25863 | 173785 | 150007 |
| 东乡族 | 720886 | 125516 | 59821 | 350646 | 127452 |
| 纳西族 | 311635 | 16213 | 12731 | 84786 | 96776 |

1-4(一) 续表

单位：人

| 民族 | 合计 | 未上过学 | 学前教育 | 小学 | 初中 |
|---|---|---|---|---|---|
| 景颇族 | 151668 | 14582 | 7223 | 57923 | 45970 |
| 柯尔克孜族 | 198714 | 5272 | 13864 | 76547 | 50603 |
| 土族 | 269542 | 22764 | 13415 | 92726 | 65154 |
| 达斡尔族 | 127764 | 1862 | 5359 | 23796 | 44164 |
| 仫佬族 | 264651 | 9058 | 16113 | 80870 | 87196 |
| 羌族 | 301508 | 17928 | 13524 | 103631 | 80599 |
| 布朗族 | 120968 | 15676 | 5667 | 53610 | 29547 |
| 撒拉族 | 155256 | 24678 | 9451 | 69408 | 31003 |
| 毛南族 | 118709 | 3921 | 6773 | 35758 | 43760 |
| 仡佬族 | 644185 | 34553 | 34644 | 199793 | 204236 |
| 锡伯族 | 185452 | 2031 | 7662 | 32770 | 68011 |
| 阿昌族 | 41457 | 3171 | 2308 | 15397 | 12720 |
| 普米族 | 42752 | 3714 | 2376 | 14360 | 11221 |
| 塔吉克族 | 49186 | 999 | 2911 | 20176 | 11746 |
| 怒族 | 34145 | 3929 | 2487 | 13367 | 8670 |
| 乌孜别克族 | 12405 | 183 | 814 | 3331 | 3130 |
| 俄罗斯族 | 15580 | 190 | 760 | 1895 | 3669 |
| 鄂温克族 | 33177 | 544 | 1557 | 6578 | 10233 |
| 德昂族 | 21150 | 2437 | 1186 | 9732 | 5317 |
| 保安族 | 22820 | 2862 | 1929 | 9466 | 4704 |
| 裕固族 | 14165 | 461 | 607 | 4312 | 3225 |
| 京族 | 30976 | 972 | 2677 | 7892 | 9932 |
| 塔塔尔族 | 3444 | 53 | 167 | 726 | 756 |
| 独龙族 | 6865 | 629 | 411 | 2398 | 2067 |
| 鄂伦春族 | 8700 | 143 | 497 | 1388 | 2358 |
| 赫哲族 | 5121 | 61 | 283 | 776 | 1440 |
| 门巴族 | 10582 | 2884 | 680 | 2985 | 1242 |
| 珞巴族 | 3978 | 807 | 276 | 1545 | 475 |
| 基诺族 | 24909 | 1805 | 1043 | 8176 | 8498 |
| 其他未识别的民族 | 786626 | 82446 | 41601 | 269694 | 241131 |
| 外国人加入中国籍 | 15586 | 1652 | 657 | 4330 | 4972 |

## 1-4　2020年全国人口普查各民族3岁及以上人口的受教育状况(二)

单位：人

| 民　族 | 高　中 | 大学专科 | 大学本科 | 硕士研究生 | 博士研究生 |
|---|---|---|---|---|---|
| **全国总计** | **212209922** | **112303002** | **94156072** | **9488228** | **1277349** |
| 汉族 | 198724224 | 104803905 | 87633137 | 9034841 | 1219645 |
| 少数民族合计 | 13411649 | 7460585 | 6481403 | 451962 | 57493 |
| 少数民族占全国比重(%) | 6.32 | 6.64 | 6.88 | 4.76 | 4.50 |
| 蒙古族 | 846113 | 615544 | 702036 | 71848 | 8855 |
| 回族 | 1370529 | 758180 | 745902 | 68302 | 8732 |
| 藏族 | 465713 | 432043 | 334922 | 11658 | 1395 |
| 维吾尔族 | 1156307 | 693918 | 397206 | 9899 | 1533 |
| 苗族 | 1015212 | 483596 | 399476 | 20088 | 2479 |
| 彝族 | 749177 | 428899 | 320654 | 13042 | 1491 |
| 壮族 | 2333390 | 1101580 | 775115 | 37346 | 3998 |
| 布依族 | 305044 | 154733 | 157647 | 5647 | 606 |
| 朝鲜族 | 388081 | 132255 | 177439 | 17958 | 3727 |
| 满族 | 1275240 | 839596 | 890715 | 100251 | 12401 |
| 侗族 | 373496 | 196266 | 178910 | 8363 | 981 |
| 瑶族 | 347414 | 154382 | 122730 | 7848 | 1007 |
| 白族 | 237517 | 148249 | 146206 | 9680 | 1358 |
| 土家族 | 1328716 | 602756 | 543017 | 42117 | 5667 |
| 哈尼族 | 130574 | 70874 | 44408 | 1637 | 188 |
| 哈萨克族 | 188223 | 133005 | 96269 | 2295 | 242 |
| 傣族 | 102919 | 58205 | 41884 | 1748 | 181 |
| 黎族 | 173614 | 75147 | 50742 | 1506 | 144 |
| 傈僳族 | 43336 | 24054 | 17251 | 608 | 51 |
| 佤族 | 26774 | 14254 | 8343 | 229 | 18 |
| 畲族 | 86526 | 43024 | 40199 | 2972 | 357 |
| 高山族 | 582 | 414 | 530 | 82 | 9 |
| 拉祜族 | 22792 | 13274 | 10343 | 495 | 42 |
| 水族 | 43281 | 21024 | 22822 | 736 | 69 |
| 东乡族 | 31220 | 13478 | 12246 | 467 | 40 |
| 纳西族 | 41953 | 30122 | 26934 | 1871 | 249 |
| 景颇族 | 13747 | 7544 | 4462 | 203 | 14 |

1-4(二) 续表

单位：人

| 民 族 | 高 中 | 大学专科 | 大学本科 | 硕士研究生 | 博士研究生 |
|---|---|---|---|---|---|
| 柯尔克孜族 | 23606 | 17789 | 10775 | 226 | 32 |
| 土族 | 27637 | 20874 | 25673 | 1141 | 158 |
| 达斡尔族 | 19471 | 15282 | 15844 | 1743 | 243 |
| 仫佬族 | 32990 | 19105 | 17999 | 1200 | 120 |
| 羌族 | 33325 | 28056 | 22791 | 1464 | 190 |
| 布朗族 | 7811 | 4458 | 3984 | 182 | 33 |
| 撒拉族 | 9966 | 4825 | 5699 | 201 | 25 |
| 毛南族 | 13627 | 7363 | 7103 | 366 | 38 |
| 仡佬族 | 72810 | 42847 | 52793 | 2275 | 234 |
| 锡伯族 | 28301 | 20961 | 22857 | 2497 | 362 |
| 阿昌族 | 3786 | 2047 | 1956 | 68 | 4 |
| 普米族 | 4478 | 3430 | 3020 | 138 | 15 |
| 塔吉克族 | 7117 | 4996 | 1221 | 20 | |
| 怒族 | 2410 | 1875 | 1367 | 38 | 2 |
| 乌孜别克族 | 1902 | 1438 | 1520 | 70 | 17 |
| 俄罗斯族 | 2868 | 2706 | 3148 | 303 | 41 |
| 鄂温克族 | 5369 | 4384 | 4113 | 355 | 44 |
| 德昂族 | 1404 | 644 | 418 | 10 | 2 |
| 保安族 | 1963 | 1027 | 844 | 23 | 2 |
| 裕固族 | 1802 | 1603 | 1977 | 158 | 20 |
| 京族 | 4536 | 2476 | 2339 | 144 | 8 |
| 塔塔尔族 | 550 | 532 | 590 | 59 | 11 |
| 独龙族 | 582 | 486 | 272 | 14 | 6 |
| 鄂伦春族 | 1311 | 1426 | 1417 | 140 | 20 |
| 赫哲族 | 746 | 669 | 977 | 144 | 25 |
| 门巴族 | 1013 | 890 | 860 | 27 | 1 |
| 珞巴族 | 278 | 220 | 371 | 5 | 1 |
| 基诺族 | 2500 | 1760 | 1067 | 55 | 5 |
| 其他未识别的民族 | 72564 | 37300 | 40376 | 1334 | 180 |
| 外国人加入中国籍 | 1485 | 1212 | 1156 | 91 | 31 |

## 1-5 2020年全国人口普查各民族分年龄的人口

单位：人

| 民 族 | 人口总计 | | | | |
|---|---|---|---|---|---|
| | | 0-14岁 | 15-59岁 | 60岁及以上 | 其中：65岁及以上 |
| **全国总计** | **1409778724** | **253383938** | **892376568** | **264018218** | **190635280** |
| 汉族 | 1284446389 | 223861511 | 812984979 | 247599899 | 179004076 |
| 少数民族合计 | 124479252 | 29272773 | 78874890 | 16331589 | 11567662 |
| 少数民族占全国比重(%) | 8.83 | 11.55 | 8.84 | 6.19 | 6.07 |
| 蒙古族 | 6290204 | 1298329 | 4196799 | 795076 | 487119 |
| 回族 | 11377914 | 2656556 | 7089865 | 1631493 | 1175694 |
| 藏族 | 7060731 | 1825994 | 4541826 | 692911 | 496480 |
| 维吾尔族 | 11774538 | 3559228 | 7219091 | 996219 | 658092 |
| 苗族 | 11067929 | 2776550 | 6975114 | 1316265 | 992756 |
| 彝族 | 9830327 | 2629529 | 6200512 | 1000286 | 721843 |
| 壮族 | 19568546 | 4236247 | 12443237 | 2889062 | 2110080 |
| 布依族 | 3576752 | 857089 | 2272281 | 447382 | 328551 |
| 朝鲜族 | 1702479 | 191651 | 1044586 | 466242 | 308873 |
| 满族 | 10423303 | 1906147 | 6612181 | 1904975 | 1223018 |
| 侗族 | 3495993 | 796015 | 2205877 | 494101 | 370076 |
| 瑶族 | 3309341 | 878428 | 2027285 | 403628 | 284847 |
| 白族 | 2091543 | 417737 | 1374635 | 299171 | 219953 |
| 土家族 | 9587732 | 2021229 | 6066054 | 1500449 | 1168556 |
| 哈尼族 | 1733166 | 419752 | 1113104 | 200310 | 137584 |
| 哈萨克族 | 1562518 | 399383 | 1033951 | 129184 | 78902 |
| 傣族 | 1329985 | 279530 | 878410 | 172045 | 107833 |
| 黎族 | 1602104 | 370373 | 1064571 | 167160 | 114317 |
| 傈僳族 | 762996 | 175029 | 504243 | 83724 | 57452 |
| 佤族 | 430977 | 90807 | 291329 | 48841 | 31587 |
| 畲族 | 746385 | 177074 | 455176 | 114135 | 80120 |
| 高山族 | 3479 | 793 | 2259 | 427 | 244 |
| 拉祜族 | 499167 | 109902 | 332999 | 56266 | 35643 |
| 水族 | 495928 | 127258 | 316690 | 51980 | 38779 |
| 东乡族 | 774947 | 275930 | 434783 | 64234 | 48971 |
| 纳西族 | 323767 | 53803 | 217198 | 52766 | 39853 |
| 景颇族 | 160471 | 42308 | 102790 | 15373 | 9440 |

1-5 续表

单位：人

| 民　族 | 人口总计 | 0-14岁 | 15-59岁 | 60岁及以上 | 其中：65岁及以上 |
|---|---|---|---|---|---|
| 柯尔克孜族 | 204402 | 54342 | 132594 | 17466 | 12146 |
| 土族 | 281928 | 63883 | 189181 | 28864 | 19930 |
| 达斡尔族 | 132299 | 26200 | 89119 | 16980 | 9982 |
| 仫佬族 | 277233 | 69766 | 173741 | 33726 | 24722 |
| 羌族 | 312981 | 58802 | 206707 | 47472 | 35633 |
| 布朗族 | 127345 | 31288 | 83067 | 12990 | 8421 |
| 撒拉族 | 165159 | 55730 | 95828 | 13601 | 9944 |
| 毛南族 | 124092 | 29081 | 78677 | 16334 | 12024 |
| 仡佬族 | 677521 | 169302 | 430299 | 77920 | 60702 |
| 锡伯族 | 191911 | 36453 | 124338 | 31120 | 20197 |
| 阿昌族 | 43775 | 12291 | 27150 | 4334 | 2650 |
| 普米族 | 45012 | 10738 | 29714 | 4560 | 3356 |
| 塔吉克族 | 50896 | 12724 | 33435 | 4737 | 3131 |
| 怒族 | 36575 | 10099 | 22792 | 3684 | 2490 |
| 乌孜别克族 | 12742 | 3440 | 7871 | 1431 | 942 |
| 俄罗斯族 | 16136 | 2991 | 10402 | 2743 | 1728 |
| 鄂温克族 | 34617 | 7822 | 23769 | 3026 | 1603 |
| 德昂族 | 22354 | 6244 | 13898 | 2212 | 1323 |
| 保安族 | 24434 | 8668 | 13542 | 2224 | 1609 |
| 裕固族 | 14706 | 2684 | 10121 | 1901 | 1366 |
| 京族 | 33112 | 10875 | 18464 | 3773 | 2772 |
| 塔塔尔族 | 3544 | 774 | 2285 | 485 | 313 |
| 独龙族 | 7310 | 1961 | 4682 | 667 | 452 |
| 鄂伦春族 | 9168 | 2232 | 6229 | 707 | 397 |
| 赫哲族 | 5373 | 1317 | 3491 | 565 | 334 |
| 门巴族 | 11143 | 3035 | 7226 | 882 | 541 |
| 珞巴族 | 4237 | 1393 | 2573 | 271 | 183 |
| 基诺族 | 26025 | 5967 | 16849 | 3209 | 2108 |
| 其他未识别的民族 | 836488 | 245941 | 505266 | 85281 | 62582 |
| 外国人加入中国籍 | 16595 | 3713 | 11433 | 1449 | 960 |

# 二、教　　育

## 2-1 分地区少数民族教职工(2022年)(一)

单位：人

| 地区 | 普通高等学校 | 成人高等学校 | 中等职业教育 |
|---|---|---|---|
| **全国** | **178246** | **1470** | **60253** |
| 北京 | 9770 | 163 | 488 |
| 天津 | 2297 | 30 | 235 |
| 河北 | 6043 | 12 | 3322 |
| 山西 | 483 | | 73 |
| 内蒙古 | 13734 | 115 | 4256 |
| 辽宁 | 12194 | 169 | 3412 |
| 吉林 | 6891 | 139 | 1694 |
| 黑龙江 | 3839 | 71 | 467 |
| 上海 | 2589 | 16 | 182 |
| 江苏 | 3406 | 17 | 270 |
| 浙江 | 2414 | 18 | 321 |
| 安徽 | 1345 | 2 | 125 |
| 福建 | 1513 | 15 | 248 |
| 江西 | 1110 | 8 | 134 |
| 山东 | 2696 | 8 | 402 |
| 河南 | 4294 | 7 | 522 |
| 湖北 | 5939 | 6 | 1642 |
| 湖南 | 8133 | 30 | 4409 |
| 广东 | 6408 | 23 | 873 |
| 广西 | 22347 | 168 | 9254 |
| 海南 | 1053 | 15 | 347 |
| 重庆 | 3589 | 1 | 1369 |
| 四川 | 5518 | 30 | 1251 |
| 贵州 | 15486 | 28 | 7560 |
| 云南 | 12656 | 10 | 5718 |
| 西藏 | 1572 | | 1436 |
| 陕西 | 2625 | 19 | 131 |
| 甘肃 | 2826 | 4 | 1241 |
| 青海 | 1790 | 17 | 1049 |
| 宁夏 | 2875 | 30 | 947 |
| 新疆 | 10811 | 299 | 6875 |

## 2-1 分地区少数民族教职工(2022年)(二)

单位：人

| 地　区 | 普通中学 | 特殊教育学校 | 小　学 | 幼儿园 |
|---|---|---|---|---|
| **全　国** | **700116** | **8344** | **688051** | **449079** |
| 北　京 | 6081 | 97 | 4093 | 5109 |
| 天　津 | 2183 | 36 | 1473 | 976 |
| 河　北 | 22463 | 270 | 20342 | 8153 |
| 山　西 | 366 | 7 | 243 | 101 |
| 内蒙古 | 43123 | 677 | 38109 | 20575 |
| 辽　宁 | 42915 | 558 | 27052 | 19480 |
| 吉　林 | 13977 | 208 | 9513 | 3274 |
| 黑龙江 | 8603 | 100 | 4583 | 1264 |
| 上　海 | 1663 | 25 | 552 | 560 |
| 江　苏 | 2192 | 43 | 1273 | 883 |
| 浙　江 | 3007 | 34 | 2458 | 2056 |
| 安　徽 | 1903 | 36 | 1685 | 753 |
| 福　建 | 2881 | 62 | 3272 | 1746 |
| 江　西 | 928 | 9 | 596 | 487 |
| 山　东 | 3983 | 43 | 2835 | 2101 |
| 河　南 | 6683 | 79 | 5371 | 2315 |
| 湖　北 | 19393 | 197 | 14019 | 8252 |
| 湖　南 | 50900 | 501 | 33627 | 24564 |
| 广　东 | 13872 | 249 | 4769 | 8785 |
| 广　西 | 107470 | 1412 | 120903 | 85327 |
| 海　南 | 6041 | 93 | 7369 | 6045 |
| 重　庆 | 15118 | 120 | 14592 | 8508 |
| 四　川 | 20272 | 194 | 33787 | 13952 |
| 贵　州 | 100555 | 987 | 100769 | 73322 |
| 云　南 | 65690 | 873 | 77190 | 50582 |
| 西　藏 | 13870 | 264 | 22278 | 8515 |
| 陕　西 | 1105 | 20 | 780 | 648 |
| 甘　肃 | 12745 | 77 | 16800 | 7588 |
| 青　海 | 16523 | 138 | 16397 | 11094 |
| 宁　夏 | 11456 | 135 | 11195 | 11079 |
| 新　疆 | 82155 | 800 | 90126 | 60985 |

## 2-2 分地区少数民族专任教师(2022年)(一)

单位：人

| 地　区 | 普通高等学校 | 成人高等学校 | 中等职业教育 |
|---|---|---|---|
| **全　国** | **123390** | **866** | **51323** |
| 北　京 | 4536 | 62 | 401 |
| 天　津 | 1580 | 21 | 180 |
| 河　北 | 4372 | 4 | 2709 |
| 山　西 | 352 | | 58 |
| 内蒙古 | 9388 | 67 | 4052 |
| 辽　宁 | 8085 | 80 | 2660 |
| 吉　林 | 4557 | 96 | 1332 |
| 黑龙江 | 2625 | 36 | 381 |
| 上　海 | 1701 | 10 | 141 |
| 江　苏 | 2578 | 11 | 239 |
| 浙　江 | 1797 | 10 | 307 |
| 安　徽 | 988 | 1 | 114 |
| 福　建 | 1123 | 8 | 228 |
| 江　西 | 898 | 7 | 102 |
| 山　东 | 2121 | 7 | 371 |
| 河　南 | 3195 | 3 | 486 |
| 湖　北 | 4365 | 4 | 1385 |
| 湖　南 | 6106 | 20 | 4102 |
| 广　东 | 4557 | 15 | 794 |
| 广　西 | 15574 | 106 | 7090 |
| 海　南 | 700 | 6 | 261 |
| 重　庆 | 2473 | | 1380 |
| 四　川 | 3906 | 20 | 1134 |
| 贵　州 | 11627 | 19 | 6315 |
| 云　南 | 9273 | 10 | 5028 |
| 西　藏 | 1007 | | 1505 |
| 陕　西 | 1888 | 13 | 112 |
| 甘　肃 | 1945 | 3 | 886 |
| 青　海 | 1331 | 13 | 844 |
| 宁　夏 | 2109 | 21 | 862 |
| 新　疆 | 6633 | 193 | 5864 |

## 2-2 分地区少数民族专任教师(2022年)(二)

单位：人

| 地　区 | 普通中学 | 特殊教育学校 | 小　学 | 幼儿园 |
|---|---|---|---|---|
| **全　国** | **554739** | **7052** | **670771** | **269210** |
| 北　京 | 4017 | 69 | 4781 | 3170 |
| 天　津 | 1756 | 31 | 1547 | 618 |
| 河　北 | 18558 | 218 | 19561 | 6036 |
| 山　西 | 303 | 6 | 254 | 55 |
| 内蒙古 | 31600 | 573 | 36186 | 14255 |
| 辽　宁 | 31588 | 453 | 29876 | 11280 |
| 吉　林 | 10317 | 183 | 9784 | 2239 |
| 黑龙江 | 6580 | 92 | 5084 | 748 |
| 上　海 | 1288 | 26 | 746 | 396 |
| 江　苏 | 1784 | 38 | 1516 | 643 |
| 浙　江 | 2312 | 30 | 2866 | 1378 |
| 安　徽 | 1506 | 33 | 1938 | 528 |
| 福　建 | 2424 | 58 | 3421 | 1121 |
| 江　西 | 778 | 8 | 692 | 310 |
| 山　东 | 3209 | 33 | 3320 | 1407 |
| 河　南 | 5586 | 63 | 5818 | 1490 |
| 湖　北 | 15806 | 175 | 14756 | 4770 |
| 湖　南 | 39569 | 458 | 41458 | 13642 |
| 广　东 | 9382 | 202 | 7466 | 5439 |
| 广　西 | 88869 | 1184 | 113065 | 45832 |
| 海　南 | 3959 | 45 | 7696 | 3112 |
| 重　庆 | 13705 | 115 | 14456 | 5270 |
| 四　川 | 16772 | 172 | 31935 | 9579 |
| 贵　州 | 83938 | 852 | 89897 | 42578 |
| 云　南 | 55289 | 741 | 75317 | 31043 |
| 西　藏 | 13104 | 243 | 22244 | 7440 |
| 陕　西 | 883 | 19 | 850 | 391 |
| 甘　肃 | 10595 | 58 | 17164 | 5820 |
| 青　海 | 12382 | 71 | 14982 | 6760 |
| 宁　夏 | 10361 | 102 | 11710 | 5829 |
| 新　疆 | 56519 | 701 | 80385 | 36031 |

## 2–3 分地区少数民族在校学生(2022年)(一)

单位：人

| 地区 | 博士生(含科研机构) | 硕士生(含科研机构) | 普通高等学校(普通本、专科) | 成人高等学校(成人本、专科) | 中等职业教育 |
|---|---|---|---|---|---|
| **全国** | **33460** | **183652** | **3789391** | **675831** | **1477845** |
| 北京 | 8695 | 23320 | 74019 | 6562 | 4409 |
| 天津 | 1048 | 3499 | 55741 | 2279 | 2747 |
| 河北 | 270 | 3508 | 104400 | 18465 | 47495 |
| 山西 | 60 | 805 | 14235 | 653 | 1016 |
| 内蒙古 | 664 | 8927 | 141263 | 6813 | 45827 |
| 辽宁 | 2786 | 15027 | 221066 | 44504 | 59070 |
| 吉林 | 1799 | 7161 | 83374 | 29879 | 10515 |
| 黑龙江 | 1162 | 5320 | 74799 | 6591 | 6064 |
| 上海 | 2226 | 7582 | 43288 | 3052 | 4102 |
| 江苏 | 1563 | 6933 | 98664 | 7056 | 4233 |
| 浙江 | 775 | 3242 | 45303 | 9326 | 11582 |
| 安徽 | 440 | 1940 | 26205 | 2744 | 3326 |
| 福建 | 490 | 2737 | 52885 | 4703 | 8958 |
| 江西 | 181 | 1477 | 34664 | 8714 | 2542 |
| 山东 | 447 | 2974 | 57876 | 10647 | 7697 |
| 河南 | 147 | 1809 | 53108 | 10135 | 7144 |
| 湖北 | 2376 | 12483 | 161721 | 31106 | 25270 |
| 湖南 | 1141 | 7016 | 205191 | 69673 | 90899 |
| 广东 | 1248 | 6294 | 57259 | 30153 | 18864 |
| 广西 | 505 | 9458 | 494159 | 142396 | 210457 |
| 海南 | 78 | 813 | 36894 | 4067 | 28627 |
| 重庆 | 672 | 6735 | 115224 | 4689 | 38957 |
| 四川 | 1087 | 6675 | 186589 | 44447 | 86187 |
| 贵州 | 393 | 8338 | 387684 | 24526 | 220139 |
| 云南 | 734 | 9130 | 340277 | 85625 | 192351 |
| 西藏 | 168 | 1237 | 26764 | 10807 | 32607 |
| 陕西 | 1163 | 6648 | 54386 | 7679 | 1790 |
| 甘肃 | 550 | 3216 | 75495 | 6982 | 15417 |
| 青海 | 103 | 1232 | 45717 | 6912 | 50063 |
| 宁夏 | 158 | 2282 | 70877 | 9665 | 39779 |
| 新疆 | 331 | 5834 | 350264 | 24981 | 199711 |

## 2-3 分地区少数民族在校学生(2022年)(二)

单位：人

| 地　区 | 普通中学 | 特殊教育学校 | 小　学 | 幼儿园 |
|---|---|---|---|---|
| **全　国** | **9152738** | **132043** | **13755708** | **4950999** |
| 北　京 | 60024 | 613 | 113202 | 53265 |
| 天　津 | 32069 | 161 | 44317 | 14268 |
| 河　北 | 281185 | 2170 | 352680 | 98922 |
| 山　西 | 5339 | 38 | 8736 | 1617 |
| 内蒙古 | 344666 | 3858 | 446375 | 188787 |
| 辽　宁 | 370600 | 2788 | 455530 | 148931 |
| 吉　林 | 112120 | 752 | 137728 | 36615 |
| 黑龙江 | 82409 | 438 | 77673 | 12990 |
| 上　海 | 22949 | 106 | 27762 | 11048 |
| 江　苏 | 35752 | 189 | 60597 | 16609 |
| 浙　江 | 70531 | 323 | 164883 | 64118 |
| 安　徽 | 26832 | 138 | 42216 | 9090 |
| 福　建 | 63572 | 530 | 107870 | 30740 |
| 江　西 | 8673 | 94 | 15453 | 3802 |
| 山　东 | 66606 | 404 | 97698 | 28496 |
| 河　南 | 92337 | 345 | 122396 | 31673 |
| 湖　北 | 193066 | 2479 | 223509 | 84322 |
| 湖　南 | 507711 | 6801 | 678408 | 243034 |
| 广　东 | 131771 | 697 | 275608 | 86547 |
| 广　西 | 1403740 | 16130 | 1964105 | 812770 |
| 海　南 | 104768 | 1203 | 151609 | 51909 |
| 重　庆 | 181078 | 2655 | 205978 | 84240 |
| 四　川 | 445228 | 6845 | 791446 | 284753 |
| 贵　州 | 1279286 | 16780 | 1802898 | 738509 |
| 云　南 | 1138706 | 18420 | 1634341 | 736111 |
| 西　藏 | 223038 | 6913 | 367817 | 149639 |
| 陕　西 | 10363 | 59 | 19157 | 6579 |
| 甘　肃 | 190980 | 3438 | 341369 | 133484 |
| 青　海 | 221330 | 5621 | 341833 | 130241 |
| 宁　夏 | 214608 | 3976 | 297277 | 97658 |
| 新　疆 | 1231401 | 27079 | 2385237 | 560232 |

# 三、文　　化

## 3-1 分地区少数民族文字出版的图书(2022年)(一)

| 地区 | 总计 | | | | 书籍 | | | |
|---|---|---|---|---|---|---|---|---|
| | 种数合计(种) | #新出 | 印数[万册(份)] | 印张(千印张) | 种数合计(种) | #新出 | 印数[万册(份)] | 印张(千印张) |
| **全国合计** | **4429** | **2110** | **2643** | **255735** | **3363** | **2011** | **1354** | **151539** |
| 中央合计 | 245 | 169 | 99 | 19319 | 201 | 164 | 90 | 17695 |
| 地　方 | 4184 | 1941 | 2544 | 236416 | 3162 | 1847 | 1264 | 133844 |
| 内蒙古 | 1362 | 432 | 933 | 87314 | 829 | 390 | 331 | 39880 |
| 辽　宁 | 144 | 141 | 35 | 4409 | 144 | 141 | 35 | 4409 |
| 吉　林 | 396 | 170 | 88 | 7783 | 247 | 152 | 56 | 4985 |
| 黑龙江 | 66 | 60 | 8 | 724 | 66 | 60 | 8 | 724 |
| 广　西 | 29 | 9 | 22 | 969 | 14 | 8 | 7 | 339 |
| 四　川 | 370 | 149 | 439 | 45669 | 293 | 144 | 171 | 23988 |
| 贵　州 | 17 | 16 | 1 | 238 | 17 | 16 | 1 | 238 |
| 云　南 | 72 | 72 | 16 | 2601 | 72 | 72 | 15 | 2534 |
| 西　藏 | 281 | 146 | 317 | 28694 | 232 | 137 | 172 | 14518 |
| 甘　肃 | 205 | 145 | 44 | 9063 | 205 | 145 | 44 | 9063 |
| 青　海 | 251 | 104 | 216 | 17801 | 127 | 99 | 71 | 5868 |
| 新　疆 | 991 | 497 | 425 | 31151 | 916 | 483 | 353 | 27298 |

## 3-1 分地区少数民族文字出版的图书(2022年)(二)

| 地区 | 课本 | | | |
|---|---|---|---|---|
| | 种数合计(种) | #新出 | 印数[万册(份)] | 印张(千印张) |
| **全国合计** | **1066** | **99** | **1288** | **104129** |
| 中央合计 | 44 | 5 | 9 | 1624 |
| 地　方 | 1022 | 94 | 1279 | 102505 |
| 内蒙古 | 533 | 42 | 602 | 47434 |
| 辽　宁 | | | | |
| 吉　林 | 149 | 18 | 32 | 2798 |
| 黑龙江 | | | | |
| 广　西 | 15 | 1 | 15 | 630 |
| 四　川 | 77 | 5 | 268 | 21681 |
| 贵　州 | | | | |
| 云　南 | | | | |
| 西　藏 | 49 | 9 | 145 | 14176 |
| 甘　肃 | | | | |
| 青　海 | 124 | 5 | 145 | 11933 |
| 新　疆 | 75 | 14 | 72 | 3853 |

注：本年出版少数民族文字图书的文种有：布依文、朝鲜文、德宏傣文、侗文、规范彝文、哈尼文、哈萨克文、景颇文、柯尔克孜文、拉祜文、傈僳文、满文、蒙古文、苗文、纳西文、佤文、维吾尔文、西双版纳文、锡伯文、瑶文、载佤文、藏文、壮文等23种。

## 3–2 分地区少数民族文字出版的期刊(2022年)(一)

| 地区 | 合计 | | | | 综合类 | | | |
|---|---|---|---|---|---|---|---|---|
| | 种数(种) | 平均期印数[万册(份)] | 总印数[万册(份)] | 总印张(千印张) | 种数(种) | 平均期印数[万册(份)] | 总印数[万册(份)] | 总印张(千印张) |
| **总计** | **229** | **79** | **818** | **39900** | **8** | **1** | **3** | **183** |
| 中央 | 16 | 7 | 47 | 2701 | 3 | | 2 | 58 |
| 地方 | 213 | 73 | 770 | 37199 | 5 | | 1 | 125 |
| 内蒙古 | 44 | 26 | 400 | 17274 | | | | |
| 吉林 | 14 | 4 | 53 | 3395 | | | | |
| 黑龙江 | 2 | | 2 | 144 | | | | |
| 广西 | 1 | 1 | 3 | 136 | | | | |
| 四川 | 6 | 4 | 16 | 1037 | | | | |
| 云南 | 3 | | 2 | 121 | | | | |
| 西藏 | 16 | 9 | 51 | 2361 | 1 | | 1 | 98 |
| 甘肃 | 3 | | 2 | 173 | | | | |
| 青海 | 13 | 3 | 16 | 1160 | | | | |
| 新疆 | 111 | 25 | 227 | 11399 | 4 | | | 27 |

## 3–2 分地区少数民族文字出版的期刊(2022年)(二)

| 地区 | 哲学、社会科学类 | | | | 自然科学、技术类 | | | |
|---|---|---|---|---|---|---|---|---|
| | 种数(种) | 平均期印数[万册(份)] | 总印数[万册(份)] | 总印张(千印张) | 种数(种) | 平均期印数[万册(份)] | 总印数[万册(份)] | 总印张(千印张) |
| **总计** | **79** | **55** | **665** | **29593** | **40** | **8** | **49** | **2305** |
| 中央 | 8 | 5 | 33 | 1768 | | | | |
| 地方 | 71 | 50 | 632 | 27825 | 40 | 8 | 49 | 2305 |
| 内蒙古 | 19 | 23 | 372 | 15379 | 8 | 1 | 8 | 424 |
| 吉林 | 5 | 3 | 43 | 2477 | 2 | | 2 | 119 |
| 黑龙江 | | | | | | | | |
| 广西 | | | | | | | | |
| 四川 | 3 | 3 | 13 | 790 | | | | |
| 云南 | | | | | | | | |
| 西藏 | 5 | 5 | 36 | 1364 | 3 | 1 | 5 | 204 |
| 甘肃 | 2 | | 1 | 60 | | | | |
| 青海 | 6 | 1 | 9 | 558 | 2 | | 1 | 62 |
| 新疆 | 31 | 14 | 158 | 7198 | 25 | 5 | 33 | 1496 |

## 3-2 分地区少数民族文字出版的期刊(2022年)(三)

| 地区 | 文化、教育类 | | | | 文学、艺术类 | | | |
|---|---|---|---|---|---|---|---|---|
| | 种数(种) | 平均期印数[万册(份)] | 总印数[万册(份)] | 总印张(千印张) | 种数(种) | 平均期印数[万册(份)] | 总印数[万册(份)] | 总印张(千印张) |
| **总计** | **38** | **4** | **25** | **1622** | **64** | **12** | **76** | **6197** |
| 中央 | | | | | 5 | 2 | 13 | 875 |
| 地方 | 38 | 4 | 25 | 1622 | 59 | 10 | 63 | 5322 |
| 内蒙古 | 6 | 1 | 7 | 441 | 11 | 2 | 13 | 1030 |
| 吉林 | 3 | 0 | 6 | 361 | 4 | | 3 | 438 |
| 黑龙江 | | | | | 2 | | 2 | 144 |
| 广西 | | | | | 1 | 1 | 3 | 136 |
| 四川 | 1 | 1 | 2 | 181 | 2 | | 1 | 66 |
| 云南 | | | | | 3 | | 2 | 121 |
| 西藏 | 4 | 1 | 4 | 309 | 3 | 1 | 4 | 387 |
| 甘肃 | | | | | 1 | | 1 | 112 |
| 青海 | 2 | 0 | 2 | 155 | 3 | 1 | 3 | 384 |
| 新疆 | 22 | 1 | 4 | 174 | 29 | 5 | 31 | 2504 |

## 3-2 分地区少数民族文字出版的期刊(2022年)(四)

| 地区 | 少儿读物类 | | | | 画刊类 | | | |
|---|---|---|---|---|---|---|---|---|
| | 种数(种) | 平均期印数[万册(份)] | 总印数[万册(份)] | 总印张(千印张) | 种数(种) | 平均期印数[万册(份)] | 总印数[万册(份)] | 总印张(千印张) |
| **总计** | **6** | **10** | **218** | **8787** | **5** | **1** | **6** | **201** |
| 中央 | | | | | 3 | 0 | 2 | 58 |
| 地方 | 6 | 10 | 218 | 8787 | 2 | 1 | 4 | 143 |
| 内蒙古 | 2 | 9 | 212 | 8485 | | | | |
| 吉林 | 1 | | 4 | 242 | | | | |
| 黑龙江 | 1 | | 1 | 51 | | | | |
| 广西 | | | | | | | | |
| 四川 | | | | | | | | |
| 云南 | | | | | | | | |
| 西藏 | | | | | | | | |
| 甘肃 | | | | | | | | |
| 青海 | | | | | | | | |
| 新疆 | 2 | | 1 | 9 | 2 | 1 | 4 | 143 |

## 3—3 分地区少数民族文字出版的报纸(2022年)

| 地区 | 合计 | | | |
|---|---|---|---|---|
| | 种数(种) | 平均期印数[万册(份)] | 总印数[万册(份)] | 总印张(千印张) |
| **总计** | **87** | **84** | **19231** | **217787** |
| 中央 | 1 | 4 | 1451 | 14509 |
| 地方 | 86 | 80 | 17780 | 203278 |
| 内蒙古 | 12 | 7 | 1891 | 26659 |
| 辽宁 | 3 | 1 | 104 | 730 |
| 吉林 | 8 | 4 | 694 | 10354 |
| 黑龙江 | 1 | | 36 | 718 |
| 四川 | 1 | 1 | 25 | 250 |
| 云南 | 3 | 2 | 272 | 2719 |
| 西藏 | 8 | 4 | 207 | 1701 |
| 甘肃 | 11 | 20 | 5004 | 66976 |
| 青海 | 7 | 5 | 192 | 1580 |
| 新疆 | 32 | 37 | 9355 | 91590 |

## 3-4 分地区主要少数民族语言广播播出基本情况(2022年)

| 地 区 | 广播使用语 言<br>(种) | 合计<br>时:分 | 转中央台节目<br>时:分 | 转省级台节目<br>时:分 | 转地市级台节目<br>时:分 | 制作节目播出时间<br>时:分 |
|---|---|---|---|---|---|---|
| **合 计** | 蒙古语 | **167779:25** | **39428:22** | **28201:30** | **21443:55** | **78705:38** |
| 内 蒙 古 | | 124125:38 | 30561:0 | 16806:0 | 17502:45 | 59255:53 |
| 辽 宁 | | 4930:0 | 1826:0 | 0:0 | 0:0 | 3104:0 |
| 吉 林 | | 5924:30 | 365:0 | 548:0 | 0:0 | 5011:30 |
| 黑 龙 江 | | 5276:10 | 1185:10 | 196:20 | 3741:10 | 153:30 |
| 青 海 | | 7714:7 | 1036:12 | 3455:10 | 200:0 | 3022:45 |
| 新 疆 | | 19809:0 | 4455:0 | 7196:0 | 0:0 | 8158:0 |
| **合 计** | 朝鲜语 | **22202:45** | **9371:45** | **158:0** | **170:0** | **12503:0** |
| 辽 宁 | | 9099:0 | 3772:0 | 158:0 | 170:0 | 4999:0 |
| 吉 林 | | 13103:45 | 5599:45 | 0:0 | 0:0 | 7504:0 |
| **合 计** | 藏语 | **200739:22** | **101017:1** | **42851:2** | **18257:3** | **38614:16** |
| 四 川 | | 3202:22 | 1036:22 | 18:0 | 0:0 | 2148:0 |
| 云 南 | | 3094:0 | 0:0 | 0:0 | 0:0 | 3094:0 |
| 西 藏 | | 80898:40 | 27697:0 | 24578:0 | 17851:0 | 10772:40 |
| 甘 肃 | | 5571:10 | 605:20 | 310:0 | 0:0 | 4655:50 |
| 青 海 | | 107973:10 | 71678:19 | 17945:2 | 406:3 | 17943:46 |
| **合 计** | 维吾尔语 | **179829:34** | **27122:0** | **41929:7** | **12733:37** | **98044:50** |
| 新 疆 | | 179829:34 | 27122:0 | 41929:7 | 12733:37 | 98044:50 |

## 3–5 分地区主要少数民族语言电视播出基本情况(2022年)

| 地区 | 电视节目播出语种种类 | 合计 | 转中央台节目 | 转省级台节目 | 转地市级台节目 | 制作节目播出时间 |
|---|---|---|---|---|---|---|
| | (种) | 时:分 | 时:分 | 时:分 | 时:分 | 时:分 |
| **合计** | 蒙古语 | **102738:33** | **30352:37** | **17666:55** | **8471:30** | **45947:31** |
| 内蒙古 | | 75587:11 | 24289:0 | 7927:0 | 7173:0 | 36198:11 |
| 辽宁 | | 1467:0 | 190:0 | 165:0 | 0:0 | 1112:0 |
| 吉林 | | 3275:0 | 220:0 | 365:0 | 0:0 | 2690:0 |
| 黑龙江 | | 2309:55 | 182:55 | 121:55 | 542:30 | 1462:35 |
| 青海 | | 8244:27 | 3154:42 | 3041:0 | 200:0 | 1848:45 |
| 新疆 | | 11555:0 | 2316:0 | 6047:0 | 556:0 | 2636:0 |
| **合计** | 朝鲜语 | **9220:52** | **1875:26** | **0:0** | **0:0** | **7345:26** |
| 吉林 | | 9220:52 | 1875:26 | 0:0 | 0:0 | 7345:26 |
| **合计** | 藏语 | **327384:47** | **101136:25** | **84142:7** | **74190:32** | **67915:15** |
| 四川 | | 45407:19 | 23212:33 | 3630:41 | 2197:3 | 16367:2 |
| 云南 | | 3090:0 | 430:0 | 391:0 | 0:0 | 2269:0 |
| 西藏 | | 159221:9 | 36415:45 | 37203:16 | 69424:54 | 16177:14 |
| 甘肃 | | 13184:42 | 1465:55 | 984:45 | 1595:35 | 9138:27 |
| 青海 | | 106481:37 | 39612:12 | 41932:25 | 973:0 | 23964:0 |
| **合计** | 维吾尔语 | **135605:11** | **20608:3** | **62068:4** | **7488:16** | **45440:48** |
| 新疆 | | 135605:11 | 20608:3 | 62068:4 | 7488:16 | 45440:48 |
| **合计** | 哈萨克语 | **72423:39** | **9938:19** | **45309:36** | **909:0** | **16266:44** |
| 甘肃 | | 3312:0 | 2826:0 | 127:0 | 117:0 | 242:0 |
| 新疆 | | 69111:39 | 7112:19 | 45182:36 | 792:0 | 16024:44 |

# 四、体　育

## 4–1 全国少数民族传统体育运动会情况

| 届 次 | 时 间 | 地 点 | 参加代表团（个） | 运动员人数（个） | 比赛项目（个） | 表演项目（个） |
|---|---|---|---|---|---|---|
| 1 | 1953.11 | 天津 | 15 | 395 | 6 | 414 |
| 2 | 1982.9 | 呼和浩特 | 29 | 863 | 2 | 68 |
| 3 | 1986.8 | 乌鲁木齐 | 29 | 1097 | 7 | 115 |
| 4 | 1991.11 | 南宁 | 30 | 1740 | 9 | 120 |
| 5 | 1995.11 | 昆明 | 31 | 2342 | 11 | 129 |
| 6 | 1999.8—9 | 拉萨、北京 | 31 | 3390 | 14 | 150 |
| 7 | 2003.9 | 银川、石嘴山 | 34 | 3735 | 14 | 125 |
| 8 | 2007.11 | 广州 | 34 | 6381 | 15 | 149 |
| 9 | 2011.9 | 贵阳 | 34 | 6790 | 16 | 185 |
| 10 | 2015.8 | 鄂尔多斯 | 33 | 7000 | 17 | 140 |
| 11 | 2019.9 | 郑州 | 34 | 7009 | 17 | 102 |

## 4-2 分地区少数民族在队运动员和教练员(2022年)

单位：人

| 地　区 | 少数民族运动员 | 少数民族教练员 |
|---|---|---|
| **全　国** | **29226** | **25779** |
| 中　央 | 243 | 121 |
| 地　方 | 28983 | 25658 |
| 北　京 | 1010 | 696 |
| 天　津 | 736 | 572 |
| 河　北 | 1065 | 1052 |
| 山　西 | 648 | 716 |
| 内蒙古 | 832 | 587 |
| 辽　宁 | 2350 | 1255 |
| 吉　林 | 669 | 795 |
| 黑龙江 | 1321 | 996 |
| 上　海 | 943 | 1154 |
| 江　苏 | 1818 | 1452 |
| 浙　江 | 1734 | 1105 |
| 安　徽 | 597 | 640 |
| 福　建 | 1105 | 1089 |
| 江　西 | 454 | 509 |
| 山　东 | 1760 | 2700 |
| 河　南 | 716 | 926 |
| 湖　北 | 1065 | 853 |
| 湖　南 | 793 | 925 |
| 广　东 | 2208 | 1803 |
| 广　西 | 924 | 782 |
| 海　南 | 394 | 124 |
| 四　川 | 1423 | 1222 |
| 贵　州 | 460 | 316 |
| 云　南 | 711 | 850 |
| 西　藏 | 141 | 57 |
| 重　庆 | 326 | 278 |
| 陕　西 | 780 | 815 |
| 甘　肃 | 1090 | 510 |
| 青　海 | 207 | 157 |
| 宁　夏 | 107 | 142 |
| 新　疆 | 596 | 580 |

# 五、其　他

## 5-1 历届中国共产党全国代表大会少数民族中央委员、候补中央委员人数

单位：人

| 届 次 | 时 间 | 地 点 | 代表总数 | #少数民族代表 | 中央委员、中央候补委员总数 | #少数民族中央委员、中央候补委员人数 |
|---|---|---|---|---|---|---|
| 第一届 | 1921.7.23—31 | 上 海 | 12 | 1 | | |
| 第二届 | 1922.7.16—23 | 上 海 | 12 | 1 | 5 | |
| 第三届 | 1923.6.12—20 | 广 州 | 30余人 | | 14 | |
| 第四届 | 1925.1.11—22 | 上 海 | 20 | | 14 | |
| 第五届 | 1927.4.27—5.9 | 武 汉 | 80 | 1 | 45 | |
| 第六届 | 1928.6.18—7.11 | 莫斯科 | 118 | | 36 | 1 |
| 第七届 | 1945.4.23—6.11 | 延 安 | 755 | | 77 | 2 |
| 第八届 | 1956.9.15—27 | 北 京 | 1133 | | 170 | 10 |
| 第九届 | 1969.4.1—24 | 北 京 | 1512 | | 279 | |
| 第十届 | 1973.8.24—28 | 北 京 | 1249 | | 319 | 15 |
| 第十一届 | 1977.8.12—18 | 北 京 | 1510 | | 333 | 16 |
| 第十二届 | 1982.9.1—11 | 北 京 | 1749 | 104 | 348 | 31 |
| 第十三届 | 1987.10.25—11.1 | 北 京 | 1936 | | 285 | 32 |
| 第十四届 | 1992.10.12—18 | 北 京 | 1989 | 198 | 319 | 32 |
| 第十五届 | 1997.9.12—18 | 北 京 | 2048 | 219 | 344 | 38 |
| 第十六届 | 2002.11.8—14 | 北 京 | 2114 | 230 | 356 | 35 |
| 第十七届 | 2007.10.15—21 | 北 京 | 2213 | 242 | 371 | 40 |
| 第十八届 | 2012.11.8—14 | 北 京 | 2270 | 249 | 376 | 39 |
| 第十九届 | 2017.10.18—24 | 北 京 | 2280 | 264 | 376 | 38 |
| 第二十届 | 2022.10.16—22 | 北 京 | 2296 | 264 | 376 | 29 |

## 5-2 历届全国人民代表大会少数民族代表人数

| 届　次 | 时　间 | 代表总数（人） | #少数民族代表数 | 少数民族代表比例（%） | 少数民族（个） |
|---|---|---|---|---|---|
| 第一届 | 1954年 | 1226 | 178 | 14.50 | 30 |
| 第二届 | 1959年 | 1226 | 179 | 14.60 | 30 |
| 第三届 | 1964年 | 3040 | 372 | 12.20 | 53 |
| 第四届 | 1975年 | 2885 | 270 | 9.40 | 54 |
| 第五届 | 1978年 | 3497 | 381 | 10.90 | 54 |
| 第六届 | 1983年 | 2978 | 403 | 13.60 | 55 |
| 第七届 | 1988年 | 2970 | 445 | 14.90 | 55 |
| 第八届 | 1993年 | 2898 | 554 | 18.60 | 55 |
| 第九届 | 1998年 | 2979 | 428 | 14.37 | 55 |
| 第十届 | 2003年 | 2985 | 415 | 13.90 | 55 |
| 第十一届 | 2008年 | 2987 | 411 | 13.76 | 55 |
| 第十二届 | 2013年 | 2987 | 409 | 13.69 | 55 |
| 第十三届 | 2018年 | 2980 | 438 | 14.70 | 55 |

## 5-3 历届中国人民政治协商会议全国委员会少数民族委员人数

| 届　次 | 时　间 | 委员总数（人） | #少数民族委员数 | 少数民族委员比例（%） | 少数民族（个） |
|---|---|---|---|---|---|
| 第一届 | 1949年 | 198 | 19 | 9.60 | 10 |
| 第二届 | 1954年 | 753 | 61 | 8.10 | 16 |
| 第三届 | 1959年 | 1071 | 78 | 7.29 | 19 |
| 第四届 | 1965年 | 1199 | 81 | 6.76 | 20 |
| 第五届 | 1978年 | 2268 | 147 | 6.49 | 31 |
| 第六届 | 1983年 | 2228 | 185 | 8.31 | 37 |
| 第七届 | 1988年 | 2180 | 222 | 10.19 | 45 |
| 第八届 | 1993年 | 2172 | 101 | 4.65 | 55 |
| 第九届 | 1998年 | 2196 | 259 | 11.80 | 55 |
| 第十届 | 2003年 | 2238 | 262 | 11.70 | 55 |
| 第十一届 | 2008年 | 2237 | 250 | 11.18 | 55 |
| 第十二届 | 2013年 | 2237 | 258 | 11.53 | 55 |
| 第十三届 | 2018年 | 2158 | 245 | 11.35 | 55 |

## 5-4 国务院历次全国民族团结进步表彰情况(一)

| 地区 | 1988年第一次表彰 | | | 1994年第二次表彰 | | | 1999年第三次表彰 | | |
|---|---|---|---|---|---|---|---|---|---|
| | 集体(个) | 个人(人) | #女 | 集体(个) | 个人(人) | #女 | 集体(个) | 个人(人) | #女 |
| **合计** | **565** | **601** | **106** | **642** | **613** | **106** | **626** | **628** | **118** |
| 北京 | 12 | 5 | 2 | 12 | 9 | 2 | 12 | 10 | 1 |
| 天津 | 9 | 5 | 1 | 8 | 8 | 1 | 10 | 10 | 4 |
| 河北 | 11 | 14 | 3 | 15 | 13 | 1 | 16 | 15 | 3 |
| 山西 | 3 | 4 | 1 | 4 | 5 | | 5 | 8 | 2 |
| 内蒙古 | 34 | 34 | 8 | 29 | 33 | 5 | 30 | 31 | 5 |
| 辽宁 | 26 | 16 | 4 | 25 | 22 | 4 | 24 | 24 | 4 |
| 吉林 | 15 | 26 | 4 | 18 | 22 | 3 | 19 | 23 | 5 |
| 黑龙江 | 18 | 12 | 2 | 16 | 16 | 2 | 13 | 19 | 1 |
| 上海 | 8 | 6 | 2 | 11 | 7 | 1 | 12 | 7 | 4 |
| 江苏 | 5 | 7 | 1 | 7 | 7 | 1 | 7 | 8 | |
| 浙江 | 7 | 5 | 2 | 7 | 6 | 2 | 7 | 6 | 1 |
| 安徽 | 5 | 5 | | 6 | 8 | 1 | 6 | 7 | 1 |
| 福建 | 8 | 4 | 1 | 11 | 6 | 1 | 8 | 6 | 1 |
| 江西 | 4 | 3 | 1 | 4 | 3 | 1 | 7 | 4 | |
| 山东 | 10 | 9 | 2 | 11 | 12 | 1 | 11 | 13 | 4 |
| 河南 | 15 | 7 | | 10 | 13 | 2 | 12 | 11 | 1 |
| 湖北 | 13 | 15 | 5 | 19 | 14 | 3 | 17 | 17 | 4 |
| 湖南 | 25 | 16 | 3 | 22 | 20 | 1 | 24 | 19 | 5 |
| 广东 | 4 | 8 | | 8 | 7 | 2 | 9 | 6 | |
| 广西 | 46 | 39 | 6 | 41 | 41 | 10 | 41 | 39 | 10 |
| 海南 | 11 | 9 | 2 | 12 | 10 | 1 | 12 | 11 | 3 |
| 重庆 | | | | | | | 15 | 11 | 3 |
| 四川 | 18 | 37 | 5 | 29 | 30 | 4 | 20 | 20 | 3 |
| 贵州 | 33 | 29 | 7 | 33 | 23 | 8 | 31 | 29 | 9 |
| 云南 | 45 | 39 | 3 | 47 | 30 | 7 | 35 | 44 | 6 |
| 西藏 | 10 | 38 | 9 | 19 | 21 | 5 | 21 | 21 | 7 |
| 陕西 | 3 | 7 | 1 | 7 | 5 | 1 | 7 | 6 | 1 |
| 甘肃 | 18 | 24 | 1 | 22 | 19 | 3 | 23 | 17 | 4 |
| 青海 | 26 | 16 | 5 | 17 | 16 | 2 | 14 | 20 | 3 |
| 宁夏 | 17 | 25 | 4 | 17 | 17 | 2 | 15 | 22 | 6 |
| 新疆 | 24 | 61 | 15 | 40 | 45 | 10 | 44 | 57 | 8 |
| 其他 | 82 | 76 | 6 | 115 | 125 | 19 | 99 | 87 | 9 |

## 5-4 国务院历次全国民族团结进步表彰情况(二)

| 地区 | 2005年第四次表彰 | | | 2009年第五次表彰 | | | 2014年第六次表彰 | | | 2019年第七次表彰 | | |
|---|---|---|---|---|---|---|---|---|---|---|---|---|
| | 集体(个) | 个人(人) | #女 | 集体(个) | 个人(人) | #女 | 集体(个) | 个人(人) | #女 | 集体(个) | 个人(人) | #女 |
| **合计** | **642** | **676** | **135** | **739** | **749** | **161** | **678** | **818** | **195** | **665** | **812** | **231** |
| 北京 | 12 | 10 | 3 | 15 | 13 | 5 | 14 | 15 | 5 | 14 | 16 | 7 |
| 天津 | 9 | 10 | 4 | 10 | 11 | 6 | 9 | 12 | 4 | 9 | 11 | 5 |
| 河北 | 17 | 18 | 2 | 19 | 19 | 4 | 17 | 22 | 5 | 15 | 20 | 8 |
| 山西 | 5 | 7 | 2 | 7 | 8 | 2 | 6 | 8 | | 6 | 7 | |
| 内蒙古 | 32 | 31 | 4 | 32 | 34 | 4 | 31 | 38 | 8 | 27 | 33 | 11 |
| 辽宁 | 22 | 23 | 5 | 25 | 24 | 4 | 25 | 26 | 9 | 23 | 25 | 9 |
| 吉林 | 19 | 23 | 5 | 20 | 22 | 3 | 19 | 24 | 8 | 21 | 25 | 8 |
| 黑龙江 | 17 | 15 | 2 | 17 | 18 | 2 | 15 | 20 | 8 | 16 | 19 | 8 |
| 上海 | 13 | 7 | 3 | 16 | 7 | 3 | 13 | 10 | 4 | 10 | 13 | 3 |
| 江苏 | 10 | 8 | 2 | 11 | 10 | 6 | 11 | 11 | 1 | 11 | 15 | 5 |
| 浙江 | 8 | 8 | 1 | 9 | 10 | 4 | 8 | 13 | 4 | 13 | 19 | 3 |
| 安徽 | 7 | 8 | 3 | 9 | 9 | 2 | 8 | 9 | | 9 | 13 | 5 |
| 福建 | 8 | 10 | 1 | 10 | 11 | 1 | 9 | 14 | 2 | 12 | 12 | 4 |
| 江西 | 8 | 4 | 2 | 8 | 7 | 3 | 7 | 8 | 3 | 6 | 11 | 3 |
| 山东 | 13 | 11 | 2 | 14 | 13 | 2 | 13 | 15 | 3 | 11 | 14 | 3 |
| 河南 | 13 | 12 | 3 | 17 | 12 | 3 | 14 | 16 | 3 | 18 | 20 | 4 |
| 湖北 | 17 | 18 | 2 | 19 | 19 | 6 | 17 | 20 | 5 | 17 | 23 | 7 |
| 湖南 | 24 | 22 | 4 | 28 | 25 | 4 | 25 | 30 | 4 | 23 | 28 | 8 |
| 广东 | 11 | 11 | 1 | 15 | 11 | 2 | 17 | 19 | 3 | 17 | 21 | 6 |
| 广西 | 42 | 42 | 11 | 44 | 44 | 11 | 40 | 49 | 23 | 34 | 39 | 17 |
| 海南 | 11 | 12 | 2 | 13 | 13 | 3 | 12 | 15 | 4 | 12 | 14 | 6 |
| 重庆 | 16 | 13 | 2 | 16 | 15 | 5 | 14 | 17 | 5 | 14 | 16 | 6 |
| 四川 | 23 | 23 | 3 | 29 | 27 | 4 | 26 | 34 | 5 | 24 | 30 | 4 |
| 贵州 | 33 | 32 | 5 | 35 | 34 | 11 | 32 | 38 | 15 | 27 | 34 | 15 |
| 云南 | 39 | 40 | 8 | 39 | 40 | 7 | 37 | 44 | 12 | 39 | 42 | 10 |
| 西藏 | 21 | 21 | 9 | 24 | 28 | 5 | 22 | 31 | 9 | 24 | 30 | 9 |
| 陕西 | 6 | 6 | | 8 | 8 | 3 | 8 | 7 | 1 | 7 | 9 | 3 |
| 甘肃 | 21 | 21 | 4 | 24 | 21 | 3 | 19 | 26 | 2 | 20 | 28 | 7 |
| 青海 | 17 | 18 | 3 | 18 | 20 | 3 | 17 | 21 | 3 | 23 | 28 | 8 |
| 宁夏 | 18 | 19 | 6 | 21 | 21 | 7 | 18 | 24 | 7 | 18 | 21 | 6 |
| 新疆 | 40 | 52 | 13 | 40 | 53 | 16 | 37 | 51 | 14 | 34 | 43 | 13 |
| 其他 | 90 | 121 | 18 | 127 | 142 | 17 | 118 | 131 | 16 | 111 | 133 | 20 |

# 主要统计指标解释

**普通高等学校**　指通过国家普通高等教育招生考试，招收高中毕业生为主要培养对象，实施高等学历教育的全日制大学、独立设置的学院、独立学院和高等专科学校、高等职业学校及其他机构。

大学、独立设置的学院主要实施本科及本科层次以上的教育。独立学院主要实施本科层次的教育。高等专科学校、高等职业学校实施专科层次的教育。其他机构是指承担国家普通招生计划任务不计校数的机构，包括普通高等学校分校、大专班等。

**成人高等学校**　指通过国家成人高等教育招生考试，招收具有高中毕业或同等学力的人员为主要培养对象，利用函授、业余、脱产等多种形式，对其实施高等学历教育的学校。包括：职工高等学校、农民高等学校、管理干部学院、教育学院、独立函授学院、广播电视大学、其他机构。其他机构是指承担国家成人招生计划任务不计校数的机构。

# 附 录

包括相关行政区划名单，以及历史、文化、旅游、文学、体育等相关内容。

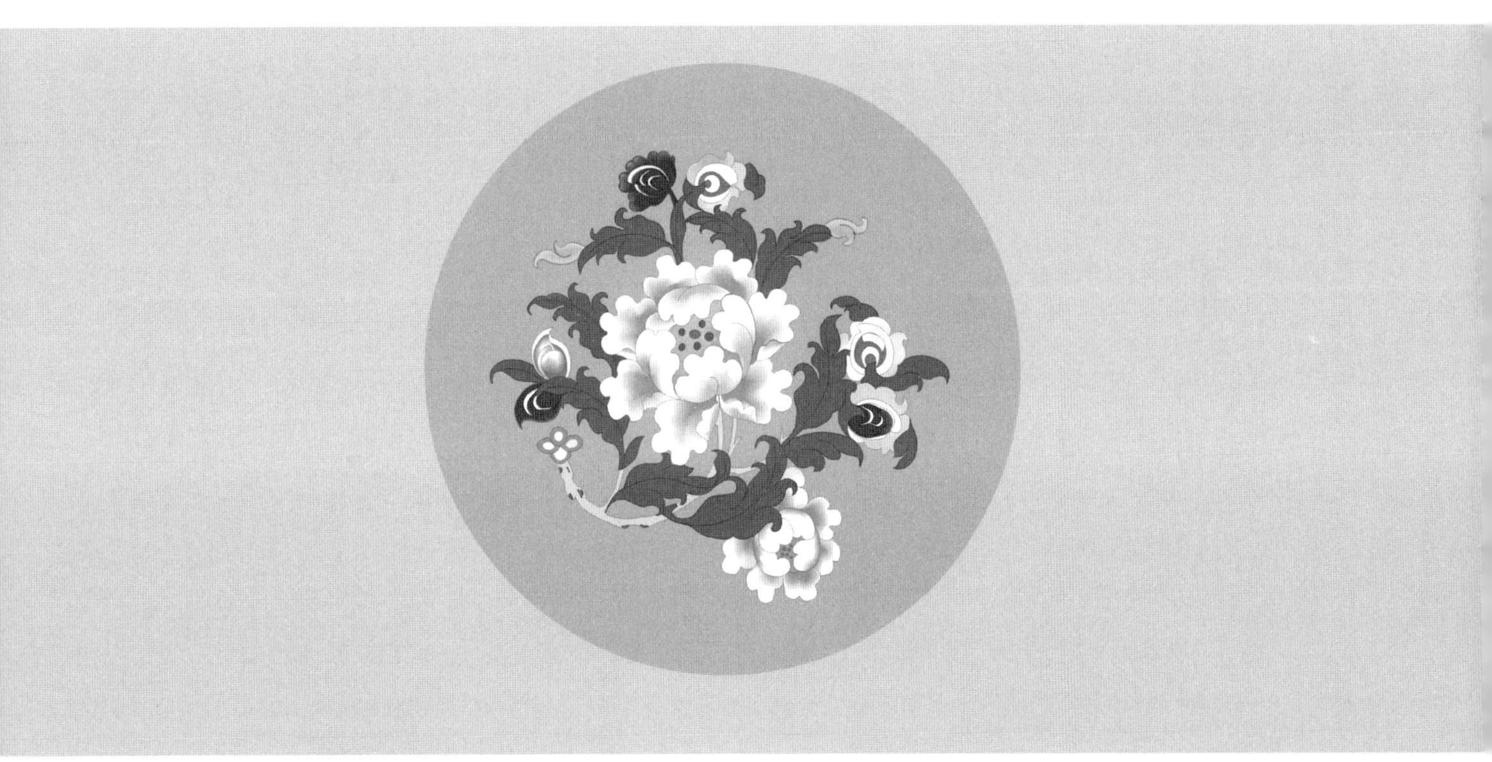

# 民族自治地方、民族乡名单

## ■民族自治地方

| 民族自治地方 | 建立时间 | 驻地 | 面积(万平方公里) |
|---|---|---|---|
| **自治区** | | | |
| 内蒙古自治区 | 1947.5.1 | 呼和浩特市 | 118.3000 |
| 广西壮族自治区 | 1958.3.15 | 南宁市 | 23.6660 |
| 西藏自治区 | 1965.9.1 | 拉萨市 | 122.8400 |
| 宁夏回族自治区 | 1958.10.25 | 银川市 | 6.6400 |
| 新疆维吾尔自治区 | 1955.10.1 | 乌鲁木齐市 | 166.0400 |
| **自治州** | | | |
| **吉林省** | | | |
| 延边朝鲜族自治州 | 1952.9.3 | 延吉市 | 4.3559 |
| **湖北省** | | | |
| 恩施土家族苗族自治州 | 1983.12.1 | 恩施市 | 2.3902 |
| **湖南省** | | | |
| 湘西土家族苗族自治州 | 1957.9.20 | 吉首市 | 1.5461 |
| **四川省** | | | |
| 甘孜藏族自治州 | 1950.11.24 | 康定市城关镇 | 15.1078 |
| 凉山彝族自治州 | 1952.10.1 | 西昌市 | 6.0111 |
| 阿坝藏族羌族自治州 | 1953.1.1 | 马尔康镇 | 8.3201 |
| **贵州省** | | | |
| 黔东南苗族侗族自治州 | 1956.7.23 | 凯里市 | 3.0339 |
| 黔南布依族苗族自治州 | 1956.8.8 | 都匀市 | 2.6207 |
| 黔西南布依族苗族自治州 | 1982.5.1 | 兴义市 | 1.6804 |
| **云南省** | | | |
| 西双版纳傣族自治州 | 1953.1.24 | 允景洪镇 | 1.9700 |
| 德宏傣族景颇族自治州 | 1953.7.24 | 芒市镇 | 1.1526 |
| 怒江傈僳族自治州 | 1954.8.23 | 鲁掌镇 | 1.4703 |
| 大理白族自治州 | 1956.11.22 | 大理市 | 2.9460 |
| 迪庆藏族自治州 | 1957.9.13 | 中心镇 | 2.3870 |
| 红河哈尼族彝族自治州 | 1957.11.18 | 蒙自市 | 3.2929 |
| 文山壮族苗族自治州 | 1958.4.1 | 开化镇 | 3.2239 |
| 楚雄彝族自治州 | 1958.4.15 | 楚雄市 | 2.9256 |

续表 1

| 民族自治地方 | 建立时间 | 首府驻地 | 面积(万平方公里) |
|---|---|---|---|
| **甘肃省** | | | |
| 甘南藏族自治州 | 1953.10.1 | 合作镇 | 4.0898 |
| 临夏回族自治州 | 1956.11.19 | 临夏市 | 0.8166 |
| **青海省** | | | |
| 玉树藏族自治州 | 1951.12.25 | 结古镇 | 18.8794 |
| 海南藏族自治州 | 1953.12.6 | 恰卜恰镇 | 4.5895 |
| 黄南藏族自治州 | 1953.12.22 | 隆务镇 | 1.7921 |
| 海北藏族自治州 | 1953.12.31 | 浩门镇 | 3.9354 |
| 果洛藏族自治州 | 1954.1.1 | 大武镇 | 7.6312 |
| 海西蒙古族藏族自治州 | 1954.1.25 | 德令哈市 | 32.5785 |
| **新疆维吾尔自治区** | | | |
| 巴音郭楞蒙古自治州 | 1954.6.23 | 库尔勒市 | 46.2700 |
| 博尔塔拉蒙古自治州 | 1954.7.13 | 博乐市 | 2.5074 |
| 克孜勒苏柯尔克孜自治州 | 1954.7.14 | 阿图什市 | 6.9112 |
| 昌吉回族自治州 | 1954.7.15 | 昌吉市 | 7.7129 |
| 伊犁哈萨克自治州 | 1954.11.27 | 伊宁市 | 49.0039 |
| **自治县(旗)** | | | |
| **河北省** | | | |
| 孟村回族自治县 | 1955.11.30 | 孟村镇 | 0.0393 |
| 大厂回族自治县 | 1955.12.7 | 大厂镇 | 0.0176 |
| 青龙满族自治县 | 1987.5.10 | 青龙镇 | 0.3309 |
| 丰宁满族自治县 | 1987.5.15 | 大阁镇 | 0.8747 |
| 宽城满族自治县 | 1990.6.16 | 宽城镇 | 0.1933 |
| 围场满族蒙古族自治县 | 1990.6.12 | 围场镇 | 0.9058 |
| **内蒙古自治区** | | | |
| 鄂伦春自治旗 | 1951.10.1 | 阿里河镇 | 6.0378 |
| 鄂温克族自治旗 | 1958.8.1 | 巴彦托海镇 | 1.8750 |
| 莫力达瓦达斡尔族自治旗 | 1958.8.15 | 尼尔基镇 | 1.0985 |
| **辽宁省** | | | |
| 喀喇沁左翼蒙古族自治县 | 1958.4.1 | 大城子镇 | 0.2238 |
| 阜新蒙古族自治县 | 1958.4.7 | 阜新镇 | 0.6284 |
| 新宾满族自治县 | 1985.6.7 | 新宾镇 | 0.4287 |
| 岫岩满族自治县 | 1985.6.11 | 岫岩镇 | 0.4507 |
| 清原满族自治县 | 1990.6.6 | 清原镇 | 0.3926 |
| 本溪满族自治县 | 1990.6.8 | 小市镇 | 0.3362 |
| 桓仁满族自治县 | 1990.6.10 | 桓仁镇 | 0.3548 |
| 宽甸满族自治县 | 1990.6.12 | 宽甸镇 | 0.6125 |
| **吉林省** | | | |
| 前郭尔罗斯蒙古族自治县 | 1956.9.1 | 前郭镇 | 0.7076 |
| 长白朝鲜族自治县 | 1958.9.15 | 长白镇 | 0.2498 |
| 伊通满族自治县 | 1989.8.30 | 伊通镇 | 0.2523 |

续表 2

| 民族自治地方 | 建立时间 | 首府驻地 | 面积(万平方公里) |
| --- | --- | --- | --- |
| **黑龙江省** | | | |
| 杜尔伯特蒙古族自治县 | 1956.12.5 | 泰康镇 | 0.6427 |
| **浙江省** | | | |
| 景宁畲族自治县 | 1984.12.24 | 鹤溪镇 | 0.1950 |
| **湖北省** | | | |
| 长阳土家族自治县 | 1984.12.8 | 龙舟坪镇 | 0.3430 |
| 五峰土家族自治县 | 1984.12.12 | 五峰镇 | 0.2072 |
| **湖南省** | | | |
| 通道侗族自治县 | 1954.5.7 | 双江镇 | 0.2225 |
| 江华瑶族自治县 | 1955.11.25 | 沱江镇 | 0.3216 |
| 城步苗族自治县 | 1956.11.30 | 儒林镇 | 0.2620 |
| 新晃侗族自治县 | 1956.12.5 | 新晃镇 | 0.1511 |
| 芷江侗族自治县 | 1987.9.24 | 芷江镇 | 0.2096 |
| 靖州苗族侗族自治县 | 1987.9.27 | 渠阳镇 | 0.2211 |
| 麻阳苗族自治县 | 1990.4.1 | 高村镇 | 0.1561 |
| **广东省** | | | |
| 连南瑶族自治县 | 1953.1.25 | 三江镇 | 0.1231 |
| 连山壮族瑶族自治县 | 1962.9.26 | 吉田镇 | 0.1264 |
| 乳源瑶族自治县 | 1963.10.1 | 乳城镇 | 0.2125 |
| **广西壮族自治区** | | | |
| 龙胜各族自治县 | 1951.8.19 | 龙胜镇 | 0.2537 |
| 金秀瑶族自治县 | 1952.5.28 | 金秀镇 | 0.2517 |
| 融水苗族自治县 | 1952.11.26 | 融水镇 | 0.4665 |
| 三江侗族自治县 | 1952.12.3 | 古宜镇 | 0.2455 |
| 隆林各族自治县 | 1953.1.1 | 新州镇 | 0.3542 |
| 都安瑶族自治县 | 1955.12.15 | 安阳镇 | 0.4092 |
| 巴马瑶族自治县 | 1956.2.6 | 巴马镇 | 0.1966 |
| 富川瑶族自治县 | 1984.1.1 | 富阳镇 | 0.1572 |
| 罗城仫佬族自治县 | 1984.1.10 | 东门镇 | 0.2639 |
| 环江毛南族自治县 | 1987.11.24 | 思恩镇 | 0.4558 |
| 大化瑶族自治县 | 1987.12.23 | 大化镇 | 0.2754 |
| 恭城瑶族自治县 | 1990.10.15 | 恭城镇 | 0.2149 |
| **海南省** | | | |
| 乐东黎族自治县 | 1987.12.28 | 抱由镇 | 0.2746 |
| 琼中黎族苗族自治县 | 1987.12.28 | 营根镇 | 0.2693 |
| 保亭黎族苗族自治县 | 1987.12.30 | 保城镇 | 0.1161 |
| 昌江黎族自治县 | 1987.12.30 | 石碌镇 | 0.1596 |
| 白沙黎族自治县 | 1987.12.30 | 牙叉镇 | 0.2118 |
| 陵水黎族自治县 | 1987.12.30 | 陵城镇 | 0.1128 |

续表 3

| 民族自治地方 | 建立时间 | 首府驻地 | 面积(万平方公里) |
|---|---|---|---|
| **重庆市** | | | |
| 秀山土家族苗族自治县 | 1983.11.7 | 中和镇 | 0.2450 |
| 酉阳土家族苗族自治县 | 1983.11.11 | 钟多镇 | 0.5173 |
| 彭水苗族土家族自治县 | 1984.11.10 | 汉葭镇 | 0.3903 |
| 石柱土家族自治县 | 1984.11.18 | 南宾镇 | 0.3031 |
| **四川省** | | | |
| 北川羌族自治县 | 2003.10.25 | 曲山镇 | 0.2865 |
| 木里藏族自治县 | 1953.2.19 | 博瓦镇 | 1.3246 |
| 峨边彝族自治县 | 1984.10.5 | 沙坪镇 | 0.2395 |
| 马边彝族自治县 | 1984.10.9 | 民建镇 | 0.2383 |
| **贵州省** | | | |
| 威宁彝族回族苗族自治县 | 1954.11.11 | 城关镇 | 0.6294 |
| 松桃苗族自治县 | 1956.12.31 | 城关镇 | 0.2861 |
| 三都水族自治县 | 1957.1.2 | 三合镇 | 0.2384 |
| 镇宁布依苗族自治县 | 1963.9.11 | 城关镇 | 0.1721 |
| 紫云苗族布依族自治县 | 1966.2.11 | 松山镇 | 0.2284 |
| 关岭布依族苗族自治县 | 1981.12.31 | 关索镇 | 0.1468 |
| 玉屏侗族自治县 | 1984.11.7 | 平溪镇 | 0.0517 |
| 印江土家族苗族自治县 | 1987.11.20 | 印江镇 | 0.1961 |
| 沿河土家族自治县 | 1987.11.23 | 和平镇 | 0.2469 |
| 务川仡佬族苗族自治县 | 1987.11.26 | 都濡镇 | 0.2773 |
| 道真仡佬族苗族自治县 | 1987.11.29 | 玉溪镇 | 0.2156 |
| **云南省** | | | |
| 峨山彝族自治县 | 1951.5.12 | 双江镇 | 0.1972 |
| 澜沧拉祜族自治县 | 1953.4.7 | 勐朗镇 | 0.8807 |
| 江城哈尼族彝族自治县 | 1954.5.18 | 勐烈镇 | 0.3476 |
| 孟连傣族拉祜族佤族自治县 | 1954.6.16 | 孟连镇 | 0.1957 |
| 耿马傣族佤族自治县 | 1955.10.16 | 耿宣镇 | 0.3837 |
| 宁蒗彝族自治县 | 1956.9.20 | 大兴镇 | 0.0206 |
| 贡山独龙族怒族自治县 | 1956.10.1 | 茨开镇 | 0.4506 |
| 巍山彝族回族自治县 | 1956.11.9 | 文华镇 | 0.2266 |
| 石林彝族自治县 | 1956.12.31 | 鹿阜镇 | 0.1777 |
| 玉龙纳西族自治县 | 1961.4.10 | 黄山镇 | 0.6521 |
| 屏边苗族自治县 | 1963.7.1 | 玉屏镇 | 0.1906 |
| 河口瑶族自治县 | 1963.7.11 | 河口镇 | 0.1313 |
| 沧源佤族自治县 | 1964.2.28 | 勐董镇 | 0.2539 |
| 西盟佤族自治县 | 1965.3.5 | 西盟镇 | 0.1391 |
| 南涧彝族自治县 | 1965.11.27 | 南涧镇 | 0.1802 |
| 墨江哈尼族自治县 | 1979.11.28 | 玖联镇 | 0.5459 |
| 寻甸回族彝族自治县 | 1979.12.20 | 仁德镇 | 0.3966 |

续表 4

| 民族自治地方 | 建立时间 | 首府驻地 | 面积(万平方公里) |
|---|---|---|---|
| 元江哈尼族彝族傣族自治县 | 1980.11.12 | 澧江镇 | 0.2858 |
| 新平彝族傣族自治县 | 1980.11.25 | 桂山镇 | 0.4223 |
| 维西傈僳族自治县 | 1985.10.13 | 保和镇 | 0.4661 |
| 漾濞彝族自治县 | 1985.11.1 | 上街镇 | 0.1957 |
| 禄劝彝族苗族自治县 | 1985.11.25 | 屏山镇 | 0.4378 |
| 金平苗族瑶族傣族自治县 | 1985.12.7 | 金河镇 | 0.3677 |
| 宁洱哈尼族彝族自治县 | 1985.12.15 | 宁洱镇 | 0.3670 |
| 景东彝族自治县 | 1985.12.20 | 锦屏镇 | 0.4532 |
| 景谷傣族彝族自治县 | 1985.12.25 | 威远镇 | 0.7777 |
| 双江拉祜族佤族布朗族傣族自治县 | 1985.12.30 | 勐勐镇 | 0.2292 |
| 兰坪白族普米族自治县 | 1988.5.25 | 金顶镇 | 0.4555 |
| 镇沅彝族哈尼族拉祜族自治县 | 1990.5.15 | 按板镇 | 0.4223 |
| **甘肃省** | | | |
| 天祝藏族自治县 | 1950.5.6 | 华藏寺镇 | 0.7147 |
| 肃北蒙古族自治县 | 1950.7.29 | 党城湾镇 | 6.6748 |
| 东乡族自治县 | 1950.9.25 | 锁南镇 | 0.1510 |
| 张家川回族自治县 | 1953.7.6 | 张家川镇 | 0.1293 |
| 肃南裕固族自治县 | 1954.4.20 | 红湾寺镇 | 2.3041 |
| 阿克塞哈萨克族自治县 | 1954.4.27 | 博罗转井镇 | 3.3333 |
| 积石山保安族东乡族撒拉族自治县 | 1981.9.30 | 吹麻滩镇 | 0.0910 |
| **青海省** | | | |
| 门源回族自治县 | 1953.12.19 | 浩门镇 | 0.6896 |
| 互助土族自治县 | 1954.2.17 | 威远镇 | 0.3320 |
| 化隆回族自治县 | 1954.3.1 | 巴燕镇 | 0.2740 |
| 循化撒拉族自治县 | 1954.3.1 | 积石镇 | 0.1749 |
| 河南蒙古族自治县 | 1954.10.16 | 优干宁 | 0.6250 |
| 民和回族土族自治县 | 1986.6.27 | 上川口镇 | 0.1780 |
| 大通回族土族自治县 | 1986.7.10 | 桥头镇 | 0.3090 |
| **新疆维吾尔自治区** | | | |
| 焉耆回族自治县 | 1954.3.15 | 焉耆镇 | 0.2439 |
| 察布查尔锡伯自治县 | 1954.3.25 | 察布查尔镇 | 0.4469 |
| 木垒哈萨克自治县 | 1954.7.17 | 木垒镇 | 1.3235 |
| 和布克赛尔蒙古自治县 | 1954.9.10 | 和布克赛尔镇 | 3.2000 |
| 塔什库尔干塔吉克自治县 | 1954.9.17 | 塔什库尔干镇 | 5.2300 |
| 巴里坤哈萨克自治县 | 1954.9.30 | 巴里坤镇 | 3.5714 |

■民族乡

| 地　区 | 数　量 | 民族乡名称 |
|---|---|---|
| 北京市 | 5 | 朝阳区常营回族乡、通州区于家务回族乡、密云区檀营满族蒙古族乡、怀柔区喇叭沟门满族乡、怀柔区长哨营满族乡 |
| 天津市 | 1 | 蓟州区孙各庄满族乡 |
| 河北省 | 38 | 石家庄市新乐市彭家庄回族乡、石家庄市藁城市九门回族乡、石家庄市无极县高头回族乡、唐山市遵化市汤泉满族乡、唐山市遵化市西下营满族乡、唐山市遵化市东陵满族乡、邯郸市邱县陈村回族乡、邯郸市大名县营镇回族乡、保定市易县凌云册满族回族乡、定州市号头庄回族乡、张家口市沽源县大二号回族乡、张家口市怀来县王家楼回族乡、廊坊市永清县管家务回族乡、廊坊市文安县大围河回族满族乡、承德市滦平县平坊满族乡、承德市滦平县五道营子满族乡、承德市滦平县邓厂满族乡、承德市滦平县马营子满族乡、承德市滦平县付家店满族乡、承德市滦平县西沟满族乡、承德市承德县岗子满族乡、承德市承德县两家满族乡、承德市兴隆县八卦岭满族乡、承德市兴隆县南天门满族乡、承德市隆化县尹家营满族乡、承德市隆化县庙子沟蒙古族满族乡、承德市隆化县八达营蒙古族乡、承德市隆化县太平庄满族乡、承德市隆化县旧屯满族乡、承德市隆化县西阿超满族蒙古族乡、承德市平泉市七家岱满族乡、承德市平泉市茅兰沟满族蒙古族乡、沧州市黄骅市新村回族乡、沧州市河间市果子洼回族乡、沧州市献县本斋回族乡、沧州市沧县大褚村回族乡、沧州市沧县捷地回族乡、沧州市黄骅市羊三木回族乡 |
| 内蒙古自治区 | 18（含1个民族苏木） | 呼伦贝尔市莫力达瓦达斡尔族自治旗巴彦鄂温克民族乡、呼伦贝尔市莫力达瓦达斡尔族自治旗杜拉尔鄂温克民族乡、呼伦贝尔市扎兰屯市达斡尔民族乡、呼伦贝尔市扎兰屯市萨马街鄂温克民族乡、呼伦贝尔市扎兰屯市南木鄂伦春民族乡、呼伦贝尔市阿荣旗查巴奇鄂温克民族乡、呼伦贝尔市阿荣旗新发朝鲜族民族乡、呼伦贝尔市阿荣旗音河达斡尔鄂温克民族乡、呼伦贝尔市阿荣旗得力其尔鄂温克民族乡、呼伦贝尔市根河市敖鲁古雅鄂温克民族乡、呼伦贝尔市额尔古纳市三河回族乡、呼伦贝尔市额尔古纳市室韦俄罗斯民族乡、兴安盟科尔沁右翼前旗满族屯满族乡、赤峰市松山区当铺地满族乡、赤峰市喀喇沁旗十家满族乡、乌兰察布市凉城县曹碾满族乡、呼伦贝尔市鄂温克族自治旗巴彦塔拉达斡尔族乡、呼伦贝尔市陈巴尔虎旗鄂温克苏木 |
| 辽宁省 | 54 | 沈阳市康平县柳树屯蒙古族满族乡、沈阳市康平县沙金台蒙古族满族乡、沈阳市法库县四家子蒙古族乡、沈阳市康平县东升满族蒙古族乡、沈阳市康平县西关屯蒙古族满族乡、大连市瓦房店市三台满族乡、大连市瓦房店市杨家满族乡、大连市庄河市太平岭满族乡、大连市庄河市桂云花满族乡、抚顺市抚顺县拉古满族乡、抚顺市抚顺县汤图满族乡、本溪市桓仁满族自治县雅河朝鲜族乡、丹东市宽甸满族自治县下露河朝鲜族乡、丹东市东港市合隆满族乡、丹东市凤城市大堡蒙古族乡、锦州市义县地藏寺满族乡、锦州市义县大定堡满族乡、阜新市彰武县二道河子蒙古族乡、辽阳市辽阳县吉洞峪满族乡、辽阳市辽阳县甜水满族乡、铁岭市开原市林丰满族乡、铁岭市铁岭县白旗寨满族乡、铁岭市西丰县成平满族乡、铁岭市西丰县德兴满族乡、铁岭市西丰县和隆满族乡、铁岭市西丰县金星满族乡、铁岭市西丰县明德满族乡、铁岭市西丰县营厂满族乡、铁岭市清河区聂家满族乡、朝阳市北票市马友营蒙古族乡、朝阳市北票市凉水河蒙古族乡、朝阳市建平县三家蒙古族乡、朝阳市凌源市三家子蒙古族乡、朝阳市朝阳县松岭门蒙古族乡、朝阳市朝阳县乌兰河硕蒙古族乡、葫芦岛市绥中县西平坡满族乡、葫芦岛市绥中县范家满族乡、葫芦岛市绥中县高甸子满族乡、葫芦岛市绥中县葛家满族乡、葫芦岛市绥中县明水满族乡、葫芦岛市绥中县网户满族乡、葫芦岛市兴城市白塔满族乡、葫芦岛市兴城市大寨满族乡、葫芦岛市兴城市碱厂满族乡、葫芦岛市兴城市旧门满族乡 |

续表 1

| 地　区 | 数　量 | 民族乡名称 |
| --- | --- | --- |
| 辽宁省 | 54 | 葫芦岛市兴城市刘台子满族乡、葫芦岛市兴城市南大山满族乡、葫芦岛市兴城市望海满族乡、葫芦岛市兴城市围屏满族乡、葫芦岛市兴城市羊安满族乡、葫芦岛市兴城市药王满族乡、葫芦岛市兴城市三道沟满族乡、葫芦岛市兴城市元台子满族乡、葫芦岛市建昌县二道湾子蒙古族乡 |
| 吉林省 | 28 | 延边朝鲜族自治州珲春市三家子满族乡、延边朝鲜族自治州珲春市杨泡满族乡、吉林市昌邑区土城子满族朝鲜族乡、吉林市昌邑区两家子满族乡、吉林市永吉县金家满族乡、吉林市蛟河市乌林朝鲜族乡、通化市梅河口市小杨满族朝鲜族乡、通化市集安市凉水朝鲜族乡、通化市通化县金斗朝鲜族满族乡、通化市通化县大泉源满族朝鲜族乡、通化市辉南县楼街朝鲜族乡、通化市柳河县姜家店朝鲜族乡、辽源市东丰县三合满族朝鲜族乡、长春市双阳区双营子回族乡、长春市榆树市延和朝鲜族乡、长春市九台区胡家回族乡、长春市九台区莽卡满族乡、白城市通榆县包拉温都蒙古族乡、白城市通榆县向海蒙古族乡、白城市洮南市呼和车力蒙古族乡、白城市洮南市胡力吐蒙古族乡、白城市镇赉县哈吐气蒙古族乡、白城市镇赉县莫莫格蒙古族乡、白城市大安市新艾里蒙古族乡、白城市洮北区德顺蒙古族乡、扶余市三骏满族蒙古族锡伯族乡、四平市公主岭市龙山满族乡、四平市双辽市那木斯蒙古族乡 |
| 黑龙江省 | 52 | 哈尔滨市南岗区红旗满族乡、哈尔滨市双城区乐群满族乡、哈尔滨市双城区同心满族乡、哈尔滨市双城区希勤满族乡、哈尔滨市双城区青岭满族乡、哈尔滨市五常市红旗满族乡、哈尔滨市五常市营城子满族乡、哈尔滨市五常市民乐朝鲜族乡、哈尔滨市尚志市河东朝鲜族乡、哈尔滨市尚志市鱼池朝鲜族乡、哈尔滨市依兰县迎兰朝鲜族乡、齐齐哈尔市梅里斯达斡尔族区莽格吐达斡尔族乡、齐齐哈尔市泰来县宁姜蒙古族乡、齐齐哈尔市泰来县胜利蒙古族乡、齐齐哈尔市富裕县友谊达满柯族乡、齐齐哈尔市讷河市兴旺鄂温克族乡、齐齐哈尔市富拉尔基区杜尔门沁达族乡、牡丹江市西安区海南朝鲜族乡、牡丹江市宁安市江南朝鲜族满族乡、牡丹江市宁安市卧龙朝鲜族乡、牡丹江市穆棱市福禄朝鲜族满族乡、佳木斯市同江市街津口赫哲族乡、佳木斯市同江市八岔赫哲族乡、佳木斯市汤原县汤旺朝鲜族乡、佳木斯市桦川县星火朝鲜族乡、大庆市肇源县超等蒙古族乡、大庆市肇源县浩德蒙古族乡、大庆市肇源县义顺蒙古族乡、黑河市逊克县新鄂鄂伦春族乡、黑河市逊克县新兴鄂伦春族乡、黑河市爱辉区新生鄂伦春族乡、黑河市爱辉区四嘉子满族乡、黑河市爱辉区坤河达斡尔族满族乡、黑河市北安市主星朝鲜族乡、黑河市孙吴县沿江达斡尔族满族乡、绥化市北林区兴和朝鲜族乡、绥化市北林区红旗满族乡、绥化市望奎县厢白满族乡、绥化市望奎县灵山满族乡、伊春市铁力市年丰朝鲜族乡、鹤岗市萝北县东明朝鲜族乡、鹤岗市绥滨县福兴满族乡、大兴安岭地区呼玛县白银纳鄂伦春族乡、大兴安岭地区塔河县十八站鄂伦春族乡、双鸭山市饶河县四排赫哲族乡、双鸭山市友谊县成富朝鲜族满族乡、七台河市勃利县杏树朝鲜族乡、七台河市勃利县吉兴朝鲜族满族乡、鸡西市密山市和平朝鲜族乡、鸡西市鸡东县鸡林朝鲜族乡、鸡西市鸡东县明德朝鲜族乡、鸡西市城子河区永丰朝鲜族乡 |

续表 2

| 地 区 | 数 量 | 民族乡名称 |
| --- | --- | --- |
| 江苏省 | 1 | 扬州市高邮市菱塘回族乡 |
| 浙江省 | 14 | 金华市兰溪市水亭畲族乡、衢州市龙游县沐尘畲族乡、丽水市莲都区丽新畲族乡、丽水市龙泉市竹垟畲族乡、丽水市云和县雾溪畲族乡、丽水市云和县安溪畲族乡、丽水市遂昌县三仁畲族乡、丽水市松阳县板桥畲族乡、杭州市桐庐县莪山畲族乡、温州市平阳县青街畲族乡、温州市苍南县岱岭畲族乡、温州市苍南县凤阳畲族乡、温州市文成县周山畲族乡、温州市泰顺县竹里畲族乡 |
| 安徽省 | 9 | 淮南市谢家集区孤堆回族乡、合肥市肥东县牌坊回族满族乡、滁州市定远县二龙回族乡、淮南市凤台县李冲回族乡、淮南市潘集区古沟回族乡、淮南市寿县陶店回族乡、宣城市宁国市云梯畲族乡、蚌埠市五河县临北回族乡、阜阳市颍上县赛涧回族乡 |
| 福建省 | 19 | 福州市罗源县霍口畲族乡、福州市连江县小沧畲族乡、宁德市福安市坂中畲族乡、宁德市福安市康厝畲族乡、宁德市福安市穆云畲族乡、宁德市霞浦县盐田畲族乡、宁德市霞浦县崇儒畲族乡、宁德市霞浦县水门畲族乡、宁德市蕉城区金涵畲族乡、宁德市福鼎市硖门畲族乡、宁德市福鼎市佳阳畲族乡、漳州市漳浦县赤岭畲族乡、漳州市漳浦县湖西畲族乡、漳州市龙海市隆教畲族乡、三明市永安市青水畲族乡、三明市宁化县治平畲族乡、龙岩市上杭县官庄畲族乡、龙岩市上杭县庐丰畲族乡、泉州市惠安县百崎回族乡 |
| 江西省 | 8 | 鹰潭市贵溪市樟坪畲族乡、上饶市铅山县太源畲族乡、上饶市铅山县篁碧畲族乡、吉安市永丰县龙冈畲族乡、赣州市南康区赤土畲族乡、吉安市青原区东固畲族乡、抚州市乐安县金竹畲族乡、吉安市峡江县金坪民族乡 |
| 河南省 | 12 | 郑州市荥阳市金寨回族乡、商丘市民权县伯党回族乡、商丘市民权县胡集回族乡、平顶山市叶县马庄回族乡、平顶山市郏县姚庄回族乡、新乡市封丘县荆乡回族乡、许昌市建安区艾庄回族乡、许昌市禹州市山货回族乡、南阳市镇平县郭庄回族乡、南阳市方城县袁店回族乡、驻马店市西平县蔡寨回族乡、洛阳市瀍河回族区瀍河回族乡 |
| 湖北省 | 10 | 荆门市钟祥市九里回族乡、荆州市洪湖市老湾回族乡、荆州市松滋市卸甲坪土家族乡、宜昌市宜都市潘家湾土家族乡、十堰市郧西县湖北口回族乡、恩施土家族苗族自治州恩施市芭蕉侗族乡、恩施土家族苗族自治州宣恩县长潭河侗族乡、恩施土家族苗族自治州宣恩县晓关侗族乡、神农架林区下谷坪土家族乡、恩施土家族苗族自治州鹤峰县铁炉白族乡 |
| 湖南省 | 83 | 怀化市辰溪县罗子山瑶族乡、怀化市辰溪县苏木溪瑶族乡、怀化市辰溪县上蒲溪瑶族乡、怀化市辰溪县后塘瑶族乡、怀化市辰溪县仙人湾瑶族乡、怀化市洪江市深渡苗族乡、怀化市洪江市龙船塘瑶族乡、怀化市会同县炮团侗族苗族乡、怀化市会同县宝田侗族苗族乡、怀化市会同县蒲稳侗族苗族乡、怀化市会同县金子岩侗族苗族乡、怀化市会同县漠滨侗族苗族乡、怀化市会同县青朗侗族苗族乡、怀化市沅陵县二酉苗族乡、怀化市沅陵县火场土家族乡、怀化市中方县蒿吉坪瑶族乡、怀化市通道侗族自治县大高坪苗族乡、怀化市新晃侗族自治县步头降苗族乡、怀化市新晃侗族自治县米贝苗族乡、邵阳市绥宁县河口苗族乡、邵阳市绥宁县麻塘苗族乡、邵阳市绥宁县东山侗族乡、邵阳市绥宁县鹅公岭侗族苗族乡、邵阳市绥宁县寨市苗族侗族乡、 |

续表 3

| 地　区 | 数　量 | 民族乡名称 |
|---|---|---|
| 湖南省 | 83 | 邵阳市绥宁县乐安铺苗族侗族乡、邵阳市绥宁县关峡苗族乡、邵阳市绥宁县长铺子苗族乡、邵阳市隆回县山界回族乡、邵阳市隆回县虎形山瑶族乡、邵阳市洞口县那溪瑶族乡、邵阳市洞口县大屋瑶族乡、邵阳市洞口县长塘瑶族乡、邵阳市新宁县黄金瑶族乡、邵阳市新宁县麻林瑶族乡、永州市蓝山县荆竹瑶族乡、永州市蓝山县湘江源瑶族乡、永州市蓝山县浆洞瑶族乡、永州市蓝山县汇源瑶族乡、永州市蓝山县犁头瑶族乡、永州市蓝山县大桥瑶族乡、永州市江永县松柏瑶族乡、永州市江永县千家洞瑶族乡、永州市江永县兰溪瑶族乡、永州市江永县源口瑶族乡、永州市宁远县九疑瑶族乡、永州市宁远县棉花坪瑶族乡、永州市宁远县桐木漯瑶族乡、永州市宁远县五龙山瑶族乡、永州市道县横岭瑶族乡、永州市道县洪塘营瑶族乡、永州市道县审章塘瑶族乡、永州市祁阳县晒北滩瑶族乡、永州市新田县门楼下瑶族乡、永州市双牌县上梧江瑶族乡、永州市江华瑶族自治县小圩壮族乡、张家界市桑植县刘家坪白族乡、张家界市桑植县马合口白族乡、张家界市桑植县走马坪白族乡、张家界市桑植县芙蓉桥白族乡、张家界市桑植县洪家关白族乡、张家界市慈利县三官寺土家族乡、张家界市慈利县高峰土家族乡、张家界市慈利县金岩土家族乡、张家界市慈利县许家坊土家族乡、张家界市慈利县阳和土家族乡、张家界市慈利县甘堰土家族乡、张家界市慈利县赵家岗土家族乡、郴州市桂阳县白水瑶族乡、郴州市北湖区保和瑶族乡、郴州市北湖区仰天湖瑶族乡、郴州市宜章县莽山瑶族乡、郴州市汝城县文明瑶族乡、郴州市汝城县延寿瑶族乡、郴州市临武县西山瑶族乡、郴州市资兴市回龙山瑶族乡、郴州市资兴市八面山瑶族乡、常德市鼎城区许家桥回族维吾尔族乡、常德市汉寿县毛家滩回族维吾尔族乡、常德市桃源县枫树维吾尔族回族乡、常德市桃源县青林回族维吾尔族乡、株洲市炎陵县中村瑶族乡、衡阳市常宁市塔山瑶族乡、益阳市桃江县鲊埠回族乡 |
| 广东省 | 7 | 惠州市龙门县蓝田瑶族乡、清远市连州市三水瑶族乡、清远市连州市瑶安瑶族乡、清远市阳山县秤架瑶族乡、肇庆市怀集县下帅壮族瑶族乡、韶关市始兴县深渡水瑶族乡、河源市东源县漳溪畲族乡 |
| 广西壮族自治区 | 59 | 梧州市蒙山县长坪瑶族乡、梧州市蒙山县夏宜瑶族乡、贺州市八步区黄洞瑶族乡、贺州市平桂区大平瑶族乡、贺州市昭平县仙回瑶族乡、贺州市钟山县两安瑶族乡、贺州市钟山县花山瑶族乡、贵港市平南县马练瑶族乡、贵港市平南县国安瑶族乡、防城港市上思县南屏瑶族乡、防城港市防城区十万山瑶族乡、南宁市马山县古寨瑶族乡、南宁市马山县里当瑶族乡、南宁市上林县镇圩瑶族乡、柳州市三江侗族自治县同乐苗族乡、柳州市三江侗族自治县福禄苗族乡、柳州市三江侗族自治县高基瑶族乡、柳州市融水苗族自治县滚贝侗族乡、柳州市融水苗族自治县同练瑶族乡、柳州市柳城县古砦仫佬族乡、桂林市临桂区宛田瑶族乡、桂林市临桂区黄沙瑶族乡、桂林市灵川县大境瑶族乡、桂林市灵川县兰田瑶族乡、桂林市全州县蕉江瑶族乡、桂林市全州县东山瑶族乡、桂林市兴安县华江瑶族乡、桂林市灌阳县洞井瑶族乡、桂林市灌阳县西山瑶族乡、桂林市资源县车田苗族乡、桂林市资源县两水苗族乡、桂林市资源县河口瑶族乡、桂林市平乐县大发瑶族乡、桂林市荔浦市蒲芦瑶族乡、桂林市雁山区草坪回族乡、百色市右江区汪甸瑶族乡、百色市田东县作登瑶族乡、百色市田林县潞城瑶族乡、百色市田林县利周瑶族乡、百色市田林县八桂瑶族乡、百色市田林县八渡瑶族乡、百色市凌云县伶站瑶族乡、百色市凌云县朝里瑶族乡、百色市凌云县沙里瑶族乡、百色市凌云县玉洪瑶族乡、百色市西林县足别瑶族苗族乡、百色市西林县普合苗族乡、百色市西林县那佐苗族乡、河池市南丹县八圩瑶族乡、河池市南丹县里湖瑶族乡、河池市南丹县中堡苗族乡、河池市天峨县八腊瑶族乡、河池市凤山县平乐瑶族乡、河池市凤山县江洲瑶族乡、河池市凤山县金牙瑶族乡、河池市东兰县三弄瑶族乡、河池市环江毛南族自治县驯乐苗族乡、河池市宜州区北牙瑶族乡、河池市宜州区福龙瑶族乡 |
| 重庆市 | 14 | 奉节县云雾土家族乡、奉节县长安土家族乡、奉节县龙桥土家族乡、奉节县太和土家族乡、万州区恒合土家族乡、万州区地宝土家族乡、云阳县清水土家族乡、巫山县红椿土家族乡、巫山县邓家土家族乡、忠县磨子土家族乡、武隆区石桥苗族土家族乡、武隆区文复苗族土家族乡、武隆区后坪苗族土家族乡、武隆区浩口苗族仡佬族乡 |

续表 4

| 地 区 | 数 量 | 民族乡名称 |
| --- | --- | --- |
| 四川省 | 83 | 甘孜州九龙县子耳彝族乡、甘孜州九龙县小金彝族乡、甘孜州九龙县朵落彝族乡、阿坝州松潘县十里回族乡、攀枝花市仁和区大龙潭彝族乡、攀枝花市仁和区啊喇彝族乡、攀枝花市米易县麻陇彝族乡、攀枝花市米易县白坡彝族乡 、攀枝花市米易县湾丘彝族乡、攀枝花市米易县新山傈僳族乡、攀枝花市盐边县红果彝族乡、攀枝花市盐边县温泉彝族乡、攀枝花市盐边县格萨拉彝族乡、攀枝花市盐边县红宝苗族彝族乡、泸州市叙永县白蜡苗族乡、泸州市叙永县合乐苗族乡、泸州市叙永县枧槽苗族乡、泸州市叙永县石厢子彝族乡、泸州市叙永县水潦彝族乡、泸州市古蔺县箭竹苗族乡、泸州市古蔺县大寨苗族乡、泸州市古蔺县马嘶苗族乡、广元市青川县蒿溪回族乡、广元市青川县大院回族乡、乐山市金口河区和平彝族乡、乐山市金口河区共安彝族乡、南充市阆中市博树回族乡、宜宾市筠连县高坪苗族乡、宜宾市筠连县联合苗族乡、宜宾市筠连县团林苗族乡、宜宾市屏山县屏边彝族乡、宜宾市屏山县清平彝族乡、宜宾市兴文县大坝苗族乡、宜宾市兴文县大河苗族乡、宜宾市兴文县麒麟苗族乡、宜宾市兴文县仙峰苗族乡、宜宾市珙县罗渡苗族乡、宜宾市珙县玉和苗族乡、宜宾市珙县观斗苗族乡、雅安市汉源县小堡藏族彝族乡、雅安市汉源县坭美彝族乡、雅安市汉源县永利彝族乡、雅安市汉源县顺河彝族乡、雅安市汉源县片马彝族乡、雅安市石棉县蟹螺藏族乡、雅安市石棉县栗子坪彝族乡、雅安市石棉县新民藏族彝族乡、雅安市石棉县草科藏族乡、雅安市石棉县王岗坪彝族藏族乡、雅安市宝兴县跷碛藏族乡、雅安市荥经县宝峰彝族民族乡、雅安市荥经县民建彝族民族乡、凉山州西昌市高草回族乡、凉山州西昌市裕隆回族乡、凉山州木里藏族自治县屋脚蒙古族乡、凉山州木里藏族自治县俄亚纳西族乡、凉山州木里藏族自治县白碉苗族乡、凉山州木里藏族自治县项脚蒙古族乡、凉山州木里藏族自治县固增苗族乡、凉山州盐源县大坡蒙古族乡、凉山州德昌县金沙傈僳族乡、凉山州德昌县南山傈僳族乡、凉山州会理市新安傣族乡、凉山州冕宁县和爱藏族乡、凉山州越西县保安藏族乡、绵阳市平武县木皮藏族乡、绵阳市平武县木座藏族乡、绵阳绵阳市平武县白马藏族乡、绵阳市平武县黄羊关藏族乡、绵阳市平武县虎牙藏族乡、绵阳市平武县泗耳藏族乡、绵阳市平武县锁江羌族乡、绵阳市平武县旧堡羌族乡、绵阳市平武县阔达藏族乡、绵阳市平武县土城藏族乡、绵阳市平武县平通羌族乡、绵阳市平武县豆叩羌族乡、绵阳市盐亭县大兴回族乡、绵阳市北川羌族自治县桃龙藏族乡、达州市宣汉渡口土家族乡、达州市宣汉龙泉土家族乡、达州市宣汉三墩土家族乡、达州市宣汉漆树土家族乡 |
| 贵州省 | 192 | 贵阳市南明区小碧布依族苗族乡、贵阳市花溪区高坡苗族乡、贵阳市花溪区孟关苗族布依族乡、贵阳市花溪区马铃布依族苗族乡、贵阳市花溪区黔陶布依族苗族乡、贵阳市乌当区偏坡布依族乡、贵阳市乌当区新堡布依族乡、贵阳市白云区牛场布依族乡、贵阳市白云区都拉布依族乡、贵阳市清镇市麦格苗族布依族乡、贵阳市清镇市王庄布依族苗族乡、贵阳市清镇市流长苗族乡、贵阳市开阳县高寨苗族布依族乡、贵阳市开阳县南江布依族苗族乡、贵阳市开阳县禾丰布依族苗族乡、贵阳市修文县大石布依族乡、贵阳市息烽县青山苗族乡、六盘水市水城县坪寨彝族乡、六盘水市水城县南开苗族彝族乡、六盘水市水城县青林苗族彝族乡、六盘水市水城县金盆苗族彝族乡、六盘水市水城县新街彝族苗族布依族乡、六盘水市水城县杨梅彝族苗族回族乡、六盘水市水城县野钟苗族彝族布依族乡、六盘水市水城县果布嘎彝族苗族布依族乡、六盘水市水城县龙场苗族白族彝族乡、六盘水市水城县营盘苗族彝族白族乡、六盘水市水城县顺场苗族彝族布依族乡、六盘水市水城县花戛苗族布依族彝族乡、六盘水市水城县猴场苗族布依族乡、六盘水市盘州市普田回族乡、六盘水市盘州市旧营白族彝族苗族乡、六盘水市盘州市羊场布依族白族苗族乡、六盘水市盘州市保基苗族彝族乡、六盘水市盘州市淤泥彝族乡、六盘水市盘州市普古彝族苗族乡、六盘水市盘州市坪地彝族乡、六盘水市六枝特区梭戛苗族彝族乡、六盘水市六枝特区落别布依族彝族乡、六盘水市六枝特区中寨苗族彝族布依族乡、六盘水市六枝特区牛场苗族彝族乡、六盘水市六枝特区月亮河彝族苗族乡、 |

续表 5

| 地　区 | 数　量 | 民族乡名称 |
|---|---|---|
| 贵州省 | 192 | 遵义市仁怀市后山苗族布依族乡、遵义市播州区平正仡佬族乡、遵义市播州区洪关苗族乡、遵义市桐梓县马鬃苗族乡、遵义市正安县谢坝仡佬族苗族乡、遵义市正安县市坪苗族仡佬族乡、遵义市余庆县花山苗族乡、遵义市道真仡佬族苗族自治县上坝土家族乡、安顺市西秀区鸡场布依族苗族乡、安顺市西秀区杨武布依族苗族乡、安顺市西秀区岩腊苗族布依族乡、安顺市西秀区新场布依族苗族乡、安顺市西秀区黄腊布依族苗族乡、安顺市平坝区十字回族乡、安顺市平坝区羊昌布依族苗族乡、安顺市普定县补郎苗族乡、安顺市普定县猴场苗族仡佬族乡、安顺市普定县猫洞苗族仡佬族乡、毕节市七星关区大屯彝族乡、毕节市七星关区田坎彝族乡、毕节市七星关区阿市苗族彝族乡、毕节市七星关区团结彝族苗族乡、毕节市七星关区阴底彝族苗族白族乡、毕节市七星关区千溪彝族苗族白族乡、毕节市黔西县永燊彝族苗族乡、毕节市黔西县新仁苗族乡、毕节市黔西县花溪彝族苗族乡、毕节市黔西县中建苗族彝族乡、毕节市黔西县定新彝族苗族乡、毕节市黔西县太来彝族苗族乡、毕节市黔西县绿化白族彝族乡、毕节市黔西县红林彝族苗族乡、毕节市黔西县五里布依族苗族乡、毕节市黔西县铁石苗族彝族乡、毕节市大方县竹园彝族苗族乡、毕节市大方县响水白族彝族仡佬族乡、毕节市大方县鼎新彝族苗族乡、毕节市大方县牛场苗族彝族乡、毕节市大方县理化苗族彝族乡、毕节市大方县安乐彝族仡佬族乡、毕节市大方县凤山彝族蒙古族乡、毕节市大方县百纳彝族乡、毕节市大方县三元彝族苗族白族乡、毕节市大方县沙厂彝族乡、毕节市大方县黄泥彝族苗族满族乡、毕节市大方县核桃彝族白族乡、毕节市大方县八堡彝族苗族乡、毕节市大方县兴隆苗族乡、毕节市大方县大山苗族彝族乡、毕节市大方县星宿苗族彝族仡佬族乡、毕节市织金县自强苗族乡、毕节市织金县官寨苗族乡、毕节市织金县后寨苗族乡、毕节市织金县大平苗族彝族乡、毕节市织金县茶店布依族苗族彝族乡、毕节市织金县金龙苗族彝族布依族乡、毕节市织金县鸡场苗族彝族布依族乡、毕节市金沙县太平彝族苗族乡、毕节市金沙县石场苗族彝族乡、毕节市金沙县马路彝族苗族乡、毕节市金沙县安洛苗族彝族满族乡、毕节市金沙县新化苗族彝族满族乡、毕节市金沙县大田彝族苗族布依族乡、毕节市赫章县兴发苗族彝族回族乡、毕节市赫章县松林坡白族彝族苗族乡、毕节市赫章县雉街彝族苗族乡、毕节市赫章县珠市彝族乡、毕节市赫章县双坪彝族苗族乡、毕节市赫章县辅处彝族苗族乡、毕节市赫章县铁匠苗族乡、毕节市赫章县可乐彝族苗族乡、毕节市赫章县河镇彝族苗族乡、毕节市赫章县结构彝族苗族乡、毕节市赫章县水塘堡彝族苗族乡、毕节市赫章县古达苗族彝族乡、毕节市纳雍县库东关彝族苗族白族乡、毕节市纳雍县董地苗族彝族乡、毕节市纳雍县左鸠戛彝族苗族乡、毕节市纳雍县锅圈岩苗族彝族乡、毕节市纳雍县新房彝族苗族乡、毕节市纳雍县化作苗族彝族乡、毕节市纳雍县姑开苗族彝族乡、毕节市纳雍县羊场苗族彝族乡、毕节市纳雍县昆寨苗族彝族白族乡、毕节市纳雍县猪场苗族彝族乡、毕节市威宁彝族回族苗族自治县新发布依族乡、毕节市大方县大水彝族苗族布依族乡、毕节市黔西县金坡苗族彝族满族乡、毕节市大方县普底彝族苗族白族乡、毕节市黔西县仁和彝族苗族乡、铜仁市碧江区桐木坪侗族乡、铜仁市碧江区瓦屋侗族乡、铜仁市碧江区和平土家族侗族乡、铜仁市碧江区滑石侗族苗族土家族乡、铜仁市碧江区六龙山侗族土家族乡、铜仁市万山区高楼坪侗族乡、铜仁市万山区黄道侗族乡、铜仁市万山区敖寨侗族乡、铜仁市万山区下溪侗族乡、铜仁市万山区鱼塘侗族土家族苗族乡、铜仁市万山区大坪侗族土家族苗族乡、铜仁市德江县楠杆土家族乡、铜仁市德江县沙溪土家族乡、铜仁市德江县桶井土家族乡、铜仁市德江县堰塘土家族乡、铜仁市德江县荆角土家族乡、铜仁市德江县长丰土家族乡、铜仁市德江县龙泉土家族乡、铜仁市德江县钱家土家族乡、铜仁市江口县德旺土家族苗族乡、铜仁市江口县官和侗族土家族苗族乡、铜仁市石阡县聚凤仡佬族侗族乡、铜仁市石阡县大沙坝仡佬族侗族乡、铜仁市石阡县枫香仡佬族侗族乡、铜仁市石阡县青阳苗族仡佬族侗族乡、铜仁市石阡县龙井侗族仡佬族乡、铜仁市石阡县石固仡佬族侗族乡、铜仁市石阡县坪地仡佬族侗族乡、铜仁市石阡县甘溪仡佬族侗族乡、铜仁市石阡县坪山仡佬族侗族乡、铜仁市思南县思林土家族苗族乡、铜仁市思南县枫柸土家族苗族乡、铜仁市思南县杨家坳苗族土家族乡、铜仁市思南县胡家湾苗族土家族乡、铜仁市思南县宽坪土家族苗族乡、铜仁市思南县三道水土家族苗族乡、铜仁市思南县天桥土家族苗族乡、铜仁市思南县兴隆土家族苗族乡、黔西南布依族苗族自治州兴仁市鲁础营回族乡、黔西南布依族苗族自治州望谟县油迈瑶族乡、黔东南苗族侗族自治州从江县秀塘壮族乡、黔东南苗族侗族自治州从江县刚边壮族乡、黔东南苗族侗族自治州从江县翠里瑶族壮族乡、黔东南苗族侗族自治州镇远县尚寨土家族乡、黔东南苗族侗族自治州麻江县坝芒布依族乡、黔东南苗族侗族自治州榕江县水尾水族乡、黔东南苗族侗族自治州榕江县三江水族乡、黔东南苗族侗族自治州榕江县仁里水族乡、黔东南苗族侗族自治州榕江县定威水族乡、黔东南苗族侗族自治州榕江县兴华水族乡、黔东南苗族侗族自治州榕江县塔石瑶族水族乡、黔东南苗族侗族自治州雷山县达地水族乡、黔东南苗族侗族自治州黎平县顺化瑶族乡、黔东南苗族侗族自治州黎平县雷洞瑶族水族乡 |

续表 6

| 地　区 | 数　量 | 民族乡名称 |
| --- | --- | --- |
| 贵州省 | 192 | 黔东南苗族侗族自治州岑巩县羊桥土家族乡、黔南布依族苗族自治州都匀市归兰水族乡、黔南布依族苗族自治州荔波县瑶山瑶族乡、黔南布依族苗族自治州荔波县黎明关水族乡、黔南布依族苗族自治州平塘县卡蒲毛南族、贵阳市花溪区湖潮布依族苗族乡 |
| 云南省 | 140 | 昆明市晋宁区夕阳彝族乡、昆明市晋宁区双河彝族乡、昆明市宜良县九乡彝族回族乡、昆明市宜良县耿家彝族苗族乡、昭通市昭阳区守望回族乡、昭通市昭阳区小龙洞回族彝族乡、昭通市昭阳区布嘎回族乡、昭通市昭阳区青冈岭回族彝族乡、昭通市鲁甸县桃源回族乡、昭通市鲁甸县茨院回族乡、昭通市大关县上高桥回族彝族苗族乡、昭通市永善县马楠苗族彝族乡、昭通市永善县伍寨彝族苗族乡、昭通市镇雄县果珠彝族乡、昭通市镇雄县林口彝族苗族乡、昭通市彝良县龙街苗族彝族乡、昭通市彝良县奎香苗族彝族乡、昭通市彝良县树林彝族苗族乡、昭通市彝良县柳溪苗族乡、昭通市彝良县洛旺苗族乡、昭通市威信县双河苗族彝族乡、曲靖市师宗县龙庆彝族壮族乡、曲靖市师宗县五龙壮族乡、曲靖市师宗县高良壮族苗族瑶族乡、曲靖市罗平县长底布依族乡、曲靖市罗平县旧屋基彝族乡、曲靖市罗平县鲁布革布依族苗族乡、曲靖市富源县古敢水族乡、曲靖市会泽县新街回族乡、楚雄彝族自治州南华县雨露白族乡、楚雄彝族自治州大姚县湾碧傈僳傣族乡、楚雄彝族自治州永仁县永兴傣族乡、楚雄彝族自治州武定县东坡傣族乡、玉溪市红塔区小石桥彝族乡、玉溪市红塔区洛河彝族乡、玉溪市江川区安化彝族乡、玉溪市通海县高大傣族彝族乡、玉溪市通海县里山彝族乡、玉溪市通海县兴蒙蒙古族乡、玉溪市华宁县通红甸彝族苗族乡、玉溪市易门县十街彝族乡、玉溪市易门县浦贝彝族乡、玉溪市易门县铜厂彝族乡、红河哈尼族彝族自治州河口瑶族自治县桥头苗族壮族乡、红河哈尼族彝族自治州金平苗族瑶族傣族自治县者米拉祜族乡、红河哈尼族彝族自治州蒙自市期路白苗族乡、红河哈尼族彝族自治州蒙自市老寨苗族乡、红河哈尼族彝族自治州开远市大庄回族乡、文山壮族苗族自治州文山市东山彝族乡、文山壮族苗族自治州文山市红甸回族乡、文山壮族苗族自治州文山市秉烈彝族乡、文山壮族苗族自治州文山市柳井彝族乡、文山壮族苗族自治州文山市坝心彝族乡、文山壮族苗族自治州砚山县阿舍彝族乡、文山壮族苗族自治州砚山县维末彝族乡、文山壮族苗族自治州砚山县盘龙彝族乡、文山壮族苗族自治州砚山县干河彝族乡、文山壮族苗族<br>文山壮族苗族自治州丘北县舍得彝族乡、文山壮族苗族自治州丘北县新店彝族乡、文山壮族苗族自治州丘北县树皮彝族乡、文山壮族苗族自治州丘北县八道哨彝族乡、文山壮族苗族自治州丘北县腻脚彝族乡、文山壮族苗族自治州麻栗坡县猛硐瑶族乡、文山壮族苗族自治州富宁县洞波瑶族乡、普洱市澜沧拉祜族自治县酒井哈尼族乡、普洱市澜沧拉祜族自治县发展河哈尼族乡、普洱市澜沧拉祜族自治县谦六彝族乡、普洱市澜沧拉祜族自治县文东佤族乡、普洱市澜沧拉祜族自治县安康佤族乡、普洱市澜沧拉祜族自治县雪林佤族乡、普洱市思茅区云仙彝族乡、普洱市思茅区龙潭彝族傣族乡、普洱市墨江哈尼族自治县孟弄彝族乡、普洱市西盟佤族自治县力所拉祜族乡、大理白族自治州大理市太邑彝族乡、大理白族自治州鹤庆县六合彝族乡、大理白族自治州宾川县钟英傈僳族彝族乡、大理白族自治州宾川县拉乌彝族乡、大理白族自治州祥云县东山彝族乡、大理白族自治州弥渡县牛街彝族乡、大理白族自治州永平县北斗彝族乡、大理白族自治州永平县厂街彝族乡、大理白族自治州永平县水泄彝族乡、大理白族自治州云龙县苗尾傈僳族乡、大理白族自治州云龙县团结彝族乡、丽江市华坪县永兴傈僳族乡、丽江市华坪县通达傈僳族乡、丽江市华坪县新庄傈僳族傣族乡、丽江市华坪县船房傈僳族傣族乡、丽江市永胜县羊坪彝族乡、丽江市永胜县东山傈僳族彝族乡、丽江市永胜县六德傈僳族彝族乡、丽江市永胜县大安彝族纳西族乡、丽江市永胜县光华傈僳族彝族乡、丽江市永胜县松坪傈僳族彝族乡、丽江市宁蒗彝族自治县翠玉傈僳族普米族乡、丽江市古城区金江白族乡、丽江市玉龙纳西族自治县九河白族乡、丽江市玉龙纳西族自治县石头白族乡、丽江市玉龙纳西族自治县黎明傈僳族乡、保山市隆阳区瓦马彝族白族乡、保山市隆阳区瓦房彝族苗族乡、 |

续表 7

| 地　区 | 数　量 | 民族乡名称 |
|---|---|---|
| 云南省 | 140 | 保山市隆阳区杨柳白族彝族乡、保山市隆阳区芒宽彝族傣族乡、保山市施甸县摆榔彝族布朗族乡、保山市施甸县木老元布朗族彝族乡、保山市龙陵县木城彝族傈僳族乡、保山市昌宁县朱街彝族乡、保山市昌宁县苟街彝族苗族乡、保山市昌宁县湾甸傣族乡、德宏傣族景颇族自治州陇川县户撒阿昌族乡、德宏傣族景颇族自治州芒市三台山德昂族乡、德宏傣族景颇族自治州梁河县曩宋阿昌族乡、德宏傣族景颇族自治州梁河县九保阿昌族乡、德宏傣族景颇族自治州盈江县苏典傈僳族乡、怒江傈僳族自治州福贡县匹河怒族乡、怒江傈僳族自治州泸水市洛本卓白族乡、迪庆藏族自治州香格里拉市三坝纳西族乡、迪庆藏族自治州德钦县霞若傈僳族乡、迪庆藏族自治州德钦县拖顶傈僳族乡、临沧市凤庆县新华彝族苗族乡、临沧市凤庆县腰街彝族乡、临沧市凤庆县郭大寨彝族白族乡、临沧市云县栗树彝族傣族乡、临沧市云县忙怀彝族布朗族乡、临沧市云县后箐彝族乡、临沧市永德县大雪山彝族拉祜族傣族乡、临沧市永德县乌木龙彝族乡、临沧市临翔区平村彝族傣族乡、临沧市临翔区南美拉祜乡、临沧市耿马傣族佤族自治县芒洪拉祜族布朗族乡、临沧市沧源佤族自治县勐角傣族彝族拉祜族乡、临沧市镇康县军赛佤族拉祜族傈僳族德昂族乡、西双版纳傣族自治州景洪市基诺山基诺族乡、西双版纳傣族自治州景洪市景哈哈尼族乡、西双版纳傣族自治州勐腊县瑶区瑶族乡、西双版纳傣族自治州勐腊县象明彝族乡、西双版纳傣族自治州勐海县格朗和哈尼族乡、西双版纳傣族自治州勐海县布朗山布朗族乡、西双版纳傣族自治州勐海县西定哈尼族乡 |
| 西藏自治区 | 9 | 山南市错那县麻麻门巴族乡、山南市错那县贡日门巴族乡、山南市错那县基巴门巴族乡、山南市错那县勒布区勒门巴族乡、林芝市巴宜区更章门巴族乡、林芝市米林县南伊珞巴乡、林芝市墨脱县达木珞巴族乡、昌都市芒康县下盐井纳西族乡、山南市隆子县斗玉珞巴乡 |
| 甘肃省 | 32 | 临夏回族自治州广河县阿里麻土东乡族乡、甘南藏族自治州临潭县长川回族乡、甘南藏族自治州临潭县卓洛回族乡、甘南藏族自治州卓尼县勺哇土族乡、陇南市文县铁楼藏族乡、陇南市武都区坪垭藏族乡、陇南市武都区磨坝藏族乡、陇南市宕昌县新城子藏族乡、酒泉市肃州区黄泥堡裕固族乡、酒泉市玉门市小金湾东乡族乡、白银市会宁县新添堡回族乡、庆阳市正宁县五倾源回族乡、平凉市崆峒区峡门回族乡、平凉市华亭市神峪回族乡、平凉市华亭市山寨回族乡、平凉市崆峒区白庙回族乡、平凉市崆峒区大秦回族乡、平凉市崆峒区寨河回族乡、平凉市崆峒区大寨回族乡、平凉市崆峒区西阳回族乡、平凉市崆峒区上杨回族乡、张掖市肃南裕固族自治县祁丰藏族乡、张掖市肃南裕固族自治县马蹄藏族乡、张掖市肃南裕固族自治县白银蒙古族乡、张掖市甘州区平山湖蒙古族乡、临夏回族自治州临夏县井沟东乡族乡、临夏回族自治州和政县梁家寺东乡族乡、临夏回族自治州临夏县安家坡东乡族乡、酒泉市瓜州县七墩回族东乡族乡、酒泉市瓜州县广至藏族乡、酒泉市瓜州县沙河回族乡、酒泉市玉门市独山子东乡族乡 |
| 青海省 | 28 | 西宁市大通回族土族自治县朔北藏族乡、西宁市大通回族土族自治县向化藏族乡、西宁市湟中市群加藏族乡、西宁市湟中市大才回族乡、西宁市湟中市汉东回族乡、西宁市湟源县日月藏族乡、海东市民和回族土族自治县杏儿藏族乡、海东市乐都区下营藏族乡、海东市乐都区中坝藏族乡、海东市乐都区达拉土族乡、海东市互助土族自治县松多藏族乡、海东市化隆回族自治县雄先藏族乡、海东市化隆回族自治县查甫藏族乡、海东市化隆回族自治县金源藏族乡、海东市化隆回族自治县塔加藏族乡、海东市循化撒拉族自治县道帏藏族乡、海东市循化撒拉族自治县尕楞藏族乡、 |

续表 8

| 地　区 | 数　量 | 民族乡名称 |
| --- | --- | --- |
| 青海省 | 28 | 海东市循化撒拉族自治县岗察藏族乡、海东市循化撒拉族自治县文都藏族乡、海东市平安区沙沟回族乡、海东市平安区巴藏沟回族乡、海东市平安区石灰窑回族乡、海东市平安区洪水泉回族乡、海东市平安区古城回族乡、海东市互助土族自治县巴扎藏族乡、海北藏族自治州门源回族自治县皇城蒙古族乡、海北藏族自治州海晏县哈勒景蒙古族乡、海南藏族自治州贵德县新街回族乡 |
| 新疆维吾尔自治区 | 42 | 吐鲁番市鄯善县东巴扎回族乡、和田地区皮山县瑙阿巴提塔吉克族乡、和田地区皮山县康克尔柯尔克孜族乡、巴音郭楞蒙古自治州和硕县乌什塔拉回族乡、昌吉回族自治州奇台县大泉塔塔尔族乡、昌吉回族自治州奇台县五马场哈萨克族乡、昌吉回族自治州奇台县乔仁哈萨克族乡、昌吉回族自治州木垒哈萨克自治县大南沟乌孜别克族乡、昌吉回族自治州玛纳斯县旱卡子滩哈萨克族乡、昌吉回族自治州玛纳斯县塔西河哈萨克族乡、昌吉回族自治州玛纳斯县清水河哈萨克族乡、昌吉回族自治州阜康市三工河哈萨克族乡、昌吉回族自治州阜康市上户沟哈萨克族乡、昌吉回族自治州昌吉市阿什里哈萨克族乡、昌吉回族自治州呼图壁县石梯子哈萨克族乡、乌鲁木齐市米东区柏杨河哈萨克族乡、克孜勒苏柯尔克孜自治州阿克陶县塔尔塔吉克族乡、喀什地区塔什库尔干塔吉克自治县科克亚尔柯尔克孜族乡、喀什地区泽普县布依鲁克塔吉克族乡、喀什地区莎车县孜热普夏提塔吉克族乡、伊犁哈萨克自治州察布查尔锡伯自治县米粮泉回族乡、伊犁哈萨克自治州特克斯县科克铁热克柯尔克孜族乡、伊犁哈萨克自治州特克斯县呼吉尔特蒙古族乡、伊犁哈萨克自治州伊宁县愉群翁回族乡、伊犁哈萨克自治州尼勒克县科克浩特浩尔蒙古族乡、伊犁哈萨克自治州霍城县伊车嘎善锡伯族乡、伊犁哈萨克自治州霍城县三宫回族乡、伊犁哈萨克自治州昭苏县胡松图喀尔逊蒙古族乡、伊犁哈萨克自治州昭苏县察汗乌苏蒙古族乡、伊犁哈萨克自治州昭苏县夏特柯尔克孜族乡、塔城地区塔城市阿西尔达斡尔族乡、塔城地区乌苏市塔布勒合特蒙古族乡、塔城地区乌苏市吉尔格勒特郭楞蒙古族乡、塔城地区额敏县额玛勒郭楞蒙古族乡、塔城地区额敏县霍吉尔特蒙古族乡、阿克苏地区乌什县雅曼苏柯尔克孜族乡、阿克苏地区温宿县博孜东柯尔克孜族乡、哈密市伊吾县前山哈萨克族乡、哈密市伊州区德外里都如克哈萨克族乡、哈密市伊州区乌拉台哈萨克族乡、阿勒泰地区布尔津县禾木哈纳斯蒙古族乡、阿勒泰地区阿勒泰市汗德尕特蒙古族乡 |

# 陆地边境县、牧区半牧区县、民族自治地方 国家乡村振兴重点帮扶县、民族贸易县名单

■陆地边境县（区、市、旗）

| 地区 | 市（地区、自治州、盟） | 县（区、市、旗） |
| --- | --- | --- |
| 内蒙古自治区 | 包头市 | 达尔罕茂明安联合旗 |
| | 呼伦贝尔市 | 扎赉诺尔区、满洲里市、额尔古纳市<br>陈巴尔虎旗、新巴尔虎左旗、新巴尔虎右旗 |
| | 巴彦淖尔市 | 乌拉特中旗、乌拉特后旗 |
| | 乌兰察布市 | 四子王旗 |
| | 兴安盟 | 阿尔山市、科尔沁右翼前旗 |
| | 锡林郭勒盟 | 二连浩特市、阿巴嘎旗、苏尼特左旗<br>苏尼特右旗、东乌珠穆沁旗 |
| | 阿拉善盟 | 阿拉善左旗、阿拉善右旗、额济纳旗 |
| 辽宁省 | 丹东市 | 振兴区、元宝区、振安区、东港市、宽甸满族自治县 |
| 吉林省 | 通化市 | 集安市 |
| | 白山市 | 浑江区、临江市、抚松县、长白朝鲜族自治县 |
| | 延边朝鲜族自治州 | 图们市、珲春市、龙井市、和龙市、安图县 |
| 黑龙江省 | 鸡西市 | 虎林市、密山市、鸡东县 |
| | 鹤岗市 | 萝北县、绥滨县 |
| | 双鸭山市 | 饶河县 |
| | 伊春市 | 嘉荫县 |
| | 佳木斯市 | 同江市、抚远市 |
| | 牡丹江市 | 绥芬河市、穆棱市、东宁市 |
| | 黑河市 | 爱辉区、逊克县、孙吴县 |
| | 大兴安岭地区 | 漠河市、呼玛县、塔河县 |

续表

| 地区 | 市（地区、自治州、盟） | 县（区、市、旗） |
|---|---|---|
| 广西壮族自治区 | 防城港市 | 防城区、东兴市 |
| | 百色市 | 靖西市、那坡县 |
| | 崇左市 | 凭祥市、宁明县、龙州县、大新县 |
| 云南省 | 保山市 | 腾冲市、龙陵县 |
| | 普洱市 | 江城哈尼族彝族自治县、孟连傣族拉祜族佤族自治县<br>澜沧拉祜族自治县、西盟佤族自治县 |
| | 临沧市 | 镇康县、耿马傣族佤族自治县、沧源佤族自治县 |
| | 红河哈尼族彝族自治州 | 绿春县、金平苗族瑶族傣族自治县、河口瑶族自治县 |
| | 文山壮族苗族自治州 | 麻栗坡县、马关县、富宁县 |
| | 西双版纳傣族自治州 | 景洪市、勐海县、勐腊县 |
| | 德宏傣族景颇族自治州 | 芒市、瑞丽市、盈江县、陇川县 |
| | 怒江傈僳族自治州 | 泸水市、福贡县、贡山独龙族怒族自治县 |
| 西藏自治区 | 日喀则市 | 定日县、康马县、定结县、仲巴县、亚东县、吉隆县<br>聂拉木县、萨嘎县、岗巴县 |
| | 林芝市 | 墨脱县、察隅县 |
| | 山南市 | 洛扎县、错那县、浪卡子县 |
| | 阿里地区 | 噶尔县、普兰县、札达县、日土县 |
| 甘肃省 | 酒泉市 | 肃北蒙古族自治县 |
| 新疆维吾尔自治区 | 哈密市 | 伊州区、巴里坤哈萨克自治县、伊吾县 |
| | 阿克苏地区 | 温宿县、乌什县 |
| | 喀什地区 | 叶城县、塔什库尔干塔吉克自治县 |
| | 和田地区 | 和田县、皮山县 |
| | 昌吉回族自治州 | 奇台县、木垒哈萨克自治县 |
| | 博尔塔拉蒙古自治州 | 博乐市、阿拉山口市、温泉县 |
| | 克孜勒苏柯尔克孜自治州 | 阿图什市、阿克陶县、阿合奇县、乌恰县 |
| | 伊犁哈萨克自治州 | 霍尔果斯市、霍城县、昭苏县、察布查尔锡伯自治县 |
| | 塔城地区 | 塔城市、额敏县、托里县、裕民县、和布克赛尔蒙古自治县 |
| | 阿勒泰地区 | 阿勒泰市、布尔津县、富蕴县、福海县<br>哈巴河县、青河县、吉木乃县 |
| | 自治区直辖县级行政单位 | 可克达拉市 |

注：1.名单顺序按民政部编《中华人民共和国行政区划简册》排列。
2.统计口径以沿陆地国境线的县级行政区划为单位。
3.资料截止时间为 2022 年 12 月 31 日。
4.新疆生产建设兵团 58 个边境团场暂未列入本表。

## ■牧区、半牧区县（区、市、旗）

| 地　区 | 分　类 | 县　数 | 县（区、市、旗） |
|---|---|---|---|
| 河北省 | 半牧区 | 6 | 张北县、康保县、沽源县、尚义县、丰宁满族自治县、围场满族蒙古族自治县 |
| 山西省 | 半牧区 | 1 | 右玉县 |
| 内蒙古自治区 | 牧区 | 33 | 锡林浩特市、达尔罕茂明安联合旗、阿鲁科尔沁旗、巴林左旗、巴林右旗、克什克腾旗、翁牛特旗、科尔沁左翼中旗、科尔沁左翼后旗、扎鲁特旗、鄂托克前旗、鄂托克旗、杭锦旗、乌审旗、陈巴尔虎旗、新巴尔虎左旗、新巴尔虎右旗、鄂温克族自治旗、乌拉特中旗、乌拉特后旗、四子王旗、科尔沁右翼中旗、阿巴嘎旗、苏尼特左旗、苏尼特右旗、东乌珠穆沁旗、西乌珠穆沁旗、镶黄旗、正镶白旗、正蓝旗、阿拉善左旗、阿拉善右旗、额济纳旗 |
| | 半牧区 | 20 | 东胜区、扎兰屯市、林西县、敖汉旗、开鲁县、库伦旗、奈曼旗、达拉特旗、准格尔旗、伊金霍洛旗、阿荣旗、莫力达瓦达斡尔族自治旗、磴口县、乌拉特前旗、察哈尔右翼中旗、察哈尔右翼后旗、突泉县、科尔沁右翼前旗、扎赉特旗、太仆寺旗 |
| 辽宁省 | 半牧区 | 6 | 康平县、彰武县、阜新蒙古族自治县北票市、建平县、喀喇沁左翼蒙古族自治县 |
| 吉林省 | 牧区 | 1 | 通榆县 |
| | 半牧区 | 7 | 双辽市、长岭县、洮南市、大安市、乾安县前郭尔罗斯蒙古族自治县、镇赉县 |
| 黑龙江省 | 牧区 | 7 | 安达市、龙江县、甘南县、富裕县、肇源县、杜尔伯特蒙古族自治县、青冈县 |
| | 半牧区 | 8 | 虎林市、同江市、肇东市、泰来县、肇州县、林甸县、兰西县、明水县 |
| 四川省 | 牧区 | 10 | 松潘县、壤塘县、阿坝县、若尔盖县、红原县、德格县、白玉县、石渠县、色达县、理塘县 |
| | 半牧区 | 38 | 马尔康市、康定市、西昌市、会理市、汶川县、理县、茂县、九寨沟县、金川县、小金县、黑水县、泸定县、丹巴县、九龙县、雅江县、道孚县、炉霍县、甘孜县、新龙县、巴塘县、乡城县、稻城县、得荣县、盐源县、德昌县、会东县、宁南县、普格县、布拖县、金阳县、昭觉县、喜德县、冕宁县、越西县、甘洛县、美姑县、雷波县、木里藏族自治县 |
| 云南省 | 牧区 | 3 | 香格里拉市、德钦县、维西傈僳族自治县 |
| 西藏自治区 | 牧区 | 13 | 色尼区、当雄县、仲巴县、萨嘎县、嘉黎县、聂荣县、安多县、申扎县、班戈县、巴青县、革吉县、改则县、措勤县 |
| | 半牧区 | 25 | 卡若区、林周县、昂仁县、谢通门县、康马县、亚东县、岗巴县、江达县、贡觉县、类乌齐县、丁青县、察雅县、八宿县、工布江达县、曲松县、措美县、错那县、浪卡子县、比如县、索县、尼玛县、普兰县、噶尔县、札达县、日土县 |
| 甘肃省 | 牧区 | 7 | 天祝藏族自治县、肃南裕固族自治县、肃北蒙古族自治县、阿克塞哈萨克族自治县、玛曲县、碌曲县、夏河县 |
| | 半牧区 | 13 | 合作市、永登县、永昌县、靖远县、民勤县、山丹县、瓜州县、环县、华池县、漳县、岷县、卓尼县、迭部县 |
| 青海省 | 牧区 | 26 | 玉树市、德令哈市、格尔木市、海晏县、祁连县、刚察县、泽库县、河南蒙古族自治县、共和县、同德县、兴海县、贵南县、玛沁县、班玛县、甘德县、达日县、久治县、玛多县、杂多县、称多县、治多县、囊谦县、曲麻莱县、乌兰县、都兰县、天峻县 |
| | 半牧区 | 4 | 门源回族自治县、同仁市、尖扎县、贵德县 |
| 宁夏回族自治区 | 牧区 | 1 | 盐池县 |
| | 半牧区 | 2 | 同心县、海原县 |
| 新疆维吾尔自治区 | 牧区 | 22 | 阿勒泰市、伊吾县、塔什库尔干塔吉克自治县、民丰县、木垒哈萨克自治县、温泉县、和静县、阿合奇县、乌恰县、新源县、昭苏县、特克斯县、尼勒克县、托里县、裕民县、和布克赛尔蒙古自治县、布尔津县、富蕴县、福海县、哈巴河县、青河县、吉木乃县 |
| | 半牧区 | 15 | 伊州区、博乐市、塔城市、乌鲁木齐县、巴里坤哈萨克自治县、温宿县、沙雅县、奇台县、精河县、尉犁县、且末县、和硕县、阿克陶县、巩留县、额敏县 |

注：全国共有牧区县和半牧区县 268 个。

## ■民族自治地方国家乡村振兴重点帮扶县（区、市、旗）

| 地　区 | 数量 | 县（区、市、旗） |
| --- | --- | --- |
| 内蒙古自治区 | 10 | 巴林左旗、库伦旗、鄂伦春自治旗、化德县、商都县、四子王旗、科尔沁右翼前旗、科尔沁右翼中旗、扎赉特旗、正镶白旗 |
| 广西壮族自治区 | 20 | 马山县、融水苗族自治县、三江侗族自治县、德保县、那坡县、凌云县、乐业县、田林县、隆林各族自治县、靖西市、昭平县、凤山县、东兰县、罗城仫佬族自治县、环江毛南族自治县、巴马瑶族自治县、都安瑶族自治县、大化瑶族自治县、忻城县、天等县 |
| 重庆市 | 2 | 酉阳土家族苗族自治县、彭水苗族土家族自治县 |
| 四川省 | 25 | 金川县、黑水县、壤塘县、阿坝县、若尔盖县、红原县、道孚县、炉霍县、甘孜县、新龙县、德格县、白玉县、石渠县、色达县、理塘县、盐源县、普格县、布拖县、金阳县、昭觉县、喜德县、越西县、甘洛县、美姑县、雷波县 |
| 贵州省 | 15 | 务川仡佬族苗族自治县、关岭布依族苗族自治县、紫云苗族布依族自治县、威宁彝族回族苗族自治县、沿河土家族自治县、松桃苗族自治县、晴隆县、望谟县、册亨县、锦屏县、剑河县、榕江县、从江县、罗甸县、三都水族自治县 |
| 云南省 | 16 | 宁蒗彝族自治县、澜沧拉祜族自治县、武定县、元阳县、红河县、金平苗族瑶族傣族自治县、绿春县、马关县、广南县、泸水市、福贡县、贡山独龙族怒族自治县、兰坪白族普米族自治县、香格里拉市、德钦县、维西傈僳族自治县 |
| 甘肃省 | 6 | 张家川回族自治县、永靖县、东乡族自治县、积石山保安族东乡族撒拉族自治县、临潭县、舟曲县 |
| 青海省 | 15 | 同仁市、尖扎县、泽库县、共和县、玛沁县、班玛县、甘德县、达日县、玛多县、玉树市、杂多县、称多县、治多县、囊谦县、曲麻莱县 |
| 宁夏回族自治区 | 5 | 红寺堡区、同心县、原州区、西吉县、海原县 |

## ■民族贸易县（区、市、旗）

| 地　区 | 数量 | 县（区、市、旗） |
| --- | --- | --- |
| 河北省 | 5 | 青龙满族自治县、丰宁满族自治县、围场满族蒙古族自治县、宽城满族自治县、孟村回族自治县 |
| 内蒙古自治区 | 57 | 苏尼特左旗、阿巴嘎旗、西乌珠穆沁旗、镶黄旗、正镶白旗、正蓝旗、苏尼特右旗、东乌珠穆沁旗、多伦县、太仆寺旗、达尔罕茂明安联合旗、四子王旗、商都县、化德县、察哈尔右翼前旗、察哈尔右翼右旗、察哈尔右翼后旗、乌拉特中旗、乌拉特后旗、鄂托克旗、杭锦旗、准格尔旗、乌审旗、伊金霍洛旗、鄂托克前旗、林西县、巴林右旗、阿鲁科尔沁旗、克什克腾旗、翁牛特旗、巴林左旗、宁城县、敖汉旗、喀喇沁旗、科尔沁右翼前旗、扎赉特旗、科尔沁左翼后旗、科尔沁右翼中旗、库伦旗、奈曼旗、扎鲁特旗、陈巴尔虎旗、新巴尔虎左旗、新巴尔虎右旗、根河市、鄂温克族自治旗、莫力达瓦达斡尔族自治旗、鄂伦春自治旗、阿拉善左旗、阿拉善右旗、额济纳旗、科尔沁左翼中旗、托克托县、清水河县、武川县、和林格尔县、固阳县 |
| 辽宁省 | 5 | 阜新蒙古族自治县、喀喇沁左翼蒙古族自治县、新宾满族自治县、岫岩满族自治县、桓仁满族自治县 |
| 吉林省 | 5 | 安图县、长白朝鲜族自治县、龙井市、和龙市、汪清县 |
| 黑龙江省 | 1 | 杜尔伯特蒙古族自治县 |
| 浙江省 | 1 | 景宁畲族自治县 |
| 湖北省 | 10 | 来凤县、鹤峰县、咸丰县、利川市、巴东县、建始县、宣恩县、恩施市、五峰土家族自治县、长阳土家族自治县 |
| 湖南省 | 12 | 龙山县、桑植县、永顺县、保靖县、花垣县、古丈县、泸溪县、凤凰县、新晃侗族自治县、通道侗族自治县、城步苗族自治县、江华瑶族自治县 |
| 广东省 | 3 | 连山壮族瑶族自治县、连南瑶族自治县、乳源瑶族自治县 |
| 广西壮族自治区 | 34 | 那坡县、凌云县、乐业县、西林县、隆林各族自治县、平果县、田林县、德保县、靖西市、田东县、马山县、上林县、天等县、大新县、龙州县、宁明县、隆安县、上思县、巴马瑶族自治县、环江毛南族自治县、罗城仫佬族自治县、东兰县、凤山县、都安瑶族自治县、天峨县、南丹县、大化瑶族自治县、金秀瑶族自治县、融水苗族自治县、三江侗族自治县、忻城县、资源县、龙胜各族自治县、富川瑶族自治县 |
| 海南省 | 8 | 保亭黎族苗族自治县、白沙黎族自治县、乐东黎族自治县、琼中黎族苗族自治县、东方市、陵水黎族自治县、昌江黎族自治县、五指山市 |

续表

| 地　区 | 数量 | 县（区、市、旗） |
|---|---|---|
| 重庆市 | 5 | 酉阳土家族苗族自治县、秀山土家族苗族自治县、黔江区、彭水苗族土家族自治县、石柱土家族自治县 |
| 四川省 | 51 | 马尔康市、会理市、康定市、茂县、红原县、阿坝县、汶川县、若尔盖县、理县、黑水县、小金县、松潘县、金川县、九寨沟县、壤塘县、峨边彝族自治县、马边彝族自治县、冕宁县、宁南县、德昌县、会东县、昭觉县、金阳县、甘洛县、布拖县、普格县、喜德县、雷波县、越西县、美姑县、木里藏族自治县、盐源县、米易县、盐边县、九龙县、炉霍县、甘孜县、雅江县、新龙县、道孚县、白玉县、理塘县、德格县、乡城县、石渠县、稻城县、色达县、巴塘县、泸定县、得荣县、丹巴县 |
| 贵州省 | 51 | 道真仡佬族苗族自治县、剑河县、台江县、黎平县、榕江县、从江县、雷山县、丹寨县、黄平县、锦屏县、天柱县、麻江县、施秉县、镇远县、三穗县、岑巩县、荔波县、罗甸县、惠水县、三都水族自治县、平塘县、独山县、长顺县、贵定县、龙里县、福泉市、瓮安县、松桃苗族自治县、沿河土家族自治县、印江土家族苗族自治县、禄丰市、望谟县、册亨县、安龙县、晴隆县、兴仁市、普安县、威宁彝族回族苗族自治县、赫章县、纳雍县、镇宁布依族苗族自治县、紫云苗族布依族自治县、关岭布依族苗族自治县、大方县、黔西市、织金县、金沙县、水城县、盘县特区、六枝特区、务川仡佬族苗族自治县 |
| 云南省 | 68 | 富宁县、麻栗坡县、马关县、文山市、砚山县、丘北县、广南县、西畴县、屏边苗族自治县、河口瑶族自治县、金平苗族瑶族傣族自治县、绿春县、元阳县、红河县、泸西县、石屏县、武定县、禄劝彝族苗族自治县、石林彝族自治县、巍山彝族回族自治县、南涧彝族自治县、漾濞彝族自治县、剑川县、鹤庆县、云龙县、弥渡县、洱源县、祥云县、宾川县、永平县、景谷傣族彝族自治县、江城哈尼族彝族自治县、孟连傣族拉祜族佤族自治县、西盟佤族自治县、澜沧拉祜族自治县、墨江哈尼族自治县、峨山彝族自治县、新平彝族傣族自治县、元江哈尼族彝族傣族自治县、勐海县、勐腊县、潞西县、陇川县、盈江县、梁河县、福贡县、泸水市、贡山独龙族怒族自治县、兰坪白族普米族自治县、香格里拉市、维西傈僳族自治县、德钦县、宁蒗彝族自治县、丽江纳西族自治县、耿马傣族佤族自治县、镇康县、沧源佤族自治县、双江拉祜族佤族布朗族傣族自治县、寻甸回族彝族自治县、景东彝族自治县、镇源彝族哈尼族拉祜族自治县、龙陵县、南华县、牟定县、大姚县、双柏县、永仁县、姚安县 |
| 甘肃省 | 20 | 临夏市、张家川回族自治县、临潭县、舟曲县、玛曲县、夏河县、卓尼县、迭部县、碌曲县、临夏县、永靖县、和政县、康乐县、广河县、东乡族自治县、积石山保安族东乡族撒拉族自治县、天祝藏族自治县、肃南裕固族自治县、肃北蒙古族自治县、阿克塞哈萨克族自治县 |
| 青海省 | 33 | 门源回族自治县、祁连县、刚察县、海晏县、尖扎县、同仁市、河南蒙古族自治县、泽库县、贵德县、同德县、兴海县、贵南县、共和县、玛沁县、班玛县、甘德县、达日县、久治县、玛多县、玉树市、杂多县、称多县、治多县、囊谦县、曲麻莱县、乌兰县、都兰县、天峻县、循化撒拉族自治县、化隆回族自治县、互助土族自治县、民和回族土族自治县、大通回族土族自治县 |
| 宁夏回族自治区 | 9 | 同心县、盐池县、原州区、西吉县、泾源县、海原县、隆德县、灵武县、彭阳县 |
| 新疆维吾尔自治区 | 53 | 和田市、喀什市、阿图什市、且末县、若羌县、和静县、和田县、皮山县、洛浦县、民丰县、策勒县、墨玉县、于田县、坷坪县、乌什县、温宿县、巴楚县、伽师县、疏附县、疏勒县、英吉沙县、岳普湖县、麦盖提县、莎车县、泽普县、塔什库尔干塔吉克自治县、叶城县、尼勒克县、新源县、巩留县、伊吾县、巴里坤哈萨克自治县、阿克陶县、阿合奇县、乌恰县、奇台县、木垒哈萨克自治县、温泉县、察布查尔锡伯自治县、霍城县、昭苏县、特克斯县、和布克赛尔蒙古自治县、裕民县、额敏县、托里县、阿勒泰市、布尔津县、青河县、哈巴河县、富蕴县、福海县、吉木乃县 |

注：吉林省珲春市和新疆维吾尔自治区博乐市、塔城市、焉耆回族自治县境内距县城(市区)100 公里以上，交通不便，少数民族聚居的 16 个乡镇按民族贸易县内的乡镇对待，享受国家有关民族贸易优惠政策。

# 民族自治地方世界遗产、人类口述和非物质遗产、全国重点文物保护单位名单

## ■民族自治地方世界遗产

（截至 2022 年）

| | 名称 | 地点 |
|---|---|---|
| 世界文化遗产 | 元上都遗址 | 内蒙古自治区锡林郭勒盟正蓝旗 |
| | 土司遗址 | 湖北省恩施土家苗族自治州咸丰县 |
| | 红河哈尼梯田文化景观 | 云南省红河哈尼族彝族自治州元阳县 |
| | 拉萨布达拉宫历史建筑群（布达拉宫、大昭寺、罗布林卡） | 西藏自治区拉萨市 |
| | 丝绸之路：长安—天山廊道的路网 | 新疆维吾尔自治区高昌故城、交河故城、克孜尔尕哈峰燧、克孜尔石窟、苏巴什佛寺遗址、北庭故城遗址 |
| | 高句丽王城、王陵及贵族墓葬 | 辽宁省本溪市桓仁满族自治县 |
| | 左江花山岩画文化景观 | 广西壮族自治区崇左市 |
| 世界自然遗产 | 九寨沟 | 四川省阿坝藏族羌族自治州九寨沟县 |
| | 黄龙 | 四川省阿坝藏族羌族自治州松潘县 |
| | 四川大熊猫栖息地 | 四川省阿坝藏族羌族自治州、甘孜藏族自治州 |
| | 云南三江并流保护区 | 云南省迪庆藏族自治州、怒江傈僳族自治州 |
| | 中国南方喀斯特 | 云南省石林彝族自治县、贵州省黔南布依族苗族自治州荔波县、贵州省黔东南苗族侗族自治州施秉县、广西壮族自治区桂林市阳朔县、广西壮族自治区河池市环江毛南族自治县 |
| | 青海可可西里 | 青海省玉树藏族自治州治多县、曲麻莱县 |
| | 新疆天山 | 新疆维吾尔自治区昌吉回族自治州、巴音郭楞蒙古自治州、阿克苏地区、伊犁哈萨克自治州 |

## ■民族自治地方人类口述和非物质遗产

（截至 2022 年）

| 名称 | 省区 |
|---|---|
| 蒙古族长调民歌 | 内蒙古自治区 |
| 蒙古族呼麦 | 内蒙古自治区 |
| 朝鲜族农乐舞 | 吉林省、黑龙江省、辽宁省 |
| 贵州侗族大歌 | 贵州省、广西壮族自治区 |
| 藏戏 | 西藏自治区、青海省、四川省、甘肃省、云南省 |
| 藏医药浴法 | 西藏自治区 |
| 《格萨尔》史诗 | 西藏自治区、青海省、甘肃省、四川省、内蒙古自治区、新疆维吾尔自治区 |
| 甘肃花儿 | 甘肃省 |
| 青海热贡艺术 | 青海省 |
| 新疆《玛纳斯》 | 新疆维吾尔自治区 |
| 新疆维吾尔木卡姆艺术 | 新疆维吾尔自治区 |

## ■民族自治地方全国重点文物保护单位

（截至 2022 年）

| （一）古遗址：246 处 | | | | |
|---|---|---|---|---|
| 地　区 | 数量 | 名　称 | 时 代 | 地　址 |
| 内蒙古自治区 | 74 | 辽上京遗址 | 辽 | 巴林左旗 |
| | | 辽中京遗址 | 辽 | 宁城县 |
| | | 大窑遗址 | 旧石器时代 | 呼和浩特市 |
| | | 居延遗址 | 汉 | 额济纳旗 |
| | | 嘎仙洞遗址 | 北魏 | 鄂伦春自治旗 |
| | | 元上都遗址 | 元 | 正蓝旗 |
| | | 兴隆洼遗址 | 新石器时代 | 敖汉旗 |
| | | 大甸子遗址 | 青铜时代 | 敖汉旗 |
| | | 固阳秦长城遗址 | 秦 | 固阳县 |
| | | 缸瓦窑遗址 | 辽 | 赤峰市 |
| | | 敖伦苏木城遗址 | 元 | 达尔罕茂明安联合旗 |
| | | 萨拉乌苏遗址 | 旧石器时代 | 乌审旗 |
| | | 岱海遗址群 | 新石器时代 | 凉城县 |
| | | 庙子沟遗址 | 新石器时代 | 察哈尔右翼前旗 |
| | | 架子山遗址群 | 青铜时代 | 喀喇沁旗 |
| | | 大井古铜矿遗址 | 青铜时代 | 林西县 |
| | | 城子山遗址 | 青铜时代 | 敖汉旗 |
| | | 和林格尔土城子遗址 | 汉至唐 | 和林格尔县 |
| | | 黑山头城址 | 金、元 | 额尔古纳市 |
| | | 金界壕遗址 | 金 | 呼伦贝尔市、兴安盟、通辽市、赤峰市、乌兰察布市、包头市 |
| | | 应昌路故城遗址 | 元 | 克什克腾旗 |
| | | 黑城遗址 | 西夏至元 | 额济纳旗 |
| | | 阿善遗址 | 新石器时代 | 包头市 |
| | | 赵宝沟遗址 | 新石器时代 | 敖汉旗 |
| | | 红山遗址群 | 新石器时代至青铜时代 | 赤峰市 |
| | | 夏家店遗址群 | 新石器时代至战国 | 赤峰市 |
| | | 朱开沟遗址 | 新石器时代至商 | 伊金霍洛旗 |
| | | 秦直道遗址 | 秦 | 鄂尔多斯市 |
| | | 麻池城遗址和召湾墓群 | 汉 | 包头市 |
| | | 黑城城址 | 汉 | 宁城县 |
| | | 朔方郡故城 | 汉 | 磴口市、巴彦淖尔市 |
| | | 霍洛柴登城址 | 汉 | 杭锦旗 |
| | | 克里孟城址 | 汉至南北朝 | 察哈尔右翼后旗 |

续表 1

| 地　区 | 数量 | 名　称 | 时 代 | 地　址 |
|---|---|---|---|---|
| 内蒙古自治区 | 74 | 沃野镇故城 | 汉至南北朝 | 乌拉特前旗 |
| | | 白灵淖尔城址 | 南北朝 | 固阳县 |
| | | 十二连城城址 | 隋至唐 | 准格尔旗 |
| | | 城川城址 | 唐 | 鄂托克前旗 |
| | | 查干浩特城址 | 辽至明 | 阿鲁科尔沁旗 |
| | | 安答堡子城址 | 金至元 | 达尔罕茂明安联合旗 |
| | | 净州路故城 | 金至元 | 四子王旗 |
| | | 砂井路总管府故城 | 元 | 四子王旗 |
| | | 巴彦乌拉城址 | 元 | 鄂温克族自治旗 |
| | | 蘑菇山北遗址 | 旧石器时代 | 满洲里市 |
| | | 金斯太洞穴遗址 | 旧石器时代、商 | 东乌珠穆沁旗 |
| | | 辉河水坝遗址 | 新石器时代 | 鄂温克族自治旗 |
| | | 哈克遗址 | 新石器时代 | 海拉尔区 |
| | | 白音长汗遗址 | 新石器时代 | 林西县 |
| | | 兴隆沟遗址 | 新石器时代 | 敖汉旗 |
| | | 魏家窝铺遗址 | 新石器时代 | 红山区 |
| | | 富河沟门遗址 | 新石器时代 | 巴林左旗 |
| | | 寨子圪旦遗址 | 新石器时代 | 准格尔旗 |
| | | 草帽山遗址 | 新石器时代 | 敖汉旗 |
| | | 马架子遗址 | 新石器时代、夏、商、周 | 喀喇沁旗 |
| | | 三座店石城遗址 | 夏至商 | 松山区 |
| | | 二道井子遗址 | 夏至商 | 红山区 |
| | | 太平庄遗址群 | 夏至商 | 松山区 |
| | | 尹家店山城遗址 | 夏至商 | 松山区 |
| | | 南山根遗址 | 周 | 宁城县 |
| | | 奈曼土城子城址 | 战国至秦汉 | 奈曼旗 |
| | | 云中郡故城 | 战国至隋唐 | 托克托县 |
| | | 浩特陶海城址 | 辽 | 陈巴尔虎旗 |
| | | 灵安州遗址 | 辽 | 库伦旗 |
| | | 豫州城遗址及墓地 | 辽 | 扎鲁特旗 |
| | | 韩州城遗址 | 辽 | 科尔沁左翼后旗 |
| | | 饶州故城址 | 辽 | 林西县 |
| | | 武安州遗址 | 辽、金、元 | 敖汉旗 |
| | | 宁昌路遗址 | 辽、金、元 | 敖汉旗 |
| | | 吐列毛杜古城遗址 | 金 | 科尔沁右翼中旗 |

续表 2

| 地　区 | 数量 | 名　称 | 时 代 | 地　址 |
|---|---|---|---|---|
| 内蒙古自治区 | 74 | 四郎城古城 | 金、元、明 | 正蓝旗 |
| | | 燕家梁遗址 | 元 | 九原区 |
| | | 新忽热古城址 | 元、明 | 乌拉特中旗 |
| | | 岔河口遗址 | 新石器时代 | 清水河县 |
| | | 哈民遗址 | 新石器时代 | 科尔沁左翼中旗 |
| | | 丰州故城遗址 | 辽金元 | 呼和浩特市赛罕区 |
| 辽宁省 | 10 | 查海遗址 | 新石器时代 | 阜新蒙古族自治县 |
| | | 庙后山遗址 | 旧石器时代 | 本溪满族自治县 |
| | | 永陵南城址 | 汉至魏晋 | 抚顺市新宾满族自治县 |
| | | 高俭地山城 | 汉至唐 | 本溪市桓仁满族自治县 |
| | | 下古城子城址 | 汉至唐 | 本溪市桓仁满族自治县 |
| | | 赫图阿拉故城 | 明 | 新宾满族自治县 |
| | | 五女山山城 | 高句丽（公元前 37—668 年） | 桓仁满族自治县 |
| | | 东山嘴遗址 | 新石器时代 | 喀喇沁左翼蒙古族自治县 |
| | | 鸽子洞遗址 | 旧石器时代 | 喀喇沁左翼蒙古族自治县 |
| | | 卧龙山山城遗址 | 隋唐 | 岫岩满族自治县 |
| 吉林省 | 9 | 渤海中京城遗址 | 渤海（公元 698—926 年） | 延边朝鲜族自治州和龙市 |
| | | 八连城遗址 | 唐、五代 | 延边朝鲜族自治州珲春市 |
| | | 塔虎城 | 辽、金 | 前郭尔罗斯蒙古族自治县 |
| | | 百草沟遗址 | 战国至晋 | 延边朝鲜族自治州汪清县 |
| | | 城山子山城 | 唐 | 延边朝鲜族自治州敦化市 |
| | | 磨盘村山城 | 唐至金 | 延边朝鲜族自治州图们市 |
| | | 石人沟遗址 | 旧石器时代 | 延边朝鲜族自治州和龙市 |
| | | 萨其城址 | 唐 | 延边朝鲜族自治州珲春市 |
| | | 温特赫部城址与裴优城址 | 唐、金 | 延边朝鲜族自治州珲春市 |
| 湖北省 | 5 | 建始直立人遗址 | 旧石器时代 | 恩施土家族苗族自治州建始县 |
| | | 施州城址 | 宋 | 恩施土家族苗族自治州恩施市 |
| | | 唐崖土司城址 | 元至清 | 恩施土家族苗族自治州咸丰县 |
| | | 容美土司遗 | 明至清 | 恩施土家族苗族自治州鹤峰县 |
| | | 长阳人遗址 | 旧石器时代 | 宜昌市长阳土家族自治县 |
| 湖南省 | 5 | 不二门遗址 | 商、周 | 湘西土家族苗族自治州永顺县 |
| | | 魏家寨古城遗址 | 汉 | 湘西土家族苗族自治州保靖县 |
| | | 里耶大板遗址与墓群 | 汉 | 湘西土家族苗族自治州龙山县 |
| | | 四方城遗址 | 战国至汉 | 湘西土家族苗族自治州保靖县 |
| | | 老司城遗址 | 五代至清 | 湘西土家族苗族自治州永顺县 |

续表 3

| 地　区 | 数量 | 名　称 | 时 代 | 地　址 |
| --- | --- | --- | --- | --- |
| 广东省 | 1 | 乳源西京古道 | 唐至清 | 乳源瑶族自治县 |
| 广西壮族自治区 | 19 | 百谷和高岭坡遗址 | 旧石器时代 | 百色市、田东县 |
| | | 甑皮岩遗址 | 新石器时代 | 桂林市 |
| | | 顶蛳山遗址 | 新石器时代 | 邕宁区 |
| | | 白莲洞遗址 | 旧石器至新石器时代 | 柳州市 |
| | | 鲤鱼嘴遗址 | 旧石器至新石器时代 | 柳州市 |
| | | 感驮岩遗址 | 新石器时代至战国 | 那坡县 |
| | | 秦城遗址 | 秦至晋 | 兴安县 |
| | | 智城城址 | 唐 | 上林县 |
| | | 柳城巨猿洞 | 旧石器时代 | 柳城县 |
| | | 布兵盆地洞穴遗址群 | 旧石器时代 | 田东县 |
| | | 那赖遗址 | 旧石器时代 | 田阳区 |
| | | 晓锦遗址 | 新石器时代 | 资源县 |
| | | 大浪古城遗址 | 汉 | 合浦县 |
| | | 草鞋村遗址 | 汉 | 合浦县 |
| | | 越州故城 | 南朝 | 浦北县 |
| | | 中和窑址 | 宋 | 藤县 |
| | | 娅怀洞遗址 | 旧石器时代 | 隆安县 |
| | | 大岩遗址 | 旧石器时代至新石器时代 | 桂林市临桂区 |
| | | 父子岩遗址 | 新石器时代至商周 | 桂林市雁山区 |
| 海南省 | 2 | 桥山遗址 | 新石器时代 | 陵水黎族自治县 |
| | | 信冲洞遗址 | 旧石器时代 | 昌江黎族自治县 |
| 重庆市 | 1 | 重庆冶锌遗址群 | 明至清 | 石柱土家族自治县 |
| 四川省 | 5 | 营盘山和姜维城遗址 | 新石器时代 | 阿坝藏族羌族自治州茂县、汶川县 |
| | | 大洋堆遗址 | 周至战国 | 凉山彝族自治州西昌市 |
| | | 哈休遗址 | 新石器时代 | 阿坝藏族羌族自治州马尔康市 |
| | | 罕额依新石器时代文化遗址和汉代石棺葬墓群 | 新石器时代、汉 | 甘孜藏族自治州丹巴县 |
| | | 永平堡古城 | 明 | 北川羌族自治县 |
| 贵州省 | 2 | 龙广观音洞遗址 | 旧石器时代至新石器时代 | 黔西南布依族苗族自治州安龙县 |
| | | 普安铜鼓山遗址 | 战国至西汉 | 黔西南布依族苗族自治州普安县 |
| 云南省 | 11 | 太和城遗址 | 南诏（公元 649—902 年） | 大理白族自治州大理市 |
| | | 元谋猿人遗址 | 旧石器时代 | 楚雄彝族自治州元谋县 |
| | | 腊玛古猿化石地点 | | 楚雄彝族自治州禄丰市 |
| | | 石佛洞遗址 | 新石器时代 | 耿马傣族佤族自治县 |

续表 4

| 地　区 | 数量 | 名　称 | 时 代 | 地　址 |
|---|---|---|---|---|
| 云南省 | 11 | 白羊村遗址 | 新石器时代 | 大理白族自治州宾川县 |
| | | 山龙山于图山城址 | 唐 | 巍山彝族回族自治县 |
| | | 元谋古猿化石地点 | 旧石器时代 | 楚雄彝族自治州元谋县 |
| | | 玉水坪遗址 | 旧石器时代至新石器时代 | 怒江傈僳族自治州兰坪白族普米族自治县 |
| | | 大墩子遗址 | 新石器时代 | 楚雄彝族自治州元谋县 |
| | | 海门口遗址 | 新石器时代至夏、商、周 | 大理白族自治州剑川县 |
| | | 银梭岛遗址 | 新石器时代至商 | 大理白族自治州大理市 |
| 西藏自治区 | 7 | 古格王国遗址 | 约为公元十世纪前后 | 札达县 |
| | | 卡若遗址 | 新石器时代 | 卡若区 |
| | | 拉加里王宫遗址 | 13 世纪至 18 世纪 | 曲松县 |
| | | 小恩达遗址 | 新石器时代 | 卡若区 |
| | | 皮央和东嘎遗址 | 宋至明 | 札达县 |
| | | 尼阿底遗址 | 旧石器时代 | 申扎县 |
| | | 杰顿珠宗遗址 | 元明 | 洛扎县 |
| 甘肃省 | 11 | 齐家坪遗址 | 新石器时代 | 临夏回族自治州广河县 |
| | | 林家湾遗址 | 新石器时代 | 临夏回族自治州东乡族自治县 |
| | | 八角城城址 | 唐至明 | 甘南藏族自治州夏河县 |
| | | 半山遗址 | 新石器时代 | 临夏回族自治州广河县 |
| | | 然闹遗址 | 新石器时代 | 甘南藏族自治州迭部县 |
| | | 磨沟遗址（含墓群） | 新石器时代至商 | 甘南藏族自治州临潭县 |
| | | 新庄坪遗址 | 新石器时代至商 | 临夏回族自治州积石山保安族东乡族撒拉族自治县 |
| | | 边家林遗址 | 新石器时代至商 | 临夏回族自治州康乐县 |
| | | 马家塬遗址 | 新石器时代、战国 | 天水市张家川回族自治县 |
| | | 草沟井城址 | 汉至明 | 张掖市肃南裕固族自治县 |
| | | 马鬃山玉矿遗址 | 战国至汉 | 北蒙古族自治县 |
| 青海省 | 8 | 马厂塬(yuán)遗址 | 新石器时代 | 民和回族土族自治县 |
| | | 西海郡故城遗址 | 汉至南北朝 | 海北藏族自治州海晏县 |
| | | 喇家遗址 | 新石器时代 | 民和回族土族自治县 |
| | | 塔温搭里哈遗址 | 青铜时代 | 海西蒙古族藏族自治州都兰县 |
| | | 宗日遗址 | 新石器时代 | 海南藏族自治州同德县 |
| | | 塔里他里哈遗址 | 商至周 | 海西蒙古族藏族自治州都兰县 |
| | | 门源古城 | 宋 | 海北藏族自治州门源回族自治县 |
| | | 贡萨寺旧址与宗喀巴大殿 | 清 | 玉树藏族自治州治多县 |

续表 5

| 地　区 | 数量 | 名　称 | 时　代 | 地　址 |
|---|---|---|---|---|
| 宁夏回族自治区 | 15 | 水洞沟遗址 | 旧石器时代 | 灵武县 |
| | | 开城遗址 | 元 | 原州区 |
| | | 鸽子山遗址 | 旧石器时代 | 青铜峡市 |
| | | 菜园遗址 | 新石器时代 | 海原县 |
| | | 照壁山铜矿遗址 | 汉 | 中卫市 |
| | | 灵武窑址 | 宋至明 | 灵武市 |
| | | 张家场城址 | 汉 | 盐池县 |
| | | 页河子遗址 | 新石器时代 | 隆德县 |
| | | 固原古城遗址 | 汉至清 | 原州区 |
| | | 省嵬城址 | 宋 | 惠农区 |
| | | 七营北嘴城址 | 宋至明 | 海原县 |
| | | 柳州城址 | 宋至明 | 海原县 |
| | | 大营城址 | 宋至明 | 原州区 |
| | | 兴武营城址 | 明 | 盐池县 |
| | | 姚河塬遗址 | 西周 | 彭阳县 |
| 新疆维吾尔自治区 | 61 | 高昌故城 | 高昌（公元 500—640 年） | 高昌区 |
| | | 雅尔湖故城 | 高昌（公元 500—640 年） | 高昌区 |
| | | 楼兰故城遗址 | 汉至晋 | 若羌县 |
| | | 北庭故城遗址 | 唐 | 吉木萨尔县 |
| | | 尼雅遗址 | 西汉—西晋 | 民丰县 |
| | | 苏巴什佛寺遗址 | 南北朝—唐 | 库车县 |
| | | 奴拉赛铜矿遗址 | 青铜时代 | 尼勒克县 |
| | | 圆沙古城 | 汉 | 于田县 |
| | | 克孜尔尕哈烽燧 | 汉 | 库车县 |
| | | 孔雀河烽燧群 | 汉至晋 | 尉犁县 |
| | | 罗布泊南古城遗址 | 汉至晋 | 若羌县 |
| | | 莫尔寺遗址 | 汉至唐 | 疏附县 |
| | | 托库孜萨来遗址 | 汉至唐 | 巴楚县 |
| | | 米兰遗址 | 汉至唐 | 若羌县 |
| | | 安迪尔古城遗址 | 汉至唐 | 民丰县 |
| | | 石头城遗址 | 晋至清 | 塔什库尔干塔吉克自治县 |
| | | 七个星佛寺遗址 | 晋至宋 | 焉耆回族自治县 |
| | | 热瓦克佛寺遗址 | 南北朝 | 洛浦县 |
| | | 白杨沟佛寺遗址 | 唐 | 哈密市 |

续表 6

| 地　区 | 数量 | 名　称 | 时 代 | 地　址 |
| --- | --- | --- | --- | --- |
| 新疆维吾尔自治区 | 61 | 大河古城 | 唐 | 巴里坤县 |
| | | 乌拉泊古城 | 唐至元 | 乌鲁木齐县 |
| | | 台藏塔遗址 | 唐至宋 | 吐鲁番市 |
| | | 丹丹乌里克遗址 | 南北朝至唐 | 策勒县 |
| | | 麻扎塔格戍堡址 | 唐 | 墨玉县 |
| | | 通古斯巴西城址 | 唐 | 新和县 |
| | | 骆驼石旧石器遗址 | 旧石器时代 | 和布克赛尔蒙古自治县 |
| | | 岳公台—西黑沟遗址群 | 春秋至战国 | 巴里坤哈萨克自治县 |
| | | 龟兹故城 | 西汉至宋 | 库车县 |
| | | 石人子沟遗址群 | 汉 | 巴里坤哈萨克自治县 |
| | | 营盘古城古墓群及古墓群 | 汉至晋 | 尉犁县 |
| | | 喀拉墩遗址 | 汉至南北朝 | 于田县 |
| | | 乌什喀特古城遗址 | 汉至唐 | 新和县 |
| | | 石城子遗址 | 东汉 | 奇台县 |
| | | 达玛沟佛寺遗址 | 南北朝 | 策勒县 |
| | | 克斯勒塔格佛寺遗址 | 唐 | 柯坪县 |
| | | 兰城遗址 | 唐 | 和硕县 |
| | | 唐王城遗址 | 唐 | 库车县 |
| | | 阿萨古城遗址 | 唐至宋 | 鄯善县 |
| | | 达勒特古城遗址 | 唐至元 | 博乐市 |
| | | 唐朝墩古城遗址 | 唐至元 | 奇台县 |
| | | 夏塔古城遗址 | 唐至元 | 昭苏县 |
| | | 昌吉州境内烽燧群 | 唐至清 | 木垒哈萨克自治县、奇台县、吉木萨尔县、阜康市、昌吉市、呼图壁县、玛纳斯县 |
| | | 古代吐鲁番盆地军事防御遗址 | 唐至清 | 吐鲁番市、托克逊县、鄯善县 |
| | | 哈密境内烽燧遗址 | 唐至清 | 伊州区、巴里坤哈萨克自治县、伊吾县 |
| | | 柳中古城遗址 | 唐至清 | 鄯善县 |
| | | 道尔本厄鲁特森木古城遗址 | 明 | 和布克赛尔蒙古自治县 |
| | | 惠远新、老古城遗址 | 清 | 霍城县 |
| | | 阔纳齐兰遗址 | 清 | 柯坪县 |
| | | 伊犁清代卡伦遗址 | 清 | 霍城县、察布查尔锡伯自治县 |
| | | 通天洞遗址 | 旧石器时代至商 | 吉木乃县 |
| | | 吉仁台沟口遗址 | 商周 | 勒克县 |
| | | 卓尔库特古城遗址 | 汉 | 轮台县 |
| | | 博格达沁古城遗址 | 汉至唐 | 焉耆回族自治县 |

续表 7

| 地　区 | 数量 | 名　称 | 时 代 | 地　址 |
|---|---|---|---|---|
| 新疆维吾尔自治区 | 61 | 阔纳协海尔古城遗址 | 魏晋至唐 | 轮台县 |
| | | 乌什吐尔和夏合吐尔遗址 | 晋至宋 | 库车县、新和县 |
| | | 公主堡古城遗址 | 唐 | 塔什库尔干塔吉克自治县 |
| | | 霍拉山佛寺遗址 | 唐 | 焉耆回族自治县 |
| | | 拉甫却克古城遗址 | 唐 | 哈密市伊州区 |
| | | 小央达克协海尔古城遗址 | 唐 | 沙雅县 |
| | | 玛纳斯古城遗址 | 唐至元 | 玛纳斯县 |
| | | 巴里坤故城遗址 | 清 | 里坤哈萨克自治县 |
| （二）石窟寺、石刻及其他：37 处 | | | | |
| 地　区 | 数量 | 名　称 | 时 代 | 地　址 |
| 河北省 | 1 | 木兰围场御制碑 | 清 | 围场满族蒙古族自治县 |
| 内蒙古自治区 | 2 | 阴山岩画 | 新石器至青铜时代 | 乌拉特前旗、乌拉特后旗、乌拉特中旗、磴口县 |
| | | 真寂之寺石窟 | 辽 | 巴林左旗 |
| 湖北省 | 1 | 仙佛寺石窟 | 唐 | 恩施土家族苗族自治州来凤县 |
| 湖南省 | 3 | 溪州铜柱 | 五代 | 湘西土家族苗族自治州永顺县 |
| | | 阳华岩摩崖 | 唐至清 | 江华瑶族自治县 |
| | | 丹口苗文石刻群 | 明清 | 城步苗族自治县 |
| 广西壮族自治区 | 3 | 花山岩画 | 战国至东汉 | 宁明县 |
| | | 桂林石刻 | 唐至清 | 桂林市 |
| | | 柳侯祠碑刻 | 宋至民国 | 柳州市 |
| 四川省 | 1 | 博什瓦黑岩画 | 唐至宋 | 凉山彝族自治州昭觉县 |
| 云南省 | 4 | 石钟山石窟 | 南诏、大理（公元649—1094 年） | 大理白族自治州剑川县 |
| | | 南诏铁柱 | 南诏 | 大理白族自治州弥渡县 |
| | | 元世祖平云南碑 | 元 | 大理白族自治州大理市 |
| | | 沧源崖画 | 新石器时代 | 沧源佤族自治县 |
| 西藏自治区 | 5 | 查拉路甫石窟 | 唐宋 | 拉萨市城关区 |
| | | 仁达摩崖造像 | 唐 | 察雅县 |
| | | 囊巴朗则石雕 | 宋 | 芒康县 |
| | | 乃甲切木石窟 | 明 | 岗巴县 |
| | | 林恩摩崖石刻 | 唐 | 昂仁县 |
| 甘肃省 | 4 | 炳灵寺石窟 | 北魏至明 | 临夏回族自治州临夏县 |
| | | 马蹄寺石窟群 | 十六国—清 | 肃南裕固族自治县 |
| | | 文殊山石窟 | 北朝—西夏 | 肃南裕固族自治县 |
| | | 河峪摩崖石刻 | 东汉 | 张家川回族自治县 |
| 青海省 | 1 | 贝大日如来佛石窟寺和勒巴沟摩崖 | 唐 | 玉树藏族自治州玉树市 |

续表 8

| 地　区 | 数量 | 名　称 | 时 代 | 地　址 |
|---|---|---|---|---|
| 宁夏回族自治区 | 3 | 须弥山石窟 | 北朝至唐 | 原州区 |
| | | 贺兰山岩画 | 元 | 贺兰县 |
| | | 大麦地岩画 | 新石器时代至西夏 | 中卫市沙坡头区 |
| 新疆维吾尔自治区 | 9 | 克孜尔千佛洞 | 唐至宋 | 拜城县 |
| | | 库木吐喇千佛洞 | 唐至宋 | 库车县 |
| | | 柏孜克里克千佛洞 | 唐至元 | 高昌区 |
| | | 森木塞姆千佛洞 | 晋一宋 | 库车县 |
| | | 克孜尔尕哈石窟 | 北朝至唐 | 库车县 |
| | | 平定准噶尔勒铭碑 | 清 | 昭苏县 |
| | | 吐峪沟石窟 | 南北朝至唐 | 鄯善县 |
| | | 焕彩沟石刻 | 东汉、唐 | 哈密市伊州区 |
| | | 刘平国刻石 | 东汉 | 拜城县 |
| （三）古墓葬：85 处 | | | | |
| 地　区 | 数量 | 名　称 | 时 代 | 地　址 |
| 内蒙古自治区 | 22 | 辽陵及奉陵邑(含怀凌陵及奉陵) | 辽 | 巴林右旗、巴林左旗 |
| | | 成吉思汗陵 | 1954 年迁建 | 伊金霍洛旗 |
| | | 宝山、罕苏木墓群 | 辽 | 阿鲁科尔沁旗 |
| | | 扎赉诺尔墓群 | 汉 | 满洲里市 |
| | | 王昭君墓 | 汉 | 呼和浩特市 |
| | | 韩匡嗣家族墓地 | 辽 | 巴林左旗 |
| | | 吐尔基山墓 | 辽 | 科尔沁左翼后旗 |
| | | 萧氏家族墓 | 辽 | 奈曼旗 |
| | | 张应瑞家族墓地 | 元 | 翁牛特旗 |
| | | 南宝力皋吐古墓地 | 新石器时代 | 扎鲁特旗 |
| | | 小黑石沟墓群 | 西周至战国 | 宁城县 |
| | | 团结墓地 | 东汉 | 海拉尔区 |
| | | 和林格尔东汉壁画墓 | 东汉 | 和林格尔县 |
| | | 谢尔塔拉墓地 | 唐至五代 | 海拉尔区 |
| | | 奈林稿辽墓群 | 辽 | 库伦旗 |
| | | 耶律祺家族墓 | 辽 | 阿鲁科尔沁旗 |
| | | 耶律琮墓 | 辽 | 喀喇沁旗 |
| | | 沙日宝特墓群 | 辽 | 阿鲁科尔沁旗 |
| | | 砧子山古墓群 | 元 | 多伦县 |
| | | 恩格尔河墓群 | 元 | 苏尼特左旗 |
| | | 和硕端静公主墓 | 清 | 喀喇沁旗 |
| | | 马鬃山墓群 | 商周至汉 | 乌拉特中旗 |

续表 9

| 地 区 | 数量 | 名 称 | 时 代 | 地 址 |
|---|---|---|---|---|
| 辽宁省 | 6 | 永陵 | 清 | 新宾满族自治县 |
| | | 马城子墓地 | 夏至西周 | 本溪市本溪满族自治县 |
| | | 望江楼墓地 | 西汉王东汉 | 本溪市桓仁满族自治县 |
| | | 雅河流域墓群 | 汉至唐 | 本溪市桓仁满族自治县 |
| | | 冯家堡子墓地 | 汉至唐 | 本溪市桓仁满族自治县 |
| | | 关山辽墓 | 辽 | 阜新市阜新蒙古族自治县 |
| 吉林省 | 4 | 干沟子墓群 | 战国至西汉 | 长白朝鲜族自治县 |
| | | 龙头山古墓群 | 渤海 | 延边朝鲜族自治州和龙市 |
| | | 六顶山古墓 | 渤海(公元 698—927 年) | 延边朝鲜族自治州敦化市 |
| | | 鸭绿江上游积石墓群 | 汉至唐 | 长白朝鲜族自治县 |
| 湖南省 | 1 | 里耶麦茶战国墓群 | 战国 | 湘西土家族苗族自治州龙山县 |
| 广西壮族自治区 | 2 | 合浦汉墓群 | 汉 | 合浦县 |
| | | 凤腾山古墓群 | 清 | 环江毛南族自治县 |
| 四川省 | 1 | 凉山大石墓群 | 战国至汉 | 凉山彝族自治州德昌县、喜德县 |
| 贵州省 | 6 | 交乐墓群 | 汉 | 黔西南布依族苗族自治州兴仁市 |
| | | 务川大坪墓群 | 汉 | 务川仡佬族苗族自治县 |
| | | 兴义万屯墓群 | 东汉 | 黔西南布依族苗族自治州兴义市 |
| | | 惠水仙人桥洞葬 | 明至清 | 黔南布依族苗族自治州惠水县 |
| | | 黔南水族墓群 | 明至清 | 黔南布依族苗族自治州三都水族自治县、荔波县 |
| | | 明十八先生墓 | 清 | 黔西南布依族苗族自治州安龙县 |
| 云南省 | 2 | 万家坝古墓群 | 明 | 楚雄彝族自治州楚雄市 |
| | | 顺荡火葬墓群 | 明 | 大理白族自治州云龙县 |
| 西藏自治区 | 5 | 藏王墓 | 公元七世纪 | 琼结县 |
| | | 烈山墓地 | 唐 | 朗县 |
| | | 吉堆吐蕃墓群 | 唐 | 洛扎县 |
| | | 查木钦墓群 | 唐 | 拉孜县 |
| | | 故如甲木墓地 | 汉晋 | 噶尔县 |
| 青海省 | 4 | 杂涅墓群 | 唐 | 玉树藏族自治州玉树市 |
| | | 玉树古墓群 | 唐 | 玉树藏族自治州治多县、玉树市、称多县 |
| | | 街子拱北 | 清 | 循化撒拉族自治县 |
| | | 热水墓群 | 唐 | 海西蒙古族藏族自治州都兰县 |
| 宁夏回族自治区 | 3 | 西夏陵 | 西夏 | 银川市 |
| | | 固原北朝隋唐墓地 | 北朝至唐 | 原州区 |
| | | 窨子梁唐墓 | 唐 | 盐池县 |

续表 10

| 地　区 | 数量 | 名　称 | 时 代 | 地　址 |
| --- | --- | --- | --- | --- |
| 新疆维吾尔自治区 | 29 | 小河墓地 | 公元前 2000 年—公元前 1500 年 | 若羌县 |
| | | 阔科克古墓群 | 青铜时代 | 布尔津县 |
| | | 拜其尔墓地 | 青铜时代 | 伊吾县 |
| | | 大喀纳斯景区墓葬群 | 青铜时代至铁器时代 | 布尔津县 |
| | | 赛里木湖古墓群 | 青铜时代、汉至唐 | 博乐市 |
| | | 阿日夏特科克石围及石堆墓群 | 春秋至战国 | 温泉县 |
| | | 阿敦乔鲁石栅古墓群及岩画群 | 春秋至战国 | 温泉县 |
| | | 库车友谊路墓群 | 晋、十六国 | 库车县 |
| | | 小洪纳海石人墓 | 隋、唐 | 昭苏县 |
| | | 默拉纳额什丁麻扎 | 明 | 库车县 |
| | | 阿斯塔纳古墓群 | 晋至唐 | 吐鲁番市 |
| | | 阿巴和明麻札 | 清 | 喀什市 |
| | | 三海子墓葬及鹿石 | 青铜时代 | 青河县 |
| | | 焉不拉克古墓群 | 青铜时代 | 哈密市 |
| | | 察吾乎古墓群 | 青铜时代 | 和静县 |
| | | 切木尔切克石人及石棺墓群 | 青铜时代至汉、魏 | 阿勒泰市 |
| | | 扎滚鲁克石墓群 | 青铜时代至汉、晋 | 且末县 |
| | | 山普拉古墓群 | 汉、晋 | 洛浦县 |
| | | 楼兰墓群 | 新石器时代至晋 | 若羌县 |
| | | 五堡墓群 | 青铜时代 | 哈密市 |
| | | 洋海墓群 | 青铜时代至唐 | 鄯善县 |
| | | 阿日夏特石人墓 | 隋至唐 | 温泉县 |
| | | 麻赫穆德•喀什噶里墓 | 元 | 疏附县 |
| | | 速檀•歪思汗麻扎 | 明 | 伊宁县 |
| | | 叶尔羌汗国王陵 | 明 | 莎车县 |
| | | 艾比甫•艾洁木麻扎 | 清 | 阿图什市 |
| | | 哈密回王墓 | 清至民国 | 哈密市 |
| | | 吐虎鲁克 · 铁木尔汗麻扎 | 元 | 霍城县 |
| | | 吉尔赞喀勒墓地 | 东周 | 塔什库尔干塔吉克自治县 |

（四）古建筑及历史纪念建筑物：147 处

| 地　区 | 数量 | 名　称 | 时 代 | 地　址 |
| --- | --- | --- | --- | --- |
| 河北省 | 2 | 半截塔 | 元 | 围场满族蒙古族自治县 |
| | | 凤山关帝庙 | 清 | 围场满族蒙古族自治县 |
| 内蒙古自治区 | 22 | 万部华严经塔 | 辽 | 呼和浩特市 |
| | | 金刚座舍利宝塔 | 清 | 呼和浩特市 |
| | | 美岱召 | 明 | 土默特右旗 |

续表 11

| 地　区 | 数量 | 名　称 | 时　代 | 地　址 |
|---|---|---|---|---|
| 内蒙古自治区 | 22 | 五当召 | 清 | 包头市 |
| | | 汇宗寺 | 清 | 多伦县 |
| | | 福会寺 | 清 | 喀喇沁旗 |
| | | 喀喇沁亲王府及家庙 | 清 | 喀喇沁旗 |
| | | 和硕恪靖公主府 | 清 | 呼和浩特市 |
| | | 开鲁县佛塔 | 元 | 开鲁县 |
| | | 清水河县长城 | 明 | 清水河县 |
| | | 纳林塔秦国长城遗址 | 战国 | 伊金霍洛旗 |
| | | 锦山龙泉寺 | 清 | 喀喇沁旗 |
| | | 大召 | 明至清 | 呼和浩特市 |
| | | 绥远城墙和将军衙署 | 清 | 呼和浩特市 |
| | | 贝子庙 | 清 | 锡林浩特市 |
| | | 定远营 | 清 | 阿拉善左旗 |
| | | 灵悦寺 | 清 | 喀喇沁旗 |
| | | 诺尔古建筑群 | 清 | 多伦县 |
| | | 库伦三大寺 | 清 | 库伦旗 |
| | | 僧格林沁王府 | 清 | 科尔沁左翼后旗 |
| | | 宝善寺 | 清 | 阿鲁科尔沁旗 |
| | | 昆都仑召 | 清 | 包头市昆都仑区 |
| 吉林省 | 1 | 灵光塔 | 渤海 | 长白朝鲜族自治县 |
| 浙江省 | 1 | 时思寺 | 元至清 | 景宁畲族自治县 |
| 湖北省 | 2 | 鱼木寨 | 明至清 | 恩施土家族苗族自治州利川市 |
| | | 大水井古建筑群 | 清 | 恩施土家族苗族自治州利川市 |
| 湖南省 | 6 | 马田鼓楼 | 清 | 通道侗族自治县 |
| | | 芋头侗寨古建筑群 | 明、清 | 通道侗族自治县 |
| | | 坪坦风雨桥 | 清 | 通道侗族自治县 |
| | | 凤凰古城堡 | 清 | 湘西土家族苗族自治州凤凰县 |
| | | 芷江文庙 | 清 | 芷江侗族自治县 |
| | | 宝镜何家大院 | 清至民国 | 江华瑶族自治县 |
| 广西壮族自治区 | 17 | 经略台真武阁 | 明 | 容县 |
| | | 程阳永济桥 | 民国 | 三江县 |
| | | 灵渠 | 秦 | 兴安县 |
| | | 大士阁 | 明 | 合浦县 |
| | | 莫土司衙署 | 明、清 | 忻城县 |
| | | 靖江王府及王陵 | 明 | 桂林市 |

续表 12

| 地　区 | 数量 | 名　称 | 时 代 | 地　址 |
|---|---|---|---|---|
| 广西壮族自治区 | 17 | 岜团桥 | 清 | 三江侗族自治县 |
| | | 临贺故城 | 汉至清 | 贺州市 |
| | | 江头村和长岗岭村古建筑群 | 明至民国 | 灵川县 |
| | | 马殷庙 | 明至清 | 富川瑶族自治县 |
| | | 燕窝楼 | 明至清 | 全州县 |
| | | 恭城古建筑群 | 明至清 | 恭城瑶族自治县 |
| | | 桂林静江府城墙 | 南宋至明 | 桂林市叠彩区、秀峰区 |
| | | 来宾文辉塔 | 明 | 来宾市兴宾区 |
| | | 左江归龙斜塔 | 明清 | 崇左市江州区 |
| | | 贺州江氏客家围屋 | 清 | 贺州市八步区 |
| | | 乐湾村古建筑群 | 清至民国 | 恭城瑶族自治县 |
| 重庆市 | 1 | 湾底谭氏民居 | 清 | 石柱土家族自治县 |
| 四川省 | 10 | 卓克基土司官寨 | 清 | 阿坝藏族羌族自治州马尔康市 |
| | | 德格印经院 | 清 | 甘孜藏族自治州德格县 |
| | | 直波碉楼 | 清 | 阿坝藏族羌族自治州马尔康市 |
| | | 松潘古城墙 | 明 | 阿坝藏族羌族自治州松潘县 |
| | | 棒托寺 | 明、清 | 阿坝藏族羌族自治州壤塘县 |
| | | 丹巴古碉群 | 唐至清 | 甘孜藏族自治州丹巴县 |
| | | 措尔机寺 | 元至清 | 阿坝藏族羌族自治州壤塘县 |
| | | 日斯满巴碉房 | 元至明 | 阿坝藏族羌族自治州壤塘县 |
| | | 松格嘛呢石经城和巴格嘛呢石经墙 | 明至清 | 甘孜藏族自治州石渠县 |
| | | 波日桥 | 清 | 甘孜藏族自治州新龙县 |
| 贵州省 | 9 | 增冲鼓楼 | 清 | 黔东南苗族侗族自治州从江县 |
| | | 青龙洞 | 清 | 黔东南苗族侗族自治州镇远县 |
| | | 福泉城墙 | 明 | 黔南布依族苗族自治州福泉市 |
| | | 郎德上寨古建筑群 | 明、清 | 黔东南苗族侗族自治州雷山县 |
| | | 地坪风雨桥 | 清 | 黔东南苗族侗族自治州黎平县 |
| | | 寨英村古建筑群 | 明至清 | 松桃苗族自治县 |
| | | 飞云崖古建筑群 | 明至清 | 黔东南苗族侗族自治州黄平县 |
| | | 旧州古建筑群 | 明至清 | 黔东南苗族侗族自治州黄平县 |
| | | 葛镜桥 | 明 | 黔南布依族苗族自治州福泉市 |
| 云南省 | 26 | 崇圣寺三塔 | 唐、五代 | 大理白族自治州大理市 |
| | | 广允缅寺 | 清 | 沧源佤族自治县 |
| | | 景真八角亭 | 清 | 西双版纳傣族自治州勐海县 |
| | | 曼飞龙塔 | 清 | 西双版纳傣族自治州景洪市 |

续表 13

| 地　区 | 数量 | 名　称 | 时 代 | 地　址 |
|---|---|---|---|---|
| 云南省 | 26 | 大宝积宫与琉璃殿 | 明 | 玉龙纳西族自治县 |
| | | 中心镇公堂 | 清 | 迪庆藏族自治州香格里拉市 |
| | | 喜洲白族古建筑群 | 明、清 | 大理白族自治州大理市 |
| | | 建水文庙 | 明、清 | 红河哈尼族彝族自治州建水县 |
| | | 水目寺塔 | 唐至明 | 大理白族自治州祥云县 |
| | | 佛图寺塔 | 唐 | 大理白族自治州大理市 |
| | | 大姚白塔 | 唐 | 楚雄彝族自治州大姚县 |
| | | 指林寺大殿 | 元至清 | 红河哈尼族彝族自治州建水县 |
| | | 宝山石头城 | 元 | 玉龙纳西族自治县 |
| | | 州城文庙和武庙 | 明至清 | 大理白族自治州宾川县 |
| | | 龙华寺 | 明至清 | 楚雄彝族自治州姚安县 |
| | | 朝阳楼 | 明 | 红河哈尼族彝族自治州建水县 |
| | | 西门街古建筑群 | 明 | 大理白族自治州剑川县 |
| | | 沙溪兴教寺 | 明至民国 | 大理白族自治州剑川县 |
| | | 孟连宣抚司署 | 清 | 孟连傣族拉祜族佤族自治县 |
| | | 曼短佛寺 | 清 | 西双版纳傣族自治州勐海县 |
| | | 双龙桥 | 清 | 红河哈尼族彝族自治州建水县 |
| | | 长春洞 | 清 | 巍山彝族回族自治县 |
| | | 寿国寺 | 清 | 维西傈僳族自治县 |
| | | 叶枝土司衙署 | 清 | 维西傈僳族自治县 |
| | | 墨江文庙 | 清 | 墨江哈尼族自治县 |
| | | 同乐傈僳族民居建筑群 | 清 | 维西傈僳族自治县 |
| 西藏自治区 | 31 | 大昭寺 | | 拉萨市 |
| | | 昌珠寺 | | 乃东区 |
| | | 萨迦寺 | 元 | 萨迦县 |
| | | 布达拉宫 | 明至民国 | 拉萨市 |
| | | 噶丹寺 | 明初至清 | 拉萨市 |
| | | 扎什伦布寺 | 明初至清 | 日喀则市 |
| | | 哲蚌寺 | 明 | 拉萨市 |
| | | 色拉寺 | 明 | 拉萨市 |
| | | 罗布林卡 | 清 | 拉萨市 |
| | | 夏鲁寺 | 元至清 | 日喀则市 |
| | | 桑耶寺 | 789—799 年 | 扎囊县 |
| | | 托林寺 | 宋 | 札达县 |
| | | 扎塘寺 | 1081—1093 年 | 扎囊县 |

续表 14

| 地　区 | 数量 | 名　称 | 时 代 | 地　址 |
|---|---|---|---|---|
| 西藏自治区 | 31 | 白居寺 | 明 | 江孜县 |
| | | 朗色林庄园 | 明 | 扎囊县 |
| | | 曲德寺、卓玛拉康 | 公元 10 世纪、公元 1274 年 | 吉隆县（大唐天竺使出铭公元 658 年） |
| | | 色喀古托寺 | 公元 1080 年 | 洛扎县 |
| | | 科迦寺 | 公元 996 年 | 普兰县 |
| | | 小昭寺 | 公元 641 年 | 拉萨市 |
| | | 曲西碉楼群 | 北宋至明 | 洛扎县 |
| | | 乃宁曲德寺 | 北宋至清 | 康马县 |
| | | 艾旺寺 | 北宋至清 | 康马县 |
| | | 达律王府 | 元 | 贡觉县 |
| | | 吉如拉康 | 唐至清 | 乃东区 |
| | | 松卡石塔 | 唐 | 扎囊县 |
| | | 聂塘卓玛拉康 | 宋 | 曲水县 |
| | | 敏竹林寺 | 明 | 扎囊县 |
| | | 查杰玛大殿 | 元至清 | 昌都市 |
| | | 平措林寺 | 明 | 拉孜县 |
| | | 邦纳寺 | 明 | 索县 |
| | | 康松桑卡林 | 清 | 扎囊县 |
| 甘肃省 | 2 | 拉卜楞寺 | 清 | 甘南藏族自治州夏河县 |
| | | 天祝东大寺 | 清 | 天祝藏族自治县 |
| 青海省 | 5 | 隆务寺 | 明、清 | 黄南藏族自治州同仁县 |
| | | 贵德文庙及玉皇阁 | 明、清 | 海南藏族自治州贵德县 |
| | | 藏娘佛塔及桑周寺 | 北宋至清 | 玉树藏族自治州玉树市 |
| | | 格萨尔三十大将军灵塔和达那寺 | 宋、元 | 玉树藏族自治州囊谦县 |
| | | 却藏寺 | 清 | 互助土族自治县 |
| 宁夏回族自治区 | 7 | 海宝塔 | 清 | 银川市 |
| | | 同心清真大寺 | 清 | 同心县 |
| | | 拜寺口双塔 | 西夏 | 贺兰县 |
| | | 一百零八塔 | 元 | 青铜峡市 |
| | | 承天寺塔 | 清 | 银川市 |
| | | 董府 | 清 | 吴忠市 |
| | | 宁夏秦长城遗址 | 战国 | 彭阳县、西吉县、原州区 |
| 新疆维吾尔自治区 | 5 | 苏公塔 | 清 | 吐鲁番市 |
| | | 伊犁将军府 | 清 | 伊宁市 |

续表 15

| 地 区 | 数量 | 名 称 | 时 代 | 地 址 |
|---|---|---|---|---|
| 新疆维吾尔自治区 | 5 | 昭苏圣佑庙 | 清 | 昭苏县 |
| | | 艾提尕尔清真寺 | 明 | 喀什市 |
| | | 靖远寺 | 明 | 察布查尔锡伯自治县 |
| （五）革命遗址、革命纪念建筑物及近现代重要史迹和代表性建筑：74 处 | | | | |
| 内蒙古自治区 | 8 | 乌兰夫故居 | 清至民国 | 土默特左旗 |
| | | 成吉思汗庙 | 民国 | 乌兰浩特市 |
| | | “独贵龙”运动旧址 | 1919—1921 年 | 乌审旗 |
| | | 百灵庙起义旧址 | 1936 年 | 达尔罕茂明安联合旗 |
| | | 内蒙古自治政府成立大会会址 | 1947 年 | 乌兰浩特市 |
| | | 白塔火车站旧址 | 1921 年 | 呼和浩特市赛罕区 |
| | | 侵华日军木石匣工事旧址 | 1941—1943 年 | 克什克腾旗 |
| | | 集宁战役旧址 | 1946 年 | 乌兰察布市集宁区 |
| 湖北省 | 1 | 五里坪革命旧址 | 1929—1933 年 | 恩施土家族苗族自治州鹤峰县 |
| 湖南省 | 3 | 沈从文故居 | 清 | 湘西土家族苗族自治州凤凰县 |
| | | 湘鄂川黔革命根据地旧址 | 1934—1935 年 | 湘西土家族苗族自治州永顺县、龙山县 |
| | | 抗日胜利芷江洽降旧址 | 1945 年 | 芷江侗族自治县 |
| 广西壮族自治区 | 25 | 金田起义地址 | 1851 年 | 桂平市 |
| | | 中国工农红军第七军、第八军军部旧址 | 1929—1930 年 | 百色市、龙州县 |
| | | 李宗仁故居(包括李宗仁府邸) | 1921—1948 年 | 临桂区、桂林市 |
| | | 李济深故居 | 民国 | 苍梧县 |
| | | 右江工农民主政府旧址 | 1929 年 | 田东县 |
| | | 八路军桂林办事处旧址 | 1938 年 | 桂林市 |
| | | 北海近代建筑 | 近代 | 北海市 |
| | | 刘永福、冯子材旧居建筑群 | 清 | 钦州市 |
| | | 连城要塞遗址和友谊关 | 明至清 | 北海市、防城港市、宁明县、凭祥市、龙州县、大新县、靖西市、那坡县 |
| | | 容县近代建筑 | 清至民国 | 容县 |
| | | 太平天国永安活动旧址 | 1851 年 | 蒙山县 |
| | | 马胖鼓楼 | 民国 | 三江侗族自治县 |
| | | 梧州中山纪念堂 | 民国 | 梧州市 |
| | | 广西农民运动讲习所旧址 | 1925 年 | 东兰县 |
| | | 红军标语楼 | 1930 年 | 河池市 |
| | | 湘江战役旧址 | 1934 年 | 兴安县、全州县、灌阳县 |
| | | 昆仑关战役旧址 | 1939—1940 年 | 南宁市、宾阳县、柳州市 |
| | | 胡志明旧居 | 1942—1954 年 | 柳州市 |

续表 16

| 地　区 | 数量 | 名　称 | 时 代 | 地　址 |
|---|---|---|---|---|
| 广西壮族自治区 | 25 | 西林教案发生地 | 1856 年 | 田林县 |
| | | 法国驻龙州领事馆旧址 | 1898—1949 年 | 龙州县 |
| | | 武宣刘氏庄园 | 1911 年 | 武宣县 |
| | | 武宣郭氏庄园 | 1924 年 | 武宣县 |
| | | 梧州市中共广西早期革命活动旧址 | 1962—1928 年 | 梧州市万秀区 |
| | | 中共广西省第一次代表大会旧址 | 1928 年 | 贵港市港北区 |
| | | 广西省立艺术馆旧址 | 1944 年 | 桂林市秀峰区 |
| 海南省 | 1 | 陵水县苏维埃政府旧址 | 1927—1928 年 | 陵水黎族自治县 |
| 重庆市 | 1 | 赵世炎故居 | 1904—1914 年 | 酉阳土家族苗族自治县 |
| 四川省 | 3 | 泸定桥 | 1935 年 | 甘孜藏族自治州泸定县 |
| | | 阿坝红军长征遗迹 | 1935 年 | 阿坝藏族羌族自治州小金县、黑水县、松潘县、若尔盖县、茂县、红原县 |
| | | 白利寺 | 1936—1950 年 | 甘孜藏族自治州泸定县 |
| 贵州省 | 4 | 黔东特区革命委员会旧址 | 1934 年 | 沿河土家族自治县、印江土家族苗族自治县 |
| | | 黎平会议会址 | 1934 年 | 黔东南苗族侗族自治州黎平县 |
| | | “二十四道拐”抗战公路 | 1936 年 | 黔西南布依族苗族自治州晴隆县 |
| | | 和平村旧址 | 1941—1944 年 | 黔东南苗族侗族自治州镇远县 |
| 云南省 | 10 | 纳楼长官司署 | 清 | 红河哈尼族彝族自治州建水县 |
| | | 南甸宣抚司署 | 清、民国 | 德宏傣族景颇族自治州梁河县 |
| | | 五家寨铁路桥 | 清 | 屏边苗族自治县 |
| | | 茨中教堂 | 清 | 迪庆藏族自治州德钦县 |
| | | 蒙自海关旧址 | 清至民国 | 红河哈尼族彝族自治州蒙自市 |
| | | 鸡街火车站 | 民国 | 红河哈尼族彝族自治州个旧市 |
| | | 企鹤楼 | 民国 | 红河哈尼族彝族自治州石屏县 |
| | | 陈氏宗祠 | 民国 | 红河哈尼族彝族自治州石屏县 |
| | | 允燕塔 | 民国 | 德宏傣族景颇族自治州盈江县 |
| | | 民族团结誓词碑 | 1951 年 | 宁洱哈尼族彝族自治县 |
| 西藏自治区 | 4 | 江孜宗山抗英遗址 | 1904 年 | 江孜县 |
| | | 亚东海关遗址 | 1894—1903 年 | 亚东县 |
| | | 昌都市人民解放委员会办公旧址 | 1955—1959 年 | 昌都市卡若区 |
| | | 川藏、青藏公路纪念碑 | 1984 年 | 拉萨市城关区 |
| 甘肃省 | 1 | 俄界会议旧址 | 1935 年 | 甘南藏族自治州迭部县 |
| 青海省 | 3 | 第一个核武器研制基地旧址 | 1957—1995 年 | 海北藏族自治州海晏县 |
| | | 新寨嘉那嘛呢 | 清 | 玉树藏族自治州玉树市 |
| | | 循化西路红军革命旧址 | 1939—1946 年 | 循化撒拉族自治县 |

续表 17

| 地　区 | 数量 | 名　称 | 时 代 | 地　址 |
|---|---|---|---|---|
| 宁夏回族自治区 | 2 | 将台堡革命旧址 | 1936 年 | 西吉县 |
| | | 银川玉皇阁《中山日报》社旧址 | 1926 年 | 银川市 |
| 新疆维吾尔自治区 | 8 | 坎儿井地下水利工程 | 清 | 吐鲁番市 |
| | | 塔城红楼 | 清至民国 | 塔城市 |
| | | 三区革命政府政治文化活动中心旧址 | 民国 | 伊宁市 |
| | | 乌鲁木齐文庙 | 1922 年 | 乌鲁木齐市天山区 |
| | | 赛图拉哨卡遗址 | 1877—1962 年 | 皮山县 |
| | | 毛泽民办公室及宿舍旧址 | 1940—1941 年 | 乌鲁木齐市天山区 |
| | | 石河子军垦旧址 | 1952 年 | 新疆生产建设兵团第八师石河子市 |
| | | 玉尔滚军垦旧址 | 1973 年 | 新疆生产建设兵团第一师阿拉尔市 |

# 民族自治地方国家级自然保护区、国家 AAAAA 级旅游景区、国家级风景名胜区名单

## ■民族自治地方国家级自然保护区

（截至 2022 年）

| 地区 | 数量 | 保护区名称 | 行政区域 | 主要保护对象 | 类型 | 建立时间 |
|---|---|---|---|---|---|---|
| 河北省 | 3 | 红松洼草原 | 围场满族蒙古族自治县 | 草原生态系统 | 草原草甸 | 1994/8/1 |
| | | 塞罕坝 | 围场满族蒙古族自治县 | 森林–草原交错带生态系统 | 草原草甸 | 2007/4/6 |
| | | 滦河上游 | 围场满族蒙古族自治县 | 滦河上游的自然生态环境、森林生态系统及其生物多样性和珍稀濒危的野生动植物物种 | 森林和野生动物 | 2008/1/14 |
| 内蒙古自治区 | 29 | 赛罕乌拉 | 巴林左旗 | 森林及马鹿等野生动物 | 森林生态 | 1997/4/1 |
| | | 达里诺尔鸟类 | 克什克腾旗 | 珍稀鸟类 | 野生动物 | 1987/9/8 |
| | | 白音敖包云杉林 | 克什克腾旗 | 沙地云杉林 | 森林生态 | 1979/10/4 |
| | | 黑里河 | 宁城县 | 森林生态系统 | 森林生态 | 1996/12/31 |
| | | 大黑山 | 敖汉旗 | 天然阔叶林 | 森林生态 | 1996/9/1 |
| | | 大兴安岭汗马 | 根河市 | 森林生态系统 | 森林生态 | 1996/11/29 |
| | | 红花尔基樟子松林 | 额温克旗 | 樟子松林 | 森林生态 | 1998/5/1 |
| | | 辉河 | 鄂温克族自治旗 | 湿地、珍禽、草原 | 内陆湿地 | 1997/12/1 |
| | | 呼伦湖 | 新巴尔虎右旗、新巴尔虎左旗、满洲里市和扎赉诺尔区 | 湖泊、湿地、草原生态系统 | 内陆湿地 | 1992/10/1 |
| | | 科尔沁 | 科尔沁右翼中旗 | 湿地珍禽、灌丛及疏林草原 | 野生动物 | 1986/6/1 |
| | | 图牧吉 | 扎赉特旗 | 草原生态系统及大鸨等珍禽 | 草原草甸 | 1996/8/1 |
| | | 大青沟 | 科尔沁左翼后旗 | 针阔混交林 | 森林生态 | 1988/5/9 |
| | | 锡林郭勒草原 | 锡林浩特市 | 草甸草原、沙地疏林 | 草原草甸 | 1985/8/8 |
| | | 鄂尔多斯遗鸥 | 东胜区 | 遗鸥及其生境 | 野生动物 | 1991/1/1 |
| | | 西鄂尔多斯 | 鄂托克旗、乌海市 | 古老残遗濒危植物 | 野生植物 | 1986/12/1 |
| | | 乌拉特梭梭林–蒙古野驴 | 乌拉特后旗 | 梭梭林、蒙古野驴及荒漠生态系统 | 荒漠生态 | 1985/10/1 |
| | | 内蒙古贺兰山 | 阿拉善左旗 | 水源涵养林、野生动植物 | 森林生态 | 1992/10/27 |
| | | 额济纳胡杨林 | 额济纳旗 | 胡杨林 | 荒漠生态 | 1968/6/1 |
| | | 阿鲁科尔沁 | 阿鲁科尔沁旗 | 沙地草原、湿地生态系统及珍稀鸟类 | 森林生态 | 2005/7/23 |
| | | 哈腾套海 | 磴口县 | 荒漠植被和野生动植物 | 荒漠生态 | 2005/7/23 |
| | | 额尔古纳 | 额尔古纳市 | 寒温带针叶林 | 森林生态 | 2006/2/11 |
| | | 鄂托克恐龙遗迹化石 | 鄂托克旗查布苏木 | 多种类型的恐龙足迹化石，以及恐龙骨骼化石 | 地质遗迹 | 2007/4/6 |

续表 1

| 地区 | 数量 | 保护区名称 | 行政区域 | 主要保护对象 | 类型 | 建立时间 |
|---|---|---|---|---|---|---|
| 内蒙古自治区 | 29 | 大青山 | 乌兰察布市卓资县、呼和浩特市、包头市 | 山地森林灌丛珍稀野生动植物及水源涵养地 | 森林生态 | 2008/1/14 |
| | | 罕山 | 扎鲁特旗 | 天然次生林及草原、章甸生态系统、珍稀濒危野生动植物资源、人文遗迹 | 综合型生态系统类型自然保护区 | 2013/12/1 |
| | | 青山 | 兴安盟科尔沁右翼前旗 | 森林草原生态系统 | 森林草原生态系统 | 2013/12/2 |
| | | 毕拉河 | 大兴安岭毕拉河林业局达尔滨湖林场和扎文河林场境内 | 森林沼泽、草本沼泽以及珍稀濒危野生动植物等 | 湿地生态系统，森林生态系统 | 2014/12/5 |
| | | 乌兰坝 | 赤峰市巴林左旗 | 过渡带森林、草原植被及珍稀野生动物 | 森林生态 | 2014/12/23 |
| | | 高格斯台罕乌拉 | 内蒙古赤峰市阿鲁科尔沁旗北部 | 森林、草原、湿地生态系统及珍稀动物 | 森林生态 | 2011/4/16 |
| | | 古日格斯台 | 大兴安岭南部山地余脉的西麓 | 大兴安岭南部山地北麓森林系统 | 草原生态性 | 1998 年 |
| 辽宁省 | 3 | 老秃顶子 | 新宾满族自治县、桓仁满族自治县 | 长白植物区系原生型森林及紫杉、人参等珍稀物种 | 森林生态 | 1981/9/18 |
| | | 白石砬子 | 宽甸满族自治县 | 原生型红松阔叶混交林 | 森林生态 | 1981/9/9 |
| | | 海棠山 | 阜新蒙古族自治县 | 油松栎类混交的顶极群落及野生动物 | 森林生态 | 2007/4/6 |
| 吉林省 | 9 | 伊通火山群 | 伊通满族自治县 | 火山地质遗迹 | 地质遗迹 | 1984/6/27 |
| | | 鸭绿江上游 | 长白朝鲜族自治县 | 冷水性鱼类 | 野生动物 | 1996/10/1 |
| | | 天佛指山松茸 | 延边朝鲜族自治州龙井市 | 松茸及森林生态系统 | 野生植物 | 1996/8/22 |
| | | 长白山 | 延边朝鲜族自治州安图县 | 森林及野生动物 | 森林生态 | 1960/4/1 |
| | | 珲春东北虎 | 延边朝鲜族自治州珲春市 | 东北虎、豹及其栖息地 | 野生动物 | 2005/7/23 |
| | | 查干湖 | 前郭尔罗斯蒙古族自治县 | 半干旱地区湖泊水生生态系统、湿地生态系统和野生珍稀、濒危鸟类 | 内陆湿地和水域生态 | 2007/4/6 |
| | | 雁鸣湖 | 延边朝鲜族自治州敦化市 | 牡丹江上游湿地及黑鹳、东方白鹳、丹顶鹤、中华秋沙鸭等濒危水禽及东北虎迁移的重要生态通道 | 内陆湿地和水域生态 | 2007/4/6 |
| | | 黄泥河 | 延边朝鲜族自治州敦化市 | 东北虎 | 自然和森林生态系统类型 | 2012/1/1 |
| | | 汪清 | 延边朝鲜族自治州汪清县和珲春市 | 东北红豆杉、东北虎 | 森林生态 | 2012 年 |
| 湖北省 | 5 | 神农架 | 恩施土家族苗族自治州巴东县 | 森林生态系统及珍稀动物金丝猴等 | 森林生态 | 1986/7/9 |
| | | 后河 | 五峰土家族自治县 | 原始森林珍稀动植物 | 森林生态 | 2000/4/1 |
| | | 星斗山 | 恩施土家族苗族自治州利川市、恩施市、咸丰县 | 水杉、珙桐及森林植被 | 野生植物 | 1988/1/1 |
| | | 七姊妹山 | 恩施土家族苗族自治州宣恩县 | 典型的中亚热带山地常绿阔叶林生态系统、珙桐为主的珍稀濒危植物及群落、大型猫科动物为主的珍稀濒危动物及其栖息环境和亚高山泥炭藓沼泽湿地 | 野生植物 | 2008/1/14 |

续表 2

| 地区 | 数量 | 保护区名称 | 行政区域 | 主要保护对象 | 类型 | 建立时间 |
|---|---|---|---|---|---|---|
| 湖北省 | 5 | 长阳崩尖子 | 长阳土家族自治县 | 中亚热带森林生态系统及生物多样性、国家珍稀濒危野生动植物资源及其栖息地 | 森林生态 | 1988/8/5 |
| 湖南省 | 1 | 小溪 | 湘西土家族苗族自治州永顺县 | 原始次生林 | 森林生态 | 1985/7/16 |
| 广西壮族自治区 | 23 | 大明山 | 武鸣区、马山县、上林县 | 季风常绿阔叶林、水源涵养林及自然景观 | 森林生态 | 1981/8/1 |
| | | 花坪 | 龙胜各族自治县、临桂区 | 银杉及典型常绿阔叶林生态系统 | 野生植物 | 1961/11/1 |
| | | 猫儿山 | 资源县、兴安县 | 典型常绿阔叶林生态系统、水源涵养林 | 森林生态 | 1976/5/1 |
| | | 山口红树林 | 合浦县 | 红树林生态系统 | 海洋海岸 | 1990/9/30 |
| | | 合浦营盘港—英罗港儒艮 | 合浦县 | 儒艮及其生态环境 | 野生动物 | 1986 年 |
| | | 北仑河口 | 防城港市防城区和东兴市境内 | 红树林生态系统 | 树林生态系统 | 2000/4/1 |
| | | 防城金花茶 | 防城港市防城区境内 | 珍稀濒危金花茶组植物及其赖以生存的北热带森林生态系统 | 森林生态 | 1994 年 |
| | | 十万大山 | 防城港市上思县 | 珍贵稀有动植物资源及其栖息地 | 森林生态 | 1982 年 |
| | | 弄岗 | 龙州、宁明两县交界处 | 石灰岩季雨林生态系、珍稀物种及岩溶地貌 | 森林生态 | 1980 年 |
| | | 大瑶山 | 金秀瑶族自治县、荔浦市、蒙山县 | 银杉，瑶山鳄蜥、瑶山苣苔及金斑喙凤蝶 | 常绿阔叶林生态系统 | 2000 年 |
| | | 木论 | 河池市环江毛南族自治县 | 喀斯特森林生态系统 | 森林生态 | 1998/8/1 |
| | | 千家洞 | 灌阳县 | 银杏、资源冷杉、黄腹角雉、林麝 | 森林生态 | 2006/2/1 |
| | | 岑王老山 | 田林县、凌云县 | 南亚热带中山常绿阔叶混交林、垂直带谱森林生态系统和黑颈长尾雉、叉孢苏铁、伯乐树等珍稀濒危物种 | 森林生态 | 2007/4/6 |
| | | 九万山 | 融水苗族自治县、罗城仫佬族自治县、环江毛南族自治县 | 水源涵养林 | 森林生态 | 2007/4/6 |
| | | 金钟山黑颈长尾雉 | 隆林各族自治县、西林县 | 黑颈长尾雉 | 野生动物 | 2008 年 |
| | | 雅长兰科植物 | 百色市乐业县 | 兰科植物 | 野生植物 | 2005/4/1 |
| | | 崇左白头叶猴 | 崇左市 | 白头叶猴、黑叶猴等野生动物及其赖以生存的喀斯特石山森林生态系统 | 野生动物 | 2012/1/1 |
| | | 大桂山鳄蜥 | 贺州市 | 鳄蜥及其栖息地 | 野生动物 | 2013/6/1 |
| | | 邦亮东黑冠长臂猿 | 靖西市 | 东黑冠长臂猿及其主要栖息地 | 岩溶山地季雨林生态系统 | 2013/12/25 |
| | | 恩城 | 大新县恩城乡 | 金花茶、黑叶猴、黑熊、冠斑犀鸟、红腹雉等 | 野生动物 | 1980 年 |
| | | 元宝山 | 融水县 | 森林植物资源、水资源及其珍稀树种 | 野生植物 | 2013/12/1 |
| | | 七冲 | 昭平县 | 野生动植物 | 森林生态 | 2013/12/18 |
| | | 银竹老山 | 资源县 | 珍贵树种资源冷杉 | 森林生态 | 1982/6/1 |

续表 3

| 地区 | 数量 | 保护区名称 | 行政区域 | 主要保护对象 | 类型 | 建立时间 |
|---|---|---|---|---|---|---|
| 海南省 | 4 | 尖峰岭 | 乐东黎族自治县 | 热带雨林生态系统 | 森林生态 | 1976/10/1 |
| | | 五指山 | 琼中黎族苗族自治县 | 热带原始林生态系统 | 森林生态 | 1985/11/1 |
| | | 坝王岭 | 昌江黎族自治县 | 黑冠长臂猿及生境 | 野生动物 | 1980/4/9 |
| | | 吊罗山 | 陵水黎族自治县、保亭黎族苗族自治县、琼中黎族苗族自治县 | 森林生态系统及珍稀动植物 | 森林生态 | 2008/1/14 |
| 四川省 | 16 | 马边大风顶 | 马边彝族自治县 | 大熊猫及森林生态系统 | 野生动物 | 1977/5/1 |
| | | 卧龙 | 阿坝藏族羌族自治州汶川县 | 大熊猫及森林生态系统 | 野生动物 | 1975/1/1 |
| | | 九寨沟 | 阿坝藏族羌族自治州九寨沟县 | 大熊猫及森林生态系统 | 野生动物 | 1978/1/1 |
| | | 小金四姑娘山 | 阿坝藏族羌族自治州小金县 | 野生动物及高山生态系统 | 野生动物 | 1996/11/29 |
| | | 若尔盖湿地 | 阿坝藏族羌族自治州若尔盖县 | 高寒沼泽湿地及黑颈鹤等野生动物 | 内陆湿地 | 1994/8/18 |
| | | 贡嘎山 | 甘孜藏族自治州康定市、泸定县 | 珍稀动物及高山生物多样性 | 森林生态 | 1997/12/8 |
| | | 察青松多 | 甘孜藏族自治州白玉县 | 白唇鹿、金钱豹等野生动物 | 野生动物 | 1995/1/1 |
| | | 亚丁 | 甘孜藏族自治州稻城县 | 森林生态系统、野生动植物、冰川 | 森林生态 | 1997/12/16 |
| | | 美姑大风顶 | 凉山彝族自治州美姑县 | 大熊猫及森林生态系统 | 野生动物 | 1982/1/1 |
| | | 海子山 | 甘孜州理塘县、稻城县 | 高寒湿地和麝类野生动物 | 湿地和野生动物 | 2008/1/1 |
| | | 长沙贡玛 | 甘孜藏族自治州石渠县 | 西藏野驴等野生动物 | 沼泽湿地和野生动物类型 | 1995 年 |
| | | 黑竹沟 | 峨边彝族自治县 | 大熊猫、四川山鹧鸪、红豆杉、珙桐等珍稀濒危野生动植物 | 森林生态系统和野生动物类型 | 2012/1/21 |
| | | 格西沟 | 甘孜藏族自治州东南部的雅江县河口镇境内 | 四川雉鹑等珍稀野生鸟类 | 野生动物 | 1995 年 |
| | | 白河 | 阿坝藏族羌族自治州九寨沟县白河乡 | 大熊猫、金丝猴等 | 森林和野生动物类型 | 2018/3/19 |
| | | 南莫且湿地 | 阿坝藏族羌族自治州壤塘县 | 黑颈鹤、白唇鹿和湖泊、沼泽等高原湿地生态系统 | 内陆湿地 | 2002/9/1 |
| | | 海子山 | 甘孜藏族自治州稻城县、理塘县 | 高寒湿地生态系统 | 内陆湿地 | 2008/1/14 |
| 贵州省 | 6 | 梵净山 | 印江土家族苗族自治县、松桃苗族自治县 | | | 1986/7/9 |
| | | 麻阳河黑叶猴 | 沿河土家族自治县 | 黑叶猴等珍稀动物及生境 | 野生动物 | 1987/8/1 |
| | | 草海 | 威宁彝族回族苗族自治县 | 高原湿地生态系统及黑颈鹤等 | 内陆湿地 | 1985/1/1 |
| | | 雷公山 | 黔东南苗族侗族自治州 | 中亚热带森林及秃杉等珍稀植物 | 森林生态 | 1982/6/1 |
| | | 茂兰 | 黔南布依族苗族自治州荔波县 | 喀斯特地貌为主的森林生态系统 | 森林生态 | 1986/4/9 |
| | | 大沙河 | 道真仡佬族苗族自治县 | 森林、动植物资源 | 森林生态 | 2018/5/31 |

续表 4

| 地区 | 数量 | 保护区名称 | 行政区域 | 主要保护对象 | 类型 | 建立时间 |
|---|---|---|---|---|---|---|
| 云南省 | 12 | 哀牢山 | 新平彝族傣族自治县 | 原始森林、黑长臂猿等珍稀动植物 | 森林生态 | 1986/3/1 |
| | | 高黎贡山 | 怒江傈僳族自治州泸水市 | 喜马拉雅红豆杉、戴帽叶猴 | 森林和野生动物类型 | 1986 |
| | | 大围山 | 屏边苗族自治县 | 南亚热带常绿阔叶林及珍稀动物 | 森林生态 | 1986/6/1 |
| | | 金平分水岭 | 金平苗族瑶族傣族自治县 | 热带半山山地苔藓常绿阔叶林以及珍稀动植物 | 森林生态 | 1986/6/1 |
| | | 黄连山 | 红河哈尼族彝族自治州绿春县 | 亚热带常绿阔叶林生态系统、野生动植物 | 森林生态 | 1983/4/1 |
| | | 文山老君山 | 文山壮族苗族自治州文山市 | 原始阔叶林 | 森林生态 | 1958/10/8 |
| | | 无量山 | 景东彝族自治县、南涧县 | 亚热带常绿阔叶林及长臂猿等 | 森林生态 | 1988/3/1 |
| | | 西双版纳 | 西双版纳傣族自治州、南涧彝族自治县 | 热带森林生态系统及珍稀野生动植物 | 森林生态 | 1958/10/9 |
| | | 纳板河 | 西双版纳傣族自治州景洪市 | 森林和野生动植物 | 森林生态 | 1992/7/1 |
| | | 苍山洱海 | 大理白族自治州大理市 | 断层湖泊、古代冰川遗迹、弓鱼、苍山冷杉、杜鹃林 | 内陆湿地 | 1981/11/5 |
| | | 白马雪山 | 迪庆藏族自治州德钦县 | 高山针叶林、滇金丝猴 | 森林生态 | 1984/1/1 |
| | | 南滚河 | 沧源佤族自治县 | 亚洲象及其栖息的热带季雨林 | 野生动物 | 1980/1/1 |
| 西藏自治区 | 11 | 雅鲁藏布江中游黑颈鹤 | 林周县 | 黑颈鹤及其越冬生境 | 野生动物 | 1993/1/1 |
| | | 芒康滇金丝猴 | 芒康县 | 滇金丝猴及其生态系统 | 野生动物 | 1993/1/1 |
| | | 珠穆朗玛峰 | 日喀则市 | 高山森林及荒漠生态系统 | 森林生态 | 1988/4/5 |
| | | 色林错 | 申扎县 | 黑颈鹤繁殖地、高原湿地生态系统 | 野生动物 | 1993/1/1 |
| | | 羌塘 | 双湖县、改则县等 | 藏羚羊、野牦牛等野生动物及高原荒漠生态系统 | 荒漠生态 | 1993/4/4 |
| | | 雅鲁藏布大峡谷 | 墨脱县 | 热带山地垂直带植被及珍贵动植物 | 森林生态 | 1985/7/9 |
| | | 察隅慈巴沟 | 察隅县 | 羚羊、山地亚热带森林生态系统 | 森林生态 | 1985/1/1 |
| | | 拉鲁湿地 | 拉萨市 | 高寒湿地生态系统 | 内陆湿地 | 2005/7/23 |
| | | 类乌齐马鹿 | 类乌齐县 | 马鹿、白唇鹿等野生动物及其生境、自然植被 | 野生动物 | 2005/7/23 |
| | | 麦地卡湿地 | 嘉黎县 | 黑颈鹤、赤麻鸭等多种珍稀鸟类的迁徙走廊和繁殖地 | 高原湖泊沼泽草甸湿地 | 2018/3/19 |
| | | 玛旁雍错湿地 | 普兰县 | 黑颈鹤、斑头雁等 | 湖泊湿地 | 2018/3/19 |
| 甘肃省 | 7 | 莲花山 | 卓尼、康乐县 | 森林生态系统 | 森林生态 | 1982/12/1 |
| | | 尕海－则岔 | 甘南藏族自治州碌曲县 | 候鸟等野生动物、森林生态、石林等 | 野生动物 | 1995/10/1 |
| | | 盐池湾 | 肃北蒙古族自治县 | 白唇鹿及过渡带生态系统 | 荒漠生态 | 2006/2/11 |
| | | 黄河首曲湿地 | 甘南藏族自治州玛曲县 | 黄河首曲高原湿地生态系统 | 内陆湿地和水域生态系统 | 2013/12/25 |

续表 5

| 地区 | 数量 | 保护区名称 | 行政区域 | 主要保护对象 | 类型 | 建立时间 |
|---|---|---|---|---|---|---|
| 甘肃省 | 7 | 安南坝野骆驼 | 阿克塞哈萨克族自治县 | 野骆驼及其荒漠生态系统 | 野生动物 | 2006/2/11 |
| | | 多儿 | 甘南藏族自治州迭部县 | 野生大熊猫及其栖息地的连片保护 | 野生动物 | 2017/7/4 |
| | | 洮河 | 甘南藏族自治州的卓尼、临潭、迭部和合作四县 | 国家一级重点保护野生动物5种，国家重点保护动物9种 | 森林生态 | 1982年 |
| 青海省 | 5 | 孟达 | 循化撒拉族自治县 | 森林生态系统及珍稀生物物种 | 森林生态 | 1980/4/1 |
| | | 青海湖 | 海北藏族自治州刚察县 | 斑头雁、棕头鸥等水禽及生态系统 | 野生动物 | 1975/8/8 |
| | | 可可西里 | 玉树藏族自治州 | 藏羚羊、野驴、野牦牛等有蹄类动物及生态系统 | 野生动物 | 1995/10/8 |
| | | 隆宝 | 玉树藏族自治州玉树市 | 黑颈鹤、天鹅等水禽及草甸生态系统 | 野生动物 | 1986/8/9 |
| | | 三江源 | 玉树藏族自治州玉树市 | 珍稀动物、湿地、森林、高寒草甸、冰川等生态系统 | 内陆湿地 | 2000/5/1 |
| 宁夏回族自治区 | 9 | 贺兰山 | 银川市 | 森林生态系统、野生动植物资源 | 森林生态 | 1982/7/1 |
| | | 沙坡头 | 沙坡头区 | 自然沙生植被及人工植被、野生动物 | 荒漠生态 | 1984/9/1 |
| | | 罗山 | 同心县 | 水源涵养林 | 森林生态 | 1982/7/1 |
| | | 白芨滩 | 灵武市 | 天然柠条母树林及沙生植被 | 荒漠生态 | 1985/1/4 |
| | | 六盘山 | 原州区 | 野生动物及水源涵养林 | 森林生态 | 1982/5/9 |
| | | 哈巴湖 | 盐池县 | 过渡区荒漠–湿地生态系统 | 内陆湿地 | 2006/2/11 |
| | | 云雾山 | 固原市 | 黄土高原半干旱区典型草原生态系统、典型草原生物多样性、典型草原自然生态“本底”等 | 草原与草甸生态系统 | 2013/6/4 |
| | | 火石寨 | 西吉县 | 黄土高原地貌地质遗迹 | 山地森林灌丛草甸生态 | 2002年 |
| | | 南华山 | 海原县 | 山地森林生态系统和山地草原与草甸生态系统 | 森林草原复合生态 | 2014/12/23 |
| 新疆维吾尔自治区 | 15 | 阿尔金山 | 若羌县 | 三大有蹄类野生动物 | 荒漠生态 | 1983/1/1 |
| | | 罗布泊野骆驼 | 若羌县 | 野骆驼及其生境 | 野生动物 | 1986/1/1 |
| | | 巴音布鲁克 | 和静县 | 天鹅等珍稀水禽、沼泽 | 野生动物 | 1980/5/9 |
| | | 托木尔峰 | 温宿县 | 野生动植物 | 森林生态 | 1980/1/1 |
| | | 西天山 | 巩留县 | 雪岭云杉林森林生态系统 | 森林生态 | 1983/1/2 |
| | | 甘家湖梭梭林 | 乌苏市 | 梭梭林及生境 | 荒漠生态 | 1983/10/1 |
| | | 哈纳斯 | 布尔津县、哈巴河县 | 西伯利亚动植物区系及自然景观 | 森林生态 | 1980/5/1 |
| | | 塔里木胡杨 | 尉犁县、轮台县 | 胡杨林及其荒漠生态系统 | 森林生态 | 2006/2/11 |
| | | 艾比湖湿地 | 博乐市、精河县 | 湿地及珍稀野生动植物 | 内陆湿地 | 2007/4/6 |
| | | 布尔根河狸 | 青河县 | 珍稀濒危的蒙新河狸和鸟类以及生境 | 野生动物 | 2013/12/1 |
| | | 巴尔鲁克山 | 裕民县、托里县 | 巴尔鲁克山森林生态系统以及野巴旦杏、野苹果等濒危珍贵物种 | 森林生态 | 2014/12/23 |

续表 6

| 地区 | 数量 | 保护区名称 | 行政区域 | 主要保护对象 | 类型 | 建立时间 |
|---|---|---|---|---|---|---|
| 新疆维吾尔自治区 | 15 | 伊宁小叶白蜡 | 伊宁县 | 唯一的天然小叶白蜡集中地 | 野生植物 | 2016/5/2 |
| | | 霍城四爪陆龟 | 霍城县 | 珍稀动物四爪陆龟及其生境 | 野生动物 | 2016/5/2 |
| | | 北鲵 | 苏鲁别珍 | 北鲵 | 野生动物 | 2018/3/19 |
| | | 阿勒泰科克苏湿地 | 阿勒泰市 | 湿地 | 内陆湿地 | 2017/7/4 |

## ■民族自治地方国家 AAAAA 级旅游景区

（截至 2022 年）

| 地　区 | 数量 | 名　称 |
|---|---|---|
| 内蒙古自治区 | 6 | 达拉特旗响沙湾旅游景区 |
| | | 伊金霍洛旗成吉思汗陵旅游区 |
| | | 满洲里市中俄边境旅游区 |
| | | 阿尔山市柴河旅游景区 |
| | | 赤峰市克什克腾旗阿斯哈图石阵景区 |
| | | 阿拉善盟额济纳旗胡杨林 |
| 辽宁省 | 1 | 本溪满族自治县本溪水洞景区 |
| 吉林省 | 2 | 延边朝鲜族自治州安图县长白山景区 |
| | | 延边朝鲜族自治州敦化市六鼎山文化旅游区 |
| 湖北省 | 4 | 长阳土家族自治县清江画廊景区 |
| | | 恩施土家族苗族自治州恩施市恩施大峡谷景区 |
| | | 恩施土家族苗族自治州利川市腾龙洞景区 |
| | | 恩施土家族苗族自治州巴东县神农溪纤夫文化旅游区 |
| 广西壮族自治区 | 9 | 桂林市漓江景区 |
| | | 桂林市乐满地度假世界 |
| | | 桂林独秀峰 · 靖江王城景区 |
| | | 南宁市青秀山旅游区 |
| | | 桂林市两江四湖(秀峰区) · 象山(象山区)景区 |
| | | 崇左市大新县德天跨国瀑布景区 |
| | | 百色市右江区百色起义纪念园景区 |
| | | 北海市海城区涠洲岛南湾鳄鱼山景区 |
| | | 贺州市黄姚古镇景区 |
| 海南省 | 2 | 保亭黎族苗族自治县呀诺达雨林文化旅游区 |
| | | 陵水黎族自治县分界洲岛旅游区 |

续表 1

| 地　区 | 数量 | 名　称 |
|---|---|---|
| 重庆市 | 2 | 酉阳土家族苗族自治县桃花源景区 |
| | | 彭水苗族土家族自治县阿依河景区 |
| 四川省 | 6 | 北川羌族自治县羌城旅游区 |
| | | 阿坝藏族羌族自治州九寨沟旅游景区 |
| | | 阿坝藏族羌族自治州松潘县黄龙风景名胜区 |
| | | 阿坝藏族羌族自治州汶川特别旅游区 |
| | | 甘孜藏族自治州泸定县海螺沟景区 |
| | | 甘孜藏族自治州稻城县稻城亚丁旅游景区 |
| 贵州省 | 3 | 镇宁布依族苗族自治县黄果树瀑布景区 |
| | | 黔南布依族苗族自治州荔波县樟江景区 |
| | | 黔东南苗族侗族自治州镇远县镇远古城旅游景区 |
| 云南省 | 6 | 迪庆藏族自治州香格里拉市普达措国家公园 |
| | | 西双版纳傣族自治州勐腊县中科院西双版纳热带植物园 |
| | | 大理白族自治州大理市崇圣寺三塔文化旅游区 |
| | | 玉龙纳西族自治县玉龙雪山景区 |
| | | 石林彝族自治县石林风景区 |
| | | 文山壮族苗族自治州丘北县普者黑旅游景区 |
| 西藏自治区 | 5 | 拉萨市布达拉宫景区 |
| | | 拉萨市大昭寺景区 |
| | | 林芝市工布江达县巴松措景区 |
| | | 日喀则市桑珠孜区扎什伦寺景区 |
| | | 林芝市米林县雅鲁藏布大峡谷旅游景区 |
| 甘肃省 | 1 | 临夏回族自治州永靖县炳灵寺景区 |
| 青海省 | 2 | 互助土族自治县互助土族故土园旅游区 |
| | | 海北藏族自治州祁连县阿咪东索景区 |
| 宁夏回族自治区 | 4 | 石嘴山市沙湖旅游景区 |
| | | 中卫市沙坡头旅游景区 |
| | | 银川市西夏区宁夏镇北堡西部影视城 |
| | | 银川市灵武市水洞沟旅游区 |
| 新疆维吾尔自治区 | 15 | 昌吉回族自治州阜康市天山天池风景名胜区 |
| | | 昌吉回族自治州江布拉克景区 |
| | | 吐鲁番市高昌区葡萄沟风景区 |

续表 2

| 地　区 | 数量 | 名　称 |
| --- | --- | --- |
| 新疆维吾尔自治区 | 15 | 伊犁哈萨克自治州阿勒泰地区布尔津县喀纳斯景区 |
| | | 伊犁哈萨克自治州新源县那拉提旅游风景区 |
| | | 伊犁哈萨克自治州阿勒泰地区富蕴县可可托海景区 |
| | | 喀什地区泽普县金胡杨景区 |
| | | 乌鲁木齐市乌鲁木齐县天山大峡谷 |
| | | 巴音郭楞蒙古自治州博湖县博斯腾湖景区 |
| | | 喀什地区喀什市喀什噶尔老城景区 |
| | | 伊犁哈萨克自治州特克斯县喀拉峻景区 |
| | | 巴音郭楞蒙古自治州和静县巴音布鲁克景区 |
| | | 伊犁哈萨克自治州阿勒泰地区哈巴河县白沙湖景区 |
| | | 喀什地区塔什库尔干塔吉克自治县帕米尔旅游区 |
| | | 克拉玛依市乌尔禾区世界魔鬼城景区 |

## ■民族自治地方国家级风景名胜区

（截至 2022 年）

| 地　区 | 数量 | 名称 |
| --- | --- | --- |
| 内蒙古自治区 | 2 | 扎兰屯风景名胜区 |
| | | 额尔古纳风景名胜区 |
| 辽宁省 | 2 | 青山沟风景名胜区 |
| | | 本溪水洞风景名胜区 |
| 吉林省 | 2 | 仙景台风景名胜区 |
| | | 防川风景名胜区 |
| 湖南省 | 4 | 猛洞河风景名胜区 |
| | | 德夯风景名胜区 |
| | | 万佛山–侗寨风景名胜区 |
| | | 湖南省凤凰风景名胜区 |
| 广西壮族自治区 | 3 | 桂林漓江风景名胜区 |
| | | 桂平西山风景名胜区 |
| | | 花山风景名胜区 |
| 四川省 | 4 | 黄龙寺–九寨沟风景名胜区 |
| | | 贡嘎山风景名胜区 |
| | | 四姑娘山风景名胜区 |
| | | 邛海–螺髻山风景名胜区 |

续表

| 地　区 | 数量 | 名称 |
| --- | --- | --- |
| 贵州省 | 11 | 黄果树风景名胜区 |
| | | 㵲阳河风景名胜区 |
| | | 荔波樟江风景名胜区 |
| | | 马岭河峡谷风景名胜区 |
| | | 都匀斗篷山－剑江风景名胜区 |
| | | 黎平侗乡风景名胜区 |
| | | 紫云格凸河穿洞风景名胜区 |
| | | 平塘风景名胜区 |
| | | 榕江苗山侗水风景名胜区 |
| | | 沿河乌江山峡风景名胜区 |
| | | 瓮安江界河风景名胜区 |
| 云南省 | 9 | 路南石林风景名胜区 |
| | | 西双版纳风景名胜区 |
| | | 大理风景名胜区 |
| | | 三江并流风景名胜区 |
| | | 丽江玉龙雪山风景名胜区 |
| | | 瑞丽江—大盈江风景名胜区 |
| | | 省建水风景名胜区 |
| | | 普者黑风景名胜区 |
| | | 阿庐风景名胜区 |
| 西藏自治区 | 4 | 雅砻河风景名胜区 |
| | | 纳木错-念青唐古拉山风景名胜区 |
| | | 唐古拉山-怒江源风景名胜区 |
| | | 西藏自治区土林-古格风景名胜区 |
| 青海省 | 1 | 青海湖风景名胜区 |
| 宁夏回族自治区 | 2 | 西夏王陵风景名胜区 |
| | | 宁夏回族自治区须弥山石窟风景名胜区 |
| 新疆维吾尔自治区 | 6 | 天山天池风景名胜区 |
| | | 库木塔格沙漠风景名胜区 |
| | | 博斯腾湖风景名胜区 |
| | | 赛里木湖风景名胜区 |
| | | 托木尔大峡谷风景名胜区 |
| | | 罗布人村寨风景名胜区 |

# 民族自治地方国家历史文化名城、中国历史文化名镇、中国历史文化名村名单

## ■民族自治地方国家历史文化名城

(截至 2022 年)

| 地区 | 数量 | 名称 |
|---|---|---|
| 内蒙古自治区 | 1 | 呼和浩特市 |
| 湖南省 | 1 | 凤凰县 |
| 广西壮族自治区 | 3 | 桂林市、柳州市、北海市 |
| 四川省 | 1 | 会理市 |
| 贵州省 | 1 | 镇远县 |
| 云南省 | 3 | 大理市、巍山彝族回族自治县、建水县 |
| 西藏自治区 | 3 | 拉萨市、桑珠孜区、江孜县 |
| 青海省 | 1 | 同仁县 |
| 宁夏回族自治区 | 1 | 银川市 |
| 新疆维吾尔自治区 | 5 | 喀什市、吐鲁番市、库车县、伊宁市、特克斯县 |

## ■民族自治地方中国历史文化名镇

(截全 2022 年)

| 地区 | 数量 | 名称 |
|---|---|---|
| 内蒙古自治区 | 5 | 牙克石市博克图镇 |
| | | 多伦县多伦淖尔镇 |
| | | 丰镇市隆盛庄镇 |
| | | 喀喇沁旗王爷府镇 |
| | | 库伦旗库伦镇 |
| 辽宁省 | 1 | 新宾满族自治县永陵镇 |
| 浙江省 | 1 | 景宁畲族自治县鹤溪镇 |
| 湖北省 | 1 | 恩施土家族苗族自治州宣恩县椒园镇 |
| 湖南省 | 4 | 湘西土家族苗族自治州龙山县里耶镇 |
| | | 湘西土家族苗族自治州永顺县芙蓉镇 |
| | | 湘西土家族苗族自治州泸溪县浦市镇 |
| | | 湘西土家族苗族自治州花垣县边城镇 |
| 广西壮族自治区 | 10 | 昭平县黄姚镇 |
| | | 灵川县大圩镇 |

续表

| 地区 | 数量 | 名称 |
| --- | --- | --- |
| 广西壮族自治区 | 10 | 阳朔县兴坪镇 |
| | | 阳朔县福利镇 |
| | | 兴安县界首镇 |
| | | 恭城瑶族自治县恭城镇 |
| | | 贺州市八步区贺街镇 |
| | | 鹿寨县中渡镇 |
| | | 防城港市防城区那良镇 |
| | | 兴安县界首镇 |
| 重庆市 | 2 | 阳土家族苗族自治县 |
| | | 酉阳土家族苗族自治县龚滩镇 |
| 贵州省 | 3 | 黔东南苗族侗族自治州黄平县旧州镇 |
| | | 黔东南苗族侗族自治州雷山县西江镇 |
| | | 松桃苗族自治县寨英镇 |
| 云南省 | 6 | 楚雄彝族自治州禄丰市黑井镇 |
| | | 大理白族自治州剑川县沙溪镇 |
| | | 孟连傣族拉祜族佤族自治县娜允镇 |
| | | 大理白族自治州宾川县州城镇 |
| | | 大理白族自治州洱源县凤羽镇 |
| | | 红河哈尼族彝族自治州蒙自市新安所镇 |
| 西藏自治区 | 5 | 乃东区昌珠镇 |
| | | 定结县陈塘镇 |
| | | 贡嘎县杰德秀镇 |
| | | 日喀则市萨迦镇 |
| | | 札达县托林镇 |
| 甘肃省 | 1 | 甘南藏族自治州临潭县新城镇 |
| 青海省 | 1 | 循化撒拉族自治县街子镇 |
| 新疆维吾尔自治区 | 3 | 鄯善县鲁克沁镇 |
| | | 霍城县惠远镇 |
| | | 富蕴县可可托海镇 |

## ■民族自治地方中国历史文化名村

(截至 2022 年)

| 地区 | 数量 | 名称 |
| --- | --- | --- |
| 内蒙古自治区 | 2 | 土默特右旗美岱召镇美岱召村 |
| | | 包头市石拐区五当召镇五当召村 |
| 吉林省 | 1 | 延边朝鲜族自治州图们市月晴镇白龙村 |

续表 1

| 地区 | 数量 | 名称 |
| --- | --- | --- |
| 湖北省 | 4 | 恩施土家族苗族自治州恩施市崔家坝镇滚龙坝村 |
| | | 恩施土家族苗族自治州宣恩县沙道沟镇两河口村 |
| | | 恩施土家族苗族自治州宣恩县椒园镇庆阳坝村 |
| | | 恩施土家族苗族自治州利川市谋道镇鱼木村 |
| 湖南省 | 5 | 湘西土家族苗族自治州龙山县苗儿滩镇捞车村 |
| | | 通道侗族自治县坪坦乡坪坦村 |
| | | 通道侗族自治县双江镇芋头村 |
| | | 通道侗族自治县清塘镇楼田村 |
| | | 湘西土家族苗族自治州永顺县灵溪镇老司城村 |
| 广东省 | 1 | 连南瑶族自治县三排镇南岗古排村 |
| 广西壮族自治区 | 29 | 富川瑶族自治县朝东镇秀水村 |
| | | 灵山县佛子镇大芦村 |
| | | 富川瑶族自治县古城镇秀山村 |
| | | 南宁市江南区江西镇同江村三江坡 |
| | | 南宁市江南区江西镇扬美村 |
| | | 玉林市玉州区城北街道办事处高山村 |
| | | 宾阳县古辣镇蔡村 |
| | | 岑溪市筋竹镇云龙村 |
| | | 富川瑶族自治县朝东镇福溪村 |
| | | 灌阳县文市镇月岭村 |
| | | 贺州市平桂区沙田镇龙井村 |
| | | 灵川县青狮潭镇江头村 |
| | | 灵山县新圩镇萍塘村 |
| | | 陆川县平乐镇长旺村 |
| | | 天峨县三堡乡三堡村 |
| | | 兴安县漠川乡榜上村 |
| | | 兴业县葵阳镇榜山村 |
| | | 兴业县龙安镇龙安村 |
| | | 兴业县石南镇庞村 |
| | | 兴业县石南镇谭良村 |
| | | 阳朔县白沙镇旧县村 |
| | | 阳朔具高田镇朗梓村 |
| | | 玉林市福绵区新桥镇大楼村 |
| | | 玉林市玉州区南江街道岭塘村(朱砂垌) |

续表 2

| 地区 | 数量 | 名称 |
| --- | --- | --- |
| 广西壮族自治区 | 29 | 钟山县公安镇大田村 |
| | | 钟山县公安镇荷塘村 |
| | | 钟山县回龙镇龙道村 |
| | | 钟山县清塘镇英家村 |
| | | 钟山县燕塘镇玉坡村 |
| 四川省 | 1 | 甘孜藏族自治州丹巴县梭坡乡莫洛村 |
| 贵州省 | 10 | 黔东南苗族侗族自治州锦屏县隆里乡隆里村 |
| | | 黔东南苗族侗族自治州黎平县肇兴乡肇兴寨村 |
| | | 黔东南苗族侗族自治州从江县往洞乡增冲村 |
| | | 三都水族自治县都江镇怎雷村 |
| | | 黔东南苗族侗族自治州雷山县郎德镇上郎德村 |
| | | 务川仡佬族苗族自治县大坪镇龙潭村 |
| | | 黔东南苗族侗族自治州从江县丙妹镇岜沙村 |
| | | 黔东南苗族侗族自治州黎平县茅贡乡地扪村 |
| | | 黔东南苗族侗族自治州榕江县栽麻乡大利村 |
| | | 务川仡佬族苗族自治县大坪镇龙潭村 |
| 云南省 | 6 | 大理白族自治州云龙县诺邓镇诺邓村 |
| | | 红河哈尼族彝族自治州石屏县宝秀镇郑营村 |
| | | 巍山彝族回族自治县永建镇东莲花村 |
| | | 大理白族自治州祥云县云南驿镇云南驿村 |
| | | 大理白族自治州弥渡县密祉乡文盛街村 |
| | | 大理白族自治州永平县博南镇曲硐村 |
| 西藏自治区 | 4 | 吉隆县吉隆镇帮兴村 |
| | | 尼木县吞巴乡吞达村 |
| | | 普兰县普兰镇科迦村 |
| | | 工布江达县错高乡错高村 |
| 青海省 | 5 | 黄南藏族自治州同仁县年都乎乡郭麻日村 |
| | | 玉树藏族自治州玉树市仲达乡电达村 |
| | | 循化撒拉族自治县清水乡大庄村 |
| | | 玉树藏族自治州玉树市安冲乡拉则村 |
| | | 果洛藏族自治州班玛县灯塔乡班前村 |
| 宁夏回族自治区 | 1 | 中卫市香山乡南长滩村 |
| 新疆维吾尔自治区 | 4 | 鄯善县吐峪沟乡麻扎村 |
| | | 哈密市回城乡阿勒屯村 |
| | | 哈密市五堡乡博斯坦村 |
| | | 特克斯县喀拉达拉乡琼库什台村 |

# 中国少数民族文学、中国少数民族传统体育运动会资料

## ■历届全国少数民族文学“骏马奖”获奖作品

| | 第一届 | 第二届 | 第三届 | 第四届 | 第五届 | 第六届 | 第七届 | 第八届 | 第九届 | 第十届 | 第十一届 | 第十二届 |
|---|---|---|---|---|---|---|---|---|---|---|---|---|
| 长篇小说 | 7 | 4 | 6 | 6 | 8 | 7 | 7 | 5 | 5 | 5 | 5 | 5 |
| 中、短篇小说集(中、短篇小说) | 29 | 51 | 14 | 28 | 14 | 15 | 17 | 6 | 5 | 5 | 5 | 5 |
| 诗歌集(诗集、长诗、短诗) | 59 | 33 | 10 | 25 | 13 | 14 | 10 | 5 | 7 | 5 | 5 | 5 |
| 散文、报告文学集(散文、报告文学) | 17 | 12 | 5 | 11 | 10 | 12 | 12 | 10 | 8 | 10 | 9 | 10 |
| 评论集(评论) | | 6 | 1 | 4 | 4 | 4 | 4 | 5 | 5 | | | |
| 儿童文学集(儿童文学) | 8 | | 3 | 3 | 1 | 4 | 2 | | | | | |
| 电影文学 | 4 | | | | | | | | | | | |
| 剧　本 | 5 | | | | | | | | | | | |
| 翻译奖(人) | | 8 | 4 | 6 | 3 | 6 | 4 | 1 | 4 | 4 | 3 | 5 |
| 新人新作 | | | 18 | 16 | 10 | | | | | | | |
| 特别奖 | | | 22 | | | 1 | | | | | | |
| 荣誉奖 | 11 | 13 | | | | | | | | | | |
| 人口较少民族特别奖 | | | | | | | | | 5 | | | |
| 合　计 | 140 | 127 | 83 | 99 | 63 | 63 | 56 | 32 | 39 | 29 | 27 | 30 |

## ■历届全国少数民族传统体育运动会

| 项目 | 第一届 | 第二届 | 第三届 | 第四届 |
|---|---|---|---|---|
| 时间 | 1953 年 11 月 8 日—12 日 | 1982 年 9 月 2 日—8 日 | 1986 年 8 月 10 日—17 日 | 1991 年 11 月 10 日—17 日 |
| 地点 | 天津市 | 呼和浩特市 | 乌鲁木齐市 | 南宁市 |
| 参加单位 | 华北、东北、西北、中南、西南、东南等 6 大行政区和内蒙古、解放军、铁路系统共 9 个单位 | 29 个省、自治区、直辖市代表团 | 29 个省、自治区、直辖市代表团 | 30 个省、自治区、直辖市代表团 |
| 参加人数 | 395 名运动员 | 863 名运动员、教练员；2 个观摩团，400 多人；300 多名中外记者 | 1097 名运动员、教练员；29 个观摩团，872 人；中外记者 580 人；港澳同胞及外国朋友 45 人 | 1740 名运动员。29 个观摩团，有教练员、裁判员、工作人员、少数民族体育先进地区和单位代表、新闻工作者共 4500 人 |
| 比赛项目 | 举重、拳击、石锁、摔跤、击剑和步射(弓箭射准) | 射箭邀请赛、中国式摔跤比赛 | 摔跤、射箭、赛马、叼羊、射弩、抢花炮、秋千 | 龙舟、抢花炮、秋千、射弩、珍珠球、木球、摔跤、赛马和武术 |
| 表演项目 | 武术(分棒术和器械，共 383 项)、民间体育(分石提、爬杆等 22 项)、骑术(各种马上技巧表演 9 项) | 傣族的孔雀拳、蒙古族的赛骆驼、赛马等 68 项 | 表演项目 115 项 | 表演项目 120 项 |

| 项目 | 第五届 | 第六届 | |
|---|---|---|---|
| 时间 | 1995 年 11 月 5 日—12 日 | 1999 年 9 月 24 日—30 日 | 1999 年 8 月 18 日—23 日 |
| 地点 | 昆明市 | 北京市(主赛场) | 拉萨市(分赛场) |
| 参加单位 | 31 个省、自治区、直辖市代表团，新疆生产建设兵团、解放军代表团、台湾少数民族代表团 | 31 个省、自治区、直辖市代表团，新疆生产建设兵团、解放军代表团、台湾少数民族代表团 | 31 个省、自治区、直辖市代表团、新疆生产建设兵团、解放军代表团 |
| 参加人数 | 2342 名运动员。30 个省、自治区、直辖市组织了观摩团。运动员、教练员、工作人员、观摩人员、少数民族体育模范代表，中外记者及来宾共 7000 人参加了运动会。 | 2626 名运动员。各省、自治区、直辖市组织了观摩团、运动员、教练员、工作人员、观摩人员、少数民族体育模范代表及记者共计 6000 人。 | 764 名运动员。各省、自治区、直辖市组织了 33 个代表团和 40 个观摩团。运动员、教练员、工作人员、观摩人员及记者共计 2386 人。 |
| 比赛项目 | 抢花炮、珍珠球、木球、民族式摔跤(博克、且里西、格、北嘎、绊跤)、秋千、武术、射弩、龙舟、马上项目(速度赛马、走马、跑马、射击、跑马射箭、跑马捡哈达、叼羊)、打陀螺、毽球等共 11 项 | 抢花炮、珍珠球、毽球、蹴球、木球、秋千、武术、龙舟、民族式摔跤(博克、格、且里西、北嘎、绊跤)、马上项目(速度赛马、走马、跑马、射击、跑马射箭、跑马拾哈达)等 10 个项目 | 马上项目、射弩、打陀螺、押加等 4 个项目。 |
| 表演项目 | 表演项目 129 项 | 表演项目 11 项 | 表演项目 39 项 |

| 项目 | 第七届 | 第八届 | 第九届 | 第十届 | 第十一届 |
|---|---|---|---|---|---|
| 时间 | 2003 年 9 月 6 日—13 日 | 2007 年 11 月 10 日—18 日 | 2011 年 9 月 10 日—2011 年 9 月 18 日 | 2015 年 8 月 9 日—17 日 | 2019 年 9 月 8 日—16 日 |
| 地点 | 银川市（主赛场）石嘴山市（分赛场） | 广州市 | 贵阳市 | 鄂尔多斯市 | 郑州市 |
| 参加单位 | 31 个省、自治区、直辖市代表团，新疆生产建设兵团、解放军代表团、台湾少数民族代表团 | 31 个省、自治区、直辖市代表团，新疆生产建设兵团、解放军代表团、台湾少数民族代表团 | 31 个省、自治区、直辖市代表团，新疆生产建设兵团、中国人民解放军、台湾少数民族代表团 | 全国各省、自治区、直辖市及中国人民解放军、新疆生产建设兵团 | 全国 31 个省（自治区、直辖市）、新疆生产建设兵团、解放军以及台湾共 34 个代表团 |
| 参加人数 | 3735 名运动员。30 个省、自治区、直辖市组织了观摩团。运动员、教练员、工作人员、观摩人员、少数民族体育模范代表，中外记者及来宾共 9039 人参加了运动会。 | 6381 名运动员。30 个省、自治区、直辖市组织了观摩团。运动员、教练员、工作人员、观摩人员、少数民族体育模范代表，中外记者及来宾共 1.5 万人参加了运动会。 | 6771 名运动员。31 个省、自治区、直辖市组织了观摩团。运动员、教练员、工作人员、观摩人员、少数民族体育模范代表，中外记者及来宾近万人参加了运动会。 | 运动员、教练员、裁判员及工作人员的总人数达到近 9000 人 | 参赛运动员 7009 名 |
| 比赛项目 | 抢花炮、珍珠球、木球、民族式摔跤(博克、且里西、格、北嘎、绊跤)、秋千、武术、射弩、龙舟、马术(速度赛马、走马、跑马射箭、跑马射击、跑马拾哈达)、打陀螺、毽球、蹴球、高脚竞速、押加等共 14 项 | 抢花炮、珍珠球、木球、民族式摔跤(博克、且里西、格、北嘎、绊跤、朝鲜族式摔跤)、秋千、武术、射弩、龙舟、马术(速度赛马、走马、跑马射箭、跑马射击、跑马拾哈达)、打陀螺、毽球、蹴球、高脚竞速、板鞋竞速、押加等共 15 项 | 花炮、珍珠球、木球、蹴球、毽球、龙舟、独竹漂、秋千、射弩、陀螺、押加、高脚竞速、板鞋竞速、武术、民族式摔跤（搏克、且里西、格、北嘎、绊跤、希日木）、马术(速度赛马、走马、跑马射击、跑马射箭、跑马拾哈达）等 16 个大项 | 花炮、珍珠球、木球、蹴球、毽球、龙舟、独竹漂、秋千、射弩、陀螺、押加、高脚竞速、板鞋竞速、少数民族武术、民族式摔跤、马术、 民族健身操等 17 项 | 大会设有花炮、珍珠球、木球、蹴球、毽球、龙舟、独竹漂、秋千、射弩、陀螺、押加、高脚竞速、板鞋竞速、民族武术、民族式摔跤、民族马术、民族健身操等 17 个竞赛项目和表演项目 |
| 表演项目 | 表演项目 125 项 | 表演项目 148 项 | 3 个大类，共 188 项 | 表演项目 140 项 | 10 个表演项目共 102 个小项 |